August Müller, Lucian Scherman

Orientalische Bibliographie

August Müller, Lucian Scherman

Orientalische Bibliographie

ISBN/EAN: 9783743308756

Hergestellt in Europa, USA, Kanada, Australien, Japan

Cover: Foto ©Thomas Meinert / pixelio.de

Manufactured and distributed by brebook publishing software
(www.brebook.com)

August Müller, Lucian Scherman

Orientalische Bibliographie

ORIENTALISCHE
BIBLIOGRAPHIE

BEGRÜNDET VON AUGUST MÜLLER.

UNTER MITWIRKUNG VON

N. F. KATANOV-KAZAN, E. KUHN-MÜNCHEN, H. NÖTZEL-BERLIN,
J. V. PRÁŠEK-KOLÍN, C. SALEMANN-PETERSBURG, H. L. STRACK-BERLIN,
Y. WICHMANN-HELSINGFORS, K. V. ZETTERSTÉEN-LUND U. A.

BEARBEITET UND HERAUSGEGEBEN

VON

DR. LUCIAN SCHERMAN,

PRIVATDOC. AN DER UNIVERSITÄT IN MÜNCHEN.

MIT UNTERSTÜTZUNG DER DEUTSCHEN MORGENLÄNDISCHEN GESELLSCHAFT.

XI. BAND

(für 1897).

Zwei Hefte in einem Bande.

BERLIN,
VERLAG VON REUTHER & REICHARD
1898.

LONDON   PARIS   NEW YORK
WILLIAMS & NORGATE   H. WELTER   LEMCKE & BUECHNER.

Vorwort.

Beim Eintritt in das zweite Jahrzehnt des Bestehens der Orientalischen Bibliographie darf der unterzeichnete Herausgeber mit freudiger Genugthuung erwähnen, dass das Unternehmen auch in der jüngsten Zeit neue Gönner gewonnen hat. In einer der allgemeinen Sitzungen des vorjährigen Pariser Orientalisten-Kongresses wurde, ähnlich wie in der vorhergehenden Genfer Versammlung (vgl. Actes du X. Congrès Intern. des Orient. I, S. 131), von Professor CORDIER im Anschlusse an die Gutachten der einzelnen Sektionen auseinandergesetzt, dass eine internationale Förderung der Or. Bibliographie, die trotz ihres weitgesteckten Arbeitsfeldes bisher nur von der Deutschen Morgenländischen Gesellschaft subventioniert werde, ebenso berechtigt wie notwendig sei. Als erste haben diesen Anregungen die SOCIÉTÉ ASIATIQUE und Se. Hoheit Prinz ROLAND BONAPARTE entsprochen, wofür auch an dieser Stelle dem verbindlichsten Danke Ausdruck zu geben mir gestattet sei. Gleicherweise fühle ich mich denjenigen Kongress-Mitgliedern verpflichtet, durch deren Bemühung und Fürsprache dieses erfreuliche Resultat erreicht wurde, insbesondere den Herren Professoren BARBIER de Meynard, CORDIER, DERENBOURG und SENART in Paris und Sr. Exc. dem Herrn Wirkl. Staatsrat RADLOFF in Petersburg.

Das Register des vorliegenden Bandes zeigt eine auf mehrfach geäusserten Wunsch eingeführte Neuerung. Im Verzeichnis der Verfassernamen werden von nun an die Zahlen, welche auf Stellen verweisen, an denen entweder der betr. Verfasser als Rezensent auftritt oder auf ihn in Rezensionen, Biographien, Rückweisen etc. Bezug genommen ist, kursiv gedruckt. Wird auch in manchen Fällen eine Abgrenzung dieses Materials nicht ganz konsequent durchführbar sein, so dürfte im allgemeinen doch der Hauptzweck erreicht werden, dass jene Stellen, an denen die bibliographisch genauen Titel der selbständigen Bücher und Aufsätze verzeichnet sind, sich leichter und schneller als bisher auffinden lassen.

Dem 11. Bande haben ausser den seit Jahren bewährten Helfern und Beratern der Or. Bibl., unter denen die Herren Prof. Dr. KUHN und Oberbibliothekar Dr. SCHNORR VON CAROLSFELD namentlich hervorzuheben alle Ursache vorliegt, die Herren Prof. Dr. BEZOLD (Heidelberg), Dr. DYROFF (München), Bibliothekar Dr. FICK (Berlin), Prof. Dr. SEYBOLD (Tübingen) ihre freundliche Unterstützung gewährt; ferner haben die in Orientalistenkreisen wohlbekannten Firmen LUZAC & Co. (London) und SPIRGATIS (Leipzig) der Redaktion einige ihr sonst nicht zugängliche asiatische Zeitschriften mit grosser Gefälligkeit zur Verfügung gestellt.

MÜNCHEN, September 1898.
Gisela-Str. 8.

L. Scherman.

Inhalt des elften Bandes.

Abkürzungen.

A. — Année.
Abh. — Abhandlungen.
Ac. — Académie, Academy usw.
Acc., Ak.—Accademia,Akademie.
Aeg. — Aegypten.
Afr. — Afrika, africain usw.
allg. — allgemein.
Am. — Amerika, american usw.
Amst. — Amsterdam.
Anm. — Anmerkungen.
Ann. — Annalen, Annales usw.
Ant. — Antiquary, antiquarian.
Anthr. — Anthropologie usw.
Anz. — Anzeiger, Anzeigen.
Arch. — Archiv, Archivio usw.
arch. — archéologique usw.
Archaeol. — Archaeologie usw.
As. — Asien, asiatique usw.
ASB — Asiatic Society of Bengal.
Assoc. — Association.
Ath. — Athenaeum.
Ausl. — Ausland.
B. — Berlin.
BA — Biblical Archaeology.
BB — Bezzenberger's Beiträge.
Bd. — Band.
Beitr. — Beiträge.
Ber. — Bericht, Berichte.
BI. — Bibliotheca Indica N. S.
Bibl. — Bibliotheca usw.
Biblw. — Bibliothekswesen.
Bijdr. — Bijdragen voor de taal-
land-en volkenkunde van Neder-
landsch Indië, VI. volgreeks.
Bl. — Blatt, Blätter.
Bo. — Bombay.
Br. — Branch.
B&OR — Babylonian and Oriental
Record.
BSLP — Bulletin de la Soc. de
linguistique de Paris.
BSS — Beiträge zur Assyriol.
u. semit. Sprachwiss.
Bull., Boll., Bol. — Bulletin,
Bullettino, Boletin usw.
C. — Calcutta.
Cat. — Catalogue usw.
Cbl. — Centralblatt.
Cent. — Century.
Chr. — Chronicle.
col. — colonial.
Comm. — Commission usw.
class. — classical usw.
contemp. — contemporary, con-
temporánea.
corr. — correspondance.
CR — Compte rendu (ohne
Beisatz: C.-r. de l'ac. des inscr.)
cr. — critique.
D. — Deutsch, Deutschland.
Diss. — Dissertation.
DL—DeutscheLitteraturzeitung.
DPV — Deutscher Palaestina-
Verein.
Dr.Vost.—Drevnosti Vostocnyja.
Ebd. — Ebendaselbst.
Éc. — École.
Ég. — Égypte.
Engl. — England, English usw.
Erdk. — Erdkunde.
Ep. I. — Epigraphia Indica.
ét. J. — études juives.
Ethnogr. — Ethnographie usw.
Ethnol. — Ethnologie usw.
ev. — evangelisch.
Exp. — The Expositor.
Fasc. — Fascicule usw.
Fr. — France, français usw.
Gaz. — Gazette.
Gen. — Genootschap.
Ges. — Gesellschaft.
Gesch. — Geschichte usw.
Geschw. — Geschichtswissensch.
GGA — Göttingische Gelehrte
Anzeigen.
Ggr. — Geographie usw
Gi. — Giornale.

Gött. Nachr. — Nachrichten von
der königl. Gesellschaft der
Wissenschaften zu Göttingen.
gr. — griechisch, grec usw.
Gymn. — Gymnasium.
Gymw. — Gymnasialwesen.
Hebr. — Hebräisch usw.
hell. — hellénique.
hist. — histoire, history usw.
hrsg. — herausgegeben.
IA — Indian Antiquary.
idg. — indogermanisch.
IF — Indogerm. Forschungen.
Ind. — India, indian usw.
Inst. — Institut usw.
int. — international.
Izv. — Izvestija.
It. — Italia, italiano usw.
J. — Journal.
j. — jährlich.
JA — Journal asiatique.
JAOS — Journ. of the Amer.
Oriental Society.
Jb. — Jahrbuch, Jahrbücher.
JRAS — Journal of the Royal
Asiatic Society.
Jsb. — Jahresbericht.
Jt. — Judentum.
K. — Karte.
KZ — Kuhn's Zeitschrift.
kath. — katholisch.
L. — Leipzig.
l.ber. — Litteraturbericht.
Lbl. — Litteraturblatt.
LC — Literarisches Centralblatt.
Ling. — Linguistique.
lit., litt. — Literatur, litterarisch
usw.
Lo. — London.
Lz. — Litteraturzeitung.
M. — München.
Ma. — Madras.
Mag. — Magazin usw.
mar. — maritime.
Math. — Mathematik usw.
Mbl. — Monatsblätter.
Mém. — Mémoires.
Mh. — Monatshefte.
Miss. — Mission, missions.
Mitt. — Mitteilungen.
Mouv. — Mouvement.
Mschr. — Monatsschrift.
MSLP — Mémoires de la Soc.
de linguistique de Paris.
n. — neu, new, nouveau, usw.
Nachr. — Nachrichten.
N. Ant. — Nuova Antologia.
No. — Nummer, numéro usw.
Not. — Notices, Notulen usw.
N. S. — New Series usw.
nst. — neueste.
Num. — Numismatik usw.
N.Y. — New York.
OB — Oriental. Bibliographie.
OL — Österreich. Litteraturblatt.
OM — Österreichische Monats-
schrift für den Orient.
Öst. — Österreich, österreichisch.
Or. — Orient, oriental usw.
OSN — Ottův Slovník Naučný.
p. — par, per, por usw.
p. p. — publié par.
P. — Paris.
Pe. — St. Petersburg.
pl. — planches.
PM — Petermanns Mitteilungen.
pol. — politique usw.
Polyb. — Polybiblion.
pop. — populaire usw.
PR — Papyrus Rainer.
Proc. — Proceedings.
Proc. AOS — Proceedings of the
American Oriental Society.
Proc.BA—Proceedings of the So-
ciety of Biblical Archaeology.
prot. — protestantisch.
Qschr. — Quartalschrift.

Qu. — Quarterly usw.
Qu. St. — Quarterly Statement of
the Palestine Exploration Fund.
R. — Royal, Real usw.
RAS — Royal Asiatic Society.
Rdc. — Rendiconti (Rdc. Lincei
— Rendic. Acc. Lincei, Cl.
mor., stor. e filol., Ser. V).
Rdsch. — Rundschau.
Rec. — Recension.
Rec. de trav. — Recueil de travaux
rel. à la phil. .... égyptiennes
et assyr.
rel. — religion usw.
Rep. — Report.
Rev. — Review, Revue, Revista.
Riv. — Rivista.
Russ. — Russisch.
S. — Seite.
sc. — science, scientifique usw.
Schr. — Schriften.
sém. — sémitique usw.
Sér., Ser. — Série, Series usw.
Sitzb. — Sitzungsberichte.
Soc. — Societ, Société usw.
Spr. — Sprache, Sprachen.
SR — Saturday Review.
Sr. Az. V. — Sredne-Aziatskij
Vestnik.
S.S. — Sunday School.
St. — Stuttgart.
Stat — Statistik.
stor. — storia, storico.
Stud. — Studien.
Stud. u. Kr.—Studien u. Kritiken.
T. — Tafel.
Th. — Theologie, theologisch
usw.
T'P — T'oung Pao.
Tr. — Transactions.
Trad. — Tradition, Traditions.
trad. — traduit usw.
transl. — translated.
Ts. — Tijdschrift.
Ts. Ind. t.-l.-vk. — Tijdschrift
voor indische taal-, land- en
volkenkunde.
Ts. N. I. — Tijdschrift voor
Nederlands Indie.
UC — University Circulars.
übs. — übersetzt.
Ung. — Ungarn, Ungarisch.
v. — von.
Ver. — Verein.
vgl. — vergleichend.
Verh. — Verhandlungen.
Viz. Vrem.—Vizantijskij Vremen-
nik.
Vs. — Vierteljahrsschrift.
W. — Wien.
Wiss. — Wissenschaft, wissen-
schaftlich usw.
Ws. — Wochenschrift.
WZKM — Wiener Zeitschrift für
die Kunde des Morgenlandes.
Z. — Zeitschrift.
ZA — Zeitschrift für Assyriologie.
ZAOS — Zeitschr. für afrikan.
u. oceanische Sprachen.
ZÄS — Zeitschrift für Ägyptische
Sprache.
Zap. — Zapiski (ohne Beisatz:
Zapiski Vostocnago otdělenija
Imp. Russkago archeologičes-
kago Obščestva).
ZAW — Zeitschrift für Alttesta-
mentliche Wissenschaft.
ZDMG—Zeitschrift der Deutschen
Morgenländischen Gesellschaft.
ZDPV — Zeitschrift des Deutschen
Palaestina-Vereins.
ŽMNP — Žurnal Ministerstva
NarodnagoProsvěčenija (blosse
Seitenz.bez.d.Rubr.Otděl nauk.)
Ztg. — Zeitung.
ZVVk. — Zeitschrift des Vereins
für Volkskunde.

I. ALLGEMEINES.

1. Bibliographie. Handschriftenkataloge.
Sammlungen u. ä.*)

(S. auch No. 1269.)

1 Orientalische Bibliographie begründet v. August Müller. Unter Mitw. v. G.Kalemkiar, E.Kuhn, H.Nützel, J.V.Prášek, C.Salemann, H.L.Strack, Y.Wichmann, K.V.Zetterstéen u. A. bearbeitet u. hrsg. v. Lucian Scherman [OB X, 1]. X. Jahrg. ('96). 2. Halbjahrsheft. B., Reuther & R., '97. Ausgeg. am 1. September '97. S. 147–318, I–VII. 8.
Subscr. j. *M.* 10.
Rec. *H.Schnorr v.Carolsfeld.* Cbl. f. Bibliw. XIV, S. 117–9; [*F.S.Krauss*]. Urquell, N. F. I, S. 30.

2 Almanach der Königlich Bayerischen Akademie der Wissenschaften für das Jahr 1897. M.,G.Franz'scher Verlag (J.Roth) in Komm. 264 S. 8.
Verzeichnet u. a. die Schriften von G.Ebers, E.Kuhn, F.Spiegel.

3 Bibliothèque Nationale. Choix de manuscrits, d'imprimés, de cartes et de médailles exposés à l'occasion du Congrès des Orientalistes. Septembre 1897. P., Leroux, '97. 98 S.; 1 Pl.; 1 Facs. 8.

4 Casella,F.A.–Bibliografia di operette Italiane pubbl. nel sec. XIX per la maggior parte in occasione di nozze ed in piccolo numero d'esemplari c. introd. ed append. di E.l'Ércopo. Fasc. 1. Napoli '97. 8. (L., Harrass. *M.* 1.30.)

5 Catalogue of the Library of the India Office [OB X, 3]. Vol. II, Part 1 : Sanskrit books. (Compiled by R.Rost.) Lo., Eyre, '97. IV, 294 S. 8. 5 *s.*

6 Catalogue des objets étrusques, grecques, romaines, égyptiennes, etc., qui seront vendus aux enchères le 8 mars 1897 et jours suiv. à Naples. (Grande collection de F.Cosentini.) Naples, tip. Tocco, '97. 78 S. 8.

7 Chauvin,Victor.–Bibliographie des ouvrages arabes ou relatifs aux Arabes publiés dans l'Europe chrétienne de 1810 à 1885 [OB VI, 4795]. II. Kalilah. Liége, Vaillant-Carmanne (L., Harrassowitz in Comm.), '97. VII, 239 S.; 1 Tab. 8.
Fr. 7.50.
Behandelt die Literatur von Kalilah und Dimnah in ihrem weitesten Umfange. — Rec. *Jos. Defrecheux.* Wallonia (Liège) V, S. 161 f.

8 Féer,Léon.–Notice sur les papiers d'Eug.Burnouf conservés à la Bibl. nationale: JA Sér. IX, T. IX, S. 508–24.

9 Grisebach,Ed.–Weltlitteratur-Kataloge. Bibliophilen mit litterar. u. bibliogr. Anmerk. B., Hofmann & Co., '98. VIII, 340 S. 8. *M.* 6.
S. 1–20 betr. den Orient. — Vgl. OB VIII, 3.

10 Horn,Paul.–Aus italienischen Bibliotheken. I. Die persischen u. türkischen Handschriften des Vatikans: ZDMG LI, S. 1–65.

11 Theologischer Jahresbericht. Hrsg. v. H.Holtzmann [OB X, 2854]. 16. Bd., enth. die Literatur des J. 1896. 1. Abth. Braunschw., Schwetschke & Sohn, 97. 156 S. 8. *M.* 6.
Exegese bearb. v. Siegfried u. Holtzmann. — Rec. *Ad. Jülicher,* DL 6, S. 201–3.

12 Lambrecht,E.–Catalogue de la Bibliothèque de l'École des langues orientales vivantes. Tome I. Linguistique. I. Philologie. — II. Langue arabe. (= Publ. de l'École des l. or. viv. IVᵉ Série. Tome I.) P., Impr. nat. (Leroux), '97. XI, 623 S. 8. *Fr.* 15.
S. 5–7 Vorrede v. Ch.Schefer.

*) Ueber Kataloge der Bibliotheken Constantinopels in türkischer Sprache (1892–1894 erschienen) s. Verzeichniss der von der Kgl. Bibliothek zu Berlin erworbenen Druckschriften 1897, No. 1593–1615.

Orient. Bibliographie XI. Erstes Halbjahrsheft.   1

13 F.R.Martins Sammlungen aus dem Orient in der allgemeinen Kunst-
und Industrie-Ausstellung zu Stockholm. Stockholm, Norstedt, '97. 8 S.; 8 T. 4.
14 Milloué,L.de.–Petit guide illustré au Musée Guimet. Troisième récen-
sion mise à jour au 31 Août 1897. P., Leroux, '97. 295 S. 8. (ill.)
15 Muss-Arnolt,W.–Bibliography: Am. J. of th. I, S. 271–88; 554–76.
16 Παπαδόπουλος-Κεραμεύς, Ἀ.–Ἱεροσολυμιτικὴ βιβλιοθήκη .... [OB VIII,
9]. Τόμος III. Ἐν Πετροπούλει, ἐκ τοῦ τυπογραφείου Β. Κιρσπάουμ, '97.
2 Bl., 440 S. 8.
17 — — Ἀνάλεκτα Ἱεροσολυμιτικῆς σταχυολογίας .... [OB VIII, 10].
Τόμος III–IV. Ebd. '97. 2 Bl., 6, 585 u. 2 Bl., 11, 613 S. 8.
    Rec. beider Publ. K.A[rumbacher]. Byz. Z. VI. S. 609–13.
18 Pape,Paul.–[Theologische] Bibliographie [OB X, 2857]: Th. Lz. '97,
S. 29–32; 61–4; 92–6; 125–8; 157–9; 180–4; 205–7; 230 f.; 261–4; 285–8;
317–9; 341–4; 374–6.
19 Schmeltz,J.D.E.–Ethnographische Musea in Midden-Europa. Verslag eener
Studiereis. Leiden, Brill, '96.
    Rec. K. A[ndree], Globus LXXI, S. 220.
20 Steinschneider,Mor.-Lapidarien, ein culturgeschichtlicher Versuch:
Semitic Studies in memory of Alexander Kohut, S. 42–72.
21 Bibliographical Index to the published writings of E.Swedenborg
original and translated, based upon the library of the Swedenborg Society
and supplemented from English and foreign collections public and private.
Lo. '97. 38 S. 8. [Nicht im Handel.]   (L., Harrass. M. 2.)
22 Verzeichniss von Privatbibliotheken. I. Vereinigte Staaten. Canada.
L., Hedeler, '97. 100 S. 8.   M. 8.
    Rec. Ht., Cbl. f. Biblw. XIV, S. 427.

Officielle Bücherlisten der indischen Regierung [OII X, 2861 ff.].

23 Assam Library. Catal. of books. '97. Qu. 1. Shillong '97. 1 Bl. Q.-Fol.
24 Bengal Library Catal. of books. '97. Qu. 1–2. C. '97. 76; 111 S. Fol.
25 Catal. of books printed in the Bombay Presidency. '97, Qu. 1–2.
Bo., 97. 37; 35 S. Fol.
26 Catal. of books registered in Burma. '97, Qu. 1–2. Rangoon '97.
Je 1 Bl. Q.-Fol.
27 Catal. of books registered in the Central Provinces. '97, Qu. 1–2.
Nagpur '97. 4; 2 S. Q.-Fol.
28 Memorandum of books registered in the Hyderabad Assigned
Districts. '97, Qu. 1. Akola '96. 1 Bl. Q.-Fol.
29 Catal. of books printed in the Madras Presidency. '97, Qu. 1–2.
M. '97. S. 1–61. Fol.
30 Statements of particulars regarding books and periodicals published
in the North-Western Provinces and Oudh. '97, Qu. 1–2. Allahabad
'97. 35; 49 S. Q.-Fol.
31 Catal. of books registered in the Punjab. '97, Qu. 1–2. Lahore '97.
46; 31 S. Q.-Fol.

Buchhändlerische Ankündigungen. Antiquariatskataloge.

32 Theod.Ackermann,M.–No. 440. Hebraica u. Judaica. '98. 18 S. 8.
33 O.Harrassowitz,L.–Bericht über neue Erwerbungen [OB X, 2873].
No. 19–20. Jan.; Mai '97. Je 12 S. 8.
34 — — No. 224. Indische Philologie und Alterthumskunde grossentheils
aus der Bibliothek von Prof. Dr. Rud. v. Roth in Tübingen. — No. 226.
Semitica. Sprachen, Literatur, Geschichte, Ethnographie etc. der semitischen
Völker grossentheils aus den Bibliotheken der Professoren J. G. Stickel in
Jena und Wenzel Gerber in Prag. — No. 228. Eranische, kaukasische,
finnisch-ugrische und türkisch-tatarische Sprachen und Völker. '97. 114;
126; 54 S. 8.
35 Katalog e. ausgez. Bibliothek enth. u. a. althebräische u. altarabische
Manuscripte, Pergament- u. Papiermss. aus d. XV.—XVII. Jh. .... Versteigerung
d. 8.–22. April 1896 bei J.M.Heberle (H.Lempertz Söhne) in Köln. 130 S. 8.

36 Karl W.Hiersemann, l.–No. 196. Aegyptologie. '98. 26 S. 8.
37 Bibliotheca Hebraica et Judaica. I. Rel., wiss. u. belletr. Literatur.
Zugleich Katalog v. M.W.Kaufmann, Leipzig. '97. 46 S. 8.
38 HeinrichKerler, Ulm.–No. 244. Vergleichende Sprachwissenschaft.
Orientalia. Hierin Dr. Ludwig L a i s t n e r's Bibliothek VII. Teil. — No. 245.
Folklore. Hierin . . . VIII. Teil. '97. 39; 121 S. 8.
39 Kirchhoff & Wigand, L.–No. 995. Ost- u. Südost-Europa, Asien, Polynesien, Afrika, Amerika. '97. 70 S. 8.
40 Hommage au Congrès international des Orientalistes XIᵉ Session — Paris —
1897. Catalogue des principales publications de la Librairie Ernest Le roux.
Spécimens d'impression de MM. A. Burdin à Angers . . . Vieillemard & ses
fils à Paris. IV, 64 S. und umfangreiche, meist unnumerirte Druckproben
— grossenteils Orientalia, Typendruck und Tafeln — von 15 Firmen, welche
für Leroux gearbeitet haben.
41 Luzac's Oriental List [OB X, 2881]. Vol. VIII, Nos. 1–6. Lo., Jan.–
June, '97. S. 1–160. 8.
42 Luzac & Co., Lo.–Rough list of some second-hand books, on the
languages and literature, etc., of Asia, Africa, Turkey, etc. etc. [OB X, 2882].
Nos. 22–5. Febr.–Oct. '97. S. 177–208. 8.
43 — — Bibliotheca Orientalis. II. Being a catalogue of Oriental history,
languages, religions, antiquities, geography and literature. Containing the
greater part of the library of the late Dr. R.F.Rost. '97. VIII, 218 S. 8. 1 s.
44 FriedrichMeyer, L.–No. 5. Bibliothek K ö h l e r. Alttestamentliche Theologie. Altes Testament. Neues Testament. Kirchengeschichte. System.
Theologie. Kirchenrecht. Assyriologie. Hebraica. Orientalia. '97. 119 S. 8.
45 Kegan Paul, Trench, Trübner & Co., Lo.–Oriental catalogue of new
& second-hand books [OB X, 2885]. No. IX. Books on the natural history
and medical science of the East, and on the agriculture and industries of
the tropics. — No. X. Books on African philology. ['97.] 56; 29 S. 8.
46 M.Poppelauer, B.–No. 5. Judaica u. Hebraica. '97. 148 S. 8.
47 B.Quaritch, Lo.–No. 173. A catalogue of choice and valuable books
compr. selections from the libraries of eminent Oriental scholars and scientific
explorers. Oct. '97. 36 S. 8. 3 d.
48 M. Spirgatis, L.–Neue Orientalia [OB X, 40]. '97. Februar. 12 S. 8.
49 — — No. 50. Malaio-polynesische und ostasiatische Sprachen. – No. 51.
Finnisch-ugrische und türkisch-tatarische Sprachen. – No. 52. Aegyptologie.
Afrikanische Sprachen und Entdeckungsreisen. '97. 17; 10; 44 S. 8.
50 Catalogue de la bibliothèque de feu M.T.C.Viennot . . . (Théologie;
Jurisprudence; Science et Arts; Gravure; Architecture; Belles-Lettres; Voyages;
Histoire des religions; Histoire ancienne; Histoire de tous les pays d'Europe,
de l'Asie et de l'Afrique; Archéologie; Bibliographie; Revues, etc.), dont la
vente aura lieu du 16 au 27 février 1897. P., Paul Fils & Guillemin, '97.
216 S. 8.
51 OswaldWeigel, l.–Neue Folge. No. 80. Linguistik. '97. 81 S. 8.
52 H.Welter, P.–No. 86. Théologie. 132 S. 8.
S. 93—119 Supplément — aus No. 83 (OB X, 2890) wieder abgedruckt.

2. Zeitschriften
(soweit sie nicht ausschliesslich den Einzelabteilungen zugehören).

53 The American A n t i q u a r i a n and O r i e n t a l J o u r n a l [OB X, 2892].
Vol. XIX, Nos. 1–3. Jan.–June '97. S. 1–185; K. u. Abb. Chicago, Lo.,
Kegan Paul &c. j. $ 4.
54 J o u r n a l A s i a t i q u e . . . publié par la Société Asiatique [OB X, 2893].
Neuvième Série. Tome IX. Janv.–Juin '97. P., Leroux. 542 S. 8. (T.)
j. Fr. 25. (Etranger Fr. 30.)
55 J o u r n a l of the A m e r i c a n O r i e n t a l S o c i e t y. Ed. by Charles
R.Lanman and George F.Moore [OB X, 2894]. Vol. XVIII, I. and II. Half.
New Haven, Am. Or. Soc., '97. III, III, 408 S. 8. $ 5.

1*

S. 375—90: Proceedings, April 22d. 23d, and 24th, 1897 (darin S. 377—9 nekrologische Notizen über I.H.Hall, J.D.Whitney, D.W.Marsh, O.Crane, W.M.Thomson, E.N.Snyder).
55 Journal of the American Oriental Society. Vol. XIX. I. Half. Ebd. VIII, 155 S.; 1 Portr. 8. $ 1.50.
Auch m. d. T.: The Whitney Memorial Meeting. A report of that session of the first American Congress of Philologists, which was devoted to the memory of ... William Dwight Whitney ... Ed. ... by Charles R.Lanman. Boston, Ginn and Co., '97.
Enthält auf S. 7—105 reiche Materialien zur Biographie und Charakteristik Whitney's von Lanman u. a., S. 107—19 Detailed program ... of the joint and of the special sessions of the first Am. Congr. of Phil. [vgl. OB X, 2912], S. 121—50 Chronological bibliography of the writings of W. D. W., S. 151—3 List of some biographical, necrological, and other publications concerning Professor Whitney. S. 155 Titles of several books concerning the family and kindred of Professor Whitney.
56 Journal of the Asiatic Society of Bengal [OB X, 48]. Vol. LXV, P. I, Nos. 3—4. Ed. by the Philological Secretary. S. 229-389; 18 T. — Vol. LXV, P. III, No. 1 und Special Number. Ed. by L.deNicéville, Hon. Anthrop. Secretary. S. 1—63; 6 T. und 112 S. C., As. Soc., '97. 8. Je 1 R. 8 /a/. (3 s.)
57 The Journal of the Royal Asiatic Society of Great Britain and Ireland. Publ. by the Soc., Lo. [OB X, 2895]. Jan.; April, '97. S. 1—452; 4 T. 8. (Dazu 29 S. List of the members etc.) j. 30 s.
58 Lotusblüthen. Theosophische Monatsschrift. Hrsg. v. Franz Hartmann [OB X, 2896]. Jahrg. 1897. Jan.-Dezbr. = Heft 52—63. L., Friedrich. 913 S. 8. M. 10.
Dazu als Gratis-Beilage April—Sept. 1897: T. S. in G. (Germania.) Rundschau. Titel dann abgeändert in: Theosophische Rundschau. 134 S. 8.
59 Mitteilungen der Vorderasiatischen Gesellschaft [OB X, 2897]. '97. 6 Hefte. B., Wolf Peiser. 488 S. 8. M. 10.
60 Oesterreichische Monatsschrift für den Orient. Red. von A. von Scala [OB X, 2898]. XXIII. Jg. No. 1—9. Jänner-Sept. '97. Verl. d. K. K. Österr. Handels-Museum in Wien. S. 1—108. 4 j. Fl. 5.
61 Société des sciences et lettres. — Société orientale. Le Muséon et la Revue des religions, études historiques, ethnologiques et religieuses. Tome I et XVI. No. 1—2. Janvier; Avril '97. S. I—VI, 1—208. 8. Louvain, Istás. j. Fr. 10.
Fortsetzung zu OB X, 2899 (wir citiren die Bandzahl der Gesamtreihe). Vereinigt mit der vorher von Z.Peisson in Paris hrsg. Revue des religions.
62 Proceedings of the Asiatic Society of Bengal [OB X, 54]. June-Dec., '96. C., As. Soc., '96/7. S. 79-150. 8.
63 The Babylonian and Oriental Record: a monthly magazine of the antiquities of the East. W.St.Chad Boscawen, H.M.Mackenzie, joint editors [OB X, 2902]. Vol. VIII, Nos. 4-6. July-Sept., '96. Lo., Nutt; Luzac & Co. S. 73-144. 8. j 12 s. 6 d.
Heft 3 ist uns noch nicht zugänglich.
64 Recueil de travaux relatifs à la philol. et à l'arch. égypt. et assyriennes p. servir de bulletin à la mission française du Caire p. sous la dir. de G.Maspero [OB X, 2903]. Vol. XIX. P., Bouillon, '97. 223 S. 4. j. Fr. 30.
65 The Imperial and Asiatic Quarterly Review and Oriental and Colonial Record [OB X, 2904]. Third Series. Vol. III. Nos. 5-6. Jan.; April, '97. Woking, Oriental University Institute. IV, 480 S. 8. (T.) 10 s.
66 The Calcutta Review. Ed. by James W.Furrell [OB X, 2905]. Vol. CIV = Nos. 207-8. Jan.; April '97. C., Thomas S.Smith. 388, XXXI S. 8. Je 6 s.
67 Zapiski Vostočnago Otdělenija Imperatorskago Russkago Archeologičeskago Obščestva. Izdavaemyja pod redakcieju upravljajuščago otděleniem Barona V.R.Rozena [OB IX, 2822]. T. X. 1896. Pe., Ak. Druck., '97. XX, 451 S.; 1 Portr., 1 T. 8. Rub. 4.
S. 227—145 ausführliche Indices zu T. I—X.
68 Zeitschrift der Deutschen Morgenländischen Gesellschaft. Hrsg. ... unter der verantw. Red. v. E.Windisch [OB X, 2906]. 51. Bd. Heft 1-2. L., Brockhaus in Comm., '97. S. I-XVI, 1-342. 8. j. M. 15.

69 Wiener Zeitschrift für die Kunde des Morgenlandes. Hrsg. u. red. von G.Bühler, J.Karabacek, D.H.Müller, F.Müller, L.Reinisch [OB X, 2907]. XI. Bd., H. 1–2. W., Hölder, '97. S. 1–208; 3 T. 8. j. *M.* 10.

70 Zeitschrift für afrikanische und oceanische Sprachen. Mit besonderer Berücks. der Deutschen Kolonien. Hrsg. m. Unterstütz. der Kolonial-Abth. des Auswärtigen Amts, der D. Kolonialges. u. A. von A.Seidel [OB X, 2908]. III. Jahrg., 1. Heft. B., D. Reimer, '96. S. 1–96. 8. j. *M.* 12.

Sammelwerke. Vermischtes.

71 Actes du dixième Congrès international des Orientalistes. Session de Genève. 1894 [OB X, 62]. Quatrième partie. Section IV: Égypte et langues africaines. V: Extrême-Orient. VI: Grèce et Orient. VII: Géographie et ethnographie orientales. Avec deux figures dans le texte, cinq planches et deux cartes. Leide, Brill, '97. VI, 192, 184, 33, 81 S. 8. *M.* 16.
— — Première partie. Comptes rendus des séances. Leide, Brill, '97. 156 S. 8.
Schuss des Ganzen.

72 Bulletin de la Société de linguistique de Paris [OB X, 64]. No. 44 (X, 1). P. '97. S. I-LXX. 8.
Vgl. die Bemerk. zu OB IX, 2824.

73 C[ust], R.N.-Philology notes for 1896. – Half-yearly philology notes. Part II, 1897: JRAS '96, S. 802–7; '97, S. 446–9.
Vg. OB X, 642.

73a Aegyptiaca. Festschr. f. Georg Ebers z. 1. März 1897. M. 1 Taf. in Lichtdr. u. 9 Fig. im Text. L., Engelmann, '97, 4 Bl., 152 S.; 1 T. 8. *M.* 20.
Rec. *K.Piehl,* Sphinx II, S. 12–7; 47–51.

74 Recent research in Bible lands. Its progress and results. Ed. by Herm. V. Hilprecht. Philadelphia, Wattles & Co., '96. XIV, 269 S. 8. (ill., T., K.)
H.V.Hilprecht, Introduction. S. 5–7; J.F.McCurdy, Oriental Research and the Bible S. 8–28; F.J.Bliss, The mounds of Palestine, S. 29–41; H.V.Hilprecht, Explorations in Babylonia, S. 43–93; A.H.Sayce, Research in Egypt. S. 95–128; Fr.Hommel, Discoveries and researches in Arabia, S. 129–58; W.H.Ward, The Hittites, S. 159–90; J.P.Mahaffy, Early Greek manuscripts from Egypt, S. 191–230. — Rec. *A.-J.Delattre,* Rev. des quest. hist. LXII, S. 5–62.

75 Semitic Studies in memory of Rev. Dr. Alexander Kohut. Ed. by George Alexander Kohut. B., Calvary & Co., '97. XXXV, 615 S.; 1 Portr. 8. *M.* 20.
S. V—XIII Vorrede v. George Alexander Kohut. — Rec. *M.Lambert,* JA Ser. IX, T. IX. S. 350—8.

75a Χαριστήρια. Sbornik statej po filologii i lingvistikě v čest' Feodora Evgenievica Korša, zasluzennago professora Imp. Moskovskago univer-siteta. Moskva, tip. E. Lissnera & Ju. Romana, '96. VIII, 550 S.; 1 T. 8.

76 Lepitre, A.-Revue d'études orientales [OB IX, 2830]: Université cath., N. S. XXIII, S. 298–310.
Besprech. v. Gurupujakaumudī OB IX, 2829, sow.e der neueren Werke von Wacker-nagel, G.Oppert. J.Dahlmann, T.W.R.Davids, H.C.Warren, E.Senart.

77 Frdr. Rückert's Werke. Auswahl in 1 Bde. m. dem Bilde Rückerts. (Liebesfrühling. — Gedichte. — Die Weisheit des Brahmanen. — Die Makamen des Hariri.) Hrsg. u. m. e. Einltg. versehen v. Osk. Linke. Halle, Hendel, '97. XXIV, 762 S. 8. *M.* 3.

78 — — Werke in 6 Bdn. Hrsg. v. Conr. Beyer. Mit litterar. Anmerkgn., Rückerts Portr., 2 Gedichten in Orig.-Handschrift u. e. Einleitg.: Friedr.Rückerts Leben u. Bedeutg. L., Fock, '97. 456; 520; 516; 544; 456; 532 S. 8. *M.* 4.80

79 — — Hrsg. v. Geo. Ellinger. Kritisch durchgesehene u. erläuterte Ausg. 2 Bde. L., Bibliograph. Institut, '97. 52, 379; 386 S. m. Bildnis u. Facs. 8. Geb. *M.* 4.

80 Schwarz, Wilh.-Epigraphisches: N. Jb. f. Philol. u. Päd. CI.V, S. 32.

81 New American Supplement to the latest edition of the Encyclopaedia Britannica. A standard work of reference in art, literature, science . . . Ed. under the personal supervision of Day Otis Kellogg, assisted by a corps of experienced writers. Enriched by many hundred special articles contributed by men and women of internat. reputation. In 5 Vols. N. Y., The Werner Company, '97. 3269 S. 4. **$ 15.**

3. Geschichte der Wissenschaft.

(S. auch No. 716; 1151; 1469.)

82 Beazley,C.R.-The dawn of modern geography. A hist. of exploration and geographical science from the conversion of the Roman empire to A.D. 900, with an account of the achievements and writings of the early Christian, Arab, and Chinese travellers and students. With reprod. of the principal maps of the time. Lo., Murray (N. Y., Scribner), '97. 554 S. 8   18 *s.*; $ 7.20.

Rec. Ac. LI, S. 393 f.; Nature LV, S. 555; *F.Carlirn*, Globus LXXI, S. 230.

83 Braunmühl,A.v.-Nassir Eddin Ṭûsi u. Regiomontan. (= Nova Acta academiae caesareae Leopoldino-Carolinae germanicae naturae curiosorum. LXXI. Bd. No. 2.) Halle (L., Engelmann in Comm.,) '97. 37 S.; 2 T.   4.   *M.* 2.

84 Brown,Rob., jr.-On the origin of the ancient northern constellation-figures: JRAS '97, S. 205-26.

85 Cagnat.-L'activité scientifique de la France en Afrique depuis quinze ans: CR XXIV ('96), S. 558-75.

86 Chauvin,Victor.-Gaspar Ammonius de Hasselt. Hasselt, Eug. Leën, '97. 8 S. 8. (Extrait de la revue mensuelle „L'Ancien Pays de Looz" de Hasselt. 2ᵐᵉ année, page 10.)

Hebraist, Schüler Reuchlin's u. s. w.

87 Cust,Rob.Needham.-Progress of knowledge in certain subjects in the last half-century. A jubilee contribution to the "Calcutta Review": C. Rev. CIV, S. 258-71.

88 Davis,Ozora.-Semitic and Old Testament professors and instructors in continental institutions: Am. J. of Sem. langu. and lit. XIII, S. 163-8.

Vgl. OB X, 76.

88a Chinesische Erfindungen: Ostas. Lloyd XI, S. 1219-23.

Compass. Buchdruckerkunst. Schiesspulver u. Schiesswaffen.

89 Fabinger,Fr.-Geometrové starého a středního věku až do stol. XVI. [Die Geometer des Altertums u. d. Mittelalters bis z. 16. Jh.] Progr. k. k. Staats-Obergymn. Schlan '95. 34 S. 8.

Rec. *Joh.Mayer*, Z. f. d. öst. Gymn. XLVIII, S. 93.

89a Herz,Norbert.-Geschichte der Bahnbestimmung von Planeten und Kometen. In 3 Theilen. II. Theil: die empirischen Methoden. L., Teubner, '94. VIII. 264 S.; 2 T. 8.   *M.* 10.

Beh. im 1 Cap. die arabische, pers. u. chines. Astronomie des Mittelalters. — Teil I ersch. ebd. 1887 u. beh. das Altertum.

89b Jovy,Ernest.-Un document relatif à l'histoire de la philologie comparée: Bull. hist. et philol. du com. des trav. hist. et sc. '96, S. 735-7.

Brief Othmar Frauk's v. 29. Aug. 1848 an Barbier, Bibliothekar des Staatsraths u. Napoléons I.

89c Kayserling,M.-A princess as Hebraist: Jew. Qu. Rev. IX, S. 509-14.

Antonia, Tochter d. Herzogs Eberhard v. Württemberg.

90 Lewis,J.P.-Reland on Malay, Siṃhalese, and Tamil: J. Ceylon Br. RAS XIV, No. 47, S. 223-36; 1 T.

91 Liétard.-Résumé de l'histoire de la médecine chez les Orientaux et en Europe jusqu'au XIIIᵉ siècle. (Extr. de la Grande Encyclopédie. Vol. XXIII.) P., Lamirault & Co., '97. 109 S. 8.

S. 101-9: Bibliographie.

92 Il seminario orientale di Beirut nella Siria: Civiltà catt., Ser. XVI, Vol. VII, S. 508 f.

Vgl. OB X, 75a.

93 Torrey,CharlesC.-The beginnings of Oriental study at Andover: Am. J. of Sem. languages and lit. XIII, S. 249-66.

94 Villicus,Fr.-Die Geschichte der Rechenkunst v. Alterthume bis zum XVIII. Jh. M. Ill., Zahlzeichen . . . d. alten Culturvölker u. altamerikan. Völkerstämme, nebst e. tabellar. Darstellg. v. Zahlwörtern d. Zehnersystems aus 72 Sprachen. 3. verm. Aufl. W., Gerold's Sohn, '97. VIII, 114 S; 1 Bl. Tab. 8.

Rec. *F.Hultsch*, B. philol. Ws. '97, S. 820 f.

95 Albanesischer· sprachwissenschaftlicher Congress: Beil. Allg. Ztg. 90, S. 7.

96 Stieda,L.-Der X. russische archäolog. Kongress in Riga 1896: Cbl. f. Anthr. II, S. 175-82; 260-70.

97 Congrès International des Orientalistes. Onzième Session. Paris, 5-12 Septembre 1897. No. 1-14. (1-3 in 4°, 4-14 in 8°.)

Enth. die Einladungen, Vorbemerkungen, den neuen Statutenentwurf, die Eröffnungsrede des Präsidenten Scheler, die Liste der angemeldeten Vorträge, das Mitglieder- u. Delegirtenverzeichnis, die täglichen Procès-verbaux und Goldziher's Rapport sur le projet d'une encyclopédie musulmane.

98 Charbonnel,Victor.-Congrès universel des religions en 1900. Histoire d'une idée. P., Colin & Co., ['97.] VI, 301 S. 8.

98a S.Pârthasárathi Aiyangár.-The Parliament of religions. Ma., publ. by the author, '96. 7 S. 8.   1 @.

99 Jackson,A.V.W.-The annual meeting of the American Oriental Society at Baltimore [OB X, 84]: IF Anz. VIII, S. 367-9.

100 [Lanman,Ch.R.]-The American Oriental Society's meeting: Nation (N. Y.) LXIV, S. 316 f.

Persönliches. Biographien und Nekrologe.

(S. auch No. 55 ı 1357.)

101 Allgemeine Deutsche Biographie. Auf Veranlassg. S. M. d. Kön. v. Bayern hrsg. d. d. histor. Comm. b. d. K. Ak. d. Wiss. [OB X, 2946]. XLII. Bd. Werenfels-Wilhelm d. Jüngere. L., Duncker & Humblot, '97 796 S. 8.

A. v. Salis: Samuel W.Werenfels, S. 5-8. — *A.Löffler:* Wolfg.W.Wessely, S. 146 f. — *A.Rossbach:* Rudolf Georg Herm. Westphal, S. 205-16. — *C.Haeberlin:* Joh. Chr. Friedr. Wetzel, S. 257-9. — *V.Hantzsch:* Wolfg.Weyssenburger, S. 291 f. — *Cuno:* Joh.W. Wichelhaus, S. 306-9. — *Lauchert:* Frz.XaverWidenhofer, S. 341 f. — *Riesler:* Joh. Albr.Widmanstetter, S. 357-61. — *Lauchert:* Georg Frz.Wiesner, S. 435 f. — *Ludw. Fränkel:* Ludw.Wihl, S. 469-72.

102 Kalender für den Orientalisten-Congress 1897-98. Den Mitgl. d. XI. Int. Or.-Congresses . . . gewidmet v. d. Officin Drugulin in Leipzig. 20 Bl. 8.

Mit den Portraits der Präsidenten der bisher. Or.-Congresse.

103 Die im J. 1896 verstorbenen Missionsbischöfe [OB X, 2947]: Kath. Missionen '97, S. 145-50; 193-8. (Portr.)

L.H.Laferrière; A.Guillermain; F.V.Pesci; E.Gasnier; H.Vassalon; Th.H. Rutjes; J.E.Luck u. a.

104 Schlumberger.-Discours d'ouverture: CR XXIV ('96), S. 490-528.

S. 502 ff. über die an M.Courant, L.Finot, L.Fournereau, Fouché, Foureau, Delattre verteilten akademischen Preise.

105 Cust,Rob.N.-Sir James Abbott: JRAS '97, S. 126-30.

106 F[orsman],A.V.-August Ahlqvistin ylioppilasajoilta (Kirje J.L.Runebergiltä): Virittäjä '97, No. 1.

Aus den Studentenjahren Aug.Ahlqvist's (ein Brief von J.L.Runeberg).

107 Ancona,A.d'.-Carteggio di Michele Amari. 2 Vol. Turin '96. S. Rec. G.Paris, CR XXIV ('96), S. 485-7.

108 Stolpe,Hjalmar.-Kristian Bahnson †: Ymer '97, S. 77-80; Portr.

109 Mr. Theodore Bent: Ath., May 15, S. 657.

110 W[olkenhauer],W.-[J.Theodor Bent]: Globus LXXI, S. 363.

111 Wallon,H.-Notice historique sur la vie et les travaux de Abel-Henri-Joseph Bergaigne: CR XXIV ('96), S. 529-57.

112 Corradini,Vent.-Vittorio Bóttego e le sue esplorazioni africane. Parma, tip. Grazioli, '97. 54 S. 8.   L 0.70.

113 Hirt,Herm.-Peter v. Bradke †: Beil. Allg. Ztg. 71, S. 1-4.

114 Str[eitberg],W.-Peter von Bradke: IF Anz. VIII, S. 369 f.

115 Maspero,G.-Henri Brugsch: Actes du X. Congr. des Or., Sect. IV, S. 95-102.

116 Munkacsi B.-Budenz Jozsef emlékezete. Budapest, Akademie, '96. 65 S. 8.

Rec. J.Kont, Rev. cr. 11, S. 218 f.

117 The romance of Isabel Lady Burton, the story of her life, told in part by herself and in part by W.H.Wilkins. 2 Vols. N. Y., Dodd, Mead & Co., '97. XXII, 778 S. 8. $ 7.50·
The wife of Sir Richard Burton. Vgl. OB VII, 2997.

118 Stisted,Georgiana M.-The true life of Captain Sir Richard F. Burton; written by his niece, with the authority and approval of the Burton family. N. Y., Appleton, '97. 8. $ 2.

119 W.A.Clouston: Folk-Lore VIII, S. 94.

120 Darmesteter, Mary James.-James Darmesteter in England: Cosmopolis I, S. 393-9.
Preface to D.'s "English Studies."

121 Reinach,Sal.-James Darmesteter: Jsb. üb. d. Fortschr. d. class. Altertumswiss., Bd. 95 B, S. 64-78.

122 Schlegel,W.-Willem Nicolaas Du Rieu: T'P VIII, S. 109 f.; 260.

123 Maunoir, Charles.-Dutreuil de Rhins: Actes du X. Congr. des Or., Sect. VII, S. 41-5.

124 Georg Ebers: Ac. LI, S. 284.

124a Piehl, Karl.-Un jubilé [Georg Ebers]: Sphinx II, S. 10 f.

125 Editorial announcement: China Rev. XXII, S. 619-21.
Ueber Eitel's Thätigkeit für die China Rev.

126 Riddick,S.M.-William Ewing, Orientalist: S. S. Times XXXIX, S. 451 ff.

127 Legrand,Ph.E.-Biographie de Louis-François-Sébastien Fauvel, antiquarie et consul(1753-1838): Rev. arch. XXX('97),S. 41-66; 184-201; 384-404.

128 Alberti,Ed.-Peter Wilh. Forchhammer: Jsb. üb. d. Fortschr. d. class. Altertumswiss., Bd. 95 B, S. 41-63.

129 "Bible Reader".-Cunningham Geikie: S. S. Times XXXIX, S. 660.

130 G.-Jubilé de Mgr. de Harlez: Muséon XVI, S. 101 f.

131 Denkwürdige Erinnerungen aus d. Leben des Verfassers der „Lotusblüthen" [Franz Hartmann]. Mit bes. Berücks. d. Gesch. d. theos. Bewegung: Lotusblüthen '97, S. 603-31; 729-50; 809-32; 882-92.

132 Vinson,Julien.-Abel Hovelacque [OB X, 116]: Rev. de ling. XXX, S. 1-51; 234-7; Portr.
S. 28 ff. Notices des écrits d'A. H.

133 Niemi, A.R.-Kaarle Niklas Keckman: Virittäjä '97, No. 1 f.

134 Georg Wilhelm Kirsch, geb. 1752, † 1829: Karl Dietsch, Beiträge zur Geschichte des Gymnasiums in Hof (1896/7), S. 76-9; 93-110.

135 Sellin, Ernst.-August Köhler. Nekrolog: N. Kirchl. Z. VIII, S. 273-97.

136 Kohut, Adolph.-Alexander Kohut. Ein Characterbild: Semitic Studies in memory of Alexander Kohut, S. XVII-XXXV.

137 Johann Stanislaus Kubary: Globus LXXI, S. 214.

138 Schmeltz,J.D.E.-† Johann Stanislaus Kubary: Int. Arch. f. Ethnogr. X, S. 132-6; Portr.

139 C[ordier],H.-Lallemant-Dumoutier: T'P VIII, S. 344.

140 S[chlegel],G.-Jan Pieter Nicolaas Land: T'P VIII, S. 343.

141 Bellesheim,A.-Charles Cardinal Lavigerie, Erzbischof v. Karthago und Primas von Afrika (1825-1892): Katholik XV ('97), S. 248-66; 356-77.

142 Klein,Félix.-Le cardinal Lavigerie et ses œuvres d'Afrique. Nouv. éd., complètement refondue. Tours, Mame & fils, '97. 349 S. 8.

142a Zimmern, Helen.-David Levi, poet and patriot: Jew. Qu. Rev. IX, S. 363-402.

143 Niemi,A.R.-Elias Lönnrot Kajaanissa: Virittäjä '97, No. 5.

143a K[rumbacher],K.-Louis de Mas Latrie †: Byz. Z. VI, S. 648.

144 Ol'denburg,S.-Pamjati Ivana Pavloviča Minaeva. 9 Oktjabrja 1840 - 11junja 1890: Zap. X, S. 67-77; 1 Portr.

145 Žukovskij,V.-Muchammed-Chasan-chan (I'timad-al-sal'tané): Zap. X, S. 187-91.

145a Akbil Chandra Mukherji.-Notices and reviews of Dr. Nishi Kánta Chatterji's lectures. Bhawánipur, publ. by the author, '97. 43 S. 8. 8 @).

146 [Pedersen,H o l g e r.-Selbstbiographie:] Indbydelsesskrift til Kjøbenhavns Universitets Aarsfest til Erindring om Kirkens Reformation '97, S. 86-8.
147 S c h l e g e l,G.-George Phillips: T'P VII, S. 593-5.
148 T.W.-G e o r g e Phillips: JRAS '97, S. 442.
149 D e l V e c c h i o, Alberto.-A l b e r t o E r m a n n o Post: Arch. stor. it. XVII ('96), S. 210-4.
150 B o u r g e t, Paul.-Essais de psychologie contemporaine. Baudelaire — Renan — Flaubert — Taine — Stendhal. Neuvième éd. P., Lemerre, '95. VIII, 326 S. 8.
Die 1. Aufl. 1883.
151 B l u m e n t r i t t,F.-† Dr. J o s é Rizal: Int. Arch. f. Ethnogr. X, S. 88-92; 1 Portr.
Rec. F.Ratzel, Beil. Allg. Ztg. 115, S. 1 f.
152 S c h w e i n f u r t h,Georg.-Zur Érinnerung an G e r h a r d Rohlfs: Westermanns Mh. LXXXII, S. 565-77; 1 Portr.
153 V o i t,C.v.-G e r h a r d Rohlfs: Sitzb. Ak. Wiss. M., Math.-phys. Cl. '97, S. 450-3.
154 W e i s e,O.-Der Orientalist Dr. R e i n h o l d Rost, sein Leben und sein Streben. L., Teubner in Comm., '97. 71 S.; 1 Portr. 8. *M.* 2.
155 Zur Feier des 100 j. Geburtst. d. Frh. F r a n z v. Siebold: ÖM XXIII, S. 33 f.
Festrede v. Bälz in Tokio.
156 C o r d i e r,Henri.-G. E u g è n e Simon: TP VII, S. 592 f.
157 V i r c h o w,R.-H r o l f V a u g h a n Stevens: Z. f. Ethnol. XXIX, S. (235) f.
157a Guidi,Ign.-C a r l o Valenziani: Rdc. Lincei VI, S. 333-5.
158 H[a r t w i g],O.-K a r l A d o l f Verner als Bibliothekar: Cbl. f. Biblw. XIV, S. 249-63.
159 P e d e r s e n, Holger.-K a r l A d o l f Verner: IF Anz. VIII, S. 107-14.
160 S t r e i t b e r g,Wilh.-K a r l Verner. Ein Bild aus d. Gesch. d. indogerm. Sprachwissenschaft: Beil. Allg. Ztg. u. das Palatalgesetz.
Erörtert spec. die Lautverschiebung u. das Palatalgesetz.
161 T h o m s e n,Vilh.-K a r l Verner. (1846-1896.): Nord. Tidsskr. f. Filol. III. Række, V, S. 187-201; 1 Portr.
162 W o l k e n h a u e r,W.-L. Vivien d e S a i n t - M a r t i n †: Globus LXXI, S. 84.
163 R e i n a c h,Sal.-W i l l i a m · H e n r y Waddington: Jsb. üb. d. Fortschr. d. class. Altertumswiss., Bd. 95 B, S. 1-8.
164 M a h a f f y,J.P.-Mr. C h a r l e s E. Wilbour: Ath., Jan. 16, S. 85.
165 Dr. J o s e p h Wolff: Bibelblätter '97, S. 3-11.
165a M u i r h e a d,W.-[Wylie]: China Rev. XXII, S. 613.

4. Geographie und Geschichte.
(S. auch No. 82; 254.)

166 Hirsch,F.-Byzantinisches Reich: Jsb. d. Geschw. '95 ('97), III, S. 258-68.
167 Steinhausen,G.-Allgemeine Weltgeschichte: Jsb. d. Geschw. '95 ('97). IV, S. 1-9.
Vorher OB X, 156.
168 Türk,G.-Griechen: ebd. I, S. 91-129.
Vorher OB X, 162.
169 Wichmann,H.-Geogr. Monatsbericht [OB X, 3015]: PM XLIII, S. 23 f.; 47 f.; 73-6; 99 f.; 123 f.; 140.
170 Annegarns Weltgeschichte in acht Bänden. Neu bearb. u. bis z. Gegenwart ergänzt v. August E n c k u. Victor H u y s k e n s. 7. Aufl. 8 Bde. Münster i. W., Theissing, '95/96.
I. Gesch. d. Völker d. Orients. — Sagensch. d. Griechen. 2 Bl. 343 S. 8.
171 Anton,G.K.-Die Entwicklung des französischen Kolonialreiches. Vortrag. Mit 1 Karte u. 2 Nebenkarten. (= Staatswiss. Vorträge u. Jahrb. d. Gehe-Stiftung zu Dresden, H. 8.) Dresd., v. Zahn & Jaensch, '97. 36 S. 8. *M.* 1.20
172 Our empire Atlas. Showing British possessions at home and abroad. Introd. by C.P.Lucas. Lo., Johnston, '97. 59 plates; Index. 4. 6 s.

173 **Beloch,** J u l.-Griechische Geschichte [OB VIII, 2693]. 2. Bd. Bis auf
Aristoteles u. die Eroberg. Asiens. Mit 1 Karte. Strassburg, Trübner, '97.
XIII, 713 S. 8. *M.* 9.
Rec. *F.Cauer*, DL 18, S. 697–701.
174 — — Zur griechischen Vorgeschichte. I. Ethnologisches. II. Die
Wanderungen: Hist. Z. LXXIX, S. 193–223.
175 **Bigham,** C l i v e.-A ride through Western Asia. Lo. (N.Y.), Macmillan,
'97. XII, 275 S. 8. (ill., K.) 8 *s.* 6 *d.* ; $ 3 .
Rec. Ath., June 26, S. 830; SR LXXXIII, S. 561 f.
176 **Boughton,** W i l l i s.-History of ancient peoples. N. Y., Putnam, '97.
XXXIV, 541 S. 8. (ill., K.) $ 2 .
177 **Busolt,** G e o.-Griechische Geschichte bis zur Schlacht bei Chaeroneia
[OB IX, 215]. 3. Bd. 1. Tl.: Die Pentekontaëtie. (= Handbücher der alten
Geschichte. II. Serie. 1. Abtlg. 3. Bd. 1. Tl.) Gotha, F.A.Perthes, '97. XXII,
592 S. 8. *M.* 10.
178 **Carpenter,** F r a n k G.-Asia. N.Y., American Book Co., '97. 304 S. 8. 60 *c.*
179 **Cordier,** H e n r i.-Centenaire de Marco Polo. Conférence faite à la Société d'Études italiennes le Mercredi, 18. Décembre, '95, à la Sorbonne. (=
Biblioth. de voyages anciens. Vol. III.) P., Leroux, '96. 3 Bl., 110 S. ;
2 T. 8.
Vgl. ÖM XXIII, S. 80 f ; *J.B.Ch[abot]*, Rev. de l'Or. lat. IV, S. 643.
180 **Crawford,** J.-The prehistoric route from Asia to the Western coast of
America: Am. Ant. & Or. J. XIX, S. 135–7.
181 **Debes,** E.-Schulwandkarte v. Asien. Im Anschluss an des Herausgebers
Schulatlanten bearb. 1 : 7,400,000. 6 Blatt à 79,5 × 58 cm. Farbendr. L., Wagner
& Debes, '97. *M.* 10; auf Leinw. m. Stäben *M.* 18.
182 **Dutreuil de** R h i n s, J.-L.-Mission scientifique dans la haute Asie 1890–
95. Première partie: Récit du voyage. (19. Févr. 1891 — 22. Févr. 1895.) P.,
Leroux, '97. XV, 454 S. ; LVI T. 4.
Der Text ist von F. Grenard abgefasst.
183 **Fontane,** M a r i u s.-Histoire universelle. [Tome VIII–IX :] Le Christianisme. (De 67 av. J.-C. à 117 ap. J.-C.) Les Barbares. (De 117 à 395 ap. J.-C.)
P., Lemerre, '94; '97. 552 S.; 2 K. u. 517 S.; 5 K. 8. Je *Fr.* 7.50.
184 **Fontes** historiae imperii Trapezuntini. Ed.A.Papadopulos-Ke-
rameus. Vol. I. Pe., typ. Kirschbaum, '97. XV, 176 S. 8. (L., Harrass. *M.* 6.)
Rec. *K.K[rumbacher]*, Byz. Z. VI, S. 630–2.
185 **Franson,** F.-Reise um die Welt. 1892–95. Hrsg. v. der deutschen China-
Allianz-Mission, Barmen. Barmen (Elberf., Fassbender,) '97. 111 S. 8. (ill.) *M.* 0.75.
186 **Goyau,** G e o r g e s.-Le protectorat de la France sur les chrétiens de l'empire ottoman: La France chrétienne dans l'histoire (P., Didot, '96), S. 588–600.
Mit Quellennachweisen auch in Revue du clergé français '95. — Vgl. *C. Weyman*, Byz. Z.
VI, S. 461.
187 **Im Orient.** Hrsg. v. O. Hager u. A. Tetzlaff. Magdeburg-Neustadt,
Selbstv., '96. 172 S.; 23 T., 1 Beil. 8.
188 [Sven H e d i n 's] Forschungsreisen in Central-Asien: Ostas. Lloyd XI,
S. 1295 f.
189 **Dr. Hedin's** travels in Central-Asia: Dublin Rev. CXXI, S. 418 f.
190 **Hellwald,** F.v.-Die Erde u. ihre Völker. 4.Aufl. [OB X, 3038]. 14–18. Lfg.
St., Union, '97. 8. Je 0.50.
191 — — Jorden och dess folk. Bearbetning af O.H.Dumrath. 1. 1.
Stockholm, Fritze, '97. S. 1–48; 2 T. 8. *Kr.* 0.50.
191a **Hertzberg,** G.-Geschichte von Byzanz. Russische Uebs., Anm. u. Beil.
v. P. Bezobrazow. Moskau '97. 674 S. S.
Vgl. *E.K[urtz]*, Byz. Z. VI, S. 629.
192 **Holm,** A.-The history of Greece, from its commencement to the close
of the independence of the Greek people. Transl. from the German [OB IX,
225]. Vol. III. 4th century, B. C. to the death of Alexander. Lo. (N. Y.),
Macmillan, '97. XIII, 456 S. 8. 6 *s.* ; $ 2.50.
193 **Jeep,** L u d w.-Beiträge z. Quellenkunde des Orients im Alterthum: Rhein.
Mus. f. Philol., N. F. LII, S. 213–36.

194 Krauth, K a r l.–Verschollene länder des altertums [OB IX, 3025]. VI. Die östl. steuerbezirke Persiens nach Herodotos u. den Dareios-inschriften: N. Jb. f. Philol. u. Paed. CLIII, S. 785–808.

194a Krumbholz, P a u l.–Zu den Assyriaka des Ktesias. (Vgl. Rhein. Mus. L, S. 205–240 [OB IX, 238].): Rhein. Mus. f. Philol., N. F. LII, S. 237–85.

195 Lehmann, P a u l.–Länder- u. Völkerkunde. 1–4. Hft. (= Hausschatz des Wissens. 189–192. Hft.) Neudamm, J. Neumann, '97. S. 1–160. 8. (ill.) Je *M.* 0.30.

196 Macdonald, J.C.–Chronologies and calendars. Lo., Andrews, '97. 124 S. 8. _7 s. 6 d._

On the evolutions of eras, Roman and Roman Catholic modes of reckoning, eras of creation, Chinese, Jewish, Samvat calendars &c.

197 Maban, A.T.–Der Einfl. der Seemacht auf die Geschichte. In Uebs. hrsg. v. d. Red. d. Marine-Rundschau. B., Mittler & Sohn, '95/6. XVII, 634 S.; 1 K. 8. (ill.) *M.* 12.50.

Rec. *G. W'is.,* LC 21, S. 677—9.

198 Mason, O.T.–Migration and the food quest: a study in the peopling of America: Smithsonian Report '94 (Washington '96), S. 523–39.

S. schon OB IX, 239.

199 Miller, J.–Die Besiedlung Nordafrikas nach Sallust, Jug. 18: Philologus LVI, S. 333.

200 Miller, K o n r.–Mappae mundi. Die ältesten Weltkarten. Hrsg. u. erläutert [OB X, 3060]. V. Hft. Die Ebstorfkarte. Mit 1 farb. Karte, 118,5×106 cm. St., J. Roth, '97. IV, 79 S. 4. *M.* 10.

Rec. *Helmolt,* OL 6, S. 179—81; *Kuge,* PM XLIII, Lber. S. 75 f.

201 — — Zur Geschichte d. Tabula Peutingeriana: Festschrift z. elfhundertj. Jubiläum d. deutschen Campo Santo in Rom (Freiburg i/B., Herder, '97).

202/3 Half-hours of travel at home and abroad: America, Europe, Asia and Africa. Selected and arranged by Charles Morris. 4 Vols. Philadelphia '97. 8. (ill.) 30 s.

204 Mundell, F.–Heroines of travel. Lo., S.S.Union, '97. 160 S. 8. 1 s. 6 d.

205 Niese, B e n e d.–Zur Würdigung Alexander's d. Grossen: Hist. Z. LXXIX, S. 1–44.

Daru J.Kaerst, ebd. S. 384.

206 Oberhummer, E u g.–Ueber Griechen, Türken und Armenier: Corr.-Bl. d. D. Ges. f. Anthr. XXVIII, S. 4 f.

207 Oppermann, E d m.–Geogr. Namenbuch. Erklär. geogr. Namen nebst Aussprachebezeichn. Hannover, C. Meyer, '96. VIII, 167 S. 8. *M.* 2.

Rec. *Kirchhoff,* PM XLIII, Lber. S. 62 f.; *L.Weingartner,* Z. f. d. öst Gymn. XLVIII, S. 145—9.

208 Palleske, R.–Sven H e d i n s Rückkehr von sein. Forschungsreise durch Mittelasien: Globus LXXI, S. 365 f.

209 Prášek, J.V.–Dějiny starověkých národů východních [Gesch. d. altmorgenländischen Völker]. Lfg. I. Prag, Wiesner, '97. S. 1–64. 8. *Fl.* 0.50.

210 Reinach, T h é o d.–Un peuple oublié: les Matiènes: Actes du X. Congr. des Or., Sect. VI, S. 13–28; 1 K.

Vgl. OB X, 201 a.

211 Ritchie, J.E.(„Christopher Crayon"). – The cities of the dawn: Naples, Athens, Pompeii, Constantinople, Smyrna, Jaffa, Jerusalem, Alexandria, Cairo, Marseilles, Avignon, Lyons, Dijon. Lo., Unwin, '97. 236 S. 8. 5 s.

212 Rossi, G.B.–Nei paesi d'Islam, in Barberia, in Egitto, il pellegrino d'Islam, el Yemen: impressioni e ricordi. Rocca S. Casciano, tip. Cappelli, '97. VIII, 239 S. 8. *L.* 4.

213 Rost, P.–Untersuchungen zur altorientalischen Geschichte: Mitteilungen der Vorderas. Gesellschaft '97, No. 2. IV, 141 S.; 8 autogr. T. 8. *M.* S.

214 Russell, R.H.–The edge of the Orient. Lo., Paul (N. Y., Scribner), '97. XV, 288 S. 8. 8 s. 6 d.; $ 2.

Travels in Egypt and Turkey, &c. — Rec. Ac. LI. S. 318 f.; Ath., March 13. S. 314 f.; S. S. Times XXXIX. S. 607.

215 Rühl, F r a n z.–Chronologie des Mittelalters u. der Neuzeit. B., Reuther & Reichard, '97. VIII, 312 S. 8. (Tab.). *M.* 6.50.

Vgl. *K.Krumbacher,* Byz. Z. VI, S. 465.

216 Schanz, Mor. – Ein Zug nach Osten. Reisebilder aus Indien, Birma, Ceylon, Straits Settlements, Java, Siam, China, Korea, Ostsibirien, Japan, Alaska u. Canada. 2 Bde. Hamb., Mauke, '97. VIII, 423 u. VI, 426 S. 8. *M.* 10.

217 Schweder, E.–Ueber die Weltkarte u. Chorographie des Kaisers Augustus [OB IX, 259]. II: Philologus LVI, S. 130–62.

218 Septans.–Les expéditions anglaises en Asie. Organisation de l'armée des Indes (1859–95); Lushai expédition (1871–72); les trois campagnes de lord Roberts en Afghanistan, 1878–80. P., Charles-Lavauzelle, [97.] 351 S. 8. (K.)

219 Smith, Will.–A smaller history of Greece from the earliest times to the Roman conquest. Rev. and enlarged, and in part rewritten by C.L. Brownson. N. Y., Harper, '97. VIII, 423 S. 8. (ill., K.) $ 1.

220 Spillmann, Jos.–Durch Asien. I. Hälfte, 2. verm. Aufl. Freib. i. B., Herder, '96. XII, 430 S. 4. *M.* 8.
Rec. *Gg.Wegener*, Ggr. Z. III, S. 421.

221 Tozer, H.F.–A history of ancient geography. (Cambridge Geogr. Series.) Cambridge, Univ. Press (N. Y., Macmillan), '97. XVII, 387 S.; 10 K. 8.
10 s. 6 d.; $ 2.60.

222 Vidal de la Blache. – Les voies de commerce dans la *Géographie* de Ptolemée: CR XXIV ('96), S. 421 f.; 456–83; 3 K.

223 Weingartner, Leop.–Lehrbuch d. Geschichte. I. Das Alterthum. W., Manz, '95. 151 S. 8. (ill.) *Fl.* 0.65.
Rec. *C.Würst*, Z. f. d. öst. Gymn. XLVII, S. 615–21.

224 Weltgeschichte in Umrissen. Federzeichn. e. Deutschen, e. Rückbl. am Schlusse d. neunz. Jahrh. B., Mittler & Sohn, '97. VIII, 525 S. 8. *M.* 9.

225 Zichy, Eugène de.–Voyages au Caucase et en Asie centrale. La migration de la race hongroise par le Comte Eugène de Zichy. La description des collections par Jean Jankó et Béla de Pósta. Ouvrage illustré de 150 planches hors texte et de nombreuses gravures. 2 Vols. (Auch m. ungar. T.) Budapest, Ranschburg, '97. V, I., 603 S. 4. *M.* 20.

5. **Volkskunde** (einschl. Anthropologie, Kulturgesch., Religionswiss. u.s.w.),

Kunst, Recht.
(S. auch No. 174; 1178; 1591; 1602.)

226 Brabrook, E.W.–Anniversary address: J. Anthr. Inst. of Great. Brit. XXV, S. 379–405.
Vorher OB X, 223a.

227 Buschan, Georg.–Bibliographische Übersicht. Laufende Litteratur des Jahres 1896 u. 1897: Cbl. f. Anthr. II, S. 73–96; 184–92; 275–88.

228 Dozy, G.J.–Revue bibliographique [OB X, 3084]: Int. Arch. f. Ethnogr. X, S. 23–8; 72–5; 123–7.

229 Frothingham, A.L.–Archaeological news [OB X, 220]: Am. J. of archaeol. XI, S. 373–523.

230 Furrer, K.–Religionsgeschichte [OB X, 221]: Th. Jsb. XVI, S. 457–76.

231 Goetze, A.–Urgeschichte des Menschengeschlechts: Jsb. d. Geschw. '95 ('97), I, S. 1–11.
Vorher OB X, 222.

232 Kurze, G.–Missionsrundschau: Allg. Miss.-Z. XXIV, S. 33–46; 86–94; 130–42; 235–49; 300–3.
Vorher OB X, 3090.

233 Ausführliches Lexikon der griechischen u. römischen Mythologie hrsg. von W.H.Roscher [OB X, 223]. 34.–36. Lfg. (Schlusslfg. von Bd. II, 2. Abt.) Mercurius–Myton. L., Teubner, '97. S. 2817–3326. 8.
Enth. u. a. die Artikel: Mercurius (Gleichsetzung Mercurs mit fremden Göttern), Meridianus daemon, Merre, Merta oder Merti, Mesites, Mesopotamia, Mesos, Mestraim oder Mestrem, Meter, Methres, Methyer, Metvia, Mezeanos, Mezentius, Mida, Midamos, Midas, Min, Mondgottin, Monimos, Monokeros, Month oder Mentu, Mopsos, Morie, Morios, Mormoth, Mot, Moymis, Munichia, Munthuch, Mus, Mut, Mychioi Theoi, Mygdon, Myia, Mylitta, Myrionymos, Myrrha, Mysia, Mysos.

234 Lincke, Arth.–Ueber den gegenwärtigen Stand der Volkskunde im All-

gemeinen u. der Sachsen's im Besonderen. Vortrag geh. am 30. Oct. 1896 im „Verein f. Erdkunde" in Dresden. Dresden '97. XV, 92 S. 8.
Von bibliographischem Werthe.

234a Marillier,L.-Revue des périodiques. Religions des peuples non-civi-lisés et folk-lore: Rev. hist. rel. XXXIII, S. 254-68; XXXIV, S. 121-9.

235 Missions-Rundschau [OB X, 3089]: Ev. Miss.-Mag. XLI, S. 38-48; 90-8; 172-81; 309-19; 359-68; 439-47.

236 Nachrichten aus den Missionen [OB X, 3091]: Kath. Missionen '97, S. 13-23; 35-47; 62-71; 84-95; 108-19; 131-43; 171-91; 213-43; 267-83.

236a Paris,Pierre.-Bulletin archéologique de la religion grecque. Déc. 1894-Déc. 1895: Rev. hist. rel. XXXIII, S. 54-83.

237 Ranke,Joh.-Wissenschaftlicher Jahresbericht [OB X, 3092]: Corr.-Bl. d. D. Ges. f. Anthr. XXVIII, S. 77-91.

238 Steinhausen,G.-Allgemeine Kulturgeschichte [OB X, 229]: Jsb. d. Geschw. '95 ('97), IV, S. 9-58.

230 Sturgis,R.-Annotated bibliography of fine art, painting, sculpture, archi-tecture, landscape gardening, arts of decoration and illustration. Music by H.E.Krehbiel. Boston, Library Bureau, '97. 89 S. 8. (L., Harrass. M. 2.50.)

240 Achelis,Th.-Über das Naturgefühl bei Naturvölkern: Westermanns Mh. LXXXI, S. 726-30.

241 — — Über Tiercultus: Umschau I, S. 30-3.

242 Ach[elis].-Zusammenh. zwischen Birmanen, Ägyptern, Chinesen und Indern: ebd. S. 451.
Ganz allgemein gehaltene Notiz über Aehnlichk. zw. birm. Gewichtseinh. u. aeg. Münzen etc.

243 Acosta,Paul d'.-Essai de philologie musicale. Études d'histoire et d'esthétique comparées sur la musique à travers les âges. Gand, impr. Siffer, '96. 135 S.; 1 Portr. 8. (P., Fischbacher Fr. 3.50.)
Die Notenstücke S. 129-34 enth. chines., mongol. u. indische Gesänge.

244 Andrian-Werburg,Frhr. v.-Die kosmologischen und kosmogonischen Vorstellungen primitiver Völker: Corr.-Bl. d. D.Ges. f. Anthr. XXVIII, S.127-39.

245 Anz,Wilh.-Zur Frage nach d. Ursprung des Gnostizismus. E. religions-gesch. Versuch (= Texte u. Untersuchgn. z. Geschichte d. altchristl. Literatur. Bd. XV. H. 4.) L., Hinrichs, '97. IV, 112 S. 8. M. 3.50.

246 Aveneau de la Grancière.-Les parures préhist. et antiques en grains d'enfilage et les colliers talismans celto-armoricains préc. d'un aperçu sur les temps préhistoriques. P., Leroux, '97. 176 S.; XXII T. 8.

247 Bahnson,K.-Etnografien fremstillet i dens Hovedtræk [OB X, 3107]. Lev. 21. Kjobenhavn, Nordiske Forlag, '97. 8. Ár. 1.

248 Basset,René.-Les villes englouties [OB X, 3109]: Rev. des trad. pop. XII, S. 270 f.
No. CCXIV: La ruine de Dvaraka (Inde).

249 Barrows,JohnHenry.-Is Christianity fitted to become the world-religion?: Am. J. of th. I, S. 404-23.

250 Berlin,P.-Die modernen Allianz-Missionen: Allg. Miss.-Z. XXIV, S. 22 -33; 71-86; 107-19.

251 Besant,A.-Four great religions: four lectures delivered on 21st anni-versary of Theosophical Society, at Adyar, Madras. Lo., Theosoph. Pub. Co., '97. 196 S. 8. 2 s.
On Hinduism, Zoroastrianism, Buddhism and Christianity.

252 Bibliothek der Symbole u. Glaubensregeln der alten Kirche hrsg. v. Aug. Hahn. 3. vielfach veränd. u. vermehrte Aufl. v. G.Ludw.Hahn. M. e. Anh. v. Adolf Harnack. Breslau, Morgenstern, '97. XVI, 412 S. 8. M. 6.50.

253 Boisacq,É.-L'art mycénien: Rev. de l'instr. publ. en Belgique XXXIX, S. 249-62; 321-45.

254 Bruck,Sylvius.-Griechenland in der vorgeschichtlichen (mykenischen) Kulturepoche: Umschau I, S. 229-31; 241-4.

255 Buchner,Max.-Völkerkunde: ebd. S. 1-3.

256 — — Der „Völkergedanke": Beil. Allg. Ztg. 76, S. 1-4.
Treffende Charakteristik der Bastian'schen Schriftweise.

257 **Campbell**, J.M.–Notes on the spirit basis of belief and custom [OB X, 3125]: IA XXVI, S. 7–14; 91–104; 126–33.

258 **Chamberlain**, A.F.–The mythology and folk-lore of invention: J. of Am. Folk-Lore X, S. 89–100.

259 **Cheyne**, T.K.–Mythic singing crocodiles: Ath., May 29, S. 716 f.; June 5, S. 748.

260 **Chiappelli**, Alessandro.–La dottrina della resurrezione della carne nei primi secoli della Chiesa. Memoria: Atti della R. Acc. di sc. mor. e polit. Napoli XXVI, S. 539–664.
Rec. *Tony André*, Rev. hist. rel. XXXIII, S. 101 f.

260a Chronicle of the London Missionary Society. Lo., Snow, '97. 4. 2 *s*.

261 **Conder**, C.R.–Greek art in Asia: Scottish Rev. XXX ('97), S. 340–61.

262 **Consolo**, Fed.–Cenni sull' origine e sul progresso della musica liturgica, con appendice intorno all' origine dell' organo. Firenze, Le Monnier, '97. VII, 104 S. 8. *L. 5.*

263 **Conze**, Alex.–Über den Ursprung der bildenden Kunst: Sitzb. Ak.Wiss. B. '97, S. 98–109.

263a **Crooker**, J.H.–The atheism in religions: New World VI, S. 519–31.
Touches upon Zoroastrianism, Buddhism, etc.

264 **Crozier**, J.Beattie.–History of the intellectual development on the lines of modern evolution. Vol. I. Greek and Hindoo thought, Graeco-Roman paganism, Judaism, and Christianity down to the closing of the schools of Athens by Justinian. N. Y., Longmans, '97. XV, 538 S. 8. $ 4 50.

265 **Cumont**, Fr.–La propagation des mystères de Mithra dans l'empire romain: Rev. d'hist. et de litt. rel. II, S. 289–305.

266 — — L'inscr. d'Abercius et son dernier exégète [Dieterich OB X, 3134]: Rev. de l'instr. publ. en Belg. XL, S. 89–100.

266a — — Note sur un bas-relief de la Mésie inférieure: Bull. arch. du com. des trav. hist. et sc. '96, S. 11–6; 1 T.
Betr. den Mithras-Cult.

267 **Cust**, Rob.Needham.–Essai sur les conceptions religieuses modernes depuis l'ère chrétienne prés. au XIᵉ Congrès int. des Orientalistes réuni à Paris en Sept. 1897. P., Leroux, '97. 32 S. 8.

268 **Forlong**, J.G.R.–Short studies in the science of comparative religions, embracing all the religions of Asia. Lo., Quaritch, '97. XXVIII, 662 S.; 3 K. 8. 28 *s*.

269 **Fournier** de Flaix, E.–L'impôt dans les diverses civilisations. Première Série. I–II. P., Larose, '97. XXXII, 820 S. 8. *Fr.* 15.
Mit Berücks. des Orients.

270 **Friedrichs**, Karl.–Frauenvererbung u. Levirat: Beil. Allg. Ztg. 46, S.1–4.

270a **G.**, P.L.de.–Un monument de la foi du second siècle. L'épitaphe d'Abercius: Études publ. p. des pères de la compagnie de Jésus LXXI ('97), S. 433–61.

271 **Gaidoz**, H.–Pépin-le-Bref, Samson et Mithra [OB IX, 3144]. II: Mélusine VIII, S. 241–7.

272 **Gardner**, E.A.–A handbook of Greek sculpture [OB X, 3152]. Part 2. Lo., Macmillan, '97. 304 S. 8. 5 *s*.

273 **Gladstone**, W.E.–The future life and the condition of man therein: North Am. Rev., Vol. 162, S. 1–13.
Ergänz. z. OB X, 3156.

274 **Goldmerstein**, L.–The part played by water in marriage customs: Folk-Lore VIII, S. 84–6.
Dazu L. Kennedy, ebd. S. 176 f.

275 **Gould**, F.J.–A concise history of religion [OB IX, 3151]. Vol. III. Christian origins. Lo., Watts, '97. 292 S. 8. 5 *s*.

276 **Graffunder**, P.–Die Rose in Sage u. Dichtung. (= Sammlung gemeinnütziger Vorträge. Hrsg. vom deutschen Vereine zur Verbreitg. gemeinnütz. Kenntnisse in Prag. No. 217.) Prag, F. Haerpfer in Komm., '97. 13 S. 8.
M. 0.30.

277 **Grant**, G.M.–Les grandes religions. Trad. (OB IX, 3152) avec autor. p. C. de Faye. Genève, Eggimann & Co., '97. 198 S. 8. *Fr.* 2.50.

278 Grosse, Ernst.–The beginnings of art. N. Y., Appleton, '97. XIV, 327 S. 8. $ 1.75.
Vgl. OB VII, 3236.

279 Günther, Reinh.–Allgemeine Kulturgeschichte. Zürich & L., Schröter, ['97]. XIV, 280 S. 8. *M.* 4.

280 Hacclus.–Die Hermannsburger Mission: Allg. Miss.-Z. XXIV, S. 9–19.

281 Haddon, A.C.–Evolution in art and life-histories of designs. Lo., Scott, '95. 8. 6 s.
Rec. *E S.Hartland*, Nature LIII, S. 169 f.

282 Hahn.–Wie setzt sich der Bestand der Kulturpflanzen zusammen: Corr.-Bl. d. D. Ges. f. Anthr. XXVIII, S. 158–64.

283 Hampel Józs.–Ujabb tanulmányok a rézkorról. Budapest, Akademie, '95. 58 S. (ill.)
Rec. *J.Kont*, Rev. arch. XXX ('97), S. 126 f. — Vgl. OB X, 303.

284 Hamy, E.-T.–Les races nègres: L'Anthr. VIII, S. 257–71.

284a — — The yellow races: Smithsonian Report 1895 (Washington '96), S. 505–17.
Uebs. v. OB IX, 339.

285 Hansen, A.M.–Menneskeslægtens ælde [OB X, 3163]. II. 4. Kristiania, Dybwad, '97. S. 177–240. 8. (ill.) *Kr.* 1.

286 Harnack, A.–Miscelle zur Abercius-Inschrift: Th. I 2. 2, S. 61.
Ueber die 9. Zeile.

287 Hartmann, Frz.–Karma od. Wissen, Wirken u. Werden. Enth. prakt. Anweisgn. in Bezug auf die okkulte Wissenschaft f. diejenigen, welche nicht blos wissen, sondern auch werden wollen. L., Friedrich, '97. III, 178 S. 8. *M.* 4.

288 [— —] Karma [Schl. zu OB X, 3177 a]: Lotusblüthen '97, S. 194–221; 277–96; 333–58; 440–64.

289 [— — Bruchstücke aus den Mysterien [Schl. zu OB X, 3203]: ebd. S. 51–74; 359–77.

290 [— —] Kama Rupa oder: Die formenschaffende Kraft der Seele: ebd. S. 841–52.

291 Heilmann, K.–Missionskarte der Erde. Mit besond. Berücksicht. der deutschen Kolonien. Mittlerer Massstab 1 : 50,000,000. 3. Aufl. 35×71 cm. Farbdr. Nebst Begleitwort. Gütersloh, Bertelsmann, '97. VIII, 45 S. 8. *M.* 1.20.

292 Hellwald, F.v.–Kulturgeschichte. 4. Aufl. [OB X, 308]. 2-3. Bd. L., Friesenhahn, '97. 594 ; 797 S. 8.

293 Helm. –Über vorgeschichtliche Bronzen: Corr.-Bl. d. D. Ges. f. Anthr. XXVIII, S. 52 f.
Auszug eines Vortrags.

294 Henning, L.–Religion und Völkerkunde. E. Beitrag z. Entwickelungsgesch. der Religion: Globus LXXI, S. 125–9.

295 Héron de Villefosse.–[Sur une inscription mithriaque de Mandeure]: Bull. Soc. nat. des antiquaires de Fr. '96, S. 123 f.

296 Hewitt, J.F.–How the first priests, the longhaired Shamans, and their successors, the tonsured Barber-Surgeons, measured time. A historical study: Westminster Rev., Vol. 146, S. 23–35; 117–40.

297 Hilgenfeld, A. – Die Grabschrift des Aberkios: Z. f. wiss. Th. XL, S. 297 f.
Text d. Inschr.

298 Hill, G.F.–On some antiquities of the Mycenaean age recently acquired by the British Museum: J. of Hell. Stud. XVII, S. 63–91; 1 T.

299 Hoernes, Mor.–Urgeschichte der Menschheit. 2. Aufl. (— Sammlung Göschen. 42. Bdchn.) L., Göschen, '97. 157 S. 8. *M.* 0.80.

300 Houssay, Fréd.–Nouvelles recherches sur la faune et la flore des vases peints de l'époque mycénienne et sur la philosophie pré-ionienne: Rev. arch. XXX ('97). S. 81–105.
Vgl. OB IX, 354.

301 Howard, Clifford.–Sex worship: an exposition of the phallic origin of religion. Washington, publ. by the author, '97. III, 166 S. 8. $ 1.25.

302 Howorth,H e n r y.–The methods of archaeological research: Smithsonian Report 1894 (Washington '96), S. 589–608.
Abgedr. aus Antiquary '94, Sept.

303 Hunt, W. H o l m a n. – Religion and art: Contemporary Rev. LXXI, S. 41–52.

304 Hutchinson,H.N.–Prehistoric man and beast. Lo., Smith '96. 318 S. 8.
10 s. 6 d.
Rec. *W.J.Sollas*, Nature LV, S. 314 f.

305 Ibsen,S i g u r d.–Det menneskelige kjønssamkvems urform: Samtiden '97, S. 129–42.

306 Jacobsthal,E.–Metall-Einlagen in Holz, Horn u. Bein: Z. f. Ethnol. XXIX, S. (104)-(110).

307 Joest,W.–Die einbeinige Ruhestellung der Naturvölker: Globus LXXI, S. 107–9.

308 Joret,Ch.–Les plantes dans l'antiquité et au moyen âge. Histoire, usages et symbolisme. Ière Partie. Les plantes de l'Orient classique. T. I: Égypte, Chaldée, Assyrie, Judée, Phénicie. P., Bouillon, '97. 8.   *Fr.* 8.

309 Jørgensen,C.–Delos og den ældste græske Skulptur(= Studier fra Sprog-og Oldtidsforskning No. 29.) Kobenhavn, Klein, '97. 44 S. 8.   *Kr.* 0.75.

310 Joulin.–Les fouilles de Martres-Tolosane (1826–1840–1890).
„Les monuments figurés . . . comprennent, entre autres, de nombreuses images de dieux gréco-romains et de quelques-unes de ces divinités égyptiennes, phrygiennes, syriennes et perses que les Romains avaient admises dans leur Panthéon". Vgl. *Dieulafoy*, CR XXIV ('96), S. 323 f.

310a Kattenbusch,F e r d.–Das apostolische Symbol. Seine Entstehg., sein geschichtl. Sinn, seine ursprüngl. Stellg. im Kultus u. in der Theologie der Kirche. Ein Beitrag zur Symbolik u. Dogmengeschichte [OB VIII, 323a]. 2. Bd. Verbreitung u. Bedeutg. des Taufsymbols. 1. Hälfte. L., Hinrichs, '97. S. 1–352. 8.   *M.* 11.
Rec. *C.W[eyman]*, Byz. Z. VI. S. 627.

311 Kaufmann,C a r l M a r i a.–Die Inseln der Seligen. Archäolog. Excurs üb. die Glückseligkeitsvorstellungen im klassischen Alterthum: Katholik XV ('97), S. 34-48; 116-29.
Mit kurz den Orient berührender Einleitung.

312 — — Die Legende der Aberkiosstele im Lichte urchristl. Eschatologie. E. Versuch z. Lös. d. Frage: ebd. S. 226–47.
Rec. *C.W[eyman]*, Hist. Jb. XVIII, S. 452 f.

313 Keane,A.H.–Ethnology. In 2 Parts: 1. fundamental ethnical problems, 2. the primary ethnical groups. (Cambridge Geographical Series.) [OB IX, 317] 2nd ed. rev. Cambridge, Univ. Press, '97. 472 S. 8.   10 s. 6 d.
Rec. *A.C.Haddon*, Nature LIII, S. 577 f.

314 Kharousine, N., J e a n Karlowicz, H. Gaidoz.–Un vieux rite médical: Mélusine VIII, S. 174–9; 201–8; 247–53; 282–5.
Nachtrage zu OB VII, 305. — Vgl. auch die dritte Seite des Umschlages zu Mélusine VIII, No. 9 und 11.

315 Kingsley,M a r y H.–The fetish view of the human soul: Folk-Lore VIII, S. 138–51.

315a Köhler,U l r i c h.–Über Probleme der griechischen Vorzeit: Sitzb. Ak. Wiss. B. '97, S. 258–74.

316 Koebler,W i l h.–Die katholischen Kirchen des Morgenlandes. Beiträge zum Verfassungsrecht der sogenannten 'uniert-orientalischen' Kirchen. Darmstadt, Waitz, '96. 4 Bl., 160 S. 8.   *M.* 6.

317 Koeppen,W.–Über die Dreigliederung des Menschengeschlechts: Corr.-Bl. d. D. Ges. f. Anthr. XXVIII, S. 41.
Auszug von OB IX, 3179.

318 Kohler,J.–Zur Urgeschichte der Ehe: Totemismus, Gruppenehe, Mutter-recht. St., F. Enke, '97. IV, 167 S. 8. — Rec. *A.Vierkandt*, Globus LXXI. S. 345.   *M.* 6.
S. schon OB X, 3183. — Rec. *A.Vierkandt*, Globus LXXI. S. 345.

318a Kondakov,N.–Russische Schmuckgegenstände. Untersuch. über die grossfürstliche Zeit. (In russ. Spr.) Bd. I. Pe. '96. 214 S.; 20 T. 4. (ill.)
Bespr. auch die ältesten Funde im „arabischen" Stil. — Rec. *J.S[trzygowski]*, Byz. Z. VI, S. 642 f.

319 Krause,Ed.–Vorgeschichtl. Fischereigeräte u. neuere Vergleichsstücke: Globus LXXI, S. 265–75; 289–92.

320 Kroll, W. - Antiker Volksglaube: Rhein. Mus. f. Philol., N. F. LII, S. 338–47.

Seelencult etc.

321 KumaguuMinakata.–Remarkable sounds: Nature LIII, S. 317;414;605.

Handelt u. a. v. d. chines. u. ind. Höllenvorstell.

322 — — The antiquity of the finger-print method[OB IX, 3632]: ebd.S. 317 f.

323 — — Marriage of the dead: Nature LV, S. 224 f.

Betr. Tartaren u. Chinesen. — Hiernach: Globus LXXI, S. 180.

324 Laharry,S.C.–Ternary: its divinity: JASB LXV, P. III, S. 25–31; 4 T.

325 Lang,Andrew.–„Passing through the fire": Contemporary Rev. LXX, S. 232–46.

326 LaSaussaye,Chantepie de.–Lehrbuch der Religionsgeschichte [OBX, 3189]. 2.–18. Lief. Freiburg i/B., Mohr, '97. 8. Je M. 1.

327 Lefébure,E.–Les origines du fétichisme: Mélusine VIII, S. 145–53.

328 Legge,F.–The devil in modern occultism: Contemporary Rev. LXXI, S. 694–710.

329 Lehmann,E.–Hedensk Monoteisme. Bidrag til Gudsbegrebets Historie. (= Studier fra Sprog- og Oldtidsforskning. No. 31.) København, Klein, '97. 82 S. 8. Kr. 1.25.

330 Lehner,H.–Die westdeutschen Altertumssammlungen: Archäol. Anzeiger '97. S. 8–19.

S. 8 f. über d. Mithraeum bei Saarburg.

331 Leland,Ch. Godfrey.–Marks on ancient monuments: Folk-Lore VIII, S. 86 f.

Betr. das Einkratzen von Rinnen.

332 Letourneau,Ch.–L'évolution de l'esclavage. (= Biblioth. anthrop. XIX.) P., Bataille, '96. 8. Fr. 9.

Rec. Th.Achelis, Beil. Allg. Ztg. 138. B. 3 f.; D.F.Hannigan, Westminster Rev., Vol. 147, S. 243—6.

332a Loewy,Eman.– Aneddoti giudiziari dipinti in un fregio antico: Rdc. Lincei VI, S. 27–45; 2 T.

333 Louvet,Louis-Eugène.–Les missions catholiques au XIXᵉ siècle. P., Desclée, de Brouwer & Co., '95. XVI, 589 S. 4. (ill.)

334 Lubbock,Montagu.–The plague: Nineteenth Century XLI, S. 184–90. Zur Geschichte der Pestepidemien.

334a McGuire,J.D.–A study of the primitive methods of drilling: Rep. of the U. S. National Mus. '94 ('96), S. 625–756.

335 Mahaffy,J.P.–A survey of Greek civilisation. Lo., Macmillan, '97. 344 S. 8. 6 s.

335a Marillier,L.–Une nouvelle philosophie de la religion [OB VIII, 2931]: Rev. hist. rel. XXXIII, S. 177–208.

335b Mason,Otis Tufton.–Primitive travel and transportation: Rep. of the U. S. National. Mus. '94 ('96), S. 237–593; 25 T.

336 Matiegka,H.–Anthropophagie in der prähistor. Ansiedl. bei Knovíze u. in der prähistor. Zeit überhaupt: Mitth. anthr. Ges. W. XXVI, S. 129–40; 1 T.

337 Mauke,Adolf.–Die Baukunst als Steinbau. Basel, Schwabe, '97. VIII, 231 S.; 138 T. 4.

Mit eingehender Behandl. der oriental. Baukunst.

338 Ménard, Louis.–Symbolique des religions anciennes et modernes. Leurs rapports avec la civilisation: Rev. hist. rel. XXXIV, S. 174–201.

338a Allmähliches Verschwinden der niedern Menschenrassen: Kath. Missionen '97, S. 283.

339 Michel.– Les missions latines en Orient [Schl. zu OB X, 337a]: Rev. de l'Or. chrét., Suppl. trim. II, S. 94–119; 176–218.

340 Morse,E.S.–On the so-called bow-pullers of antiquity: Bull. of the Essex Inst. XXVI, S. 141–66; 5 T.

Vgl. Globus LXXI, S. 158 f.

341 Müller,P.–La metempsicosi. Napoli, Pietrocola, '97. 47 S. 8. L. 0.10.

342 **Müller,** F. M a x.-Contributions to the science of mythology. 2 Vols.
Lo. (N. Y.), Longmans, '97. XXXVI, 425 S.; IX, 427–864 S. 8. 32 *s*.; $ 8.
Rec. Ac. LI, S. 257; 277 f.; Ath., March 27. S. 407 f.; *Andr. Lang*, Cosmopolis VI, S. 63—5;
Folk-Lore VIII, S. 152—6; *E. H. Hopkins*, Independent XLIX, S. 1404; Nation (N. Y.) XLV,
S. 258; Rev. cr. 19, S. 373 f. — Vgl. Andr. Lang: Prof. Tiele and Mr. Max Müller; Ath.,
March 6, S. 313. [Ueber M. Muller's Charakterisir. des Verhältn. zwischen Tiele's u. Lang's
Methode.]

342a — — Dharma Mimánsá. [Maráthi transl. of the Engl. works „Anthro-
pological religion" and „Psychological religion"] by S h a n k a r B á l k r i s h n a
D í k s h i t. Poona, Balvant Ganesh Dábholkar, '97. 340 S. 8. 2 *Rs*. 8 @.
Vgl. OB IX, 3209.

343 — — On ancient prayers. (Extracts from lectures delivered at Oxford): Semitic Studies in memory of Alexander Kohut, S. 1–41.

344 **Munro,** R.-Prehistoric problems: being a selection of essays on the evolution of man and other controverted problems in anthropology and archaeology. Lo., Blackwood, '97. 392 S. 8. 10 *s*.

345 Ausgrabungen und Funde [Wandmalereien in M y k e n a i]: Kunstchronik,
N. F. VIII, S. 43 f.

346 **Nevius,** J. L.-Demon possession, and allied themes. N. Y., Revell,
'95. 8. $ 1.50.
Rec. Ac. LI, S. 423 f.

347 **O'Neill,** J o h n.-Night of the gods. An inquiry into cosmic and cos-
mogonic mythology and symbolism [OB VII, 3287]. Vol. II. Lo., Nutt, '97.
S. 583–1077; 1 T. 8. (ill.) cpl. 52 *s*. 6 *d*.
Rec. *W. W. N[ewell], J.* of Am. Folk-Lore X, S. 167 f.; *G. S[chlegel]*, T'P VIII, S. 231 f.

348 **Oppel,** A.-Uebersichten der Wirtschaftsgeographie [OB X, 3206]: Ggr.
Z. III, S. 28–35; 92–104; 153–60.

349 **Parry,** C. H. H.-The evolution of the art of music. 2nd ed. Lo., Paul,
'97. 352 S. 8. 5 *s*.

350 **Patroni,** G.-La civilisation primitive dans la Sicilie orientale: L'Anthr.
VIII, S. 129–48; 294–317.

351 **Peal,** S. E.-Megalithic folk-lore: Nature LIII, S. 605.

352 — — The Svastika: ebd. LV, S. 248.

353 [**Peet,** S t e p h e n D.]-The Suastika in America: Am. Ant. & Or. J. XIX,
S. 116—20.

354 **Perrot,** G e o r g e s.-L'inhumation et l'incinération dans l'âge homérique:
Actes du X. Congr. des Or., Sect. VI, S. 31–3.
Vgl. OB X, 3208.

355 **Petrie,** W. M. F l i n d e r s.-Fresh Mycenaean datings: Ath., Apr. 24, S. 550 f.

356 — — Race and civilization: Smithsonian Report 1895 (Washington
'96), S. 589–600.
— OB IX, 3221.

357 **Philpot,** J. H.-The sacred tree; or, the tree in religion and myth. Lo.
(N. Y.), Macmillan, '97. XVI, 179 S. 8. (ill.) 8 *s*. 6 *d*.; $ 2.
Rec. Ac. LI, S. 351; Ath., Febr. 13, S. 206 f. (dazu *Farnell*, ebd., March 6, S. 317; *Philpot*,
March 13, S. 348); Nature LV, S. 483 f.

358/9 **Pisani.**-Etudes d'histoire religieuse. A travers l'Orient. P., Bloud
& Barral, ['97]. XIII, 344 S. 8.

360 **Ploss,** H.-Das Weib in d. Natur- u. Völkerkde. 5. Aufl. [OB X, 3211].
2.–14. Lfg. L., Grieben, '97. 8. Je *M*. 1.50.
Vgl. *F. W. K. Müller*, Z. f. Ethnol. XXIX, S. (88)—(91).

361 **Potanin,** G.- Melkija fol'kloristiceskija zametki: Ar'ja-Balo, Apollonij,
Apollinarija, Apollonisce: Etn. Obozr. XXXI, S. 112–23.

362 **Ratzel,** F r i e d r.-Die geographische Methode in der Ethnographie:
Ggr. Z. III, S. 268–78.
Ueber die neueren Arb. v. Th. A c h e l i s, H. S c h u r t z, L u s c h a n u. A.

363 **Reclus,** E l i s é e.-The progress of mankind: Contemporary Rev. LXX,
S. 761–83.

364 **Reinach,** S a l.-Une peinture mycénienne: L'Anthr. VIII, S. 19–26.

365 — — Tarvos Trigaranus: Rev. celt. XVIII, S. 253–66.
Mit Bem. zur Myth. der Bäume bei Aegyptern, Finnen und Esten.

366 The religions of the world w. the stations of the London Missionary Soc. Compiled and publ. f. the London Miss. Soc. Lo., Philip & Son, '95. 1 Bl. quer-Fol.

367 Richard,T.–Christian missions in Asia; or, comparative religion practically considered: East Asia I, S. 57-67. (Lo., Luzac.) Vgl. OB X, 3552.

368 Rieber,Jos.–Ueber Flutsagen u. deren Beziehungen z. d. semitischen Flutberichten: Katholik XV ('97), S. 65-84; 154-72.

369 Rochat,Ernest.–Essai sur Mani et sa doctrine. (Thèse.) Genève, Georg & Co., '97. 198 S. 8. *Fr.* 3.50.

370 Rockstro,W.Smyth.–A general history of music. New cheaper ed. N.Y., Scribner, '97. 555 S. 8. $ 3.50.

371 Salmond,Stewart D.F.–The Christian doctrine of immortality. Second ed. Edinburgh, Clark, '96. XV, 709 S. 8. 14 *s.* Mit Berücks. der oriental. Religionen.

372 Schmidt,Emil.–Das System der anthropolog. Disziplinen: Cbl. f. Anthr. II, S. 97-102.

373 Schoetensack,Otto.–Vor- u. Frühgeschichtliches aus d. italienischen Süden u. aus Tunis: Z. f. Ethnol. XXIX, S. 1-35; 2 T.

374 Seebohm,F.–The tribal system in Wales. Lo., Longmans, '95. 8. 12 *s.* Rec. Rev. celt. XVIII, S. 335–40; vgl. S. 354.

375 Seeck,Otto.–Die Entstehung des Geldes: D. Rdsch. LXXXXI,S. 366–78.

376 Selwyn,J.R.–Pastoral work in the colonies and the mission field. Lo., Soc. for prom. Chr. Knowledge, '97. 160 S. 8. 2 *s.*

377 Sittl,Karl.–Archäologie der Kunst [OB VIII, 2979]. Atlas. 64 [wirklich: 66] Taf. m. 1000 Abbildgn., nebst Inhaltsverzeichnis u. alphabet. Register. (= Handbuch der klassischen Altertums-Wissenschaft. 22. u. 23. Halbbd. M., Beck, '97. 28 S.; 66 T. Fol. *M.* 13.50. Rec. E.Knoll. Bl. f. d. Gymn.-Schulw. XXXIII. S. 489–98 (spec. über den die aegypt. Kunst beh. Teil); G.F., Riv. di filol. XXV, S. 472 f.

378 Skz.–Vergleichende Rechts- u. Sittengeschichte: Beil. Allg. Ztg. 118,S. 3–6.

379 Smith,Judson.–Foreign missions in the light of fact: North Am. Rev., Vol. 162, S. 21-32.

380 Staudacher,Fr.–Antike u. moderne Landwirthschaft. W., Frick,'98. 3 Bl., 143 S. 8. *M.* 3.20.

381 Steenstrup,Japetus.–Til Forstaaelsen af Nordens „Guldbrakteat-Fænomen" og dets Betydning for Nord-Europas Kulturhistorie. (= Overs. over det Kgl. Danske Vidensk. Selsk. Forbandl. 1897. No. 1.) S. 1-78; 4 T. 8.

382 Stuart-Glennie,J.S.–Folklore, and the origin of civilisation: Ac. I.I, S. 458 f.; 505.

383 Stucken,E.–Astralmythen der Hebraeer, Babylonier und Aegypter. Religionsgeschichtl. Untersuchgn [OB X, 3234]. 2. Tl. Lot. L., E. Pfeiffer, '97. S. 81-126. 8. *M.* 6.

384 Tarbell,F.B.–A history of Greek art. With introductory chapter on art in Egypt and Mesopotamia. Lo., Macmillan, '97. 296 S. 8. 6 *s.*

385 Timothy,B.–The origin of Manna: Nature LV, S. 440 (vgl. ebd. S. 349).

386 Tobler,Ludw.–Kleine Schriften zur Volks- u. Sprachkunde. Hrsg. v. J.Baechtold u. A.Bachmann. Frauenfeld, J.Huber, '97. XVI, 320 S. 8. *M.* 5. S. 106–31. Ueber sagenhafte Völker d. Altertums u. Mittelalters. (Zuerst ersch. Z. f. Völkerpsych. u. Sprachw XVIII (1888), S. 225—54.)

387 Treichel,A.–Ueber Steine mit Fussspuren: Z. f. Ethnol.XXIX,S. (68)-(80).

388 Troeltsch,E.–Christenthum u. Religionsgeschichte:Preuss.Jb.I.XXXVII, S. 415-47.

389 Trubeckij,Kn.S.N.–Novaja teorija obrazovanija religioznych ponjatij: Χαριστήρια. Sbornik statej . . . v čest' F. E. Korša (oben No. 75a).

390 Tsountas,Chrestos, & J.Irving Manatt.–The Mycenaean age: a study of the monuments and culture of pre-homeric Greece. With an introd. by Dörpfeld. Lo., Macmillan (Boston, Houghton), '97. XXXI, 417 S.; 18 T., 3 K., 1 Pl. 8. 24 *s.*; $ 6.

2*

391 Tuchmann,J.-La fascination [OB X, 3241]: Mélusine VIII, S. 156-64; 179-83; 193-201; 253-9.

392 Vierkandt,A.-Die Kulturformen u. ihre geogr. Verbreitung: Ggr. Z. III. S. 256-67; 315-26; 2 T.

393 Wallaschek,Rich.-Anfänge unseres Musiksystems in der Urzeit: Mitth. anthr. Ges. W. XXVII, S. [10]-[12].

394 Wheelwright,E.G.-Theories of life and their value: Westminster Rev., Vol. 147, S. 559-66.

395 Widman,Oskar.-Om de vises sten: Nord. Tidskr. '97, S. 1-16.

396 Wilson,Thom.-The Swastika: the earliest known symbol and its migrations; with observations on the migration of certain industries in prehistoric times. Lo., Wesley, '97. 254 S. 8. (ill., K.).   7 s. 6 d.
S.-A. von Rep. of the U. S. Nat. Mus. '94 ('96). S. 757—1011. Rec. *W. W. N[ewell]*, J. of Am. Folk-Lore X, S. 166. — Vgl. auch *M. v. Zmigrodzki*, Corr.-Bl. d. D. Ges. f. Anthr. XXVIII, S. 165—8.

397 — — A Canon in prehistoric archaeology: Am. Ant. & Or. J. XIX, S. 125—34.

398 Wright,Theod.F.-The Swastica: Qu. St. '97, S. 153 f.

399 Wurm,P.-Die Niederländische Missionsgesellschaft: Allg. Miss.-Z. XXIV, S. 353-71.
S. OB X, 3259.

400 Zöckler,Otto.-Askese und Mönchtum. Zweite, gänzlich neu bearbeitete und stark vermehrte Auflage der „Kritischen Geschichte der Askese". Bd. I. Frankfurt a. M., Heyder und Zimmer, '97. VIII, 322 S. 8.   *M. 5.*
Rec. LC 15, S. 481 f.; *Grützmacher*, Th. Lz. 9, S. 248—50 und D. Z. f. Geschw., N.F. II, Mbl. S. 81—3; *Joh.Dräseke*, Z. f. wiss. Th. XL, S. 158 f.

6. Schriftkunde. Numismatik.
(S. auch No. 1267.)

401 Babelon,E.-Les origines de la monnaie considérées au point de vue historique. P., Didot, '97. XII, 427 S. 8.
Vgl. OB X, 309. — Rec. *A.Götze*, Globus LXXI, S. 330 f.; *P.Gardner*, Class. Rev. XI, S. 172 f.; *de Barthélemy*, CR XXIV ('96), S. 416 f.

402 Cust,Rob. Needham.-The origin of the Phenician and Indian alphabets: JRAS '97, S. 49—80.

403 — — On the origin of alphabets: As. Qu. Rev. III ('97), S. 188 f.

404 Peiser,F.E.-Die Entstehung des Alphabets: Umschau I, S. 255-8.

7. Sprachwissenschaft.
(S. auch No. 90; 207.)

405 Sprachwissenschaftliche Abhandlungen. Hrsg. von Lukas von Patrubány. Band I, Heft 1. Budapest, Franklin-Verein, Sept. '97. 16 S. 8. „Auf Kosten des Verfassers gratis".
Inh. s. unt. d. betr. Rubr.

406 Breymann,Herm.-Die phonetische Literatur von 1876-1895. Eine bibliographisch-krit. Übersicht. L., A. Deichert Nachf., '97. III, 170 S. 8. *M.3.50.*
S. 1—66: Allgemeine Phonetik.

407 Sütterlin,Ludw.-Die allgemeine u. die indogerm. Sprachwissenschaft in den Jahren '95 und '96 [OB X, 410]: Jsb. üb. d. Fortschr. d. rom. Philol. IV, S. 1-16.

408 [Berger,Phil., et **Mowat.**-Sur l'étymologie du mot *idurio*]: Bull. Soc. nat. des antiquaires de Fr. '96, S. 256.

409 Bréal,Michel.-Des lois phoniques. A propos de la création du laboratoire de phonétique expérimentale au Collège de France: MSLP X, S. 1-11

410 Buckman,S.S.-The speech of children: Nineteenth Century XLI, S. 793-807.
„The object of the present investigation is to learn what are the first stammerings of children and how they are developed: then from these ontogenetic details to see what deductions may be drawn in regard to the phylogenetic origin of language."

411 Charencey,Cte.de.-Les noms du chien et du loup chez les peuples du nord de l'Asie: JA Sér. IX, T. IX, S. 505 f.

412 Charencey, Cte.de.–Étymologie orientale de quelques termes du voca-
bulaire basque. Caen, Delesques, '96. 7 S. 8.
Extrait des Mémoires de l'Académie nationale des sciences, arts et lettres de Caen.
413 — — Étymologies euscariennes: Rev. de ling. XXX, S. 281–310.
S. 302–71 De quelques affinités lexicographiques entre le basque et les dialectes berbers.
414 Herzog,R u d.–Namensübersetzungen und Verwandtes: Philologus I.VI,
S. 33–70.
Namensübers. der Semiten ins Griechische; aegypt., persische Namen etc.
415 Kuhn,E r n s t.–Bier: KZ XXXV, S. 313 f.
Enthält auch Bemerkungen über die finnisch-ugrischen Benennungen des Biers und des
Hopfens, sowie über skr. surá.
416 Ludwig, A.–Über die absoluten verbalformen des Samskṛt und den
praedicatsauszdruck im allgemeinen. (= Sitzb. k. böhm. Ges. Wiss. '97.
No. VII.) Prag, Rivnáč in Comm., '97. 92 S. 8.
417 Müller,F r i e d r.–Die Transscription fremder Alphabete. (= Sitzb. k. Ak. d.
Wiss., Phil.-hist. Cl. Bd. 136, Abh. 14). W., C. Gerold's Sohn in Comm., '97. 12 S. 8.
Vgl. Anz. k. Ak. d. Wiss., Phil.-hist. Cl. XXXIV, S. 72.
418 Schindler,Fr.–Jakých zásluh dohyla sobě církev katolická o srovnávací
jazykozpyt? [Welche Verdienste erwarb sich die kathol. Kirche um die
Sprachwissenschaft?] Progr. k. böhm. Obergymn. Kremsier '95. 33 S. 8.
Tit. n. d. Rec. v. V.J.Dusek, Z. f. d. öst. Gymn. XLVIII, S. 284.
419 Specimen translations in various I n d i a n l a n g u a g e s. Coll.
and ed. by G. A. Grierson. C., Government Printing, '97. II, III S., 1 Bl.
Errata, 88 Bl. Fol.
Die Parabel v. verlorenen Sohn in c. 60 vorder- u. hinterindischen Sprachen und Dialekten.
419a Thumb,Alb.–Zur Aussprache des Griechischen: IF VIII, S. 188–97.
Zu Hess OB IX, 3284.
420 Transliteration: JRAS '96, Anhang. 12 S. 8.
Vgl. OB IX, 3277.
421 Trombetti,Alfr.–Indogerm. u. semitische Forschungen: vorläufige
Mittheilungen. Bologna, Treves, '97. VII, 76 S. 8.   L. 4.
422 Vinson,J u l i e n.–La linguistique: antinomies–méthode–but et résultats:
Rev. de ling. XXX, S. 185–95.
Zu V. Henry OB X, 3275. — Vgl. auch Rev. de ling. XXX, S. 238–40.
423 Vising,Johan.–Om språksskönhet. (= Göteborgs Högskolas årsskrift
1897. IX.) Göteborg, Wettergren & Kerber, '97. 47 S. 8.   Kr. 1.
423a [Die B i b e l ü b e r s e t z u n g e n]: Z. f. Bücherfreunde I, S. 337.
Nach J. G. Watt. — Vgl. auch Bibelblätter '97, S. 1-3.

8. Litteraturgeschichte.
(S. auch No. 7; 1171.)

424 Mann,M.F r.–Physiologus: Krit. Jsb. üb. d. Fortschr. d. rom. Philol.
III, S. 108–12.
Vgl. K.K[rumbacher], Byz. Z. VI, S. 604.
425 Arfert,P.–Das Motiv v. der unterschobenen Braut in der internationalen
Erzählungslitteratur, m. e. Anh.: Ueber den Ursprung u. die Entwicklg. der
Bertasage. (Diss. Rostock.) Schwerin, Druck v. Bärensprung, '97. 74 S. 8.
                                                           (L., Fock M. 2.)
Rec. F.K[ampers], Hist. Jb. XVIII, S. 731.
426 Baumgartner,A l e x.–Geschichte der Weltliteratur. (In 6 Bdn.) 1. Bd.
Die Literaturen Westasiens u. der Nilländer. 1–3. Lfg. Freiburg i/B., Herder,
'97. S. 1–240. 8.   Je M. 1.20
427 Bolte,J o h.–Der Schwank vom Esel als Bürgermeister bei Thomas
Murner: ZVVk VII, S. 93–6.
427a — — Zum Schwank von den drei lispelnden Schwestern: ebd. S. 320 f.
428 Bonwetsch,N.–Die apokryphen Fragen des Bartholomäus: Gött. Nachr.,
Philol.-hist. Kl. '97, S. 1–42.
Rec. C.W[eyman], Byz. Z. VI, S. 623.
429 — — Studien zu den Kommentaren Hippolyt's zum Buche Daniel u.
Hohen Liede. (= Texte u. Untersuchungen zur Geschichte der altchristlichen
Literatur. Neue Folge. 1. Bd. 2. Hft.) L., Hinrichs, '97. 86 S. 8. M. 3.
Vgl. unten No. 434a. – Rec. G.Ficker, DL 25, S. 964 f.

430 Christensen,H.-Die Vorlagen des byzantinischen Alexandergedichtes: Sitzb. Ak. Wiss. M. '97, S. 33-118.
Berucksichtigt auch den syrischen und armenischen Text.

431 Cohn,Carl.-Zur literarischen Geschichte des Einhorns [OB X, 3289]. II. Tl. Progr. d. Elften Städt. Realsch. Berlin '97. B., R. Gaertner, '97. 29 S. 4.   *M.* 1.

431a Franko,Ivan.-Pritčata za ednoroga i nejnijat blgarski variant [Die Parabel v. Einhorn u. einige bulgarische Varianten]: Sbornik za narodni umotvorenija, nauka i kniznina XIII (Sofia '96), S. 570-620.
Vgl. Byz. Ž. VI, S. 603.

431b — — Varlaam i Joasaf. Starochristijans'kij duchovnij roman. (= Zapiski Naukovogo Tovaristva Im. Ševčenka. T. VIII.) Lemberg, Ševčenko-Gesellschaft, '97. 202, XVI S. 8.

432 Ganter,Joh.-Der Name Maria: Katholik XV ('97), S. 515-20.
Im Anschl. an Hardenhewer OB IX, 3300 u. besonders an A.Scholz OB X, 5055. — S. auch Adalb. Schulte, Der Brief an die Römer, übers. u. erklärt. Nebst e. Anh.: Zur Deutg. des Namens „Maria". (Regensburg, Nationale Verlagsanstalt, '97), S. 267-72.

433 Harnack,Adolf.-Geschichte der altchristlichen Litteratur bis Eusebius [OB IX, 482]. T. II. Die Chronologie. Bd. 1. Die Chronologie der Litteratur bis Irenäus nebst einleitenden Untersuchungen. L., Hinrichs, '97. XVI, 723 S. 8.

434 Hartmann,Mart.-Blut ist dicker als Wasser: ZVVk VI, S. 442 f.
Arab. Belege für das Sprichwort. S. auch Pechuel-Lösche. Preuss. Jb. LXXXVII, S. 348. (Sprichw. in Loango.)

434a Hippolytus' Werke. I. Band. Exegetische und homiletische Schriften, herausgegeben im Auftrage der Kirchenväter-Kommission der kgl. preuss. Akad. der Wissenschaften von G. Nath. Bonwetsch und Hans Achelis. 1. Hälfte: Die Kommentare zu Daniel u. zum Hohenliede. 2. Hälfte: Kleinere exegetische und homiletische Schriften. (= Die griechischen christlichen Schriftsteller der ersten drei Jahrhunderte. I.) L., Hinrichs, '97. VI, XXVIII, 374 und X, 310 S. 8.   *M.* 18.
Rec. C.Weyman], Hist. Jb. XVIII, S. 670 f. und Byz. Z. VI, S. 619 f. – Vgl. oben No. 429.

435 Kampers,Franz.-Mittelalterliche Sagen vom Paradiese und vom Holze des Kreuzes Christi in ihren vornehmsten Quellen und in ihren hervorstechendsten Typen. (= Erste Vereinsschrift der Görresgesellschaft für '97.) Köln, Bachem, '97. IV, 119 S. 8.
Vgl. C.Weyman. Byz. Z. VI, S. 449.

436 Die Kanones der wichtigsten altkirchlichen Konzilien nebst den apostolischen Kanones herausgegeben von Friedr. Lauchert. (= Sammlung ausgew. kirchen- und dogmengeschichtl. Quellenschr. II. 12.) Freiberg i. B., Mohr, '96. XXX, 228 S. 8.   *M.* 3.50.
Rec. V.Bolotov, Christianskoe Čtenie '96, Juli-Aug., S. 178-93.

436a Kent, W. H.-Eastern devotion to St. Joseph: Dublin Rev. CXVI, S. 245-56.
Handelt über die Verehrung des hl. Joseph im Orient und teilt einen syrischen Kanon, zwei koptische Hymnen, einen äthiopischen und einen armenischen in englischer Übs. mit. (Byz. Z. VII, S. 238.)

437 Kumagusu Minakata.-The story of the „wandering Jew": Nature LIII, S. 78.
Parallele aus d. „Tsah-ö-han-king" (Samyuktâgamasûtra).

438 Ladeuze,P.-Les diverses recensions de la vie de S. Pakhome et leur dépendance mutuelle: Muséon XVI, S. 148-71.

439 Landau,M.-Folkloristische Parallelen: Urquell, N. F. I, S. 5 f.

440 Lincke,Arthur.-Kambyses in der Sage, Litteratur u. Kunst d. Mittelalters: Aegyptiaca. Festschr. f. G. Ebers, S. 41-61.

441 Mantzius,Karl.-Skuespilkunstens Historie. I. Oldtidens Skuespilkunst. Kobenhavn, Gyldendal, '97. XI, 259 S. 8. (ill.)   *Kr.* 4.75.
Forste afsnit: Den primitive Skuespilkunst (Indledning. Det kinesiske Theater. Det japanske Th. Det indiske Th.), S. 3-97.

442 Nevell,W.W.-The legend of the Holy Grail: J. of Am. Folk-Lore X, S. 117-34.
Mit vergl. Hinw. auf Barlaam u. Josaphat.

443 Ostroumov,N.P.–Iskandar Zul'-karnejn (Aleksandr Makedonskij). Tas̀-
kent '96. 22 S. 8. (S.–A. aus dem Sredne-Aziatskij Věstnik. Sept. '96.)
443a Pérèz,Isaac P.–Le roi qui a perdu son corps. Variante juive: Mélusine
VIII, S. 236 f.
Vgl. dazu Isr. Lévi, ebd. S. 285.
444 Rabb,Kate Milner.–National epics. Chicago, McClurg & Co., '96.
398 S. 8. $ 1.50.
Berücks. auch das Rāmāyana, Mahābhārata, Kalevala etc.
445 Wünsche,Aug.–Zwei Dichtungen von Hans Sachs nach ihren Quellen:
Z. f. vgl. Littgesch., N. F. XI, S. 36–59.
Der 230. Schwank: „Der Mönch mit dem Kapaun" wird auf e. jüd. Quelle (Midrasch
Echa rabbathi) zurückgeleitet. Für das Gedicht „Das Gold im Stabe des Cydias" werden
Parallelen aus d. talmud. u. midraschischen Litt. angeführt.
446 — — Die Pflanzenfabel in der orientalischen u. classischen Litteratur:
Beil. Allg. Ztg. 59, S. 1–4; 60, S. 3–6; 61, S. 4–7.

Recensionen zu I.

Th.**Achelis,** Moderne Völkerkunde: *H.Schurtz*, PM XLIII, Lber. S. 16 f.
(dazu Achelis, ebd. Hauptteil, S. 98 f.); *J.D.E.Schmeltz*, Cbl. f. Anthr. II,
S. 25 f. und Int. Arch. f. Ethnogr. X, S. 76–8; *v.Luschan*, Naturwiss. Wschr.
XII, S. 118 („kritiklose Zusammenstell."); *R.Petsch*, Z. f. Kulturgesch. IV,
S. 466–8.
Alexandri Lycopol. contra Manichaei opiniones disputatio. Ed.Aug.Brink-
mann: *J.R[éville]*, Rev. hist. rel. XXXIV, S. 117–9.
G.**Anrich,** Das antike Mysterienwesen: *E.Preuschen*, DL 8, S. 285–7.
Journal of Sir Jos.**Banks** (OB X, 3018): Nature LV, S. 73 f.
O.**Bardenhewer,** Der Name Maria: *J.B.Nisius*, Z. f. kath. Th. XXI, S. 307–9.
Barlaam and Josaphat. English lives of Buddha. Ed. and induced by
Jos. Jacobs: *Sylv.Lévi*, Rev. hist. rel. XXXIII, S. 366–8.
A.**Bastian,** Die Denkschöpfung umgeb. Welt aus kosmog. Vorstell.: *A.Dirr*,
Rev. hist. rel. XXXIII, S. 392 f. (. . . „pour écrire un livre, il faut n'être pas
esclave de ses matériaux et rester maître de sa pensée et de sa plume.")
H.**Baumgartner,** Zur Litteratur d. Erdkunde: *E.Richter*, ÖL 5, S. 146
(„Fünf Sechstel sind völlig unbrauchbares Veraltetes oder Werthloses; der
Rest ist falsch u. ungenau citiert").
C.R.**Beazley,** Prince Henry the Navigator: *S.Ruge*, DL 6, S. 223 f.
V.**Bérard,** De l'origine des cultes arcadiens: *K.Tümpel*, Hist. Z. LXXVIII,S.83f.
Bibliotheca geogr., bearb. v. O.Baschin. II: *J.D.E.Schmeltz*, Int. Arch.
f. Ethnogr. X, S. 36 f.; *F.R.*, LC 15, S. 488 f.; *K.Andree*, Globus LXXI,
S. 33; *P.E.Richter*, Ggr. Z. III, S. 241 f.
The voyage of Bran ... ed. by Kuno Meyer, with an essay ... by Alfr.
Nutt. II: *Wi[ndisch]*, LC 7, S. 240–2; *L.Marillier*, Rev. hist. rel. XXXIV,
S. 101–12.
L.-J.-B.**Bérenger-Féraud,** Superstitions et survivances: *L.Marillier*, Rev. hist.
rel. XXXIV, S. 119 f.
D.G.**Brinton,** The prehistoric ethnography of Western Asia: *L.Marillier*,
Rev. hist. rel. XXXIII, S. 250 f.
K.**Bücher,** Arbeit u. Rhythmus: *A.T[ille]*, LC 15, S. 495 f.; *W.v.Bieder-
mann*, Z. f. vgl. Littgesch., N. F. XI, S. 369–72; *G.v.Mayr*, Beil. Allg.
Ztg. 53, S. 4–6.
F.**Cajori,** A hist. of elem. mathematics: *G.B.M.*, Nature LV, S. 219–21.
M.R.**Cox,** An introduction to Folk-lore: *L.Marillier*, Rev. hist. rel. XXXIII,
S. 347–53.
F.**Cumont,** Textes et monum. fig. rel. aux mystères de Mithra: *T.S.*, LC 21,
S. 695; *G.Wolff*, B. philol. Ws. '97, S. 788–90.
G.**Diercks,** Gesch. Spaniens. II: *K.Haebler*, Hist. Z. LXXIX, S. 509–11.
A.**Dieterich,** Die Grabschrift des Aberkios: LC 16, S. 531; *L.Duchesne*,
Bull. cr. 6, S. 101–6.
G.**Ebe,** Abr. d. Kunstgeschichte d. Alterthums: *W.A.Neumann*, ÖL 7, S.205f.

E t u d e s de critique et d'histoire. II (OB X, 65): *E.Schürer*, Th. L z 6, S. 166–8; *M. Jastrow*, New World VI, S. 380–3; *G.d'Alt iella*, Rev. hist. rel. XXXIII, S. 344-7.

A.**Famincyn**, Drevne-arijskie i drevne semit. elementy (OB IX, 3138): *A. Dirr*, Rev. hist. rel. XXXIV, S. 129-33.

L.R.**Farnell**, The cults of the Greek States: *Cr[usius]*, I.C. 16, S. 535.

A.K.**Fischer**, Die Hunnen im schweizer. Eifischthale: *W.Oechsli*, D. Z. f. Geschw., N. F. I, Mbl. S. 352-4.

R. de **Flers**, Vers l'Orient: *A.d'Avril*, Rev. d'hist. diplom. X, S. 557 f.

S.A.**Fries**, Betydelsen af religionskongr. i Chicago: *N.Söderblom*, Rev. hist. rel. XXXIII, S. 396-8.

A.**Glassberg**, Die Beschneidung: *M.Bartels*, DL 25, S. 984 f.; *O.Mussil*, Öl. 11, S. 324 f.; *Kornfeld*, Mschr. f. Geschs. u. Wiss. d. Jt. XLI, S. 376-8.

E.**Grosse**, Die Formen der Familie: *J.D.E.Schmelts*, Int. Arch. f. Ethnogr. X, S. 37 f.; *K.Brsg.*, LC 11, S. 356-8; *H.Cunow*, DL 20, S. 787-90; Stimmen aus Maria-Laach LII, S. 354-7; *Rich.M.Meyer*, ZVVk VI, S. 448; *F.Ratzel*, Ggr. Z. III, S. 355 f.; *E.B.Tylor*, Nature LV, S. 51; *L.Laloy*, L'Anthr. VIII, S. 86 f.; *N.Charusin*, Ftn. Obozr. XXXI, S. 89 f.

G.**Grützmacher**, Pachomius u. das älteste Klosterleben: *P.Ladeuse*, Muséon XVI, S. 100.

G u r u p ū j ā k a u m u d l : [*R.*]*O[tto] Franke*, BB XXII, S. 285–303 (wichtig für das Päli, namentlich die Jatakus); *A.Macdonell*, GGA 1, S. 45-50; *C.H.Tawney*, As. Qu. Rev. III ('97), S. 108-13.

A.v.**Gutschmid**, Kleine Schriften: *H.G.*, As. Qu. Rev. III ('97), S. 459 f.

Ed.**Hahn**, Die Hausthiere: *A.Hettner*, Ggr. Z. III, S. 160-6; Nature LIII, S. 364. — — Demeter u. Baubo: *Kirchhoff*, PM XLIII, Lber. S. 74 f.

W.B.**Harris**, From Batum to Baghdad: As. Qu. Rev. III ('97), S. 201 f.

E.S.**Hartland**, The legend of Perseus: *K.W[einhold]*, ZVVk VI, S. 451 f.; *L.Marillier*, Rev. hist. rel. XXXIII, S. 99-101.

V.**Hehn**, Culturpflanzen u. Hausthiere⁶: *R.Much*, Z. f. d. österr. Gymn. XLVII, S. 606-10.

W.**Helbig**, Sur la question mycénienne: *A.Brueckner*, DL 97, S. 649 f.

V.**Henry**, Antinomies linguistiques: *K.Bruchmann*, DL 15, S. 567 f.

R.**Hildebrand**, Recht u. Sitte auf d. versch. wirthschaftl. Kulturstufen. I: *O.*, LC 9, S. 298 f.; *H.Cunow*, DL 12, S. 467-70; *R.Mucke*, Mitt. aus d. hist. Litt. XXV, S. 257 f.; *W.Wittich*, Hist. Z. LXXIX, S. 45-67 (hierzu L.Ehrhardt, ebd. S. 292-8); *N.Charusin*, Ftn. Obozr. XXXI, S. 89 f.

R.**Hirzel**, Der Dialog (OB X, 3293): *My.*, Rev. cr. 25, S. 486-8.

W.J.**Hoffman**, The beginnings of writing: Nature LIII, S. 338 f.

W.W.**Hunter**, Life of B. H. Hodgson: *T.W.Rhys Davids*, JRAS '97, S. 186-91; Nature LV, S. 290-2; C. Rev. CIV, S. 332-49; *Th.Duka*, As. Qu. Rev. III ('97), S. 224-7; *L.Delisle*, J. des Savants '97, S. 51-6; *E.D.*, JA Sér. IX, T. IX, S. 337 f.; Globus LXXI, S. 196; *T.Miller*, WZKM XI, S. 91-4; *H. Kern*, Ts. N. I. I ('97), S. 134-56.

H.v.**Jacobs**, Das Volk der „Siebener-Zähler": *Cantor*, Z. f. Math. u. Phys. XLII, Hist.-litt. Abt., S. 42.

F.B.**Jevons**, Introd. to the hist. of religion: Ath., Jan. 2, S. 11 f.; *Andr. Lang*, Cosmopolis VI, S. 65 f.; Independent XLIX, S. 1309; Folk-Lore VIII, S. 63-7; *Jos. Jacobs*, Jew. Qu. Rev. IX, S. 724-6.

F.**Kampers**, Kaiserprophetien u. Kaisersagen im Mittelalter (vgl. OB X, 3176): *C.Koehne*, Z. f. Kulturgesch. IV, S. 122-30.

A.H.**Keane**, Asia: Ath., Jan. 23, S. 118; As. Qu. Rev. III ('97), S. 230 f.; *Kirchhoff*, PM XLIII, Lber. S. 33.

G.C.**Keidel**, A manual of Aesopic fable literature. I: *R.Basset*, Rev. des trad. pop. XII, S. 283-5.

H.**Kluge**, Die Schrift der Mykenier: *W.Lrfld.*, LC 9, S. 302-5; *A.Brueckner*, DL 22, S. 846; *M.Much*, Globus LXXI, S. 74-6 und Mitth. anthr. Ges. W. XXVII, S. 52-4; *S.B[ruck]*, Umschau I, S. 360 f.; *J.V.Pràšek*, Ceské Museum filol. III, S. 360-5.

A.**Kock**, Om språkets förändring: *J.A.E-d*, Kyrkl. Tidskr. III, S. 428 f.
W.**Kroll**, De oraculis chaldaicis: *A.Rsach*, Z. f. d. öst. Gymn. XLVII, S. 209 f.
E.**Kuhn** u. H.**Schnorr** v. Carolsfeld, Die Transcription fremder Alphabete:
S[ocin],LC 24, S. 779 f.; *O.Grulich*, Cbl. f. Biblw. XIV, S. 304–6;*V.H[enry]*,
Rev. cr. 26, S. 518.
Ch.-V.**Langlois**, Manuel de bibliogr. hist. I: *K.Wenck*,Hist. Z. LXXIX, S. 72 f.
A.**Lehmann**, Overtro og Trolddom: *Cl.Wilkens*, Tilskueren '97, S. 660–82.
Liturgies . . . ed. by F.E.Brightman: *E.C.Achelis*, Th. Lz. 8, S. 225 f.;
W.S.Pratt, Am. J. of th. I, S. 526–9.
R.**Loewe**, Die Reste der Germanen am Schwarzen Meere: *H.Schurtz*, PM
XLIII, Lber. S. 73 f.; *W.Tomaschek*, Z. f. D. Alt., Anz. XXIII, S. 121–9;
R.Henning, Hist. Z. LXXIX, S. 88–90.
G.**Maspero**, Struggle of the nations (Übs. v. OB X, 3058 u. deshalb in die
Rubrik I, 4 zu stellen!) Ac. I.I, S. 348 f.; *Verax*, Ath., Jan. 2, S. 18 f. (dazu
E.McClure, ebd., Jan. 9, S. 49 f.; Jan. 23, S. 115; Febr. 6, S. 183; Verax,
Jan. 16, S. 84 f.; Jan. 30, S. 149 f.); Ath., Apr. 24, S. 535; Nature I.V,
S. 267 f.
— — Histor. anc. des peuples de l'Or. classique. I–II: *L.Henning*, Globus
LXXI, S. 162 f.; *A.Loisy*, Bull. cr. 11, S. 201–6; *J.Simon*, Rev. d'hist. et
de litt. rel. II, S. 81–3; *G.Radet*, Rev. des Universités du Midi '97, No. 2.
A.**Menzies**, History of religion: *Goblet d'Alviella*, Rev. hist. rel. XXXIV,
S. 207–13.
Church Missionary atlas (OB X, 339): *P.Richter*, Th. Lz. 10, S. 283 f.
J.R.**Mucke**, Horde u. Familie: *A.G.Meyer*, Mitt. aus d. histor. Litt. XXV,
S. 142–8; *O.Schrader*, Hist. Z. LXXVIII, S. 270–2.
F.Max **Müller**, Theosophie: *E.Troeltsch*, Th. Lz. 3, S. 87–91; *K.Vorländer*,
Z. f. Philos. u. philos. Kr. CX, S. 130–8.
P.**Müller-Simonis**, Vom Kaukasus zum Persischen'Meerbusen: *Jos. Schwarz*,
Stimmen aus Maria-Laach LII, S. 454–6; *J. V. Prášek*, Pražské Noviny '97,
No. 119.
Is. **Myer**, Scarabs: *G.Maspero*, Rev. cr. 6, S. 113 f.
N.**Nilles**, Kalendarium manuale utriusque ecclesiae orient. et occid. I: *A.Rösler*,
Öl. 3, S. 65–7.
E.**Ookhtomsky** (Uchtomsky), Travels in the East I (OB X, 3064): As. Qu.
Rev. III ('97), S. 208–11.
H.**Panckow**, Betr. üb. d. Wirtschaftsleben d. Naturvölker: *F.Ratzel*, PM
XLIII, Lber. S. 72.
F.v.**Reber**, Ueb. d. Verh. d. myken. z. dorischen Baustil: *T. S.*, LC 21, S. 696 f.
S.**Reinach**, Chronique d'Orient. II: *A.Baudrillart*, Bull. cr. 2, S. 21 f.;
L.Heuzey, CR XXIV ('96), S. 419 f.
Reiske's Briefe hrsg. v. R. Förster: *B.*, LC 25, S. 817–9.
F.**Robiou**, L'état relig. de la Grèce et de l'Orient au siécle d'Alexandre:
A.Réville, Rev. hist. rel. XXXIII, S. 359–61.
E.**Rolland**, Flore populaire: *Ch.J[oret]*, Rev. cr. 20, S. 395–7.
P.**Schanz**, Das Alter des Menschengeschlechtes: *Al.Schmid*, Hist. Jb. XVIII,
S. 180 f.; *J.P.Nisius*, Z. f. kath. Th. XXI, S. 309 f.
C.H.**Scharling**, Mänsklighet och kristendom: *J.A.E.*, Kyrkl. Tidskr. III,
S. 416–21.
G.**Schlumberger**, L'épopée byzantine à la fin du X. siècle: Ath., June 19,
S. 805 f.; *Ch.Diehl*, Rev. cr. 20, S. 391–4; *B[arbier] de M[eynard]*,
JA Sér. IX, T. IX, S. 367–9.
F.**Schrader**, Atlas de ggr. histor.: *J.Loserth*, PM XLIII, Lber. S. 1 f.
A.**Schück**, Der Jakobsstab: *Hammer*, PM XLIII, Lber. S. 3 f.
F.v.**Schwarz**, Sintflut u. Völkerwand.: *K.Marti*, Th. Lz. 1, S. 6–8.
W.**Scott-Elliot**, The story of Atlantis: SR LXXXIII, S. 418.
O.**Seeck**, Gesch. d. Unterganges der antiken Welt. I: *Ad.Bauer*, Z. f. d. öst.
Gymn. XLVII, S. 770–8.
W.**Sieglin**, Atlas antiquus: *Ad.Bauer*, Z. f. d. öst. Gymn. XLVIII, S. 139–42.

R.S.**Steinmetz**, Ethnol. Stud. z. ersten Entwickel. d. Strafe: *Kurella*, Cbl.
f. Anthr. II, S. 26 f.
— — Endokannibalismus: *Hovorka v. Zderas-Janjina*, Cbl. f. Anthr. II,
S. 27 f.; *H.Schurtz*, PM XLIII, Lber. S. 72 f.; *L.Laloy*, L'Anthr. VIII,
S. 88 f.; *L. Marillier*, Rev. hist. rel. XXXIV, S. 113-6; *N.Ch[arusin]*, Etn.
Obozr. XXXI, S. 161 f.
Festschrift **Steinschneider** (OB X, 71): *A.Fischer*, Cbl. f. Biblw. XIV,
S. 365-72.
R.**Temple**, The story of my life: As. Qu. Rev. III ('97), S. 202; C. Rev.
CIV, S. 139-44.
C.P.**Tiele**, Gesch. d. Rel. im Alt. bis auf Alex. d. Gr.: *W.Baudissin*, Th.
Lz. 11, S. 289-95; *J.Réville*, Rev. hist. rel. XXXIII, S. 212-9.
F.**Tiffany**, This goodly frame the earth: Ath., Jan. 30, S. 147 f.
A.**Vierkandt**, Naturvölker u. Kulturvölker: LC 15, S. 484 f.; *[Hans] D[elbrück]*,
Preuss. Jb. LXXXVII, S. 557-9; *Th.Achelis*, PM XLIII, Lber. S. 71 f.; Beil.
Allg. Ztg. 26, S. 1-4; *Fr.Meinecke*, Hist. Z. LXXIX, S. 68-72.
C.**Wachsmuth**, Einl. in das Stud. d. alten Geschichte: *H.Swoboda*, Z. f. d.
öst. Gymn. XLVII, S. 509-16.
O.**Willmann**, Gesch. d. Idealismus: *Fr.Ehrhardt*, Z. f. Kulturgesch. IV,
S. 223-8.
A.**Wirth**, Aus orientalischen Chroniken: *H.Gelzer*, B. philol. Ws. '97,
S. 971-7.
W.F.**Wislicenus**, Astronomische Chronologie: *E.Heydenreich*, Mitt. aus d.
hist. Litt. XXV, S. 137 f.; *Judeich*, Hist. Z. LXXVIII, S. 147-9.
G.**Wobbermin**, Religionsgesch. Studien z. Fr. d. Beeinfl. d. Urchristenthums
d. d. antike Mysterienwesen: *E.Preuschen*, Dl. 8, S. 287-9; *A.Fairbanks*,
Am. J. of th. I, S. 465-7.
H.G.**Zeuthen**, Gesch. d. Mathematik: *G.B.M.*, Nature LIII, S. 121 f.

II. URAL-ALTAISCHE VÖLKER.
1. Geographie, Ethnographie und Geschichte.

447 Srednjaja Azija. Naučno-literaturnyj sbornik statej po Srednej Azii.
Pod redakcieju É. T. Smirnova. Taškent '96. 212 S. 8.
448 Izvěstija Obščestva archeologii, istorii i étnografii pri
Imp. Kazanskom Universitetě [OB X, 3303]. Vol. XIV, 1-2. Kazan'
'97. S. 1-239; 17-32 S; 26 S. 8.   j. (6 Hefte) *Rub.* 5.
Die letztbezeichneten Abschn. enthalten: S. 17—32: M. E. Evsev'ev, Obrazcy mordovskoj
narodnoj slovesnosti. I (Lied XII, 9—XXIV); die 26 S.: Otčet Obšč. arch. etc. za 1896 god.
— Rec. von XIII: *H. Něm*, Int. Arch. f. Ethnogr. X, S. 131 f. (Als S.-A. aus XIII ist erschienen: Vostočnyja Zamětki. Stat'i i izslědovanija A.A.Divaeva, P.N.Achmerova
i N.F.Katanova. Kazan' '96. 24 S. 8.)
449 Finskt Museum. Illustr. Monatsschrift der finn. arch. Gesellsch.
Hrsg. v. Hj. Appelgren [OB X, 3304]. Jahrg. '97. H. 1-5. Helsingfors
'97.   j. (12 Hefte) *M. 2.50.*
Darin u. a.: Hj. Appelgren, De runda djurspännena i Finland; Svenskarnes inflytning
i Finland.
450 Suomen Museo. Illustr. Monatsschrift der finn. arch. Gesellsch.
Hrsg. v. Hj. Appelgren [OB X, 3305]. Jahrg. '97, H. 1-6. Helsingfors, '97. 8.
                                                  j. (12 Hefte) *M. 2.50.*
Darin u. a.: Hj. Appelgren, Suomen kirveet pakanuuden aikana [Finlands Äxte in der
Heidenzeit]. — S. Koski, Sukuperintö [Familienerbe].
451 Finska Fornminnesföreningens Tidskrift. - Suomen Muinaismuisto-yhdistyksen Aikakauskirja [OB X, 3306]. XVII. Helsingfors '97. 420 S.; 3 K. 8.   *M. 4.*
452 Sredne-Aziatskij Věstnik. Naučno-literaturnyj žurnal [OB X, 450].
Heft 3-6. Mai-Aug. '96. Taškent. 112; 109; 110; 108 S. 8.
Rec. *N.F.Katanov*, Dějatel' '97, S. 406 f. — Rec. dieser u. der vorangeh. Zeitschr.: *V.Rosen*,
Zap. X. S. 203—11.

453 Mangold, L. – Ungarn [OB X, 452]: Jsb. d. Geschw. '95 ('97), III, S. 225-58.

454 Schybergson, M. G., u. K. Grotenfelt.–Finnland [OB X, 453]: ebd. S. 194-200.

455 Aillo, J u l i u s.–Uhritavoista Mautsin- ja Lunkulansaarella Salmissa [Ueber Opfergebräuche in Mantsinsaari u. Lunkulansaari im Kirchsp. Salmi]: Virittäjä '97, No. 4.

456 Aleksandrov.–Materialy XVII v., kasajuščiesja byta inorodcev penzenskago kraja: Volžskij Věstn. '97, No. 31.

456a Anan'ev,G.–Karanogajcy, ich byt i obraz žisni: Sbornik materialov dlja opisanija Kavkaza. Vyp. 20, Otd. 1, S. 36–63.

457 Aničkov,LV.–Počzdka na Kirgizskija pominki v 1892 godu: Izv. Obšč. arch. etc. XIV, S. 203-18.

457a Baranov,Evg.–Skazki gorskich Tatar: Sbornik materialov dlja opisanija Kavkaza. Vyp. 23, Otd. 3. 48 S. 8.

457b Bartol'd,V.–Obrazovanie imperii Čingiz-chana: Zap. X, S. 105-19.

458 Die privaten B a u e r r e c h t e E s t l a n d s für die Gebiete von Fichel, Kaltenbrunn, Kandel und Essemäggi. Hrsg. v. G. Olaf H a n s e n. (= Verh. d. gel. Estnischen Ges. Dorpat, Bd. XVIII.) Dorpat, Druck v. Schnakenburg, '96. XXI, 342 S. 8.
Mit estnischen Texten.

459 Baye,Baron de.–Les tombes de Mouranka: Actes du X. Congr. des Or., Sect. VII, S. 75-81; 3 T.
Vgl. OB IV, 4405.

460 — — [Sur une statuette en bronze trouvée dans le gouvernement d'Orenbourg]: Bull. Soc. nat. des antiquaires de Fr. '96, S. 348.

461 — — La nécropole d'Ananino (Gouv. de Viatka, Russie): Mém. Soc. nat. des antiquaires LVI, S. 1–26.

462 — — Notes sur les Votiaks paiens des gouvernements de Kazan et de Viatka (Russie): Rev. des trad. pop. XII, S. 233-41.

463 Bélević,N.–V žertvu Inmaru i Keremeti: Permsk. Gub. Věd. '96, No.276 f.

464 Bergholm,A.–Sukukirja Suomen aatelittomia sukuja[OB X, 463]. X viliko. Helsingfors, Finn. archäol. Gesellsch., '97. S. 721-800. 8. Je M. 2 (einz. H. M. 3.)

465 Blanc,É d.–Sur les inscr. des principaux sarcophages dans le mausolée de Tamerlan à Samarkande: CR XXIV ('96), S. 272 f.; 302.
Mit Bem. v. B a r b i e r de M e y n a r d u. D i e u l a f o y.

466 Brotherus,V.F.–En utflykt till Chan Tengri: Finsk Tidskrift '97, XXXXIII, H. 1 f.

467 Buch,Max.–Ueber den Tönnis-cultus und andere Opfergebräuche der Esthen: J. de la Soc. Finno-Ougr. XV, No. 3, S. 5-13.

468 Budde,E.F.–K voprosu o narodnosti Russkago naselenija v Vjatskoj gubernii: Izv. Obšč. arch. etc. XIV, S. 188-94.

469 Cajander,K.A.–Muutamia taikajuttuja Uudenkaupungin ja Ali-Satakunnau tuomiokirjoista [Einiges über Zauberwesen. Aus den Gerichtsacten von Uusikaupunki u. Ali-Satakunta]: Finska Fornminnesf. Tidskr. XVII, S. 83-100.

470 Carpelan,T o r.–Finsk biografisk handbok [OB X, 3314]. Häftet 4. Helsingfors, Edlund, '97. 8. M. 3.

471 Chavannes,E d.–Voyageurs chinois chez les Khitan et les Joutchen: JA Sér. IX, T. IX, S. 377-442; 1 K.

472 Divaev,A.A.–Drevne-Kirgizskie pochoronnye obyčai: Izv. Obšč. arch. etc. XIV, S. 181-7.

473 — — Něskol'ko slov o mogilě svjatogo Chorchut-ata: Zap. X, S. 193 f.

474 Dmitriev,A.A.–Zabytyj trud Ikosova o Stroganovych i Ermakě: Izv. Obšč. arch. etc. XIV, S. 148-80.

475 Elmgren,H i l d a.–Kolmetoista vuotta Lapissa [13 Jahre in Lappland]: Kyläkirjaston kuvalehti, B-sarja, '97, No. 7-11.

476 Engelgardt,A.P.–Russkij Sěver. Putevyja zapiski. Pe., A. S. Suvorin, '97. Rub. 2.

477 Von Tromsoe zum Nordkap. (Nach d. Reiseber. v. Fallize): Kath. Missionen '97, S. 10-12; 34 f.
Ueber die Lappen.
478 Forsman,K.-Pärlor från Kanteletars svedjeländer. Öfvers. till svenskan af Karl A. Tavaststjerna. 1. häft. Helsingfors, Weilin & Göös, '97.   M. 0.50.
479 Forsström,O.A.-Suomen keskiajan historia [OB X, 3327]. Vihot 8-11. Jyväskylä, Gummerus, '97.   8.   (ill.)   Je M. 0.85.
480 Gottwaldt,M.A.-Počzdka na goru Surp-Chač. Kazan', Universitäts-Druck., '97.   5 S.   8.   Rub. 0.05.
S.-A. aus Dějatel' '07.
481 Grotenfelt,Gösta.-Landtbruket i Finland. Helsingfors, W. Hagelstam, '96.   3 Bl., 291 S., 2 Bl.; 11 T., 5 K., 5 Tab.   8.
482 Grube,W.-Das Schamanentum bei den Golden: Globus LXXI, S. 89-3.
Uebs. einiger Abschn. aus Peter Čimkevič, Mat. z. Erforsch. d. Schamanentums b. d. Golden, Denkschr. d. Amur-Section d. k. russ. ggr. Ges.
483 Hackman,A.-Die Bronzezeit Finlands: Finska Fornminnesf. Tidskr. XVII, S. 349-408.
484 Häyhä,Johannes.-Kuvaelmia itäsuomalaisten vanhoista tavoista. Talvitoimet. [Schilderungen der alten Gebräuche der östlichen Finnen. Die Wintergeschäfte.] Helsingfors, Volksaufklär. Gesellsch., '97. 135 S. 8. M. 1.25.
485 Heikel,Axel O.-Mordvalaisten pukuja ja kuoseja. - Trachten u. Muster der Mordvinen. Lief. I. 16 Tafeln. Hels., Finnisch-Ugrische Gesellschaft, '97.   Subscr. cpl. M. 36 (für die Mitglieder der Gesellsch. M. 24).
Rec. F.N.S[etälä]. Valvoja '97, S. 298 f.; E.A.E[kman], Virittäjä '97, No. 4.
486 Ivanov,A. - Čuvašskij prazdnik „Sińzja" i polevoe molen'e o doždě i urožač „Učuk": Izv. Obšč. arch. etc. XIV, S. 141-7.
487 J[ärnefe]lt,A.-Amerikan suomalaisten keskuudesta [Aus dem Leben der amerikanischen Finnen]: Kyläkirjaston kuvalehti, B-sarja, '97, No. 9.
488 Junin,A.A.-Novyja dannyja k istorii vostočnoj Sibir'i XVII věka. Irkutsk '95.   8.
489 Jurkin,I.N.-Čuvašskija nacional'nyja pljaski: Izv. Obšč. arch. etc. XIV, S. 97-100.
490/1 Kihlman,A.Osw.-Iitäjuhla syrjääniläis-kylässä [Eine syrjänische Hochzeit]: Joukahainen XI (Helsingfors '97), S. 232-46.
492 Kozlov's Bericht über die Roborovsky'sche Tibet-Exped. u. über die Kyz-kiyik oder wilden Menschen der Wüste Gobi: Nature LV, S. 541 f.
Vgl. Globus LXXI, S. 314. Nach den Izvěstija der Russ. Ggr. Ges. XXXII, 4.
493 Krahmer.-Russische topographische u. kartographische Arbeiten in Sibirien im J. 1895: PM XLIII, S. 101-6.
494 Kušelev,P.-Čeremisskija igry „ščelčki" i „krjučki": Vjatsk. Gub. Věd. '96, No. 99.
495 Kusnezow,S.K.-Über den Glauben vom Jenseits und den Todtencultus der Tscheremissen [OB X, 3348]: Int. Arch. f. Ethnogr. X, S. 41-52.
496 Magnickij,V.K.-Dva „chola sěče" (gorodišča) v Idrinskom uězdě: Izv. Obšč. arch. etc. XIV, S. 101-8.
497 Magnusson,Magn.-Finlands historia. Hels., Edlund, '97. 51 S. 8.   M. 0.25.
498 Sammlung F. R. Martin.   Thüren aus Turkestan. Stockholm, Königl. Buchdruckerei, '97. 13 S.; 5 T. Fol.
499 Maununpolka,Maunu.-Vähäinen Suomen historian oppikirja. Suomentanut K. H. Helsingfors, Edlund, '97. 55 S. 8.   M. 0.25.
500 Meitzen,Aug.-Siedelung und Agrarwesen der Westgermanen u. Ostgermanen, der Kelten, Römer, Finnen u. Slawen. (= Anbau u. Agrarrecht d. Völker Europas nördl. d. Alpen. 1. Abth.) 3 Bde. u. Atlas. B., Besser, '96. XIX, 623; XV, 698; XXXII, 617 S.; 39 K.; Atlas m. 125 K.   8.   M. 48.
Rec. U.Stutz, GGA 7, S. 515-361 K.Fhamin, Globus LXXI, S. 169-76; 183-8; 206-14; E.Liesegang, DL 3, S. 98-108; G.v.Below, Hist. Z. LXXVIII, S. 471-5.
501 Mika,J.-Jak žijí lidé v nejzadnější Sibiri? [Wie leben die Leute im äussersten Sibirien?]: Osvěta XXVII, No. 233; 239.
502 Pantusov,N.N.-Drevnosti Srednej Azii. I. Pobědnyj pamjatnik na gore

Gedyn'čan'. II. Buddijskij burchan na r. Issygaty (v Ili). Kazan', Universitäts-Druckerei, '97. 11 S.; 7 Tab., 1 K. 8. *Rub.* 0.30.
Sep.-A. aus: Učenija Zapiski Imp. Kazansk. Univers, '97, No. 5.
503 Pecz V.–Adalék Árpád családjának genealogiájához: Egyetemes Philologiai Közlöny XXI, S. 6–10.
Selbstanzeige: Ilyr. Z. VI, S. 587 f.
504 P[ereverzev], N.–Iz musul'manskago mira: Kazanskij Telegraf '97, No. 1326.
505 — — Saban: ebd. No. 1324.
506 Radloff,W.–Arbeiten der Orchon-Expedition. Atlas der Alterthümer der Mongolei. Im Auftrage der kaiserl. Akademie der Wissenschaften herausg. [OB VIII, 474]. 3. Lfg. Pe. (I., Voss' Sort.,) '97. 22 Taf. m. 4 S. Text. Fol. *M.* 10.50.
507 R[uuth],J.V.–Silmäys Hämäläisten muinaisiin asutusoloihin Suupohjassa [Ueber die Einwanderungen der Hämäläiset im südl. Österbotten (Suupohja)]: Joukahainen XI (Helsingfors '97), S. 129–39.
508 Sergujev's Entdeck. e. Begräbnissstelle der sog. Tschuden: Globus LXXI, S. 36.
Nach Nature I.V, S. 82.
509 Snellman,A.E.–Muinaisjäännöksiä ja tarinoita Laukaan kihlakunnasta. Jälkimm. osa: Karstulan ja Kivijärven pitäjät [Altertümer u. Traditionen aus dem Härad Laukaa. II. Die Kirchspiele Karstula u. Kivijärvi]: Finska Forn-minnesf. Tidskr. XVII, S. 1–82.
510 Skrzyncki,Adolf.–Jakutenbräuche: Urquell, N. F. I, S. 6–8.
511 Stenroos,K.E.–Suomalainen tutkimusretki Keski-Aasiaan [Die finn. Expedition nach Central-Asien]: Kyläkirjaston kuvalehti, B-sarja, '97, No. 1; 4.
512 Takala,Esa Eetu.–Muinaismuistoja Pietarsaaren kihlakunnan suomalaisesta osasta [Die Altertümer des finnischen Teiles des Härad Pietarsaari]: Finska Fornminnesf. Tidskr. XVII, S. 101–332.
513 Terechin,V.M.–Efaevskij mogil'nik: Izv. Obšč. arch. etc. XIV, S. 109–15.
514 — — Istoričeskie materialy v otnošenii inorodcev penzenskago kraja konca XVII st.: ebd. S. 195–202.
515 Tikkanen,J.J.–Finska fornminnes-föreningens utställning: Finsk Tidskrift XXXXII, No. 4.
516 Ost-Turkestan: Ostas. Lloyd XI, S. 717–9; 749 f.
517 Tweedie,A.–Through Finland in carts. Lo., Black, '97. 378 S. 8. 15 s.
Rec. SR LXXXIII, S. 592.
518 D.U.–Etnografičeskija kollekcii na Vserossijskoj Vystavkě 1896 g. v. Nižnem-Novgorode: Ėtn. Obozr. XXXII, S. 152–7.
519 Vambéry,H.–Bilder aus Samarkand: Globus LXXI, S. 152–5.
520 Vasil'ev, A.V. – Istoričeskij očerk russkago obrazovanija v Turgajskoj oblasti i sovremennoe ego sostojanie. Izdanie Turgajskago Oblastnago Statističeskago Komiteta. Orenburg '96. 6, 226, 72 S. 8.
521 V[ennola],J.H.–Eräs lappalainen haltija [Ein lappischer Kobold]: Viritäjä '97, No. 2.
522 W[alli]n,V.–Suomalaiset joululeikit [Finnische Weihnachtsspiele]: Kyläkirjaston kuvalehti, B-sarja, '97, No. 1.
523 — — Varsinaissuomen maa, kansa ja muistot [Land, Volk u. Traditionen der Varsinaissuomi]: ebd., No. 3.
524 — — Mikonpäivä, muinaissuomalainen vuodenpäätös- ja syksyjuhla [Der Michaelstag, ein altfinnisches Herbstfest]: ebd. No. 10.
525 W[ichmann],Y.–Matkamuistelmia Itävenäjältä: Suomen Matkailijayhdistyksen vuosikirja '96, S. 47–61.
Erinnerungen von einer Reise unter den Wotjaken.
525a [Ber. üb. e. Vortr. v. Georg Wolf üb. die Cultur der Magyaren bei der Besitznahme ihres heutigen Vaterlandes]: Beil. Allg. Ztg. 108, S. 8.
526 Zacharov, A.–Domašnij i social'nyj byt ženščiny u Zakavkazskich Tatar: Sbornik materialov dlja opisanija Kavkaza. Vyp. 20, Otd. 1, S. 91–157.
527 Zasědatelev,N.I.–Archeologija v Turkestaně: Izv. Obšč. arch. etc. XIV, S. 135–40.

Türkisches Reich.
(S. auch No. 1200; 1583.)

528 Jos. v. Scheda's Plan von Constantinopel und Umgebung. Red. v. K.
Peucker. W., Artaria & Co., '97.

529 Bettoja-Blum, Alb.-De Gênes à Constantinople. Varazze, tip. Botta,
'96. 160 S. 8.

530 Blochet.-Note sur une lettre du Sultan Bajazet II au roi de France
Charles VIII (1488): Rev. de l'Or. chrét., Suppl. trim. II, S. 219-27.

531 Currie, Mary Montgomerie.-A Turkish „young pretender": Nineteenth Century XLI, S. 547-55.
Prince Jem, son of Mohammed the Conqueror, 1459-1495.

532 Davey, R.-The Sultan and his subjects. 2 Vols. Lo., Chapman (N. Y.,
Dutton & Co.), '97. 758 S. 8. (K.)   24 s.; $ 7.50-
Rec. W. Huyshe, SR LXXXIII, S. 515 f.

533 Denais, Jos.-Le fanatisme en Turquie: N. Revue CVI, S. 611-31.

534 Gilliodts, Juan O.-Impressions d'Orient. Voyage en Turquie, en Bul-
garie et en Serbie. Bruxelles, Balat, '97. 24 S. 8. (ill.)   Fr. 0.50-

534a Kélékian, Diran.-Life at Yildiz: Contemporary Rev. LXX, S. 784-92.

535 Mitteilungen des Deutschen Excursionsklubs in Konstantinopel. Hrsg. v. G. Albert. Konstantinopel, O. Keil, '95.
Hierin Aufs. v. A. Mordtmann u. D. Paluka. Vgl. 7. Strzygowski, Byz. Z. VI, S. 591.

536 Müller, Mrs. [Georgina] Max.-Letters from Constantinopel. Lo. (N. Y.),
Longmans, '97. VI, 196 S.; 12 T. 8.
Rec. Ath., March 13, S. 344.

537 Ramsay, W. M. - Impressions of Turkey during 12 years' wanderings.
Lo., Hodder (N. Y., Putnam), '97. 308 S. 8.   6 s.; $ 1.75-
Rec. Ac. LI, S. 624 f; Independent XLIX, S. 1275.

538 Schulze-Smidt, B.-Constantinopel. Friedliche Reiseerinnerungen. Dresden, Reissner, '97. VII, 197 S. 8.   M. 3.

539 Teplov, V.-Smutnoe vremja i dvorcovyj perevod v Konstantinopolè (1876
goda). Pe., Druck v. M. Paikin, '97. 174 S. 8.   Rub. 1.

540 Vambéry, H.-Die Kulturbestrebungen der türkischen Frauen: Cosmopolis VI, S. 225-44.

541 — — Die Stellung der Türken in Europa: Ggr. Z. III, S. 249-56.

2. Sprache und Litteratur.

542 Callivoulis, Etienne-Démétrius.-De l'origine étymologique de quelques noms de nombre et du suffixe du pluriel dans les langues ouralo-
altaïques. P., Reullier, '97. 7 S. 8.

543 [Ber. üb. e. Vortr. v. B. Munkácsi üb. d. Urspr. d. Volksbenennung
Ugor]: Westöstl. Rdsch. III, S. 72.
Vgl. OB X, 3362.

Türken.
(S. auch No. 101 457a; 600; 1526.)

544 Achmerov, Š.-Sintaksičeskij razbor glagola v Kazansko-Tatarskom
narčii. Kazan' '96. 43 S. 8.

545 Andreev, M.-Rukovodstvo dlja pervonačal'nago obučenija sartovskomu
jazyku v Taškentskom real'nom učilišče. Taškent '96. 25 S. 8. (lith.)

546 Aničkov, I. V.-Pamjatniki Kirgizskago narodnago tvorčestva. Kirgizskaja
bylina o gerojach Ir-Nazarè i B'ketè. Kazan' '96. 16 S. 8. [S.-A. von OB
X, 3417.]

547 Ašmarin, N. I.-Materialy k izučeniju Čuvasskago jazyka. Čast' I. Fonetika
i étimologija. Kazan', Universitäts-Druckerei, '97. S. 1-48. 8.
Unter der Redact. v. N. F. Katanov.

548 Divaev, A. A.-O proizchoždenii Albasti, Džinna i Diva (Kirgizskaja
legenda, tekst i perevod): Izv. Obšč. etc. XIV, S. 226-33.

549 — — Kirgizskaja ljubovnaja: Okraina (Taškent) '97, No. 27.

550 — — Kirgizskie aforizmy: ebd. No. 34.

551 Jehlitschka, Henry.-Türkische Konversations-Grammatik nebst e. Ein-

führung in den türkischen Epistolarstil. Schlüssel. Heidelberg, Groos, '97. 123 S. 8. *M.* 3.

552 Katanov,N.F.-Otčet o poězdkě, soveršennoj s 15 maja po 1 sent. 1896 goda v Minusinskij okrug Enisejskoj gubernii. Kazan', Univ.-Druckerei, '97. 104 S.; 3 T. 8. [Aus den Učenyja Zap. Imp. Kazansk. Univ., Jahrg. LXIV, H. 5 ff.] *Rub.* 0.60 (L., Harrass. *M.* 3.) Mit zahlreichen Texten. — Vgl. Izv. Obšč. arch. etc. XIV, S. 219–21.

533 — — Sagajskija nazvanija 13 měsjacev goda: Izv. Obšč. arch. etc. XIV, S. 236 f.

554 — — Sagajskoe stichotvorenie: ebd. S. 238 f.

555 Kočnev, D. A.-Bukvar dlja Jakutov. Kazan', Universitäts-Druckerei, '97. 51 S. 8. *Rub.* 0.20.

556 [Ber. üb. e. Vortr. v. I. Kunos üb. die ungar. Elemente in d. türkischen Sprache]: Beil. Allg. Ztg. 7, S. 8. Vgl. Westöstl. Rdsch. III, S. 71.

557 Lang,C.-Die Wortfolge im Türkischen: WZKM XI, S. 25–50.

558 Maillckij,N.G.-Ak-tjube (Kirgizskaja legenda): Izv. Obšč. arch. etc. VIII, S. 234–6.

559 Malov,E.A.-Kniga o poslědnem vremeni (ili o končině mira), perevod s Tatarskago (s tekstom i primēčanijami:) Izv. Obšč. arch. etc. XIV, S. 1–96. Auch sep. Kazan', Univ.-Druckerei, '97. *Rub.* 0.50. — Rec. *N. F. Katanov,* Dějatel' '97, S. 331.

560 Nesterov,Al.-Žaloba na sovremennost'. Kirgizskaja pěsnja: Zap. X, S. 83–92.

561 Radloff,W.-Versuch eines Wörterbuches der Türk-Dialekte [OB IX, 610]. 8. Lfg. (= Bd. II, 2.) Pe., Ak. (I., Voss' Sort.), '96. S. 321–640. 8. *M.* 2.50.

562 The story of Umm Harám. Ed. in the orig. Turkish and transl. by Claude Delaval Cobham: JRAS '97, S. 81–101.

563 Vasil'ev,A.-O Kirgizskom jazykě i ego transkripcii. Orenburg '96. 30 S. 8. (Otd. ott. iz No. 55–56. Turgajskoj Gazety za 1896 g.)

563a Persische u. Türkische Volkslieder und Gedichte übersetzt von Baba Bar Ischaja, Mualim aus Tabris in Persien. [Braunschweig, Druck von Aug. Wehrt, '97.] 15 S.; 1 Portr. 8. Die persischen Stücke nur in Uebs., die türkischen auch im transscribirten Originaltext

Orkhon-Inschriften.

564 Bang,W.-Köktürkisches: WZKM XI, S. 198–200.

565 — — Zur köktürkischen Inschrift IE 19–21 (Thomsen): TP VII, S. 611.

566 The old Turkish inscriptions in Mongolia: Nature LV, S. 262. From a paper by N.F.Katanov in the Izvestija of the East Sib. Branch of the Russ. Ggr. Soc. XXVI, 4 f.

567 Tallqvist,K.L.-Professor Wilhelm Thomsens tydning af de Sibiriska inskrifterna: Finsk Tidskrift '97, S. 173–83; 336.

Mongolen und Mandschu.

567a Chavannes, Ed.-Note sur une amulette avec inscr. en caractères pa-se-pa: JA Sér. IX, T. IX, S. 148 f.

568 Dévéria,G.-Notes d'épigr. mongole-chinoise [OB X, 3441]. Addenda et Corrigenda: JA Sér. IX, T. IX, S. 183 f. Rec. *G. Schlegel,* TP VIII, S. 346–8.

569 Edkins,Jos.- The Mongol language: China Rev. XXII, S. 605 f.

570 — — The language of the Golden Tartars: ebd. S. 674–8.

571 Grube,W.-Vorläufige Mittheilung über die bei Nikolajewski am Amur aufgefund. Jučen-Inschriften. II., [ohne Name des Druckers] 2. Dec. 1896. Tit. nach d. Rec. v. *G. Schlegel,* TP VIII, S. 114 f.

572 Himly,Karl.-Die Abteilung der Spiele im Spiegel der Mandschu-Sprache [OB X, 3443]: TP VIII, S. 155–80; 360.

573 Huth,Georg.-Sur les inscriptions en langues tibétaine et mongole de Tsaghan Baisching et sur le rapport de ces monuments avec „l'Histoire

du Bouddhisme en Mongolie" composée en tibétain par 'Jigs-med nam-mk'a:
Actes du X. Congr. des Or., Sect. V, S. 175-80.

574 — — Zur Entzifferung der Niŭči-Inschrift von Yen-t'ai: Bull. Ac. Pe.,
Sér. V, Vol. V, S. 375-8.
Rec. *G. Schlegel*, T·P VIII, S. 115—7.

575 Pozdněev, A. - Kalmyckija skazki [OB IX, 3542]. VIII-X: Zap. X,
S. 139-85.

576 Zwei mandschu-chines. kaiserliche Diplome. Uebs. u. hrsg. v. Gust.
Schlegel u. Erwin Ritter von Zach: T·P VIII, S. 261-308; 360; 2 T.
Ehrentitel-Verleihung seitens des Kaisers Kia-K'ing (1796—1820).

577/8 Zach, Erwin Ritter von.–Einige weitere Nachträge zum Jučen-Deutschen
Glossar Prof. **Grube's**: T·P VIII, S. 107 f.
Im Anschluss an Schlegel's Rec. OB X, S. 183 u. unten S. 35.

Finno-Ugrier.
(S. auch No. 458.)

579 Suomalais-Ugrilaisen Seuran Aikakauskirja. Journal de
la Société Finno-Ougrienne [OBX, 572]. XV. Helsingfors (I.., Harrassowitz
in Comm.,) '97. 57, 64, 34 S. 8.   *M.* 6.40.
Die letzten 34 S. enthalten namentlich „Auszüge aus den Sitzungsberichten der Finnisch-
Ugrischen Gesellschaft im J. '96" und den Jsb. für '96 in finn. u. frz. Sprache.

580 Suomi [OB IX, 624]. Dritte Serie. 13.-14. Band. Helsingfors,
Finn. Litt.-Gesellsch., '97. 84, 56, 49, 79, 152 S. und 80, 84, 153 S. 8.
                                                                      Je *M.* 8.
Die letztbezeichneten 152 u. 153 S. sind: Sitzungsber. der Gesellsch. in den Jahren 1895-6,
1896-7.

581 Virittäjä. Uusi jakso. Kotikielen Seuran aikakauslehti. Ensi-
mäinen vuosikerta. No. 1-5. [Virittäjä. Neue Folge. Zeitschrift der Gesell-
schaft für heimatliche Sprachkunde. Erster Jhrg.] Toimitus [Redaction]:
E. A. Ekman, V. Alava, K. Karjalainen, A. R. Niemi, J. H. Vennola.
Helsingissä '97.   j. (6 Hefte) *M.* 2.50.
Rec. v. No. 1: *Th. Wichmann*, Valvoja '97, S. 120.

582 Suomen Kansan sävelmiä. III. Kansantansseja. Hrsg. v. J. Krohn
[OB X, 573]. H. 8. Helsingfors, Finn. Litt.-Gesellsch. '96. 8. Je *M.* 1.50.

583 Alava, V.–Mikä on Kekri? [Was ist Kekri?]: Virittäjä '97, No. 2.

584 Beöthy Zoltán.–A magyar irodalom története. 2 Vol. Budapest,
Athenaeum, '96. 516; 840 S.; 74 T. 8. (ill.)
Rec. *J. Kont*, Rev. cr. 23, S. 456—9.

585 Cannelin, Knut.–Eräitä lainasanaimme omituisuuksia [Einige Eigen-
tümlichkeiten unserer Lehnwörter]: Virittäjä '97, No. 5.

586 E[kman], E.A.–Launa sanasta [Ueber das Wort „launa"]: ebd. No. 1.

587 Genetz, Arvid.–Ost-permische Sprachstudien: J. Soc. Finno-Ougr. XV,
No. 1. 57 S. 8.   *M.* 2.

588 -- — Suomalais-ugrilainen đ ensimmäisen ja toisen tavuun vokaalien
välissä. — Ensi tavuun vokaalit suomen, lapin ja mordvan kaksi- ja useam-
pitavuisissa sanoissa [Finn.-ugrisches đ zwischen den Vokalen der ersten u.
zweiten Silbe. — Vokalismus der ersten Silbe in zwei- und mehrsilbigen
Wörtern im Finn., Lapp. und Mordvinischen.]: Suomi XIII. 56 S. 8. *M.* 1.

589 Glück, Frdr., u. Ed. **Somogyi**.–Praktisches Lehrbuch der ungarischen
Sprache. Budapest, Singer & Wolfner, '97. 169, III S. 8. Geb. *M.* 1.60.

590 Hallstén, Ilmi, ja Lilli **Lilius**.–Kodin sanasto. Kotikielen seuran an-
taman toimen johdosta ja sen avulla toimittaneet - -. Svensk-Finsk Ordbok
för hemmet. På uppdrag af Kotikielen seura och under dess medverkan
utgifven af - -. Porvoossa, Söderström, '97. IV, 159 S. 8. *M.* 2.25.
Rec. *E. A. E[kman]*, Valvoja, '97, S. 116 f. und Virittäjä '97, No. 4; *E. & M.*, ebd., No. 3.

591 Kallio, A.–Finsk elementarbok. Suppl.-h. 1 till 3. Helsingfors '95. S.

592 Kallio, A. H., ja H. **Paasonen**.–Ruotsalais-Suomalainen sanakirja. —
Svenskt-Finskt lexikon [OB X, 585]. Vihko IV. Helsingfors, Finn. Litt.-
Gesellsch., '97. 8.   *M.* 3.50.

593 Kannisto, Artturi.–Äänneopillinen tutkimus Urjalan, Kylmäkosken ja

Akaan murteesta [Lautlehre der Mundart von Urjala, Kylmäkoski und Akaa]: Suomi XIV. 84 S. 8. *M.* 1.
594 Karjalainen,K.–Pieniä lisäpürteitä Kalevalaan [Eine Runenvariante zu Kalevala]: Virittäjä '97, No. 2.
595 Keinänen,S.A.–Kuvia Kalevalasta [OB X, 587]. III. Helsingfors, Edlund, '97. *M.* 2.80.
596 Krohn,Kaarle.–Lokka Kalevatar, Ilmarisen äidin nimi: Virittäjä '97, No. 1.
596a Aux pays du nord. Contes scandinaves et finlandais trad. av. autoris. des auteurs p. Fernande de Lysle. P., Lefort, ['96?]. 142 S. 8.
596b Margalitis Ede.–Nyelvében él a nemzet. Magyar közmondások és közmondásszerü szólások. A Magyar tudományos akadémia és a Kisfaludy társaság támogatásával jelent meg. (In 12 Lfgn.) Budapest, Kókai, '96. VII, 770 S. 8.
Gesamt-Titel zu OB X, 3452.
597 Niemi,A.R.–Kaksi kansanrunokokoelmaa viime vuosisadalta ynnä "Suru-Runot Suomalaiset" [Zwei folkloristische Sammlungen aus d. vorigen Jahrh. und die "Suru-Runot Suomalaiset" (Gabriel Calamnius' Gedichte)]: Suomi XIV. 80 S. 8. *M.* 1.
598 Nordling,J.G., ja A.V. F[orsman].–Viinikka nimestä [Ueber den Namen Viinikka]: Virittäjä '97, No. 4.
599 Nyman,Severi.–Pari suomalaista leikkilaulua [Zwei finnische Kinderlieder]: ebd. No. 5.
600 Paasonen,H.–Die türkischen Lehnwörter im Mordwinischen: J. de la Soc. Finno-Ougr. XV, No. 2. 64 S. 8. *M.* 3.
601 — — Kielellisiä lisiä suomalaisten sivistyshistoriaan [Linguistische Beiträge zur Kulturgeschichte der Finnen]: Suomi XIII. 49 S. 8. *M.*0.50.
602 — — Itäsuomalaisten kansain runoudesta [Ueb. die Volkspoesie d. ostfinn. Völker]: Valvoja '97, S. 65–78; 127–40.
Vgl. dazu Runomittaisia luihtuja ja rukouksia mordvalaisilla: J. de la Soc. Finno-Ougr. XV, No. 3. S. 4 f.
603 Patkanov,S.–Die Irtysch-Ostjaken und ihre Volkspoesie. I. Th. Ethnographisch-statistische Uebersicht. Pe., Ak., '97. *Rub.* 2 40. (L. Harrass. *M.* 3.50.)
604 Patrubány, Lukas von.– Ungarische Etymologien: Sprachwiss. Abhandlungen. Hrsg. von L. v. P. I, 1, S. 1–4.
Vorwiegend magyarische Wörter iranischer und armenischer Herkunft.
605 Qvigstad,J.–Über die norwegisch-lappische Bibelübersetzung von 1895: J. de la Soc. Finno-Ougr. No. 3, S. 1–3.
606 R[ytkönen],K.–Suomalaista sukunimistä Turun Kaupungissa 1600-luvun alkupuolella [Finnische Familiennamen in Turku (Abo) am Anfang des 17. Jh.]: Virittäjä '97, No. 4.
607 Saxén,Ralf.–Eräs metateesi-kysymys: ebd., No. 4.
Finn. perjantai, vaahto, pilkka, kursata, pilkkoa, priskuttaa, hirnua, parsi.
608 Semenov,T.S.–Čeremisskaja skazka o tom, kak odin Čeremisin obmanul čerta (tekst i perevod): Izv. Obšč. arch. etc. XIV, S. 116–25.
609 Setälä,E.N.–Kielellisiä virvatulia ihmisajatuksen tiellä [Ueber finnische Volksetymologien]: Valvoja '97, S. 378–94.
Auch sep. Helsingfors, Otava, '97. 27 S. 8. *M.* 0.50.
610 — — Mikä on Sampo? [Was ist Sampo?]: Virittäjä '97, No. 1.
611 — — Suomalainen sana metu [Das finn. Wort metu (Honig)]: ebd., No.3.
612 — — Tieteileviä kansanjohdannaisia [Gelehrte Volksetymologien]: ebd., No. 3.
613 S[irelius],U.T.–Onko virolaisissa ja suomalaisissa naima-ja häätavoissa germaanilaisia lainoja? [Gibt es in den estnischen u. finn. Heirats- u. Hochzeitsgebräuchen germanische Entlehnungen?]: ebd., No. 3 f.
614 T[akala],E.E.–Kalevalan runojen raisineita Etelä-Pohjanmaalla [Kalevala-Varianten aus d. südl. Österbotten]: Joukahainen XI (Helsingfors '97), S. 218–27.
615 Trusman,I.I.–Etym. Wörterb. d. Ortsnamen des Pskovschen Kreises. (Russ.) Reval '97. 103 S. 8. (L., Harrass. *M.* 4.)

616 Vasenius,V.-Suomalainen kirjallisuus. Aakkosellinen ja aineenmukainen luettello. 4 lisävihko. 1892-1895 [Die finnische Litteratur 1892-95]. Helsingfors, Finn. Litt.-Gesellsch., '97. 288 S. 8. *M. 4.*

617 Vennola,J.H.-Äänneopillisia havainnoita Pohjois-Pohjanmaan rantamurteesta [Lautlehre der nord-österbottnischen Küstenmundart]: Suomi XIII. 79 S. 8. *M. 0.50.*

618 — — Suomalaista virkakieltä 1500-luvulla [Finnische Amtssprache im 16. Jh.]: Virittäjä '97, No. 5 f.

619 Wichmann,Yrjö.-Suom. vaski sanan vastineet permiläisissä kielissä (votjakissa ja syrjäänissä) [Zur Etymologie des finn. vaski (Kupfer)]: ebd., No. 2.

620 — — Zur geschichte des vokalismus der ersten silbe im wotjakischen mit rücksicht auf das syrjänische. (Diss.) Helsingfors '97. XIV, 95 S. 8.

621 — — Satanen votjakkilaisia sananlaskuja [Hundert wotjakische Sprichwörter]: Joukahainen XI (Helsingfors '97), S. 195-200.

Tatarische u. ä. Drucke.
(Vgl. unten die Rubrik V. 6 c.)
[Falls nicht anders vermerkt: Kazan', Univ.-Druckerei, 1897.]

622 'Abdurrahmán ben Jûsuf.-عماد الاسلام. Hrsg. v. Muhammed-'Alí Minhág ed-din ugly. 265 S. 8. *Rub. 1.50.*

623 — — Hrsg. v. Muhammed-gán Kerimov. 304 S. 8. *Rub. 2.*

624 Muhammed-Safá ben Mullá 'Aliju'lláh Mansúrov. باغيجه اوسترو خصوصندا. Hrsg. v. Zemstvo des Vjatkagouvernements. 72 S. 8. *Rub. 0.45.*

Rec. N.F.Katanov, Dejatel' '97, S. 331—4.

625 Mülkai.-قصه جوم جومه. Hrsg. v. Šemsu'd-din Husein-ugly. 16 S. 8. *Rub. 0.10.*

626 Rizâu'd-din.-سعيد. Kazan', Druck v. Dombrovskij, '97. 32 S. 8. *Rub. 0.20.*

627 Samí'u'lláh ben Šibgetilláh.-معلومات ابتداشيه. Hrsg. v. Šemsu'd-din Husein-ugly. 60 S. 8. *Rub. 0.15.*

628 Teregulov,'Otmân.-چيكرتكه. Kazan', Druck v. Dombrovskij, '97. 22 S. 8. *Rub. 0.05.*

629 Teregulova,BibiʾAiša.-سى حكايه. صالدات. Ebd. '97. 7 S. 8. *Rub. 0.02.*

630 قزان غوبيرناطرى همه خلقته خبر ايته. 1 S. Fol.

631 صارا طاو غوبيرناطرنندان خبر ايتلا. 1 S. Fol.

632 Objavlenie o perepisi. 1 S. Fol.
Russisch, čuvašisch, tatarisch, wotisch.

633 قزان قالاسيننك غوبيرناطورنندان همه خلقته خبر ايتلا. 2 S. Fol.

634 Bed' el ma'arif. Pe., Bûrâgânî, '96. 17 S. 8.
Kurze muslim. Glaubenslehre mit Gebeten.

635 Bint Lutfalláh el Suleimání.-Targíb el benât fî ta'lîm el adabijját. Ebd. '97. 8 S. 4.

636 Menmenli Záde Tâhir.-'Osmanli adabijját. Constantinopel, Matba'a Qišbár, 1314. 2, 234 S. 8.

637 Newäi Mír 'Alí Šír.-Mohakamat allugatein. Stambul, Iqdâm, 1315. 104 S. 8. *3 Piaster.*
HH V. 417. Türk. Vergleichung des Türk. mit d. Pers.

638 Šábir Memsâwi.-Bedrulhisâb. Türk. Elementararithmetik. Pe., Bûrâgânî, '97. 80, 1 S. 4.

Recensionen zu II.*)

M.Albrecht, Russisch Centralasien: II.F[eigl], ÖM XXIII, S. 47-54.
L.Cahun, Introd. à l'hist. de l'Asie: E.Drouin, JA Sér. IX, T. IX, S. 177-80

*) Rec. von OB X, 3488 u. 3491: N.F.Katanov, Dejatel' '97, S. 399—403.

N.F.Katanov, Izv. Obšč. arch. etc. XIV, S. 128 f.; *V.Bartol'd*, ŽMNP CCCV, Juni '96, S. 366–84.

N.**Charuzin**, Istorija razvitija žilišča u kočevych i polukočevych Tjurkskich i Mongol'skich narodnostej Rossii: *Krahmer*, Globus LXXI, S. 131.

J.R.**Danielson**, Suomen sota ja Suomen sotilaat vuosina 1808 ja 1809 (OB X, 3318): *Kustavi Grotenfelt*, Valvoja '97, S. 52 f.

O.**Donner**, Sur l'orig. de l'alphabet turc du Nord de l'Asie: *G.S[chlegel]*, TP VII, S. 596 f.

W.**Grube**, Die Sprache u. Schrift der Jučen: *Grube* (zu Schlegel's Rec. OB X, S. 183), TP VII, S. 611 f.; *G.Schlegel*, ebd. S. 612–5.

I.**Kunos**, Turkish fairy tales; transl. by R. N. Bain: As. Qu. Rev. III ('97), S. 216 f.

G.**Kuun**, Rel. Hungarorum cum Oriente . . . hist. ant.: [*K.Krumbacher*], Byz. Z. VI, S. 633.

W.R.**Lethaby** & H.**Swainson**, The church of Sancta Sophia, Constantinople: *O.Wulff*, Repert. f. Kunstwiss. XX, S. 232–41.

A.**Mordtmann**, E. deutsche Botschaft in Konstantinopel 1573–1578: *I.Gold-siher*, DL 4, S. 147.

E.**Nekljudov**, Slovar'-samoučitel' 1500 tatarskich slov: *N.F.Katanov*, Učenyja Zapiski Kazanskago Universiteta '97, Jan., S. 1–15.

E.H.**Parker**, A thousand years of the Tartars: *N.F.Katanov*, Izv. Obšč. arch. etc. XIV, S. 128.

A.**Pozdněev**, Mongolija i Mongoly. I: *H.Kern*, Int. Arch. f. Ethnogr. X, S. 75 f.; *P.A'*, Nature LV, S. 603 f.

W.**Radloff**, Die alttürkischen Inschriften der Mongolei: *N.F.Katanov*, Izv. Vostočno-Sibirskago Otděla Russkago Ggr. Obšč. (Irkutsk) '96, S. 241–6.

V.I.**Sěroševskij**, Jakuty: *W.F.H.*, Nature LV, S. 97 f.; *N.Ch[arusin]*, Ètn. Obozr. XXXI, S. 170 f.

S.**Simonyi**, Német és magyar szólások (OB X, 600): *H.W[inkler]*, LC 21, S. 693 f.

A.H.**Snellman**, Die Ostseefinnen (OB X, 3385): *A.Hackman*, Cbl. f. Anthr. II, S. 39–41.

Szábo & Hellebrant, Régi magyar könyvtar. III (OB X, 3456): *Heller*, Cbl. f. Biblw. XIV, S. 306 f.; *J.Kont*, Rev. cr. 13, S. 249–51.

V.**Thomsen**, Inscr. de l'Orkhon: *G.Kuun*, ZDMG LI, S. 339 (Berichtig. zu s. Rec. in d. Westöstl, Rdsch. III, S. 277); *E.Beauvois*, Rev. cr. 14, S. 268–70.

Z.**Topelius**, Fairy tales from Finland: Ath., Febr. 6, S. 181.

H.**Winkler**, Japaner u. Altaier: *W.Bang*, TP VIII, S. 111–4.

G.**Zolnai**, Nyelvemlékeink a könyvnyomtatás koráig: *J.Kont*, Rev. cr. 13, S. 251 f.

III. OSTASIEN UND OCEANIEN.

639 Mittheilungen der Deutschen Gesellschaft für Natur- und Völkerkunde Ostasiens in Tokio. Hrsg. vom Vorstande [OB X, 3498]. 59–60. Heft (= Bd. VI, S. 405–90). April; Juli 1897. Tokio, Buchdr. der Shueisha (B., Asher & Co.). 4. $ 1.50; 1. S. 482 ff. *Mitgliederverz.*

640 T'oung l'ao. Archives pour servir à l'étude de l'hist., des langues, de la géogr. et de l'ethnogr. de l'Asie Orientale. Rédigées par G. Schlegel et H. Cordier [OB X, 3499]. Vol. VII, No. 5. Vol. VIII, No. 1–3. Déc. '96–Juillet '97. Leide, Brill. S. 509–630, I–IV; S. 1–360. 8. j. *Fr.* 25.

641 Archaeologisches aus China u. Japan: Ostas. Lloyd XI, S. 595 f.

642 Basset,René.–Contes et légendes de l'Extrème-Orient [OB X, 3500]: Rev. des trad. pop. XII, S. 181–5.

643 Bibliographica. Papers on books, their history and art. Vol. I–III. Lo., Kegan Paul, '95/6. 4. (ill., T.)

Vol. II, 452 ff. u. III, 1 ff. handelt R.K.Douglas üb. d. Bilderschmuck chines. u. japan. Bücher; vgl. *K.Dziatzko*, DL 2, S. 49–52; Ath., Jan. 2, S. 15.

644 Brandt,M.v.-Ostasiatische Fragen. China. Japan. Korea. B., Gebr.
Paetel, '97. VII, 359 S. 8.   *M.* 7.
645 The Chronicle and Directory for China, Japan, Corea, Indo-China,
Straits Settlements, Malay States, Siam, Netherlands India, Borneo, the
Philippines, etc. for the year 1897. Hongkong '97. 8.
                                    (L., Harrass. geb. *M.* 16.)
646 Coucheron-Aamot,W.-Li-Hung-Changs Fædreland og Østasiens Historie
efter Freden til Shimonoseki (— Parmanns Familielæsning. No. 62.). Heft 1.
Kristiania, Malling, '97. S. 1–80. 8. (ill.)   *Kr.* 0.50.
647 — — Kriget mellan Japan och Kina. Heft 1. Stockholm, Bonnier,
'97. S. 1–48. 8. (ill., K.)   *Kr.* 0.85.
648/9 Eastlake,F.W., and **Yamada Yoshi-Aki**.-Heroic Japan: a history of
the war between China and Japan. Lo., Low. (N.Y., Scribner), '97. 568 S. 8.
                                                          18 *s.*; $ 5.
Rec. Ath., May 15, S. 643 f.
650 Collection des Goncourts. Arts de l'Extrême-Orient. Objets d'art
japonais et chinois, peintures, estampes, dont la vente a eu lieu en mars 1897.
P., Motteroz, '97. VI, 420 S. 4. (ill.)
  Le même ouvrage en édition in 8°. VI, 364 S.
651 Harlez,C,de.-Les langues monosyllabiques: Actes du X. Congr. des
Or., Sect. V, S. 67–88.
652 Parker,E.H.-Personal reminiscences touching Christian missionaries in
China, Corea, Burma, etc. by a non-catholic: Dublin Rev. CXX, S. 351–72.
653 Sauvage.-La guerre sino-japonaise (1894–95). P., Baudouin, '97. IX,
287 S. 8. Atlas (7 T.) in 4.
654 Vigneron,Lucien.-Portraits jaunes (Coréens, Japonais, Chinois). Scènes
de la vie chinoise. Tours, Mame & Fils, '96. 159 S. 8. (ill.)

I. China.

655 The China Review: or, Notes and Queries on the Far East [OB X,
3515]. Vol. XXII. Nos. 1–4. Hongkong, 'China Mail' Office (Lo., Kegan
Paul), [1896/7]. S. 429–683 [Zählung von Vol. XXI fortgesetzt]. 8. j. $ 6.50.
656 Parker, E.H.-[Ueber die neuesten Nummern der von Y.S.Allen in
Shanghai hrsg. Zeitschr. Wan Kwoh Kung Pao]: As. Qu. Rev. III ('97), S.438 f.

a) Allgemeines.
(S. auch No. 471.)

657 Die Baukunst der Chinesen: Ostas. Lloyd XI, S. 713 f.
658 Beerdigungs-Reformen in China: ebd. S. 1191 f.
659 Le tour complet de la Chine [Bonin]: T'P VIII, S. 238 f.
660 Brandt,M.v.-Was der Chinese glaubt: Cosmopolis VI, S. 878–94.
661 Zur Charakteristik des Chinesen: Ostas. Lloyd XI, S. 587–9;
1445–7; 1486–8: 1518 f.
662 Les origines de deux établissements français dans l'Extrême-Orient:
Chang-Hai, Ning-Po. Documents inédits, publiés avec une introduction et des
notes par Henri Cordier. Le Puy, imp. Marchesson, '96. XXXIX, 76 S.;
1 T., 1 Facs. 8.
Rec. *T.W.*, JRAS '97, S. 388.
663 Cornaby,W.A.-Rambles in Central China. Lo., Kelly, '97. 96 S. 8. 1 *s.*
664 Dawe,C.-Captain Castle: Tale of China Seas. Lo., Smith, '97. 302 S.
8. (ill.)   6 *s.*
665 Das Drachenbootfest: Ostas. Lloyd XI, S. 1133.
666 Dujardin-Beaumetz,F.-La Chine dans ses rapports avec l'Europe. P.,
impr. Levé, '97. 29 S. 8.
Extrait de la Réforme sociale.
667 Edwards,S.Julien Hugh.-Amoy-general geographical description, &c.:
China Rev. XXII, S. 571–7.
668 Eitel,E.-Supplementary notes on the history of Hongkong, – 1882 to
1890: ebd. S. 532–43.
S. OB X, 3528 etc.

669 Gardner,Christ.Th.–Amoy emigration to the Straits: ebd. S. 621–6.

670 Das elastische Glas der Chinesen: Umschau I, S. 176.

671 Gussmann,G.–Auf chinesischen Missionspfaden. 13 Stationsbilder aus der Basler Mission. Basel, Missionsbuchh., '97. 80 S. m. 15 Bildern u. 1 Karte. 8. *M.* 0.30.

672 Hallett,Holt S.–France and Russia in China: Nineteenth Century XLI, S. 487-502.

673 Harlez,Ch.de.–Essai d'anthropologie chinoise: Mémoires couronnés etc. p. p. l'Ac. roy. de Belgique LIV, No. 5. 104 S. 8. (I.., Harrass. *M.* 2.50.) Rec. hiervon u. von OB X. 3599 f.: *Barbier de Meynard*, CR XXIV ('96). S. 417–9.

674 Hesse-Wartegg,E.v.–Die alte Hauptstadt von China [Nanking]: M. N. Nachr. '97, No. 316; 318.

675 James,F.H.–The theism of China: New World VI, S. 307–23.

676 [van Koot,]–Der Drache in China: Kath. Missionen '97, S. 243 f.

677 Krebs,Wilh.–Die Beulenpest Shu-Yi: Globus LXXI, S. 181–3.

678 Zu den Lebens-Grundsätzen der Chinesen: Ostas. Lloyd XI, S. 1024-7.

679 Leichenverbrennung in China: ebd. S. 1414.

680 Die Literaten Chinas: ebd. S. 1509–11.

681 China's Mandarinenthum: ebd. S. 1128-30.

682 Die grosse chinesische Mauer: ebd. S. 1550–2; 1578–80. Geschichtl. Rückblick.

683 Ein Missionsjubiläum: Ev. Miss. Mag. XLI, S. 1–10; 70–9. Die Basler Mission in China.

684 Das Neujahrsfest der Chinesen: Ostas. Lloyd XI, S. 597 f.

685 Parker,E.H.–Chinese Humbug: Contemporary Rev. LXX, S. 876–87.

686 — — Diet and medecine in China: Cornhill Mag. '97, Febr.

687 Aus dem religiösen Leben der Chinesen: Ostas. Lloyd XI, S. 1257–9. Agnosticismus. Tod u. Unsterblichkeit.

688 Russisch-chines. Beziehungen: ebd. S. 1291 f.; 1318-21. Von geschichtl. Interesse.

689 Schlegel,Gust.–La femme chinoise: Actes du X. Congr. des Or., Sect. V, S. 115–39. Rec. *L.Jacobowski*, Globus LXXI. S. 246; *K'[rauss]*, Urquell, N. F. I, S. 56.

690/1 Schroeter,H.–Den West-Fluss hinauf: Ostas. Lloyd XI, S. 657-60; 690-3; 719-22; 752-4; 781-3; 813-6; 843-5.

692/3 Schultze,O.–Im Reich der Mitte oder die Basler Mission in China. Basel, Missionsbuchh., '97. 80 S.; 1 K. 8. (ill.) *M.* 0.30. Rec. Ostas. Lloyd XI, S. 1421 f.

694 Shanghai in früheren Jahrhunderten: Ostas. Lloyd XI, S. 778–80.

695 Sitten u. Gebräuche in China: ebd. S. 1287-9.

696 Zur religiösen Charakteristik der Chinesen: Allg. Miss.-Z. XXIV, S. 283-300; 337 f. Aus A.H.Smith OB VIII, 3339.

697 Sparsamkeit und Gewerbfleiss in China: Ostas. Lloyd XI, S. 1223 f. Nach d. „China Mail.''

698 Chines. Sport: ebd. S. 1097 f.

699 Stanton,Will.–The Triad Society, or heaven and earth association [OB X, 3573]: China Rev. XXII, S. 429–47.

700 Steffens,C.–Chinatown in New-York: Globus LXXI, S. 384–8.

701 Stott,Grace.–Twenty-six years of missionary work in China. Lo., Hodder, '97. 374 S. 8. (ill.) 6 s.

702 Švambera,F.–Jang-tse-kiang: OSN XIII, S. 5–7.

703 V[erneau],R.–Association féminine en Chine: L'Anthr. VIII, S. 371 f.

704 Vincart,Léon.–Description et histoire de l'île de Hong-Kong. Bruxelles, Weissenbruch, '96. 14 S. 8. *Fr.* 0.50. Extr. du Recueil consulaire belge.

705 Vráz,E.St.–V Nankingu [OB X, 3582]: Svétozor XXXI, No. 15-8; 32 f.; 43-5.

706 Wickersham,James.-The Almanac of China and Central America: Am. Ant. & Or. J. XIX, S. 61-7.

707 Williams, Sam.Wells.-A history of China being the historical chapters from "The middle kingdom". With a concluding chapter narrating recent events by Fred. Wells Williams. Lo., Low, '97. XIV, 474 S. 8. 9 s.

b) Sprache, Litteratur, Kunst etc.
S. auch No. 88a; 323; 471; 576; 689; 699; 781; 883; 1143; 1405; 1417.)

708 Museum of fine arts. Departm. of Japanese art. A special exhibition of ancient Chinese Buddhist paintings, lent by the Temple Daitokuji of Kioto, Japan. Catalogue. Boston, printed for the Mus. by Mudge & Son, '94. 37 S.; 1 T. 8.
S. 5—12: Introd. by E.F.Fenollosa. — Vgl. OB IX, 914.

709 Ball,J.Dyer.-The Hōng Shān or Macao dialect: China Rev. XXII, S. 501-31.

710 Baynes,Herb.-The meaning of Tao: JRAS '97, S. 118 f.
Vgl. G.G.Alexander u. Douglas, ebd., S. 121—4; 427—9.

711 La porcelaine de Chine avant la dynastie actuelle (dynastie des Tsing 1619 . . .) par M.Bushell. 1886. Traduction manuscrite à la Bibliothèque du Musée Guimet. No. 19203. N. 9. II: Musée Guimet. Sommaire de la Conférence du 29 Novembre 1896. 15 autogr. Bl. 8. (ill.)

712 Chavannes,Edouard.-Communication sur l'inscription de Kiu-Yong Koan: Actes du X. Congr. des Or., Sect. V, S. 91-3.
Vgl. OB VIII, 3385; IX, 620.

713/4 — — Le Nestorianisme et l'inscription de Kara-Balgassoun: JA Sér. IX, T. IX, S. 43-85.

715 — — Note rectificative sur la chronologie chinoise de l'an 238 à l'an 87 avant J.-C.: T'P VII, S. 509-25.
. Zu OB X, 3588.

716 Cordier,H.-La reproduction des textes chinois en Europe au commencement du siècle. Dufayel-Schilling-Levasseur: T'P VII, S. 586-8.

717 Deshayes,E.-Sommaire de la conférence sur les bronzes chinois et les collections d'antiquités chinoises des empereurs Hoeitsong 1101-1126 et Khienlong 1736-1796. Formes. Decors. 17 Janvier 1897 (Musée Guimet). 31 autogr. Bl. (ill.) 8.

718 Die Dichtkunst in China: Ostas. Lloyd XI, S. 1614 f.

719 Edkins,J.-Recent researches upon the ancient Chinese sounds: China Rev. XXII, S. 565-70.
Besonders zu Volpicelli OB X, 3640.

720 — — The old language of China: ebd. S. 596-8.

721 — — Notes: ebd. S. 606-8.

722 A.F.-Blüthen chines. Dichtung [Schl. zu OB X, 3594]: Ostas. Lloyd XI, S. 628 f.; 689; 751 f.; 811 f.; 842 f.; 907 f.; 1002 f.; 1065 f.; 1131 f.; 1197 f.; 1226 f.
Als Verf. angegeben: Li Tai-po; Hou-tschou; Tschang Tscheug-tschien; T'ao-tschien; Tain Wu-ti; T'sai-yen; Tu Mu-tse; Tao Yen-men; Tsao-tschih; Pau-tschau; Lu-tschi; Fu-hsüan; Wu-ti; Liu-kun; Tschien Wen-ti.

723 Goodrich,Chauncey.-A pocket dictionary [Chinese-English], and Pekingese syllabary. Radical index . . . Peking 1891-93. VI, 237 S.; 72 S. 8.
Ersatz f. d. Tit. OB VI, 3285.

724 Graves,R.H.-Vocabulary of Chong Tsz words: China Rev. XXII, S. 613 f.

725 Gueluy,A.-L'insuffisance du parallélisme prouvée sur la préface du Si-iu-ki contre la traduction de M.G.Schlegel. Louvain '96.
Vgl. OB VIII, 3370; IX, 742; 3759. — Rec. F.Kühnert, WZKM XI, S. 88—91.

726 Harlez,C.de.-Les figures symboliques du Yi-King: JA Sér. IX, T. IX, S. 223-87.

727 — — La plus ancienne psychologie connue: Muséon XVI, S. 1-20.
Kuan-yin-tze.

728 — — Un ancien symbole chrétien découvert en Mongolie: ebd. S. 53-60.
Composé jadis en Chinois et conservé dans une famille de la région de Toumet.

728a — — Familiar sayings of Kong Fu-tze [OB X, 3605]: B&OR VIII, S. 73-83; 97-106; 121-6.

729 Harles,C.de.-Vocabulaire bouddhique sanscrit-chinois. *Han-Fan Tsih-yao.* Précis de doctrine bouddhique [OB X, 3603]: TP VIII, S. 129–54.
Das Ganze auch sep. Leiden, Brill, '97. 66 S. **8.** *M.* 3.

730 Hildebrand,Heinr.–Der Tempel Ta-chüeh-sy (Tempel des grossen Erkennens) bei Peking. Aufgenommen u. beschrieben. Hrsg. v. der Vereinigung Berliner Architekten. Mit 87 Abbildgn. im Text, 8 Taf. in Photolith. u. 4 Taf. in Photograv. B., Asher & Co., '97. VIII, 36 S. 4. *M.* 10.
Vorr. v. K.E.O.Fritsch. — Rec. Ostas. Lloyd XI, S. 1386 f.

731 Hirth,Friedr.–Über die einheimischen Quellen zur Geschichte der chinesischen Malerei von den ältesten Zeiten bis zum 14. Jh. M. u. L., G. Hirth, September '97. 40 S. 8.

732 — — Ein chinesisches Konversations-Lexikon: Z. f. Bücherfreunde I, S. 276–9.
Gegen die betr. Notiz der Voss. Ztg. — Ueb. d. T'u-schu-tsi-tsch'öng.

733 — — Noch einmal [OB X, 3611] die Theekanne des Freiherrn v. Gautsch: WZKM XI, S. 125–33.

734 Chinesische Malereien auf Papier und Seide aus der Sammlung des H. Prof. F.Hirth. Dresden [Zool. u. Anthr.-Ethnogr. Museum], Februar '97. 20 S. 8. *M.* 0.20.
S. auch W. v. Seidlitz, Ausstell. chines. Mal. in Dresden, Kunstchronik '96/7. No. 10; K.Woermann, Die Ausstellung der Hirth'schen Sammlung chinesischer Malereien im ethnogr. Museum zu Dresden, Dresdener Journal '97, 15.—17. Febr. u. Globus LXXI, S. 215.

735 Les céladons chinois d'après des traductions manuscrites de la Bibliothèque du Musée Guimet (Hirth, Étude sur l'industrie et le commerce chinois au moyen-âge. - A.B.Meyer, Fabrication de Longtsiouen, ou anciens céladons): Musée Guimet. Sommaire de la Conférence du 13 Décembre 1896. 7 autogr. Bl.; 1 K. 8.

735a II.K.–[Ueb. d. nestorianische oder chines.-syrische Inschriftendenkmal aus d. J. 781]: Beil. Allg. Ztg. 87, S. 7 f.
Speciell üb. Legge's Ausgabe OB II, 1945.

736 Lacouperie,T.de.–The mythical armillary sphere of Shun: B & OR VIII, S. 106–10.

736a — — The Tarshish Tats'in navy: ebd. S. 83–94.

736b — — The botanical relations between ancient China and Western Asia: ebd. S. 127–36.

737 Theosophie in China. Betrachtungen über das Tao-Teh-King. Der Weg, die Wahrheit und das Licht. Aus d. Chines. des Lao-tze [OB X, 3619a]: Lotusblüthen '97, S. 33–50; 139–48.
Verf. Frz.Hartmann. Auch sep. L., Friedrich. 135 S. 8. *M.* 2.

737a Die classische Literatur Chinas: Ostas. Lloyd XI, S. 831–4.

738 Martin,Ernest.–Lettre à M. Cordier: TP VII, S. 609 f.
Zu Imbault-Huart OB VIII, 3381.

739 Martin,W.A.P.–The speculative philosophy of the Chinese: Am. J. of th. I, S. 289–97.

740 Matgioi(A. de Pouvourville).–L'esprit des races jaunes. Le Taoïsme et les sociétés secrètes chinoises. P., édition de l'Initiation, '97. 32 S. 8. *Fr.* 0.50.
Vgl. OB VIII, 657.

741 Numisma.–The ancient coinage of China [OB IX, 762]: China Rev. XXII, S. 626–50.

742 Parker,E.H.–A plain account of the life, labours and doctrines of Confucius: As. Qu. Rev. III ('97), S. 386–412; 8 T.
Vgl. Ostas. Lloyd XI, S. 1090 f.

743 — — Memorial stone to the late Téghin K'üeh: China Rev. XXII, S. 458–64.
Mit Beifug. d. Uebs. G.Schlegel's. — Vgl. auch ebd. S. 487–9; H.A.Giles, ebd. S. 552–6.

744 — — Notes [OB X, 3627]: ebd. S. 558–60; 608–12; 678–81.
Zu S. 559 vgl G.S[chlegel], T.P VIII, S. 353.

745 Peisson,Z.– Le Confucianisme: Rev. des religions '96, Sept., S. 439–54.

746 Poletti, P.- A Chinese and English dictionary, arranged accord. to radicals and subradicals. New and enl. ed., contain. 12650 Chinese characters w. the pronunciation in the Peking dialect accord. to Sir Thomas Wade's system, and the pronunciation in the general language of China in Dr. Williams' spelling. Shanghai, Am. Presbyterian Mission Press, '96. CVI, 307 S. 8.   (L., Harrass. *M.* 15.)

747 Puini,C.-Idee cosmologiche della Cina antica (Appunti tolti da alcuni libri cinesi): Riv. ggr. it. I ('94), S. 618-22; II ('95), S. 1-17.
Ersatz f. d. Tit. OB X, 659.

748 [Raymakers.]-Chinesische Sprichwörter: Kath. Missionen '97, S. 191.

749 Rosthorn, Arthur von.-Eine chinesische Darstellung der grammatischen Kategorien: Actes du X. Congr. des Or., Sect. V, S. 97-105.

750 — — Migrations of tones in modern Chinese: China Rev. XXII, S. 447-52.

751 Saddharmapundarika nella versione cinese [übs. v.] C.Puini: App. zu Stud. it. fil. indo-ir. I, S. 1-24.

752 Saunders,C.J.-The Tungkwun dialect of Cantonese: China Rev. XXII, S. 465-76.

753 Schaank,S.H.-Het Loeh-Foeng-dialect. Leiden, Brill, '97. 2 Bl., 227 S. 8.

754 Schaub,M.-Proverbs in daily use among the Hakkas of the Canton Province [OB VII, 3625]: China Rev. XXII, S. 588-91; 670-2.

755 Schepens,H.F.-Coins of the Ta Ch'ing dynasty: ebd. S. 556f; 598-605. (T.)

756 Schlegel,G.-Les inscriptions chinoises de Bouddha-Gayâ: T'P VII, S. 562-80; VIII, S. 79-105; 181-218; 322-40; 2 T.
Zu Chavannes OB X, 3586.

757 — — Etymology of the word Taifun: ebd. VII, S. 581-5.
Vgl. OB X, 3612.

758 — — Names of the 33 first Buddhist patriarches: ebd. VIII, S. 341 f.

759 S[chlegel],G.-Nestorian monument at Si-ngan foo: ebd. S. 128.
Zu OB X, 701.

760 Se-Ma-Ts'ien.-Mémoires historiques, trad. et annotés par Edouard Chavannes [OB IX, 771]. T. II. P., Leroux, '97. 627 S. 8.
Rec. *H.J.A.*, JRAS '97, S. 388-90; As. Qu. Rev. III ('97), S. 135-7; *C. de Harlez*, Muséon XVI, S. 185.

761 China u. seine Sprache: Ostas. Lloyd XI, S. 1572-4.

762 Stanton,W.-Peng Tsu-a Chinese legend: China Rev. XXII, S. 591-3.

763 金 桀 菊 The golden leafed Chrysanthemum, a Chinese drama in five acts transl. by Will.Stanton: China Rev. XXII, S. 651-70.

764 Takakusu,J.-A study of Chinese inscriptions. 1. Notes on the earliest Chinese inscription found at Buddhagayâ in India: Hansei Zasshi XII, 5, S. 20-9.

765 — — The name of „Messiah" found in a Buddhist book; the Nestorian missionary Adam, Presbyter, Papas of China, translating a Buddhist Sûtra: T'P VII, S. 589-91.
„. . . Prajña, a Buddhist of Kapiśa . . . translated together with King-tsing (= Adam) a Persian priest of the monastery of Tâ-ts'in (Syria) the Satpâramitâsûtra from a Hu text" [8. Jh.]. Vgl. G.Sakurai, The word „Messiah" found in a Buddhist work; the Nestorian missionary Adam, presbyter, papas of China, translating a Buddhist sûtra: Hansei Zasshi XII, 2, S. 12-5; ferner Beil. Allg. Ztg. 89, S. 7 f.

766 Tschepe,Alb.-Histoire du royaume de Ou (1122 to 473 B. C.). (= Variétés sinologiques. No. 10.) Chang-hai, Impr. de la Mission cath., '96. XVII, 175 S. 8.   (L., Harrass. *M.* 15.)
Rec. G.S[chlegel], T'P VIII, S. 226-9; As. Qu. Rev. III ('97). S. 435.

767 Vitale, Baron Guido.-Chinese Folklore. Pekinese rhymes, first collected and ed. with notes and transl. by — —. Peking, Pei-t'ang Press, '96. X, 220 S. 8.

768 Z.K.W.-A suggestion concerning the graphic classification of Chinese characters: China Rev. XXII, S. 612 f.

2. Indo-China.

(S. auch No. 419.)

769 Ponchalon, Henri de.-Indo-Chine. Souvenirs de voyage et de campagne (1858-1860). Tours, Mame et fils, '96. 336 S. 8. (ill.)

a) Annam, Kambodscha, Tschampa.

770 Annuaire de l'Indo-Chine française [OB X, 3650]. I. P. Cochinchine. '96. Saigon, Imprimerie coloniale. II. P. Annam et Tonkin '96. Hanoi, F.-H.Schneider.

771 Aymonier,Étienne.-Le Cambodge et ses monuments. La province de Ba Phnom: JA Sér. IX, T. IX, S. 185-222.

772 Basset,Alb.-Traditions et superstitions annamites [OB IX, 776]: Rev. des trad. pop. XII, S. 274-9.

773 Dumoutier,G.-Traditions populaires sino-annamites. Le renard. I-XXIII: ebd. S. 317-25.

774 Hamy,E.T.-L'âge de la pierre dans l'arrondissement de Bien-Hoa (Cochinchine française). P., Impr. nationale, '97. 5 S. 8.
Extrait du Bulletin du Muséum d'histoire naturelle '97. No. 2.

775 Peytral,L.-Silhouettes tonkinoises. Illustrations de Gayac. P., Berger-Levrault & Co., '97. VI, 262 S. 8.

776 Pottier,Paul.-Le Cambodge antique. (Petite Bibliothèque de la Revue des colonies.) P., Giard & Brière, '97. 43 S. 8.

777 Valbert,G.-Le dernier voyage d'exploration du prince Henri d'Orleans: Rev. des deux mondes CXXXIV, S. 686-98.

b) Siam, Laos, Shan.

778 Aktenstücke über die am 21. März 1897 erfolgte Einsetzung einer Regentschaft während der Reise des Königs von Siam nach Europa. 21 S. Siamesisch und 13 S. Englisch. 4.

779 Estrade.-Accouchement chez les Laotiens: Arch. de méd. navale et col. '96, Oct.

780 Feer,L.-Le pied du Buddha: Rev. hist. rel. XXXIV, S. 202-6.
Ueber Tafel XXI u. LXVIII in Fournerau's Siam ancien (OB X, 735).

780a Launay,Adrien.-Siam et les missionaires français. Tours, Mame & Fils, '96. 240 S. 8. (ill.)

781 Lefèvre-Pontalis,Pierre.-L'invasion thaïe en Indo-Chine: T'P VIII, S. 53-78.

782 Lorgeou,E.-Principes et règles de la versification siamoise: Actes du X. Congr. des Or., Sect. V, S. 155-66.
Nach der Cintāmaṇi betitelten siamesischen Grammatik.

783 Sandberg,Graham.-Note to Gait's paper on Ahom coins (OB X, 739): Proc. ASB '96, S. 88 f.

784 Sommerville,Maxwell.-Siam on the Meinam from the gulf to Ayuthia; with three romances illustrative of Siamese life and customs. Philadelphia, Lippincott Co., '97. 237 S. 8. $ 3.

785 Taupin,J.-Vocabulaire franco-laotien. Avec 1 carte. 2ème éd. revue. Hanoi-Haiphong '93. 8. (L., Harrass M. 6.50.)

786 Tfennel,M.C.-Charms from Siam: Folk-Lore VIII, S. 88-91; 1 T.

c) Barma, Assam etc.

787 Bird, G.W. – Wanderings in Burma. Lo., Simpkin, '97. 430 S. 8. (ill. K.) 21 s.

788 M.N.**Ghosh.**-A brief sketch of the religious belief of the Assamese people. C., Methodist Publishing House, '97. 62 S. 8. R. 1.

789 Grünwedel,Alb.-Buddhistische Studien. (= Veröffentlichungen a. d. K. Museum für Völkerk. V. Bd.). B., D. Reimer (E. Vohsen), '97. III, 136 S.; 97 Abb. 4. M. 24.
1. Glasuren von Pagan. 2. Excurs: Des Suppāradschātaka in Padmasambhava's Legenden-buch. 3. Pasten aus Pagan. 4. Skulpturen aus Pagan. [Mit umfangreichen Übersetzungen aus den Pāli Jātaka, einem tibetischen und einem Lepcha Text. — Vgl. auch OB X, 756.]

790 Hanson,O.-A grammar of the Kachin language. Rangoon, Anglo-Burmese Mission Press, '97. 104 S. 8. Rs. 3.

791 Hart,E.-Picturesque Burma, past and present. Lo., Dent, '97. 414 S. 4. 21 s.
Rec. Ac. LI. S. 471; Ath., May 22, S. 673 f.

792 Hurton-Brown,F.H.-Ruins of Dimapūr in Assam: JRAS '97, S. 439 f.

793 **Kámákhyá Náth Gupta.**-Six years in Burma. Bhángámorá, publ. by the author, '96. 136 S. 8.　　　　　　　　　　　　　　　　　　*R.* 1.

794 **Mahé de la Bourdonnais.**-Un Français en Birmanie. Illustrations d'A. Duplais-Destouches. P., Delagrave, '96. 190 S. 8.

795 M u n d u [Wergeld in Manipur]: Beil. Allg. Ztg. 46, S. 8.

796 **Newland,**A.G.E.-A practical hand-book of the language of the Lais as spoken by the Hakas and other allied tribes of the Chin hills (commonly the Baungshè dialect). Rangoon, Gov. Printing, '97. 3 Bl. 687 S. 8.　　*Rs.* 10.

797 **Peal,**S.E.-Eastern Nagas of the Tirap and Namtsik: JASB LXV, P. III, S. 9-17.

798 — — On some traces of the Kol-Mon-Anam in the Eastern Naga hills: ebd. S. 20-4.

799 — — The pre-Aryan races of India, Assam, and Burma: ebd. S. 59-63.

800 Von der Forschungsexped. Pottinger in Birma: ÖM XXIII, S. 108.

801 **St. Andrew St. John,**R.F.-Dimapūr: JRAS '97, S. 423-7.

802 An unpublished document relating to the first Burmese war. Preface by R.C.T e m p l e: IA XXVI, S. 40-7.

803 **Temple,**R.C.-Extracts from official documents relating to the Selungs of the Mergui Archipelago: ebd. S. 85-91; 119-26.

804 — — Currency and coinage among the Burmese: ebd. S. 154-61; 1 T.

Anhang: Andamanen.

805 **Portman,**M.V.-The Andaman fire-legend: IA XXVI, S. 14-8.

806 — — Notes on the Andamanese: J. Anthr. Inst. of Great Brit. XXV, S. 361-71.

3. Tibet und Verwandtes.
(S. auch No. 419; 492; 573; 789.)

807 [**Desgodins**].-Dictionnaire thibétain-latin-français [OB X, 3701]. [Hongkong '97.] S. 441-600. 4.　　　　　　　(L. Harrass. pro Bogen *M.* 0.50.)

808 **Edkins,**J.-Tea in Tibet: China Rev. XXII, S. 678.

809 Expeditionen nach Tibet: Ostas. Lloyd XI, S. 909 f.

810 **Grünwedel,**Alb.-Drei Leptscha Texte mit Auszügen aus dem Padmathan-yig und Glossar: T'P VII, S. 526-61.

811 **Hanlon,**Henry.-The wedding customs and songs of Ladak: Actes du X. Congr. des Or., Sect. V, S. 183 f.

812 **Reichelt,**G.Th. - Der Tsangpo-Brahmaputrafluss von der Quelle bis Sadiya: Globus LXXI, S. 334-9.

813 **Rockhill,**Will.Woodville.-Tibetan Buddhist birth-stories: extracts and translations from the Kandjur: JAOS XVIII, I, S. 1-14.

814 **Rosthorn,**Arthur de.-On some border tribes of Eastern Tibet: Actes du X. Congr. des Or., Sect. VII, S. 49-61.

815 **S.**-Die christlichen Missionen in Tibet: Beil. Allg. Ztg. 17, S. 4-6.

816 Die Tibetische Pionier-Mission: Ev. Miss.-Mag. XLI, S. 80-7; 231.

817 **Thiselton-Dyer,**W.T.-The sacred tree of Kum-Bum: Nature LIII, S. 412. Dazu A. Grigoriev, ebd. S. 531; Thiselton-Dyer S. 556.

818 Tibet u. seine Missionäre: Kath. Missionen '97, S. 123-7; 166-70; 207-9; 252-5.
Ueb. Annie Taylor.

819 **Waddell,**L.A.-The motive of the mystery-play of Tibet: Actes du X. Congr. des Or., Sect. V, S. 169-72.

820 — — A Tibetan guide-book to the lost sites of the Buddha's birth and death: JASB LXV, P. I, S. 275-9.

821 — — A historical basis for the questions of king 'Menander' from the Tibetan, etc.: JRAS '97, S. 227-37.

4. Korea.

822 The Korean Repository. H.G.Appenzeller, Geo.HeberJones, Editors [OB VIII, 3507]. Vol. IV; Nos. 1-5. Jan.-June, '97. Seoul, Trilingual Press. S. 1-240. 8.　　　　　　　　　　　　　　　　j. $ 2 gold.
Enth. ausser politischen u. a. Artikeln: H. N. Allen, An old book on Korea, S. 14-7

[Basil Hall's Reisebeschr., Lo. 1818]. G. H. J o n e s , Hist. notes on the reigning dynasty
[Forts.], S. 18—22; 121—8; 220—7. H.B.Hulbert, Things in general. A study in evolution,
S. 23—6. Where is Seoul?, S. 27—9. I.L.Bishop, Koreans in Russian Manchuria, S. 41—4.
J. H. W e l l s , Pyeng Yang. S. 57—9. A.Kenmure & C. C. Vinton, The literary needs of
Korea, S. 60—4. Z., A Korean Methuselah, S. 65—70; 175—9. The Lord's prayer in Korean,
with comm. by U n d e r w o o d , S. 71—3; 115—7. J.S.Gale, A trip across Northern Korea,
S. 81—9. J.Scott, Sanscrit in Korea, S. 90—103; 1 T. The population of Seoul, S. 114 f.
The tiger and the man with a courageous heart [a story], S. 142 f. Sur B e u n g K i m , Pyen
Sam or party fighting [a game], S. 143 f. H. B. Hulbert, Korean art, S. 145—9. Gale's
„Korean-Engl. dictionary", S. 150. E. B. Landis, A royal funeral, S. 161—8. „Looking
forward", Korean hymns — some observations, S. 184—6. Things in general (Ancient Korean
travellers. The months. A curious custom etc.) S. 228—30. [Rec. sind besonders verzeichnet.]
Vol. II—III sind uns noch nicht zugänglich.

823 B e e r d i g u n g s - G e b r a e u c h e unter den Koreanern: Ostas. Lloyd
XI, S. 1357 f.

824 B a i r d , A n n i e L.A.–Fifty helps for beginners in the use of the Korean
language. Seoul, Trilingual Press, '97. 64 S. 8. 75 c.
Rec. Korean Repository IV, S. 155.

825 C h a n M i K a : a selection of hymns for the Korean Church. Publ.
by the Korean Mission of the Methodist Episcopal Church, '97. 11 c.

826 C h a n S y e n g S i . 2nd ed. Publ. by a commitee of the Presbyterian
mission. '97. 6 c.

827 C h a n Y a n g K a : hymns of praise. Ed. by H. G. U n d e r w o o d .
3rd ed. Seoul '96. 16 c.
Rec. dieser Schriften: Korean Repository IV, S. 154 f.

828 C h a s t a n g , L.–La Corée et les Coréens. Notes de géogr. médicale et
d'ethnographie: Arch. de méd. nav. et col. '96, Sept.

829 G r i f f i s , W i l l . E l l i o t . – Corea, the hermit nation. 1) Ancient and mediaeval hist. 2) Political and social Corea. 3) Modern und recent hist. 6th
ed. with additional chapter on Corea in 1897. N. Y., Scribner, '97. XXV,
492 S. 8. (ill., K.) $ 2.50.

830 L a n d i s , E. B.–Mourning and burial rites of Korea: J. Anthr. Inst. of
Great Brit. XXV, S. 340–61.

831 — — Notes from the Korean Pharmacopoea: China Rev. XXII, S. 578-88.

832 S c o t t , J a m e s . – A Korean manual or phrase book with introductory
grammar. Second ed. Seoul, H.G.Appenzeller, '97. $ 2.50.

833 Korean words and phrases. Seoul, J.W.Hodge, '97. 150 S. 8. $ 1.

5. Japan.

834 The H a n s e i Z a s s h i . Vol. XII, Nos. 1-6. Jan.-June, '97. Tokyo.
22; 40; 52; 52; 52; 48 S. 8. (ill., T.) Je 6 s. (für Europa.)
S. oben No. 764 f. Sodann sind zu erwähnen:
In No. 1: Ouchi Seiran, The influence of Buddhism upon Japanese culture, S. 2 f.
Kuki Ryūichi, The source of Japanese arts, S. 10—3. Hirota Ichijō, Different sects
of ·Buddhism in Japan, S. 4—13. Miscellaneous notes, S. 16—8. Kratkoe opisanie o žizni
i dějatel'nosti osnovatelja sin-siusko] věry kensin-dajsi, S. 19—22.
In No. 2: I.Hirota, The belief of ancient Japan, S. 1—6. R. Kuki, Japanese arts in
the first period, S. 7—11. C.Itō, Some remarks about Japanese architecture, S. 16—21.
Bunyū Nanjō, Kegon Hōtan [ein Priester der Kegon- oder Avatamsaka-Schule], S. 22 f.
Miscellaneous notes, S. 26—34. J.Takasu. Kratkoe objasnenie učenija „Sinnsiu", S. 37—40.
In No. 3: S. Ouchi, Influence of Buddhism on Japanese culture. (Continued), S. 1—6. S.
Tsuboi, On the ancient sepulchral mounds in Japan, S. 7—12. R. Kuki, On the ancient
Japanese arts, S. 13—20. Kwaiten Nukariya, Gold dust [Altjapanische Anecdoten],
S. 21—3. Miscellaneous notes, S. 24—39. Istočnik věroučenija buddijskago, S. 50—2.
In No. 4: Compassion: the essence of Buddhism, S. 1—3. R.Kuki, The Konin period,
S. 4—10, A. L l o y d , Hymn on the transient [Uebs. eines japanischen „Wasan"], S. 11—3.
S. Tsuboi, On the ancient sepulchral mounds in Japan. (Concluded), S. 14—21. Ferner in
russ. Sprache: Kioto, S. 41—3. Japonskaja sablja, S. 44—6. Glazur' Sidpo-jaki, S. 46—8.
Japonskija pogovorki, S. 50 f.
In No. 5: C.Itō, Architecture of various Buddhist sects in Japan, S. 1—5. M.Fukuchi,
The first period of Japanese civilization, S. 6—9. T.Hada, The chief causes of the con-
tinuity of the Japanese imperial line, S. 10—8. Miscell. notes, S. 31—40. Bogaděl'nja v Tokio,
S. 41—3. Bogaděl'nja, S. 43—5. Stodnevnyj juvilej, S. 45 f. Japonskaja živopis', S. 46—8.
Gora Arasijama, S. 49.
In No. 6: R.Kuki, Japanese art in the Engi period, S. 1—6. Y. Tsubouchi, Old
Japanese plays, S. 7—10. S. Ouchi, Influence of Buddhism upon Japanese culture (concluded),
S. 11—15. Kwaiten Nukariya, Gold dust. II, S. 16—8. Miscell. notes, S. 23—31. Japon-
skaja živopis' (prodolženie), S. 36—9.
Rec. G.S[chlegel], T'P VIII, S. 233 f.

835 Tōkyō Jinruigaku Kai Zasshi [OB X, 3719].
Für Vol. X, No. 109—14 (Apr.-Sept. '95) s. die Inhaltsang. v. A. Gramatzky, Int. Arch.
f. Ethnogr. X, S. 127—31.

836 Transactions and Proceedings of the Japan Society, London
[OB VII, 3750]. Vol. II. The second session, 1892-3. Lo., Kegan Paul etc.,
'95. VIII, 236 S. 8. (ill. T.)　　　　　　　　　　　　　　　　14 s.
N.Okoshi, Japanese proverbs and some figurative expressions of the Japanese language.
S. 3—26. Ch. M. Salwey, On Japanese fans (cf. OB VIII, 768), S. 30—73; 3 T. Marc. B.
Huish, The influence of Europe on the art of Old Japan, S. 77—114; 4 T. Daigoro Goh.
The family relations in Japan, S. 117—57. W.G.Aston, The family and relationships in
Ancient Japan, S. 160—91. George Cawley, Wood, and its application to Japanese artistic
and industrial design, S. 194—234; 2 T.

— — Vol. III. The third session, 1893—4. Parts I and II. Ebd. '96.
S. 1—74. 8. (ill., T.)　　　　　　　　　　　　　　　　　　　6 s.
Ern. Hart, Notes on the hist. of lacquer. S. 7—21; 7 T. F.T.Piggott. A note on the
form of Japanese temple roofs, S. 24—6; A note on the „key pattern" in Japan, S. 27—31 ;
12 T.; The Japanese musical scale, S. 33—8; 2 T. A.C.Shaw, Aspects of social life in
modern Japan, S. 42—52. F.H.Balfour, Court and society in Tōkyō, S. 51—74.

— — Vol. III. The fourth session, 1894-5. Part III. Ebd. '96. S. 75-118.
8. (ill., T.)　　　　　　　　　　　　　　　　　　　　　　　4 s.
Edw.Gilbertson. The decoration of swords and sword furniture, S. 76—101; 13 T.
T.Okamura, The progress of the judicial system of Japan, S. 103—18.

— — Vol. III. The fourth session, 1894-5. Parts IV-V. Ebd. '97. X,
118 S. 8. (ill., T.)　　　　　　　　　　　　　　　　　　　8 s.
M.B.Huish, The evolution of a Netsuké, S. 2—19; 10 T. Mich.Tomkinson, Iarō,
S. 22—33; 5 T. Geo. C. Haité, The Chrysanthemum in Japanese art, S. 36—57; 3 T.
F.Elgar, Japanese shipping, S. 59—82; 9 T., 1 K. Arth.Diósy, Some difficulties encoun-
tered by beginners in the study of the Japanese spoken language, S. 84—113; 7 T.

— — Supplement I. Nihongi, Chronicles of Japan from the earliest
times to A. D. 697. Transl. fr. the original Chinese and Japanese by W.G.
Aston. Vol. I-II. Ebd. '96. XXIII, 407 S.; 2 T.; 443 S. 8.
　　　　　　　　　　　　　　£ 1. (free to members of the Soc.)
Ersatz f. den Titel OB X, 695. — Rec. G.S[chlegel], T'P VIII, S. 229—31.

837 Christlieb. - Neueste Literatur über Japan: Mitth. d. D. Ges. f. Nat.-
u. Völkerk. Ostas. VI, S. 477 f.

a) Allgemeines.

838 [Ber. üb. e. Vortr. v. Baelz über „Besessenheit, religiöse Ekstase u.
Verwandtes in Japan"]: Mitth. d. D. Ges. f. Nat.- u. Völkerk. Ostas. VI,
S. 453 f.

839 Baxter,Katharine S.-In Bamboo lands: a narrative of a tour through
Japan. N. Y. (Lo.) '97. 8. (ill. K.)　　　　　　　　　　　　12 s. 6 d.

840 Zur Beurtheilung der Japaner: Ostas. Lloyd XI, S. 509-11.

841 Die sechsundzwanzig japanischen Blutzeugen v. 5. Febr. 1597:
Kath. Missionen '97, S. 245-51.

842 Dvořák R., I. Palacky, L. Toaner de Simon u. E. Samuel von **Friedberg.**-Japan: OSN XIII, S. 39-79.

843 Fischer,Adf.-Bilder aus Japan. Illustr. v. F.Hohenberger u. J.Bahr.
Mit e. Karte v. Japan. B., Bondi, '97. VIII, 412 S. 8.　　　　M. 6.
Rec. -/., Z. f. Bücherfreunde I, S. 387 f.

844 — — Japanische Skizzen: Westermanns Mh. LXXXI, S. 382-97.

845 Ginkakuji: Far East I, 5, S. 33 f.; 1 T.
Bauwerk aus d. 15. Jh.

846 Japans Anspruch auf voelkerrechtl. Gleichstellung mit d. Kultur-
voelkern des Westens: Ostas. Lloyd XI, S. 618-21.
Verneinend beantwortet.

847 Greene,D.C.-The Christian movement in Japan: Far East I, 1, S. 23-6.

848 Hata,Riotaro.-Gedanken eines Japaners üb. die Frauen, insbes. die
japanischen. Aus dem Jap. übs. v. Verf. W., Hartleben, '96. XV, 127 S.
8.　　　　　　　　　　　　　　　　　　　　　　　　　M. 2.25.
Rec. L.Busse, DL 6, S. 226—9.

849 Hubbard, GardinerG.-The Japanese nation - a typical product of
environment: Smithsonian Report 1895 (Washington '96), S. 667-81.

850 Kerval,L.de.-Les martyrs franciscains du Japon. Extrait de l'Auréole séraphique, revu et complété. (Bibliothèque franciscaine missionnaire.) Vauves, imp. Lemière '97. 191 S. 8. (ill.)

851 Kure Bunaō.-Suicide in Japan: Far East I, 5, S. 15-9.

852 Matbaut.-Les Guécha au Japon: Correspondant médical '97, 31 Janvier. Rec. *K. Verneau*, L'Anthr. VIII, S. 358 f.

853 Matsumoto, Julius Kumpei. - The women of Japan and their social position: Far East I, 5, S. 9-15.

854 Nitobe, Inazo.—On Japanese exclusivism: ebd. I, 1, S. 10-5.

855 P.-Die Auswanderung der Japaner: Globus LXXI, S. 48 f. Nach d. jap. Ztg. „Kokumin".

856 Rasche, Emil.-Land u. Volk der Japaner. L., Fiedler, '97. IV, 96 S. 8.
M. 1.20.
Rec. *E.Naumann*, Ggr. Z. III, S. 540.

857 Ribaud, Michel.-Japonais et Ainos dans le Yéso (Hokkaïdo): Miss. cath. XXIX ('97), S. 8-11; 19-23; 29-32; 43-5; 53 f.; 68-70; 81-3; 91-3; 104-7; 116-8; 128-30; 138-42; 151-4; 163-5; 175-8; 184-7; 198-201; 211-3; 345-8; 357-9; 370-2; 382-4; 393-5; 406-8; 414-6.

858 The Satsuma rebellion.—Old Japan: China Rev. XXII, S. 452-7.

859 [Shaw.]-Eine Missionsreise in Japan: Ev. Miss.-Mag. XLI, S. 432-8.

860 Stredder, Eleanor.-The Hermit princess: tale of adventure in Japan. Lo., Nelson, '97.   2 s. 6 d.

861 Le tatouage du Japon: Rev. des revues '96, Sept. 1.

862 Tsuboi, S.-Who were the people of the stone age of Japan?: Far East I, 5, S. 29-33.

863 Valenziani, Carlo.-Breve cenno di quattro ambasciate inviate a Roma negli ultimi anni del sedicesimo secolo da Gamō Ugisato feudatario d'Aidzu: Actes du X. Congr. des Or., Sect. V, S. 109-12.

863a Yokoi, Tokiwo.-The ethical and political problems of New Japan: Int. J. of Ethics VII, S. 169-80.

864 Zilliacus, K.-Japanesiska studier och skizzer. Helsingfors '96. 8.

b) Sprache, Litteratur, Kunst etc.

865 Museum of fine arts. Departm. of Japanese art. An exhibition of Japanese paintings and metal work. Lent by F. Shirasu. Catalogue. Boston, printed for the Mus. by Mudge & Son, '94. 38 S. 8.
S. 3—15 v. Fenollosa. S. 16—38 v. Shirasu bearb. — S. auch OB VII. 3797; IX, 914.

866 Catalogue d'estampes japonaises. Collection A. W. Sijthoff. Leide 1896. Titel n. d. Rec. v. *G.S[chlegel]*, T·P VII, S. 597.

867 Asagao's adventures. Transl. by Miwa Reitarō: Far East I, 5, S. 25-30.
Extract from the drama „*Asagao-nikki*".

868 Baumgartner, A.-Die Literatur Alt-Japans: Stimmen aus Maria-Laach I.II, S. 31-42.

869 Braquehaye, C., **Okakura-Kakuzo,** et A. **Arrivet.**-L'enseignement des beaux-arts au Japon. Bordeaux, impr. Gounouilhou, '96. 24 S. 8. (T.) ·
Extr. du CR gén. du Congrès de la Soc. philomathique de Bordeaux.

870 Ehmann, P.-Die Sprichwörter u. bildl. Ausdrücke der japan. Sprache. Gesammelt, übs. u. erkl. v. — —. I. Teil. Tokyo, Tokyo Tsukiji Type Foundery, '97. 8.

871 Fenollosa, E.F.-The masters of Ukioye. N. Y., Ketcham, '96. 8.

872 Florenz, Karl.-Bunte Blätter. Japanische Poesie. Tokyo, T. Hasegawa. 20 S. 8.
Tit. n. d. Rec. v. *G.S[chlegel]*. T·P VIII, S. 118.

873 Fujita Sutematsu.-Indo-Germanic elements in the Japanese language: Far East I, 2, S. 21-3; 3, S. 18-22; 5, S. 10-4.
Ueber Lehnwörter aus d. Samskṛt, Span., Portug. etc.

874 Fukuchi Gen-ichiro.-The rise and progress of the Japanese drama: ebd. I, 3, S. 12-8; 4, S. 13-8.

875 Gowland, W.-The art of casting bronze in Japan: Smithsonian Report 1894 (Washington '96), S. 609-51; 7 T.
== OB IX, 905; X, 854.

876 Gramatzky, A u g. - Zur Rōmaji-Frage: Actes du X. Congr. des Or., Sect. V, S. 143-51.

877 Hirth, F r i e d r.-Mittheil. üb. e. japanisches (?) Gemälde auf Seide: Int. Arch. f. Ethnogr. X, S. 119-21.

877a The wooden statue of Baron Ii Kamon- no-Kami Naosuké, pioneer diplomat of Japan. Translation by H. Sat o h: Rep. of the U. S. National Mus. '94 ('96), S. 619-22; 1 T.
Vgl. OB X, 839.

878 Masa-oka, the loyal nurse.   Transl. by M i w a Reitarō: Far East I, 4, S. 22-5; 5, S. 26-8.
Extract from a drama called *Kyara Sendaikagi.*

879 Lange, R u d.-Einführung in die japanische Schrift. (= Lehrbücher des Seminars f. orientalische Sprachen zu Berlin. XV. Bd.) B., Spemann, '97. XVI, 162 S. 8.   *M.* 8.
Rec. *G.S[chlegel]*, T·P VIII, S. 348-50.

880 Lloyd, A r t h.-Buddhistische Gnadenmittel: Mitth. d. D. Ges. f. Nat.- u. Völkerk. Ostas. VI, S. 457-68.

881 MacCauley, C.-Japanese: an introductory course. Lo., Low, '97. 8. 10s. 6d.

882 M i y a k o - D o r i.-Japanese melodies, collected and arranged for the voice or pianoforte by Paul B e v a n.   Lo., Novello, Ewer & Co., '97.   4.
Uebs. aus d. Japan von Antonia W i l l i a m s. — Rec. *Ed. Schmeltz*, Int. Arch. f. Ethnogr. X, S. 38 f.

883 Müller, F.W.K.-Einiges über Nō-Masken: TP VIII, S. 1-52; 1 T.
Rec. *J.D.E.Schmeltz*, Int. Arch. f. Ethnogr. X, S. 121 f.

884 S a k u r a i - n o - E k i.   (The parting of Masashigé and his son.) Transl. by Y. T a n: Far East I, 2, S. 23-5; 3, S. 28-30.

885 [Ueb. die japanische Schrift]: Umschau I, S. 378 f.

886 Valenziani, C a r l o.-Proverbi giapponesi contenuti nel libro VI-VII della raccolta *Kotowa "Sa-"Kusa* [OB X, 867]: Rdc. Lincei VI, S. 259-92.

Anhang: Ainu, Kamtschatka, Amurland u. s. w.
(S. auch No. 857; 862.)

887 [Ueb. die Zunahme der Aino-Bevölkerung]: TP VIII, S. 126.

888 Fischer, A d o l f.-Auf Yezo. Unter den Ainos, den Ureinwohnern Japans: Westermanns Mh. LXXXI, S. 228-43.

889 Grabowsky, F.-Ueber e. Samml. ethnogr. Gegenstände von den Giljaken der Insel Sachalin: Int. Arch. f. Ethnogr. X, S. 93-103; 1 T.

890 Die Aino-Bevoelkerung: Ostas. Lloyd XI, S. 1643 f.
Nach O. N i p p o l d OB VII, 827.

891 Snow, H.G.-Notes on the Kuril islands. Lo., Murray, '97. 92 S. 8. 4 s.

6. Oceanien.

892 Gaebler, E d.-Schulwandkarte v. Australien u. Oceanien. 1 : 8,000,000. Physikalisch u. politisch. 2. Aufl. 4 Blatt à 60×77 cm. Farbendr. u. kolor. L., G. Lang, '97.   *M.* 10; auf Leinw. in Mappe od. m. Stäben *M.* 16.

893 Langhans, P a u l.-Deutscher Kolonial-Atlas. 30 Karten m. 300 Nebenkarten [OB X, 3785]. 11. u. 12. Lfg. Gotha, J. Perthes, '97. 4 farb. Karten m. 4 S. Text. Fol.   Je *M.* 1.60.

894 D e u t s c h l a n d u. s. K o l o n i e n im J. 1896. Amtl. Bericht üb. die erste deutsche Kol.-Ausstellung hrsg. v. d. Arbeitsausschuss d. D. Kol.-Ausstell. Redaktion: Gust. M e i n e k e. B., D. Reimer, '97. XI, 368 S. Fol. (ill., K.)   *M.* 12.
Darin: v. D a n c k e l m a n, Das Schutzgeb. d. Neu-Guinea-Compagnie, S. 176—87; 1 K.; Die Marschallinseln, S. 188—92; 1 K. — R. K i e p e r t, Kartographisches, S. 193—202. — F. v. L u s c h a n, Volkerkunde, S. 203—69; 40 T.

895 Friedrichs, K a r l.-Die Ehe in den deutsch. Schutzgebieten [Schl. zu OB X, 878]: Vs. (Z.) f. vgl. Rechts- u. Staatswiss. II, S. 19-33; 37-64.

896 Frobenius, L.-Oceanische Masken: Int. Arch. f. Ethnogr. X, S. 69 f.

897 Jenks, E.-A history of the Australasian colonies from their foundation to the year 1893 [OB IX, 927]. Stereotyped ed. (Cambridge Historical Series.) Cambridge, Univ. Press, '97. XVI, 352 S.; 2 K. 8.   6 s.

898 Meiklejohn, M.J.C.–Australasia. Geogr., ressources, commerce, discovery. Lo., Holden, '97. 86 S. 8. *6 d.*

a) Australien und Neu-Guinea.

899 Bamler.–Zwei Dankbriefe von Tami-Kindern: Kirchl. Mitth. aus u. üb. Nordam., Austr. u. Neu-Guinea XXIX, S. 38–40.

900 Clarke, M.–Stories of Australia in the early days. Lo., Hutchinson, '97. 228 S. 8. *3 s. 6 d.*

901 Edge-Partington, J.–The ethnography of Matty Island: J. Anthr. Inst. of Great Brit. XXV, S. 288–95; 3 T.

902 Etheridge, R.–On modifications in form and ornament of the Australian aboriginal weapon, the Lil-lil or Woggara, etc.; with additional notes on the Langeel, Leonile, or Bendi: Int. Arch. f. Ethnogr. X, S. 7–16; 2 T.
Rec. *L.Laloy*, L'Anthr. VIII, S. 365 f.

903 Hagen, K.–Die Ornamentik der Matty-Insulaner: Corr.-Bl. d. D. Ges. f. Anthr. XXVIII, S. 155-7.

903a [Ber. üb. e. Vortr. v. Hagen üb. d. Papua der Astrolabelay]: DL 3, S. 112.
Vgl. OB X, 891.

904 Ein Kanuzierrath v. Süd-West-Neu-Guinea: Int. Arch. f. Ethnogr. X, S. 18 f.

905 [Ber. üb. einen Vortr. v. Lauterbach üb. die Reise ins Innere von Kaiser Wilhelmsland]: DL 5, S. 191–3.
Vgl. Beil. Allg. Ztg. 5, S. 6–8.

906 Lee, R.–Adventures in Australia: Wanderings of captain Spencer in the bush and the wilds. Ill. by J. S. Prout. Lo., Griffith, '97. 8. *3 s.*

907 Mathews, R.H.–The Bürbung of the Wiradthuri tribes: J. Anthr. Inst. of Great Brit. XXV, S. 295–318; 3 T.

908 — — The Bora, or initiation ceremonies of the Kamilaroi tribe: ebd. S. 318–39.

909 P.–Die Dahlsche Expedition in Nordaustralien: Globus LXXI, S. 112.
Aus d. „Norske Ggr. Selskabs Aarbog" VII.

910 Parker, G.–Round the compass in Australia. Lo., Hutchinson, '97. 8. *3 s. 6d.*

911 Preuss, K.Th.–Künstlerische Darstellungen aus Kaiser-Wilhelms-Land in ihrer Bedeutung f. d. Ethnologie: Z. f. Ethnol. XXIX, S. 77–139.
Vgl. Beil. Allg.Ztg. 69, S. 7 f.

912 Purcell, Harry Brabazon.–La circoncision et le micka en Australie: L'Anthr. VIII, S. 117 f.

912a Ray, Sidney II., and Alfred C. Haddon.–A study of the languages of Torres Straits, with vocabularies and grammatical notes [OB VII, 3845]. Part II: Proc. R. Irish Ac., Ser. III, Vol. IV, S. 119–373.

913 Historical records of New South Wales. Vol. III. Hunter. 1796–99. Ed. by F. M. Bladen. Sydney '95. S.

914 Report on the work of the Horn scientific expedition to Central Australia. IV. Lo. u. Melbourne '96. 197 S.; 29 T. 4.
Mit ethnogr. Beitr. v. E. C. Stirling u. F. J. Gillen. — Rec. *G. Capus*, L'Anthr. VIII, S. 360–4.

915 Sydney u. die kathol. Kirche Australiens. (N. d. Mitth. v. Vandel): Kath. Missionen '97, S. 97 f.; 159–62; 200–3.

916 Vollmer, A.–Die australischen Forschungszüge 1895/96: Globus LXXI, S. 176-8.

917 Year-book of Australia [OB X, 912] for '97. Ed. by E. Greville. Lo., Paul, '97. 8. *10 s. 6 d.*

b) Polynesien, Melanesien, Mikronesien.

918 Achelis, Th.–Der Gott Tane, ein Kapitel aus d. polynes. Mythologie: Int. Arch. f. Ethnogr. X, S. 1–7.
Rec. *L.Laloy*, L'Anthr. VIII, S. 241.

919 Bässler, A.–Die Eingeborenen von Mangaia u. ihre Todtenhöhlen: Z. f. Ethnol. XXVIII, S. (535)-(537).

920 — — Neuseeländische Alterthümer: ebd. XXIX, S. (112)-(115).

921 Bley,B.-Grundzüge der Grammatik der Neu-Pommerschen Sprache an der Nordküste der Gazellen-Halbinsel: ZAOS III, S. 65–96.

922 Bülow,W.v.-Der Stammbaum der Könige von Samoa: Globus LXXI, S. 149–52; 1 T.

923 — — Samoanische Schöpfungssage u. Urgeschichte. Zur Kritik der ethnol. Forschung in der Südsee: ebd. S. 375–9.

924 Dicks.-En Nouvelle-Poméranie. Cannibalisme dans l'Archipel Bismarck: Miss. cath. '97, S. 448 ff.

925 Glaumont.-La culture de l'igname et du taro en Nouvelle-Calédonie. Travaux gigantesques des indigènes: L'Anthr. VIII, S. 41–50.

926 Guide de l'émigrant en Nouvelle-Calédonie. (Publications de l'Union coloniale française.) P., Noizette & Co., '97. 54 S. 8. (K.)

927 Guppy,H.B.-The Polynesians and their plant-names: J. of the Victoria Inst. (I.o.) 1895.
Rec. *J.D.E.Schmeltz*, Int. Arch. f. Ethnogr. X, S. 16 f.

928 Hamilton,Augustus.-The art workmanship of the Maori race in New Zealand. A series of illustrations from specially-taken photographs with descriptive notes and essays on the canoes, habitations, weapons, ornaments, and dress of the Maoris, together with lists of the words in the Maori language used in relation to the subjects. Part I. Wellington 1897. 68 S.; 10 T. 4.
Hrsg. vom New Zealand Institute. Vorläufig sind 5 Parts à 7 s. 6 d. in Aussicht genommen. Zu beziehen durch Quaritch, Lo.

929 Hawai: Umschau I, S. 467–9.

930 Hawaiian almanac and annual for 1896. Honolulu '96. 8.
Darin Aufs. v. W.Brigham üb. die Herstell. des Kapa-Stoffes, von W.Alexander üb. die Gesch. d. fremden Einwanderung auf Haw, etc. (Nach I.'Authr. VIII, S. 127 f.)

931 Jung.-Aufzeichn. üb. die Rechtsanschauungen der Eingeborenen von Nauru: Mitth. v. Forschungsr. u. Gel. aus d. D. Schutzgeb. X, S. 64–72.

932 Lambert.-Erzählungen aus dem Munde der Neucaledonier: Kath. Missionen '97, S. 6–10; 78–80.

933 v. Luschan.-Beitr. z. Kenntn. d. Tättowirung in Samoa: Z. f. Ethnol. XXVIII, S. (551)–(562).

934 Merensky.-Die austral. Mission auf d. Bismarck-Inseln: ebd. XXIX, S. (53) f.

935 Meumann,R.-Die Mission auf den Sangi-Inseln: Ev. Miss.-Mag. XLI, S. 286–96; 335–52; 387–402.

936 Die Mission auf den Gilbertinseln: Kath. Missionen '97, S. 104–7; 127–31.

937 [Möller,Wend.]-Linguistisches aus Hawai: ebd. S. 192.

938 Parkinson,R.-Zur Ethnographie der Ongtong Java- u. Tasman-Inseln, mit einigen Bemerk. üb. die Marqueen- u. Abgarris-Inseln: Int. Arch. f. Ethnogr. X, S. 104–18.

939 Aus d. Leben e. Missionsfrau auf den Neuhebriden. Auszüge aus d. Briefen von Margaret Paton: Ev. Miss.-Mag. XLI, S. 137–54; 217–29; 261–70; 296–306; 352–9.

940 Ray,Sidney H.-Petit vocabulaire du dialecte de Wailu (Nouvelle-Calédonie) rédigé d'après un manuscrit anglais: Rev. de ling. XXX, S. 142–6.

941 Sittig,Otto.-Compulsory migrations in the Pacific-Ocean: Smithsonian Report 1895 (Washington '96), S. 519–35; 1 K.
Uebs. v. OB IV, 3187.

942 Sollas,W.J.-The legendary history of Funafuti, Ellice Group: Nature LV, S. 353–5.
Hiernach Globus LXXI, S. 296.

943 Somerville,B.T., and S.C.Weigell.-A vocabulary of various dialects used in New Georgia, Salomon Island. Lo., Hydrograph. Department, '96.

944 Steinbach.-Einige Schädel v. d. Insel Nauru (Pleasant Island): Z. f. Ethnol. XXVIII, S. (545)–(551).
Bespr. auch ethnol. Einzelh.

945 Talamo.-Contes néo-calédoniens. Illustrations d'Al.Lemaistre. P., May, ['97]. 64 S. 8.

046 Verzeichnisse. ethnogr. Sammlung aus d. Südsee, während d. J. 1880 bis 1882 angelegt v. General-Consul O. Zembsch, Apia (Samoa). (= Ethnogr. Abt. d. Buchhdl. u. Druckerei vorm. Brill in Leiden. Katalog No. 1.) Leiden, Brill, '97. 32 S.; 8 T. 4.   *F.* 2.40.

7. Malaien u. s. w.
a. Philippinen, Formosa.
(S. auch No. 151.)

047 Unter den Aboriginalstämmen Formosas: Ostas. Lloyd XI, S. 1259-61; 1293-5; 1321-5.

047a Alberto,C.-Fernão de Magalhães, descobridor das Filippinas: O Occidente '96/97.

048 B.-Von den Philippinen: Münchner N. Nachr. '97, No. 35.

048a Barrett,John.-The Cuba of the Far East: North Am. Rev., Vol. 164, S. 173-80.
Philippinen.

049 Blumentritt,F.-[Ueber die Manobos]: Globus LXXI, S. 19 f.

050 Castillo y Jiménez,J.M. del.-El Katipunan ó el Filibusterismo en Filipinas. Crónica illustr. con documentos, autógrafos y fotograbados. Madrid, Murillo, '97. 297 S. 8.   *Pes.* 5.

051 Combés,Franc.-Historia de Mindanao y Joló. Obra publ. en Madrid, en 1667, y que ahora, con la collab. del P. Pablo Pastell, saca nuevamente á luz W. E. Retana. Ebd. '97. CXLIV, 800 S. 8.   *Pes.* 30.

052 Davidson,J.W.-Formosa and its inhabitants: Far East I, 5, S. 19-24.

053 Dlouhý,Max.-Španélé a ortrovy Filippovy [Die Spanier und die Philippineninseln]: Nár. Listy ('97), XXXVII, No. 90.

054 Gonzáles y Martín,R.-Filipinas y sus habitantes; lo que son y lo que deben ser. Bejar, tip. de la Viuda de Aguilar, '96. 287 S. 8.   *Pes.* 3.

055 Heirathsgebraeuche unter d. Tagalen: Ostas. Lloyd XI, S. 513 f.
Vgl. ebd. S. 507 f.

056 Hübner,E.-Jacobo Zobel de Zangróniz. E. Lebensbild aus d. jüngsten Vergangenh. d. Philippinischen Inseln: D. Rdsch. LXXXX, S. 420-45; LXXXXI, S. 35-51.

057 Ein Blick auf Formosa: Ostas. Lloyd XI, S. 1063-5; 1094-6.
Hauptsächl. nach Imbault-Huart OB VII. 043.

058 Kern,H.-Eene zondvloedsage van de Filippijnen: Int. Arch. f. Ethnogr. X, S. 68 f.

059 — — Een Spaansch schrijver over der godsdienst der Heidensche Bikollers: Bijdr. III, S. 224-38.
Nach J. Castaño OB IX, 1030 Anm. — Dazu die Ergänzung: Een mythologisch gedicht uit de Filippijnen: Bijdr. III. S. 408—507 (Übs. mit einigen sprachl. Bem.).

060 Leval,G.de.-Les Iles Philippines. Bruxelles, Lesigne, '97. 33 S. 8.   *Fr.* 1.50.

061 [Die Manobos auf Mindanao]: Ostas. Lloyd XI, S. 871 f.
S. oben No. 049.

062 Navarro,Ed.-Filipinas. Estudios de algunos asuntos de actualidad. Madrid, impr. de la Viuda de Minuesa de los Ríos, '97. XI, 285 S. 4.   *Pes.* 4.

063 Die Philippinen unter spanischer Herrschaft: Kath. Missionen '97, S. 1-6; 28-33.

064 Die Bevölkerung der Philippinen u. die Ursachen des Aufstandes: ebd. S. 73-7; 99-104.

065 Plauchut,Edm.-L'insurrection des Philippines: Cosmopolis VI, S. 475-88.

066 Riess,Ludw.-Geschichte der Insel Formosa: Mitth. d. D. Ges. f. Nat.- u. Völkerk. Ostas. VI, S. 406-47; 1 K.
Auszug: ÖM XXIII, S. 94—6.

067 Sastrón,Manuel.-Colonización de Filipinas. Inmigración peninsular. Malabón, tip. del Asilo de Huérfanos, '97. 115 S. 4.   *Pes.* 3.

068 Seiroku Honda.-Eine Besteigung des Mount Morrison auf der Insel Formosa: Mitth. d. D. Ges. f. Nat.- u. Völkerk. Ostas. VI, S. 469-73; 1 K.

969 Skertchly, Ethelbert Forbes.–Cagayan Sulu, its customs, legends and superstitions: JASB LXV, P. III, S. 47-57.

970 The articles of Christian instruction in Favorlang-Formosan, Dutch, and English, from **Vertrecht's** Manuscr. of 1650: Psalmanazar's dialogue between a Japanese and a Formosan; Happart's Favorlang vocabulary. Ed. by William Campbell. Lo., Kegan Paul, '96. 220 S. 4.   10 *s.* 6 *d.*
   Rec. *T.W'.*, JRAS '97, S. 140–2.

971 Virchow, Rud.–Die Bevölkerung der Philippinen: Sitzb. Ak. Wiss. B. '97, S. 279–89; 1 T.
   Auch sep. B.,G.Reimer. *M.* 0.50.

b. Niederländisch-Indien (mit Malacca u. s. w.).

972 Bijdragen tot de Taal-, Land- en Volkenkunde van Nederlandsch-Indië, uitg. door het Koninkl. Instituut voor de T.-, L.- en Vk. v. N.-I. [OB X, 950]. Zesde Volgr., Deel III (Deel XLVII d. geheele Reeks). 's-Gravenhage, Nijhoff, '97.   595, XXI S. m. VI S. Titel und Inhaltsverz. und XXII S. Naamlijst der leden op 1 April 1897.   8.

973 Tijdschrift voor Nederlandsch-Indië van wijlen W. R. baron van Hoëvell [OB X, 3856]. Tweede nieuwe Serie. 1e Jaargang. Januari-Juni '97. 's Gravenhage, F. J. van Paasschen. S. 1-542.   8.   j. *F.* 13.

974 Tijdschrift voor Indische taal-, land- en volkenkunde, uitg. d. h. Bataviaasch Genootschap van K. en W., onder redactie van P.J.F. Louw en B. Hoetink [OB X, 3857]. Deel XXXIX, 4-6. Batavia, Albrecht & Rusche, '96. S. 327-648.

α) Allgemeines.
(S. auch No. 669.)

975 Bruins, F.–Nederland en Insulinde. Een school- en handatlas . . . . . 2e, herz. druck. Groningen, Noordhoff, '97.   8 S.; 16 K.   Fol.   *F.* 1.80.

976 Dornseiffen, I.–Atlas van Nederl. Oost-Indie. In 18 kaarten. Nieuwe uitg. Amst., Seyffardt, '97.   18 K.   Fol.   *F.* 6.50.

977 Kaart van Java. Naar de nieuwste bronnen bew., onder toezicht van I. Dornseiffen. Herzien door E. de Geest. Schaal 1:950,000. Ebd. '97.   4 Bl.   Fol.   *F.* 2.50.

978 De Padangsche beneden-en bovenlanden van de Koninginnebaai tot fort De Kock, en van 100⁰ tot 101⁰ o. l. Schaal 1 : 300,000.   Ebd. '97. Fol.   *F.* 0.65.

979 Witkamp, P.H.–Atlas van Nederl. Oost- en West-Indië. Arnhem, Voltelen, '97.   8 S.; 8 K.   4.   *F.* 0.50.

980 Regeerings-Almanak voor Nederlandsch-Indië [OB IX, 988]. '97. Batavia, Landsdrukkerij (s' Hage, Nijhoff).   XVI, 499, 586 u. XXXII, 920 S. 8.   *F.* 6.

981 Barth, J.P.J.–Overzicht der afdeeling Soekadana. (= Verh. v. h. Batav. Gen. v. Kunsten en wet. Dl. L, 2e stuk.) Batavia, Albrecht & Co. ('s Hage, Nijhoff), '97.   145 S.; 3 Tab.; 1 K.   4.   *F.* 2.50.

982 — — De landschappen aan de Boven-Pinoh (Wester-afd. v. Borneo): Ts. Ind. t.-l.-vk. XXXIX, S. 581-646.

983 [**Bastian,** A.]–Lose Blätter aus Indien. I–II. Batavia, Albrecht & Co., '97. VII, 171, XIV, 2, 2 S. und 7, 139, 112, XXVI, 6, II S.   8.
   Enthält ausser vielen anderen Beitr. z. malaiischen Ethnogr.: Ein indonesisches Schöpfungs-lied. Aus Java. Bali und Lombok. Die Balier. — Auszüge aus einheimischer Literatur (mit Zufügungen).

984 Buning, A. Werumeus.–In en om de kampong. Oost-Indische schetsen. Afl. 1. Rotterdam, Bolle, '97. S. 1-32.   8.   Cpl. in 12 afl. à *F.* 0.30.

985 — —, en J.A. Kruyt.–Met de Hollandsche mail naar Indië en terugs. Gids voor reizigers . . . 4e druk. Amsterdam, van Holkema & Warendorf, '97.   261 S.; 5 K.   8.   *F.* 2.50.

986 Chijs, J.A. van der.–Burgerlijke, Europeesche gezaghebbers over Soerabaija: Ts. Ind. t.-l.-vk. XXXIX, S. 520-5.

987 **Clifford,H.**–In Court and Kampong: Tales and sketches of native life in the Malay peninsula. Lo., Richards, '97. 268 S. 8. 7 *s.* 6 *d.*
Rec. Ac. Ll, S. 541 f.; Ath., June 26, S. 831 f.; SR LXXXIII, S. 398 f.

988 **Cool,W.**–With the Dutch in the East. An outline of the military operations in Lombock, 1894, giving also a popular account of the native characteristics, architecture, methods of irrigation, agricultural pursuits, folklore, religious customs and a history of the introduction of Islamism and Hinduism into the island. Translated from the Dutch by E. J. Taylor. Ill. by G. B. Hooyer. Lo., Luzac & Co., '97. 386 S. 8. 21 *s.*
Rec. Ac. Ll, S. 469 f.; Ath., May 29, S. 710 f.; JRAS '97, S. 406 f.

989 **Dagh-Register** . . . [OB IX, 4062]. Anno 1668 tot 1669. Uitg. van J. A. van der Chijs. Batavia, Landsdrukkerij ('s-Hage, Nijhoff), '97. IV, 517 S. 8. *F.* 5.

990 **Doeff,H.**–In de grenslanden der beschaving. Ervaringen uit het dagelijksch leven van een controleur bij het binnenlandsch bestuur in de buitenbezittingen van Ned.-Indië. Amst., de Bussy, '97. *F.* 1.90.

991 **Duyl,A.G.C.van.**–The Dutch in Atjèh: As. Qu. Rev. III ('97), S. 96–107.
Mit sprachl. Bemerk.

992 **Dvořák,R., u. L.Toëner d e Sim o n.**–Java: OSN XIII, S. 117–26.

993 **Engelbard, H.E.D.**–Aanteekeningen betreffende de Kindjin Dajaks in het Landschap Baloengan: Ts. Ind. t.-l.-vk. XXXIX, S. 458–95.
Mit Vocabular S. 491–5.

994 **Ericsson,Claes.**–My master of the winds. A narrative of travel in Sumatra: Contemporary Rev. LXX, S. 559–67.

995 **Gelder,W.van.**–Beschrijving van het eiland Java en zijne bewoners. 2ᵉ ged. West-Java. 4ᵉ druk. Batavia, Kolff & Co., '97. 77 S. 8. *F.* 0.50.

996 **Groneman,J.**–Een Boeddhisten-Koning op den Bárȃboedoer: Ts. Ind. t.-l.-vk. XXXIX, S. 367–78.

997 **H.a.R.**–Die Kulis auf den Pflanzungen der Ostküste von Sumatra: Beil. Allg. Ztg. 93, S. 1–6; 94, S. 5–7; 95, S. 3–7.

998 **Haan,F.de.**–Naar Midden Sumatra in 1684: Ts. Ind. t.-l.-vk. XXXIX, S. 327–66.

999 Een oud bericht aangaande de Batta's meegedeeld door F. de Haan: ebd. S. 647 f.

1000 **Hazeu,G.A.J.** – Bijdrage tot de kennis van het Javaansche tooneel. Acad. proefschrift. Leiden, Brill, '97.
Rec. *M.Bartels,* Z. f. Ethnol. XXIX, S. 37 f.

1001 **Heeres, J.E.**–Ambon in 1647: Bijdr. III, S. 510–95.

1002 **Hoëvell,G.W.W.C.van.**–Over de middelen tot herstel van de welvaart en tot ontwikkeling der Ambonsche eilanden: Ts. N. I. I ('97), S. 384–403.

1003 **Kemp,P.H.van der.**–De economische oorzaken van den Java-oorlog van 1825–30: Bijdr. III, S. 1–48.
Im Anschl. an Louw OB IX, 4085.

1004 — — De zendingen van Ibbetson en Anderson naar Sumatra's Oostkust in 1821 en 1823: ebd. S. 210–23.

1005 — — De sluiting van het Londensch tractaat van 13 Augustus 1814: ebd. S. 239–339.

1006 — — Fendall's en Raffles' opvattingen in het algemeen omtrent het Londensch tractaat van 13 Augustus 1814: ebd. S. 341–497.

1007 **Kern,H.**–Een Russisch geleerde over de beeldhouwwerken van den Boro-Boedoer: ebd. S. 49–56.
Nach Ol'denburg OB IX, 4501.

1008 — — Een chineesch reiziger op Sumatra: Ts. N. I. I ('97), S. 373–83.
Nach OB VIII, 654 u. X, 3614.

1009 **Keyser, A.**–From Jungle to Java: trivial impressions of a short excursion to Netherlands India. Lo., Roxburghe Press, '97. 136 S. 8. 2 *s.*

1010 Waarom de Tènggereezen offers brengen aan den Bromo. De legende van Kjahi Koesoemo, meegedeeld door J. H. F. Kohlbrugge: Ts. Ind. t.-l.-vk. XXXIX, S. 428 f.

1011 **Kruyt,Alb.C.**–Een huwelijksfeest de Gorontalo; een fest van het tan-

denvijlen to Buool enz: Mededeel. v. w. h. Nederl. Zendelinggen. XXXX,
S. 283–8.

1012 Kühr,E.L.M.–Schetsen uit Borneo's Westerafdeeling [OB X, 981]. VII.
Over de ziel [sĕmangat-gana]: Bijdr. III, S. 57–82; Abb.
<small>S. 77: Over de zoasvereering. S. 77—82: Over de vogelwichelaarij.</small>

1013 Lion Cachet,F.–Een jaar op reis in dienst der zending. 16 afl. Amst.,
Wormser, '96/7.   *F.* 4.50.

1014 Lith,P.A. van der, en F.**Fokkens.**–Encyclopaedie v. Ned.-Indië [OB X,
984]. Deel I. 's Hage, Nijhoff, '97. XII, 619 S. 8.   *F.* 12.

1015 Margadant, C.W.–Het regeeringsreglement van Nederlandsch-Indië
toegelicht [OB X, 3887]. Dl. III. Batavia, Kolff & Co. ('s Gravenhage, Nijhoff),
'97. 8.   *F.* 6.

1016 [Ber. üb. e. Vortr. v. Martin üb. psychopathische Zustände b. den
Malaien]: Beil. Allg. Ztg. 71, S. 7.
<small>Mit Bem. v. Pastor u. Kuhn.</small>

1017 Niclou,L.H.A.–Bijdrage tot de geschiedenis van het ontstaan van den
Atjeh-oorlog: Ts. N. I. I ('97), S. 119–33.

1018 Nypels,G.–De expeditiën naar Bali in 1846, 1848, 1849 en 1868, en
de daaruit te putten lessen. Met een voorw. v. P. J. Blok. Haarlem, Loosjes,
'97. XII, 220 S.; 1 K. 8.   *F.* 1.00.

1019 Pleyte, C.M. – Een Balisch tempelschot?: Int. Arch. f. Ethnogr. X,
S. 21 f.; 1 T.

1020 Roosegaarde Bisschop,W.–Onderzoek van stukken in het India Office:
Bijdr. III, S. 183–209.

1021 Schaank,S.H.–Stamps on Malay letters: TP VIII, S. 106 f.

1022 Schmedes,W.–Ein Besuch auf Sumatras Westküste: Westermanns Mh.
LXXXI, S. 28–52.

1023 Schreiber,A.–Het werk der Rijnsche zending in Nederl. Oost-Indië.
Naar het Hoogduitsch door C. L. Met een woord vooraf van J.P.G.Westhoff.
Amst., Höveker & Wormser, '97. (ill.)   *F.* 0.30.

1024 Schulze,Fedor.–Oost-Java en Madoera. Handboek voor reizigers.
Batavia, Kolff & Co., '97. VIII, 153 S. 8.   *F.* 1.50.

1025 Shoemaker,J.P.–Nederl.-Indische krijgsverhalen. 2e druk. 's Hage,
v. Stockum & Zoon, '97. IV, 161 S. 8.   *F.* 1.25.

1026 — — Verhalen uit den grooten en kleinen oorlog in Nederl.-Indië.
Ebd. '97. VI, 191 S. 8.   *F.* 1.00.

1027 — — Gevecht en retraite van Delangoe [28. Aug. 1826]: Ts. N. I.
I ('97), S. 44–67.

1028 Straits Settlements: papers relating to the Cocos-Keeling and
Christmas Islands. Lo., Eyre, '97. (K.)   1 s.

1029 Vorderman, A.G. – Animistische Anschauungen der Javanen betreffs
einiger Pflanzen: Globus LXXI, S. 29–31.
<small>Zuerst ersch. in „Teysmannia" VII. Uebs. v. J. C.E. Schmeltz; Anm. v. J. D. E. Schmeltz.</small>

1030/1 Vráz,E.St.–Ze Singapuru na Novou Guineu [Von Singapore nach Neu-
Guinea]: Sborník České společnosti zeměvědné III, S. 169–79.

β) Sprache und Litteratur.
<small>(S. auch No. 991; 993.)</small>

1032 Adriani,N.–Over het tusschenzetsel in het Baree en eenige verwante
talen: Ts. Ind. t.-l.-vk. XXXIX, S. 496–510; 526–8.

1033 Berg, L.W.C.van den.–De afwijkingen van het Mohammedaansche ver-
mogensrecht op Java en Madoera: Bijdr. III, S. 83–181.

1034 Histoire de la princesse Djouher-Manikam, roman traduit du
Malais sur le manuscrit de la Bibliothèque nationale de Paris par Aristide
Marre: Rev. de ling. XXX, S. 241–64; 332–51.
<small>Mit dem malaiischen Texte.</small>

1035 Eerde,J. C. van.–Minangkabausche poëzie: Ts. Ind. t.-l.-vk. XXXIX,
S. 529–80.

1036 Fokker, A.-Eene uniforme spelling van het Maleisch in de Nederlandsche en Britsche bezittingen: Ts. N. I. 1 ('97), S. 29–43.

1037 Hendriks, H.-Het Burusch van Màsarètè. Uitg. d. h. Kon. Instituut v. d. taal-, land- en volkenk. v. N.-I. 's-Gravenhage, Nijhoff, '97. IV, 176 S. S. *F.* 3.

1038 Jatim Nastapa. Eene metrische vertaling van de Maleische sjair Jatim Nastapa door C. Spat: Ind. Gids '97, S. 104–25.

1039 Jonker, J. C. G.-Bimaneesche spraakkunst. (= Verhandl. v. h. Batav. Gen. v. kunsten en wet. Dl. XLVIII, 3e stuk. Batavia, Landsdrukkerij ('sHage, Nijhoff), '97. XVI, 487 S. 8. *F.* 6; *M.* 10.50.

1040 Kern, H.-Over de bijschriften of het beeldhouwwerk van Boro-Boedoer: Versl. en Meded. Ak. Amsterdam. Afd. Letterk., R. III, D. XII, S. 119–28.

1041 Kiliaan, H. N.-Madoereesche spraakkunst. Eerste stuk, inleiding en klankleer. Tweede stuk, woordleer en syntaxis. Batavia, Landsdrukkerij, '97. IV Bl., 172 S.; II Bl., 192 S. 8. (L., Harrass. I: *M.* 3.20.)

1042 Ko-Mo-An.-Javaansche „Gamělan-Beschrijving" in poëzie: Bijdr. III, S. 508 f.
Errata: ebd. V, S. 174.

1043 Land, J. P. N.-Note sur la musique de l'île de Java: Actes du X. Congr. des Or., Sect. V, S. 3–18; 1 T.

1044 Lie Kim Hok.-Hikajat Khonghoetjoe. Ditjeritaken di dalam bahasa Melajoe. Batavia, Kolff & Co., '97. 116 S. 8. *F.* 0.50.

1045 Maijer, I. Th.-The legend of Siluman's forests: Actes du X. Congr. des Or., Sect. V, S. 55–64; 1 K.
Mit javanischem Text.

1046/7 Marre, Aristide.-Glossaire explicatif des mots de provenance malaise et javanaise usités dans la langue française. Épinal, impr. Klein et Co., '97. 52 S. 8.
Rec. JuLien Vinson, Rev. de ling. XXX, S. 352 f.

1048 Les inscriptions phéniciennes de Sumatra: L'Anthr. VIII, S. 372. Aus d. „Journal des Débats". Vgl. OB X, 3026.

1049 Poensen, C.-Grammatica der Javaansche taal. Leiden, Brill, '97. VI, 369 S. 8. *F.* 4.00.

1050 Prenger, J.-The Dusuns of Borneo and their riddles: Actes du X. Congr. des Or., Sect. V, S. 21–52.

1051 Ranneft, W. Meijer.-Verklaring van de meest bekende Javaansche raadsels in poëzie. (= Verb. v. h. Batav. Gen. v. kunsten en wet., Dl. XLIX, 2e stuk.) Batavia, Albrecht & Co. ('sHage, Nijhoff), '97. VII, 110 S. 8. *F.* 1.50.

1052 Scott, Chas. Payson Gurley.-The Malayan words in English [OB X, 3928]. P. II: JAOS XVIII, S. 49-124.

1053 Sejarah Malayu (Malay annals). Ed. by G. O. Shellobear. Singapore '96. 4. 10 s.

1054 Tuuk, H. N. van der.-Kawi-Balineesch-Nederlandsch Woordenboek uitg. involge Gouvernements-Besluit van 14 Februari 1893, No. 3. Deel I. Batavia, Landsdrukkerij, '97. III, 831 S. 8. (L., Harrass. *M.* 24.)
Nebst 16 S.: Voorloopige lijst van de verkortingen enz. — Herausgeber J. Brandes.

1055 — — Aanhangsel op het Maleisch-Nederl. woordenboek van H. von de Wall. Uitg. door Ph. S. van Ronkel. Ebd. ('s Hage, Nijhoff,) '97. IV, 69 S. 8. *F.* 0.60.

1056 Vreede, A. C.-De oorspronkelijke en figuurlijke beteekenissen der Javaansche woorden. Redevoering uitgesproken op den 322sten verjaardag der Rijks-Universiteit te Leiden, 8 Februari 1897. Leiden, Brill, '97. 34 S. 8.

8. Madagascar.

1057 Chavanon.-Une ancienne relation sur Madagascar, 1650: Correspondance archéol. et hist. '97, No. 38 ff.

1058 Delisle, F.-L'ethnographie de Madagascar: L'Anthr. VIII, S. 373 f. Nach d. Journal officiel de Madagascar '97. 7 Avril.

1059 The voyages made by the Sieur D. B. [d. i. **Dubois**] to the islands

Dauphine or Madagascar & Bourbon or Mascarenne in the years 1669. 70.
71 & 72. Transl. & ed. by Capt. Pasfield Oliver . . . W. Facs., maps and ill.
Lo., Nutt, '97. XXXV, 160 S.; 18 T., 3 K. 8.

1060 Galli, H. – La guerre à Madagascar. Histoire anecdotique des expéditions françaises de 1885 à 1895 [OB X, 1041]. Vol. II. P., Garnier Frères,
['97]. 959 S. 8. (ill., K.) *Fr.* 12.

1060a Grandidier.–[Die Reisen F. M a y e u r's in Madagascar]: Bull. hist.
et philol. du com. des trav. hist. et sc. '96, S. 220–33.
Rede gehalten beim Congrès des Soc. savantes de Paris et des départements.

1061 Gravier,G a b r.–La cartographie de Madagascar. P., Challamel, '96.
VII, 469 S.; 11 K.; 1 Tab. 8.
Vgl. OB X, 3046.

1062 Henning, L.–Madagaskar unter franzos. Herrschaft: Globus LXXI,
S. 353–8; 366-71.

1063 Faithful unto death: a story of the missionary life in Madagascar of
William and Lucy S.**Johnson.** Ed. by P. D o n c a s t e r, introd. letter by Joseph
S. S e w e ll. Lo., Headley, '97. 300 S. 8. *3 s. 6 d.*

1064 Lauga, II., et F. H. **Kruger.**–La liberté religieuse à Madagascar. Rapport
de la société des missions évangéliques de Paris sur la mission accomplie
à Madagascar en 1896. P., Missions év., '97. 36 S. 4.
Supplément. Ebd. '97. 15 S. 4.

1065 Expédition de Madagascar. Carnet de campagne du lieutenant-colone
L e n t o n n e t. Publié par II. G a l l i. P., Plon, Nourrit & Co., '97. XV,
251 S. 8. (ill.)
Rec. *Delisle,* L'Anthr. VIII, S. 359.

1066 I.Ö.–Die evangel. Mission auf Madagaskar: Ev. Miss.-Mag. XLI,
S. 273–86; 321–35.

1067 Ségard,C h.–Récits malgaches. A Diego-Suarez; deux entrevues avec
une reine; conte betsimissarak. Illustrations de C. Vallet et Sandoz. P.,
Delagrave, 96. 64 S. 8.

1068 Vig,I..–Stedfortrœdertanken i Madagassernes religion: For Kirke og
Kultur '97, S. 425–32; 479–90.

1069 Vray,C.–Mes campagnes; par une femme. Autour de Madagascar.
P., Berger-Levrault & Co., '97. 325 S. 8. *Fr.* 3.50.

1070 Wahlbruderschaft bei den Madagassen: Urquell I, S. 253–5.
Nach Franz W a l t e r, Mbl. d. wiss. Club in W. XVIII, No. 9.

1071 Zaborowski.–Ethnographie des colonies françaises: origine et caractères des Hovas: Rev. mens. de l'école d'anthr. P. VII, No. 2.

Recensionen zu III.

Th.**Achelis,** Ueber Mythologie u. Cultus v. Hawaii: *L.Marillier,* Rev. hist. rel.
XXXIV, S. 86–90.

R.**Brandstetter,** Die Gründung von Wadju (Malaio-Polyn. Forsch. V.):
F.Grabowsky, Globus LXXI, S. 34 f.

E.**Bretschneider,** Map of China: *H.Fischer,* Ggr. Z. III, S. 485 f.

A.F.**Calvert,** The explor. of Australia: *Ruge,* PM XLIII, Lber. S. 78.

W.**Campbell,** The island of Formosa: *J.H.Engelbregt,* Ts. N. I. I ('97),
S. 315–30.

K.M.**Clark,** Maori tales and legends: Ath., Febr. 6, S. 180.

G.**Collingridge,** The discovery of Australia: *Ruge,* PM XLIII, Lber. S. 78.

A.**Conrady,** Eine indochines. Causativ-Denominativ-Bildung: *M.Courant,*
Rev. cr. 24, S. 462 f.; Z., TP VIII, S. 117 f.; JRAS '97, S. 144 f.

M.**Courant,** Bibliogr. coréenne: *A. H. Kenmure,* Korean Repository IV,
S. 201–6.

L..**Fournereau,** Le Siam ancien. I: *J.R[éville],* Rev. hist. rel. XXXIII, S. 395f.

J.J.M. **de Groot,** Le code du Mahâyâna en Chine: *H. C. Warren,* New World
VI, S. 168–71.

A. C.**Haddon,**The decor. art of Brit. New Guinea: *J. A. Ingram,* Proc. R. Irish
Ac., Ser. III, Vol. IV, Minutes of Proc., S. 210–6.

C.J.H.**Halcombe**, The mystic flowery land: Ath., Jan. 30, S. 147; JRAS '97, S. 183; C. Rev. CIV, S. XXVI f.

J.**Hansen**, Madagascar: *Lüddecke*, PM XLIII, Lber. S. 50.

H.**Havret**, La stèle chrétienne de Si-ngan-fou: *C. de Harlez*, T'P VIII, S. 350–2.

J.E.**Heeres**, De opkomst v. het Nederlandsch gezag in Oost-Indië (OB X, 961): *K.Heeringa*, Museum IV, No. 12.

F.**Hirth**, Ueber fremde Einflüsse in der chines. Kunst: *J.D.E.Schmeltz*, Int. Arch. f. Ethnogr. X, S. 78 f.; LC 2, S. 71; *H.Bulle*, Beil. Allg. Ztg. 41, S. 1–3; *B.Laufer*, Globus LXXI, S. 17; *K.Himly*, PM XLIII, Lber. S. 42 f.; *H.B.*, Ostast. Lloyd XI, S. 999–1002; Münchner N. Nachr. '97, No. 41; *F. Kühnert*, WZKM XI, S. 84–7.

I-**tsing**, A record of the Buddhist religion . . . Transl. by J.**Takakusu**: *H.Oldenberg*, DL 14, S. 530–2; *F.C.*, Globus LXXI, S. 229; Ac. I.I, S. 206 f.; Ath., Jan. 30, S. 142 f.; *T.W.*, JRAS '97, S. 358–64; *J.Beames*, As. Qu. Rev. III ('97), S. 202–6.

°J**igs-med nam-mk'a** . . . hrsg. . . . v. Gg.**Huth**. II: *J.D.E.Schmeltz*, Int. Arch. f. Ethnogr. X, S. 36; *C[onrady]*, LC 19, S. 610 f.; *F.Feer*, JA Sér. IX, T. IX, S. 159–65; *W.W.Rockhill*, JRAS '97, S. 136–40.

W.**Kükenthal**, Forschungsreise in den Molukken u. in Borneo: *A.Wichmann*, PM XLIII, Lber. S. 43 f.; *F.R.*, Naturwiss. Wschr. XII, S. 109–14.

S.**Le Gall**, Le philosophe Tchou-Hi: *E.H.Parker*, China Rev. XXII, S. 489 f.

St.G.R.**Littledale**, A journey across Tibet: *K.Futterer*, PM XLIII, Lber. S. 40 f.

G.L.**McKay**, From Far Formosa: *Kirchhoff*, PM XLIII, Lber. S. 41 f.; *Strümpfel*, Allg. Miss.-Z. XXIV, S. 1–9; 57–71.

W.A.P.**Martin**, A cycle of Cathay: *E.Buckley*, Am. J. of th. I, S. 474–6; As. Qu. Rev. III ('97), S. 212–4.

H.**Montgomery**, The light of Melanesia: *Weyhe*, PM XLIII, Lber. S. 51.

O.**Münsterberg**, Die jap. Kunst: *J.D.E.Schmeltz*, Int. Arch. f. Ethnogr. X, S. 38.

W.**Obrutschew**, Aus China: LC 10, S. 325 f.; *R.Andree*, Globus LXXI, S. 83.

K.L.**Parker**, Australian legendary tales: Ath., Febr. 6, S. 180 f.; Folk-Lore VIII, S. 56 f.

C.**Pétillon**, Allusions littéraires. ·I (OB X, 3628 irrig „Illusions" gedruckt): *G.S[chlegel]*, T'P VIII, S. 223–6; *E.H.Parker*, China Rev. XXII, S. 490–2.

J.**Ralph**, Alone in China: Ath., Jan. 9, S. 47.

J.E.**Reiffert**, Zehn Jahre in China: Ostas. Lloyd XI, S. 1153–7; 1187–90; *H.Feigl*, ÖM XXIII, S. 18–26.

R.**Riordan** & T.**Takayanagi**, Sunrise stories: Ath., Jan. 2, S. 13 f.

H.L.**Roth**, The natives of Sarawak: Folk-Lore VIII, S. 171 f.; *A.C.Haddon*, Nature LV, S. 128–30; *G.S[chlegel]*, T'P VIII, S. 118–20; *H.Kern*, Ts. N. I. I ('97), S. 5–28.

J.**Schedel**, Phallus-Cultus in Japan: *Capus*, L'Anthr. VIII, S. 101.

G.**Schlegel**, Die chines. Inschr. auf dem uigur. Denkm. in Kara Balgassun: *F.Kühnert*, WZKM XI, S. 87 f.; *T.W.*, JRAS '97, S. 142 f.

— — La loi du parallélisme en style chinois: *C[onrady]*, LC 18, S. 590–2.

L.v.**Schrenck**, Reisen u. Forsch. im Amurlande. III, 3: *F.Heger*, Mitth. anthr. Ges. W. XXVI, S. 194.

H.**Schurtz**, Zur Ornamentik der Aino: *G.Capus*, L'Anthr. VIII, S. 238 f.

R.**Semon**, Im Austral. Busch: *Heger*, Mitth. anthr. Ges. W. XXVI, S. 239 f.; *E.Jung*, Ggr. Z. III, S. 61; *W.Saville-Kent*, Nature LV, S. 227–9.

I.**Serrurier**, Bibliothèque japonaise: *ErnstRoth*, Cbl. f. Biblw. XIV, S. 117.

Ph.Fr.v.**Siebold**, Nippon. I²: Globus LXXI, S. 119–22; Ostas. Lloyd XI, S. 1281–7; *L.*, OM XXIII, S. 41–7; *E.Naumann*, Ggr. Z. III, S. 300 f.

H.V.**Stevens**, Mitth. aus d. Frauenleben b. d. Orang Bëlendas: *L.Laloy*, L'Anthr. VIII, S. 100 f.

J.H.**Stewart-Lockhart**, A manual of Chinese quotations: *Stewart-Lockhart* (Entgegn. auf die Rec. v. Giles OB X, S. 205), China Rev. XXII, S. 476–85 (s. auch ebd. S. 486 f.; E.H.Fraser, S. 544–7; 558; H.A.Giles, S. 547–51).

E.F.**Strange**, Japanese illustration: -ʃ-, Z. f. Bücherfreunde I, S. 387 f.
O.**Stuebel**, Samoanische Texte: *Aug. Krumer*, Globus LXXI, S. 76–8.
Sureçamatibhadra, Die Berechn. d. Lehre . . . übs. v. E.**Schlagintweit**:
G.Th.Reichelt, Globus LXXI, S. 82; *L.Feer*, JA Sér. IX, T. IX, S. 524–7.
Tautain, Sur l'anthropologie . . . aux îles Marquises: *L.Laloy*, Cbl. f. Anthr.
II, S. 28 f.
H.B.**Tristram**, Rambles in Japan: Nature LIII, S. 219.
V.**Vasil'ev**, Geogr. Tibeta: *E.D.M.*, JRAS '97, S. 166–8; *S.Ol'denburg*,
Zap. X, S. 202 f.
R.**Verneau**, L'expos. de la mission Pavie (OB X, 3648): *Grabowsky*,
Globus LXXI, S. 68.
A.R.G.**Vianna**, Les vocables malais empruntés au portugais: *H.Schuchardt*,
WZKM XI, S. 105–14.
L.A.**Waddell**, The Buddhism of Tibet: Ath., June 26, S. 836.
Wershoven, Lehrb. d. Siames. Sprache: *H.Metzler*, ÖL '95, S. 725 f. (dagegen
Wershoven ebd. '97, S. 223 f.; H.Metzler, ebd. S. 224).
E.**Zimmermann**, Koreanische Kunst: *J.D.E.Schmeltz*, Int. Arch. f. Ethnogr.
X, S. 33 f.

IV. INDOGERMANEN.
(S. auch No. 160; 873; 1382.)

1. Allgemeines.

1072 Studi italiani di filologia indo-iranica diretti da Francesco
L. Pullé. [Erstes Heft.] Firenze, tip. G. Carnesecchi e Figli, '97. VIII, 72,
64, 24, 40 S.; 1 Portr. 8.   (E. Spörri, Pisa, j. *L.* 20.)
Soll in Halbjahrsheften fortgesetzt werden.

1073 Bibliographie des Jahres '96 [OB X, 3960]: IF Anz. VIII, S.115–335.
Darin: W.Streitberg, Allg. indog. Sprachw., S. 115–43. Herm.Hirt, Indog. Alter-
thumskunde u. Myth., S. 143–9. Willy Foy, Indo-iranisch. Indisch, S. 149–178. A.V.W.
Jackson, Iranisch, S. 178–84. Armenisch, S. 184–6.

1074 Alviella, Cte Goblet d'.–Moulins à prières, roues magiques et circum-
ambulation, étude de folk-lore indo-européen. Bruxelles '97. 28 S. 8.
Extrait de la Revue de l'Université de Bruxelles.

1075 Bradke,P.von.–Über den 'Bindevocal' skr. *i* griech. α (lat. *i* got. *u*) im
Perfektum: IF VIII, S. 123–60.

1076 Brugmann,Karl, u. Berthold **Delbrück**.–Grundriss der vergleichenden
Grammatik der indogermanischen Sprachen. 1. Bd.: Einleitung u. Lautlehre.
1. Hälfte. (A. u. d. T.: Vergleichende Laut-, Stammbildungs- u. Flexionslehre der indogerman. Sprachen v. Karl Brugmann. 2. Bearbeitg. 1. Bd.: Einleitung u. Lautlehre. 1.Hälfte.) Strassburg, Trübner, '97. XLVII,622 S. 8. *M.* 16.
Rec. *H. d'Arbois de Jubainville*, Rev. celt. XVIII, S. 351 f.

1077 Bruinier,J.W.–Die Heimat der Germanen: Umschau I, S. 14–6.
Dazu L.Wilser, ebd. S. 144–6; Bruinier S. 156–9.

1078 Dottin,G.–Les désinences verbales en *r* en sanskrit, en italique et en
celtique. (Thèse de Paris.) Rennes, Plihon et Hervé, '96. XXIII, 412 S. 8.
Rec. Rev. celt. XVIII, S. 342–6.

1079 Eckstein,Ernst.–Vom Hiatus: Westermanns Mh. LXXXII, S. 727–9.

1080 Fay,Edw.W.–Contested etymologies: Class. Rev. XI, S. 12–5;
89–94; 143–7.
Lat. ingens; immanis; manus; di Manes; mas; Mars. — ὄβριμος or ὄμβριμος?; ὑπατρος etc.;
'copulative' ὁ-; Some cases of haplolalia. — Skr. viçva; lat. vicissim; ἀπιλλαί; frequens;
ἅπι simpuvium.

1081 Fortunatov,F.F.–Indo-evropejskija plavnyja soglasnyja v drevne-indijs-
kom jazykě: Χαριστήρια (oben No. 75a).

1082 Foy,Willy.–Die indogermanischen *s*-Laute (*s* und *z*) im Keltischen:
IF VI, S. 313–37.
Dazu S. 337–9. Exkurs. Keltisch *ar, al* = idg. *r* f.

1083 — — Zur Geschichte des idg. *s* im Keltischen: ebd. VIII, S. 200–8.

1084 Hatzidakis,G.N.–Zur Abstammung der alten Makedonier. E. ethnol.
Studie. Athen, Druck von Gebr. Perris, '97. 57 S. 8.
Übs. des Aufsatzes Περὶ τοῦ Ἑλληνισμοῦ τῶν ἀρχαίων Μακεδόνων: Ἀθηνᾶ VIII, S. 3–62.

1085 Hermann,[E d.]–Das Pronomen *ios* als Adjektivum: Einladungsschrift des Gymnasium Casimirianum zu Coburg . . . '97 (Programm-No. 729), S. 3–29.

1086 Horn,Paul.–Vergleichende Sprachforschung u. Philologie: Beil. Allg. Ztg. 129, S. 1–4.

1087 Horton-Smith,Lionel.–Some Sanskrit Greek and Latin derivatives of the Idg. *V̥ey* 'to fail, to be deficient, to be wanting': BB XXII, S. 189–202.

1088 Ihering,R.von.–Evolution of the Aryan [OB VIII, 944]. Transl. from the German by A. Drucker. Lo., Sonnenschein, '97. 432 S. 8. 10 s. 6 d. Rec. der engl. u. der d. Ausg.: SR LXXXIII. S. 551; *H.Hirt*, IF Anz. VIII, S. 1–4.

1089 Jacobi,Herm.–Compositum und Nebensatz. Studien über die indogermanische Sprachentwicklung. Bonn, Cohen, '97. X, 127 S. 8 M. 3. Rec. *Lukas von Patrubány*, Sprachwiss. Abhandlungen. Hrsg. von L. v. P. I, 1, S. 14 f.

1090 Λάμπρος,Σπ.Π.–Ἡ ὀνοματολογία τῆς Ἀττικῆς καὶ ἡ εἰς τὴν χώραν ἐποίκησις τῶν Ἀλβανῶν: Φιλολογικὸς σύλλογος Παρνασσός, Ἐπετηρίς, ἔτος α' (Athen '97), S. 156–92.

1091 Librandi,Vinc.–Grammatica albanese, con le poesie rare di Variboba. (Manuali Hoepli.) Milano, Hoepli, '97. XV, 198 S. 8.

1092 Lorentz,Friedr.–Zu den idg. *io*-Präsentien: IF VIII, S. 68–122. 1. Die *i*-Perfekta. 2. *io*-Präsentia mit dehnstufigem Wurzelvokal. 3. *io*-Präsentia mit normal- und tiefstufigem Wurzelvokal. 4. Das Suffix. 5. Die Entwicklung der *io*-Praesentia.

1093 Meillet,A.–De indo-europaea radice *men*-„mente agitare." P., Bouillon, '97. 61 S. 8. Fr. 3.

1094 — — Du genre animé en vieux-slave et de ses origines indo-européennes. (Thèse.) Ebd. '97. 3 Bl., 196 S. 8.

1094a — — Letto-slavica: MSLP X, S. 135–42. I. Lit. *tasai*, *tatai*. — Arm. *na*. II. V.-sl. *gospodi*. III. V.-sl. *dati*. IV. V.-pruss. *esse*.

1095 Meringer,Rud.–Indogermanische Sprachwissenschaft. (— Sammlung Göschen, Bd. 59.) L., Göschen, '97. 136 S. 8. M. 0.80. Rec. *W.Str[eitberg]*, LC 25, S. 815 f.

1096 Meyer,Gust.–Griechische Grammatik. 3. Aufl. (= Bibl. indogerm. Grammatiken. III. Bd.) L., Breitkopf & Härtel, 97. XVIII, 715 S. 8. M. 13.

1097 Müller,Friedr.–Beiträge zur etymologischen Erklärung der griechischen Sprache. (= Sitzb. k. Ak. d. Wiss., Phil.-hist. Cl., Bd. 136, Abh. 4.) W., C. Gerold's Sohn in Comm., '97. 40 S. 8. Fl. 0.50. Bemerkungen zu W. Prellwitz's Etym. Wörterb. d. griech. Spr. mit besond. Berücksicht. der iranischen Sprachen u. des Armenischen.

1098 Niederle,L.–O původu Slovanů. Studie k slovanským starožitnostem. v Praze '96. 149 S. 8. Tit. n. d. Rec v. *Lissauer*, Z. f. Ethnol. XXIX, S. 39 f.

1099 Osthoff,Herm.–Griechische u. lateinische Wortdeutungen [OB IX, 4240]. Dritte Reihe: IF VIII, S. 1–68.

1100 Prellwitz,W.–Studien zur indogermanischen Etymologie und Wortbildung [OB X, 1090]. III. *Vāi* „brennen, leuchten": BB XXIII, S. 65–77.

1101 Regnaud,Paul.–Notes d'étymologie et de mythologie indo-européennes: Rev. de ling. XXX, S. 83–8.

1102 — — Sur la mutation hypothétique de λ en ρ dans le grec ancien: ebd. S. 230 f.

1103 — — Étymologies latines: *fasc-or* et *pot-ior*: ebd. S. 232 f.

1104 — — Étymologies latines. *Jus* et *Natura*: ebd. S. 327 f.

1105 — — Origine de l'accent et de la distinction des voyelles longues et brèves dans les langues indo-européennes: ebd. S. 329–31.

1106 Schwartz,Wilh.–Der Schimmelreiter u. die weisse Frau. Ein Stück deutscher Mythologie: ZVVk VII, S. 225–44.

1107 Siecke,Ernst.–Die Urreligion der Indogermanen. Vortrag gehalten im Verein für Volkskunde. B., Mayer und Müller, '97. 38 S. 8. M. 0.80. Rec. *Justi*, D. philol. Ws. '97. S. 1201–3; vgl. DL 7, S. 268 f ; ZVVk VII, S. 219–21.

1108 Uhlenbeck,C.C.–De voorgeschiedenis der Indogermaansche volken: Taal en Letteren VII, S. 1–25.

1109 Vodskov,H.S.–Sjæledyrkelse og Naturdyrkelse. Bidrag til Bestem-

melsen af den mytologiske Metode. Første Bind: Rig-Veda og Edda. 1. Del.
Indledning og første Bog [OB IV, 4341; vgl. OB VII, S. 248]. H. 3–7.
Kjøbenhavn, Lehmann & Stage, '97. 8.   Bind I, 1: Ar. 10.
   Rec. *V.Henry*. Rev. cr. 21, S. 403–7.
   1110 **Wackernagel**, Jak.–Vermischte Beiträge zur griechischen Sprach-
kunde. Programm zur Rektoratsfeier der Universität Basel. Basel, Uni-
versitätsbuchdruckerei, '97. 64 S. 4.
   1111 **Winter**, A.–„Mein Bruder freit um mich." „Grib bralitis mani jemt."
Mythologischer Versuch üb. e. lettisches Volkslied u. ein Lied des Rig-Veda:
ZVVk VII, S. 172–84.
   Tageszeitenmythus, der auch an Yama nach Rv. X, 10 haften soll.
   1112 **Zupitza**, E.–Das sogenannte Participium necessitatis des Irischen:
KZ XXXV, S. 444–61.
   Mit Bemerkungen über d. Gebrauch d. vedischen u. awestischen Infinitive.

2. Indien.

   1113 The Indian Antiquary . . . Ed. by Rich. Carnac Temple [OB X,
3986]. Parts CCCXXI–CCCXXVI (Vol. XXVI) — 1897, Jan.–June. Bo., Educ.
Society's Press. S. 1–168; 1 T. 4.   j. 36 s. incl. post.
   1114 Illustrated India. A monthly paper ed. by S. C. Sen. Vol. I.
No. 1. C., publ. by the editor, '97. 50 S. 4.   12 @.
   1115 Grundriss der indo-arischen Philologie und Altertumskunde unter Mitwirkung von A.Baines-London . . . Th.Zachariae-Halle
hrsg. von Georg Bühler [OB X, 1107]. Strassburg, Trübner, '97. 8.
   I. Bd., 3. Heft B: Th.Zachariae, Die indischen Wörterbücher (Koša). 42 S. — II. Bd.,
3. H. B: E.J.Rapson, Indian coins. 41 S.; 5 Taf. mit gegenüberstehender Erklärung. —
III. Bd., 1. H. A: A.A.Macdonell, Vedic Mythology. 177 S. — III.Bd., 2. H.: A.Hillebrandt,
Ritual-Litteratur. Vedische Opfer uud Zauber. 189S.   Subscriptionspr. *M.* 21   5; 7.50; 8.
                                                        Einzelpr.   *M.* 2.50; 6; 9;   9.50.
   Rec. des Hillebrandt'schen Werkes: *W.Caland*, GGA 4, S. 279–911 *H[ard]y*, I.C 23, S. 751 f.
   1116 **Campbell**, Frank.–An index-catalogue of bibliographical works (chiefly
in the English language) relating to India. A study in bibliography. !.o.,
Library Bureau Co., '97. 99 S. 8.   3 s. 6 d.
   1117 **Jolly**, Jul.–Ueber die Ergebnisse der letzten Volkszählung in Indien:
D. Rdsch. LXXXXII, S. 257–77.
   1118 **Klemm**, K.– Inder (bis z. Gegenwart) [OB X, 1108]: Jsb. d. Geschw.
'95 ('97), I, S. 35–67.
   1119 — — Indische Forschungsergebnisse des Jahres 1896: Umschau I,
S. 318–20.

a. Geographie und Geschichte
(einschl. Reisebeschreibungen und Administrationswesen).
                    (S. auch No. 812; 1250 f.)

   1120 Thacker's reduced survey map of India. Edited by J. G. Bartholomew. 2nd ed. extended and revised to date, with inset produce maps and
tea district maps, sketch maps of Calcutta, Bombay, and Madras, and general
index. Lo., Thacker, '97. 8.   7 s. 6 d.
   1121 **Alviella**, Cte.Goblet d'.–Les Grecs dans l'Inde. Essai de restitution
historique: Bull. Ac. roy. de Belgique XXXIII ('97), S. 653–90.
   1121a **Arnold**, Edw.–The famine in India: North Am.Rev., Vol. 164, S. 257–72.
   1122 **Baden-Powell**, B.H.–A study of the Dakhan villages, their origin and
development: JRAS '97, S. 239–79.
   Vgl. R.Sewell, ebd. S. 436–9.
   1123 **Busteed**, H.E.–Echoes from old Calcutta: chiefly reminiscences of the
days of Warren Hastings, Francis, Impey. Lo., Thacker, '97. 360 S. S. 7 s. 6 d.
   1124 **Compton**, Herb.–A free lance in a far land: being an account of the
singular fortunes of Selwyn Fyveways, of Fyveways Hall, in the County of
Gloucester, Esquire for seven years: a free adventurer in the kingdoms of
Hindostan. N. Y., Cassel Pub. Co., '97. III, 373 S. 8.   50 c.
   1125 **Crooke**, W.–North Western provinces of India: History, ethnology, and
administration. Lo., Methuen, '97. 374 S. 8. (ill. K.)   10 s. 6 d.

1126 Dufferin and Ava, Marquis of.–How India fights the famine: North Am. Rev. CLXIV, S. 385–403.

1126a Famine in India: papers regarding the famine and the relief operations in India during the year 1896; with copy of the famine code for the North West provinces and Oudh; appendices. Lo., Eyre, '97.   1 s. 11 d.

1127 Forrest,G.W.–The famine in India. Lo., Cox, '97. 8.   1 s.

1128 Frazer,R.W.–British India. (The Story of the Nations Series.) Lo., Unwin (N. Y., Putnam), '97. XVIII, 399 S. 8. (ill.)   5 s.; $ 1.50.
Rec. Ac. LI, S. 397; Ath., June 12, S. 775; *W.Irvine*, JRAS '97, S. 399—406; SR LXXXIII, S. 420 f.; *A.B[arth]*, J. des Savants '97, S. 188 f.

1129 Froidevaux,Henri.–Les débuts de l'occupation française à Pondichéry (1672-1674) d'après des documents nouveaux ou inédits: Rev. des questions hist. LXI, S. 184–98.

1130 Gazetteer of the Bombay Presidency. Vol. I. Part I. History of Gujarát. Part II. Hist. of the Konkan, Dakhan and Southern Marátha country. Under Government orders. Bo., printed at the Gov. Central Press, '96. XXVI, 594; XIV, XIV, 770 S. 8.   (L., Harrass. M. 5; 5.50.)
Hrsg. v. James Macnabb Campbell. Autoren: Bhagvánlál Indrají, A.M.T.Jackson, J.W.Watson, Khán Sáheb Fazlulláh Lutfulláh Faridí of Surat, J.A.Baines, L.R. Ashburner, Alex. Kyd Nairne, Rámkrishna Gopál Bhandarkar, J.F.Fleet, W.W. Loch, E.W.West.

1131 Gough,C., & A.D.Innes.–The Sikhs and the Sikhs wars. The rise, conquest, and annexation of the Punjab state. Lo., Innes, '97. 320 S. 8.   16 s.
Rec. Ac. LI, S. 419 f.; Ath., June 19, S. 801 f.; SR LXXXIII, S. 548—50.

1132 Gurudás Banerji.–The Hindu law of marriage and stridhan. C., Thacker, Spink & Co., '97. 466 S. 8.   Rs. 10.

1132a Hanna,H.B.–Backwards or forwards? Map: Military and commercial railways on the North-West frontier. Lo., Constable, '96. 156 S. 8.   2 s. 6 d.

1133 Hunter,W.W.–Annals of rural Bengal. 7th ed. Lo., Smith, '97. 492 S. 8.   7 s. 6 d.

1134 — — The Thackerays in India, and some Calcutta graves. Lo., Frowde (Oxford University Press), '97. 191 S. 8.   2 s. 6 d.
Rec. Ac. LI, S. 227 f.; Ath., Jan. 23, S. 111 f.; *W.F.Prideaux*, ebd., Jan. 30, S. 149; SR LXXXIII, S. 227 f.; As. Qu. Rev. III ('97), S. 443; C. Rev. CIV, S. XXII—XXIV.

1135 Immanuel.–Die Grenzbeziehungen zwischen Britisch-Indien u. Afghanistan: Globus LXXI, S. 243 f.

1136 Is India ruined?: C. Rev. CIV, S. 304–15.

1137 Innes,McI.–The Sepoy revolt: a critical narrative. Lo., Innes, '97. 340 S. 8.   5 s.
Rec. Ac. LI, S. 446; *L.Griffin*, SR LXXXIII, S. 638 f.

1138 Kailás Chandra Sinha.–A collection of kings or the history of Tipperah. (In bengal. Spr.) Kumila, Sinha Press, '97. 610 S. 8.   Rs. 2.

1139 Karkaria,R.P.–Akbar and the Parsees: C. Rev. CIV, S. 92–106.

1140 Kielhorn,F.–On the dates of the Saka era in inscriptions [Schl. zu OB X, 4013]: IA XXVI, S. 146–53.

1141 Klemm,Kurt.–Mihirunnissa, die Sonne der Frauen: Beil. Allg. Ztg. 128, S. 1–3.

1142 T.C.L.–Mahomedan ascendancy in the Deccan: C. Rev. CIV, S. 62–91.

1143 Lévi,Sylv.–Notes sur les Indo-Scythes [OB X, 4017]: JA Sér. IX, T. IX, S. 5–42.

1144 India list and India Office list [OB X, 1150], 1897. Lo., Harrisson, '97. 586 S. 8.   10 s. 6 d.

1145 A neglected literary field. By an Indian Civilian: As. Qu. Rev. III ('97), S. 159–64.
On local histories of India. — Dazu W.Irvine, J.Beames, H.Beveridge, C.R. Wilson, ebd. S. 164–71; J.D.B.Gribble, S. 427 f.

1146 Louis,J.A.H.–The gates of Thibet. A bird's eye view of Independent Sikkhim, British Bhootan and the Dooars as a Doorga Poojah trip. C., M.Apel, '94. 206 S. 8; 20 T.; 1 K.   Rs. 6 (L., Harrass. M. 16).
Ergänzung zum Tit. OB IX, 1210; cf. OB VIII, 3487.

1147 Lyall,A.C.–India under Queen Victoria: Nineteenth Century XLI, S. 865–82.

1148 Nanda Lál Sarkár.–The Indian National Congress and the revival of India. Intáli, publ. by the author, '97. 74 S. 8.   *R.* 1.
1149 Oppert,Gust.–Reise nach Kulu im Himalaya: Globus LXXI, S. 1–8; 23–9.
1150 — — Skizze über Kaschmir: Z. f. Ethnol. XXIX, S. (188)–(203).
1151 Pullé,F.L.–Un capitolo fiorentino d'indologia del secolo XVII: Studi it. fil. indo-ir. I, S. 34–50.
1152 Reid, Donald N.–Police corruption in India: SR LXXXIII, S. 627 f. Vgl. ebd. S. 662; 719.
1153 Roberts of Kandahar, Lord.–Forty-one years in India from subaltern to commander-in-chief. 2 Vols. Lo., Bentley (N. Y., Longmans), '97. XX, 511; XII, 522 S. 8. (Portr., K.)   36 *s.*; $ 12.
Rec. *F.A.Steel*, Ac. LI, S. 169 f.; Ath., Jan. 9, S. 30 f.; Jan. 16, S. 75–7; As. Qu. Rev. III ('97), S. 381–5; S. S. Times XXXIX, S. 524. S. auch A.Colvin, Agra in 1857. A reply to Lord Roberts. Nineteenth Century XLI, S. 556—68.
1154 Rossander, Carl J. – Ur Indiens historia. Stockholm, Bonnier, '97. 276 S. 8. (K.)   *Kr.* 5.
1155 Schram, Rob.–On some new dates of the Vikrama era from the palm-leaf mss. in Dr. P.Peterson's fifth report (OB X, 1341): IA XXVI, S. 1–7.
1156 Sewell,R.–"The Indian calendar": As. Qu. Rev. III ('97), S. 424–7. Ueber die Abfassung von OB X, 1166.
1157 Smith,Vinc.A.–Samudra Gupta (A specimen chapter of the projected history of Northern India from the monuments): JRAS '97, S. 19–33.
Vgl. R.Sewell, Piṣṭāpura, ebd. S. 420.
1158 Shumboo Chunder Dey.–Hooghly past and present [OB VIII, 4020]: C. Rev. CIV, S. 355–73.
1159 Stanley of Alderley, Lord.–The Privy Council as judges of Hindu and Mussulman law: As. Qu. Rev. III ('97), S. 1–13.
1160 Thacker's Indian directory [OB X, 1172], 1897. C. (Lo.), Thacker, '97. 1902 S. 8. (K.)   *Rs.* 24; 36 *s.*
1161 Tod,James.–The annals and antiquities of Rájasthán. Parts I and II. C., Indian Publ. Soc., '97. 320 S. 8.   cpl. *Rs.* 2.
Abdruck von OB IX, 1228 etc.
1162 Udaipur and the royal house of Mewar: C. Rev. CIV, S. 1–11.

b) Volkskunde (einschl. Religionsgeschichte, Gewerbe u. s. w.).

(S. auch No. 257; 287 f.; 2901 324; 758; 780; 7991 820; 880; 1122; 1125; 1564; 2355; 2384.)

1163 The Hindu Views. A fortnightly review. Ed. by Avinás Chandra Banerji. Vol. I. No. 1. C., publ. by the editor, '97. 4 S. 4.   3 *p.*
1164 Barth,A.–Bulletin of the religions of India. Transl. from the French by James Morison [OB IX, 1237]: IA XXVI, S. 57–60.
1165 Achelis,Th.–Buddha u. die Stätte seiner Geburt: Umschau I, S. 53–5. Vgl. unten No. 1253 ff.
1166 U. Balakrishnan Nair.–The sterner aspects of Nair life: C. Rev. CIV, S. 272–6.
Vgl. OB IX, 1179.
1167 Beames,John.–A plain account of Buddhism [OB X, 4054]. Part II: As. Qu. Rev. III ('97), S. 144–58.
1168 Benham,M.S. – Henry Callaway, first bishop of Kaffraria: his life-history and work. A memoir, ed. by C. Benham. Lo., Macmillan, 96. 388 S. 8.   6 *s.*
Rec. *A.* As. Qu. Rev. III ('97), S. 222 f.
1169 Bhavándás K. Adváni. – Christianity in the light of Hinduism and Brahmoism. Hyderabad, Shevakrám Adváni, '97. 14 S. 8.   6 *p.*
1170 Betham,G.K. – Specimens of modern brahmanical legends [OB IX, 4547]. No. II. The Vanavási-Máhátmya: IA XXVI, S. 33–9; 69–80.
1171 Bhagwan Das Sarma. – A folktale from Kumaon: Folk-Lore VIII, S. 181–4.
Parallele zu Andersen's „Der grosse u. der kleine Klaus".
1172 Die Bibel der Hindu. Züge aus dem ind. Religionsleben. Basel, Missionsbuchhdl., '97. 16 S. 8. (ill.)   *M.* 0.10.
1173 Bischoffshausen,S. Frh. v.–Das höhere kath. Unterrichtswesen in Indien

u. die Bekehrung der Brahmanen. E. Beitr. z. Frage: Wie kann Indien katholisch werden? Freib. i. B., Herder, '97. 86 S. 8. (ill.) *M.* 2.
Rec. *A. Huonder*, Stimmen aus Maria-Laach LIII. S. 315 f.

1174 Blavatsky,H.P.–The secret doctrine: the synthesis of science, religion, and philosophy. Vol. 3. Lo., Theosophical Pub. Soc., '97. 614 S. 8. 15 *s.*
S. OB IX, 1246. — Vgl. Frz. Hartmann, Ueber die „Geheimlehre" von H.P.'Blavatsky u. ihre Quelle, Lotusblüthen '97. S. 309–17.

1175 Brooks,J.W.–Reformed Hinduism: Hom. Rev. '97, Jan., S. 25–8.

1176 Burgess,J.–Buddhist Mudras: IA XXVI, S. 24 f.
Symbolic positions of the hands.

1177 Burton,R.G.–Tiger-shooting in the Deccan: Westminster Rev., Vol. 147, S. 164–72.

1178 Carus,Paul.–The trinity idea: Open Court XI, S. 85–8. (ill.)
Mit besond. Berücks. Indiens,

1178a — — A Buddhist priest's view of relics: ebd. S. 122–5.
Briefwechsel zwischen Carus und C.A.Seelakkhanda.

1178b — — The Avatars: ebd. S. 464–82. (ill.)

1179 — — The philosophy of Buddhism: Monist VII, S. 255–86.

1180 Chamberlain, J.– In the tiger jungle, and other stories of missionary work among the Thelugus of India. Introd. by F.E.Clark. Lo., Oliphant, '97. 8. 3 *s.* 6 *d.*

1181 B.N.Chandik.–The first elements of Yoga. Ma., publ. by the author, '97. 64 S. 8. *R.* 1.

1182 Coemans,Émile.–Les croyances religieuses dans l'Inde antique: Rev. de Belgique XXIX ('97), S. 113–24.

1183 Crooke,W.–The popular religion and folklore of Northern India. New ed. revised. 2 Vols. Westminster, Constable, '97. 668 S. 8. (ill.) 21 *s.*
Rec. Ath., June 26, S. 830; Nature LV, S. 577 f.; Dublin Rev. CXXI, S. 438 f.

1184 — — The tribes and castes of the North-Western Provinces and Oudh. In 4 Vols. C., Office of the Superint. of Gov. Printing, India, '96. CCXVI, 294; 499; 500; 516 S. 8. Geb. je *Rs.* 6. (L., Harrass. cpl. *M.* 32.)

1184a Cust,Rob N., and **Mahomed Latif.**–Chûhâ Shâh Daula: JRAS '96, S. 574f.
Vgl. W.H.D.Rouse, Schâh Daulah's rats. ebd. S. 793.

1185 Dahlmann,Jos.–Der Materialismus in Indien: Stimmen aus Maria-Laach LII, S. 117–27; 278–89.

1186 — — Der Buddhismus u. die vergleichende Religionswissenschaft: ebd. LIII, S. 20–31; 127–40.

1187 — — Buddhismus u. Pessimismus: ebd. S. 240–50.

1188 The donkey-ride punishment: IA XXVI, S. 56.
Aus Panjab Notes and Queries 1883.

1189 Guru Guga as a snake-god: ebd. S. 84.
Nach J.M.Douie, Panjab Notes and Queries 1883.

1190 Dracott,Alice.–Folk-lore from Central India, Rájputáná, &c. Allahabad, Pioneer Press, '97. 42 S. 8. *R.* 1.

1191 Favre,A.–Les véritables aventures de Tartarin Notovitch: Gazette de Lausanne '96, 24 Octobre.
Hierüber u. über OB X, 4082: P. Ladeuze, Muséon XVI, S. 93—6. S. auch unten No. 1202a.

1192 Felseneck,Marie v.–Aus dem Wunderlande Indien. Ind. Sagen u. Märchen f. d. Jugend erz. B., Weichert, '96. 160 S.; 4 T. 8.

1193 La fine del mondo secondo i libri indiani: Civiltà catt., Ser. XVI, Vol. X, S. 286–92.

1194 Frohnmeyer,Joh.– Die Basler Mission in Indien: Ev. Miss.-Mag. XLI, S. 11–25; 53–70; 116–30.

1195 — — Zwei neueste Apostel des Hinduismus: ebd. S. 369–87; 419–31.
1. Swami Wiwekananda. 2. Mrs. Besant.

1196 Gilmore,Dav.–The teaching of Buddha — is it the teaching of Christ?: Standard '96, Oct. 3.

1197 Graham,J.A.–On the threshold of three closed lands: the guild outpost in the Eastern Himalayas. Introd. by Charles A. Elliott. Lo., Black, '97. 166 S. 8. (ill.) 6 *d.*
Missionary work in India „on the threshold" of Nepal, Bhutan, and Tibet.

1198 de Gryse.-Les premiers habitants du Bengale ou les aborigènes du Chota-Nagpore, de l'Orissa et des Santal-Pergannas: Miss. cath. '97, S. 368 f.; 380-2; 391-3; 403-6; 418-20; 439-42.

1199 Marriage customs. Obstruction by the bridegroom's sister: IA XXVI, S. 140. Nach Gurdyal Singh. Panjab Notes and Queries 1883.

1200 Handmann,R.-Andarnas kamp i Indien. En missionshistorisk studie till belysning af Indiens religiösa utveckling i nyaste tid. Öfversatt af „En van till Tamulerfolket". Stockholm, Fost.-stift, '96. 98 S. 8.   Kr. 0.75.
S.-A. aus „Meddelanden från Studentmissionsföreningarna i Upsala och Lund."

1201 Pandit Hari Nath Sarma.- Brahmansar, or origin of Brahmans. (Assames.) Barpeta, Chandi Charan Chattopadhya, '96. 175 S. 8.   14 @.

1202 Havell,E.B.-Technical education in India: C. Rev. CIV, S. 223-46.

1202a Henri,Charles.-Der Oberlama von Himis u. das „unbekannte Leben Jesu": Methaphys. Rdsch. II, S. 302-6.
Gibt die „schmähliche Niederlage" von Notovitch zu — was aber nicht hindert, dass vom Verlag der Zeitschrift (Metaphysischer Verlag, Berlin-Zehlendorf; Geschäftsführer u. zugl. Herausg. der Metaph. Rdsch. Paul Zillmann) im Inseratenteil desselben Hefts die Schrift von Notovitch für „nur 3 M." angepriesen wird! — S. auch oben No. 1191.

1203 Herbert, A. Kenney.-Anglo-Indian cookery: As. Qu. Rev. III ('96), S. 138-43.

1204 Spirits must not touch the ground: IA XXVI, S. 140.
Nach Denzil Ibbetson, Panjab Notes and Queries 1883.

1205 Jolly,Jul.-Über die indische Jünglingsweihe: Jb. d. Int. Vereinigung f. vgl. Rechtswiss. u. Volkswirtschaftslehre zu Berlin II, S. 575-84.

1206 Kshetra Chandra Ghosh.-Truth stranger than fiction; or, the life and experiences of K. C. G, C., Nani Gopal Gosvámí, '97. 129 S. 8.   R. 1.
„The chief interest of the book consists in an account of certain supernatural phenomena which occurred in the author's own house and fully convinced him of the truth of the popular belief in the existence of ghosts and spirits." (Bengal Library Catal. of books '97, I, S. 33.)

1207 M.L.-Female infanticide in the Panjab: C. Rev. CIV, S. 145-75.

1208 — — The customs of the aboriginal tribes of India: ebd. S. 316-31.

1209 MacColl,Malcolm.-The Musulmans of India and the Sultan: Contemporary Rev. LXXI, S. 280-94.

1210 Macnaghten,Chester. - Common thoughts on serious subjects: addresses to the elder Kumars of the Rajkumar College, Kathiawar. Introd. by R.Whitelaw. Lo., Murray, '96. 344 S. 8.   9 s.
Rec. Ac. LI, S. 170 f.

1210a Der Mädchenmord bei den Indiern: OM XXIII, S. 85-92.

1211 Das entsühnende Bad im Mahamakan-Teiche: Globus LXXI, S. 294 f.

1212 Mahammad Isráil.-Hinduism as contrasted with Islam. Patna, Mahammad Isháq, '97. 14 S. 8.   2 @.

1213 Bábú Manmatha Nath Chatterjee.-On Bíbríbíañ, a goddess universally worshipped in the Punjab by native women with children: JASB LXV, P. III, S. 33 f.

1214 Rules and regulations of the marriage and thread ceremony. (In Kánarese.) Annigiri, Hindu Printing Works, '96. 24 S. 8.   4 @.

1215 Minaev,I.P. - Materialy i zamětki po Buddizmu [OB IX, 4417]. III. Perevody iz Suttanipáta i Mahávagga (Vinaya): Zap. X, S. 93-104.
Hrsg. von S. Ol'denburg.

1216 Bilder aus der evang.-lutherischen Mission zu Leipzig. I. Die Mission in Ostindien. 1. Hft. L., J. Naumann's Sort. in Komm., '97. 8. 24 S. (ill.) M. 1.

1217 Mitchell,M.J.-Hinduism past and present, with an account of recent Hindu reformers and a comparison between Hinduism and christianity. 2nd ed. Lo., Rel. Tract. Soc., '97. 288 S. 8.   4 s.

1217a Muhammad Abdul Ghani.-Social life and morality in India: Int. J. of Ethics VII, S. 301-14.

1218 S. M. Natesa Sastri.-Folklore in Southern India [OB X, 4116]. No. 43: The buffalo made of lac: IA XXVI, S. 18-24; 80-3.

1219 Nunn,J.A. - Notes on stable management in India and the colonies. 2nd ed. enl. Glossary. Lo., Thacker, '97. 120 S. 8.   3 s. 6 d.

1220 Oldenberg, H e r m.–Zur Geschichte des indischen Kastenwesens: ZDMG LI, S. 267–90.

Zu Senart OB X, 1251.

1221 F.E.P.–The ballad of Kuvalayâswa: C. Rev. CIV, S. 177–83.

1222 K. **Paramu Pillal.**–Malabar customs: IA XXVI, S. 84.

1223 Reed,V.Z.–Tales of Indian life. N. Y. (I.o.) '97. 8. (ill.)   5 *s.*

1224 Rees, J. D. – Fighting the famine in India: Nineteenth Century XLI, S. 352–65.

1225 Rehm, F r,– Ein indisches Volksfest: Ev. Miss.-Mag. XLI, S. 167–72. Onam in Malabar.

1226 Reichelt,G.Th.–Die Himalaya-Mission der Brüdergemeine. Gütersloh, Bertelsmann, '97. 87 S. 8. (ill.)   *M.* 1.

1226a Rhiem, H a n n a.–Bilder aus e. nordindischen Stadt: Beibl. z. Allg. Miss.-Z. XXIV, S. 1–11.

1227 Sandison, J o h n. – Professor T i e l e on Christianity and Buddhism: Open Court XI, S. 129–34.

1228 Bâbu Çarat Candra Mitra.–Third instalment of Indian folk-lore be-liefs about the tiger: JASB LXV, P. III, S. 1–8.

Vorher J. Anthr. Soc. Bo. III, S. 45–60; 158–63.

1229 — — On a case of Aghorpanthism from the Säran district, Behar: ebd. S. 8 f.

1230 — — Note on a curious tradition current in the Hutwa Raj: ebd. S. 17–9.

1231 — — On the Harparowri, or the Behari women's ceremony for pro-ducing rain: ebd. S. 37–46.

S. auch schon J. Anthr. Soc. Bo. III, S. 25 f.

1232 Sawyer, J e a n n e - L.y d i e.–Buddhisme populaire. Buddha. P., Chamuel, '97. 63 S. 8.   *Fr.* 0.75.

1232a Shaku Soyen, J. H. **Barrows,** F. F. **Ellinwood.**–A controversy on Bud-dhism: Open Court XI, S. 43–58.

Vgl. H.Dharmapāla, Is there more than one Buddhism? In reply to the Rev. Dr. Ellinwood, ebd. S. 82–4.

1233 P.**Shankunny.**–Serpent worship in India: C. Rev. CIV, S. 350–4.

1234 Sherring, M. A. – Index to Hindu tribes and castes as represented in Benares: JASB LXV, Special Number (s. oben No. 56). 112 S. 8.

Von Pandit Nānak Chand angefertigter Index zu Sherring's im J. 1872 publ. dreibänd. Werke.

1235 S k a z k a o T a n e ṣ a c h ĕ. (Zapisana v Gajderabadĕ so slov odnogo musul'manina'. (Iz bumag pokojnago I. P. M i n a e v a): Zap. X, S. 192.

1236 Superstitions about s m a l l - p o x in Calcutta: IA XXVI, S. 112.

1237 Stosch,G e o r g.–Im fernen Indien. Eindrücke u. Erfahrgn. im Dienst d. luther. Mission unter d. Tamulen. B., Warneck, '96. VI, 223 S. 8.

1238 S u b h a d r a B h i k s c h u's buddhistischer Katechismus vor dem Forum der Vernunft u. Moral v. e. anderen Bhikschu. Rheinbach, Literar. Bureau, '97. 43 S. 8.   *M.* 0.50.

1239 G. R. **Subramiah Pantulu.**–Some notes on the folk-lore of the Telugus: IA XXVI, S. 25–8; 55 f.; 109–12; 137–40; 167 f.

1240 Temple,R.C.–Kaviraj, as a Musalman title: ebd. S. 28.

1241 A folk etymology of Lal Beg's name: ebd. S. 83.

1242 The red-hand stamps at Tilôkpur temple: ebd. S. 84.

Beides nach R. C. T e m p l e, Panjab Notes and Queries 1883.

1243 Thurston,E.–Anthropology of the Badagas and Irulas of the Nilgiris; Paniyans of Malabar; a Chinese-Tamil cross; a Cheruman skull; Kuruba or Kurumba; summary of results. Ma. '97. 68 S.; 17 T. 8. (L., Harrass., *M.* 3.)

Vgl. OB X, 4149. Beides aus: Madras Government Museum, Bull. '96 97.

1244 M. N. **Venketswami.**–Folklore in the Central Provinces of India [OB X, 1260]. No. 6. The charitable maid-servant. 7. 1 âlan, princess of rubies. 8. Jambhu Râjâ. 9. The disguised royal thief. 10. Kuthuveluku and Tunga-veluku: IA XXVI, S. 54; 104–8; 133–7; 165–7.

1245 Votypka,F.–Nĕkolik obrazu z kulturních dĕjin staroindických [Einige

Culturbilder aus der altindischen Geschichte]: České Museum filologické III ('97), S. 280–97.

1246 Waddell,L.A.–The Buddhist goddess Tārā: JRAS '97, S. 117.
Zu La Vallé Poussin's Rec. OB X, S. 74.

1247 Wijnaendts Francken,C.J.–Het Boeddhisme en zijn wereldbeschouwing. Leiden, Brill, '97. X, 134 S. 8. *Fr.* 1.75.

1248 Windisch, Ernst.–Die altindischen Religionsurkunden u. die christliche Mission. Rede. L., Hirzel, '97. 35 S. 8. *M.* 0.60.

1249 Wolf, L. B. – After fifty years; or, a historical sketch of the Guntur mission of the Evangelical Lutheran church of the general synod in the United States of America; with an introd. by E.J.Wolf. Philadelphia, Lutheran Pub. Co., '97. 320 S. 8. (ill., K.) $ 1.50.
A general introd. on India and missions precedes the history.

1250 Young, A. Grahame.–Scraps of Kulu folk-lore. 1. Marriage customs. 2. Superstitions. 3. Gods and language: JASB LXV, P. III, S. 32 f.: 35–7; 57 f.

c) Archäologie, Epigraphik, Schriftwesen, Numismatik, Kunst.

(S. auch No. 306; 402; 764; 820; 1040; 1140; 1155; 1165.)

1251 Epigraphia Indica and Record of the Archæological Survey of India. Ed. by E. Hultzsch. Vol. III. Part 8 [Schluss zu OB IX, 1334]. C., Office of the Superintendent of Government Printing, '97. S. I–VIII, 337–93; 5 T., 1 Tab. 4.

— — [OB X, 4163]. Vol. IV. Part 7. Ebd. '97. S. 289–336; 1 T. 4.

1252 The Journal of Indian art and industry. Publ. under the patronage of the Governm. of India. Photogr. etc. by W.Griggs [OB X, 4164]. Vol. VII, Nos. 58–9. Lo., Quaritch, '97. S. 1–24; 16 u. 13 T. Fol. 2 s.
No. 58: Edwin Holder, Madras pottery. — No. 59: N.N.Banerjei. Dyes and dyeing in Bengal; Edgar Thurston, The cotton fabric industry of the Madras Presidency.

1253 Annual Progress Report of the Archaeological Survey Circle, North Western Provinces and Oudh [OB X, 1268], for the year ending 30th June, '97. 18 S. Fol.
Verf. A.Führer u. F.W.Smith.

1254 Abbott, J.E.–Bai Harir's inscription at Ahmadabad; A. D. 1499: Ep. I. IV, S. 297–300.

1255 Barth,A.–Découvertes récentes de M. le Dr. Führer au Népal: J. des Savants '97, S. 65–76.

1256 Bühler,G.–Über eine von Dr. A. Führer kürzlich gefundene Asoka-Inschrift aus dem nepalesischen Terai, welche die Lage der Geburtsstätte Buddha's genau fixirt: Anz. Ak. Wiss. W., Phil.-hist. Cl. XXXIV, S. 1–7.

1257 — — The discovery of Buddha's birthplace: Ath., March 6, S. 319 f.
Abgedr. JRAS '97, S. 429–33. — Vgl. oben No. 1165, ferner G. Oppert, Globus LXXI, S. 224 f. u. Beil. Allg. Ztg. 2, S. 7 (nach den ,,Times''). [Statt Fahrer ist Führer zu lesen; vgl. J., ebd. 4. S. 7; 14. S. 6 f.]
Dem gegenüberzuhalten ist George Birdwood's Eintreten für Waddell's Prioritäts recht: . . . ,,In short, while the ,,material'' and actual identification of the sites of ,,the Lumbini grove'' and ,,Royal Kapilavastu'' was the specific achievement (ad caput venire) of Dr. Führer, the ,,formal'' discovery and potential identification of them was the distinct inception and higher glory of Dr. Waddell''. (Buddhist (Colombo) '97. Oct. 1st.)

1258 — — [Zwei Specimina der von den modernen Schreibern des westlichen und nördlichen Indien zur Herstellung von Manuscripten gebrauchten Lineale oder ,Faullenzer':] Anz. Ak. Wiss. W., Phil.-hist. Cl. XXXIV, S. 48–52; 2 Ill.

1259 — — The origin of the town of Ajmer and of its name: WZKM XI. S. 51–6.
Abgedr. IA XXVI, S. 162—4.

1260 — — The villages in the Gujarat Rashṭrakuṭa grants from Torkhede and Baroda: IA XXVI, S. 39 f.

1260a — — Epigraphic discoveries at Mathurâ: JRAS '96, S. 578–81.
= OB X, 1274 u. 1276.

1261 Burn, Rich.–A rare gold coin of Jalálu-d-dín Muhammed Sháh of Bengal: Proc. ASB '96, S. 108 f.

1262 **Burn**,Rich.-A new mint of Akbar: ebd. S. 109 f.

1263 **Caddy**,Alex.E.-On two unrecorded sculptures in the Ananta Cave, Khandagiri: JASB LXV, P. I, S. 272-4.

1263a **Cousens**,Henry.-Lists of antiquarian remains in the Central Provinces and Berâr. (= Arch. Surv. of India. (New Ser.) Vol. XIX.) C., Office of the Superint. of Gov. Printing, India, '97. 3 Bl., V, 105 S.; 2 T. 4. 5 *Rs.* 8 @.

1264 **Fawcett**,F.-Rock-cut sepulchral chambers in Malabar: J. Anthr. Inst. of Great Brit. XXV, S. 371-3; 1 T.

1265 — — South Indian stone circles: ebd. S. 373 f.

1266 **Fleet**,J.F.-Records of the Somavamsi kings of Katak: Ep. I. III, S. 323-59.

1267 **Führer**,A.-List of christian tombs and monuments of archæolog. or histor. interest in the North-Western Provinces and Oudh. Allahabad '96. VIII, 188 S. Quer-Fol. (L., Harrass. *M.* 10.)

1268 **Gubernatis**,Ang.de.-Le iscrizioni del Kathiavar: Stud. it. fil. indo-ir. I, S. 27-33.
Ueber OB IX, 4460.

1269 **Hendly**,T.H.-Catalogue of the collections in the Jeypore Museum. Parts I-II. Delhi, Medical Hall Press, '96. 691; 609 S. 8.
Vgl. OB IX, 4486.

1270 **Hoernle**,A.F.Rud.-Three further collections of ancient manuscripts from Central Asia: JASB LXVI, P. I, S. 213-60; 24 T.
Auch: Reprinted . . . and presented to the Eleventh International Congress of Orientalists . . . C., Baptist Mission Press, '97. 48 S.; 24 T. 8. — Vgl. OB IX, 1418.

1271 **Hultzsch**,E.-Kanchi inscription of Vikramaditya: Ep. I. III, S. 359 f.

1272 — — Three inscriptions of Kataya-Vema; Saka-Samvat 1313, 1336 and 1338: ebd. IV, S. 328-30.

1273 — — Karikal inscription of Madhurantaka: ebd. S. 331 f.

1274 **Kielhorn**,F.-Three dates of the Harsha era: IA XXVI, S. 29-32.

1275 — — Nandamapundi grant of Rajaraja I., dated in his thirty-second year [A. D. 1053]: Ep. I. IV, S. 300-9.

1276 — — Three inscriptions from Northern India: ebd. S. 309-14.

1277 — — Kapitthika; Kapittha: JRAS '97, S. 421 f.

1278 **Lüders**,H.-Kadaba plates of Prabhutavarsha; Saka-Samvat 735: Ep. I. IV, S. 332-6.

1279 **Nagêndra-Nâtha Vasu**.-Copper-plate inscription of Nrsimhadéva II of Orissa, dated 1217 Çaka: JASB LXV, P. I, S. 229-71; 11 T.
Vgl. OB X, 4203.

1280 **Neumann**,K.E.-Piyadasi's Edikte und das Suttapiṭakam: WZKM XI, S. 156-60.

1281 **Ol'denburg**,S.F.-Predvaritel'naja zametka o buddijskoj rukopisi, napisannoj pis'menami kharoṣṭhî. Izd. Fak. Vost. Jaz. Imp. S.-Pet. Univ. ko dnju otkrytija XI Meždunarodnago Sězda Orientalistov v Parižě. Pe., Druck d. Akad., '97. III, 6 S. 4. 1 T.

1282 — — Notes on Buddhist art [OB IX, 4501]. Transl. by Leo Wiener: JAOS XVIII, S. 183-201.

1283 **J.Ramayya**.-Tottaramudi plates of Kataya-Vema; Saka-Samvat 1333: Ep. I. IV, S. 318-27.
S. 325 ff. Extract from the preface to Kâṭaya-Vêma's Kumâragirirâjiyam.

1284 **G.V.Ramamurti**.-Dirghasi inscription of Vanapat; Saka Samvat 997: ebd. S. 314-8.

1285 **Rapson**,E.J.-Two notes on Indian numismatics: JRAS '97, S. 319-24.
On a coin-legend of the Graeco-Indian king Hermaeus. — The god S'iva on Kuṣana coins.

1286 — — The coins of Acyuta, a prince defeated by Samudra Gupta: ebd. S. 420 f.

1287 **Rodgers**,Chas.J.-Catalogue of the coins of the Indian Museum [OB IX, 1356]. Part III. Ancient coins of India; mediaeval coins of I.; miscellaneous North-Indian coins and misc. South-Indian coins.-Part IV. Graeco-Bactrian and Indo-Scythian, Greek, Seleukid, Parthian, Roman, Sassanian;

misc. Muhammadan, Ghaznih, Durráni and autonomous, modern Asiatic,
European and American coins. C., printed by order of the Trustees of the
Indian Mus., '95/6. 3 Bl., 152 S.; 4 T. und 3 Bl., 288 S.; 6 T. 8.
Ersatz für den Titel OB IX. 4506.
1288 — — Report on the Sangla Tibba: Proc. ASB '96, S. 81-8; 1 T.
1280 Senart,E.-[Sur un fragment d'un manuscr. trouvé dans les environs
de Khotan, en caractères kharoshthi]: JA Sér. IX, T. IX, S. 503 f.
1290 Sewell,Rob.-Some points in the archæology of Southern India (prepared for the XIth International Congress of Orientalists, held at Paris, 1897).
Lo., Bickers & Son, '97. 18 S. 8.
„Prehistoric" remains. Ancient Tamil literature. A few other points. — Auch in französ.
Ausgabe. P., Leroux, '97. 22 S. 8.
1291 Smith,Vinc.A.-The remains near Kasia, in the Gorakhpur district,
the reputed site of Kuçanagara or Kuçinâra, the scene of Buddha's death.
Allahabad, North-Western Provinces and Oudh Government Press, '96. 26 S.;
1 T. 4. 1 R. 8 (a).
1292 — — The iron pillar of Delhi (Mihrauli) and the emperor Candra
(Chandra): JRAS '97, S. 1-18.
1293 Smith, V.A., and Will.Hoey.-Buddhist Sûtras inscribed on bricks
found at Gopâlpur in the Gorakhpur district: Proc. ASB '96, S. 99-103.
Samskrt-Inschr. aus d. 3. Jh.
1294 V. [verdruckt für P.] Sundaram Pillai.-[Zu OB IX, 4347; X, 4195]:
IA XXVI, S. 109.
1295 — — Miscellaneous Travancore inscriptions: ebd. S. 113-8; 141-6.
1295a Art indien (cuivres). Vases de cuivre martelé en usage dans la
présidence de Bombay: L'Art pour tous '97, Mars.
1296 Umeça Candra Vatavyâla.-Note on three archaeological photographs:
Proc. ASB '96, S. 89.
1297 V.Venkayya.-Kottayam plate of Vira-Raghava: Ep. I. IV, S. 290-7; 1 T.

d) Sprache und Litteratur.
α) Dravidisch und Kolarisch.
(S. auch No. 1215; 1290.)

1208 G. V. Appá Rao.-Kanyásulkam. A Telugu comic play in five acts.
Vijayanagaram, publ. by the author, '97. 116 S. S. 8 (a).
1299 The devil worship of the Tuluvas. From the papers of the late A.C.
Burnell [Schl. zu OB X, 4208]: IA XXVI, S. 47-53; 60-9.
1300 Cole,F.T.-Santali primer. Pokhuria, Santal Mission Press, '97. 110 S. 8.
1 R. 8 (a).
1301 Jensen,Herm.-A classified collection of Tamil proverbs. Ma., publ.
by the author, '97. 528 S. 8. Rs. 5.
1302 Lewis,J.P.-Place names in the Vanni: J.Ceylon Br. RAS XIV, No. 47,
S. 203-22.
1303 P.Sankara Nárávana.-English-Telugu dictionary. Improved and enlarged ed. Ma., publ. by the author, '97. 820 S. 8. 3 Rs. 8 (a).
Vgl. OB IX, 1370.
1304 Rao Bahadur K. Viresalingam Pantulu.-The Telugu poets. Rajah-
mundry, K. Seshagiri Rao, '97. 194 S. 8. R. 1.

β) Samskrt.
(S. auch No. 5; 416; 729; 751; 1181; 1205; 1283; 1293; 1405; 2235.)

1305 Kâvyamâlâ. Ed. by Pandit Sivadatta and Kâsinâth Pându-
rang Parab [OB X, 4215]. No. 55-6. Bo., Nirnaya-Sagara Press, '96. 8.
No. 55: The Adbhutadarpana of Mahâdeva. 2 Bl., 124. 4 S. — No. 56: The Neminirvâna
of Vâgbhata. 2 Bl., 85, 13 S.
1305a Kâvyâmbudhih [OB IX, 1381]. Hft. 7. August 1896. Bangalore '96. 8.
Enthält den Anfang eines Jaina-Dharmaçâstra betitelt: Smrtisañgrahah, S. 1-4, und die
Fortsetzung des Ksatrarûdâmanikâvya von Vâdibhasimhasûri, S. 41-56, und der Jivand-
haracampû von Hariscandra, S. 45-52.
1306 The Pandit [OB X, 1337]. N. S. Vol. XVIII, Nos. 11-12. Vol. XIX,
Nos. 1-6. Nov., '96 - June, '97. Benares, Lazarus & Co. 8. j. Rs. 9.
Inhalt: Kâ'ikâvyâkhyâ Padamañjari. Ed. by Dâmodara Sâstri, XVIII, S. 571-86; XIX,

S. 33—48 145—60; 201—16; 257—72; 313—28. — Mādhaviya Dhātuvrittih. Ed. by Damo-
dara Sastri, XVIII. S. 603—10; XIX. S. 249—56; 305—12. — Jaiminisūtrāvrittih of Sitikantha-
bhatta. Ed. by Nityānandapanta, XVIII. S. 587—602; 643—66; XIX. S. 17—32; 73—88;
129—44; 185—200; 241—8; 297—304. — Tattvamuktakalāpa with Sarvārthasiddhi. Ed by Rāma
Misra Sāstri, XVIII. S. 611—18; 667—74; XIX. S. 1—10; 57—72; 113—28; 109—84; 225—403;
281—96. — Kāvya-Prakāsa. Ed. by Gangānāth Jha, XVIII. S. 619—42; XIX. S. 49—56;
105—12; 161—8; 217—24; 273—80; 329—36. — Sribhāshya with Srutaprakasikā. Ed. by
Rāma Misra Sāstri [nur eigens paginirt], S. 937—1008.
Supplement: The hymns of the Atharva-Veda, transl. with a popular comm. by Ralph T.
H.Griffith, Vol. II, S. 273—400.

1307 Usâ. The Dawn. A Vedic periodical devoted to the publication
of rare and valuable Vedic works and to dissertations on such subjects.
Ed. by Pandit Satyavrata Sámaśramí [OB IX, 1383]. Vol. III. Nos. 3-5.
C., printed by H.V.Chatterji, at the Satya Press, '97. 8.
Enthält den Schluss der folgenden je mit besonderer Paginirung gedruckten und mit Sonder-
titeln versehenen Texte: Pārsadasūtram, S. 49—70. — Upagranthasūtram, S. 25—37. — Tra-
yiparicayah (Trayīcatustaya-prathamabhāgah), S. 129—48. — Trayisangrahah (Trayīcatustaya-
dvitiyabhāgah), S. 217—36.
Ferner die Fortsetzung von: Trayitikā, S. 49—144, und den Anfang von: Nidānasūtram,
S. 1—80. — Pārsadasūtravrittih, S. 1—12.

1307a Vrihaspati.–A monthly paper. Ed. by Vimaláprasád Siddhánta
Sarasvatí. 1st year. No. 1. C., publ. by the editor, '96. 44 S. 8. 2 @.
Devoted to Hindu astronomy and astrology.

1308 The Wealth of India. Monthly magazine solely devoted to the
English translation of the best Sanskrit works ed. and publ. by Manmatha
Náth Datta [OB X, 4217]. Vol. IV. Parts 7-12. Vol. V. Parts 1-2. C. '97.
256 S; 96 S. 8. j. *Rs.* 6 (Luzac 12 *s.*)

1309 Hultzsch, E.- Reports on Sanskrit manuscripts in Southern India
[OB IX, 4537]. No. II. Ma., Government Press, '96. XVIII, 161 S. 8.
1 *R.* 4 @.

1310 Ramkrishna Gopal Bhandarkar.–Report on the search for Sanskrit
manuscripts in the Bombay presidency [OB VIII, 4220] during the years
1887-88, 1888-89, 1889-90, and 1890-91. Bo., Government Central Press,
'97. 2 Bl., 114, XCI S. 8.

1311 The Śrauta Sútra of Ápastamba belonging to the Black Yajur Veda
ed. by Rich.Garbe [OB X, 1345]. Vol. III. Fasc. XIV. (BI No. 901). C.,
Baptist Mission Press, '97. S. 97—192. 8.

1312 The Sacred Laws of the Áryas, as taught in the schools of Ápas-
tamba, Gautama, Vâsishtha, and Baudhâyana. Transl. by G. Bühler.
Part I. (= Sacr. Books of the East. Vol. 2.) 2. ed. Oxford, Clar. Press, 97. 8.
(L., Harrass. *M.* 10.50.)

1313 Apyayadíkṣita.–Vedánta Kalpataru Parimala ed. by Rám Shástri
Tailang. Benares, Medical Hall Press, '97. 274 S. 8. 2 *Rs.* 12 @.

1314 Arnold, Edward Vernon.–Sketch of the historical grammar of the
Rig and Atharva Vedas: JAOS XVIII, S. 203-353.
Auch sep. mit dem Titel: Historical Vedic grammar. New Haven, Am. Or. Soc., '97.

1315 Hymns of the Atharva-veda together w. extracts fr. the ritual
books and the commentaries transl. by Maurice Bloomfield. (= Sacred
Books of the East. Vol. 42.) Oxford, Clarendon Pr., '97. LXXIV, 716 S.
8. 21 *s.* (L., Harrass. *M.* 18.)
Rec. *H. Oldenberg*, DL 10, S. 366—71.

1316 Aufrecht, Theod.–Zur Handschriftenkunde: ZDMG LI, S. 327 f.
Ueb. die Hss. des Smrtisārasamuccaya.

1317 — — Berichtigungen zu Catalogus Catalogorum. Part II (OB X,
4218): ebd. S. 329.

1318 Ayuso, F.G.–Las oposiciones de sanscrito, por varios aficionados al
estudio del sanscrito. Rectificación y réplica. Madrid, Sucesores de Riva-
deneyra, 97. 30 S. 4.

1319 The Bhojaprabandha of Ballâla. Ed. by Kâshinâth Pâṇḍurang
Parab. Bo., Nirṇayasâgar Pr., '96. 2 Bl., 80, 6 S. 8.

1320 The Harsa-Carita of Bâṇa. Transl. by E. B. Cowell and F. W.
Thomas. (= Oriental Translation Fund. New Series. II.) Lo., R. Asiatic
Soc., '97. XIV, 284 S. 8. (L., Harrass. *M.* 10.)

5*

1321 Shrimat Bhagavadgitâ with the Bhâshya by Śrímat Śankaráchárya, the comment. by Âuandagiri on the same, index to all the words in the text, index to all the śloks etc., etc. Ed. by Kâśînâtha Śâstri Âgâse. (— Ânandâśrama Sanskrit Series No. 34.) Poona, Ânandâśrama Press, '97. 2 Bl., 12, 545, 7, 41, 8 S. 8.   6 *Rs.* 4 *@.* (L., Harrass. *M.* 12.₅₀.)

1322 Bhâratîya-nâtya-çâstram. Traité de Bharata sur le théatre. Texte sanskrit. Édition critique. Avec une introduction, les variantes tirées de quatre manuscrits, une table analytique et des notes. Précédée d'une préface de M. Paul Regnaud. Par Joanny Grosset. Préface et introduction. Lyon, A. Rey, '97. XII, XXVII S. 8.

1323 Bharatakadvatriṃçikâ [3 Erzählungen in Text u. Uebs. v.] P. E. Pavolini: Studi it. fil. indo-ir. I, S. 51–7.

1324 Bhatti Kávya. Cantos I–IV, ed. with copious explanatory notes by Narhar Kelkar and Vináyak Ganesh Apte. Poona, Kulkarni, Gokhale & Co., '97. 88 S. 8.   12 *@.*

1325 Bloomfield, Maur.–Two problems in Sanskrit grammar: BB XXIII, S. 105–14.
Abdruck von OB X, 4238.

1326 Böhtlingk, Otto. – Sanskrit-Chrestomathie. 2. Aufl. (Anastatischer Neudr.) Pe. 1877. (L., Voss' Sort. in Komm.,) '97. III, 372 S. 8. *M.* 5.

1327 — — Neue Miscellen: Ber. über die Verh. Sächs. Ges. Wiss., Phil.-hist. Cl., Bd. 49 ('97), S. 39–52.
1. Die angeblichen Absolutiva *dôgham* und *nâyam* im RV. 2. Die Verbalform *yúmaki*. 3. *pârtvs* in TS. 4. Panini's adhikâra. 5. Einige Bemerkungen zu Gautama's Pitṛmedhasûtra [vgl. S. 100]. 6. *śírṣakti*. 7. *vânara* Affe [gegen Macdonell OB IX, 4618].

1328 Il primo capitolo della Brahma-Upanishad coll' annessovi commento di Nârâyaṇa trad. e criticamente discusso da Carlo Formichi. Kiel & Lipsia, Lipsius & Tischer, '97. VII, 15 S. 4.   *M.* 2.

1329 Brennand, W.–Hindu astronomy. Lo., Straker, '96. 328 S. 8.   21 *s.*
Rec. *W. T. Lynn,* Nature LV, S. 193 f.; As. Qu. Rev. III ('97). S. 457 f.

1330 Oaland, W.–Zur Exegese u. Kritik der rituellen Sûtras: ZDMG LI, S. 128–37.

1331 Chandra Kírtti.–Mâdhyamikâ Vṛitti. Ed. by Sarat Chandra Dâs Bâhádur and Hari Mohan Vidyâbhúshan [OB X, 4248]. Vol. I. Fasc. III. C., Buddhist Text Soc., '97. 8.

1332 Charaka-Samhitâ. Transl. by Abinâsh Chandra Kaviratna [OB X, 4250]. Part XVII. C., publ. by the transl., '97. 32 S. 8. Cpl. *Rs.* 32. (Luzac £ 4.)

1333 Chit: or intelligence: Brahmavâdin (Madras; Lo., Luzac) III, S. 134–43.
Mit Berücks. des Vedânta.

1334 Eckstein, Ernst. – Die Sanskrit-Sprache: Westermanns Mh. LXXXI, S. 398–401.
Probe: tri „drei" hängt m. e. Wurzel zus., die „überschreiten" heisst u. zu der auch das lat. trans gehört. Drei ist also wörtlich die Zahl, welche über die erste Mehrheit, die zwei, „noch hinausgeht" etc. etc.

1335 Fausböll, V.–Fire Forstudier til en Fremstilling af den indiske Mythologi efter Mahâbhârata: Indbydelsesskrift til Kjøbenhavns Universitets Aarfest til Erindring om Kirkens Reformation '97, S. I–VIII; 1–78.

1336 Figureido, Candido de.–A penalidade na India segundo o codigo de Manu. Memoria apres. á 10.ª sessão do Congr. int. dos Orientalistas. Lisboa, Impr. Nacional, '92. 20 S. 8.

1337 Gangádhar Gopál Aterkar.–Dictionary of monosyllabic words of the Sanskrit language. Bo., publ. by the author, '97. 32 S. 8.   1 *@.*

1338 Garbe, Richard.–The philosophy of Ancient India. Chicago, Open Court Publ. Co., '97. IV, 89 S. 8.   50 *c.*
Rec. S. S. Times XXXIX, S. 607.

1339 Pandit Haraprasâda Çâstri.–The discovery of Vidhivivêka, an unique ms. at Pûri: Proc. ASB '96, S. 130 f.

1340 [Hartmann, Frz.].–Die Erkenntnislehre der Bhagavad Gita. Im Lichte der Geheimlehre betrachtet: Lotusblüthen '97, S. 174–93; 252–76; 318–32; 427–39; 497–522; 571–96; 658–73.

1341 H[enry],V.-Une survivance partielle de l'Atharva-Véda: JA Sér. IX, T. IX, S. 328f.

1342 — — Vedica [OB X, 1373]. (3e série): MSLP X, S. 84-109.
10. Une survivance indo-européenne: *drvar-. 11. sundha. 12. mahiṣā, et mahiṣī-, 13. mahiṣantam. 14. R. V. III. 7. 15. viṣām cbhyo arravo. 16. pramṛṣe et apamṛṣyā. 17. uásatya sg. 18. enam. 19. Addenda.

1343 — — Semantica. Φάρμακον, Âsadhī: ebd. S. 143f.

1344 Hertel,Johs.-Über Text und Verfasser des Hitopadeśa. (Diss.) L., Druck von Breitkopf und Härtel, '97. 41 S. 8.

1345 Hitopadeśa. Ed. with an English transl. by Kshírod Chandra Ráy Chaudhuri. Bankipur, Sáheb Prasád Sinha, '97. 104 S. 8. 8 @.

1346 Horton-Smith,L.-Note on Rigveda I. 48 (Hymn to the dawn), 15: J. of Philol. XXV, S. 1-3.

1347 Huizinga,Johan. - De Vidûṣaka in het Indisch tooneel. (Diss.) Groningen, P. Noordhoff, '97. III, 155 S. 8.

1348 Jackson,A.V.W.-Children on the stage in the ancient Hindu drama: The Looker-On (N. Y.) IV ('97), S. 509-16.

1349 Jacob,G.A.-Notes on Alankára literature: JRAS '97, S. 281-309.

1350 Jímúta Váhan.-Kála Viveka. Ed. by Pandit Madhu Súdan Smritiratna. Fasc. I. (BI No. 893.) C., As. Soc., '97. 96 S. 8. 6 @.

1351 Johansson,Karl Ferd.-Indische Etymologien: IF VIII, S. 160-88.

1352 Johnston,Charles. - From the Upanishads. (Translations from three Upanishads.) Portland, Me., T. B. Mosher, '97. XXII, 61 S. 8. 50 c.
Vgl. OB X, 4272.

1353 — — The three kinds of Karma. N. Y., Metaphysical Publishing Co., '96. 50 c.

1354 — — Shankara, teacher of India: Open Court XI, S. 559-63.

1355 — — Studies in the Vedanta. The teaching of re-birth: C. Rev. CIV, S. 277-303.

1356 Jolly,J.-Caraka: WZKM XI, S. 164-6.

1357 [Kálidása.]-Meghadúta o la nube messaggera trad. da Giov. Flechia: App. zu Studi it. fil. indo-ir. I. S. 1-64 (m. Portr. F.'s u. e. Einleit. v. F.L.Pullé); dazu S. 14-6: Kálidása e gli erotologi indiani (nota di P.E.Pavolini).

1358 — — Málavikágnimitra ed. with critical notes and transl. by S. Sheshádri Ayyar. Poona, publ. by the editor, '96. 303 S. 8. Rs. 2.

1359 — — Kumára Sambhava. Cantos I-IV ed. by M.C.Shadagopa Chári. Kumbakonam, publ. by the editor, '97. 204 S. 8. 1 R. 8 @.

1360 — — Raghuvanśa transl. literally into English with full explanatory and critical notes by P.N.Pátankar. Part I. Cantos 1-5. Poona, Shirálkar & Co., '96. 164 S. 8. R. 1.

1361 — — Raghuvansa. Cantos VI-VII. Transl. with notes by Kunja Lál Nág. C., publ. by the transl., '97. Je 24 S. 8. Je 3 @.

1362 Liétard.-Le médecin Charaka. Le serment des Hippocratistes et le serment des médecins hindous: Bull. Ac. de médecine '97, 11 Mai.
Vgl. OB X, 4289.

1362a Lindet,A.-Le panthéon védique: Rev. des religions '96, Nov.-Dec.

1363 Ludwig,A.-Der doppelte stammbaum des Somavança im Mahâbhâratam. (= Sitzb. Böhm. Ges. Wiss. '97. No. XVI.) Prag, Řivnáč in Comm., '97. 7 S.; 1 Tab. 8.

1364 — — Purûravâs und Urvaçi. (= Sitzb. Böhm. Ges. Wiss. '97. No. XX.) Ebd. '97. 15 S. 8.

1365 Lüders,Heinr.-Die Sage von Ṛṣyaśṛṅga: Gött. Nachr., Philol.-hist. Kl. '97, S. 87-135.

1366 Mahábhárata with commentary [OB X, 4294]. Vol. I. Nos. 9-12. Sarabhojirájapuram, A.Rangasámi Díkshitar, '97. Je 160 S. 8. cpl. Rs. 25.

1367 [Mahábhárata.] Die Geschichte von Nal und Damajanti. Von Antonie Flex: Beibl. z. Allg. Miss.-Z. XXIV, S. 49-68.
Nach der Rückertschen Uebs. in Prosa erzählt.

1368 The Mantrapáṭha: or, the prayer book of the Apastambins. Ed. by

M.Winternitz. l'art 1: Introd., Sanskrit text, varietas lectionis, and appendices. (= Anecdota Oxon., Aryan Ser. Part VIII.) Oxford, Clarendon Press,
'97. I., 109 S. 4.   10 s. 6 d. (L., Harrass. M. 8.)
1360 The Márkandeya Purána transl. by F.E.Pargiter [OB X, 1405].
Fasc. V. (BI No. 890.) C., As. Soc., '97. 96 S. 8.
1370 Śri Nī'śanka Sárngadeva.-The Sangita Ratnâkara with its commentary by Chaturêa Kallinâtha. Ed. by Pandit Mangesh Râmkrishna Telang.
(— Anandâśrama Skr. Ser. No. 35.) Poona, Anandâśr. Press, '97. 1000 S.
8.   Rs. 10.
1371 Oertel, Hanns.-Contributions from the Jâiminîya Brâhmana to the
history of the Brâhmana literature: JAOS XVIII, S. 15-48.
Rec. H.Oldenberg, DI. 10. S. 731.
1372 Oldenberg, H.-Ancient India, its language and religions. Chicago,
Open Court Pub. Co., '96. IV, 110 S. 8.   25 c.
Rec. S. S. Times XXXIX, S. 5241 A.H.Stratton, Am. J. of th. I. S. 530 f.
1373 Ol'denburg, S.-K voprosu o Machâbchâratê v buddijskoj literaturê:
Zap. X, S. 195 f.
1374 Osthoff, H.-[Etymologie von skr. tsárati:] BB XXII, S. 257 f.
1375 Ovsjaniko-Kulíkovskij, D.N.-Iz sintaksičeskich nabljudenij. K voprosu
ob upotreblenii indikativa v vedijskom sanskritê: Χαριστήρια (oben No.75a).
1376 Pañcatantra...vert. door H.G.van der Waals [OB X, 1416]. Dl. III.
Leiden, Kapteyn, '97. VIII, 123 S. 4.   F. 2.50.
, 1377 The Ashtâdhyâyî of Pánini. Sanskrit text and transl. into Engl. by
Śriśa Chandra Vasu [OB X, 4306]. Parts XVII-XX. Benares, Sindhu
Charan Bose, '97. 186 S. 8.   Rs. 3.
1378 Pischel, Rich., u. Karl F. Geldner.-Vedische Studien [OB VI, 1877].
II. Bd. II. Heft. St., Kohlhammer, '97. X S. u. S. 193-334. 8.   M. 4.50.
Rec. V. Henry, Rev. cr. 16, S. 304-6.
1379 Praskanva Kánva.-All'aurora: inno recato di samskrito in volgare da
Gius. Turrini. Firenze, tip. S. Landi, '97. 11 S. 8.
Per le nozze Bruscoli-Mazzoni.
1380 Pullé, F.I.-I novellieri Gainici. I. Antarakathâsamgrahah gainîyah:
Studi it. fil. indo-ir. I, S. 1-26.
1381 Rám Náth Tarkaratna.-Waves of verses in Aryya metre. C., B.N.
Nandi, '96. 228 S. 8.   1 R. 8 @.
1382 Regnaud, Paul.-Comment naissent les mythes. Les sources védiques
du Petit Poucet — la légende hindoue du déluge — Purûravas et Urvaçi.
Avec une lettre-dédicace à M.Gaston Paris et un appendice sur l'état actuel
de l'exégèse védique. (Bibliothèque de philosophie contemporaine.) P., Alcan,
'97. XX, 251 S. 8.   Fr. 2.50.
1383 The hymns of the Rig-Veda. Transl. by R.T.H.Griffith. Reprint. Benares, Lazarus&Co., '96,7. 2 Vols. XVI, 707; 672 S. 8. Rs. 14. (L.,Harrass. M.35.)
Gesamt-Titel zu OB X. 4312.
1384 [— —] Vedic hymns. Transl. by H.Oldenberg [OB V, 4611]. Part II:
Hymns to Agni (Mandalas I-V). (= Sacred Books of the East. Vol. 46.) Oxford, Clarendon Press (Lo., Frowde), '97. 8.   14 s. (L., Harrass. M. 12.)
1385 Bibliotheca Buddhica. Çikshâsamuccaya, a compendium of Buddhistic
teaching compiled by Çântideva chiefly from earlier Mahâyâna-sûtras. Ed.
by C.Bendall. I. Pe., Ac., '97. VIII, 96 S. 8. (L., Voss' Sort. M. 2.50.)
1386 Schroeder, L. v.-Die Katha-Abschnitte des Tâitt. Aranyaka. — Aus
dem Kâthaka: WZKM XI, S. 118-22.
1387 Shankar Bálkrishna Díkshit.-History of Indian astronomy. (In Maráthi.) Poona, Hari Nârâyan Gokhale, '96. 580 S. 8.   3 Rs. 4 @.
1388 Sladomel, Ig.-Dramatické umĕní Indû [Die Dramatische Kunst bei
den Indern]: Vlast XIII, S. 835-45.
1389 T. Subba Row.-Lectures on the study of the Bhagavadgita. Being
a help to students of its philosophy. Bo. '97. XVIII, 216 S. 8.
                                                                (L., Harrass. M. 2.)
Vgl. OB IX, 1328.

1390 P. R. Subrahmanya Sastri. – A manual of Sanskrit grammar. Part I. Containing sandhis, parts of speech, inflexion of nouns, pronouns, adjectives, and of verbs up to the end of the conjugations. Bangalore '97. X, 196 S. 8.
(L., Harrass. *M.* 2.50.)

1391 Swâmi Vivekânand Series. Part I. Ed. by S.C.Mitra. Ahmedabad, publ. by the editor, '97. 140 S. 1 *R.* 8 @.
Republication of ten lectures delivered by S.V. in England, America and India. Cf. OB X, 1428; 4324.

1392 — — Practical Vedânta. A lecture delivered at London: Brahmavâdin (Madras; I.o., Luzac) III, S. 148–58.

1393 Krishna Yajus Samhitâ. [Taittirîya Samhitâ.] Ed. by Vaidyanâda Sástri, Sesharáma Sástri, Krishna Sástri and Subramania Srouthi. Kumbakonam, publ. by the editors, '96. 212 S. 8. 1 *R.* 8 @.

1394 Trilochan Dás.–Commentary on the Akhyáta portion of Kaláp grammar. Dacca, Kunja Vihári Banik, '96. 140 S. 8. *R.* 1.

1395 Sechzig Upanishad's des Veda, aus dem Sanskrit übers. u. m. Einleitgn. u. Anmerkgn. versehen v. Paul Deussen. L., Brockhaus, '97. XXVI, 920 S. 8. *M.* 20.
Hiernach A.Pfungst, Frankfurter Zeitung '97, No. 326, S. 1 f. — S. auch O.Böhtlingk, Bemerkungen zu einigen Upanishaden: Ber. über d. Verh. Sächs. Ges. Wiss., Phil.-hist. Cl., Bd. 49 ('97). S. 78–100.

1396 Râmâyana. Das Lied vom Kœnig Râma. Ein altindisches Heldengedicht des Válmíki in sieben Buechern. Zum erstenmal ins Deutsche uebertragen, eingeleitet und angemerkt von J.Menrad. I. Bd. I. Buch (Buch der Jugend). M., Ackermann, '97. III, LII, 307 S.; 1 K. 8 *M.* 4.80.

1397 Das Kâmasûtram des Vâtsyâyana. Die indische Ars amatoria. Nebst d. vollständigen Commentare (Jayamangalâ) des Yaçôdhara aus dem Sanskrit übs. u. hrsg. v. Rich.Schmidt. Gedruckt m. Unterstütz. d. Kgl. Ak. d. Wissensch. zu Berlin. L., Friedrich, '97. V, 478 S. 8. *M.* 16.

1398 The realistic school of Vedanta: Brahmavâdin (Madras; I.o., Luzac) III, S. 98 ff.; 143–7.

1399 Vetâlapañćaviṃçatikâ, il venticinque novelle d'un lemure [übs. u. mit literarhist. Anm. vers. v.] V.Bettei: App. zu Stud. it. fil. indo-ir. I. S. 1–40.

1400 Swâmi Sri Vidyâranyasaraswati.–The Jivanmukti-Viveka or the path to liberation in this life. Rendered into English by Manilâl Nabhûbhâi Dvivedi. Bo. '97. XII, 204 S. 8. (L., Harrass. *M.* 2.50.)

1401 Vopadeva.–Kavi Kalpadruma. Ed. by Siva Náráyn Siromani. C., Sur & Co., '97. 356 S. 8. 1 *R.* 8 @.

1402 Waldo,Miss S.E.–"Use of religion": Brahmavâdin (Madras; I.o., Luzac) III, S. 158–67.
Ueb. d. Vedânta im Anschl. an Max Müller.

1403 Weber,Albr.–Vedische Beiträge [OB X, 1433]. 6. Die Erhebung des Menschen über die Götter im vedischen Ritual und der Buddhismus: Sitzb. Ak. Wiss. B. '97, S. 594–605.
Auch sep. B., G.Reimer in Comm., '97. *M.* 0.50.

γ) Pali und Prakṛt.
(S. auch No. 789; 821; 1215; 1280; 1351; 1365; 1373.)

1404 Bühler,G.–A legend of the Jaina stûpa at Mathurâ. (= Sitzb. k. Ak. d. Wiss., Phil.-hist. Cl. Bd. 137, Abh. 2.) W., C. Gerold's Sohn in Comn., '97. 14 S. 8.
Vgl. Anz. k. Ak. d. Wiss., Phil.-hist. Cl. XXXIV, S. 99 f.

1405,6 Feer,Léon.–Cinca-Mânavikâ Sundarî: JA Sér. IX, T. IX, S. 288–317.

1407 Franke,R.Otto.– Die Sucht nach *a*-Stämmen im Pâli: BB XXII, S. 202–22.

1408 Hardy,E.–Ein Beitrag zur Frage, ob Dhammapâla im Nâlanda-sangharâma seine Kommentare geschrieben: ZDMG LI, S. 105–27.

1409 Hingulwala Jina-Ratana.–Dhâtu-Attha-Dîpanî. Colombo, Lak Riwi Kirani Press, '96. 8. *Rs.* 2.
Tit. n. JRAS '97, S. 144 f.

1410 The Jâtaka; or stories of the Buddha's former births. Transl. under the editorship of Prof. E.B.Cowell [OB IX, 4694]. Vol. III. Transl. by H.T.Francis and R.A.Neil. Cambridge, Univ. Press, '97. 8.   12 *s.* 6 *d.*
Rec. *M.Gaster*, JRAS '97, S. 375—80; *J.F.Hewitt*, Westminster Rev., Vol. 145. S. 622—31.
1411 Aus den Geschichten früherer Existenzen Buddhas (Jâtaka) [OB X, 1439]. IV. Varanavagga. Das Buch vom Varana-Baum. Uebs. von Paul Steinthal: Z. f. vgl. Littgesch., N. F. XI, S. 313-50.
1412 A new year's blessing (Mangala) from Ceylon-Singhala to Angala: As. Qu. Rev. III ('97). (1 S. 8.)
1413 Manorathapûraṇî (Commentar zum Aṅguttaranikâya). Hrsg. von Dharmârâma Sthavira. Heft 1-4. Pâliyagoda, Satyasamuccaya Druckerei (D.I.Rûpasinha und M.L Perera), 1893-5. 320 S. 8.   (L., Harrass. *M.* 8.)
. **1414** Wiederverkörperung. Aus den buddhist. Schriften [Milindapañha] übs. [v. Frz.Hartmann]: Lotusblüthen '97, S. 525-34.
1415 Pischel,R.-Der Accent des Prâkrit [OB X, 1443]. 2: KZ XXXV, S. 140-50.
1415a St.Andrew St.John,R.F.-Kuraṇḍa: JRAS '96, S. 364.
On Jâtaka 172 of Rouse's transl. — Dazu W.F.Sinclair u. W.H.D.Rouse, ebd. S. 573.
1416 Speyer,J.S.-Lumbinî: WZKM XI, S. 22-4.
Lumbinî sei Prâkrit-Form für Rukmiṇî.
1417 Takakusu,J.-Buddhaghosa's Samantapâsâdikâ in Chinese: JRAS '97, S. 113 f.
Zusatz zu OB X, 4349.
1417a Waddell,L.A.-Rosaries in Ceylonese Buddhism: JRAS '96, S. 575-7.
Dazu D. F[erguson], ebd. S. 800 f. [aus Ceylon Observer, Aug. 10] u. ebd. 97, S. 419 f.

b) Neuere indisch-arische Sprachen.
(S. auch No. 419; 1351.)

1418 Barrere,A., and C.G.Leland.-Dictionary of slang, jargon, and cant, embracing American and Anglo-Indian slang, Pidgin English, Gypsies' jargon, and other irregular phraseology. 2 Vols. Lo., Bell, '97. 950 S. 8.   15 *s.*
1419 Temple,G.-A glossary of Indian terms relating to religion, customs, government, land &c. Lo., Luzac, '97. 332 S. 8.   7 *s.* 6 *d.*
Rec. Ath., June 12, S. 776.

Baṅgâlî:
(S. auch No. 1138.)

1420 Samartha Kosha. A Bengali-English dictionary with pauranic biographical dictionary ed. by Anupa Krishna Mitra and Lalita Krishna Basu [OB X, 4357]. Parts 107-110. C., publ. by the authors, '96/7. Je 32 S. 4.   Je 4 @.
1421 Visha Kosh. The universal encyclopaedia ed. by Nagendranâth Basu [OB X, 4358]. Parts 148-65. C., publ. by the author, '96/7. Je 28-36 S. 8.   Je 8 @.
1422 Bhâratîya Sangît Muktâvalî. A collection of pearls of Indian songs. Compiled by Nava Kânta Chatterji. Part I. Dacca, publ. by the author, '97. 916 S. 8.   2 *Rs.* 8 @.
1423 Kûrma Purâna. A Bengali transl. by Panchánan Tarkaratna. C., Kevalrâm Chatterji, '97. 161 S. 8.   1 *R.* 8 @.
1424 Nâgendra Nâth Gupta.-Kavirâji Siksbâ. Instruction in Kavirâji (the Âyurvedic system of medicine). C., publ. by the author, '97. 665 S. 8. 1 *R.* 8 @.
1425 Padma Purâna. In Bengali prose by Dîna Bandhu Sen. C., Basák and Sons, '97. 246 S. 8.   *Rs.* 2.
1426 Pûrna Chandra Basu.-Sâhitya Chintá. Thoughts on literature. C., Gurudás Chatterji, '96. 188 S. 8.   *R.* 1.
1427 Siva Purán. Transl. into Bengali by Panchánan Tarkaratna. C., Kevalrâm Chatterji, '96. 513 S. 8.   *Rs.* 4.

Gujarâtî:

1428 Vithalrái Govardhanprasâd Vyás and Sbankarbbái Gulábhái Patel.-The student's standard English-Gujaráti dictionary with pronunciation, roots, other words, meanings, prepositions and idiomatic phrases and useful appendices. Ahmedabad, publ. by the authors, '96. 1143 S. 8. 3 *Rs.* 12 *a*.

Hindī und Hindustānī:

1429 Nānā Dādāji Gund.–Collection of Mārvādi songs. Poona, publ. by the author, '96. 88 S. 8. 8 *p*.

1430 S.Sangoji Rao.–A practical method of learning the Hindustani language. Ma., publ. by the author, '97. 96 S. 8. 14 *a*.

1431 Tul'sī Sat'sai. Ed. by Bihári Lál Chaule [Schl. zu OB VI, 3839]. Fasc. V. (Bl No. 888.) C., As. Soc., '97. S. 385–480. 8.

Kāšmīrī:

1432 Note on Kashmiri transliteration. 30 S. Fol. Von G.A.G[rierson], datiert: Bankipur, 8th October 1896.

1433 Grierson,G.A.–On the Kāçmīrī vowel-system: JASB LXV, P.I. S.280–305. (Abstract: Proc. ASB '96, S. 119 f.)

1434 — — A list of Kāçmīrī verbs: ebd. S. 306–89.

1435 Içvara-kaula.–The Kaçmīraçabdāmṛta. A Kāçmīrī grammar written in the Sanskrit language. Ed. with notes and additions by G.A.Grierson. P. I. Declension. C., As. Soc., '97. 3, 108 S. 8. 1 *R. a*.

Marāthī:
(S. auch No. 1387.)

1436 A collection of English phrases by H.Green, with their idiomatic Marāthī equivalents by Sadáshiv Vishvanáth Háte. Revised by Náráyan Bálkrishna Godbole. Bo., Government, '96. 246 S. 8. 14 *a*.

1437 Sukabāhattarī. Die Marāthī-Uebersetzung der Sukasaptati. Marāthī und Deutsch von Rich.Schmidt. (= Abh. f. d. Kunde des Morgenl. X. Bd. No. 4.) L., Brockhaus in Comm., '97. VIII, 175 S. 8.

Nepālī:

1438 The Gospel of the Lord Jesus Christ by St.Luke. Transl. into Nepalese by A.Turnbull. C., A.B.Society, '96. 116 S. 8. 1 *@*.

Panjābī:

1439 Opprobrious names: IA XXVI, S. 140. Nach J.M.Douie, Panjab Notes and Queries 1883. — Mit Bem. v. R.C.Temple.

1440 Havildár Múl Singh.–A handbook to learn Punjabi. Amritsar, Anglo-Gurmukhi Press, '97. 117 S. 8. *Rs.* 4.

1441 Tod u. Bestattung des armen Sperlingsweibchens. Ein Märchen aus dem Panjāb. Mitget. v. Kurt Klemm: ZVVk VII, S. 155–9. Nach F.A.Steel, IA XI, S. 169–72. — Vgl. dazu K.Weinhold, ebd. S. 159–62.

1441a Lála Sáligrám.–Anglo-Gurmukhi dictionary. Lahore, Aror Bans Press, '97. 413 S. 8. *Rs.* 2.

1442 Panjabi nicknames: IA XXVI, S. 83 f. Nach M.Millett, Panjab Notes and Queries 1883.

Uriyā:

1443 Dina Krsna Dāsa.–Rasa Kallola. Ed. with explan. notes by Kapileśvara Vidyábhūsana. Third ed. Cuttack, Cuttack Printing Co., '97. 12 *@*. S. über dieses Gedicht J.Beames, Comp. Gramm. I, S. 88.

Mehrsprachig.
Samskṛt und Bangālī:

1444 Amarasinha.–Amarakosha-Bodhini. Ed. with a Bengali transl. by Upendra Mohan Chaudhuri. C., Giris Library, '97. 44 S. 8. *R.* 1.

1445 Bhágavata-Purána. With an easy comment. in Sanskrit and a Bengali transl. by Dinabandhu Kávyatírtha. Parts I–VI. Bhawanipur, Gopál Krishna Bhattácháryya, '96/7. Je 40 S. 8. Je 3 *@*.

1446 Bháva Kutúhalam. Ed. with a Bengali transl. by Rám Gopál Jyotirvinod. C., Rám Ranjan Ráy, '97. 226 S. 8. 1 *R.* 8 *@*.

1447 Chaitanya Charitámrita. With two Sanskrit comm., foot-notes and a Bengali transl. of the Sanskrit quotations by Panchánan Chakravarti. Nos. 1-4. Dacca, publ. by the editor, '97. Je 12-16 S. 8. *For gratis distribution.*

1448 Nyáya Darsana. The Sútras of Gautama with an easy commentary in Sanskrit by the late Harináth Tarkasiddhánta and his pupil Asutosh Tarkabhúshan and with explanations in Bengali by Pandit Sarvesvar Sárvabhauma [OB X, 4386]. Part IV. Táki, Káli Prasanna Bháduri, '96. 64 S. 8.

1449 Kalápa Vyákaranam ... with the comm. of Durga Sinha and explanatory notes in Sanskrit and a Bengali transl. by Yádav Náth Kávyatírtha. Part I. C., Satís Chandra Ghosh, '97. 42 S. 8. 1 *R.* 8 @.

1450 Saura Purána. Ed. with a Bengali transl. by Panchánan Tarkaratna. C., Kebalrám Chatterji, '97. 480 S. 8. 1 *R.* 8 @.

Samskrt und Hindī:

1451 Harivansha together with its transl. in Hindi by Pandit Jváláprasád. Kalyán, Gangávishnu Shrikrishnadás, '97. 680 Bl. obl. *Rs.* 10.
Uebersetzung allein ebd. 926 S. 8. *Rs.* 5.

1452 Mohamudgara ed. with metrical translations in English and Urdu by Dína Náth Dev. C., publ. by the author, '96. 14 S. 8. 6 @.

1453 [Varadarája].-Laghu Kaumudī. Ed. in Sanskrit and Hindi by Pandit Gangá Vishnu Shástri. Lahore, Punjab Economical Press, '97. 232 S. 8. *Rs.* 2.

Samskrt und Marāṭhī:

1454 Amarasinha.-Amarakosha together with its transl. into Maráthi by Gajánan Chintáman Shástri Deva. Poona, B.N.Godbole & R.V.Chitale, '97. 872 S. 8. *R.* 1.

Samskrt und Tamil:

1455 Hathayoga Pradípiká. Ed. in Sanskrit and Tamil by V.Kuppusámi Ráju. Tanjore, V.Govindan & Brothers, '97. 284 S. 8. 1 *R.* 8 @.

e) Ceylon.
(S. auch No. 1417a.)

1456 Journal of the Ceylon Branch of the Royal Asiatic Society, 1896. Ed. by the Honorary Secretary [OB IX, 4809]. Vol. XIV. No. 47. Colombo, Government Printer, '98. IV S. u. S. 85-260; 6 T. mit VII S. Titel, Inhaltsverz. u. Errata zu Vol. XIV. S.
Enthält ausser den Proceedings für 1896 und OB XI, ∞ n. 1302: H.White, Legislation in Ceylon in the early portion of the nineteenth century, S. 95—101. — T.B.Pohath, How the last king of Kandy was captured by the British; an eye-witness's account, rendered from the Sinhalese. S. 107—14 (mit Disc. S. 115 f.). — F.H. Modder, Ancient cities and temples in the Kurunégala district. II. Ridi Viharé. III. Panduwas Nuwara. S. 118—24; 134—54 (mit Disc. S. 154). — C.M.Fernando, The inauguration of the king in ancient Ceylon, S. 125—8 (mit Disc. S. 129 f.). — D.W.Ferguson, Robert Knox's Sinhalese vocabulary, S. 155—98 (mit Disc. S. 100 f.). — J.Harward, Note on the fortifications of Yápahuwa, S. 237—9. — H.C.P.Bell, Interim report on the operations of the Archaeological Survey at Sigiriya (second season), 1896, S. 242—60; 4 T. (mit Disc. S. 260). [Vgl. Beil. Allg. Ztg. 88, S. 7.]

1457 Alagiyawanna Mohottala.-Kusajátaka Kávyaya, A Sinhalese poem. Revis. and ed., w. a literal paraphrase, grammat. and explanat. notes, glossary of difficult words, by A.Mendis Gunasekara. Colombo '97. XVII, 263 S. 8. (L., Harrass. *M.* 4.)

1458 Cave,Henry W.-The ruined cities of Ceylon. Ill. w. photogr. taken by the author in the year 1896. Lo., Low, Marston & Co., '97. 4 Bl., 126 S.; 47 T. m. 46 Erl.-Bl. 4. 38 *s.*
Rec. Ac. LI, S. 375; Ath., Apr. 17, S. 514 f.; JRAS '97, S. 304 f.; N. Y. Times '97, March 20.

1459 Do Rego,Sebastiao.-L'apostolo di Ceylan, P.Giuseppe Vaz. Mangalore, L. Doneda, '97. 405 S. 8.
Abdruck der 1. Ausg. v. J. 1753; ursprüngl. portugiesisch ersch. Lissabon 1747.

1460 Geiger,Wilh.-Die Sprache der Rodiyäs auf Ceylon: Sitzb. Ak. Wiss. M. '97, S. 3-32.

1461 Geiger,Wilh.–Ceylon u. seine Bewohner: Mitth. d. Ggr. Ges.
Hamburg XIII, S. 70–91.
1462 [Ber. üb. e. Vortr. v. Wilh. Geiger üb. s. Reise nach Ceylon]: Beil.
Allg. Ztg. 67, S. 8.
Vgl. OB X, 1499.
1463 Marambe,A.J.W.–The Vedda language. Mahanuwara [i. e. Kandy],
Bauddhamudrayantrālaya, 1893. 28 S. 8. (Singhalesisch.)
10 c. (L., Harrass. *M.* 0.75.)
Anhang: Zigeuner.

1464 Brun,Jules.–A propos du romancero roumain. Petrea Cretzoul Cholcan: Courtea d'Argesch et sa légende; la brebiette. P., Lemerre, '96. II,
54 S. 8. *Fr.* 1.50.
Cholcan ein zigeunerischer Wandermusikant. — Vgl Mélusine VIII, S. 215 f.
1465 Kluyver,A.–Over de geschiedenis van het woord Gids: Versl. en
Meded. Ak. Amsterdam XII, S. 103–18.
Handelt über verschiedene Zigeunerwörter, welche in die europäischen Sprachen über-
gegangen sind.
1466 Sowa,R.v.–Die Mundart der catalonischen Zigeuner. S. I. et a. 11 S.
8. Nicht im Handel. (I.., Harrass. *M.* 1.)
1467 Wlislocki,Heinr.v.–Sprichwörter moslimischer Zigeuner: Urquell,
N. F. I, S. 251–3.
1468 Die ungarischen Zigeuner: Stimmen aus Maria-Laach LIII, S. 222–4.
Nach OB X, 4413.

Recensionen zu IV, 1—2.

Atharva-Véda. Les livres X, XI et XII trad. p. V.Henry: *H.Oldenberg*,
IF Anz. VIII, S. 39–41.
Th. Aufrecht, Catalogus Catalogorum. II: *R.Pischel*, Cbl. f. Biblw. XIV,
S. 303 f.
B.H.Baden-Powell, The Indian village community: Ac. LI, S. 444 f.; Ath.,
March 6, S. 307 f.; *J.Kennedy*, JRAS '97, S. 347–51; As. Qu. Rev. III ('97),
S. 219–22.
J.B.Baldwin, Indian gup: SR LXXXIII, S. 516 f.
Bāṇabhaṭṭa, Kādambarī transl. by C.M.Ridding: Brahmavādin (Madras;
Lo., Luzac) III, S. 169 f.; As. Qu. Rev. III ('97), S. 455 f.; *E.J.Rapson*,
JRAS '97, S. 395–7; Luzac's Or. List VIII, S. 2.
Chr.Bartholomae, Arisches und Linguistisches (OB V, 4520): *R.Meringer*,
IF Anz. VIII, S. 4–8.
The Pitrmedhasūtras of Baudhāyana ... ed. by W.Caland: *H.Oldenberg*,
DL 8, S. 291 f.; *J.Kirste*, WZKM XI, S. 181 f.; JRAS '97, S. 417 f.
H.H.Bhagvat Sinh Jee, A short history of Aryan medical science: Ac. I.I,
S. 207; Ath., June 19, S. 813; Nature LV, S. 221; As. Qu. Rev. III ('97),
S. 450–2.
[Bilhaṇa], The Chaurapanchâsika ... transl. by E.Arnold: Ath., Apr. 24,
S. 539 (dazu C.Bendall, ebd. May 8, S. 617).
Birks, Life and corr. of Thomas Valpy French: *P.Richter*, Th. Lz. 10,
S. 281–3 und Allg. Miss.-Z. XXIV, S. 49–57; 97–107; 224–30.
Th.Bloch, Ueber das Gṛhya- u. Dharmasūtra der Vaikhānasa: *H.Oldenberg*,
DL 21, S. 808 f.
G.deBlonay, Mat. p. servir à l'hist. de la déesse buddhique Tārā: *P.Ottra-
mare*, Rev. hist. rel. XXXIV, S. 217–21.
G.Bühler, Indische Palaeographie: *S.Konow*, DL 12, S. 451–3; *A.A.Mac-
donell*, JRAS '97, S. 149–55 (Abdruck der OB X, S. 225 gen. Rec.).
W.Caland, Die altindischen Todten- u. Bestattungsgebräuche: *G[arbe]*, I.C
17, S. 565; *H.Oldenberg*, DL 1, S. 13; *J.D.E.Schmeltz*, Int. Arch. f.
Ethnogr. X, S. 82 f.; *J.Kirste*, WZKM XI, S. 82 f.; *L.Feer*, L'Anthr.
VIII, S. 97–9; JRAS '97, S. 417 f.; *H.Kern* en *J.S.Speijer*, Versl. en Meded.
Ak. Amsterdam. Afd. Letterk., R. III, D. XII, S. 223 f.

P.Carus, The gospel of Buddha: *E.P.Evans*, Peil. Allg. Ztg. 136, S. 4-6.
J.Dahlmann, Nirvāṇa: *Herm. Jacobi*, GGA 4, S. 265-79; *L.v.Schroeder*, WZKM XI, S. 190-7; JRAS '97, S. 407-10; *C.H.T[awney]*, As. Qu. Rev. III ('97), S. 440-3; *S.J.Warren*, Museum V, No. 3.
— — Das Mahābhārata als Epos und Rechtsbuch: *A.Barth*, J. d. Savants '97, S. 221-36; 321-37; 428-49; *J.S.Speijer*, Museum IV, No. 12.
H.D.Darbishire, Relliquiae philologicae: *E.Debrie*, Bull. cr. 13, S. 252 f.; *E.Stampini*, Riv. di filol. XXV, S. 483-6.
T.W.R.Davids, Buddhism: *G.M.Grant*, Am. J. of th. I, S. 163-5.
J.Ehni, Die ursprüngliche Gottheit des vedischen Yama: *J.Kirste*, WZKM XI, S. 80-2.
E.W.Fay, The Aryan god of lightning: *V.Henry*, Rev. cr. 1, S. 1 f.
C.A.M.Fennell, Indo-Germ. sonants and consonants: *O.Hoffmann*, Dl. 2,S.52-4.
R.Fick, Die sociale Gliederung im nordöstl. Indien: *J.D.E.Schmeltz*, Int. Arch. f. Ethnogr. X, S. 85 f.; *H[ardy]*, LC 5, S. 179 f.; *J.Jolly*, DL 17, S. 647 f.; *S.R.Steinmetz*, Globus LXXI, S. 179 f.; JRAS '97, S. 196 f.; Folk-Lore VIII, S. 161 f.
L.Finot, Les lapidaires indiens: *A.Barth*, Rev. cr. 9. S. 161-5.
R.Garbe, Die Sāṃkhya-Philosophie: *P.Zillmann*, Metaphys. Rdsch. II, S. 272 f.
W.Geiger, Reise nach Ceylon (OB X, 1499): JRAS '97, S. 130 f.
M.Grammont, La dissimilation consonantique dans les langues indo-euro-péennes etc.: *W.Prellwitz*, BB XXII, S. 303-7.
J.D.B.Gribble, A history of the Deccan. I: *C.F.S[eybold]*, LC 12, S. 391 f.; *W.Irvine*, JRAS '97, S. 171-5.
M.F.Hecker, Schopenhauer u. die indische Philosophie: *C.A.F.Rhys Davids*, JRAS '97, S. 410-3.
A.Hillebrandt, Vedische Mythologie. I: *W.Foy*, IF Anz. VIII, S. 21-34.
A.Holtzmann, Das Mahābhārata: *J.Dahlmann*, Öl. 5, S. 139-41.
E.W.Hopkins, The religions of India: *A.Barth*, Rev. cr. 20, S. 381-4.
The Jātaka ed. by V.Fausböll: JRAS '97, S. 191 f.
Jogendra Nath Bhattacharya, Hindu castes and sects: JRAS '97, S. 197 f.; CR XXIV ('96), S. 484 f.
J.Jolly, Recht und Sitte: *W.Foy*, IF Anz. VIII, S. 18-21.
R.P.Karkaria, India: LC 2, S. 54 f.
Kedárnáth Dutt Bhaktivinod, Chaitanya Mahaprabhu: JRAS '97, S. 130.
H.Kern, Manual of Indian Buddhism: *H[ardy]*, LC 2, S. 60 f.; JRAS '97, S. 198-200.
Khandogjopanishad hrsg. u. übs. v. O.Böhtlingk (OB III, 2942): *P.Zillmann*, Metaphys. Rdsch. II, S. 268 f.
P.Kretschmer, Einleitg. in die Gesch. der griech. Spr.: *H.Hirt*, IF Anz. VIII, S. 55-61; *Rich.M.Meyer*, Z. f. Kulturgesch. IV, S. 350; *H.Ziemer*, Z. f. d. Gymnasialwesen LI, S. 283-8.
W.R.Lawrence, The valley of Kashmir: Beil. Allg. Ztg. 54, S. 5 f.; *W.M.Conway*, Nature LIII, S. 99 f.
B.W.Leist, Altarisches Jus civile. II: LC 5, S. 164.
Letters rec. by the East India Company (OB X, 4016): Ac. LI, S. 11 f.; Ath., March 13, S. 340 f.
List of ancient monuments in Bengal (OB X, 1267): Ath., May 29, S. 719.
Gotamo Buddho's Reden aus d. mittl. Samml. Majjhimanikāyo übs. v. K.E.Neumann. I: *H.Oldenberg*, Th. Lz. 8, S. 209; *E.Müller*, JRAS '97, S. 133-6.
I.P.Minayeff, Recherches sur le Bouddhisme: *T.W.R.Davids*, Am. J. of th. I, S. 166-8.
Nobin Chandra Das, A note on the anc. ggr. of Asia: *P. C[arus]*, Open Court XI, S. 318 f.
H.Oldenberg, Die Religion des Veda: *M.Winternitz*, IF Anz. VIII, S. 35-9.
Le Novelle ind. di Visnusarma (Panciatantra) trad. da I.Pizzi: Folk-Lore VIII, S. 62 f.; Civiltà catt., Ser. XVI, Vol. VII, S. 214-8.

J.Pisko, Kurzgef. Handb. d. nordalban. Sprache: *G.W.*, I.C 4, S. 135 f.
Pollok, Fifty years reminiscences of India: SR LXXXIII, S. 99 f.
Pramatha Nath Bose, Hist. of Hindu civil. under Brit. rule. III: *J.F.He-*
witt, Westminster Rev., Vol. 145, S. 510—8.
A.Rea, Chálukyan architecture: Ac. I.I, S. 423.
G.S.Robertson, The Kafirs of the Hindu Kush: *F.Carlsen*, Globus LXXI,
S. 81 f.; Ath., Feb. 13, S. 205 f.; *L.Griffin*, SR LXXXIII, S. 120 f. (dazu
A.B.C., ebd. S. 146); As. Qu. Rev. III ('97), S. 217-9.
C.S., Leaves from a diary in Lower Bengal: SR LXXXIII, S. 150 f.
The Satapatha-Bráhmaṇa transl. by J.Eggeling. III: *Sylv. Lévi*,
Rev. cr. 19, S. 358 f.
R.Schmidt, Der Textus Ornatior d. Çukasaptati: *R.G[arbe]*, I.C 2, S. 62;
Folk-Lore VIII, S. 160 f.; *J.Kirste*, WZKM XI, S. 83 f.
E.Senart, Les castes dans l'Inde: *A.Pfungst*, Frankf. Ztg. '97, No. 196,
S. 1; *A.B[arth]*, J. des Savants '97, S. 57 f. (s. schon OB X, S. 227); JRAS
'97, S. 192-6; *J.Vinson*, Rev. de ling. XXX, S. 92-4.
R.Sewell and Sankara Balkrishna Dikshit, The Indian calendar: *S.Ol'den-*
burg, Zap. X, S. 213-5; Ac. I.I, S. 147 f.; Ath., June 12, S. 775 f.; *Sylv.*
Lévi, Rev. cr. 19, S. 357 f.
W.Simpson, The Buddhist praying-wheel: Ath., Apr. 10, S. 471 f.; JRAS '97,
S. 183-5; Nature LV, S. 171 f.; *J.B[eames]*, As. Qu. Rev. III ('97), S. 223;
H.Gaidoz, Mélusine VIII, S. 287 f.
A.P.Sinnett, The growth of the soul: *J.Engel*, Metaphys. Rdsch. II, S. 84-6.
E.W.Smith, The Moghul architecture of Fathpur Sikri: Ac. I.I, S. 276 f.
J.S.Speyer, Vedische und Sanskrit-Syntax: *W.St[reitberg]*, I.C 26, S. 846;
S.Konow, DL 25, S. 969-71.
S.J.Stone, In and beyond the Himalayas: SR LXXXIII, S. 99 f.
W.Streitberg, Urgerm. Grammatik: *C.C.Uhlenbeck*, Taal en Letteren VII,S. 200.
Die Çukasaptati ... übs. v. Rich. Schmidt: *µ.*, Beil. Allg. Ztg. 132, S. 6.
Gaina Sûtras ed. by H.Jacobi. II: Ath., June 26, S. 836; *Sylv. Lévi*,
Rev. hist. rel. XXXIV, S. 95-8.
C.Tirumalaiya Naidu, A treatise on the theory of Hindu music: IAXXVI, S. 56.
C.C.Uhlenbeck, Handboek der Indische klankleer: *K.F.Johansson*, IF Anz.
VIII, S. 8-10.
Ch. de Ujfalvy, Les Aryens au nord et au sud de l'Hindu-Kouch: LC 21, S. 681;
J.D.E.Schmelts, Int. Arch. f. Ethnogr. X, S. 84 f.; *Emil Schmidt*, CbL f.
Anthr. II, S. 233-5; *Immanuel*, Globus LXXI, S. 82 f.; *R.Verneau*, L'Anthr.
VIII, S. 236-8.
J.Wackernagel, Altindische Grammatik. I: *J.S.Speyer*, GGA 4, S. 291-309;
O.Franke, BB XXIII, S. 162-84.
H.C.Warren, Buddhism in translations: *A.Hattori*, Hansei Zasshi XII, 6,
S. 19-22; *L.Feer*, JA Sér. IX, T. IX, S. 165 f.; JRAS '97, S. 144-9.
C.R.Wilson, The early annals of the English in Bengal. I: *W.Irvine*, JRAS
'97, S. 178-83.
E.Windisch, Mâra und Buddha: *H.Kern*, Museum V, No. 2.
G.J. and F.E. Youngbusband, The relief of Chitral: Beil. Allg. Ztg. 54, S. 6.
E.Zupitza, Die german. Gutturale: *A.Meillet*, Rev. cr. 18, S. 343-5.

3. Iran.

1409 Pizzi,Italo.-Gli studi iranici in Italia: Studi it. fil. indo-ir. I, S. 58-72.
1470 Wilhelm,E.-Perser [OB X, 1507]: Jsb. d. Geschw. '95 ('97), I, S. 67-77.
1471 Geldner,K.F.-Persia: Harper's Dictionary of classical literature and
antiquities (N.Y.), S. 1207-17.

a) Alt-Iran.
α) Allgemeines.
(S. auch No. 1139; 2227; 2141.)

1472 Morgan,J.de.-Mission scientifique en Perse [OB X, 4424]. Tome IV.
Recherches archéologiques. Seconde partie. P., Leroux, '97. 4.

1473 Bilimoria,N.F.–Mazdaism or Zoroastrianism: Open Court XI, S. 377 f.
1474 Carus, Paul.–Mazdaism. The religion of the ancient Persians: ebd.
S. 141–9; 1 T.
1474a La croce di Gesù in Persia: Gerusalemme XXI, S. 119 f.
1475 Drouin,E.–Sur quelques monuments sassanides: JA Sér. IX, T. IX,
S. 443–52.
1476 Justi,Ferd.–Die älteste iranische Religion und ihr Stifter Zarathustra:
Preuss. Jb. LXXXVIII, S. 55–86; 231–61.
1477 Marquart,J.–Untersuchungen zur Geschichte von Eran [OB IX, 4838]:
Philologus I.V, S. 213–44.
Zur Kritik des Faustos von Byzanz. — Hazarapet. — Der altpers. Kalender. — 'Αρταίοι.
— Erymandus. — Haraiwa. — Nachträge.
Auch sep. 1. Heft. Göttingen, Dieterich, '97. VI, 74 S. 8. *M.* 1.80. Rec. *F. Justi*, B.
philol. Ws. '97, S. 1172–4.
1477a Modi,Jivanji Jamshedji.–Parsee Punchayet: JRAS '96, S. 572 f.
Betr. die Mitteil. von Arbeiten zur iranischen Altertumskunde an die Trustees of the Parsee
Punchayet, Bombay.
1478 Nöldeke,Th.–Erklärung: ZDMG LI, S. 176.
Zu OB X, 1515. Die betr. Uebers. ist durch den Widerruf N's., ZDMG LI, S. 342 aus-
drücklich als zu Recht bestehend anerkannt.
1479 Parsee Prakash hrsg. v. B.B.Patell. (In Gujarātī.) Vol I. 1052 S. 4.
,,Renfermant l'hist. de la communauté parsie depuis l'arrivée des Persans fugitifs sur les
côtes de l'Inde jusqu'à nos jours'' . . . 1 *J. Menant*, CR XXIV ('96), S. 268.
1480 Vogel,Frdr.–Zum rückmarsch des Xerxes: N. Jb. f. Philol. u. Paed.
CLV, S. 118.
Zu H.Welzhofer OB X, 4437a.

β) Sprache und Litteratur.
(S. auch No. 1097; 2235.)

1481 Blochet.–L'épenthèse en perse cunéiforme: Rec. de trav. XIX, S. 74–7.
1482 Foy,Willy.–Beiträge zur Erklärung der altpersischen Keilinschriften:
KZ XXXV, S. 1–78.
1483 Grégoire,A.–Les infinitifs de l'Avesta: ebd. S. 79–140.
1484 Hüsing,G.–Die iranischen Eigennamen in den Achämenideninschriften.
(Diss. Königsberg.) Norden, Druck von Soltau, '97. 48 S. 8.
Mit Berücks. der elamischen u. babylon. Uebs.
1485 Jackson,A.V.W.–Zoroaster: Harper's Dictionary of classical
literature and antiquities (N. Y.), S. 1369; 1685 f.
1486 [Das Zeitalter Zoroasters]: Beil. Allg. Ztg. 16, S. 8.
Nach A.V.W.Jackson OB X, 4447.
1487 Justi,Ferd.–Die altpersischen Monate: ZDMG LI, S. 233–51.
1488 Kirste,J.–Sechs Zendalphabete: WZKM XI, S. 134–46; 3 T.
1489 Ludwig,A.–Das Gebet der Mazdayaçna genannt Ahunavairya (Honover).
(=. Sitzb. Böhm. Ges. Wiss., Cl. f. Phil. u. s. w. '97. No. XXVI.) Prag,
Fr.Rivnáč in Comm., '97. 5 S. · 8.
1490 Madan,Aerpat M.Palanji.–Les Fravashis: Muséon XVI, S. 49–52.
Vgl. OB V, S. 100.
1491 Meillet,A.–Yasna XLV, 2. Gāth. *nā*: MSLP X, S. 80.
1492 Müller,Friedr.–Beiträge zur Textkritik und Erklärung des Kârnâmak
i Artaχšīr i Pâpakân. (= Sitzb. k. Ak. d. Wiss., Phil.-hist. Cl. Bd. 136, Abh. 6.)
W., C.Gerold's Sohn in Comm., '97. 25 S. 8.   *Fl.* 0.35.
1493 — — Beiträge zur Textkritik und Erklärung des Andarz i Āturpāt i
Mahraspandân. Mit einer deutschen Übersetzung dieses Tractats. (= ebd.
Abh. 8.) Ebd. 25 S. 8.   *Fl.* 0.35.
1494 — — Die semitischen Elemente der Pahlawi-Sprache. (= ebd. Abh. 10.)
Ebd. 12 S. 8.   *Fl.* 0.20.
Vgl. Anz. Ak. Wiss. W., Phil.-hist. Cl. XXXIV, S. 33 f.
1495 — — Awestische Etymologien: WZKM XI, S. 115–8.
Ware richtiger ,,Iranica'' zu betiteln.
1496 — — Persische und armenische Etymologien: ebd. S. 200–7.
1497 Pizzi,I.–Grammatica elementare dell'antico iranico (zendo e persiano
antico), con antologia e vocabolario. Torino, Clausen, '97. VII, 86 S. 8. *L.* 2.50.

1498 Pahlavi texts transl. by E. W. West [OB VI, 2044]. Part V.
Marvels of Zoroastrianism. (= Sacred Books of the East. Vol. 47.) Oxford,
Clarendon Press (Lo., Frowde), '97. XLVIII, 182 S. 8.
Rec. v. II: *L.H.Mills*, As. Qu. Rev. III ('97), S. 375—80.

b) Neu-Iran. α) Allgemeines.

1499 Hawels,H.R.-Talk with a Persian statesman: Contemporary Rev.
LXX, S. 73-7.
1500 Houtum-Schindler,A.-Eastern Persian Irak. I.o., Murray, '96. VIII,
132 S.; 1 K. 8.
1501 — — Shâh Isma'il: JRAS '97, S. 114-7.
Zu E.D.Ross OB X, 4467.
1502 K[ojonen],K.-Muhammedilainen babi-lahko [Die mohammied. Babi-
Secte]: Valvoja '97, S. 416-23.
1503 Schaubert,Hans v.-Ein Sandsturm in Südpersien: Globus LXXI, S. 93f.
1504 Speer,R.E.-Four life stories: S. S. Times XXXIX, S. 419 ff.
Christian life in modern Persia.

Afghânistan. Balûcistan. Kurdistan. Pamir. Osseten.
(S. auch No. 1135.)

1505 Chaćaturov.K.-Kurdy, ćerty ich charaktera i byta: Sbornik materialov
dlja opisanija Kavkaza. Vyp. 20, Otd. 1, S. 64-90.
1506 Chantre,Ernest.-Observations anthropométriques sur les Bakhtyari,
les Mamaceni et les Kusteni: Bull. Soc. d'anthr. de Lyon XIV ('95), S. 26-9.
1507 — — Notes ethnologiques sur les Yésidi: ebd. S. 65-75.
1508 Curzon,G.N.-The Pamirs and the source of the Oxus. Rev. and reprinted from Geographical Journal (OB X, 4473). Lo., Stanford, '97. 8.
(ill. K.)   6 s.
1509 Dmitriev,N.-Perechod ćerez Rokskij i Mamisonskij perevaly: Sbornik
materialov dlja opisanija Kavkaza. Vyp. 20, Otd. 1, S. 1-35.
Mit interessanten Mitteilungen über die Osseten.
1510 Hartmann,Mart.-Bohtân. Eine topographisch-histor. Studie [Schl. zu
OB X, 4477]: Mitt. Vorderas. Ges. II, S. 61-163.   (Sep. *M.* 6.)
Rec. *C.Huart*, JA Sér. IX, T. IX, S. 538—40.
1511 Ein neues Zwergvolk [auf den Pamirs]: ÖM XXIII, S. 84.
Nach e. Briefe v. Emil Müller. — Vgl. TP VIII, S. 249.
1512 [Ber. üb. e. Vortr. v. O.Olufsen üb. die dänische Pamirexpedition
1896]: Beil. Allg. Ztg. 106, S. 7 f.
1513 Poncins,Edmond de.-Chasses et explorations dans la région des
Pamirs. P., Challamel, '97. 267 S. 8. (ill.)
1514 V[olkov],Th.-Voyage au Pamir: L'Anthr. VIII, S. 117.
Dazu R.V[erneau], Les prétendus naïns du Pamir, ebd. S. 248.

β) Sprache und Litteratur.
(S. auch No. 10; 1451 563a; 1097; 2255; 2354; 2559; 2603.)

1515 Sayad Abdul Latif Khân IspahánL.-Anglo-Persian idioms containing
proverbs, &c., &c. Cambay, publ. by the author, '97. 232 S. 8. 2 *Rs.* 12 @.
1516 'Abdu-l-Qâdir ibn i Muluk Shâh known as al-Badáóní.-Mun-
takhabu-t-tawárikh. Translated from the original Persian by G.Ranking
[OB X, 4486]. Fasc. III. (Bl No. 887.) C., As. Soc., '97. S. 193-288. 8.
1516a Chodza-Ahrâr-wali.-Aus dem Pers. übs. v. Muhammed-gan Aidarov,
unter d. Redaction v. Peter A.Komarov. (russ.) Taskent, Druck v. F. u. G.
Kamenskij, '96. 90 S. S.   *Rub.* 0.80.
S.-A. aus Sbornik materialov dlja statistiki Syr-Dar'inskoj oblasti, Vol. VI.
1517 Ayeen Akbery. A reprint of Francis Gladwin's English transl.
ed. by B.M.Ghosh. Vol. I. Part 1. C., publ. by the editor, '97. 64 S. 8. 8 @.
1518 Blochet,E.-Les inscriptions de Samarkand: Rev. arch. XXX ('97),
S. 67-77; 202-31; 1 T.
1519 — — Note sur une inscription persane trouvée sur les bords du
fleuve Orkhon en Mongolie: TP VIII, S. 309-21.
Wahrscheinl. aus d. 13.—14. Jh. — Facsimile in Radloff's „Atlas der Mongolei" (oben No.506).

1320 Efendiev i Šachverdov.–Armjansko-Tatskie teksty: Sbornik materialov dlja opisanija Kavkaza. Vyp. 20, Otd. 2, S. 25–32.

1321 Elias,Ney.–Notice of an inscription at Turbat-i-Jam, in Khorāsān, about half-way between Meshed and Herat: JRAS '97, S. 47 f.
Mit Bem. v. H.Beveridge.

1322 — — Reply to Mr. Beveridge's note on the l'anjmana inscription (OB X, 4169): ebd. S. 111–3.
OB X. 4169 ist auch in diese Rubrik zu stellen.

1323 Horn, Paul.–Reimende *ê î ô û* im Sâhnâme: KZ XXXV, S. 155–92; 462.

1324 Kegl, Alex. von.–Rižâ Kulî Xân als Dichter: WZKM XI, S. 63–74.

1324a King, J.S.–The Tâj or red cap of the Shî'ahs: JRAS '96, S. 571 f.

1325 Lālā,K.B.J.–l'ersian grammatical series. Bo., publ. by the author, '96. 82 S. 8.   1 R. 8 @.

1326 Şad pend södmend berai her ferzend i hiredmend. 2. Aufl. Pe., Bûrâgâni, '96. 19 S. 8.
100 Ratschläge, Loqmän zugeschrieben. Persisch u. türkisch.

1326a Mcdouall,W.–The Bakhtiâri dialect: JRAS '96, S. 577 f.
Zu F.G.Browne Oll IX, 4915.

1327 A specimen of the Gabrî dialect of Persia. Supplied by Ardashir Mihrabān of Yezd, and publ., with an Engl. transl., by Edw.G.Browne: JRAS '97, S. 103-10.

1328 Siassat Namèh. Traité de gouvernement, par Nizam oul Moulk. Texte persan éd. p. Charles Schefer [OB VIII, 1319]. Supplément. (= Publ. de l'École des langues or. viv. IIIe Sér., vol. VII, 2e partie.) P., Leroux, '97. VIII, 235 S. 8.   Fr. 15.

1329 [Rosen, Baron V. v.–Kurze Notiz über Drucke persischer Versionen des „Bilauhar und Budasf"]: Zap. X, S. XIV f.

1330 Salemann,Carl.–Judaeo-l'ersica nach St.-Petersburger Handschriften mitgeteilt. I. Chudāidāt, ein jüdisch-bucharisches Gedicht. (= Mém. Ac. l'e. XLII, No. 14.) Pe., Ak., '97. III, VIII, 56 S. 4.   M. 4.

1331 Index to the English transl. of the Tabaqāt-i-Nāsirî by R. F. Azoo. (Bl No. 889.) C., As. Soc., '97. 276 S. 8.   R. 1.

1332 Tejmur-bek Bajramalibekov.–Talyšinskie teksty: Sbornik materialov dlja opisanija Kavkaza. Vyp. 20, Otd. 2, S. 17–22.

1333 Tumanskij,A.G.–Novootkrytyj persidskij geograf X stolětija i izvěstija ego o Slavjanach i Russach: Zap. X, S. 121–37.

1334 Vambéry,H.–Eine legendäre Geschichte Timurs: ZDMG IJ, S. 215–32.
Auszüge aus e. pers. Hs. aus Bochara, im Dialekt der Tadschiken. (18. Jh.)

Kurdisch und Balūcisch:

1335 Adžamov,M., i K.Chačaturov.–Kurdskie teksty: Sbornik materialov dlja opisanija Kavkaza. Vyp. 20, Otd. 2, S. 1–15.

1336 Dames,M.Longworth.–Balochi tales [Schl. zu OB VII, 4532]. XIX. A legend of Nādir Shah. XX. Dostēn and Shîrèn: Folk-Lore VIII, S. 77–83.

4. Armenien und Kaukasusländer.

1337 Sbornik materialov dlja opisanija městnostej i plemen Kavkaza. Izdanie Upravlenija Kavkazskago Učebnago Okruga [OB IX, 4937]. Vyp. 20. Tiflis '94. X, 157, 104, 2, IV, 1, 420, 38 S. 8.
Enthält ausser OB XI, 4562; 526; 1505; 1500; 1520; 1532; 1535; 1863—5 noch eine Vorrede von L.G.Lopatinskij und in Otd. 2 das erste Heft von F.G.Vejdenbaum's Materialy dlja istoriko-geografičeskago slovarja Kavkaza. 38 S. — Dazu E.Kozubskij, Ukazatel k I—XX vypuskam „Sbornika . . ." ebd. '95. II, 177 S. 8. Rec. V.Rozen, Zap. IX, S. 294 f.

— — Vyp. 21. Ebd. '96. II Bl., XLII, 200, 78, 329 S. 8.
Enthält eine Vorrede von Lopatinskij, ferner in Otd. 1: E.S.Takaj-švili, Istoričeskija pripiski dvuch kinklosov i chronologičeskij perečen' sobytij po někotorym drugim istočnikam, S. 1—60. — Ders., Dva akta katolikosa Domenija III, dannye v Konstantinopolě, S. 61—72. — N.Ostroumov, Musul'manskoe predstavlenie o Kavkazskom chrebtě (Kuchi Kaf), S. 73—8. — V.Děvickij, Kanikuljarnaja poězdka po Ėrivanskoj gubernii i Karaskoj oblasti, S. 79—180. — V.Emel'janov, Elisavetpol' i ego okrestnosti v ornitologičeskom otnošenii, s někotorymi skazanijami městnych Tatar o pticach, S. 181—200. — S.Mel'nikov-Razvedenkov, Vospor

Kimmerijskij v épochu Spartokidov, 75 S. mit Bemerkungen von E.Vejdenbaum und Lopatinskij, S. 76—8. — In Otd. II: Skazki, sobrannyja vospitannikami Zakavkazskoj učitel'skoj seminarii, S. 1—106. — G.Džanaridze, Narodnye prazdniki, obyčai i povĕr'ja Račincev, S. 107—50. — P.Tambiev, Adygskie (Čerkesskie) teksty, S. 151—269 mit Bemerkungen von Chr.Grozdov und Lopatinskij und einer Musikbeilage; dazu von Lopatinskij Objasnitel'nyj slovar', S. 270—301 und Grammatičeskija zamĕtki, S. 302—27, endlich Druckfehlerverzeichniss S. 327 f. Rec. A.Chach[an]jov, Etn. Obozr. XXXI, S. 165 f.
Sbornik materialov etc. Vyp. 22. Ebd. '97. 2 Bl., XII, 216, 72, V, 248, 42, VI S., 1 Bl. 8. (K. u. Abb.)
Enthält eine Vorrede von Lopatinskij, ferner in Otd. 1: M.Džanašvili, Izvĕstija gruzinskich lĕtopisej i istorikov o Sĕvernom Kavkazĕ i Rossii. — Opisanie Osetii, Dzurdzukii, Didoĕtii, Tušetii, Alanii i Džiketii [aus Vachušt's Geographie Gruziens]. — O carjach Chazaretii. — Alguziani [gruzinisches Gedicht mit Übs.], S. 1—206. — E.Takaj-švili, Razbor Armazskoj nadpisi po fotografičeskomu snimku, S. 207—12. — Ders., Derevjannyj antimins Metechskoj cerkvi, S. 213—6. — V.Sysoev, Kurdžipskij kurgan i ego drevnosti, S. 1—32. — Ders., Gabukojskij Kurgan, S. 33—49. — Ders., Grečeskija (i rimskija) nadpisi, S. 50—72. — In Otd. 2 nach einer Vorrede von A.A.Bogojavlenskij: K.Mačavariani, Gorod Artvin, S. 1—53. — V.Dĕvickij, Sadovodstvo v gorodĕ Erivani, S. 55—118. — I.Leontiev, Poĕzdka k Ilaksanskomu.ledniki, S. 119—62. — N.Dmitriev, Iz byta i nravov žitelej Vol'noj Svanetii, S. 163—87. — S.Lominadze, Po Rionskomu uščel'ju, S. 188—209. — D.Kereselidze, Gebskoe sel'skoe obščestvo, S. 210—38. — S.Džorbenadze, Selo Nigoiti, S. 239—47. — In Otd. 3: Čečenskie teksty, S. 1—12 u. Skazki i legendy Čečencev v russkom pereskazĕ, S. 12—22; dazu sprachliche Bemerkungen von A.Gren und Lopatinskij, S. 22—8. — A.Jaloakimov, Krĕpost' Orija (novogrečeskaja pĕsnja), S. 29—32. — M.Kartinskij, Russkij bylevoj épos na Terekĕ, S. 33—42.
— — Vyp. 23. Ebd. '97. 2 Bl., XVIII, 306, IV, 356, 48 S. 8. (K. u. Abb.)
Enthält eine Vorrede von Lopatinskij, ferner in Otd. 1: J.Ja.Apostolov, Geografičeskij očerk Kubanskoj oblasti, 306 S. — In Otd. 2 nach einer Vorrede von N.S.Ivanickij: N.Rjabych, Selo Novogeorgievskoe (Ternovka), S. 1—55. — G.Kosogljadov, Selo Petrovskoe, S. 57—72. — S.Bĕlskij, Selo Novo-Pavlovskoe, S. 73—87. — M.Zaalov, Menonity i ich kolonii na Kavkazĕ, S. 89—127. — P.Voevoda, Temrjukskoe rybolovstvo, S. 128—217. — M.Morebis, Selo Černyj rynok, S. 218—46. — A.Semiluckij, Drevnij gorod Madžary, gorod Sv. Kresta i selo Praskoveja, S. 247—52. — Ders., Selo Pokojnoe, S. 253—356. — Über Otd. 3 s. OB XI, 457a.
1538 Chacbanov,A.S.-Kavkazskaja bibliografija [OB IX, 4939]: Etn. Obozr. XXXI, S. 197 f.

a) Allgemeines.
(S. auch No. 1646.)

1539 Karta Kavkaza s oboznačeniem učebnych zavedenij za 1896 g. *Rub.* 1. Herausgegeben von der Verwaltung des Kaukasischen Lehrbezirks.

1540 Beheznilian,Krikor.-In bonds: an Armenian's experiences. Second edition. Lo., Morgan, '96. 63 S. 8. (ill.) 1 *s.* 6 *d.*

1541 Bent,J.Theod.-Travels amongst the Armenians: Contemporary Rev. LXX, S. 695-709.

1542 Bliss,Edwin M.-Turkey and the Armenian atrocities, with an introduction by Miss Frances E. Willard. Lo., Unwin, '96. 574 S. 8. (ill.) 10 *s.* 6 *d.*

1543 Bock,Wl. de.-Poteries vernissées du Caucase et de la Crimée: Mém. Soc. nat. des antiquaires LVI, S. 193-254.

1544 Bunjatov,G.-Domašnee vospitanie ženščiny u Armjan Erivanskoj gubernii: Etn. Obozr. XXXI, S. 124-33.

1545 Chacbanov,A.-Perežitok stariny v pochoronnom obrjadĕ Gruzinskago knjazja: ebd. S. 156-60.

1546 Chac[h]anow,A.-Les influences étrangères sur la civilisation de la Géorgie: Actes du X. Congr. des Or., Sect. VII, S. 65-72.

1547 Eglazarov,S.A.-O vodovladĕnii v Zakavkazskom krač. Kiew '96. 45 S. 8. *Rub.* 0.45.

1548 — — Izslĕdovanija po istorii učreždenij v Zakavkaz'i [OB III, 4773]. Čast' II: Gorodskie cechi. Kazan' '91. XLIII, 390, III S. 8. *Rub.* 4. Sep.-A. v. OB IX, 4038 Anm.

1549 Gélcĕr,H.-Hamaröt patmouthiun Hayoç. Yavelovacowkh thargmančin: 1. Camk 1895ēn — 1897 Hayoç kotoracmerou aithiv loys tesac grkherou. 2. Gavazanagirkh katholikosaç ev patriarkhaç Hayoç. Thargmanec Gr. W. Galēmkhearean. (= Azgayin matenadaran. No. 25.) Wienna, Mhitharean tparan, '97. IV Bl., 133 S. 8. *Fr.* 1.50. Übs. von H.Gelzer OB X, 4511 mit zwei Anhängen des Übs. Gr.W.Kalemkiar: 1. Verzeichnis der von 1895—97 anlässlich der armenischen Metzeleien erschienenen Schriften. 2. Stabbücher der Katholikos und Patriarchen der Armenier.

1550 Godet,G.-Forfølgelserne i Armenien. Autoriseret Oversættelse for Danmark og Norge efter Originalens 4. Udgave af C.J.Tolstrup. 2. Opl. København, Frimodt, '97. 68 S. 8.   *Kr.* 0.80.

1550a Gottwaldt,Marie Alex.-Talysincy: Dĕjatel' '97, S. 154-66.

1551 P.H.-Armenien u. die Armenier: Beil. Allg. Ztg. 44, S. 1-4.

1552 Hahn,C.-Ein ethnographisches Räthsel: Beil. Allg. Ztg. 74, S. 7 f.
Betr. die im 3. Bde. von Eliséev's Reisen erwähnten Gruzinier in der Stadt Wargla an der Grenze der Sahara und die daran geknüpfte Erklärung von Mostović im „Kavkaz".

1553 Harris,Ja.Rendel, and HelenB.-Letters from Armenia. N.Y., Revell Co., '97. 254 S.; 1 K. 8. $ 1.25.

1554 K.-Edschmiatsin: Christl. Orient I, S. 51-6; 1 T.

1554a Kulakovskij,Julian.-Wo wurde vom Kaiser Justinian der Dom für die Abasgen gebaut? (russ.): Archeolog. izvĕstija i zamĕtki '97, No. 2.
Rec. K.A[rumbacher], Byz. Z. VI, S. 636.

1555 Lepsius,J.-Armenia and Europe: an indictment. Ed. by J.Rendel Harris. Lo., Hodder, '97. 344 S. 8.   5 s.
Vgl. OB X, 4519.

1556 Lidgett,E.S.-An ancient people: a sketch of Armenian history. Lo., Nisbet, '97. 76 S. 8.   1 s.

1557 La vérité sur les massacres d'Arménie. Documents nouveaux ou peu connus. Rapports de témoins oculaires, correspondances particulières, extraits de journaux par un Philarmène. P., Stock, '96. 128 S. 8.   *Fr.* 2.

1558 Meisel,P.-Das Evangelium unter den Armeniern: Allg. Miss.-Z. XXIV, S. 209-24; 270-83; 331-6.

1559 Pfeiffer,E.-Die Anfänge der protest. Kirche in Armenien 1813-1850: Christl. Orient I, S. 26-42; 78-85; 120-33.
Abdruck der 1863 ersch. Abhdl.: „Die Armenier in der Türkei."

1560 Pierce,W.F. and L.F.-The Armenian church: New World VI, S. 56-69.

1561 Rösler,E.-Archäol. Funde in Transkaukasien: Z. f. Ethnol. XXIX, S. (209)-(212).
Mit Bem. v. Virchow, S. (212) f.

1562 Seklemian,A.G.-The wicked stepmother. An Armenian folk-tale: J. of Am. Folk-Lore X, S. 135-42.

1563 Stern,Bernh.-Zwischen Kaspi und Pontus. Kaukasische Skizzen. Breslau, Schles. Buchdruck., '97. 258 S. 8. (ill.)   *M.* 4.
Rec. A.Arzruni, DL 21, S. 824 u. Ggr. Z. III, S. 485; F., ÖM XXIII, S. 100-3.

1564 Stewart,C.E.-Account of the Hindu fire-temple at Baku, in the Trans-Caucasus province of Russia: JRAS '97, S. 311-5; 4 T.
Note by R.N.Cust, S. 315-8.

1565 Sthyr,H.V.-Armenien og Armenierne. Et lille Bidrag till Bedømmelse af den nyeste Kristenforfølgelse. Kjøbenhavn, Bethesdas Bogh., '97. 18 unpaginierte S. 4.   *Kr.* 0.30.
Sep.-A. aus "Vort Land."

1565a Tomašek,W.-Sasoun ev Tigrisi ałberaç sahmannerç. Patmakan ev tełagrakan hetazòtouthiun. Masn aradžin: Patmakan tełekouthiunkh Sasnoy wray. Thargmaneç Barnabas W. Pilezikčean. (= Azgayin matenadaran. No. 21.) Wienna, Mhitharean tparan, '96. IV Bl., 64 S. 8.   *Fr.* 1.
Obs. von OB X, 1633.

b) Sprache und Litteratur.
(S. auch No. 1097.)

1566 Zeitschrift für Ethnographie hrsg. v. E.Lalayanç. (In armen. Spr.) I. Jahrg. 1. Buch. Schuscha, Yakobeanç, '96. 550 S. 8.   *Rub.* 1.50.
Inhaltsang. v. L.Babayanç, PM XLIII, Lber. S. 33 f.

1567 Armenian poems. Rendered into Engl. verses by Alice Stone Blackwell. Boston '96. 8.

1568 Conybeare,F.C.-Ananias of Shirak upon Christmas: Expositor '96, S. 321-37.

1369 Emin,N.O.–Perevody i stat'i po duchovnoj Armjanskoj literaturě (za 1859–1882 gg.). Apokrify, žitija, slova i dr. S tremja priloženijami. (= Ětnografičeskij fond imeni N.O.Emina pri Lazarevskom institutě vostočnych jazykov. III.) Moskau 1897. XXI, 368 S. 8.
S. OB X, 4545. — Rec. *K.K[rumbacher]*, Byz. Z. VI, S. 622 f.

1570 Florentin-Loriot.–Trois poésies arméniennes. Alençon, impr. Renaut-de-Broise, '96. 15 S. 8. *Fr. 1.*
Extrait du Journal d'Alençon du 15 octobre 1896.

1570a Gathrčean,Y.[Catergian,J.]–DieLiturgien bei denArmeniern. Fünfzehn Texte und Untersuchungen (in armenischer Sprache), hrsg. und erweitert von P.J.Dashian. (= Matenadaran aramean enkerouthean. Bd. 15.) W., Mechitaristen-Congregation, '97. XXI, 746 S., 3 Bl. 4. (ill.) *Fl.* 16.

1571 Protevangelium Iacobi. [From an Armenian ms. in the library of the Mechitarists in Venice.] By F.C.Conybeare: Am. J. of th. I, S. 424–42.

1571a Karriér,A.–Abgarou zroyce Mowsēs Horenacvoy patmouthean mēdž. Khnnadatakan ousoumnasirouthiunkh. Thargmaneç Gabriēl W. Měněwišean. (= Azgayin matenadaran. No. 22.). Wienna, Mḫitharean tparan, '97. XV, 112 S. 8. *Fr.* 1.50.
Ubs. von A.Carriére OB IX, 4993.

1571b Mesrob e l'alfabeto armeno: Bessarione I, S. 807-10; 912-7.

1572 Mserianc,Levon.–Ětjudy po Armjanskoj dialektologii. Čast' I. Sravnitel'naja fonetika Musskago dialekta v svjazi s fonetikoju Grabara. Moskva, Univ.-Druckerei, '97. XXIV, 147 S. 8. Dazu IX S. Dopolnenija i ispravlenija.
(L., Harrass. *M.* 5.)
Aus den Učenyja Zapiski der Moskauer Univ., Hist.-phil. Abt., Heft XXIV. — Rec. *Lukas von Patrubány*, Sprachwiss. Abh. hrsg. von L. v. P. I, 1, S. 14.

1573 Patrubány,Lukas von.–Armenische Etymologien. – Armeno-Türkisch. – Vorarbeiten zum arm. Namenbuch. I. Beiträge zur siebenbürgisch-armenischen Namenforschung: Sprachwiss. Abhandlungen. Hrsg. von L. v. P. I, 1, S. 4–14.

1574 Weber,Sim.–Abfassungszeit u. Echtheit d. Schrift Ezniks: „Widerlegung der Irrlehren": Th. Qschr. LXXIX, S. 367–98.

1575 Yownanean,Levond W.–Hatazôtouthiunkh nahneacramkôrēni wray. Ousoumnasirouthiunkh ev khałovackhner. Masn aradžin: ramkôrēn matenagrouthiun. Tetr. 1 ev 2. (= Azgayin matenadaran. No. 23–4.) Wienna, Mḫitharean tparan, '97. VIII, 522 S. 8. *Fr.* 7.
L.W.Hunanian, Untersuchungen über die alte Vulgärsprache. I, 1 u. 2.

Kaukasische Sprachen.

1576 Adjarian,H.–Étude sur la langue laze: MSLP X, S. 145–60.

1576a Bury, J. B.–Iveron and our Lady of the Gate: Hermathena X, S. 71–99.
Be·pr. auch das georgische Leben des hl. Euthymios. Vgl. *K. K[rumbacher]*, Byz. Z. VI, S. 627.

1576b Chachanov,A.S.–Očerki po istorii gruzinskoj slovesnosti [OB IX, 5034]. Vyp. II. Moskau '97. 355 S. 8. (Heft 1 u. 2: L. Harr. *M.* 11.)

1577 Riabinin,Michel.–Notes de lexicographie géorgienne. Examen du matériel emprunté: MSLP X, S. 12–23.

1578 Schuchardt,Hugo.–Zur Geographie und Statistik der kharthwelischen (südkaukasischen) Sprachen: PM XLIII, S. 49–59; 80–6; 119–27; 1 K.
Ausgehend von E. Kondratenko, Ětnogr. karty gubernij i oblastej Zakavkazskago kraja. Beilage zu den Zap. Kavkazskago Otd. Imp. Russk. Ggr. Obšč. XVIII ('96).

1579 — — Kharthwelische Sprachwissenschaft [OB X, 4555]. III: WZKM XI, S. 167–80.

1579a — — Rumänisches in georgischer Schrift: ebd. S. 207 f.
In einem zu Kutaïs 1710 gedruckten georgischen Messbuch.

1580 Uslar, Baron P.K.–Ětnografija Kavkaza. Jazykoznanie [OB VII, 4657]. VI. Kjurinskij jazyk. Izdanie Upravlenija Kavkazskago Učebnago Okruga. Tiflis '96. 2, 639 S. 8.

5. Kleinasien und Cypern.

(S. auch No. 1772; 2436.)

1581 Ruge,W.–Neuere Forschungen in Kleinasien: Ggr. Z. III, S. 461–7.
Berücks. die Jahre 1891—1896.

1582 Anderson, J. G. C.–The road-system of Eastern Asia Minor with the evidence of Byzantine campaigns: J. of Hell. Stud. XVII, S. 22–44; 1 T.

1583 Benndorf,Otto.–Vorläufiger Bericht über den Beginn einer neuen klein-asiatischen Unternehmung: Anz. Ak. Wiss. W., Phil.-hist. Cl. XXXIV, S. 12–30; 2 Kärtchen im Text.
Ausgrabungen in Ephesus.

1584 Benloew,Louis.–De la nationalité des Troyens: Actes du X. Congr. des Or., Sect. VII, S. 5–30.

1585 — — Des noms d'endroits terminés en *anda* situés non loin de Trébizonde: ebd. S. 33–7.

1585a Boissier,A.–En Cappadoce. Notes de voyage. Genève, Rey et Malavallon, '97. 51 S. 8. (ill.)

1586 Buchholz,Adolf.–Die Liste d. kappadokischen Könige bis Diodor: Philologisch-histor. Beiträge C.Wachsmuth z. 60. Geburtstage überreicht (L., Teubner, '97).

1587 Chantre,Ernest.–Rapport sur une mission scientifique en Asie Mineure, spécialement en Cappadoce (1893–1894): N. Archives des miss. sc. et litt. VII, S. 329–66.

1588 Cons,Emma.–Armenian exiles in Cyprus: Contemporary Rev. LXX, S. 888–95.

1580 Enlart, C.–[Sur sa mission dans l'île de Chypre]: CR XXIV ('96), S. 282–5.

1589a — — Notes sur le voyage de Nicolas de Martoni en Chypre: Rev. de l'Or. lat. IV, S. 623–32.

1590 Geddes,Patrick.–Cyprus, actual and possible. A study in the Eastern question: Contemporary Rev. LXXI, S. 892–908.
Hierzu W.M.Ramsay, ebd. LXXII, S. 234—41.

1591 Götze, A.–Die trojanischen Silberbarren der Schliemann-Sammlung. Ein Beitr. z. Urgeschichte d. Geldes: Globus LXXI, S. 217–20.

1592 Head,B.V.–Catalogue of the Greek coins of Caria, Cos, Rhodes, etc. Lo., printed by order of the Trustees, '97. CXIX, 326 S.; 1. K., 45 T. 8. 28 s.
Vgl. OB VIII, 4643a. — Rec. Ath., June 26, S. 844 f.; *P.Gardner,* Class. Rev. XI, S. 275 f.

1593 Heberdey, Rud., u. Adf.Wilhelm.–Reisen in Kilikien, ausgeführt 1891 u. 1892 im Auftrage der kaiserl. Akademie der Wissenschaften. Mit 1 Karte v. Heinr. Kiepert. [Aus: „Denkschr. d. k. Akad. d. Wiss."] W., C.Gerold's Sohn in Comm., '97. 168 S. 4. (ill.)   *M.* 13.70.

1594 Imbert,J.–De quelques inscriptions lyciennes: MSLP X, S. 24–58.

1595 Imhoof-Blumer,E.–Lydische Stadtmünzen. Genf (L., Harrassowitz,) '97. 8. M. 6 Regist. u. 151 Abbildgn. auf 7 Tafeln.   *M.* 10.

1596 Cyprische Kunst: Mitth. K. K. Österr. Mus. f. Kunst u. Industrie, N. F. XI, S. 196.

1596a Giovanni Mariti travels in the island of Cyprus, transl. from the Italian by C.D.Cobham. Nicosia '95. 8.   (Lo., Quaritch 7 s. 6 d.)

1597 Mas Latrie.–Un chapitre à supprimer dans l'*Oriens christianus*: CR XXIV ('96), S. 251–61.
Sur l'église latine en Chypre.

1598 Myres,John L.–Excavations in Cyprus in 1894: J. of Hell. Stud. XVII, S. 134–73.

1500 [Ber. üb. e. Vortr. v. R.Oberhummer üb. s. Reise durch Syrien u. Kleinasien]: Beil. Allg. Ztg. 99, S. 7 f.

1600 Radet,Georges.–Mygdus, localité d'Asie Mineure: CR XXIV ('96), S. 450.

1601 — — Recherches sur la géogr. ancienne de l'Asie Mineure [OB X, 4583]: Rev. des Universités du Midi '97, No. 1.

1602 Ramsay,W. M. -The cities and bishoprics of Phrygia: essay of the local history of Phrygia from the earliest times to the Turkish conquest. Vol. 1 [OB IX, 1719]. Part 2. West and West-Central Phrygia. Oxford, Clarendon Press (Lo., Frowde),'97. XVI, S. 353–792; 3 K., 2 T. 8. (ill.) 21 *s*.
S. 709 ff.: 788 ff. über die Aberkios-Inschr. — Rec. Ath., May 22, S. 671—3; *E.Schürer*, Th. Lz. 10, S. 268—70; *K.Krumbacher*], Byz. Z. VI, S. 635.

1603 — — Two massacres in Asia Minor: Contemporary Rev. LXX, S. 435–48.
Diolectian's Christenverfolgung i. J. 303 verglichen mit der jetzigen Armenierverfolgung. — S. auch ebd. S. 457—65.

1604 — — Phrygian inscriptions in the Book of Acts: S. S. Times XXXIX, S. 626 f.

1605 Rossi,Mich.-La difesa di un arcivescovo di Cipro protetto da Pietro Bembo: Rdc. Lincei VI, S. 241–54.

1606 Ruge,Walter. - Strassen im östlichen Kappadokien: Philologisch-histor. Beiträge C. Wachsmuth z. 60. Geburtstage überreicht (L., Teubner, '97).

1607 Torp,Alf.-Zum Phrygischen. (= Skrifter udg. af Videnskabsselsk. 1896. II. Hist.-fil. Kl. No. 3.) Kristiania, Dybwad i Kommission, '97. 19 S. 8. *Kr.* 0.80.

1608 Thurneysen,R.-Zur umschreibung des Lykischen: KZ XXXV, S. 221-6.

Anhang: Hittiten.
(S. auch No. 74.)

1609 Cara,Ces.A.de.-Gli Hethei-Pelasgi nel continente ellenico [OBX, 4589]. La Laconia. L'Argolide. Argo. Tirinto. Micene. Conclusioni storico-critiche. — Gli Hethei-Pelasgi in Italia. Introduzione. Gl'Italici nella paletnologia italiana: Civiltà catt., Ser. XVI, Vol. IX, S. 145–60; 419–36; 656–74; X, S. 162–83; 398–413; 655–70; XI, 277–91; 529–47.
OB X. 4589 ergänze: La Beozia. Le due Acaie. L'Attica.

1610 Jensen,P.-Hittite-Armenian inscriptions of Sargon's time: S. S. Times '97, S. 3-5.

Recensionen zu IV, 3—5.

H.Abich, Aus kaukas. Ländern: *Merzbacher*, PM XLIII, S. 18–23.
Avesta ... Ed. by K.F.Geldner: *E.W.West*, JRAS '97, S. 364-70.
The Zend Avesta. Part II. Transl. by J. Darmesteter (SBE XXII): *L.H. Mills*, As. Qu. Rev. III ('97), S. 129–36.
Sibrąna Balawarisi. E.T'aqaišwilis redak'torobit': *N.Marr*, Zap. X, S. 211-3.
E.G.Browne, A catal. of the Persian mss. in the Libr. of the Univ. of Cambridge: *O.Mann*, DL. 3, S. 86–8; *W.Irvine*, JRAS '96, S. 406–9 (notes on some of the works relating to Indian history).
J.Bryce, Transkaukasia and Ararat: Ac. LI, S. 350 f.
A.Carrière, La légende d'Abgar dans l'histoire d'Arménie de Moïse de Khoren: *Aug.Burckhardt*, Byz. Z. VI, S. 426–35.
G.A.Chalatjanc, Armjanskij epos v istorii Armenii Moiseja Chorenskago: *R.v. Stackelberg*, Byz. Z. VI, S. 435–9.
F.C.Conybeare, The Barlaam and Josaphat legend: *N.Marr*, ŽMNP CCCX, April '97, S. 483–90.
F.Cumont, Les inscr. chrétiennes de l'Asie Mineure: *J.Réville*, Rev. hist. rel. XXXIV, S. 133-5.
J.Dashian, Catalog der armen. Hss.: *E.Preuschen*, Th. Lz. 12, S. 322-4; *Friedr.Müller*, WZKM XI, S. 183 f.
D.W.Freshfield, The exploration of the Caucasus: *J.W.G.*, Nature LV, S. 440-2 (dazu Freshfield u. J.W.G. S. 535; 580 f.).
Grundriss d. iran. Philologie. I, 2–II, 2: *G.M[eyer]*, LC 1, S. 26f.; *J.Kirste*, OL 5, S. 138 f.; 11, S. 330 f.
C.Hahn, Kaukas. Reisen u. Studien: *K[irchho]ff*, LC 5, S. 159 f.; *Artruni* Ggr. Z. III, S. 59f.; *Merzbacher*, PM XLIII, S. 34 f.
A.Heinrich, Troja: *G.Vogrinz*, Z. f. d. öst. Gymn. XLVIII, S. 463 f.

E.A.B.**Hodgetts**, Round about Armenia: Ath., Jan. 30, S. 146; SR LXXXIII, S. 427.

H.**Hübschmann**, Armenische Grammatik. I, 1: *H. Hübschmann*, IF Anz. VIII, S. 42–9; *L. von Patrubány*, Ethnol. Mitth. aus Ungarn V, II. 5–10; *Gabr. Měněwišean*, Handēs amsôreay, Aug. '97.

F.**Justi**, Iranisches Namenbuch: *P.Horn*, IF Anz. VIII, S. 49–54.

Le Camus, Voyage aux sept églises de l'Apocalypse (OB X, 4570): *D.LeHir*, Bull. cr. 14, S. 261–4; *M.Schwab*, Rev. ét. j. XXXIV, S. 159 f.

J.**Morier**, The adventures of Hajji Baba of Ispahan: Ac. LI, S. 13 f.

Muhammad Haidar, The Tarikh-i-Rashidi. An Engl. version, by E.D.Ross, with comm. by N.Elias: *H.Beveridge*, C. Rev. CIV, S. 199–222; *V.Bartol'd*, Zap. X, S. 215–26.

A.F.**Mummery**, My climbs in the Alps and Caucasus: *v.Déchy*, PM XLIII, Lber. S. 63 f.

Philo, De vita contemplativa .... ed. by F.C.Conybeare (OB IX, 1700): *A.H[ilgenfeld]*, Z. f. wiss. Th. XL., S. 154–8; *P.L*, Rev. cr. 25, S. 489–91.

R.**Raabe**, Ἱστορία Ἀλεξάνδρου: *A.B-dt*, LC 5, S. 168 f.; *R.D[uval]*, Rev. cr. 7, S. 121 f.; *B.Kübler*, B. philol. Ws. '97, S. 868–72.

G.**Radet**, En Phrygie: *A.Körte*, GGA 5, S. 386–416.

Th.**Reinach**, Mithradates Eupator: *G.Wissowa*, Hist. Z. LXXVIII, S. 274; *H.Swoboda*, Z. f. d. öst. Gymn. XLVII, S. 48–50; *J.V.Prášek*, Nár. Listy '97, No. 230.

A.**Riegl**, Ein oriental. Teppich v. J. 1202 n. Chr.: *O.v.Falke*, Repertorium f. Kunstwiss. XIX, S. 149–55.

J.A.**Robinson**, Euthaliana: *v.D.*, LC 6, S. 193 f.; *W.Bousset*, Th. Lz. 2, S. 44–8.

F.**Sarre**, Reise in Kleinasien: *K.V.*, IC 19, S. 617 f.

R.**Virchow**, Ueb. die culturgesch. Stellung des Kaukasus: *J.D.E.Schmeltz*, Int. Arch. f. Ethnogr. X, S. 28–31.

V. SEMITEN.

1. Allgemeines.

(S. auch No. 368; 2493; 2657.)

1611 The American Journal of Semitic languages and literatures (continuing "Hebraica") [OB X, 1702]. Vol. XII. Nos. 3–4. Vol. XIII. Nos. 1–4. Apr., '96–July, '97. Chicago, Univ. Press (Lo., Luzac; L., Köhler's Antiquarium). S. 143–284; 1–331. 8. (T.)　　　　　　　j. $ 3; M. 14.

1612 Revue sémitique d'épigr. et d'histoire ancienne: Dir. J.Halévy [OB X, 4594]. 5ᵉ Année. Janv.; Avril '97. P., Leroux. S. 1–192. 8. j. Fr. 20.

1613 Bibliographie [OB X, 4595]: ZAW XVII, S. 217–32.

1614 Semitic bibliography [OB X, 1706]; Am. J. of Sem. langu. and lit. XII, S. 274–83; XIII, S. 81–8; 154–62; 240–8; 318–28.

1615 **Montet**,Édw.-Quarterly report on Semitic studies and Orientalism [OB X, 4596]: As. Qu. Rev. III ('97), S. 124 f.; 371–3.

1616 **Barth**,J.-Zwei pronominale Elemente. 1. Das syrische Imperfect-Präfix *n*. II. Der hebr. u. der aramaeische Artikel: Am. J. of Sem. langu. and lit. XIII, S. 1–13.

1617 — — Die Pōlel-Conjugation u. die Pōlal-Participien: Semitic Studies in memory of Alexander Kohut, S. 83–93.

1618 Illumination of Bel: Independent (N. Y.) '97, S. 214.

1619 **Cheyne**,T.K.-The connection of Esau and Usôos: ZAW XVII, S. 189 f.

1620 **Clermont-Ganneau**,Ch.-Les berquilia des Croisés et la birké arabe: CR XXIV ('96), S. 325.

1621 — — Notes d'archéologie orientale [OB X, 1710]. § 19. Sceau sassanide au nom de Chahpoühr, intendant général de Yezdegerd II. § 20. Inscr. romaines d'Abila de Lysanias. § 21. Inscr. romaine d'Héliopolis. § 22. Le sceau de Elamaç, fils de Elichou'. § 23. Le lychnarion arabe de Djerach.

§ 24. La mosaïque de Medaba. § 25. La géogr. médiévale de la Palestine, d'après des documents arabes. § 26. Amulette au nom du dieu Sasm. § 27. L'apothéose de Neteiros. § 28. Ossuaire d'Afrique, chrétien ou juif? § 29. Le dieu du Safa. § 30. Les monnaies phéniciennes de Laodicée de Chanaan. § 31. Le nom palmyrénien de Taibol: Rev. arch. XXX ('97), S. 232–50; 273–304.

1622 Glaser, Ed.–Ursprung des arabischen Artikels ال: ZDMG LI, S. 166 f.

1623 Gollancz, H., and M.S.Howell.–The Semitic Series of "The Anecdota Oxoniensia": As. Qu. Rev. III ('97), S. 364–70.
Besprechungen der bisher erschienenen Bde.

1624 Halévy, J.–Deux notes épigraphiques. I. Un dernier mot [OB X, 4722 f.] sur les inscr. de Nérab. II. Quelques observations sur l'inscr. phénicienne de Narnaka: Rev. sém. V, S. 190–2.

1625 König, Ed.–Das *l*-Jaqtul im Semitischen: ZDMG LI, S. 330–7.

1626 Künstlinger, Dav.–Zur Theorie d. Zahlwörter in den semitischen Sprachen. (Diss. Bern.) B., Druck v. Itzkowski, '97. 32 S. 8.
Der Schluss = OB X, 4605.

1627 Lambert, Mayer.–La permutation du ה et du ע: Rev. ét. j. XXXIV, S. 118 f.

1628 — — De la formation des racines trilitères fortes: Semitic Studies in memory of Alexander Kohut, S. 354–62.

1629 Lindberg, O.E.–Vergleichende Grammatik der semitischen Sprachen. I. Lautlehre: A. Konsonantismus. (= Göteborgs Högskolas årsskrift 1897. VI.) Göteborg, Wettergren & Kerber, '97. XI, 160 S. 8.   *Kr.* 7.50.

1630 Margolis, Max L.–Notes on Semitic grammar [OB IX, 1744]. II. The feminine ending *t* in Hebrew: Am. J. of Sem. langu. and lit. XII, S. 197–229.

1631 Nöldeke, Th.–אֲלְמָנָה und אֶלֶם: ZAW XVII, S. 183–7.

1632 — — חֵמָה: ebd. S. 187 f.

1633 Philippi, Fr.–Nochmals die Aussprache der semitischen Konsonanten ר und ע: ZDMG LI, S. 66–104; 338 f.
S. Lit.-Bl. f. or. Philol. IV, 2385.

1634 Semitica: Independent (N. Y.) '97, S. 588.

1635 Stade, B.–Vier im J. 1896 publicirte altsemitische Siegelsteine: ZAW XVII, S. 204–6.
Zu Brünnow OB X, 1824; Clermont-Ganneau X, 1710; Sachau X, 4830.

1636 Steinthal, Hajjim.–Charakter d. Semiten: Semitic Studies in memory of Alexander Kohut, S. 557–9.

1637 Walker, A.–The Semitic negative with special reference to the negative in Hebrew: Am. J. of Sem. langu. and lit. XII, S. 230–67.

1638 Winckler, Hugo.–Altorientalische Forschungen. [OB X, 1719.] V. Zur babylonisch-assyr. geschichte. – Zur phönicisch-karthag. geschichte. – Zur geschichte des alten Arabien. L., Pfeiffer, '97. III, S. 371–468. 8.   *M.* 6.

— — — VI. Zur babylon. verfassung. – Die eroberung v. Kirbit u. die zeit der ersten unternehmungen Assurbanipals. – Kimmerier, Asguzäer, Skythen. – Zun. babylon.-chald. feudalwesen. – Necho u. Nebukadnezar in Ribla. – Die med. mauer. – Pittakos? – Bruchstücke v. Keilschrifttexten. – Einige altbabyl. inschriften. – Einzelh. u. nachträge. – Verzeichnisse. Ebd. '97. V, S. 469–573. 8.   *M.* 6.

2. Assyrisch-Babylonisches
(einschliesslich des Alt-Chaldäischen u. s. w.).
(S. auch No. 74; 2235; 2647; 2713.)

1639 Zeitschrift f. Assyriologie u. verwandte Gebiete ... hrsg. v. Carl Bezold [OB X, 4612]. XI. Bd. 4. Heft. April '97. XII. Band. 1. Heft. August '97. Weimar, Felber. S. 367–454; 1–143. 8.   j. *M.* 18.

1640 [Bezold, C.]–Bibliographie [OB X, 4613]: ZA XI, S. 453 f.; XII, S. 140–2.

1641 Prášek, J. V.–Půlstoletí studia klínopisného [Ein halbes Jahrhundert Keilschriftforschung]: Květy XIX ('97), S. 381–94.

1642 Rösch,G.-Assyrer [OB X, 1723]: Jsb. d. Geschw. '95 ('97), I, S. 12-25.

1642a Banks,Edgar James.-Sumerisch-babylonische Hymnen der von George Reisner herausgegeb. Berliner Sammlung (OB X, 1777) umschr., übs. u. erkl. (Diss. Breslau.) L., Druck v. Pries, '97. 31 S., 2 Bl. 8.

1643 Belck,W. u. C.F.Lehmann.-Zu Jensen's Bemerk. betr. d. Sitze der Chalder (OB X, 4637): ZA XII, S. 113-23.

1644 Billeb.-Die Thontafeln von Tell-el-Amarna u. die Bücher Josua u. Richter: D.-ev. Bl. '97, S. 250-70.

1645 Boissier,Alfred.-Documents assyriens relatifs aux présages. T. 1er. [OB VIII, 1416]. Livr. 2. P., Bouillon, '96. X, S. 49-188. 4. (T.) *Fr.* 20. Rec. *J.G.P[inches]*, JRAS '97, S. 413-5.

1646 -- — Note sur la situation du pays d'Artsabi: ZA XII, S. 107 f.

1647 Boscawen,W.St.C.-A new Babylonian inscription: B&OR VIII, S. 136-40.

1648 Brünnow,Rud.E.-A classified list of all simple and compound cunei-form ideographs occurring in the texts hitherto published, with their Assyro-Babylonian equivalents, phonetic values etc. [OB I, 4310; II, 3978; III, 3279]. Indices. Leiden, Brill, '97. VIII, 344 S. 4. *F.* 15; *M.* 25.

1649 [Communication de S.Berger d'une étude de Bruston sur une inscr. cunéiforme publ. dans la Revue bibl. p. Scheil]: Bull. Soc. nat. des anti-quaires de Fr. '96, S. 323 f.

1650 Craig,James A.-Assyrian and Babylonian religious texts being prayers, oracles, hymns &c. Copied from the original tablets preserved in the British museum and autographed [OB IX, 5121]. Vol. II. With corrections to Vol. I. (= Assyriolog. Bibliothek. XIII. Bd. 2. Heft.) L., Hinrichs '97. XI S.; 21 Bl. 4. *M.* 7.

1650a -- — The Pa-še (Išin) dynasty: Am. J. of Sem. langu. and lit. XIII, S. 220 f.

1651 Delitzsch,Friedr.-Über den Ursprung der babylonischen Keilschrift-zeichen: Ber. über die Verh. Sächs. Ges. Wiss., Phil.-hist. Cl., Bd. 48 ('96), S. 167-98.
Vgl. OB X, 4624.

1651a Driver, S.R.-Sargon of Akkad and his critics: Expos. Times '97, Feb., S. 240.

1651b Ducreux,Claire.-L'Arménie primitive d'après les inscriptions cunéi-formes: Rev. encyclopédique '97, 24 Avril.

1652 Dumon.-Notice sur la profession de médecin d'après les textes assyro-babyloniens: JA Sér. IX, T. IX, S. 318-26.

1653 Feuchtwang,D.-Assyriologische Studien. I. צרא in der hl. Schrift. II. Nahum: Mschr. f. Gesch. u. Wiss. d. Jt. XLI, S. 193-203; 385-92.

1653a Goodspeed,G.S.-A sketch of Assyrian history with special reference to Palestine from the division of the kingdom: Bibl. World IX, S. 401-12.

1654 Halévy,J.-Les plus anciens caractères du syllabaire babylonien: JA Sér. IX, T. IX, S. 153-5.

1655 -- — Le profit historique des tablettes d'El-Amarna: Rev. sém. V, S. 36-46; 132-47.

1656 Harper,Rob.Fr.-Assyriological notes [OB IX, 1765]. II: Am. J. of Sem. langu. and lit. XIII, S. 209-12.

1657 Heuzey,Léon.-[Les decouvertes de Mr. de Sarzec]: CR XXIV ('96), S. 238 f.; 350-2.
Mit Bem. v. Oppert u. Menant. — S. schon OB X, 1731.

1658 -- — Le còne historique d'Enteména. Avec une trad. de Fr.Thureau-Dangin: ebd. S. 592-9.

1659 Hilprecht's Ausgrabungen in Mesopotamien: ÖM XXIII, S. 36.
Nach d. „Am. Architect".

1660 Jastrow jr., Morris.-The inscription of Rammân-Nirari I: Am. J. of Sem. languages and lit. XII, S. 143-72; 4 T.

1661 -- -- Mešek and Tabal: ebd. XIII, S. 217.

1602 Jastrow jr., Morris.–The text-book literature of the Babylonians: Biblical World '97, Apr., S. 248–68.

1603 Jensen, Peter.–The Queen in the Babylonian Hades, and her consort: S. S. Times '97, S. 163 f.; 178 f.

1604 Johnston, Christopher.–The epistolary literature of the Assyrians and Babylonians: JAOS XVIII, 1, S. 125–75.

1605 Karppe.–Mélanges assyriologiques et bibliques: JA Sér. IX, T. IX, S. 86–146.

1606 Kent, Charles Foster.–The origin and signification of the gunû-signs: Am. J. of Sem. langu. and lit. XIII, S. 299–308.

1607 Lau,R.J.–Two Old-Babylonian tablets: edited, with a note: JAOS XVIII, S. 363–5.

1608 Lehmann,C.F.–„Nach Tag und Monat": ZA XI, S. 432–43.
Gegen J.Oppert OB X, 4654. — Vgl. Oppert, ebd. XII, S. 97—105.

1609 — — Aus e. Briefe an C.Bezold: ebd. S. 443–5.
Ueber Berossos aus Anlass des Artikels v. Schwartz in Paulys Real-Encycl. III, S. 309—16.

1670 — — Sarapis: ebd. XII, S. 112.
= (Ra) šar apsi.

1671 — — Aus e. Briefe an C.Bezold: ebd. S. 124.
Ueber Kudurnanhundi.

1672 — — Berichtigung [zu OB X, 4642]: Z. f. Ethnol. XXVIII, S. (572).

1673 — — Eine assyrische Darstell. der Massage: ebd. S. (585) f.
Vgl. Globus LXXI, S. 316; dagegen ebd. S. 380.

1674 — — Weitere Darstellungen assyr. Ruhebetten: Z. f. Ethnol. XXIX. S. (164) f.

1674a Loisy.–Le poème babylonien de la création: Rev. des religions, No. 43.

1675 Maier,Gust.–Assyrien. Reiseskizzen. Bamberg, Handelsdruckerei, '97. 180 S. 8. *M.* 1.

1676 Meissner, Bruno.–Erklärung: ZA XI, S. 445 f.
Betr. die Identität v. Pallukat u. Παλλακόττας u. Delattre's Prioritätsrecht in diesem Punkte.

1677 — — ישר: ZAW XVIII, S. 191 f.
Identif. von Thathnai mit Uštanni, dem Satrapen v. Babylon u. Syrien; Vorschlag der Schreibung ישר.

1678 Mengedoht,H.W.–Letter of an Assyrian physician: B&OR VIII, S. 95 f.

1679 — — The black obelisk. Annals of Shalmanezer II., king of Assyria. B. C. 858–854: ebd S. 111–20; 141–4.

1679a Meyer,Eduard.–Glossen z. d. Thontafelbriefen von Tell el Amarna: Aegyptiaca. Festschr. Ebers, S. 62–76.

1680 Mserianc,Levon Z.-K interpretacii vanskich nadpisej: Χαριστήρια (oben No. 75a), S. 391–9.
Auch sep. Moskva '96. 10 S. 8. (L., Harrass. *M.* 1.) — 8. schon OB IX, 1786.

1681 Müller, W.Max, u. H.Winckler.–l'apâhu: Mitt. Vorderas. Ges. II, S. 279 f.

1682 Muss-Arnolt,W.–Assyrisch-englisch-deutsches Handwörterbuch [OB X, 4650]. 6. Lief. B., Reuther & Reichardt, '97. 8. *M.* 5.
Rec. *T.G.P*[*inches*], JRAS '97. S. 166.

1683 Niebuhr,C.–Die erste Dynastie von Babel: Mitt. Vorderas. Ges. II, S. 290–5.

1684 Nikol'skij,M.V. – Klinoobraznyja nadpisi Zakavkaz'ja. Moskva '96. 133 S.; 33 T. 4.
= Materialy po archeologii Kavkaza. V. – S. OB X, 4520a. Rec. *H.*, Beil. Allg. Ztg. 33. S. 6 f.; *C.F.Lehmann* u. *Belck*, Z. f. Ethnol. XXVIII, S. (586)–(589).

1685 Oppert,J.–Trad. d'un texte cunéiforme du Musée Britannique, p. F. Strassmaier: CR XXIV ('96), S. 271 f.

1686 — — Un cadastre chaldéen du quatrième millénium avant l'ère chrétienne: ebd. S. 331–48; 603 f.; 1 T.

1687 — — Un relèvement de terrain chaldéen, consigné sur une lentille en argile: ebd. S. 388–97.

1688 — — Sur la liste des éponymes assyriens: ebd. S. 407 f.

1689 Oppert,J.-Trad. d'un texte de Saosduchin: ebd. S. 422-35; 602 f.

1690 — — L'arpentage des quadrilatères chaldéens: ZA XII, S. 109-11.

1691 —. — Die Schaltmonate bei den Babyloniern u. die ägyptisch-chaldäische Āra des Nabonassar: ZDMG LI, S. 138-65.
Zu Mahler OB IX, 5148.

1692 Peiser,F.E.-Studien zur orientalischen Altertumskunde: Mitt. Vorderas. Ges. II, S. 296-327.   (Sep. *M.* 1.)
Chronologisches. Zu Genesis XIV. Habiru. Palmyrenisches. Zur Frage nach d. Entsteh. d. Keilschrift.

1093 Peters,J.P.-Nippur; or explorations and adventures on the Euphrates. Vol. I. First campaign. N. Y., Putnam, '97. XI., 375 S. S.
Rec. *C.H.Toy*, New World VI, S. 564—6; Independent (N. Y.) XLIX, S. 978.

1694 P[inches],T.G.-[Ueber J.Oppert's u. Thureau-Dangin's Abhdl. zur babylon. Metrologie]: JRAS '97, S. 131 f.

1695 — — Some late-Babylonian texts in the British Museum: Rec. de trav. XIX, S. 101-12.

1696 Prášek, J.V.-Beiträge zur medischen Geschichte: ebd. S. 193-208.

1697 Prince,John Dyneley.-The syntax of the Assyrian preposition *ana:* JAOS XVIII, S. 355-60.

1698 Rasmussen,N.-Salmanassar den II's Indskrifter. Kileskrift, Transliteration og Translation samt Commentar til Monolith-Indskriften. Col. I. Udg. med Understøttelse af Carlsbergfondets Midler. Kobenhavn, Kayser, '97. 6 Bl., XLIII, 91, 50 S. 8.   *Kr.* 4.

1699 Reisner,George A.-Old Babylonian systems of weights and measures: JAOS XVIII, S. 366-74.

1700 — — Notes on the Babylonian system of measures of area: ZA XI, S. 417-24; XII, S. 143.
Dagegen J.Oppert, ebd. XII, S. 108 f.

1701 Sachau,Ed.-Glossen z. d. historischen Inschriften Assyrischer Könige: ebd. XII, S. 42-61.

1702 Sayce,A.H.-Religion: lectures on its origin and growth as illustr. by the religion of the ancient Babylonians. (Hibbert Lectures, 1887.) 4th ed. Lo., Williams & Norgate (N. Y., Scribner), '97. 566 S. 8.   3 s. 6 d.; $ 1.50.

1703 — — Recent discoveries in Babylonia: Contemporary Rev. LXXI, S. 81-96.

1704 Scheil,V.-[Sur plusieurs pièces d'une corresp. entre Hammourabi et Sinidinnam]: CR XXIV ('96), S. 330 f.
Mit Bem. v. Oppert.

1705 — — Correspondance de Hammurabi, roi de Babylone, avec Sinidinnam, roi de Larsa, où il est question de Codorlahomor: Rec. de trav. XIX, S. 40-4.

1706 — — Notes d'épigraphie et d'archéol. assyriennes [OB IX, 1801]. XXIV-XXIX: ebd. S. 44-64.
Rec. *T.G.P[inches]*, JRAS '97, S. 415 f.

1707 — — Une brique de Sennachérib avec mention probable du nom du meurtrier de ce roi: ZA XI, S. 425-7.

1708 Schrader,E.-The cuneiform inscriptions and the Old Testament. 2 Vols. Lo., Williams & Norgate, '97. 8.   6 s.

1709 Strassmaier,J.N.-Babylonische Texte [OB VII, 4754]. 12. Hft. Inschriften v. Darius, König v. Babylon [521-485 v. Chr.], v. den Thontafeln des Brit. Museums copirt u. autogr. 3. Hft. Nr. 452-579 vom 17.-23. Regierungsjahre. L., Pfeiffer, '97. S. 321-416. 8.   *M.* 7.20.

1710 Thureau-Dangin,Fr.-Les tablettes de Sargon l'Ancien et de Naram-Sin: CR XXIV ('96), S. 355-61.

1711 — — Le culte des rois dans la période prébabylonienne: Rec. de trav. XIX, S. 185-7.

1712 — — Le galet A d'Eanadou: Rev. sém. V, S. 66-72.

1713 — — Note pour servir à la chronologie de la seconde dynastie d'Our: ebd. S. 72-4.

1714 **Thureau-Dangin,**Fr.–Un fragment de stèle de victoire d'un roi d'Agadé: ebd. S. 166–73.

1715 — — Quelques mots de métrologie: ZA XI, S. 428–32.

1716 **Winckler,**H.–Tel-Amarna 125: Mitt. Vorderas. Ges. II, S. 283–5.

— — Die Istar von Ninive in Ägypten: ebd. S. 286–9.

1717 — — Die Hebräer in d. Tel-Amarna-Briefen: Semitic Studies in memory of Alexander Kohut, S. 605–9.

3. Palästina, Syrien und Mesopotamien.
a) Allgemeines.
(S. auch No. 741; 2359; 2508; 2511; 2517; 2713.)

1718 Palestine Exploration Fund. Quarterly Statement [OB X, 1798]. '97, Jan.–July. Lo., Soc. Office. S. 1–239; Abb., T. u. K. 8.
Ueb. d. Jg. '96 s. Mitth. u. Nachr. DPV '97, S. 12—5; 41. — Notes on the Quarterly Statement by Conder, Clermont-Ganneau: Qu. St. '97, S. 83 f., 211—3.

1719 Mittheilungen und Nachrichten des Deutschen Palaestina-Vereins im Auftr. d. Vorst. hrsg. v. H.Guthe [OB X, 4681]. '97, No. 1–3. L., Baedeker in Comm. S. 1–48. 8. j. (mit der ZDPV) M. 10.
Ueb. d. Redactionswechsel s. ebd. S. 15 f.

1720 Revue de l'Orient latin. Publ. sous la dir. de MM. le Marquis de Vogué et Ch. Schefer [OB X, 4682]. Quatrième Année. No. 4. Cinquième Année. Nos. 1–2. P., Leroux, '96/97. S. 477–660; 1–292. 8.
j. Fr. 25 (Étranger Fr. 27).

1721 Zeitschrift des Deutschen Palaestina-Vereins hrsg. v. d. geschäftsführ. Ausschuss unter d. verantw. Red. v. I.Benzinger [OB X, 4684]. Bd. XX, Heft 1. L., Baedeker in Comm., '97. S. 1–64. 8.
j. (mit den Mitth.) M. 10.
Ueb. d. Redactionswechsel vgl. Mitth. u. Nachr. DPV '97, S. 15 f.

1722 Bibliographie [OB X, 4686]: Rev. de l'Or. lat. IV, S. 635–55; V, S. 257–84.

1723 **Haardt,**Vinc.v.–Schul-Wandkarte v. Palästina f. den Unterricht in der bibl. Geschichte des alten u. neuen Testaments. Ausg. f. Mittelschulen u. theolog. Lehranstalten. 1:200,000. 6 Blatt à 52,5×66 cm. Farbendr. u. kolor. W., Hölzel, '97. M. 6.40; auf Leinw. in Mappe 12; mit Stäben M. 14.
Rec. Th.Fischer, Ggr. Z. III, S. 540; A.Kirchhoff, Z. f. d. Gymnasialwesen LI, S. 425 f.

1724 **Riess,**R.v.–Wandkarte v. Palästina. 1:314,000. Mit e. Nebenkärtchen der Sinait. Halbinsel u. Kanaans, 1:1,850,000 u. e. Plan v. Jerusalem z. Z. Jesu u. der Zerstörg. durch Titus, 70 n. Chr. 3. Aufl. 2 Bl. à 55×80 cm. Farbendr. Freiburg i/B., Herder, '97. M. 3.60; auf Leinw. in Mappe M. 7.60; m. Halbstäben M. 8; m. Rundstäben M. 9.

1725 **Schick,**C.–Karte der weiteren Umgebung v. Jerusalem. Auf Grundlage der Karte des engl. Palestine Exploration Fund gezeichnet, ergänzt u. berichtigt v. S., red. v. I. Benzinger. 1:63,360. Hrsg. vom deutschen Verein zur Erforschg. Palästinas. 57×43 cm. Farbendr. Nebst Namenliste u. Erläutergn. Bearb. v. C.Schick u. I.Benzinger. L., Baedeker in Comm., '97. 76 S. 8. M. 3.60.
= OB X, 4692.

1726 **Abdullah Shámi.**–The Druse rising in the Hauran [OB X, 4693]: As. Qu. Rev. III ('97), S. 180–3.
S. schon OB X, 1841.

1727 **Adler,**Cyrus.–The Cotton Grotto, an ancient quarry in Jerusalem. With notes on ancient methods of quarrying: Semitic Studies in memory of Alexander Kohut, S. 73–82.
S. schon OB X, 1810.

1728 Descrizione della Terra Santa fatta dal monaco Adamnano: Gerusalemme XXI, S. 68 f.

1729 **Baedeker,**K.–Palästina u. Syrien. 4. Aufl. L., Baedeker, '97. CXVIII, 462 S. 8. Geb. M. 12.

1730 Bailey,H.J.–The water of Jacob's well: Qu. St. '97, S. 196–8.
Dazu: H.C.Trumbull u. E.W.G.Masterman, ebd. S. 149–51.

1731 Barthélemy.–Relation sommaire d'une excursion de quinze jours au nord d'Alep dans la Syrie septentrionale, en Septembre 1894: Rec. de trav. XIX, S. 32–40.

1732 Bazelaire,Léonie de.–Chevauchée en Palestine. Tours, Mame & Fils, '96. 239 S. 8. (ill.)

1733 Berchem,Max v.–Epigraphie des Assassins de Syrie: JA Sér. IX, T. IX, S. 453–501; 1 T.

1734 — — Les châteaux des croisés en Syrie: Union syndicale des architectes français. Bull. et CR des travaux de l'assoc. IV, S. 260–76.
Vgl. Rev. de l'Or. lat. V, S. 283.

1735 Berry,L.C.–Pèlerinage en Terre Sainte (année 1896). Autun, impr. Dejussieu, '97. 114 S. 8. *Fr. 2.*

1736 Birch,W.F.–Topheth and the King's Garden: Qu. St. '97, S. 72–5.

1737 Bliss,F.J.–Eleventh, twelfth and thirteenth report on the excavation at Jerusalem [OB X, 1820]: ebd. S. 11–26; 91–103; 173–81.
Vgl. Stimmen aus Maria-Laach LII, S. 114–6.

1738 Boddy,A.A.–Christ in his Holy Land: a life of our Lord written during and after a journey though the Holy Land. Lo., Soc. for prom. Chr. Knowledge, '97. 320 S. 8. (ill., K.) *4 s.*

1730 Bonaparte en Syrie; par un officier de la 32ᵉ demibrigade. (= Bibliothèque de souvenirs et récits militaires, No. 25). P., Gautier, '97. 32 S. 8. (ill., K.). *Fr. 0.15.*

1739a Breuer,J.–L'évolution syrienne et sa renaissance actuelle: Rev. d'Ég. IV, S. 64–95.
— OB X, 1822.

1740 Bricard,Auguste.–Voyage en Terre Sainte. Quinzième pèlerinage populaire de pénitence aux lieux saints (avril-mai-juin '96). Notes et souvenirs. 2ᵉ éd. Laval, Impr. Mayennaise, '97. 234 S. 8.

1741 Brown.–Die Syrer in Persien und der Osttürkei: Christl. Orient I, S. 18–26; 73–8; 145–54; 312–6.

1742 — — Construction of the Tabernacle: Qu. St. '97, S. 154 f.

1743 Inschriften aus dem Ostjordanlande. Aus Briefen von Prof. R.Brünnow: Mitth. u. Nachr. DPV '97, S. 38–40.

1744 Bruston,Édouard.–Ignace d'Antioche. Ses épitres, sa vie, sa théologie. (Thèse.) Montauban, impr. Granié, '97. 283 S. 8.

1744a Eine dreihundert Jahre alte Geschichte Jerusalems: Warte des Tempels LIII, S. 315 f.; 325 f.
Ausz. aus Heinr. Bunting's Itinerarium biblicum (Magdeburg 1595).

1745 Campbell,H.E.S.M.–Holy Land memories. Lo., Marshall Bros., '97. S. 1 s.

1746 Chantre,Ernest.–Observations anthropologiques sur les Métouali: Bull. Soc. d'anthr. de Lyon XIV ('95), S. 58–61.

1747 Chaplin,Thomas.–The visite of David the Reubenite to Hebron and Jerusalem in A. D. 1523: Qu. St. '97, S. 44 53.

1748 Cheikho,Louis.–Une excursion en Mésopotamie: Ét. rel., philos., hist. et litt., Tome 69, S. 320–48; 680–9.

1749 Chevrillon,André.–Terres mortes. Thébaïde-Judée. P., Hachette, '97. 335 S. 8. *Fr. 3.50.*

1750 Clermont-Ganneau.–[Sur diverses localités de la Palestine, qui jouent un rôle important au cours des luttes entre les Croisés et les Musulmans dans la région du lac de Tibériade]: CR XXIV ('96), S. 401 f.

1751 — — The Mâdeba mosaic: Qu. St. '97, S. 213–25.
Vgl. OB X, 2750; XI, 1621.

1752 Conder,C.R.–The Latin kingdom of Jerusalem: 1099 to 1291 A. D. Lo., Palestine Exploration Fund (N. Y., New Amsterdam Book Co.,) '97. VII, 443 S.; 2 K. 8. *7 s. 6 d.; $ 2.50.*
Rec. Biblia X, S. 233—5.

1753 — — Mediaeval topography of Palestine: Qu. St. '97 S. 70 f.

1754 Conder,C.R.-Remarks on masonry: ebd. S. 145-7.
1755 — — Date of the Siloam text: ebd. S. 204-8.
1756 — — Note on Pierre Belon's travels: ebd. S. 208-11.
1757 Couret,Cte.-La prise de Jérusalem par les Perses en 614. Trois
documents nouveaux. Orléans, Herluison, '96. 46 S. 8.
Extrait des Mémoires de l'Académie de Sainte-Croix. Auch Rev. de l'Or. chrét., Suppl.
trim. II, S. 125—64. (S. 147—64 Text u. Uebs. der Hs.: Bibl. nat. Cabinet des Titres, Fonds
arabe, No. 262, fol. 140—55.) — Rec. A.K[rumbacher], Byz.Z. VI, S. 627 f.; J.B.C[haôt], Rev.
de l'Or. lat. IV, S. 633—5.

1758 Cré,Léon.-La Crypte du Credo au Mont des Oliviers: Terre Sainte
XIV, S. 195-200; 209-12; 226-8; 241-4; 257-60.
1759 Dalton,Canon.-Note on the Hebron Haram: Qu. St. '97, S. 53-61.
1760 Delaville le Roulx,J.-Cartulaire général de l'ordre des Hospitaliers
de Saint-Jean de Jérusalem (1100-1310) [OB VIII, 4855]. T. II (1201-1260).
P., Leroux, '97. 923 S. 4.   cpl. (4 Vols) *Fr.* 400.
Rec. *W.Heyd*, GGA 6, S. 502—4.

1761 Desbayes,J.-B.-Les lieux saints d'Orient et d'Occident, décrits et
appréciés. T. Ier: Lieux saints de Palestine et autres principaux, visités
par les pèlerins congressistes, en 1893. Liège, Godenne, '96. 394 S. 8.
(ill., K.)   *Fr.* 2.
1762 Dickie,Archibald C.-Architectural notes on remains of ancient
church at the pool of Siloam: Qu. St. '97, S. 26-9.
1763 — — Stone dressing of Jerusalem, past and present: ebd. S. 61-7.
1764 Diefenbach,Joh.-Die Kreuzzüge 1096-1291. Ihre Ursache, ihr Ver-
lauf, ihre Folgen. Ein Gedenkblatt zur 800jähr. Erinnerungsfeier des ersten
Kreuzzuges. Frankfurt a. M., Kreuer, '97. 32 S. 8.   *M.* 0.50.
1765 Drinkwater,C.H.-Palestine pilgrim's certificate: Qu. St. '97, S. 81 f.
1766 Dussaud,René.-Voyage en Syrie. Octobre-novembre 1896. Notes
archéologiques: Rev. arch. XXX ('97), S. 305-57; 4 T.
1767 Eusebii Caesariensis de martyribus Palaestinae longioris libelli
fragmenta: Anal. Bolland. XVI, S. 113-39.
1767a The explorations in Jerusalem: Independent (N. Y.) XLIX, S. 1403.
1768 L.F.-Im Lande des Bachschisch einst und jetzt: Stimmen aus Maria-
Laach LII, S. 474-8.
1769 — — Die Palästinafahrt des Herzogs Nikolaus Christophorus Radziwill:
ebd. LIII, S. 213-20.
1770 Fast,Theod.-Wadi el-Kelt: Mitth. u. Nachr. DPV '97, S. 21-8.
1771 Förster,Richard.-Antiochia. Rede zur Geburtsagsfeier Sr. Majestät
am 27. Januar 1897 in der Aula der Universität zu Breslau geh. v. — —.
Sonderabdruck aus der Schlesischen Zeitung. 12 S. 8.
1772 Frey,J.A.-Das Land, wo Jesus wandelte, u. die benachbarten Länder.
Reisebilder aus Aegypten, Palästina, Syrien, Kleinasien, Griechenland u.
Italien. Mit e. Vorwort v. Th.Doebner. Riga, A.Stieda in Komm., '97.
VIII, 512 S. 8. (ill.)   Geb. M. 5.00.
1773 Gatt,Geo.-Die Hügel v. Jerusalem. Neue Erklärg. der Beschreibg.
Jerusalems bei Josephus Bell.Jud. V. 4, 1 u. 2. Mit 1 Plane. Freiburg i. B.,
Herder, '97. VII, 66 S. 8.   *M.* 1.50.
1774 Geike,Cunningham.-The children of our Lord's own land: S. S. Times
'97, S. 35 f.
1775 Il pelegrinaggio in Palestina di Giacomo da Verona, nel 1335:
Gerusalemme XX, S. 115-7; 141 f.; XXI, S. 9 f.
1776 Hanauer,J.E.-Remarkable sculpture at Mejdel: Qu. St. '97, S. 33-5.
1777 Eine Reise von Haifa über den Hauran nach Damascus und Beirut:
Warte des Tempels LIII, S. 332 f.
1778 Hill,Gray.-A journey to Petra: Qu. St. '97, S. 35-44; 134-44.
1779 Hirsch-Gereuth,A.von.-Studien zur Geschichte der Kreuzzugsidee nach
den Kreuzzügen. (= Histor. Abhandlungen. Hrsg. v. Th.Heigel u. H.Grauert.
11. Hft.) M., Lüneburg, '97. VIII, 176 S. 8.   *M.* 6.40.

1780 Hoennicke, Gust.–Stud. zur Gesch. des Hospitalordens im König-reich Jerusalem, 1099–1162. (Diss.) Halle, Druck v. Kaemmerer, '97. II, 40 S. 8.
Rec. Rev. de l'Or. lat. IV, S. 647.

1781 Jacobé, Fr.–L'hypogée d'El-berith à Sichem. Note d'archéol. biblique: Rev. d'hist. et de litt. rel. II, S. 134–40.

1782 Ueber Athen nach Jaffa: Warte des Tempels I.II, S. 372 f.

1783 Jorga, N.–Notes et extraits pour servir à l'hist. des croisades au XVe siècle [OB X, 4731]: Rev. de l'Or. lat. IV, S. 503–622; V, S. 108–212.

1784 Klement, Fr.–Tadmor v poušti [Tadmor in der Wüste]: Květy XXXIX, S. 262–68; 344–54; 433–42.

1785 Kohler, Ch.–Un nouveau récit de l'invention des patriarches Abraham, Isaac et Jacob, à Hébron: Rev. de l'Or. lat. IV, S. 477–502.
S. 477–96 = OB X, 4734.

1786 — — Translation de reliques de Jérusalem à Oviedo (VIIe–IXe siècle): ebd. V, S. 1–21.

1787 — — Notices et extraits de manuscrits: ebd. S. 22–36.

1788 — — Histoire anonyme des rois de Jérusalem (1099–1187) composée peut-être à la fin du XIIe siècle: ebd. S. 213–53.

1789 Deutsche Kolonisation in Palästina: Warte des Tempels LII, S. 388 f.

1790 Lagrange.–[Sur une inscr. sur l'emplacement de l'ancienne Emmaüs-Nicopolis]: Bull. Soc. nat. des antiquaires de Fr. '96, S. 262 f.

1791 — — [Sur les milliaires arabes en Palestine]: CR XXIV ('96), S. 306.
Mit Bem. v. Clermont-Ganneau.

1792 — — La mosaïque géographique de Mâdaba: Rev. bibl. VI, S. 165–84.
Rec. Rev. de l'Or. lat. IV, S. 649; vgl. Civiltà catt., Ser. XVI, Vol. XI, S. 726–9.

1793 — — Notre exploration de Pétra: ebd. S. 208–30; 1 K.

1794 Lange, Fr.–Kapernaum: Warte des Tempels I.III, S. 326 f.

1795 Lefranc, Abel.–Un voyage „aux pays des Croisés": Rev. de l'Or. lat. V, S. 288–92.

1796 Lethaby, W.R.–The temple, the church of the ascension, and the finding of the cross: Qu. St. '97, S. 75–7.

1797 Lichačev, N.P.–O razrešitel'nych gramotach vostočnych patriarchov: Drevnosti Mosk. Arch. Obšč. XV, 2, S. 77–88.
Vgl. dazu: D.Kobeko, Razrešitel'nyja gramoty ierusalimskich patriarchov, ŽMNP CCCV, Juni '96, S. 270–9.

1798 Louet, Ernest.–l'èlerinage militaire à Jérusalem. Expédition de Syrie (1860). (= Bibl. de souvenirs et récits militaires. No. 37.) P., Gautier, '97. 32 S. 8. (ill.) *Fr.* 0.15.

1799 Ludlow, James M.–The age of the crusades. Lo., Clark (N. Y. Christ. Lit. Soc.), '96. XV, 389 S. 8. 6 *s.*; $ 2.

1800 Lüken, Gerh.–Erinnerungen e. Jerusalem-Pilgers. M.-Gladbach, Druck v. Riffarth, ['97]. 243 S.; 1 Portr. 8. (ill.) *M.* 1.50.
Sep.-A. aus: Die Kath. Welt.

1801 Luncz, A.M.–Literar. Palästina-Almanach f. d. J 1897. Jerusalem '97. 15 S. 8. *M.* 1.
Vgl. Mitth. u. Nachr. DPV '97, S. 41.

1802 — — Durk Palestina. Aine ausfihrlike geografiše und historiše Be-šraibung aller Ortšaften Palestina's . . . (in hebr. Schrift.) Jerusalem, Selbst-verlag, 655 [1895]. 4 Bl., 211 S.; 4 T. 8.

1803 Madden, Frederic W.–Money and coins of the Jews: Spink & Son's Num. Circular V, No. 54, S. 2203–15.

1804 Marmier.–La Schefèla et la montagne de Juda d'après le livre de Josué: Rev. ét. j. XXXIV, S. 51–68.

1805 de Marsy.–Les pèlerins normands en Palestine (XVe–XVIIe siècles), lecture faite à la séance publique de la société des antiquaires de Normandie, le 13 décembre 1894: Bull. Soc. des Antiquaires de Normandie XVII ('96), S. 251–86.
Auch sep. Caen, Delesques. '96. 38 S. 8. (ill.)

1806 Masterman, Ernest W. Gurney.-Notes from Damascus: Qu. St. '97, S. 147 f.

1807 — — The Damascus railways: ebd. S. 198-200.

1808 Meyer, Paul.-Römisches aus Aegypten u. Arabien: Hermes XXXII, S. 482-90.
Betr. besonders Bostra u. Petra.

1809 Michon, E.-Nouveaux milliaires d'Arabie découverts par Germer-Durand: Mém. Soc. nat. des antiquaires LV, S. 218-53.
Vgl. OB IX, 5297.

1810 Mommert, C.-Die Grabeskirche des Modestus nach Arkulfs Bericht: ZDPV XX, S. 34-53.

1811 Notizie di Gerusalemme e di Terra Santa: Gerusalemme XXI, S. 69 f.; 91 f.; 104.

1812 [Palmer.]-Die Mosaikkarte in Mâdebâ: ZDPV XX, S. 64.
Vgl. Mitth. u. Nachr. DPV '97, S. 30.

1813 Putešestvie Antiochijskago patriarcha Makarija v Rossiju v polovině XVII v., opisannoe ego synom, archidiakonom Pavlom Aleppskim. Perevod s arabskago G.Murkos. (To rukopisi Mosk. Glavn. Archiva Ministerstva Inostr. Děl.) Vyp. I. (Ot Aleppo do zemli Kazakov.) Moskva '96. X, 156 S. 8. (Izd. Imper. Obščestva Istorii i Drevnostej Rossijskich pri Moskovskom Univ.)
Rec. A.Chach[an]ov, Ětn. Oborz. XXXI, S. 166 f.

1814 [Peet, St. D.]-American research in Bible land: Am. Ant. & Or. J. XIX, S. 164-71.

1815 Porter, H.-A Greek inscription from near Nazareth: Qu. St. '97, S. 188 f.

1816 Τρία ἀνώνυμα ἑλληνικὰ προσκυνητάρια τῆς ιζ' ἑκατονταετηρίδος νῦν τὸ πρῶτον μετὰ προλόγου ἐκδιδόμενα ὑπὸ Α.Παπαδοπούλου-Κεραμέως καὶ συνοδευόμενα μετὰ ῥωσικῆς μεταρράσεως τοῦ κ. Γαβριὴλ Σ. Δεστούνη. (= Pravoslavnyj Palestinskij Sbornik. 46 = XVI, 1.) Pe. '96. X, 153 S. 8.
Vgl. K.Krumbacher, Byz. Z. VI, S. 447.

1817 Rampillon.-La Terre Sainte. Souvenirs et impressions d'un pèlerin. Tours, Mame & Fils, '97. VIII, 143 S. 8. (ill.)

1817a Del luogo del martirio e del sepulcro dei Maccabei: Bessarione I, S. 655-62; 751-63; 853-66; II, S. 9-22.
Auch sep. 48 S. Vgl.: Le reliquie dei sette fratelli Maccabei. — Le lamine di piombo rel. ai santi Maccabei: Civiltà catt. Ser. XVI, Vol. XI, S. 719 f.; 721—6. [Nach S. 726 ist Cardinal Rampolla Verf. der Artikel im „Bessarione."]

1818 Reinach, Théod.-La deuxième ruine de Jéricho: Semitic Studies in memory of Alexander Kohut, S. 457-62.

1819 Röhricht, Reinh.-Ueber d. Itinerarium des Johannes Schauenburgh (1645-1648): ZDPV XX, S. 54-7.

1820 Die Russen in Palästina: Stimmen aus Maria-Laach LII, S. 594-6.

1821 Salahuddin Khuda Bukhsh.-The eve of the crusades: Westminster Rev., Vol. 147, S. 317-23.

1822 Zelo dei Santi per la Palestina: Gerusalemme XXI, S. 54 f.; 128 f.; 136 f.; XXII, S. 22 f.
Vgl. Rev. de l'Or. lat. V, S. 283 f. [Sur les pèlerinages de St. Gonsalve de Portugal, etc.; les relations de Charlemagne avec l'Orient.]

1823 Sayce, A.H.-Note on the seal found on Ophel: Qu. St. '97, S. 181 f.

1824 Schick, Conrad.-Khan ez Zeit: ebd. S. 29-33.

1825 — — Reports and papers: 1. The Kubbet Shekfee Sakhra; 2. Newly-discovered rock block, with tombs; 3. The west wall of the pool of Hezekiah; 4. The church at the pool of Siloah; 5. The stone Hat-Tolm; 6. The site of the ascension of our Lord; 7. Bethphage and Bethany; 8. Jeshimon of the Bible; 9. Remarkable stone in the Jewish quarter, Jerusalem, the Siloah spring etc.: ebd. S. 103-23.

1826 — — The (so-called) tombs of the Kings at Jerusalem: ebd. S. 182-8.

1827 — — Christliche Grabanlage im Norden von Jerusalem: Mitth. u. Nachr. DPV '97, S. 5 f.

1828 — — Ein Ausflug nach 'Ain Karim: ebd. S. 33-6.

1829 Schoenecke,L.–Ein Felsblock mit Gräbern bei Jerusalem: ebd. S. 36–8.
1830 Schrader,H.–Die Pilgerfahrten nach dem hl. Lande in dem Zeitalter vor den Kreuzzügen als e. der Hauptursachen derselben. Progr. Merzig, Sonnenburg, '97. 47 S. 8. 　　　　　　　　　　　　　　　　　　　　　*M.* 1.40.
1831 Schumacher,G.–Unsere Arbeiten im Ostjordanlande [Schl. zu OB X, 4778]: Mitth. u. Nachr. DPV '97, S. 1–5; 17–9.
Vgl. ebd. S. 40 f. (Wellhausen's Bem.)
1832 — — Notes from Jedûr: Qu. St. '97, S. 190–6.
1833 [Séjourné.–Sur un baptistère découvert en Palestine]: Bull. Soc. nat. des antiquaires de Fr. '96, S. 128 f.
1834 Simpson,James.–Where are the sacred vessels of the Temple: Qu. St. '97, S. 77–80.
1835 Smith,G.A.–The historical geography of the Holy Land, especially in the relation to the history of Israel and of the early church [OB VIII, 1551]. 7th thousand. With additions, corrections, and a new index of scripture references. Lo., Hodder, '97. 740 S.; 6 T. 8. 　　　　　　　　　　15 *s.*
Rec. Ac. LI, S. 255; *E.Schürer*, Th. Lz. 13, S. 345 f.; *H.Guthe*, ZDPV XX, S. 59–61.
1836 Tallqvist,K.L.–Ett besök på tempelplatsen i Jerusalem. Med 4 bilder: Ord och Bild '97, S. 221–232.
1837 — — Från det äldsta turistlandet: Suomen Matkailijayhdistyksen vuosi-kirja (= Turisför. årsbok) '97, S. 6–17.
Reiseerinnerungen aus Palästina.
1838 — — På Libanons höjder: Finsk Tidskrift '95, S. 54–76.
1839 Tristram,H.B.–Bible places: topography of the Holy Land: succinct account of all the places, rivers, mountains, of the land of Israel, mentioned in the Bible, so far as they have been identified; with their modern names and historical references. 13th thousand enlarged, brought up to date. Lo., Soc. for. prom. Christ Knowledge, '97. 442 S. 8. 　　　　　　　5 *s.*
1839a Trumbull,H.C.–The wells at Beersheba: Expos. Times '96, Nov., S. 89.
1839b Villeneuve,H.–Les écoles françaises et étrangères en Syrie: Rev. des Universités du Midi '97, No. 2.
1840 Watson,C.M.–The length of the Jewish cubit: Qu. St. '97, S. 201–3.
1841 Watson,W.Scott.–Explorations at Hebron, A. D. 1119: Independent (N. Y.) '97, S. 405.
1841a Lupold von Wedels Beschreibung seiner Reisen und Kriegs-erlebnisse, 1561–1606. Nach d. Urhandschr. hrsg. u. bearb. v. Max Baer: Baltische Studien XLV, S. 1–609.
S. 17–234: Reise nach d. heil. Lande, Aegypten u. Italien 1578–1579.
1842 Whitty,J.I.–Palestine exploration: further revelations, chiefly con-cerning the discovery of Whitty's wall at Jerusalem. Lo., Simpkin, '97. 62 S. 8. 　　　　　　　　　　　　　　　　　　　　　　6 *d.*
1843 Wilczek,Ed. Graf.–Der Kreuzzug Andreas II., 1217: Századok XXVIII, S. 591–609; 697–714.
1844 Wright,Theodore F.–The Tabernacle roof: Qu. St. '97, S. 225 f.
1845 Wright,Will.–The Syrian massacres. A parallel and a contrast: Contemporary Rev. LXXI, S. 130–42.
1846 Zitie Petra Ivera, careviča-podvižnika i episkopa Majumskago V-go věka. Gruzinskij podlinnik izdal, perevel i predisloviem snabdil N.Marr. (= Pravoslavnij Palestinskij Sbornik. 47 = XVI, 2.) Pe. '96. XXXIX, 125 S.; 1 T. 8.
Rec. *V.Rozen*, Zap. X, S. 199–202.

b. Aramäische Sprache und Litteratur (mit Ausschluss der jüdischen).
(S. auch No. 736; 1692; 1730; 2127.)
1847 Audo,Th.–Dictionnaire de la langue chaldéenne. Vol. 1: aleph-kaph. Mossoul '97. 8. 　　　　　　　　　　　　　　　　　　　(L., Harrass.)
1848 Lexicon syriacum, auctore Hassano Bar Bahlule, voces syriacas graecasque, cum glossis syriacis et arabicis, complectens e pluribus codicibus edidit et notulis instruxit Rubens Duval [OB IX, 1833]. Fasc. 5. P., Leroux, '96. S. 65–68; 1690–2098. 4.

1849 Gregorii Abulfaragii **Bar-Hebraei** scholia in libros Samuelis, quae ex quattuor codicibus Horrei mysteriorum in Germania asservatis ed. E. Schlesinger. B., Calvary & Co., '97. IV, 32 S. 8. *M.* 2.
Rec. *F.Hubert*. Dl. 20, S. 763 f.

1850 A commentary to Deuteronomy. Taken from the four German mss. which comprise the ܠܘܠ ܬ̣ܐ of Gregory Abulfaraǧ **Bar-Hebraeus.** Ed. by George Kerber: Am. J. of Sem. langu. and lit. XIII, S. 89–117.
Rec. *Nestle*, Th. Lz. 9, S. 234.

1851 Barth,J.–Die nabataeische Grabinschrift von Petra: ebd. S. 267–78; 2 T.

1852 Berlinger,Jakob.–Die Peschitta zum I. (3.) Buch der Könige u. ihr Verhältnis zu MT., LXX und Trg. (Diss. Bern.) B., Druck v. Itzkowski, '97. 50 S. 8. (Frankf. a. M., Kauffmann *M.* 1.50.)

1853 Chabot,J.-B.–Rapport sur sa mission en Italie : N. Archives des miss. sc. et litt. VII, S. 475–83.
Besonders über syrische Mss.

1854 — — Note sur l'inscription nabatéenne de 'Iré: Rev. sém. V, S. 81–4.
Zu Sachau OB X, 4830.

1855 Clermont-Ganneau.–[Sur une inscr. grecque et palmyrénienne]: CR XXIV ('96), S. 292.

1856 — — [Zu Sachau OB X, 4830 No. 2]: ebd. S. 601 f.

1857 Eusèbe de Césarée.–Histoire ecclésiastique. Version syriaque, éd. pour la première fois sur les mss. les plus anciens par Paul Bedjan. P. (L., Harrassowitz,) '97. VIII, 598 S. S. *M.* 16.

1858 Gottheil, Rich. – The Syriac expression *euangelion dametharrshē:* JAOS XVIII, S. 351 f.

1859 Halévy,J.–Le texte définitif de l'inscr. architecturale araméenne de Barrekoub: Rev. sém. V, S. 81–91.
Zu OB X, 4608; 4830.

1860 Ihm, Max.–Zu den graeco-syrischen Philosophensprüchen über die Seele (Ryssel OB X, 1930): Rhein. Mus. f. Philol., N.F. LII, S. 143.

1861 Histoire de Jésus-Sabran, écrite p. Jésus-yab d'Adiabène, publ. d'après le ms. syr. CLXI de la Bibl. Vaticane p. J.-B.Chabot: N. Archives des miss. sc. et litt. VII, S. 485–584.
Rec. *Th.Nöldeke*, WZKM XI, S. 185–90.

1862 The apocalypse of St. John in a Syriac version hitherto unknown; ed., (fr. a ms. in the libr. of the Earl of Crawford and Balcarres\ w. crit. notes on the Syr. text, and an annot. reconstruction of the underlying Greek text, by John Gwynn; to which is prefixed an introd. dissert. on the Syr. versions of the apocalypse by the ed. (Dublin University Press Series.) Dublin, Hodges, Figgis & Co., '97. 2 Bl., CXLVI, 49, 100 S.; 1 Facs. 4. 30s.
Rec. O.v.Gebhardt, DL 7. S. 243–5; *E.Nestle*, Th. Lz. 10, S. 272–4.

1863 Kalašev,A.I.–Ajsorskie teksty: Sbornik materialov dlja opisanija Kavkaza. Vyp. 20, Otd. 2, S. 33–96.

1864 — — Russko-Ajsorskij i Ajsorsko-Russkij slovar': ebd. 420 S.

1865 Lopatinskij, L.G.–Evrejsko-aramejskie teksty: ebd. Vyp. 20, Otd. 2, S. 97–104.
Dialekt transkaukasischer Juden, die aus Urmia eingewandert sind.

1866 La vie de Mar Benjamin. Texte syriaque. Par V. Scheil: ZA XII, S. 62–96.

1867 Nau,F.–Les auteurs des chroniques attribuées à Denys de Tellmahré et à Josué le Stylite: Bull. cr. 3, S. 54–8.

1868 — — Étude sur les parties inédites de la chronique ecclésiastique attribuée à Denys de Tellmahré († 845): Rev. de l'Or. chrét., Suppl. trim. II, S. 41–68.
Vgl. OB X, 4820.

1869 — — Note sur l'époque à laquelle écrivait l'historien Zacharie de Mitylène: JA Sér. IX, T. IX, S. 527–31.

1870 Die Statuten der Schule von Nisibis aus d. J. 496 u. 590 nach d. von I. Guidi hrsg. syrischen Text (OB V, 2168) übs. v. E. Nestle: Z. f. Kirchengesch. XVIII, S. 211–29.
Vgl. OB X, 4805.

1871 Nöldeke,Th.-Die grosse Inschrift von Petra: ZA XII, S. 1-7.
Zu de Vogüé OB X, 483), ferner zu dessen Anhang zu Lagrange, Rev. bibl. 1897, April.

1872 Ruska,J.-Studien zu Severus bar Šakkū's Buch der Dialoge: ebd. S. 8-41.

1873 Ryssel,V.-Die syrische Übersetzung der Sextussentenzen [Schl. zu OB X, 4829:] Z. f. wiss. Th. XI., S. 131-48.

1874 Schmidt,Gottfr.-Die beiden Syrischen Übersetzungen des I. Maccabäerbuches: ZAW XVII, S. 1-47.

1875 Schwally,Friedr.-Zur Theorie einiger Possessiv- u. Object-Suffixe im Syrischen: ZDMG. LI, S. 252-5.

1876 Schwartz,Emanuel.-Die syrische Uebersetzung des ersten Buches Samuelis u. ihr Verhältniss zu MT., LXX u. Trg. (Diss. Giessen.) B., Calvary & Co., '97. X, 104 S. 8.   *M. 2.*

1877 The history of Sindban and the seven wise masters. Transl. for the first time from the Syriac into Engl. by Herm.Gollancz: Folk-Lore VIII, S. 99-130.

1878 Spasskij,A.-Filoksen Ierapol'skij (po povodu izdanija někotorych ego sočinenij [OB VIII, 1485; IX, 1857]): Bogo-lovskij Věstnik '96, Oct., S. 143-59.

1879 Techen,L.-Syrisch-Hebräisches Glossar zu den Psalmen nach der Peschita: ZAW XVII, S. 129-71.

1880 Torrey,Chas. Cutler.-*Mepharreshē* and *Mephōrāsh:* JAOS XVIII, S. 176-82.

1881 de Vogüé.-[Communications sur la trad. d'une inscr. nabatéenne de Petra, sur la trad. d'une inscr. syriaque et sur plusieurs inscr. grecques relevées dans le Liban]: CR XXIV ('96), S. 421.

Recensionen zu V, 1—3.

Apocrypha Sinaitica ed. ... by M.D.Gibson: *J.-B.Chabot*, JA Sér. IX, T. IX, S. 537 f.; *K.D.Wilson*, Am. J. of Sem. langu. and lit. XIII, S. 233 f. und Am. J. of th. I, S. 531; *M.G[aster]*, JRAS '97, S. 161 f.

J.D.**Ball,** Ideogr. common to Accadian and Chinese (OB IV, 4939; V, 847; 3453): *E.H.Parker*, China Rev. XXII, S. 492-5 (s. auch *Th.W.Kingsmill,* ebd. S. 593-5.

Bar-Hebraeus, The Laughable Stories. Ed ... by E. A. W.Budge: *Th. N[öldeke]*, LC 6, S. 208-10; Ath., March 13, S. 346; Nature LV, S. 98 f.; *J.-B.Chabot*, JA Sér. IX, T. IX, S. 180-3; *R.D[uval]*, Rev. cr. 21, S. 401f.; *R.Basset*, Rev. des trad. pop. XII, S. 345-8.

The Apocal. of Baruch transl. from the Syriac by R.H.Charles: Ac. LI, S. 375; Ath., March 13, S. 345 f.; *J.R.Harris*, Exp. '97, Apr., S. 255-65; SR LXXXIII, S. 231; As. Qu. Rev. III ('97), S. 200 f.; *F.Schulthess*, Th. Lz. 9, S. 238-41.

A.**Baumstark,** Babylon: *J. Nikel*, Mitt. aus d. hist. Litt. XXV, S. 258 f.; *J. V. Prášek*, České Museum filol. III, S. 58-60.

— — Lucubr. syro-graecae: As. Qu. Rev. III ('97), S. 458 f.

P.**Bedjan,** Hist. de Mar-Jabalaha (OB IX, 5211a): *K.Gottheil*, Am. J. of Sem. langu. and litt. XIII, S. 222-7.

F.**Berg,** The influence of the Septuagint upon the Peshittâ Psalter: *D.S. Margoliouth*, JRAS '96, S. 825 f.

C.**Biggs,** Six months in Jerusalem: As. Qu. Rev. III ('97), S. 223 f.

Blanckenhorn, Entst. u. Gesch. d. Todten Meeres: *C.Diener*, PM XLIII, Lber. S. 36 f.; *S.Merrill*, Am. J. of th. I, S. 174-6.

A.**Bonus,** Collatio codicis Lewisiani: *J. R. Harris*, Am. J. of th. I, S. 496-8.

C.**Brockelmann,** Lex. syriacum: *Dannecker*, Th. Qschr. LXXIX, S. 146-9.

D.F.**Buhl,** Geogr. d. alten Palästina: *Kirchhoff*, PM XLIII, S. 36; *G. A. Smith,* Am. J. of th. I, S. 169-74; Independent (N. Y.) XLIX, S. 1050; *J. V. Prášek*, Nár. Listy '97, No. 140; *H. Oort*, Th. Ts. XXXI, S. 324-6.

J.-B.**Chabot,** Hist. de Mar Jabalaha III: *H. Cordier*, Rev. cr. 15, S. 281-3.

F.Delitzsch, Die Entstehung des ältesten Schriftsystems oder der Ursprung der Keilschriftzeichen: *Br. Meissner*, B. philol. Ws. '97, S. 887-9; *F. Thureau-Dangin*, Rev. cr. 25, S. 481 f.; *J. Halévy*, Rev. sém. V, S. 47-63; 1 T.; *M. G[aster]*, JRAS '97, S. 385 f.; *T. G. P[inches]*, ebd. S. 416 f.; *G. A. Reisner*, Independent (N. Y.) XLIX, S. 1178 f.; *J. V. Prášek*, České Museum filolog. III, S. 365-8.

— — Assyr. Handwörterb.: *C. B[ezold]*, LC 13, S. 428-31; *F. Delitssch*, Th. Lz. 1, S. 28 f. (gegen Jensen OB X, 4623; dazu Jensen ebd. S. 29.) *A.-J. Delattre*, JA Sér. IX, T. IX, S. 167-77; *T. G. P[inches]*, JRAS '96, S. 820.

G.Dodu 1) Hist. des inst. monarch. dans le royaume latin de Jérus. 1099-1291. 2) De Fulconis Hieros. regno: *W. Bernhardi*, Hist. Z. LXXVIII, S. 96-9.

A.Eisenlohr, E. altbabyl. Felderplan: *Cantor*, Z. f. Math. u. Phys. XLII. Hist. litt. Abt., S. 41; *F. Thureau-Dangin*, Rev. cr. 25, S. 483 f.

Die Homilie des hl. Ephräm v. Syrien üb. d. Pilgerleben . . . hrsg. v. A. Haffner: *W. A. N.*, ÖL 8, S. 240.

H. Fischer u. H.Guthe, Wandkarte von Palästina zur bibl. Gesch.: *H.Oort*, Th. Ts. XXXI, S. 326-8; *A. Kirchhoff*, Z. f. d. Gymnasialwesen LI, S. 425.

Galterii Cancellarii Bella Antiochena .. hrsg. v. H.Hagenmeyer: *H[a]ns Pr[u]tz*, LC 14, S. 453.

A.Garovaglio, Viaggio nella Siria centrale: *C. Diener*, PM XLIII, Lber. S. 36.

C.Geikie, Bildergrüsse aus dem heil. Lande: *L. Fonck*, Stimmen aus Maria-Laach LIII, S. 85-93; *H. Guthe*, ZDPV XX, S. 61-3.

Some pages of the four Gospels re-transcr. . . . by A.S.Lewis: *J.B.Nisius*, Z. f. kath. Th. XXI, S. 343-5.

S.Gregorii Theol. liber carminum iambicorum. Versio syr. . . . ed. H.Gismondi: *R.*, LC 22, S. 718-20.

R.F.Harper, Assyrian and Babyl. letters. III-IV: *F. Thureau-Dangin*, Rev. cr. 25, S. 482 f.

E.Hauler, E. lat. Palimpsestübs. d. Didascalia apostolorum: *Funk*, DI. 7, S. 245-7.

J.H.Hill, A dissert. upon the gospel comm. of S. Ephraem the Syrian: *J.R. Harris*, Am. J. of th. I, S. 196-200.

Hilprecht, The Babyl. expedition of the Univ. of Pennsylvania. Ser. A.: *Maspero*, CR XXIV ('96), S. 270.

C.Holzhey, Der neuentdeckte Codex Syrus Sinaiticus: *J.B.Nisius*, Z. f. kath. Th. XXI, S. 345-7; *J.R.Harris*, Am. J. of th. I, S. 496-8.

Jésusdenah, Le livre de la chasteté . . . p. et trad. p. J.-B. Chabot: *Clermont-Ganneau*, CR XXIV ('96), S. 398; *R.D[uval]*, Rev. cr. 5, S. 85 f.

N.Jorga, Philippe de Mézières 1327-1405 et la croisade au XIVe siècle: *F.Carabellese*, Arch. stor. it. XVIII ('96), S. 156-61.

L.W.King, Babyl. magic and sorcery: *M.Jastrow jr.*, Am. J. of Sem. langu. and lit. XIII, S. 148-53.

A.Laurent, La magie et la divination chez les Chaldéo-Assyriens: *A.Quentin*, Rev. hist. rel. XXXIII, S. 240-9.

Ludw.Lazarus, Ueb. e. Psalmencommentar aus d. 1. Hälfte d. VI. Jh. p. Chr.: *A.H[ilgenfeld]*, Z. f. wiss. Th. XL, S. 159 f.

A.S.Lewis, Cat. of the Syr. mss.: *J.-B.Chabot*, JA Sér. IX, T. IX, S. 531-4.

M.Lidzbarski, Gesch. u. Lieder aus d. neuaramäischen Hss.: *D.*, LC 14, S. 463; *E.Schürer*, Th. Lz. 12, S. 325 f.; *Steinthal*, Z. f. Ethnol. XXIX, S. 75; *J.D.E.Schmeltz*, Int. Arch. f. Ethnogr. X, S. 36.

— — Die neu-aram. Hss. d. Kgl. Bibl. zu Berlin: *M.Hartmann*, ZVVk VII, S. 105-7.

A.J.Maclean, Grammar of the dialects of vernacular Syriac: *M. C. Gibson*, Am. J. of th. I, S. 168 f.; *D.S.Margoliouth*, JRAS '97, S. 168-71.

D.H.Müller, Die Propheten in ihrer ursprüngl. Form: *C.Haeberlin*, B. philol. Ws. '97, S. 939-41.

Narses, Syrische Wechsellieder. Hrsg. v. F.Feldmann: *Th.N[öldeke]*, LC 3, S. 94 f.; *F.Schulthess*, Th. Lz. 10, S. 278 f.

7*

J.Nikel, 1) Herodot u. die Keilschriftforsch. 2) Das Geschichtswerk Herodots im Lichte d. Assyriologie (OB X, 4651 ist I. Teil von X, 4652): *H.Nöthe*, Mitt. aus d. hist. Litt. XXV, S. 2f.; 148–50; *Jensen*, Th. Lz. 1, S. 5f.
W.A.Neumann, Qurn Dscheradi: *H.Guthe*, ZDPV XX, S. 58f.
J.Oppert, Un dossier babyl. (OB X, 4655): *T.G.P[inches]*, JRAS '96. S. 822.
O.Parry, Six months in a Syrian monastery: *D.M.*, Rev. hist. rel. XXXIII, S. 234–9.
F.E.Pelser, Texte jur. u. gesch. Inhalts: *K.Budde*, Th. Lz. 2, S. 36–8; *Fr. Kaulen*, Lit. Handw. XXXV, S. 202f.; *A.Kamphausen*, Hist. Z. LXXVIII, S. 469–71; *T.G.P[inches]*, JRAS '96, S. 821.
M.M.Petrovo-Solovovo, Kratkij očerk istorii otnošenij meždu Assiro-Vaviloniej i Evrejami: *B.Turaev*, Zap. X, S. 197–9.
The discourses of **Philoxenus** ed. by E.A.W.Budge: *G. Bickell*, WZKM XI, S. 75–80.
A tract of **Plutarch** ... ed. by E.Nestle: *J.-B.Chabot*, JA Sér. IX, T. IX, S. 536.
Riant, Etudes sur l'hist. de l'église de Bethléem. II: *J.-B.Chabot*, Rev. cr. 22, S. 421f.
R.W.Rogers, Outlines of the hist. of early Babylonia: *Jensen*, Th. Lz. 1, S. 5.
J.Ruska, Das Quadrivium aus Severus Bar Šakkû's Buch der Dialoge: *Cantor*, Z. f. Math. u. Phys. XLII, Hist.-litt. Abt., S. 42f.
J.Payne Smith, A comp. Syriac dictionary: Ath., March 13, S. 345.
M.Spanier, Exeg. Beitr. zu Hieronymus' „Onomastikon": *L.Blau*, Z. f. hebr. Bibliogr. II, S. 64–8.
Cuneiform texts (OB X, 4672): *T.G.P[inches]*, JRAS '97, S. 164–6; Nature LV, S. 243f.
B.Violet, Die palästin. Märtyrer d. Eusebius v. Cäsarea: *E.Preuschen*, Th. Lz. 11, S. 300–2; *J.Viteau*, Bull. cr. 12, S. 221f.
J.Wells, Travel-pictures from Palestine: SK LXXXIII, S. 615.
H.Winckler, Die Thontafe'n v. Tell-el-Amarna: *B.Meissner*, B. philol. Ws. '97, S. 124–7; *C.Viebuhr*, Beil. Allg. Ztg. 51, S. 1–3; *T.G.P[inches]*, JRAS '97, S. 162–4.
W.Wright, An account of Palmyra and Zenobia: Nature LIII, S. 132f.
H.Zimmern, Beitr. z. Kenntn. der babylon. Religion. I: *C.B[ezold]*, LC 15, S. 500f.; *Jensen*, Th. Lz. 1, S. 1f.; *L.W.King*, Am. J. of Sem. langu. and lit. XIII, S. 142–8.
— — Vater, Sohn u. Fürsprecher in der babyl. Gottesvorst.: *Jensen*, Th. Lz. 1, S. 3–5; *M.Jastrow jr.*, Am. J. of th. 1, S. 468–74.

4. Altes Testament. Judentum.

a) Althebräische u. biblisch-aramäische Sprache (einschliesslich Metrik und Musik).

(S. auch No. 2322.)

1882 Adler,M.–Elements of Hebrew grammar. Lo., Nutt, '97. 8.   1 s.
1883 Ball,C.J.–The Merchant Taylor's Hebrew grammar: the formal principles of biblical Hebrew, as understood by modern semitists, stated in a manner suited to beginners. Lo., Bagster, '97. 8.   3 s.
1884 Beecher,W.J.–Hebrew word studies: Sekel, Maschil: Hom. Rev. '97, March, S. 261 f.
1885 Briggs,Charles A.–A study of the use of בל and לבב in the Old Testament: Semitic Studies in memory of Alexander Kohut, S. 94–105.
1886 Dörwald,Paul.–Die Formenbildungsgesetze des Hebräischen. Ein Hilfsbuch f. Lehrer des Hebräischen an Gymnasien. B., Mayer & Müller, '97. VII, 123 S. 8.   M. 2.40.
1887 König,Ed.–Die formell-genetische Wechselbeziehung der beiden Wörter Jahweh u. Jahu: ZAW XVII, S. 172–9.
1888 Lévi,Israël.–Manuel de lecture hébraïque. P., Durlacher, '97. 8. *Fr.* 0.60.

1889 Levias,C.-Ševâ and Hâṭêph: Am. J. of Sem. langu. and lit. XIII, S. 79 f.
Vgl. OB IX, 5319.
1890 Ley,Jul.-Die metrische Beschaffenh. d. Buches Iliob [OB IX, 1932].
Zweite Studie: Th. Stud. u. Kr. '97, S. 7-42.
1891 Nestle,E.-Buxtorf's Epitome Radicum Hebraicarum u. Lexicon Hebraicum et Chaldaicum: Cbl. f. Bibliw. XIV, S. 331-3.
Zusätze zu Steinschneider OB X, 1952.
1892 — — Zur Umschreibung des Hebräischen: ZDMG LI, S. 168 f.
Zur Transscr.-Tabelle im JRAS 1896 (oben No. 420.)
1893 — — Some contributions to Hebrew onomatology: Am. J. of Sem.
langu. and lit. XIII, S. 169-76.
1894 Robertson,J.-Hebrew exercises for use in classes. 2nd. ed. Lo.,
Stenhouse, '97. 72 S. 8.   2 s.
1895 Schilling,D.-Methodus practica discendi ac docendi linguam hebraï-
cam, accedit anthologia cum vocabulario. P. et Lyon, Delhomme et Briguet.
'97. XII, 182 S. 8.
1896 Schmalzl,Pet.-Der Reim im hebr. Texte des Ezechiel: Th. Qschr.
LXXIX, S. 127-33.
1897 Strack, Herm. L.-Grammatik des biblischen Aramäisch in. den nach
Handschriften berichtigten Texten u. e. Wörterbuch [OB X, 1953]. 2. Aufl.
L., Hinrichs, '97. 38 u. 47 S. S.   M. 1.80.
Rec. H.Brody, Z. f. hebr. Bibliogr. II, S. 18; H.Barnstein, Jew. Qu. Rev. IX, S. 755—8.
1898 Teplý,Em.-O původu a významu některých osobních jmen biblických
[Ursprung und Bedeutung einiger biblischer Personennamen]. Progr. Gymn.
Wittingau 1896/7. 23 S.
1899 Wijnkoop,J.D.-Manual of Hebrew syntax. Transl. from the Dutch by
C. van den Biesen. Lo., Luzac, '97. 186 S. 8.   5 s.
Rec. M.Friedländer, Jew. Qu. Rev. IX, S. 746—8; Schwally, Th. Lz. 13, S. 345.

b) Alttestamentliche Litteratur und Geschichte.

α) Allgemeines.

(S. auch No. 15; 74; 383; 1653; 1665; 2307; 2504; 2515; 2537; 2675; 2693; 2718; 2731; 2746.)
1900 Zeitschrift für die alttestamentliche Wissenschaft. Hrsg.
v. Bernh. Stade [OB X, 4848]. 17. Jg. Heft 1. Giessen, Ricker, '97.
S. 1-232. 8.   j. M. 10.
1901 Euringer,Seb.-Der gegenwärtige Stand der Bibelforschung im kathol.
Italien: Th. Qschr. LXXIX, S. 177-215.
1902 Die biblischen Studien in Frankreich: Katholik XV ('97),
S. 494-6.
1903 Jacquier,E.-Revue d'écriture sainte [OB X, 4849]: Université cath.,
N. S. XXIII, S. 107-25; 449-68.
1904 Lotz,W.-Hebräer (bis z. Zerstör. Jerusalems) [OB X, 1960]: Jsb. d.
Geschw. '95 ('97\ I, S. 77-90.
1905 Siegfried,Carl.-Literatur zum Alten Testament [OB X, 1961]: Th.
Jsb. XVI, S. 1-104.
Diese Berichte berücks. stets auch eingehend die Hilfswissenschaften.
1906 Dictionnaire de la Bible, contenant tous les noms de personnes,
de lieux, de plantes, d'animaux mentionnés dans les saintes écritures, etc.
p. p. F.Vigouroux [OB X, 4851]. Fasc. 11. P., Letouzey et Ané, '96. 8. Fr. 5.
1907 Realencyklopädie für protestantische Theologie u. Kirche.
Begründet v. J.J.Herzog. In 3. Aufl. hrsg. v. Alb.Hauck [OB X, 4852].
2.-3. Bd. L., Hinrichs, '97. III, 780; 832 S. 8.   Je M. 10.
Rec. Schm., LC 16, S. 833; E.Schürer, Th. Lz. 2, S. 34—6; Schanz, Th. Qschr. LXXIX,
S. 134 f.; A.Hilgenfeld]. Z. f. wiss. Th. XL, S. 318—20; 480; S., Beil. Allg. Ztg. 114. S. 7.
1908 Urtext u. Uebersetzungen der Bibel in übersichtlicher Dar-
stellung. Sonderabdr. der Artikel Bibeltext u. Bibelübersetzungen aus der
3. Aufl. der Realencyklopädie f. protestant. Theologie u. Kirche. Ebd. '97.
IV, 240 S. 8.   M. 3.
Rec. S.Berger, Bull. cr. 22, S. 415 f.
1909 Wetzer u. Welte's Kirchenlexikon. 2. Aufl. [OB X, 4853]. Lief. 107.
Freiburg i. B., Herder, '97. 8.   Je M. 1.

1910 Amram,D.W.-The Jewish law of divorce according to Bible and Talmud. Lo., Nutt (Philadelphia, Stern & Co.), '97. 224 S. 8. 6 s.; $ 1.50.

1911 Baentsch, Bruno. - Geschichtsconstruction oder Wissenschaft? Ein Wort z. Verständ. üb. die Wellhausensche Geschichtsauffass. m. bes. Bezieh. auf die vorprophet. Stufe d. Religion Israels u. die religionsgesch. Stellung Davids. Vortrag. Halle, Krause, '96. IV, 50 S. 8. *M. 1.*
Rec. *G.Beer*, DL 14. S. 538—40.

1912 Baxter,W.L.-Professor Peake on the reply to Wellhausen [OB X, 4856]: Expository Times VII, S. 505-12.

1913 Beecher,W.J.-The alleged triple canon of the Old Testament: J. of bibl. lit. XV, S. 118-29.

1914 Beyer,Th.-Das Alte Testament im Licht des Zeugnisses Christi. Vortrag. B., Wiegandt & Grieben, '97. 48 S. 8. *M. 0.50.*

1915 [Bibel.] Die hl. Schriften d. alten u. neuen Test., übers. v. Loch u. Reischl. Neue Ausg. [OB X, 4859]. 42-72. Lfg. Regensburg, Verlags-Anstalt, '97. 8. Je *M.* 0.30.

1916 [— —] Gamla Testamentet [OB VII, 1897]. II. De historiska böckerna. Proföfversättning, utg. af Bibelkommissionen. Stockholm, Norstedt, '97. 463 S. 8. *Kr.* 1.50.

1917 The Holy Bible, containing the Old and New Test.; transl. out of the orig. tongues, and with the former translation diligently compared and revised by his majesty's special command. With „Illustr. Bible treasury" and new concordance; ed. by W.Wright, and a new indexed Bible atlas. N. Y., Nelson & Sons, '97. 8. (ill., K.) $ 2.35 to $ 6.50.
Rec. Ath., June 19. S. 806.

1918 La sacra Bibbia: antico e nuovo testamento. Trad. secondo la vulgata di Antonio Martini. 2 Vol. Milano, Treves, '97. 944; 839 S. S. *L.* 25.

1919 The woman's Bible. Part 1: Comments on Genesis, Exodus, Leviticus, Numbers, and Deuteronomy. Lo., Ollif, '97. 152 S. 8. 2 s. 6 d.
„Ed. by women of earnestness and liberal ideas, quick to see the real purport of the Bible as regards their sex." — Rec. SR LXXXIII, S. 476 f.; *E.L.Garbett*, ebd. S. 514.

1920 [Bible.] Old Testament history. Lo., Allenson, '97. 214 S. 8. 3 s. 1½ d.

1921 Bible illustrations: plates ill. biblical versions and antiquities, app. to „Helps to the study of the Bible." Lo., Frowde, '97. 83 S. 8. 1 s. 9 d.

1922 Biblical estimate of man. - Need of Oriental lights on the Bible: S. S. Times XXXIX, S. 433 ff.; 641 ff.

1923 Bradley,J.R.-Baruch the son of Neria: Seminary Mag.'97, Jan., S.166-70.

1924 Briggs,C.A.-Works on the imagination in the Old Testament: North Am. Rev., Vol. 164, S. 356-73.

1925 Brown,F.-Old Testament problems: J. of bibl. lit. XV, S. 63-75.

1926 Bruining,P.-De ontwikkeling v. d. godsdienst onder Israel. Almelo, Hilarius Wzn, '97. 58 S. 8. *F.* 0.25.

1927 Burton,E.D.-Jewish family life: Bibl. World VIII, S. 445-57.

1928 Canonge,Alb.-La femme dans l'Ancien Testament. Étude d'archéologie biblique. (Thèse.) Montauban, impr. Granié, '97. 74 S. 8.

1929 Caverno,C.-A narrow ax in Biblical criticism. Chicago, Kerr, '97. 300 S. 8.
Rec. S. S. Times XXXIX. S. 492. $ 1.

1930 Chauvin,C.-L'inspiration des divines écritures. P., Lethielleux, '96. XV, 230 S. 8.
Rec. *A.Loisy*, Bull. cr. 15. S. 281—4.

1931 Clark, Davis Wasgatt.-From a cloud of witnesses: three hundred and nine tributes to the Bible. Cincinnati, Curts & Jennings, '97. 213 S. 8. $ 1.
A compilation of reflections upon the Bible from brilliant thinkers of all ages.

1932 Cooke,J.H.-Heaven: an inquiry into what Holy Scripture reveals and suggests of the glories of the father's house. Lo., Baptist Tract Soc., '97. 128 S. 8.

1933 Coornaert,V.-Concordantiae librorum Veteris et Novi Testamenti. Domini nostri Jesu Christi juxta vulgatam editionem, jussu Sixti V, pontificis max., recognitam ad usum praedicatorum (Ed. II.) Regensburg, Stockar, '97. 628 S. 8. *M.* 6.

1934 Copinger,W.Arth.-The Bible and its transmission: being a historical and bibliographical view of the Hebrew and Greek texts, and the Greek, Latin and other versions of the Bible (both ms. and printed) prior to the reformation. With 28 Facsimiles. Lo., Sotheran, '97. XI, 340 S. Fol. Geb. 105 *s.*
150 Ex. f. d. Buchhandel.

1935 Cornill,C.H.-History of the people of Israel. From the beginning to the destruction of Jerusalem: Open Court XI, S. 385-400; 483-97; 542-58; 585-601; 654-70.

1936 Ein Blick in die Kabala. Aus e. Vortr. v. S.P.G.Coryn: Lotusblüthen '97, S. 233-51.
Die Bibel im Lichte der K.

1937 Cruden,A.-A complete concordance to the Old and New Testaments. Memoir by W. Youngman. Lo., Warne, '97. 736 S. 8. 7 *s.* 6 *d.*

1938 Curtiss,S.Ives.-Style as an element in determining the authorship of Old Testament documents: Am. J. of th. I, S. 312-27.

1939 Dalman,Gust.-Studien zur biblischen Theologie [OB III, 337S]. 2. Hft. Die richterl. Gerechtigkeit im Alten Testament. [Aus: „Kartell-Ztg. akad. theol. Vereine auf deutschen Hochschulen".] B., G. Nauck in Komm., '97. 19 S. 8. *M.* 0.60.

1940 Davidson,A.B.-The exile and the restoration. (Bible Class Primers.) Lo., Clark, '97. 116 S. 8. 8 *d.*

1941 — — The Old Testament doctrine of immortality: Expos. Times '96, Oct., S. 10-4.

1942 Davidson,Thom.-When the „higher criticism" has done its work: Int. J. of Ethics VII, S. 435-48.

1943 Dawson,J.W., Will.Wright, M.Kaufmann and others.-The truth of the Bible, and kindred subjects. N. Y., Revell Co., '97. 370 S. 8. $ 1.

1944 Denio,F.B.-Dillmann on the nature and character of Old Test. religion: Bibl. World IX, S. 349-53.

1945 Dornfeld,E.F.-Die Inspiration der Heil. Schrift. Milwaukee, Paul F. Krueger, '97. 121 S. 8. 25 *c.*

1946 Duhm,B.-Die Entstehung des alten Testamentes. Freiburg i/B., Mohr, '97. 31 S. 8. *M.* 0 60.

1947 Eckart,Theod.-Alttestamentliche Betrachtungen. Z. Gebr. in Kirche, Schule u. Haus [OB VII, 4964]. Th. II—IV. Eisleben, Christl. Verein, '94-'96. IV, 280; IV, 268; VI, 284 S. 8.

1948 Esscher,Karl.-Hvilken är vår uppgift gentemot den moderna gammaltestamentliga bibelkritiken?: Kyrkl. Tidskr. III, S. 241-61.

1949 Farrar,F.W.-The Bible: its meaning and supremacy. Lo. (N.Y.), Longmans, '97. XVIII, 359 S. 8. 15 *s.*; $ 2.
Rec. Ac. LI. S. 539.

1950 Fischer-Colbrie, A.-Ein neuer Commentar zum Alten Testament: ÖL. 6, S. 161-3.
Soll in 12 Bden. im Verl. v. Mayer & Co. Wien, erscheinen. Mit der Herausgabe ist von der Leo-Gesellsch. Bernh. Schäfer betraut.

1951 Fiske,A.K.-The unknown Homer of the Hebrews: NewWorld VI, S. 32-8.
A Yahvistic author of Ahab's time.

1952 — — The myths of Israel: the ancient Book of Genesis; with analysis and explanation of its composition. Lo. (N.Y.), Macmillan, '97. X, 355 S. 8. 6 *s.*; $ 1.50.
Rec. G.F.Moore, New World VI, S. 659 f.

1953 Geikie,J.C.-Bibeln i vetenskapens ljus. Öfvers. fr. eng. H. 1-2. Stockholm, Nilsson, '97. S. 1-64. 8. Je Kr. 0.20.

1954 Geikie,J.C., A.H.Sayce, W.E.Griffis, and others.-Gateways to the Bible. Philadelphia, Am. S. S. Union, '97. IV, 122 S. 8. 50 *c.*

1955 Glazebrook,M.G.-Lessons from the Old Testament. Senior course. Vol. I: the creation to death of Saul. With notes. Lo., Rivington, '97. 536 S. 8. 4 *s.*

1956 — — Notes on lessons from the Old Testament. Senior course. Vol. I. Ebd. '97. 184 S. 8. 2 *s.* 6 *d.*

1957 Greene,H.B.-Hebrew rock altars: Bibl. World IX, S. 329–40.

1958 Guthrie,T.-Studies of character from the Old Testament. First series. New ed. Lo., Burnet, '97. 336 S. 8.   2 s. 6 d.

1959 Hansen,A.-Af hvilken Grund forbod Moses Kvinden at tale offentlig? Kulturhistorisk Skitse. Kobenhavn, Selbstverlag, '97. 136 S. 8.   Kr. 1.50.

1960 Hatch,E., and H.A.Redpath.-Concordance to the Septuagint and the other Greek versions of the Old Testament (including the Apocryphal Books) [Schl. zu OB X, 2017]. Part VI. Oxford, Clar. Press (Lo., Frowde), '97. 21 s. Das ganze Werk VI, 1504 S. 4. — Rec. E.N'[estle], LC 13. S. 417–9; E.Schürer, Th. Lz. 9, S. 234f.

1961/2 Hommel,Fritz.-Die altisraelitische Überlieferung in inschriftlicher Beleuchtung. Ein Einspruch gegen die Aufstellgn. der modernen Pentateuchkritik. M., Lukaschik, '97. XVI, 356 S. 8.   M. 5.60.
Engl. Ausgabe: The ancient Hebrew tradition as illustrated by the monuments: a protest against the modern school of Old Testament criticism. Transl. into English by Edmund McClure and Leonard Crosslé. Lo., Soc. for prom. Chr. Knowledge (N.Y., Young & Co.), '97. XVI, 350 S. 8. (K.) — Rec. Wellhausen, GGA 8, S. 608–16; Vetter, Th. Qsch. LXXIX, S. 502–5; J.V.Prášek, B. philol. Ws. '97, S. 1203–8 und Nar. Listy '97, No. 216; O.C. Whitehouse, Exp. XXXIII, S. 161–72; G.A.Reisner, New World VI, S. 571–4.

1963 Jacobé,François.-La Kesita. Question d'archéologie biblique: Rev. d'hist. et de litt. rel. I, S. 515–8.
Altest. Geldgewicht.

1964 Janson,K.-Adam og Eva i ny Belysning. Otte Taler over Skabelseshistorien. Kobenhavn, Omtvedt, '97. 115 S. 8.   Kr. 1.50.

1965 Johansson,F.A.-Det gamla testamentes förblifvande värde: Förhandl. vid. prästkonferensen '96, S. 16–25.

1966 — — Om granskningen af Bibelkommissionens proföfversättning: Kyrkl. Tidskr. III, S. 407–10.

1967 — — Om de gammaltestamentliga skrifterna: ebd. S. 450–60.

1968 Johnson,Franklin.-The quotations of the New Test. from the Old, considered in the light of general literature. Lo., Baptist Tract. Soc. (Philadelphia, Am. Baptist Pub. Soc.), '96. XIX, 409 S. 8.   7 s. 6 d.; $ 2.
Ersatz für den falsch rubricirten Titel OB X, 5131. — Rec. I.M.Price, Am. J. of th. I. S. 100f.; E.W.Hincks, New World VI, S. 171–4.

1969 Jouanen,Jul.-Aperçu sur les législations de l'Ancien Testament considérées au point de vue moral et religieux. (Thèse.) Montauban, impr. Granié, '97. 98 S. 8.

1970 Juda u. Israel als weltgeschichtliche Doppelgänger. Vom Verf. des „Meister Josephus". B. u. L., H. Beyer in Komm., '97. 27 S. 8.   M. 1.

1971 Kautzsch,Emil.-Abriss der Geschichte des alttestamentlichen Schrifttums, nebst Zeittafeln zur Geschichte der Israeliten u. anderen Beigaben zur Erklärg. des alten Testaments. [Aus den „Beilagen" zu OB X, 1973]. Freiburg i/B., Mohr, '97. VI, 220 S. 8.   M. 4.

1972 Kecskeméti,L.-Leichengebräuche im alten Israel (ungar.): Évkönyv '97, S. 90–107.

1973 Keerl,K.-Die Bildung des ersten Menschen aus Staub und Erde. E. Beitr. z. bibl. Psychologie: N. Kirchl. Z. VIII, S. 482–519.

1974 Kennedy,A.R.S.-The fasting of Moses: Expos. Times '97, Jan., S. 154.

1975 Kennedy,J.-Old Testament criticism and the rights of the unlearned: a plea for the rights and powers of non-experts in the study of Holy Scripture. (Present-Day Primers.) Lo., Rel. Tract. Soc. (N.Y., Revell Co.), '97. 96 S. 8.   1 s.; 40 c.

1976 Kent,C.F.-A history of the Hebrew people, from the division of the kingdom to the fall of Jerusalem in 586 B. C. Lo., Smith (N.Y., Scribner), '97. XVII, 218 S. 8. (K.)   6 s.; $ 1.25.
Vgl. OB X, 2028f.

1977 Kenyon,F.G.-Our Bible and the ancient manuscripts: a history of the text and its translations. With 26 facsimiles. 3rd ed. Lo., Eyre, '97. XI, 255 S. 8.   5 s.

1978 Kosters,W.H.-Het tijdvak van Israëls herstel [OB X, 2036]. III: Th. Ts. '97, Sept., S. 518–54.

1979 Kuenen,A.-Religion of Israel to the fall of the Jewish state. 3 Vols. Lo., Williams & Norgate, '97. 8. 6 s

1980 Ladd, P a r i s h B.-Commentaries on Hebrew and Christian mythology. N.Y., The Truth Seeker, '97. 230 S. 8. $ 1.50

1981 Leathes,S t a n l e y.-The claims of the Old Testament. N.Y., Scribner. '97. 73 S. 8. $ 1.

1982 Lindsay,J.-The significance of the Old Testament in modern theology. Lo., Blackwood, '97. 8. 1 s.

1983 Lury,J o s.-Geschichte der Edomiter im biblischen Zeitalter. (Diss. Bern.) B., Druck v. Wechselmann, ['97]. 67 S. 8.

1984 McCurdy,J.F.-Light on scriptural texts from recent discoveries. The kingdom of the ten tribes. - The fate of the people of Northern Israel. - 2 Kings 18 : 13. - Transition from Hezekiel to Manasseh, 2 Chron. 33 : 11: Hom. Rev. '95, Sept., S. 218-20; Oct., S. 311-4; Nov., S. 411-3; Dec., S. 505-8.

1985 McIntyre,J.-Modern faith and the Bible: Dublin Rev. CXX, S. 38-55.

1986 Macnaughton,J o h n.-Tendency in Greek and Hebrew religion: Queen's Quarterly '96, Oct., S. 145-8.

1987 Margival,H.-Richard Simon et la critique biblique au XVII*e* siècle [OB X, 2044]: Rev. de l'hist. et de litt. rel. II, S. 17-42; 223-48.

1988 Marquart, J.-Fundamente israelitischer und jüdischer Geschichte. Göttingen, Dieterich, '97. VII, 75 S. 8. M. 3.
Rec. *Wellhausen*, GGA 8, S. 6o6-8.

1989 Marti,K a r l.-Geschichte der israelitischen Religion. 3. Aufl. v. August Kayser's Theologie des Alten Testaments. Strassburg, F. Bull, '97. XII, 330 S. 8. M. 4.
Vgl. OB VIII, 1614.

1990 Meyer,E d.-Julius Wellhausen und meine Schrift Die Entstehung des Judenthums (OB X, 4916). Eine Erwiderg. Halle, Niemeyer, '97. 26 S. 8. M. 0.50.
Gegen *Wellhausen*, GGA 2, S. 89-97. Weitere Recens. der Meyer'schen Schrift: *K.M[arti]*, LC 8, S. 259 f.; *C.Siegfried*, DL 1, S. 22-11 *O.Massil*, OL 7, S. 195 f.; *W.Staerk*, Z. f. wiss. Th. XL, S. 151-11; *K.Steuernagel*, Th. Stud. u. Kr. '97, S. 625-34; *Moses Friedländer*, Z. f. hebr. Bibliogr. II, S. 8-16; 80-2.

1991 Moulton,R.G., J.B.Peters and o t h e r s.-The Bible as literature. With an introd. by Lyman A b b o t t. N.Y. (Lo.) '97. 8. 6 s. 6 d.

1992 Müller,G.-L'israelismo. Napoli, Pietrocola, '97. 47 S. 8. L. 0.10.

1993 Newkirk,M a t t h e w.-The harmony of the Old Testament: S. S. Times '97, S. 53 f.

1994 Osgood, H o w a r d. - Was Astruc a bad man?: Expos. Times '96, Dec., S. 141.

1995 Parker,J.-The people's Bible: Discourses upon Holy Scripture. New ed. [OB X, 4922]. Vol. XVI-XVII. Lo., Hazell, '97. Je 464 S. 8. Je 6 s.

1996 Pfeil, T h.- Das biblische Wunder keine Durchbrechung v. Naturgesetzen. Entgegnung auf die Schrift: „Der bibl. Wunderbegriff" v. E. Ménégoz (OB X, 2007). [Aus: „Beweis d. Glaubens".] Gütersloh, Bertelsmann, '97. 38 S. 8. M. 0.60.

1997 De E g y p t i s k a P l å g o r n a: Bibelforskaren XIV, S. 80-4.

1998 Poynder,A.-Adoni-bezek: Expository Times VII, S. 527.

1999 Prášek,J.V.-Nebukadnesar Veliký a pád říše judské [Nebukadnezar der Grosse und der Fall des Reiches Juda]: Květy XXXIX ('97), S. 792-802.

2000 — — Saul: Lumír XXVI ('97), No. I-III.

2001 — — Israélité: OSN XII, S. 816-29.

2002 Schriften über Medicin in Bibel u. Talmud. E. Nachtrag nebst einigen Berichtigungen zu S t e i n s c h n e i d e r's Artikel in der Wiener klin. Wochenschrift (OB X, 4945) von J.Preuss, geordnet u. mit einigen Artikeln u. Anmerk. bereichert v. M.Steinschneider: Z. f. hebr. Bibliogr. II, S. 22-8.

2002a Preuss,J.-Neuere Arbeiten über biblisch-talmudische Medizin: Isr. Mschr. '96, No. 11.

2003 Price,I.M.-Important events in Israel 950-621 B. C.: Bibl. World IX, S. 429-42.
Vgl. OB X, 4329.

2003a Das Reich Gottes nach altem u. neuem Testament od. Weissagung u. Erfüllung. Eine biblisch-theolog. Untersuchg. zum Erweise dessen, dass Jesu v. Nazareth der v. den israelit. Propheten geweissagte Messias Israels u. das v. ihm gepredigte Reich die verheissene Königsherrschaft Jahves ist. Von e. Theologen. I. Tl.: Das Reich Gottes nach dem alten Testament. II. Tl.: Das Reich Gottes nach dem neuen Testament. Jurjew, E. J. Karow in Komm., '97. V, 402 S. *M.* 8.

2004 Reuss.-Von Moses bis Daniel; alttest. Geschichtsauffassung u. Predigt: Z. f. prakt. Th. '97, S. 150–63.

2005 Robertson,J.-Israels tidigare religion före det åttonde århundradet f. Kr. enligt bibeln och den moderna kritiken. Fri öfversättning och bearbetning efter originalets fjärde upplaga (OB X, 2062) af And. Neander. II. 1–2. Stockholm, Carlsson, '97. S. 1–192. 8. Je *Kr.* 1.

2006 Sanders,F.K.-The literature of the Hebrews: Progress II, 3, S. 137–51.

2007 Sayce,A.H.-The biblical critics on the war-path: Contemporary Rev. LXX, S. 728–36.

S auch Christ. Literature XVI, S. 165–76.

2008 — — Asherah, the Exodus: Expository Times VII, S. 521 f.

2009 Schmidt,N.-Was צמח a Messianic title?: J. of bibl. lit. XV, S. 36–54.

2010 Schodde,George H.-Harnack on tradition and biblical criticism: S. S. Times '97, S. 387 f.

2011 Seiss,J.A.-Some sacred words: the Trisagion, the Hallelujah and the Amen: Luth. Church Rev. '97, S. 190–202.

2012 Sellin, Ernst. - Beiträge zur israelitischen u. jüdischen Religionsgeschichte [OB X, 2072]. 2. Hft. Israels Güter u. Ideale. 1. Hälfte. L., Deichert, '97. VIII, 314 S. 8. *M.* 6.
Rec. *Schanz*, Th. Qschr. LXXIX, S. 497–?.

2013 Smith,Goldwin.-Christianity's millstone: North Am. Rev., Vol. 161, S. 703–19.
Dazu Maud Nathan, ebd. 162, S. 252–5. — Vgl. OB IX, 5177.

2014 Soltau,H.W.-Tabernacle, the priesthood, and the offerings. New ed. Lo., Rouse, '97. 482 S. 8. 3 *s.*

2015 Splittgerber,A.-Die Stellung Christi zum Alten Test.: Kirchl. Mschr. XVI, S. 135–45.

2016 Stade,B.-Storia del popolo d'Israele [OB X, 4942]. Disp. XXXVII–XL. Milano, Soc. ed. libraria, '97. S. 769–871; 4 T., 3 Facs. Je *L.* 1.

2017 — — Lic. Dr. W. Staerk's Erklärung: ZAW XVII, S. 213–6.
Zu OB X, 2074. Erwid. v. W. Staerk. Z. f. wiss. Th. XL, S. 479 f. (vgl. ebd. S. 320).

2018 Staerk,W.-Die alttest. Citate b. d. Schriftstellern des Neuen Test. [OB IX, 2023]. II: Z. f. wiss. Th. XL, S. 211–68.

2019/20 Stier,Jos.-Die Ehre in der Bibel. Eine religionswissenschaftl. Studie. B., A. Katz, '97. V, 56 S. 8. *M.* 0.80.
S. schon OB X, 4916.

2021/22 Storjohann.-Holder kildesondringen stik? [OB X, 4947]: For Kirke og Kultur '97, S. 89–96; 183–9.

2023 Strack,Hermann Leberecht.-Über verloren gegangene Handschriften d. Alten Testaments: Semitic Studies in memory of Alexander Kohut, S. 560–72.

2024 Thayer,A.Wheelock.-The Hebrews in Egypt and their exodus. Peoria, E. S. Willcox, '97. 315 S. 8. $ 1.25.

2025 Thomson,R.-The plagues of Egypt, and their relation to the natural phenomena of the land. Lo., Gardner, '97. 152 S. S. 3 *s.*

2026 Trumbull,H.Clay.-God's ensign at Rephidim: Exp. '97, Apr., S. 297–30.

2027 Volz,Paul.-Die vorexilische Jahweprophetie u. der Messias. In ihrem Verhältnis dargestellt. Göttingen, Vandenhoeck & Ruprecht, '97. VIII, 93 S. 8.
Rec. *B.Baentsch*, DL. 19, S. 721–3. *M.* 2.8.

2028 Voss,Louis.-The Old Testament and social reform: Presb. Quarterly X, S. 442–57.

2029 Walter,E.–Searching the Scriptures for the Messiah: a critical examination of all the Messianic prophecies claimed in the Old Testament; with an introd. being a critical examination of the Hebrew word Messiah. Baltimore, publ. by the author, '97. 219 S. 8. 50 c.

2030 Weber,F.W.–Kurzgefasste Einleitung in die hl. Schriften Alten u. Neuen Testamentes. Für höhere Schulen u. gebildete Schriftleser bearb. 10. Aufl. v. M. Deinzer u. J. Deinzer. M., Beck, '97. VIII, 414 S. 8. M. 4.

2031 White,Andrew D.–The warfare of science with theology in Christendom. 2 Vols. N.Y., Appleton, '96.
Behandelt u. a. die Schöpfungsgeschichte, die assyriol. u. ägyptol. Unters. zur Bibelexegese etc. — Rec. E.P.Evans, Beil. Allg. Ztg. 74. S. 4—6.

2032 Wildeboer,G.–Karakter en beginselen van het histor.-kritisch onderzoek des Ouden Verbonds. Verspreide opstellen. Utrecht, Kemink & Zoon, '97. XII, 117 S. 8. F. 1.75.

2033 Yonge,Charlotte Mary.–The pilgrimage of the Ben Beriah. N.Y., Macmillan, '97. IX, 321 S. 8. $ 1.25.

2034 Zahn,Adf.–Philipp Melanchthon u. das Gesetz Moses. Auch e. Wort zum 16. II. 1897. Gütersloh, Bertelsmann, '97. 16 S. 8. M. 0.30.

2035 Zapletal,Vinc.–Hermeneutica biblica. Freiburg (Schweiz), Universitätsbuchh., '97. VIII, 175 S. 8. Geb. M. 3.40.

3) Einzelne Bücher.

2036 Bennett,W. H. – A selection of passages of unpointed Hebrew from Genesis, Isaiah, and the Psalms. Cambridge, Univ. Press. (N. Y., Macmillan), '97. IV, 36 S. 8. 1 s.; 35 c.

2037 Meyer,Paul.–Notice du Ms. Bibl. Nat. Fr. 6447 (Traduction de divers livres de la Bible. Légendes des Saints). P., Klincksieck, '96. 78 S. 4.
Aus „Notices et Extr." XXXV, 2. — Rec. E.Schürer, Th. Lz. 13, S. 359 f.

2038 Moulton,Rich.G.–The Chronicles. Isaiah. Jeremiah. Ezekiel. Ed. with introd. and notes. (= The modern reader's Bible [OB X, 4964]. Vols. XI-XIV.) Lo. (N. Y.), Macmillan, '97. 298; 286; 254; XXXVI, 203 S. 8. Je 2 s. 6 d.; 50 c.
Rec. dieser Samml. u. von OB X, 2012: H.Oort, Jew. Qu. Rev. IX, S. 350—7.

2039 Murby's Scripture manuals: Genesis. — Exodus. — Samuel. Lo., Murby, '97. 92; 78; 80 S. 8. Je 6 d.

2040 Pulpit commentary. Ed. by H.D.M.Spence and Joseph S.Exell. Genesis: Introd. by F.W.Farrar, H.Cotterill, T.Whitelaw; expositions and homiletics by Thomas Whitelaw; homilies by various authors. Lo., Paul, '97. 644 S. 8. 6 s.

2041 — — Joshua: introd. by A.Plummer; expos. and homiletics by J.J.Llas; homilies by various authors. New. ed. Ebd. '97. 480 S. 8. 6 s.

2042 — — 1. Samuel. Exposition by R.Payne Smith; homiletics by C.Chapman; homilies by various authors. Ebd. '97. 598 S. 8. 6 s.

2043 — — 2. Samuel. Exposition by R.P.Smith; homiletics by C.Chapman; homilies by various authors. Ebd. '97. 654 S. 8. 6 s.

2044 — — Judges: exposition and homiletics by Lord A.C.Hervey; homilies by various authors. - Ruth: exposition and homiletics by James Morison; homilies by various authors. New ed. Ebd. '97. 326 S. 8. 6 s.
S. auch OB X, 5037.

Hexateuch.
(S. auch No. 1692; 1804.)

2045 Briggs,C.A.–The higher criticism of the Hexateuch. New rev. and enl. ed. N. Y., Scribner, '97. XII, 288 S. 8. $ 2.50.

2046 Burton.J.–Criticism and Deuteronomy: Queen's Quarterly '97, S. 203—9.

2047 Cheyne,T. K. – Professor Hommel on Arphaxad: Expos. '97, Feb., S. 145-8.
Zu Hommel, Expos. Times '97, March. S. 283 (cf. OB X, 1973). Vgl. Hommel, Arpakshad, N. Kirchl. Z. VIII, S. 319—51; Expos. Times '97, May, S. 208—71.

2048 Conder,C.R.–The date of the Exodus: Expos. Times '96, Nov., S. 90.

2049 Dawson,J.W. – The historical relation of the Book of Genesis to the Exodus from Egypt: Hom. Rev. '97, Jan., S. 9-20.

2050 Driver,S.R.–Melchizedek: Expository Times '96, Oct., S. 43 f.; Dec., S. 142–4.

2051 Flier G.Jz.,A. van der.–De eerste twee hoofdstukken van Genesis in onderling verband beschouwd. Naar anleiding van H. van Eyck van Heslinga, De eenheid van het scheppingsverhaal tegenover de resultaten der critiek verdedigd en gehandhaafd. Leiden, Ijdo, '97. VI, 91 S. 8. *F.* 1.

2052 Forbes, M. – „Areos", „Arisu", or „Aarsu" of the „Harris Papyrus", „Aaron" of Exodus: Qu. St. '97, S. 226–30.

2053 Gray,G.B uch a n a n.–The character of the proper names in the Priestly Code: a reply to Professor Hommel: Exp. XXXIII, S. 173–90.

2054 Green,William Henry.–The diction of Genesis VI–IX: Semitic Studies in memory of Alexander Kohut, S. 198–225.

2055 Halévy,J.–La prétendue absence de la tribu de Siméon dans la bénédiction de Moïse (Deuteronome, XXXIII): JA Sér. IX, T. IX, S. 329–31.

2056 — — Recherches bibliques [OB X, 4971]. La descente des Israélites en Égypte jusqu'à la mort de Joseph (Genèse, XLVI-L.): Rév. sém. V, S. 1–24; 97–113.

2057 — — L'enterrement de Jacob d'après la Genèse (XLIX, 29–L, 14): Semitic Studies in memory of Alexander Kohut, S. 237–43.

2058 Harford-Battersby,G.–Professor Sayce on Pentateuchal criticism: Expository Times '96, Nov., S. 91.

2059 Harsha,W.J.–Sabbath day's journeys [Numbers, XXXIII]. N. Y. and Chicago, Revell, '97. 275 S. 8. $ 1.
      Rec. S. S. Times XXXIX, S. 444.

2060 Les cinq livres de la loi (le Pentateuque). Trad. en néo-grec publ. en caractères hébraïques à Constantinople en 1547, transcrite et accomp. d'une introd., d'un glossaire et d'un facsimile par D.C.Hesseling. Leiden, S.C.v.Doesburgh (L., Harrass.), '97. 4 Bl., LXIV, 443 S.; 1 Facs. 8. *F.* 12.
      Rec. *K. Krumbacher,* Byz. Z. VI, S. 451 f.; *H.Oort,* Th. Ts. XXXI, S. 335 f.; *A.Neubauer,* Jew. Qu. Rev. IX, S. 712 f.

2061 Hommel,F.–Melchizedek: Expos. Times '96, Nov., S. 94–6.

2062 Klostermann,A. – Beiträge z. Entstehungsgesch. d. Pentateuchs [Schl. zu OB VIII, 5064]: N. Kirchl. Z. VIII, S. 48–77; 228–53; 298–328; 353–83.

2063 Kraetzschmar,Rich.–Der Mythus von Sodoms Ende: ZAW XVII, S. 81–92.

2064 Leander,P.–Einige Bemerk. z. Quellenscheidung der Josephsgeschichte: ebd. S. 195–8.

2065 Mendes,H.Pereira.–Jewish history ethically presented for private or sunday-school use: the Pentateuch. N. Y., publ. by the author, '96. III, 211 S. 8.   75 c.

2066 Naumann,O.–Das Deuteronomium: Das prophetische Staatsgesetz des theokratischen Königtums m. seinen Eingangs- und Schlussworten, aus der prophet. Geschichte u. Theologie erläutert. Gütersloh, Bertelsmann, '97. XII, 252 S. 8.   *M.* 4.

2067 Rosenthal,Ludw.A.–Nochmals der Vergleich Ester, Joseph-Daniel: ZAW XVII, S. 125–8.
      Zu Riessler OB X, 2111.

2068 Rupprecht,Ed.–Des Rätsels Lösung od. Beiträge zur richt. Lösg. des Pentateuchrätsels f. den christl. Glauben u. die Wissenschaft. 2. Abtlg.: Erweis der Echtheit u. Glaubwürdigkeit des Pentateuch f. die Wissenschaft [Schl. zu OB X, 4981]. 2. Hälfte. Gütersloh, Bertelsmann, '97. IV, 458 S. 8. *M.* 5.

2069 Sayce,A.H.–Light on the Pentateuch from Egyptology: Hom. Rev. '96, Sept., S. 195–200.

2070 — — Melchizedek: Expos. Times '96, Nov., S. 94.

2071 — — Archaeological commentary on Genesis [OB X, 4982]: ebd. '96, Nov., S. 82–5; '97, Jan., S. 180–2; March, S. 256–9.

2072 Schulte,Adalb.–Zu Jahrgang 1895 [lies 1896!] (XVI), S. 327 (Deuteronomios): ZAW XVII, S. 181 f.
      Zu Nestle OB X, 4763.

2073 Stade,B.–Gen. 2, 20. 23. 3, 14: ebd. S. 207–12.

2074 Stosch,G.–Alttestamentliche Studien [OB IX, 5529]. II. Tl.: Mose u. die Dokumente des Auszugs. Gütersloh, Bertelsmann, '97. III, 167 S. 8. *M.* 2.

2075 Watson,W.Scott.–בבר היהי [Deuteronomy and Joshua]: Am. J. of Sem. langu. and lit. XIII, S. 214–6.

Frühere Propheten.
(S. auch No. 1819; 1852.)

2076 Barnes,W.E.–The religious standpoint of the Chronicler: Am. J. of Sem. langu. and lit. XIII, S. 14–20.

2077 Brooke,A.E., and N.McLean.–Book of Judges in Greek, according to the text of codex Alexandrinus. Cambridge, Univ. Press (N. Y., Macmillan), '97. 45 S. 8. 2 *s.* 6 *d.*; 65 *c.*
Rec. *E.Nestle*, Th. Lz. 11, S. 295 f.

2078 Burrows,W.O.–First Book of Kings. With introduction, notes and maps. (Books of the Bible.) Lo., Rivington, '97. 138 S. 8. 1 *s.* 6 *d.*

2079 Gilbert,Henry L.–The forms of the names in 1 Chronicles 1–7 compared with those in parallel passages of the Old Testament: Am. J. of Sem. langu. and lit. XIII, S. 279–98.

2080 Gunkel,Herm.–Der Prophet Elias: Preuss. Jb. LXXXVII, S. 18–51.

2081 Kettlewell,P.W.H.–Book of Ruth and first Book of Samuel. Introd., notes, maps. (Books of the Bible). Lo., Rivington, '97. 140 S. 8. 1 *s.* 6 *d.*

2082 Macmillan,Hugh.–By hook or by crook. 1 Sam. 2:13: Expos. Times '97, Feb., S. 214 f.

2083 Minocchi, S.–Gli inni di Mosè e di Debora, trad. dall' ebraico e illustrati: Scuola cattolica '96, Marzo e Apr.

2084 Moore,Dunlop.–Have we in 1 Sam. 2:22 a valid witness to the existence of the Mosaic tabernacle in the days of Eli?: Expos. Times '96, Dec., S. 139–41.

2085 Nikol'skij, M.V.–Iakbin in Bo'az (1 Car. 7, 21): Χαριστήρια (oben No. 75 a).

2086 II. R.–Betrachtungen über das Buch der Richter und das Buch Ruth. A. d. Franz. Elberfeld, R. Brockhaus, '96. 198 S. 8.

2087 Skinner,M.M.–כֶלֶיתּ 1 Sam. 9:24: J. of bibl. lit. XV, S. 82–7.

2088 Smith,H.P.–The sources E and J in the Books of Samuel: ebd. S. 1–9.

Spätere Propheten.
(S. auch No. 1653; 1896; 2202; 2377.)

2089 Asada,Eiji.–The Hebrew text of Zechariah 1–8, compared with the different ancient' versions: Am. J. of Sem. langu. and lit. XII, S. 173–96.

2090 Barnes,W.E.–The two servants of Jehovah, the conqueror and the sufferor, in Deutero-Isaiah: Expos. Times '96, Oct., S. 28–31.

2091 Böhmer,Jul.–Wer ist Gog von Magog? E. Beitr. z. Auslegung Ezechiel: Z. f. wiss. Th. XI, S. 321–55.

2092 Boquet,Joseph-Eugène.–Poésies religieuses. Les Petits Prophètes. Boulogne-sur-Mer, impr. Hamain, ['97]. 145 S. 8.

2093 Budde, Karl.–Die Ueberschrift d. Buches Amos u. des Propheten Heimat: Semitic Studies in memory of Alexander Kohut, S. 106-10.

2094 Charles,Benj. H.–Lectures on prophecy. N. Y., Revell Co., '97. 320 S. 8. $ 1.50.

2095 Cheyne,T.K.–Notes on Nahum 2:8: J. of bibl. lit. XV, S. 198.

2096 — — Nahum 2:7; Athaliah; Janoah: a correction: Expos. Times '96, Oct., S. 48.

2097 Cobb,W.H.–The ode in Isaiah XIV: J. of bibl. lit. XV, S. 18–36.

2098 Cornill,C.H.–The prophets of Israel: popular sketches from Old Testament history. Transl. by S.F.Corkran [OB X, 2122]. 2d ed. Chicago, Open Court Pub. Co., '97. XIV, 494 S. S. 25 *c.*

2099 Dahle,L.–Profeten Jonas (den første Hedningemissionær), hans Person og Samtid, hans Opgave og Sendelse. Stavanger, Kielland, '97. 2 Bl., 147 S. 8. *Kr.* 1.50.

2100 Douglass,B.-Translation of the Minor Prophets. N. Y. and Chicago, Revell, '97. XII. 254 S. 8. $ 1.25.
Rec. S.S.Times XXXIX, S. 445. S. schon OB X, 2123.

2101 Driver,S.R.-Books of Joel and Amos. Introd. and notes. (Cambridge Bible for schools.) Cambridge, Univ. Press, '97. 244 S. 8. 3 s. 6 d.

2102 Ewald,H.-Commentary on the prophets of the Old Testament. 5 Vols. I.o., Williams & Norgate, '97. 8. 6 s.

2103 Freund,W., u. **Marx.**-Präparationen zum Alten Testament [OB VII, 5118]. 3. Abth. Präparation zum Jesaias. Zum Gebrauch f. die Schule u. den Privatunterricht. 2. Aufl. 1. Hft. Cap. 1-22. Dresden, Violet, '97. 96 S. 8. M. 0.75.

2104 Gregory,D.S.-The prophets of the restoration: Hom. Rev. '96, Oct., S. 348-53.

2105 Harper,Will. R.-Suggestions concerning the original text and structure of Amos 1:3-2:5: Am. J. of th. I, S. 140-5.

2106 — — The child prophecies of Isaiah: Bibl World VIII, S. 417-22.

2107 Herz,N.-Isaiah 53, 9: Expository Times VII, S. 526 f.

2108 Jastrow sr.,M.-Jeremiah 5:8: Am. J. of Sem. langu. and lit. XIII, S. 216 f.

2109 Profeten Joel: Bibelforskaren XIV, S. 237-53.

2110 Kennedy,James.-Isaiah 64:5: Expos. Times '96, Oct., S. 44-6.

2111 Kirkpatrick,A.F.-Doctrine of the prophets: Warburtonian lectures for 1886-90. 2nd ed. I.o., Macmillan, '97. 564 S. 8. 6 s.

2112 Meijer,F.B.-Christus in Jesaja. Vrij bewerkt naar het Engelsch door H.W.S[piering]. Amst., Egeling, '97. VI, 233 S. 8. F. 1.60.

2113 Paton,L.B.-Notes on Hosea's marriage: J. of bibl. lit. XV, S. 9-18.

2114 Pidge,J.B.Gough.-The prophetical books of the Old Testament. Philadelphia, Am. Baptist Pub. Soc., '97. 128 S. 8. 50 c.
Rec. S. S. Times XXXIX, S. 573.

2115 Ricard, O. - Profeten Jeremias, hans Person, Liv og Taler. Kobenhavn, Bethesdas Bogh., '97. 104 S. 8. Kr. 1.

2116 Torrey,C.C.-Notes on Amos 2:7; 6:10; 8:3; 9:8-10: J. of bibl. lit. XV, S. 151-5.

2117 Townsend, Luther Tracy.-The story of Jonah in the light of higher criticism. N. Y., Funk & Wagnalls Co., '97. 119 S. 8. 50 c.

2118 Toy,C.H.-Text-critical notes on Ezekiel: J. of bibl. lit. XV, S. 54-9.

2119 Trumbull,H. C.-Light on the story of Jonah. Philadelphia, Wattles & Co., '97. 19 S. 8. 20 c.
S. schon OB VIII, 1690.

2120 Waller, C.H. - Notes on the prophet Jeremiah, for the use of Bible students who believe in the Bible. I.o., Eyre, '97. 52 S. 8. 1 s.

2121 Ward,W.Hayes.-Habakkuk 3:10, 11, 15: Am. J. of th. I, S. 137-40.

2122 White,W.W. - Thirty studies in Jeremiah. N. Y., Internat. Comm. Y. M. C. A., '97. 110 S. 8. 30 c.
Rec. S. S. Times XXXI, S. 429.

2123 Winckler,Hugo.-בצרה שדי: Mitt. Vorderas. Ges. II, S. 34 f. Esra 5, 3 etc.

2124 Wolf,E.F.H. - Micha's aankondiging van den herrscher uit Betlehem Efratha: Ts. voor geref. Theol. IV, S. 305-23; 367-87.

2125 Zöllner,W.-Amos u. Hosea. (= Handreichung zur Vertiefung christlicher Erkenntnis. Hrsg. v. Jul. Möller u. W. Zöllner. 2. Heft.) Gütersloh, Bertelsmann, '97. VI, 77 S. 8. M. 1.

Hagiographen.

(S. auch No. 429; 4342; 1890; 2007; 2086; 2235; 2324; 2669.)

2126 Beecher,Willis J.-The sixtieth psalm: Hom. Rev. '96, Nov., S. 444-7.

2127 Beer,Georg. - Textkrit. Studien zum Buche Job [OB X, 5011]: ZAW XVII, S. 97-122.

2128 Berlin,M.-Zur Auslegung der Psalmen 29 u. 145: Isr. Mschr. '97, No. 9.

2129 Bludau,Aug.-Die alexandrinische Übersetzung des Buches Daniel u. ihr Verhältuiss z. massorethischen Text. (= Bibl. Studien, II. Bd., 2. u. 3. Heft.) Freiburg i/B., Herder, '97. XII, 218 S. 8. M. 4.50
Rec. *F.Lauchert.*Rev. int. de th. V. S. 657—60.
2130 — — Die Apokalypse u. Theodotions Danielübersetzung: Th. Qschr. LXXIX, S. 1-26.
2131 Boehmer, J.-Das Reich Gottes in den Psalmen: N. Kirchl. Z. VIII, S. 620—51; 746—63.
2132 Boquet,Joseph·Eugène.-Poésies religieuses. Le Psautier. Boulogne-sur-Mer, impr. Hamain, ['97]. 391 S. 8.
2133 Brandes,Georg.-Das Buch Hiob: Allg. Ztg. d. Jt. LX, S. 473 f.; 486 f.; 499 f.; 510-12; 524; 536-8; 548-50; 560 f.
2134 Bruston,Edouard.-De justitia divina secundum Jobeidem. Theologica dissertatio. Montalbani, ex typis J. Granié, '97. 47 S. 8.
2135 Aus e. Briefe v. Ch.**Bruston** an den Herausgeber: ZAW XVII, S. 193 f.
Zu Abbott OB X. 5009.
2136 Budde,K.-Psalm 101: Expos. Times '97, Feb., S. 202-4.
2137 Cheyne,T.K.-The Book of Job and its latest commentator: Exp. '97, S. 401-16.
Zu Budde OB X, 5015.
2138 — — Notes on psalm 22: 25: J. of bibl. lit. XV, S. 198.
2139 — — Textual criticism of the psalms: Expos. Times '97, Feb., S. 236 f.
2140 — — The text of Job: Jew. Qu. Rev. IX, S. 573—80.
2141 — — The Book of Psalms, its origin and its relation to Zoroastrianism: Semitic Studies in memory of Alexander Kohut, S. 111-19.
2142 Ewald,H.-Commentary on the book of Job. Lo., Williams & Norgate, '97. 8. 6 s.
2143 — — Commentary on the Psalms. 2 Vols. Ebd. '97. 8. 6 s.
2144 Fox,L.C.-Hallel: Lessons on the Psalms. Lo., Nisbet, '97. 8. 1 s. 6 d.
2145 Halévy,J.-Job XXXVIII, 12-15: JA Sér. IX, T. IX, S. 155 f.
2146 — — Notes pour l'interprétation des Psaumes [OB X, 5024]. Psaume LXXIV-LXXXIII: Rev. sém. V, S. 24-35; 113-31.
2147 Hastings,E.-Ps. 110: Expository Times VII, S. 527.
2148 Hontheim,J.-Beitr. z. Erkl. d. 7. Psalmes: Z. f. kath. Th. XXI, S. 368-72.
2149 Jacob,B.-Beitr. z. e. Einleitung in die Psalmen [OB X, 5025]: ZAW XVII, S. 48-80.
2150 — — Zu ψ 12, 7: ebd. S. 93-6.
Vgl. OB X, 5034.
2151 Jastrow,Marcus.-An analysis of Psalms LXXXIV and CI: Semitic Studies in memory of Alexander Kohut, S. 254-63.
2152 Jastrow,Morris.-On Ruth 2:8: J. of bibl. lit. VII, S. 59-63.
2153 Keel,Leo.-Der Prediger Salomons. Erklärt f. die christl. Gesellschaft. Regensburg, Nationale Verlagsanstalt, '97. 326 S. 8. M. 3.
2154 Koenigsberger,B.-Hiobstudien. Exegetische Untersuchgn. zum Buche Hiob, nebst e. Einltg. zum Buche. Breslau, Koebner in Komm., '97. 58 S. 8. M. 2.
S.-A. von OB X, 2157.
2155 Kok,J.-Salomo's spreuken gerangschikt en verklaard. 1e-2e stuk. Kampen '96. S. I-XII, 1-362. 8.
2156 Lasse,J.-Der 90. Psalm: Z. f. kath. Th. XXI, S. 255-63.
2157 Lataix,Jean.-Le commentaire de Saint Jérome sur Daniel: Rev. d'hist. et de litt. rel. II, S. 164-73; 268-77.
2158 Macdonald,K.S.-What the Book of Job teaches. C., C. T. and B. Society, '97. 4 S. 8.
2159 Minocchi,S.-Le lamentazioni del profeta Geremia, trad. e commentate, con uno studio sulla poesia elegiaca nell' antico Oriente. Roma, Desclée Lefebvre & Co., '97. XVI, 125 S. 8.
Rec. *E.Nestle,* Th. Lz. 17, S. 324 f.
2160 Moor,Fl.de.-Le livre d'Esther; un épisode du règne de Xerxes 1er: Science cath. '96, 15. Oct.

2161 Moore,F.G.–Daniel 8: 9–14: J. of bibl. lit. XV, S. 193–8.

2162 Müller,D.H.–Iliob, Kap. 14: WZKM XI, S. 57–62.

2163 Myrberg,O.F.–Profeten Jeremia och Jeremias klagovisor öfversatta och förklarade. Stockholm, Hæggström, '97. 186 S. 8. *Kr.* 2.
S.-A. von OB X, 4098 und 5026.

2164 M[yrberg],O.F.–Höga Visan. Med anledning af Salomos Höga Visa. En gammaltestamentlig studie af O.C.P. Å h f e l d t (OB X, 5010): Bibelforskaren XIV, S. 40–61.

2165 Niglutsch,Jos.–Brevis explicatio psalmorum usui clericorum in seminario Tridentino accomodata. Ed. II totum psalterium continens. Trient, Seiser, '97. VI, 310 S. 8. *M.* 3.

2166 Oehler,Vikt.Fr.–Der zweite Psalm in zeitgeschichtlicher Beleuchtung. Gütersloh, Bertelsmann, '97. 56 S. 8. *M.* 0.80.

2167 O'Mahony,T.J.–Alleluia's story: Dublin Rev. CXX, S. 345–50.

2168 Pedersen,P.–Profeten Daniels Syner om de sidste Ting. København, Thor Pontoppidan, '97. 34 S. 8. *Kr.* 0.25.

2169 Roy,H.–Die Volksgemeinde u. die Gemeinde der Frommen im Psalter. Progr. Gnadau, Unitäts-Buchh. in Komm., '97. 80 S. 8. *M.* 1.50.

2170 Royce,Josiah.–The problem of Job: New World VI, S. 261–81.

2171 Skavlan,Sigv.–Behemot og leviatan i Jobs bog: For Kirke og Kultur '97, S. 282–95.

2172 Spurgeon,C.H.–Die Schatzkammer Davids. Eine Auslegg. der Psalmen. In Verbindg. m. mehreren Theologen deutsch bearb. von James Millrard [OB IX, 5600]. 4. Halbbd. Frankfurt a. M., Schergens, '97. 8. *M.* 5.50.

2173 Staerk,W.–Die Gottlosen in den Psalmen. E. Beitr. z. alttest. Religionsgeschichte: Th. Stud. u. Kr. '97, S. 449–88.

2174 Stevens,W.–The book of Psalms [OB X, 5041]. Part 2: Psalms 21–39 (ord.). Pt. 3: Psalms 40–65 (abbrev.) in orthic shorthand. Cambridge, Univ. Press, '97. 16 S. 8. je 1 *s.*

2175 Szold,Benjamin.–The eleventh chapter of the Book of Daniel: Semitic Studies in memory of Alexander Kohut, S. 573–600.

2176 Tregelles,S.P.–Daniels Syner. Studier over de profetiske Syner i Daniels Bog. Autoriseret Oversættelse efter den engelske Originals 6te Udgave. Udg. af L.– med Forord af Andr. Mortensen [OB X, 5044]. II. Kristiania, Berntzen, '97. S. 61–114. 8. *Kr.* 0.75.

2177 Wildeboer,G.–Zu Ps. 17, 11. 12: ZAW XVII, S. 180.
Zu Nestle OB X, 4065.

2178 Wright,J.F.–Nehemiah's nightride: J. of bibl. lit. XV, S. 129–35.

Alttestamentliche und ältere christliche Apokryphen.

2179 A r i s t e a e quae fertur ad Philocratem epistulae initium (§ 1–42 M. = p. 13–23 Schm.) apparatu critico et commentario instructum edidit Ludovicus M e n d e l s s o h n. Conlegae venerandi opus postumum typis describendum curavit M. Krascheninnikov. Iurievi, typ. Mattiesen, '97. IV, 52 S. 8.
Aus: Acta et commentationes univ. Iurievensis. Vol. V ('97), 1.

2180 Bacher,W.–The Hebrew text of Ecclesiasticus: Jew. Qu. Rev. IX, S. 543–63.
S. 563–7 Bemerk. v. Cowley u. Neubauer zu Kaufmann u. Smend (unten No. 2187 und 2182 Anm.); S. 567–72: G. Buchanan Gray, A note on the text and interpr. of Eccl. XLI. 19.

2181 Bevan,A.A.–The recently discovered fragment of Ecclesiasticus in Hebrew: Ath., Apr. 3, S. 445 f.

2182 Cowley,A.E., and A.**Neubauer**.–The original Hebrew of a portion of Ecclesiasticus (XXXIX. 15 to XLIX. 11). Together with the early versions and an Engl. translation, followed by the quotations from Ben Sira in Rabbinical literature. Oxford, Clarendon Pr., '97. XLVII, 41 S.; 2 Facs. 4.
10 *s.* 6 *d.* (L., Harrass. M. 10.)
Rec. J.W.Rothstein, DL 8, S. 281–3; F.Smend, Th. Lz. 6, S. 161–6; Siegm.Fraenkel, Mschr. f. Gesch. u. Wiss. d. Jt. XLI, S. 380–4; Felix Perles, WZKM XI, S. 95–103 (dazu S. 103–5: D.H.Müller, Glossen zum Ecclesiasticus); E.Nestle, Beil. Allg. Ztg. 38, S. 5–7; Ath., March 20, S. 372 f.; D.S.Margoliouth, JRAS '07, S. 371–5; As. Qu. Rev. III ('07), S. 443 f.; R.D[ural], Rev. cr. 23, S. 411 f.; J.Halévy, JA Sér. IX, T. IX, S. 156 f.; M.Lambert, ebd. S. 344–50.

2183 Apocryphal Gospels and other documents relating to the history of Christ. Transl. from the original in Greek, Latin, Syriac &c. Notes, scriptural references, and prolegomena, by R. Harris Cowper, 6th ed. Lo., Nutt, '97. 568 S. 8. *5 s.*

2184 Collotype facsimiles of the Oxford fragment of Ecclesiasticus. Oxford, Clarendon Press, '97. 18 T. *6 s. 6 d.*
Rec. *F. Smend*, Th. Lz. 10, S. 265—8.

2185 Halévy, J.–Étude sur la partie du texte hébreu de l'Ecclésiastique récemment découverte: Rev. sém. V, S. 148–65.

2186 James, Mont. Rhodes.–Apocrypha anecdota [OB VII, 5187]. Second Series. (= Texts and Studies. V, 1.) Cambridge, Univ. Press, '97. CII, 174 S. 8. *7 s. 6 d.*
Rec. *C. H [eyman]*, Hist. Jb. XVIII, S. 676 f. u. Byz. Z. VI, S. 621 f.; *S. Berger*, Bull. cr. 22, S. 411–5.

2187 Kaufmann, Dav.–Das Wort חכמה bei Jesus Sirach: Mschr. f. Gesch. und Wiss. d. Jt. XLI, S. 337—40.

2188 Kohler, K.–The Testament of Job. An Essene Midrash on the Book of Job reëd. and transl. w. introd. and exeget. notes: Semitic Studies in memory of Alexander Kohut. S. 264—338.

2189 Lévi, Isr.–La sagesse de Jésus, fils de Sirach découverte d'un fragment de l'original hébreu: Rev. ét. j. XXXIV, S. 1–50; 294–6.

2190 Macler, Fréd.–Les apocalypses apocryphes de Daniel: Rev. hist. rel. XXXIII, S. 37–53; 163–76; 288–319.
Aus OB X, 2194. — Rec. *F. Kampers*, Hist. Jb. XVIII, S. 465 f.

2191 Nestle, E.–Zum Prolog des Ecclesiasticus: ZAW XVII, S. 123 f.

2192 Nöldeke, Th.–The original Hebrew of a portion of Ecclesiasticus: Exp. '97, May, S. 347–64.

2193 Weiss, Hugo.–Judas Makkabaeus. Ein Lebensbild aus den letzten grossen Tagen des israelit. Volkes. Freiburg i. B., Herder, '97. VIII, 122 S. 8. *M. 2.*

2194 Wohlenberg, G.–Jesus Sirach u. die soziale Frage: N. Kirchl. Z. VIII, S. 329–48.
Gegen Naumann, Jesus Sirach. Hilfe II, No. 29.

c) Neutestamentliche Zeitgeschichte
(in ihrer Berührung mit semitischen Elementen).
(S. auch No. 183; 1773; 2386.)

2195 Anthony, Alfr. W.–An introduction to the life of Jesus: an investigation of the historical sources. Boston, Silver, Burdett & Co., '96. 206 S. 8. *$ 1.*

2196 Beurlier, Ém.–Les Juifs et l'église de Jérusalem: Rev. de l'hist. et de litt. rel. II, S. 1–16.

2197 Büchler, Ad.–The sources of Josephus for the history of Syria (in „Antiquities" XII, 3–XIII, 14): Jew. Qu. Rev. IX, S. 311–49.

2198 Buchler [Büchler], Adolphe.–Les sources de Flavius Josèphe dans ses *antiquités* (XII, 5, 1–XIII) [OB X, 5060]: Rev. ét. j. XXXIX, S. 69–93.

2199 Cohn, Leop.–Kritisch-exegetische Beiträge zu Philo: Hermes XXXII, S. 107–48.

2200 Connor, Dav.–The historical Jesus and the Christs of faith: Contemporary Rev. LXX, S. 365–76.

2201 Conybeare, F.C.–Christian demonology [Schl. zu OB X, 5063]: Jew. Qu. Rev. IX, S. 444–70; 581–603.
Evidence of Assyrian monuments. Evid. of Zoroastrianism. Evid. of Folklore in general.

2202 Deissmann, G. Ad.–Neue Bibelstudien [OB IX, 1970]. Sprachgesch. Beiträge, zumeist aus den Papyri u. Inschriften, z. Erklär. d. Neuen Test. Marburg, Elwert, '97. VIII, 109 S. 8. *M. 2.80.*

2203 Drüner, Hans.–Untersuchungen über Josephus. (Diss.) Marburg, Druck v. Hamel, '96. 2 Bl., 96 S. 8.
Rec. *C. H [eyman]*, Hist. Jb. XVIII, S. 675.

2204 Farrar,Frederic W.–Das Leben Jesu. Deutsche Bearbeitg. v. Joh. Walther [OB X, 5064]. 4. Aufl. (18–22. Taus.) B., Brandner, '97. XXVIII, 769 S.; 1 K. 8. *M.* 12.50.
Rec. *J.Schindler,* OL 4, S. 100f.; *H.Guthe,* ZDPV XX, S. 61–3.

2205 Friedländer,M.–Das Judenthum in der vorchristlichen griechischen Welt. Ein Beitrag zur Entstehungsgeschichte des Christenthums. W., Breitenstein, '97. V, 74 S. 8. *M.* 1.25.
Rec. *E.Schürer,* Th. Lz. 12, S. 326f.; *A.Freimann,* Z. f. hebr. Bibliogr. II, S. 76.

2206 Goldschmid,Léop.–Les impots et droits de douane en Judée sous les Romains: Rev. ét. j. XXXIV, S. 192–217.

2207 Hartmann,Frz.–Jehoshua, der Prophet v. Nazareth, od. Bruchstücke aus den Mysterien. Die Geschichte e. wahren Initiation u. e. Schlüssel zum Verständniss der Allegorien der Bibel. Nach der engl. (amerikan.) Ausgabe aufs neue in Deutsch ausgearb. u. verb. vom Verf. L.., Friedrich, '97. VI, 281 S. 8. *M.* 4.

2208 Hausrath,A.–History of the New Testament times: the time of Jesus. 2 Vols. Lo., Williams & Norgate, '97. 8. 6 *s.*

2209 —— — History of the New Testament times: the time of the apostles. 4 Vols. Ebd. '97. 8. 10 *s.* 6 *d.*

2210 Holzhey,Carl.–Die Beurtheilung des ältest. Ritualgesetzes in der ältesten christlichen Literatur: Katholik XVI ('97), S. 251–68.

2211 Keim,Th.–History of Jesus of Nazara. 6 Vols. Lo., Williams & Norgate, '97. 8. 6 *s.*

2212 Kneller,C.A.–Flavius Josephus über Jesus Christus: Stimmen aus Maria-Laach I.III, S. 1–19; 161–74.

2213 Kobza,R.M.–Josephus Flavius a roz narození Páně [J. F. und das Jahr der Geburt Christi]: Hlídka II, S. 129–32.

2214 Krell,Emil.–Philo περὶ τοῦ πάντα σπουδαῖον εἶναι ἐλεύθερον, die Echtheitsfrage. Progr. Gymn. St. Anna Augsburg '96. 38 S. 8.

2215 Lietzmann,Harres.–Der Menschensohn. E. Beitr. zu der Neutestamentlichen Theologie. Freib. i. B., Mohr, '96. VIII, 95 S. 8. *M.* 2.
S. 30–50: Erklär. d. Ausdr. „Menschensohn" aus dem Aramäischen. — Rec. *A.H[ilgenfeld],* Z. f. wiss. Th. XL, S. 474–7; *J.Simon,* Rev. d'hist. et de litt. rel. I, S. 560f.

2215a Löwy,M.–Messiaszeit u. zukünftige Welt. Dogmengeschichtliche Studie: Mschr. f. Gesch. u. Wiss. d. Jt. XLI, S. 392–409.

2215b Melzi,Camillo M.–Il 14 di Nisan l'anno 29 dell' E.V. [êra volgare]: Atti Acc. Pontif. de' Nuovi Lincei, T. 48, S. 91–109.

2216 Nestle,Eberh.–Einführung in das griechische Neue Testament. Mit 8 Handschriften-Taf. Göttingen, Vandenhoeck & Ruprecht, '97. 129S. 8. *M.* 2.80.
2217 —— — Etymologische Legenden?: Z. f. wiss. Th. XL, S. 148f.
Zu N.'s Philologica sacra (OB X, 2214), S. 20.

2218 Philonis Alexandrini opera quae supersunt, ediderunt Leop.Cohn et Paul.Wendland [OB X, 2398]. Vol. II. Edidit Paul.Wendland. B., G. Reimer, '97. XXXIV, 315 S. 8. *M.* 9.
2218a —— — Ed. minor [OB X, 5072]. Vol. II. Recognovit W. Ebd. '97. XIII, 306 S. 8. *M.* 2.
Rec. beider Ausg.: *C.Siegfried,* DL 13, S. 489–91; *G.Heinrici,* Th. Lz. 8, S. 211–5; *Freudenthal,* Mschr. f. Gesch. u. Wiss. d. Jt. XLI, S. 178–80; *S.Reiter,* Z. f. d. öst. Gymn. XLVIII, S. 42–7; *F.C.Conybeare,* Class. Rev. XI, S. 66f.; Rev. de l'instr. publ. en Belg. XXXIX, No. 6.

2219 Reinach,Théod.–Encore un mot sur le „Papyrus de Claude" (OB X, 2217): Rev. ét. j. XXXIV, S. 296–8.

2220 Resch,Alfr.–Aussercanonische Paralleltexte zu den Evangelien [OB VIII, 1846]. III. Paralleltexte zu Lucas. IV. Parallelt. zu Johannes. L., Hinrichs, '95/6. XII, 847; IV, 224 S. 8. *M.* 27; 7.
Rec. *J.Simon,* Rev. d'hist. et de litt. rel. I, S. 561–3; *W.Bousset,* Th. Lz. 3, S. 68–76 (auch v. No. II; s. auch die schon OB X, S. 125 u. 269 aufgef. Rec.).

2221 Réville,Albert.–Jésus de Nazareth. Études critiques sur les antécédents de l'histoire évangélique et la vie de Jésus. 2 Vol. P., Fischbacher, '97. X, 500 S.; 1 K. und 522 S. 8.
Rec. *E.Michaud,* Rev. int. de th. V, S. 638–43.

2222 Rose.-L'épitre de Saint Jacques est-elle un écrit chrétien?: Rev. bibl.
'96, Octobre.
Vgl. J.Massebieau OB IX, 5727 u. F.Spitta OB IX, 5760a. — Rec. *Isr.Lévi*, Rev. ét.
j. XXXIV, S. 148.
2223 Samter,N.-Judenthum und Griechenthum: Brann's Jüd. Volks- u. Hauskalender f. d. J. 1897 (Breslau, Jacobsohn & Co.)
2224 Sanday and Headlam.-A critical and exegetical commentary on the
epistle to the Romans.   Edinburgh, Clark, '95.   450 S.   8.
Handelt in d. Einl. auch üb. die Lage der Juden in Rom um d. Jahr 58 n. Chr.
2225 Schlachter,F.-Herodes l., genannt der Grosse.   E. Beitr. z. neutest.
Zeitgeschichte. Frankfurt a/M., Schärgens in Comm., '97. 61 S. 8. (ill.) *M.* 1.
2220 Schürer,Emil.-Die Juden im bosporanischen Reiche u. die Genossen-
schaften der σεβόμενοι θεὸν ὕψιστον ebendaselbst: Sitzb. Ak. Wiss. B. '97,
S. 200–25.
Rec. *E.Schürer*, Th. Lz. 9, S. 237 f. (Selbstanz. u. Nachtr.); *C.Heinrici*, DL 24, S. 921—5.
2227 Schwartzkopff,Paul.-Der Teufels- u. Dämonenglaube Jesu: Z. f. Th.
u. Kirche VII, S. 289–330.
„Damit wir volle Klarheit üb. Jesu Verh. z. der Vorstell. v. d. bösen Geistern erhalten,
werden wir zunächst mit ihrer urspr. persischen Gestalt diejenige vergleichen, welche sie
in der jüdischen Rel., insbes. im Talmud u. in der neutest. Anschauung d. Zeitgenossen Jesu, angenommen hat . . . . ."
2228 Slotemaker de Bruine, J.R.-De israëlietische achtergrond in het
Nieuwe Testament: Th. Studiën '97, S. 27–68.
2229 Unger,G.F.-Zu Josephos [OB X, 5077]. IV. Die Republik Jerusalem.
V. Das verlorene Geschichtswerk: Sitzb. Ak. Wiss. M., Phil.-phil. u. hist. Cl.
'97, S. 189–244.
2229a [Bericht Aug. Wagener's üb. e. Preisaufgabe: Étude critique sur
les rapports publics et privés qui ont existé entre les Romains et les Juifs
jusqu'à la prise de Jérusalem par Titus]: Bull. Ac. royale de Belg. XXIX
('95), S. 671–7.
2230 Winer,G.-Grammatik des neutestamentlichen Sprachidioms. 8. Aufl.
v. Paul Wilh.Schmiedel [OB VIII, 5324]. II. Tl. Syntax. 1. Hft. Göttingen,
Vandenhoeck & Ruprecht, '97. S. 145–208. 8. *M.* 1.
Rec. *F.Lauchert*, Rev. int. de th. V, S. 435—7.

d. Späteres Judentum.*)
(S. auch No. 1530; 1852; 1879 f.; 2002 f.; 2120; 2215a; 2647.)

2231 Annuaire des Archives israélites pour l'an du monde 5657,
par H.Prague. P. Arch. isr., '96. 116 S. 8.
Darin: L.Kahn, Les Juifs de Paris pendant la révolution; M.Schwab, Les mss. hébreux
de la Bibl. nationale.
2232 M'kize Nirdamim [„Hebräischer Literaturverein"] [OB IX, 5609].
XII.-XIII. Jahrgang. ‏נר על ראש‏ Sammelband kleiner Beiträge aus Handschriften. (VII. Band dieses Titels.) B., Druck v. Itzkowski, '96-'97. 42, 11,
14, 48, 46, 23 S.
Inhalt: Heinr.Berger, Commentar zu Esra u. Nehemia v. Benjamin ben Jehuda ha-Romi
zum ersten Mal hrsg. — A.Berliner, Ergänzung einer Lücke in den Responsen des Elia
Misrachi. — D.Chwolsohn, Fragment einer alten hebr. Übersetzung des ersten Buches der
Makkabäer (nach der Handschrift Paris aus dem 3. Viertel des 12. Jahrh.): 1—4, 611
7, 27—?, 30; 6, 1—6, 14. — Is.Morali, Gedichte von Isaak ben Scheschet u. Simon ben
Çemach Duran, nach einem Ms. in Algier. — D.Kaufmann, Bamberger Gemeindebuch,
nach Ms. Merzbacher. — Em.Baumgarten ‏פרימה אשכר‏, Zur Geschichte der Juden in
Mähren, aus der Zeit der Maria Theresia. — Die anderen Schriften des Vereins für sein
12. u. 13. Jahr s. unten No. 2249; 2328; 2333; vgl. auch No. 2260.
**2233 Monatsschrift für Geschichte und Wissenschaft des Juden-
tums.** Neue Folge, hrsg. von M.Brann und D.Kaufmann [OB X, 5080].
XLI. Jahrg. N. F. V. Jahrg., Heft 4–9. Jan.–Juni '97. Breslau, Schles.
Verlags-Anst. S. 145–432. 8. j. *M.* 9.
2234 Israelitische Monatsschrift. Wissenschaftliche Beilage zur
„Jüdischen Presse". Hrsg. v. Ed.Biberfeld [OB IX, 5610]. B. '96-'97.
Je 12 No. 52; 48 S. Fol.

*) Vergl. als Ergänz. zu dieser Rubrik: Abt. I der Z. f. hebr. Bibl. (s. unten No. 2239) und
Isr.Lévi's Revue bibliogr. (unten No. 2242).

2235 Publications of the Gratz College. I. Philadelphia, publ. by the College, '97. IX, 204 S.; 1 Portr. 8.

Darin: M.A.Dropsie, Memoir of Hyman Gratz [1776—1857], S. V—IX. S.Morais, Italian Jewish literature, S. 49—74. Marcus Jastrow, The history and the future of the text of the Talmud, S. 75—103. A.Friedenwald, Jewish physicians and the contributions of the Jews to the science of medicine, S. 105—65. K.Kohler, The psalms and their place in the liturgy, S. 167—204. [Comparison with the Gathas and Vedas and Babyl. hymns, S. 170—80.]

2236 Publications of the American Jewish Historical Society [OB IX, 5612]. No. 5. Publ. by the Soc. [Philadelphia] '97. 4 Bl., 234 S.; 1 Portr. 8.   N. Y., Brentano $ 2.

Portr. of Isaac Franks. — Address of the President, O.S.Straus, S.1—5. — M.Jastrow,jr., Documents rel. to the career of Colonel Isaac Franks, S. 7—34. — J.Samuel, Some cases in Pennsylvania wherein rights claimed by Jews are affected, S. 35—7. — H.Cohen, Henry Castro, pioneer and colonist, S. 39—43. — H.Friedenwald, Material for the history of the Jews in the British West Indies, S. 45—101. — J.H.Hollander, The naturalization of Jews in the American colonies under the act of 1740, S. 103—17. — G.A.Kohut, Who was the first Rabbi of Surinam?, S. 119—24. — M.Kayserling, Isaac Aboab, the first Jewish author in America, S. 125—36. — M.J.Kohler, The Jews and the American antislavery movement, S. 137—55. — A.S.W.Rosenbach, Documents rel. to Major David S.Franks while Aide-de-Camp to General Arnold, S. 157—89; Notes on the first settlement of Jews in Pennsylvania, 1655—1703, S. 191—8. — Notes, S. 199—205; Necrology, S. 205—9.

2237 The Jewish Quarterly Review ed. by I.Abrahams and C.G. Montefiore [OB X, 5081]. Vol. IX, No. 34-6. Jan.-July, '97. Lo., Nutt. S. 177-758. 8.   j. 11 s.

2238 Revue des études juives [OB X, 5082]. Tome XXXIV. No. 67-8. Janv.-Juin '97. P., Durlacher. 320, LIII S. 8.   j. Fr. 25.

2239 Zeitschrift für Hebraeische Bibliographie. Unter Mitw. namhafter Gelehrter hrsg. v. H.Brody [OB X, 5083]. II. Jahrg. No. 1-3. Jan.-Juni '97. B., Calvary & Co. S. 1-108. 8.   j. M. 6.

2240 Kayserling,M.-Juden (nach der Zerstörung Jerusalems) [OB X, 2229]: Jab. d. Geschw. '95 ('97), I, S. 25-35.

2241 Lazard,Lucien.-Rapport sur les publications de la Société [OB X, 2228] pendant l'année 1896: Rev. ét. j. XXXIV, S. IX-XVII.

2242 Lévi,Isr.-Revue bibliographique [OB X, 5084]. 2e semestre '96 et 1er trimestre '97: ebd. S. 131-50.

2243 — — Revue des périodiques. Le Judaisme postbiblique: Rev. hist. rel. XXXIV, S. 251-7.

2244 Bibliogr. Uebersicht üb. die im J. 1894 ersch. Einzelschriften [OB X, 2230]: Mschr. f. Gesch. u. Wiss. d. Jt. XLI, S. 189-92.

2245 Chwolson.-שבעים עשרה [Verzeichn. hebr. Werke.] Wilna, Romm, '97. 3 Bl., 142 S. 8.

Vgl. H.Brody, Z. f. hebr. Bibliogr. II, S. 92.

2246 Deinard,E.-Or Mayer Catalogue of the old Hebrew Mss. and printed books of the library of M.Sulzberger of Philadelphia, Pa. N. Y., printed by J.Aronson, '96. 100 S. 8.

2247 Steinschneider,Mor.-Catalog der Hebräischen Handschr. d. K. Hof-u. Staatsbibliothek in München. M., Palm in Comm., '97 [gedruckt 1895!]. X, 277 S. 8.   M. 9.

Rec. H.Brody. Z. f. hebr. Bibliogr. II, S. 91 f.

2248 Hamburger,J.-Real-Encyclopädie des Judentums. I. Abtlg. Biblische Artikel [OB X, 5085]. 5.-7. Hft. II. Abtlg. 5.-8. Hft. III. Abtlg. 1.-3. Suppl. L., Köhler's Sort., '97. 8.   Je M. 2.50.

2249 שרשים ספר Sepher Haschoraschim. Wurzelwörterbuch der hebr. Sprache von Abulwalid Merwân Ibn Čanâh (R. Jona). Aus dem Arabischen ins Hebräische übs. von Jehuda Ibn Tibbon. Zum ersten Male hrsg. von Wilh.Bacher [OB IX, 5620]. 4. Hft. (Schluss, Register u. Einleitung.) B. '96/7. S. 481-597 u. XII S. Einleitung. Selbstverlag des Vereins M'kize Nirdamim (s. oben No. 2232).

2250 Acsády,Ign.-Die ungarischen Juden in d. Jahren 1735-8 (ungar.): Évkönyv '97. S. 173-88.

2251 Adler,E.N.–An installation of the Egyptian Nagid: Jew. Qu. Rev. IX, S. 717–20.

2252 Amram,Dav.Werner.–The Jewish law of divorce. Philadelphia '96. 224 S. 8.
Rec. L.M.Simmons, Jew. Qu. Rev. IX, S. 531—3.

2253 Aron,Maur.–Le duc de Lorraine Léopold et les Israélites. Un Israélite receveur général des finances: Rev. ét. j. XXXIV, S. 107–16.

2254 Bacher,W.–Eine südarab. Midraschcompilation zu Esther: Mschr. f. Gesch. u. Wiss. d. Jt. XLI, S. 450–6.

2255 — — Berichtigungen u. Nachtr. zu dem Artikel „Ein hebr.-pers. Wörterb. aus d. 15. Jh." [OB X, 5090]: ZAW XVII, S. 199 f.
Von C.Salemann u. S.Fraenkel stammend. — S. auch P.Horn, ebd. S. 201—3.

2256 — — The treatise on eternal bliss attributed to Moses Maimûni (צרקי הוצבלת): Jew. Qu. Rev. IX, S. 270–89.

2257 — — Le passage relatif au Messie dans la lettre de Maimonide aux Juifs du Yémen: Rev. ét. j. XXXIV, S. 101–5.
Dazu Isr.Lévi, ebd. S. 105 f. — Vgl. OB X, 5159.

2258 — — Le siège de Moïse: ebd. S. 299 f.

2259 Bahlmann,Paul.–Zur Gesch. der Juden im Münsterlande: Z. f. Kulturgesch. II, S. 380–409.

2260 Bamberger,Sal. ‏מגילה על מס׳ עירך למור ס׳‎. Sennheim '97. 46 S.
Die im Lexikon ‘Arukh zerstreuten Erläuterungen zum Traktate Megilla. Am Schlusse Responsen des Vaters des Herausgebers. — Gratisbeigabe zu den Schriften des Vereins M'kize Nirdamim (s. oben No. 2232).

2261 Barnstein,H.(‏אוחך בגינשטיין‎).–‏סר ראשי חיבורים‎ [Abbreviaturenverzeichnis]. I.o., Selbstverlag (London NW, 8 Lynton Road, Brondesbury), '97. 75 S. 8.

2262 Bauer,Jules.–La peste chez les Juifs d'Avignon: Rev. ét. j. XXXIV, S. 251–62.

2263 Benczer,Benj.–Sprichwörter galizischer Juden: Urquell, N.F. I, S. 14 f.

2264 Berger,S.–Le prétendu meurtre rituel de la Pâque juive. Saint William de Norwich: Mélusine VIII, S. 169–74.

2265 Biberfeld,Ed.–Die hebräischen Druckereien zu Karlsruhe i. B. und ihre Drucke [OB X, 5097]: Z. f. hebr. Bibliogr. II, S. 28–33; 60–4; 101–4.

2266 Blau,Ludw.–Massoretic studies [OB X, 5098]. IV. The division into verses (continued): Jew. Qu. Rev. IX, S. 471–90.

2267 Bloch,Maur.–Les vertus militaires des Juifs: Rev. ét. j. XXXIV, S. XVIII–LIII.
Histor. Rückblick.

2268 Bloch,Phil.–Ein hebräischer Schuldschein vom J. 1485: Z. hist. Ges. f. d. Provinz Posen XI, S. 179 f.

2269 Brann,M.–Geschichte der Juden in Schlesien [OB X, 2268]. II. Breslau, Jacobsohn & Co., '97. S. 41–79 u. XV–XXXIV. 8. M. 1.50.

2270 Brody,H.–Zwei Grabschriften: Isr. Mschr. '97, No. 5.
Des Isaak b. Scheschetb ‏ריב״ש‎ u. des Simon b. Çemach Duran, in Algier, entdeckt von Isaak Morali.

2271 Poetisches. Mitteilungen von H.Brody: Z. f. hebr. Bibliogr. II, S. 33–5.

2272 Buber,Sal–‏אגדת אסתר‎. Agadische Abhand. z. Buche Esther, nach e. Handschr. aus Jemen . . . z. ersten Male hrsg. u. mit Anm. vers. Krakau '97. XII, 84 S. 8.
Rec. H.Brody, Z. f. hebr. Bibliogr. II, S. 38; A.Neubauer, Jew. Qu. Rev. IX, S. 743 f.

2273 Büchler,A.–La longueur des pages et des lignes dans les anciens manuscrits de la Bible: Rev. ét. j. XXXIV, S. 94–9.
Dazu M.Lambert, ebd. S. 99 f. Vgl. OB X, 4009.

2274 — — Die jüdische Basilika zu Alexandrien (ungar.): Évkönyv '97, S. 227–34.

2275 Burkhardt.–Die Judenverfolgungen im Kurfürstentum Sachsen von 1536 an: Th. Stud. u. Kr. '97, S. 593–8.

2276 Cassel,Dav.–Die Pesach-Hagada m. vollständigem, sorgfältig durchgesehenem Texte. Uebersetzt u. erläutert. 8. Aufl. B., Poppelauer, '97. 66 S. 8. M. 0.50.

2277 Das „Chad-Gadjah"-Motiv [der Pessachliturgie] in einem deutschen Volksliede: Isr. Mschr. '97, No. 4.
Vgl. OB X, 441.

2278 Cohen(-Rees),I.,-Zur Chronologie: Isr. Mschr. 1897, No. 1.
Berichtigungen zu de Castro, Grabsteine . . zu Ouderkerk, Amsterdam 1883.

2279 Dalman,G.H.-ניך הההי-. Aramäisch-neuhebräisches Wörterbuch zu Targum, Talmud und Midrasch mit Vokalisation der targumischen Wörter nach südarabischen Handschriften und besonderer Bezeichnung des Wortschatzes des Onkelostargum. Unter Mitwirkung von Th.Schärf. Teil I. א-ת. Mit Lexikon der Abbreviaturen von G.H.Händler. Frankfurt a/M., J. Kauffmann, '97. XII, 181 u. (Abbreviaturenlexikon) IV, 129 S. 8. cpl *M*. 12.

2280 Danon,Abraham.-Les superstitions des Juifs ottomans: Mélusine VIII, S. 265-81; 288.

2281 Davis,M.D.-Anglo-Judaica: Jew. Qu. Rev. IX, S. 361 f.

2282 Davis,Nina.-Loved of my soul. – The prophet Jeremiah and the personification of Israel. – The hymn of weeping: ebd. S. 290-3; 722.
No. 1 attrib. by some to Jehudah Halevi (born 1806), and by others to Israel Nazara (16th cent.). No. 2 attrib. to Kalir (about 950 A. D.). No. 3 by Amittai (11th cent.). — Vgl. OB X, 2286.

2283 Deloche.-[Sur deux légendes gravées sur l'anneau épiscopal d'Ulgerius]: CR XXIV ('96), S. 447-9.
Betr. den Versuch, die Worte als hebräisch zu erklären.

2284 Delta,Thom.-The mediaeval Jew and ritual murder: Ac. I.I, S. 30.
Hierzu S.Reinach, ebd. S. 40; Delta S. 80.

2285 La dispersione d'Israello pel mondo moderno: Civiltà catt., Ser. XVI, Vol. X, S. 257-71.

2286 Dünner,J.Z.-הההיות. Glossen zum babylonischen u. jerusalemischen Talmud [OB X, 2290]. II. Tl.: Tractat Kethuboth, Kiduschin u. Gitin. (In hebr. Sprache.) Frankfurt a/M., J. Kauffmann, '97. 227 S. 4. *M*. 4.
Rec. J.T., Z. f. hebr. Bibliogr. II, S. 1—3; Imm.Deutsch, Mschr. f. Gesch. u. Wiss. d. Jt. XLI, S. 420—321; N.Y., Isr. Mschr. '97, No. 4.

2287 Ehrlich,Jakob.-Volksüberlieferungen deutscher Juden: Urquell, N. F. I, S. 80-4.

2288 — — Judendeutsche Sprichwörter u. Redensarten: ebd. S. 172-5.

2289 Emden,Jac.Isr.-בעל רבם, Autobiographie. Hrsg. mit Einleitung u. Anmerk. von D.Kohn [Kahana]. Warschau, Druck v. Schuldberg & Co., '96. VIII, 230 S.; 1 Portr. 8.
Rec. D.Kaufmann, Mschr. f. Gesch. u. Wiss. d. Jt. XLI, S. 333—6.

2290 Eppenstein,Sim.-Studien über Joseph Kimchi [Schl. zu OB X, 5108]: Mschr. f. Gesch. u. Wiss. d. Jt. XLI, S. 156-68; 222-7; 274-8.

2291 Epstein,A.-Schemaja, der Schüler u. Secretär Raschi's. Nebst Unters. über מסכת אבן-ם, מצר האירה und מיחוזי וישכר: ebd. S. 257-63; 296-312.

2292 Felsenthal,B.-Zur Bibel u. Grammatik. I. Kimchi oder Kamchi? 2. Erklärg. v. Amos VI, 10: Semitic Studies in memory of Alexander Kohut, S. 126-38.

2293 Fellchenfeld,Wolf.-Die innere Verfassung der jüd. Gemeinde zu Posen im 17. u. 18. Jh.: Z. hist. Ges. f. d. Provinz Posen XI, S. 122-37.

2294 Finkel,Ephr.-R. Obadja Sforno als Exeget. Breslau, Schatzky, '96. XI, 110 S. 8.

2295 Fischer,G.-Die Synagogenordnung eines alten Codex (ungar.): Évkönyv '97, S. 108-17.

2295a Fita,Fidel.-La aljama hebrea de Belorado. Documentos históricos: Bol. R. Ac. de la hist. XXIX, S. 338-45.

2296 Forest,Louis.-La naturalisation des Juifs algériens et l'insurrection de 1871. Etude historique. P., Soc. fr. d'impr. et de libr., ['97]. 55 S. 8.
Rec. Isr.Lévi, Rev. ét. J. XXXIV, S. 135.

2297 Fougères,Gust.-Inscriptions de Mantinée: Bull. corr. hell. '96, S. 119-66.
S. 159—61 eine jüdische Inschr. — Vgl. Isr.Lévi, Rev. ét. j. XXXIV, S. 148—50.

2298 Freimann,A.-Eine Grabschrift in Riva: Isr. Mschr. '96, No. 10.
Des Meschullam v. 25. Tammus 5301, s. OB I, 3114; II, 2582.

2299 Freimann,A.-Purimgebräuche im Mittelalter: ebd. '97, No. 2.

2300 — — Heinrich von Valois [1574] u. sein Verhältniss zu den Juden in Polen: ebd. No. 8.

2301 — — Stephan Bathory's Edict gegen die Blutbeschuldigung [1576]: ebd. No. 10.

2302 Friedberg,Be r n h.-לזכר עולם רשית Epitaphien von Grabsteinen des israelitischen Friedhofes zu Krakau, nebst biograph. Skizzen. Drohobycz, A. H. Zupnik, '97. 94 S. 8. *Fl.* 0.50.
Vgl. *A.Freimann*, Isr. Mschr. '97, No. 10.

2303 Friedländer,M.-A fragment on a shorthand Hagadah: Jew. Qu. Rev. IX, S. 520 f.

2304 — — Jehudah ha-Levi on the Hebrew language. Kuzri II § 67 to 80: Semitic Studies in memory of Alexander Kohut, S. 139-51.

2305 Friedmann,Si m o n.-Die Sprüche der Väter und ihre historischen Beziehungen [OB VIII, 5220]: Mbl. zur Belehrung über das Jt. XV ('95), S. 153-58; XVII ('97), S. 132-5; 232-4.
Kap. 4. 20—5. 23.

2306 Furst [Fürst].-Nouvelle remarque sur le mot בירני: Rev. ét. j. XXXIV, S. 119 f.
Vgl. OB X, 5116.

2307 Fuerst,J u l i u s.-Spuren d. palästinensisch-jüdischen Schriftdeutg. u. Sagen in d. Uebersetzg. der LXX: Semitic Studies in memory of Alexander Kohut, S. 152-66.

2308 S a l o m o b e n Gabirol.-Königs-Krone. Metrisch übers. v. L.Stein. (=Jüdische Universal-Bibliothek. No. 55.) Prag, Brandeis, '97. 100 S. 8. *M.*0.20.

2309 Judith „Montefiore" College Ramsgate. Report for the year 1894-95 and the year 1895-96. Together with The ancient collections of Agadoth. The Sefer ha-Maasiyoth, by M.Gaster. Ramsgate '96. XXXII, 52, 144 S.; 2 Facs. 8.
Tit. n. d. Rec. v. *Isr.Lévi*, Rev. ét. j. XXXIV, S. 153—5.

2310 A series of XV. facsimiles of manuscripts of the Hebrew Bible w. descriptions by Christian D.Ginsburg. Lo., Hyatt, '97. 3 Bl., 15 Facs. m. je 1 Erl.-Bl. Fol.

2311 Ginsburger,M.-Zum Fragmententhargum: Mschr. f. Gesch. u. Wiss. d. Jt. XLI, S. 289-96; 340-9.

2312 Görres,F r a n z.-König Rekared der Katholische u. das Judentum (586-601): Z. f. wiss. Th. XL, S. 284-96.

2313 Goldenberg.-Or Chadasch [OB IX, 2098]. 9. Heft. Philolog. Inhalts. (In hebr. Spr.) Drohobycz (W., Lippe,) '97. 63; 48 S. 8. *M.* 1.

2314 Grätz,H.-Geschichte der Juden. Uebs. u. mit neuen Anm. u. Zus. vers. v. S.P.R a b i n o w i z. (In hebr. Spr.) Bd. I-V. Warschau, Achiasaf, '91-'97.
Rec. *H.Brody*, Z. f. hebr. Bibliogr. II, S. 39—43; vgl. S. 71.

2315 Gross,H e n r i.-Gallia Judaica. Dictionnaire géographique de la France d'après les sources rabbiniques. Trad. par Moïse B l o c h. P., Cerf, '97. X, 766 S. 8.
Rec. *M.Schwab*, JA Sér. IX, T. IX, S. 343 f.; *M.Lambert*, Rev. arch. XXX ('97), S. 125 f.; *Isr.Lévi*, Rev. ét. j. XXXIV, S. 136—9; *H.Brody*, Z. f. hebr. Bibliogr. II, S. 45—7; *A.Neubauer*, Jew. Qu. Rev. IX, S. 744 f.

2316 Grünbaum,M a x.-Renan üb. d. späteren Formen d. hebr. Sprache: Semitic Studies in memory of Alex.Kohut, S. 226-34.

2317 Grunwald,M.-Handschriftliches aus der Hamburger Stadtbibliothek [OB X, 2315]: Mschr. f. Gesch. u. Wiss. d. Jt. XLI, S. 356-62; 410-23.

2318 — — Zur Volkskunde der Juden: Isr. Mschr. '97, No. 6-8.
Im Interesse der Begründung einer Gesellschaft für jüdische Volkskunde, von deren „Mittheilungen" Jan. 1898 Heft 1 in Hamburg erschienen ist; vgl. die Rec. v. *F.S.Krauss*, Urquell, N. F. II, S. 98.

2319 Guttmann,J.-Eine bisher unbekannte dem Bachja Ibn Pakuda zugeeignete Schrift: Mschr. f. Gesch. u. Wiss. d. Jt. XLI, S. 241-56.

2320 Halberstam,S.J.-בירני לכיסי קינטרס השלום: Semitic Studies in memory of Alex. Kohut, S. 235 f.

2321 Harkavy,Abraham.–‏רב סעדיה נאון על דברי חכירים‎: ebd. S. 244–7.

2322 The weak and geminative verbs in Hebrew by Abû Zakariyyâ Yahyâ Ibn Dâwud of Fez known as Ḥayyûg̃. The Arabic text now publ. for the first time by Morris Jastrow jr. (Auch m. arab. T.) Leide, Brill, '97. LXXXV, rvl S. 8.

2323a Hergueta,Narc.–La judería de San Millán de la Cogolla y la batalla de Nájera: Bol. R. Ac. de la hist. XXIX, S. 254 f.

2323 Hoffmann,Dav.–Malchijoth. Das Olenu-Gebet: Isr. Mschr. '96, No. 8 f. Erläuterungen zu jüd. Gebetsstücken.

2324 Hirschfeld,Hartwig.–Notiz üb. einen dem Maimûni untergeschobenen arab. Commentar zu Esther: Semitic Studies in memory of Alexander Kohut, S. 248–53.

2325 Horn,E.T.–Rabbinism in the church: Luth. Church Rev. '97, S. 180–9.

2326 Horovitz,M.–Die Frankfurter Rabbinerversammlung vom J. 1603. Progr. Frankfurt a/M., J. Kauffmann, '97. 30 S. 8.   *M.* 0.80.

2327 — — Zur Textkritik des Kusari: Mschr. f. Gesch. u. Wiss. d. Jt. XLI, S. 264–73; 313–21.

2328 Hurwitz,S.–‏מבוא ולתודות ‏ותשי‎‎. Einleitung und Register zum Machsor Vitry. Mit Beiträgen von A.Berliner [OB VIII, 1785]. B. '96–'97. Selbstverlag des Vereins M'kize Nirdamim (s. oben No. 2232). 200, 16 S. 8.

2329 Hyamson,M.–Another word on the dietary laws: Jew. Qu. Rev. IX, S. 294–310. Zu Montefiore OB X, 2389.

2330 Ibn al-Hiti's Arabic chronicle of Karaite doctors. [Text and transl. by] G.Margoliouth: Jew. Qu. Rev. IX, S. 429–43. Rec. S.Posnanski, Z. f. hebr. Bibliogr. II, S. 78–80.

2331 Illowizi,H.–In the pale: stories and legends of the Russian Jews. Philadelphia, Jewish Publ. Soc., '97. IV, 367 S. 8. $ 1.25. Rec. S. S. Times XXXIX, 436.

2332 Jansen,Hubert.–Mitteilungen über die Juden in Marokko. Nach eigener Anschauung: Globus LXXI, S. 260–4; 358–63.

2333 Dîwân des Abû-l Hasan Jehuda ha-Levi. Unter Mitwirkung namhafter Gelehrter bearbeitet u. mit einer ausführlichen Einleitung versehen von H.Brody [OB IX, 5681]. II. Band: Nichtgottesdienstliche Poesie (Fortsetzung) 1. Heft. B. '96–'97. Selbstverlag des Vereins M'kize Nirdamim (s. oben No. 2232). 100 S. 8.

2334 Joseph,Morris.–Jewish religious education: Jew. Qu. Rev. IX, S. 631–68.

2335 An eleventh century introduction to the Hebrew Bible: being a fragment from the Sepher ha-Ittim of Rabbi Judah Ben Barzilai of Barcelona. By E.N.Adler: ebd. S. 669–716.

2336 Käs,Mor.–Hebräische Dichtungen. (In hebr. Sprache.) W., Lippe, '97. 128 S. 8.   *M.* 2.

2337 Katzenelson,J.–Die normale u. pathologische Anatomie des Talmud. Ins Deutsche übs. v. N.Hirschberg: Kobert's Histor. Stud. des pharmakol. Inst. zu Dorpat V, S. 164–296. Rec. D.Kaufmann, Mschr. f.Gesch. u. Wiss. d. Jt. XLI, S. 378 f.; J.Preuss, Isr. Mschr. '96, No. 11.

2338 Kaufmann,Dav.–Notiz: Mschr. f. Gesch. u. Wiss. d. Jt. XLI, S. 189. Zu M.Steinschneider OB IX, 2329.

2339 — — Zur Geschichte der Khethubba: ebd. S. 213–21. Vgl. E.N.Adler, ebd. S. 424–6.

2340 — — Zu R.JakobEmdens Selbstbiographie: ebd. S. 362–9; 426–9. S. oben No. 2289.

2341 — — Eine Elegie Isaac Sabbatai Rafael della Rocca's auf Leon u. Elia da Modena: Z. f. hebr. Bibliogr. II, S. 97–9.

2342 — — Das 104. Blatt aus dem Register des Thorschreibers von Jerusalem vom Jahre 27 mit der Meldung Jesu u. a.: Beil. Allg. Ztg. 132, S. 4–6. Ueber Palästinafunde No. 1. (Crefeld '97). Ist in Wirkl. eine arab. Liste aus e. aegypt. Judengemeinde, später als 1000 n. Chr.

2343 — — Zur Geschichte des Delatorenwesens und der Kriminaljustiz unter den Juden im Mittelalter: Allg. Ztg. d. Jt., 61. Jg., S. 403 f.; 414–6.

2344 Kaufmann,Dav.-Art in the synagogue: Jew. Qu. Rev. IX, S. 254–69.

2345 — — A letter by Moses di Rossi from Palestine, dated 1535: ebd. S. 491–9.

2346 — — Elia Menachem Chalfan on Jews teaching Hebrew to Non-Jews: ebd. S. 500–8.

2347 — — La prétendue d'Abraham Zacouto: Rev. ét. j. XXXIV, S. 120 f. Zu OB X, 5145.

2348 — — Un poème messianique de Salomon Molkho: ebd. S. 121–5. S. 125—7: Comment faut-il prononcer le nom de Salomon מֹלְכּוֹ.

2349 — — Contribution à l'histoire des Juifs de Corfou [Schl. zu OB X, 5142]: ebd. S. 263–75.

2350 — — Une pièce diplomatique vénitienne sur Sabbataï Cevi: ebd. S. 305–8.

2351 — — Eliézer et Hanna de Volterra dans le poème d'Avigdor de Fano: ebd. S. 309–11.

2352 Kayserling,M.-Quelques proverbes judéo-espagnols: Rev. hispanique IV, No. 10, S. 82.

2353 Kether Tora חאג..הַנִּקְרָא חזרה כתר כתר [Pentateuch mit Targum Onkelos u. d. arab. Übersetzung von Saadja Gaon nach Handschriften aus Jemen, hrsg. v. Schalom Araki u. Abr. Nidaf; Teil I: Genesis]. Jerusalem '95. 79 Bl. Fol.
Vgl. Isr. Mschr. '96, No. 4.

2354 Kohut,George Alex.-Persian-Jewish poetry: Am. J. of. Sem. langu. and lit. XIII, S. 218 f.
As addenda to Paul Horn OB VII, 1556.

2355 — — Correspondence between the Jews of Malabar and New-York a century ago: Semitic Studies in memory of Alexander Kohut, S. 420–34.

2356 Krauss,Sam.-Imprecation against the Minim in the synagogue: Jew. Qu. Rev. IX, S. 515–7.

2357 — — Marinus, a Jewish philosopher of antiquity: ebd. S. 518 f.

2358 — — Die Männer der Synagoga magna (ungar.): Évkönyv '97, S. 259–76.

2359 — — Aegyptische und syrische Götternamen im Talmud: Semitic Studies in memory of Alexander Kohut, S. 339–53.

2360 — — Apiphior, nom hébreu du pape: Rev. ét. j. XXXIV, S. 218–38.
Ableitung von παπίας. — Dagegen Th. Reinach, Phiphior et Niphior, ebd. S. 239 f. [Anknüpfung an die griech. Zachlbez. ν = 50; φ = 500; also ϛ φόρος, commandant de 50 hommes; ϛ φόρος, comm. de 500 hommes].

2361 Kulke,Ed. – Judendeutsche Sprichwörter aus Mähren, Böhmen und Ungarn: Urquell, N. F. I, S. 119–21.

2362 Lambert,Mayer.-Quelques singularités de la vocalisation massorétique: Rev. ét. j. XXXIV, S. 117 f.

2363 Landau,Marcus.-Skizzen aus d. jüdischen Geschichte. (= Jüd. Universal-Bibl. No. 50.) Prag, Brandeis, '97. 146 S. 8.   *M.* 0.20.

2364 — — Die Juden in Sicilien: Isr. Mschr. '97, No. 5–7.
Nach Lagumina, s. OB VII, 2236.

2365 Lavanchy,J.M.-Sabbats ou Synagogues sur les bords du lac d'Annecy. Procès inquisitorial à Saint Jorioz en 1477. 2e éd. Annecy, impr. Abry, '96. 64 S. 8.

2366 Lazarus,Moritz.-Erklärung e. Talmudstelle: Semitic Studies in memory of Alexander Kohut, S. 363–8.

2367 Halévi (Lévi),Isaak.-La cloture du Talmud et les Saboraïm [OB X, 5156]: Rev. ét. j. XXXIV, S. 241–50.

2368 Levias,C.—A grammar of the Aramaic idiom contained in the Babylonian Talmud: Am. J. of Sem. lagu. and lit. XIII, S. 21–78; 118–39; 177–208.

2369 — — A curious mistake: ebd. S. 309.
Bekh. 8 b etc.

2370 Levy,Joseph.-Der Segensspruch über die Sonne: Isr. Mschr. '97, No. 2 f.

2371 Lewysohn,L.-בלעי חיים תולדות (לבסֿ הַסִּכַּמְזוֹ Zoologie des Talmuds): Semitic Studies in memory of Alexander Kohut, S. 369–72.

2372 Lippe,K. – Rabbinisch-wissenschaftliche Vorträge. Drohobycz, Druck v. Zupnik (Selbstverl. d. Verfassers in Jassy), '97. 114 S. 8.

2373 Löw, Imman.-בסחרבחז: Mschr. f. Gesch. u. Wiss. d. Jt. XLI, S. 237.
2374 — — Marginalien zu Kohut's Aruch: Semitic Studies in memory of Alexander Kohut, S. 373-5.
2375 Löwe, Heinr.-Jüdische Schulen im Orient: Isr. Mschr. '96, No. 4 f.
2376 Macdonald, Duncan B.-The Massoretic use of the article as a relative: Am. J. of Sem. langu. and lit. XIII, S. 213 f.
2377 Margolis, Max L.-Another Haggadic element in the Septuagint: ebd. XII, S. 267.
Amos 1:11.
2378 The oldest version of Midrash Megillah publ. for the first time fr. a unique ms. of the Xth century by M. Gaster: Semitic Studies in memory of Alexander Kohut, S. 167-78.
2379 Mittelmann, A.-Lispelnde Schwestern. Aus Ostgalizien: Urquell, N. F. I, S. 121 f.
2380 Montefiore, C.G.-Unitarianism and Judaism in their relations to each other: Jew. Qu. Rev. IX, S. 240-53.
Dazu C.L. Sulzberger, ebd. S. 723.
2381 [Zwei hebräische Grabsteine in Ulm aus dem 13. od. 14. Jahrh., nach der Lesung von Eb. Nestle:] Isr. Mschr. '97, No. 7.
2382 Neubauer, A.-Hebrew writings in America: Jew. Qu. Rev. IX, S. 741.
2383 Notes on J. Q. R., No. 33: Jew. Qu. Rev. IX, S. 358-60.
Verbess. von Harkavy, Halberstam, Bacher zu A. Neubauer OB X, 5163; vgl. auch D. Kaufmann, ebd. IX, S. 360 f.; A. Neubauer, S. 721.
2384 Oppert, Gustav.-Ueber die jüdischen Colonien in Indien: Semitic Studies in memory of Alexander Kohut, S. 396-419.
2385 P.-Judendeutsche Sprichwörter und Redensarten: Urquell, N.F. I, S. 49 f.
2386 Pick, Bernh.-Historical sketch of the Jews since their return from Babylon: Open Court XI, S. 265-79; 337-64. (ill.)
2387 Pick, Ludw.-Die Ethik des Judentums v. Kants Moralprincip aus betrachtet. Vortrag. Königsberg, Hartung, '97. 16 S. 8. *M.* 0.30.
2388 זקנ אבא. Sprüche der Väter zum Schulgebrauch und Selbstunterricht übersetzt u. erklärt in jüdisch-deutscher Schrift v. S. Bamberger. Frankf. a. M., Selbstverlag des Verf. in Schrimm, '97. V, 159 S. 8. *M.* 3.
2389 Poznański, Sam.-Miscellen über Saadja [OB IX, 5739]: II. Saadja u. Ben Zuta: Mschr. f. Gesch. u. Wiss. d. Jt. XLI, S. 203-12.
2390 — — Mitteilungen aus handschr. Bibel-Commentaren [OB X, 5170]: Z. f. hebr. Bibliogr. II, S. 55-60.
2391 — — Meswi al-Okbari, chef d'une secte juive du IXe siècle: Rev. ét. j. XXXIV, S. 161-91.
2392 Aus Qirqisâni's 'Kitâb al-'anwâr w'al-marâqib' von Samuel Poznański: Semitic Studies in memory of Alexander Kohut, S. 435-56.
2393 Rabbinovicz, Raph.-כסף דקדוקי סופרים. Variae lectiones in Mischnam et in Talmud Babylonicum. Opus auctoris morte interruptum ad finem perduxit Henr. Ehrentreu. Vol. XVI: Tract. Chulin. Przemysl '97. 413 S.
Bd. XV erschien 1886 in München.
2394 Rapoport Béla.-Abulmeni Abrahám élete és müvei. Tekintettel az agada magyarázatának történetére. Budapest '96. 53 S.
Tit. n. d. Rec. v. H. Brody, Z. f. hebr. Bibliogr. II, S. 49.
2395 Rispart, E.-Die Juden u. die Kreuzfahrer in England unter Richard Löwenherz. Uebertr. in's Hebräische v. Mirjam Markel-Mosessohn. 2 Bde. Warschau, Druck v. Halter, '95. 8.
2396 Robinsohn, I.-Tierglaube bei Juden Galiziens: Urquell, N. F. I, S. 46-9.
2397 Rosenthal, Ludw. A.-Einiges über die Agada in der Mechilta: Semitic Studies in memory of Alexander Kohut, S. 463-84.
2398 Rothschild, S.-Zur Geschichte der Juden in Worms und Speyer: Isr. Mschr. '97. No. 5.
Nach Heinr. Boos, Gesch. der rhein. Städtekultur (B., Stargardt, '97).
2399 Roubin, N.-La vie commerciale des Juifs comtadins en Languedoc au XVIIIe siècle: Rev. ét. j. XXXIV, S. 276-93.

2400 Rubin,S.-Jalkut Sch'lomo. Literarische Abhandlungen. (In hebr. Sprache.) Krakau (W., Lippe,) '97. 108 S. 8. *M.* 2.₄₀.

2401 Some unpublished Liturgica attributed to R.Sa'ádya Gáòn by A.Neubauer: Semitic Studies in memory of Alexander Kohut, S. 388-95.

2402 Schaffer,B.-Volksüberlieferungen deutscher Juden: Urquell, N. F. I, S. 13 f.; 125.

2403 Schechter,S.-Notes on a Hebrew commentary to the Pentateuch in a Parma Ms.: Semitic Studies in memory of Alexander Kohut, S. 485-94.

2404 — — A hunt in the Genizah: S. S. Times XXXIX, S. 467 ff.
Search for Hebrew manuscripts in Old Cairo.

2405 Schiff,Mario.-Una traducción española del «More Nebuchim de Maimonides»; notas acerca del ms. KK-9 de la Biblioteca Nacional: Rev. cr. de hist. y lit. españolas II, S. 160-76.

2406 Schorr,Moses.-Zur Geschichte des Don Josef Nasi: Mschr. f. Gesch. u. Wiss. d. Jt. XLI, S. 169-77; 228-37.

2407 Schulchan aruch. I. Thl. Orach Chajim in deutscher Uebersetzg. Die religiösen Satzgn., Vorschriften, Sitten u. Bräuche des Judenthums in Synagoge, Schule u. Haus, nebst vollständ. System des synagogalen Kalenders. Nach den Quellen bearb. v. Ph.Lederer. Frankfurt a. M., Kauffmann in Komm., '97. 108 S. 8. *M.* 2.

2408 Schwab,Moïse.-Vocabulaire de l'angélologie d'après les mss. hébreux de la Bibl. nat.: Mém. prés. p. div. savants, Sér. I, T. X, Seconde partie, S. 113-430. P., Klinksieck *Fr.* 12.
Rec. *A.Koussel*, Bull. cr. 19, S. 361-31 *Isr.Lévi*. Rev. ét.j. XXXIV, S. 155-8; Civiltà catt., Ser. XVI, Vol. X, S. 711-4; *L.Blau*, Z. f. hebr. Bibliogr. II, S. 82-5.

2409 — — Un rituel cabbalistique: Rev. ét. j. XXXIV, S. 127-30.

2410 — — Les inscriptions hébraïques de la France: ebd. S. 301-4.

2411 — — Mots grecs et latins dans les livres rabbiniques: Semitic Studies in memory of Alexander Kohut, S. 514-42.

2412 Seder Olam Rabba. Die grosse Weltchronik. Nach Handschriften u. Druckwerken hrsg., mit krit. Noten u. Erklärgn. versehen v. B.Ratner. Wilna (Frankfurt a. M., J. Kauffmann,) '97. V, 151 S. 8. *M.* 4.50.
Vgl. OB VIII, 1840. — Rec. *A.Neubauer*, Jew. Qu. Rev. IX, S. 710.

2413 Siegfried,Carl.-Beiträge z. Lehre v. d. zusammengesetzten Satze im Neuhebräischen: Semitic Studies in memory of Alexander Kohut, S. 543-56.

2414 Simon,Max, u. L.Cohen.-Ein neuer Maphtēach. Schlüssel zur leichten Umrechng. jüd. u. christl. Daten, sowie zur Bestimmg. des Wochentages e. jeden belieb. Datums f. die J. 4105-5760 A. M. = 345-2000 A. Chr. nebst e. Tabelle üb. die Wochenabschnitte f. alle Sabbathe des Jahres. (In deutscher, französ. u. engl. Sprache.) B., Poppelauer, '97. VIII, 38 S. 4. *M.* 3.
Rec. *H.Brody*, Z. f. hebr. Bibliogr. II, S. 85 f.

2414a Simon,Osw.John.-The mission of Judaism": Jew. Qu. Rev. IX, S. 177-84.
Appendix S. 184-223 (Urteile von H.Adler, S.d'Avigdor, J.E.Carpenter, J.M.Cohen, F.C.Conybeare, J.Drummond, I.Abrahams, C.G.Montefiore, S.Friedeberg, Alb.E.Goldsmid, Morris Joseph, H.S.Lewis, K.Magnus, D.W.Marks, J.Martineau, L.M.Simmons, S.Singer, A.Swanwick, Ch.Voysey, L.Wolf, I.Zaugwill. — S. weiter O.J.Simon, ebd. B. 403-28).

2415 Sippurim. Sammlung jüdischer Volkssagen, Erzähl., Mythen, Chroniken, Denkwürdigk. u. Biographien berühmter Juden aller Jahrh., besonders d. Mittelalters [OB X, 5181]. 6. Bdchen. (= Jüd. Univ.-Bibl. No. 40 f.) Prag, Brandeis, '97. 245 S. 8. *M.* 0.40.

2416 Steiger,I.-Die Sammlung der jüdischen Melodieen (ungar.): Évkönyv '97, S. 253-7.

2417 Steinschneider,Mor.-Miscellen [OB X, 2421]: Mschr. f. Gesch. u. Wiss. d. Jt. XLI, S. 322-6.
סמבוק, ein corrumpirtes Wort, ist Sambucus? — Jehuda (Leon) Modena und *Fior di virtù*.

2418 — — Christliche Hebraïsten [OB X, 5183]: Z. f. hebr. Bibliogr. II, S. 50-5; 93-7.

2419 Steinschneider, Mor.-Der jüdische Kalender: Brann's Jüd. Volks- u. Hauskalender f. d. J. 1896 f. (Breslau, Jacobsohn & Co.)

2420 — — An introduction to the Arabic literature of the Jews: Jew. Qu. Rev. IX, S. 224-39; 604-30.

2421 Der babyl. Talmud. Hrsg. v. I. Goldschmidt [OB X, 5187]. 5.-7. Lfg. B., Calvary & Co. '97. 4.   Je *M.* 5.
Rec. *G.Dalman*, Erklär. gegen G.'s Flugblatt, Lief. 3 beigegeb.: LC 11, S. 380.

2422 New edition of the Babylonian Talmud. Original text, ed., corrected, formulated, and transl. into Engl. by Mich.L.Rodkinson. Section Moed (Festivals), Tracts Shekalim and Rosh Hashana Hebrew and English. Volume IV. N. Y., New Talmud Publ. Co., ['97]. XVIII, 36, XIX-XXVIII, 20 S. 8.
Rec. Ath., June 19, S. 806.

2423 Was lehrt der Talmud? 2. Aufl. Aachen, J.Schweitzer, '96. 24 S. 8.

2424 Translation of a Targum of the Amidah by Hermann Gollancz: Semitic Studies in memory of. Alexander Kohut, S. 186-97.

2425 Taylor, Charles.-On Codex de-Rossi 184: ebd. S. 601-4.

2426 Thiel, Max.-Textkritisches z. 3. Buche der oracula Sibyllina: Philologus LVI, S. 182-4.

2427 Thomas of Monmouth. — The life and miracles of St. William of Norwich. Ed. by A.Jessopp and M.R.James. Cambridge, Pitt Press.
Ueb. die die engl. Juden betr. Abschn. *Jos.Jacobs*, Jew. Qu. Rev. IX, S. 748-55.

2428 Vajda, B.-Von den Kämpfen der Orthodoxie in der jüdischen Vergangenheit (ungar.): Évkönyv '97, S. 286-94.

2429 Weber, Heinr. Leo.-Biblische Alterthumskunde. (= Jüdische Universal-Bibliothek. No. 48 f.) Prag, Brandeis, '97. 182 S. 8.   *M.* 0.40.

2430 Weiss, Max.-Ein Commentar zu No.10 des Kuntras ha-Pijutim: Mschr. f. Gesch. u. Wiss. d. Jt. XLI, S. 145-55.

2431 Wodak, M.-Judendeutsches Wiegenlied aus Galizien: Urquell, N. F. I, S. 239-42.

2432 Einige Schriftstücke aus dem Nachlasse Aron **Wolfssohns** [† 1835]. Mitgeth. v. Jos.Cohn: Mschr. f. Gesch. u. Wiss. d. Jt. XLI, S. 369-76.

2433 Zangwill, I.-Ghetto tragedies. New ed. Lo., Chatto, '97. 248 S. 8.   2 s.

2434 — — Early Jewish education: S. S. Times '97, S. 339 f.

5. Phönicien mit Nebenländern.
(S. auch No. 85; 373; 402; 1048; 2814.)

2435 Carton.-Un édifice de Dougga en forme de temple phénicien: Mém. Soc. nat. des antiquaires LVI, S. 52-60.

2436 Clermont-Ganneau.-[Sur la grande inscr. phénicienne récemment découverte à Chypre]: CR XXIV ('96), S. 410 f.; 415 f.

2437 — — Sur l'utilité et l'urgence d'un plan de Carthage et de ses environs: ebd. S. 439-44.

2438 Delattre.-La nécropole punique de Douîmès (à Carthage). Fouilles de 1895 et 1896: Mém. Soc. nat. des antiquaires LVI, S. 255-395.

2439 Lettre de Delattre rel. aux fouilles de Carthage: CR XXIV ('96), S. 327.

2440 Freeman, Edward A.-Geschichte Siciliens. Deutsche Ausg. v. Bernh. Lupus [OB IX, 2357]. 2. Bd. Von den ersten Zeiten der griech. Kolonieen bis zu dem Anfange der athen. Einmischg. L., Teubner, '97. XIII, 546 S.; 4 K. 8.   *M.* 20.
Rec. hiervon u. v. OB IX, 5789: *E.Szanto.* Z. f. d. öst. Gymn. XLVII, S. 1101 f.; *J.V.Prášek*, Nár. Listy '97, No. 30.

2440a Gsell, Stéph.-Chronique archéologique africaine [OB IX, 5790]: Mélanges d'arch. et d'hist. XVI, S. 441-90.
Archéologie indigène. Arch. punique. Arch. romaine. Musées. Nécrologie.

2441 Hannezo, G.-Observations sur le tracé du plan d'Hadrumète par Daux: Rev. arch. XXX ('97), S. 20-9.
Enceinte phénicienne. — Nécropole phén.

2442 Hélo.-Notice sur la nécropole liby-phénicienne de Collo: Bull. arch. du com. des trav. hist. et sc. '95, S. 343-68; 3 T.

2443 Héron de Villefosse.-[Sur le mobilier d'un tombeau punique, fouillé à Carthage, dans la nécropole de Douîmès]: Bull. Soc. nat. des antiquaires de Fr. '96, S. 233 f.
Vgl. auch den Bericht v. Delattre, ebd. S. 234 f.

2444 Klussmann,M.-Über die Sarkophage von Saida, dem alten Sidon: Corr.-Bl. d. D. Ges. f. Anthr. XXVIII, S. 46-8.

2445 Lehmann, Konr.-Zur geschichte d. feldzugs Hannibals gegen Scipio (302 v. Chr.): N. Jb. f. Philol. u. Paed. CLIII, S. 573-6.
Zu OB IX, 2360.

2446 Macdonald,J.M.-Massilia-Carthago sacrifice: tablets of the worship of Baal reproduced in facsimile. Lo., Nutt, '97. 8.   3 s. 6 d.

2447 Meltzer,Otto.-Zur topographie des punischen Karthago: N. Jb. f. Philol. u. Paed. CLV, S. 289-304.

2448 Ravard.-Découverte d'un tombeau néo-punique dans le camp de Téboursouk: Bull. arch. du com. des trav. hist. et sc. '96, S. 143-6.

2449 Sedláček,Jar.-Cestou do Karthága [Auf dem Wege nach Karthago]: Vlasť XIII, S. 337-341; 418-26; 557-63.

2450 Zumoffen,G.-L'âge de la pierre en Phénicie: L'Anthr. VIII, S. 272-83; 4 T.

Recensionen zu V. 4—5.

I.**Abrahams,** Jewish life in the middle ages: *B.A.*, Rev. cr. 21, S. 419 f.
E.**Alker,** Die vortrojan.-ägypt. Chronologie im Einkl. mit der bibl.: *Schans,* Th. Qschr. LXXIX, S. 499-501.
W.**Bacher,** 1) Die Agada der palästin. Amoräer. 2) Die Bibelexegese Moses Maimûni's: *H.Str[ack]*, LC 21, S. 673-6. 1) *H.,* Z. f. hebr. Bibliogr. II, S. 104-6; 2): *A.Neubauer,* Jew. Qu. Rev. IX, S. 740 f.
Bahya ben Jos. ibn l'akouda, Les reflexions de l'âme . . . trad. p. I.**Broydé:** *M.Schwab,* JA Sér. IX, T. IX, S. 341 f.
C.J.**Ball,** The Book of Genesis: *K.M[arti]*, LC 20, S. 641 f.; Ath., June 19, S. 806; *D.Castelli,* Rev. ét. j. XXXIV, S. 312-8.
W.E.**Barnes,** The Midrashic element in Chronicles: *Th.G.Soares,* Am. J. of th. I, S. 535 f.
H.**Barnstein,** The Targum of Onkelos to Genesis: *M.L.Margolis,* Am. J. of th. I, S. 491 f.
J.**Bassfreund,** Das Fragmenten-Targum zum Pentateuch: *Isr.Lévi,* Rev. ét. j. XXXIV, S. 134 f.
W.L.**Baxter,** Sanctuary and sacrifice: *S.Holmes,* Westminster Rev., Vol. 147, S. 389-97.
G.**Beer,** Der Text d. Buches Hiob: *Vetter,* Th. Qschr. LXXIX, S. 175.
A.**Berendts,** Stud. über Zacharias-Apokr.: *Belser,* Th. Qschr. LXXIX, S. 509 f.
A.**Bertholet,** Die Stellung der Israeliten u. d. Juden z. d. Fremden: *F.Giesebrecht,* GGA 8, S. 585-606; *E.L.Curtis,* Am. J. of th. I, S. 490 f.; *J.Simon,* Rev. d'hist. et de litt. rel. II, S. 86-8.
— — Der Verfassungsentwurf d. Hesekiel: *R.Kraetzschmar,* Th. Lz. 9, S. 233 f.
H.J.**Bestmann,** Entwickl. d. Reiches Gottes. I.: *A.C.Zenos,* Am. J. of th. I, S. 181-3.
F.**Blass,** Gramm. d. neutest. Griechisch: *J.Schindler,* OL 9, S. 259; *F.Lauchert,* Rev. int. de th. V, S. 179-81.
— — Acta Apostolorum (OB X, 5058): *v.D[obschütz]*, LC 12, S. 385-7; *H.Holtzmann,* Th. Lz. 13, S. 350-4; *J.Simon,* Rev. d'hist. et de litt. rel. I, S. 563 f.; *W.H. van de Sande Bakhuijzen,* Museum V, No. 2.
A.**Bragin,** Die freireligiösen Strömungen im alten Judenthume: *M. Steinschneider,* DL 5, S. 165 f.
J.**Brucker,** Questions actuelles d'Écriture sainte: *J.B.Nisius,* Z. f. kath. Th. XXI, S. 155-74.
K.**Budde.** Das Buch Hiob: *K.M[arti]*, LC 25, S. 801 f.; *J.Halévy,* Rev. sém. V, S. 91-6; *C.H.Toy,* New World VI, S. 181-5.

A.Büchler, Die Priester u. d. Cultus im letzt. Jahrzehnt d. jerus. Tempels: *F.Sedej*, ÖL 12, S. 357 f.

Chagab, The Bible: SR LXXXIII, S. 231.

W.F.Cobb, Origines Judaicae: Folk-Lore VIII, S. 168–71.

F.Coblenz, Über das betende Ich in den Psalmen: *G.Beer*, DL 7, S. 241–3.

Cochard, La juiverie d'Orléans du VIe au XVe siècle: CR XXIV ('96), S. 317 f. (mention honorable).

C.H.Cornill, Einl. in das Alte Test.: *K.M[arti]*, LC 23, S. 737 f.; *H.Oort*, Th. Ts. XXXI, S. 321–4; *J.S.*, Rev. cr. 3, S. 43 f.; *J.Simon*, Rev. d'hist. et de litt. rel. II, S. 380–4.

C.Croslegh, The Bible: SR LXXXIII, S. 231.

G.Dalman, Das alte Test.: *J.W.Rothstein*, DL 15, S. 563 f.

— — Aram. Dialektproben: *E.Kautzsch*, Th. Lz. 8, S. 209–11; *W.Bacher*, Mschr. f. Gesch. u. Wiss. d. Jt. XLI, S. 180–5 (dazu Dalman, ebd. S. 326–9); *R.D[uval]*, Rev. cr. 10, S. 181; *Porges*, Rev. ét. j. XXXIV, S. 151–3; *M.Gaster*, JRAS '97, S. 158–61.

— — Grammatik des jüd.-palást. Aramäisch: *A.Berliner*, Israel. Lehrer u. Cantor (Beilage zur „Jüd. Presse") '96, No. 11 (vgl. No. 12, S. 49 f.); *M.Gaster*, JRAS '97, S. 158–61.

Delattre, Carthage (OB X, 2447): *Héron de Villefosse*, CR XXIV ('96), S. 398 f.

W.Diehl, Erkl. v. Psalm 47: *K.Marti*, Th. Lz. 1, S. 8 f.

M.Dieulafoy, Le roi de David: *J.B.*, Bull. cr. 13, S. 241–4.

A.Dillmann, Handb. d. Alttest. Theol.: *F.B.Denio*, Am. J. of th. I, S. 482–6.

S.R.Driver, Einleit. in die Lit. des alten Test.: *K.M[arti]*, LC 10, S. 321 f.; *E.Kautzsch*, Th. Lz. 2, S. 41–3; *Vetter*, Th. Qschr. LXXIX, S. 450–2; *H.Oort*, Th. Ts. XXXI, S. 320 f.; *Jacques Simon*, Rev. d'hist. et de litt. rel. I, S. 554.

— — Comm. on Deuteronomy: *X.Koenig*, Rev. hist. rel. XXXIII, S. 219–22.

O.Eggeling, Die hl. Schrift v. Standp. d. ästhet. Theol.: *H.Holtzmann*, DL 5, S. 163 f.

Chr.d'Elvert, Zur Gesch. d. Juden in Mähren u. Oesterr.-Schlesien: *F.Ilwof*, Mitt. aus d. hist. Litt. XXV, S. 113–5.

A.Epstein, Jüd. Alterthümer in Worms u. Speier: *A.Freimann*, Z. f. hebr. Bibliogr. II, S. 6 f.

C.Erbes, Das Todesjahr Agrippa's II: *C.W.Votaw*, Am. J. of th. I, S. 258–60.

D.Farbstein, Das Recht d. unfr. u. d. freien Arb. n. jüd.-talm. Recht: *A.Kramer*, Z. f. vgl. Rechts- u. Staatswiss. II, S. 117 f.

A.K.Fiske, The Jewish scriptures: *J.W.Rothstein*, DL 11, S. 401–3; S. S. Times XXXIX, S. 492.

W.Frankenberg, Die Datierung d. Psalmen Salomos: *E.Schürer*, Th. Lz. 3, S. 65–7; *I.Abrahams*, Jew. Qu. Rev. IX, S. 539–41; *Isr.Lévi*, Rev. ét. j. XXXIV, S. 135 f.

M.Friedmann, Onkelos u. Akylas: *H.Goitein*, Isr. Mschr. '97, No. 3; *L.Blau*, Jew. Qu. Rev. IX, S. 727–40.

M.Gander, Die Sündflut in ihrer Bedeut. f. d. Erdgeschichte: *O.Mussil*, ÖL 4, S. 97–9; *A.Hammerschmid*, Katholik XVI ('97), S. 193–214.

Gazzali . . . hrsg. v. H.Malter (OB X, 5118): *H.Hirschfeld*, JRAS '97, S. 397–9; *L.M.Simmons*, Jew. Qu. Rev. IX, S. 533–6; *Isr.Lévi*, Rev. ét. j. XXXIV, S. 132.

W.J.Gerber, Die hebr. Verba denominativa: *D.*, LC 16, S. 530; *M.L.Margolis*, Am. J. of th. I, S. 476 f.

W.Gesenius, Hebr. Grammatik. Völlig umgearb. v. E.Kautzsch. 26. Aufl.: LC 8, S. 274 f.; *F.Philippi*, Th. Lz. 2, S. 38–41; *P.Dürwald*, Z. f. d. Gymnasialwesen LI, S. 365–74.

— — Hebr. u. aram. Hdwtb.[12]: *Heinr.Hilgenfeld*, Z. f. wiss. Th. XL, S. 150 f.

Die Mem. der Glückel v. Hameln, hrsg. v. D.Kaufmann: *Lewinsky*, Z. f. hebr. Bibliogr. II, S. 106–8.

G.B.Gray, Studies in Hebrew proper names: *C.v.d.B.*, Dublin Rev. CXXI, S. 206–9.

H.Grimme, Grundz. d. hebr. Akzent- u. Vocallehre: *R.*, LC 19, S. 623-5; *Vetter*, Th. Qschr. LXXIX, S. 448-50; *J.S.*, Bull. cr. 17, S. 321 f. und Rev. cr. 18, S. 341 f.; Ath., June 12, S. 771.

M.Grünbaum, Jüd.-span. Chrestom.: *M. Kayserling*, Jew. Qu. Rev. IX, S. 536 f. M.Grunwald, Die Eigennamen des A. T.: *C.Piepenbring*, Rev. hist. rel. XXXIII, S. 84-7.

The Haggadah . . . publ. by W.H.Greenburg: *K.Kohler*, Am. J. of Sem. langu. and lit. XIII, S. 234-9; *R.D[uval]*, Rev. cr. 8, S. 141.

J.Halévy, Recherches bibliques: l'hist. des origines d'après la Genèse. I. Genèse, I-XXV (OB IX, 5515): *Ed.Montet*, Rev. hist. rel. XXXIV, S. 213-7.

M.Heilprin, Bibelkrit. Notizen: *A.Ehrlich*, Mschr. f. Gesch. u. Wiss. d. Jt. XLI, S. 238 f.

F.Herrmann, Das Buch des Proph. Jesaja: *J.W.Rothstein*, DL 5, S. 161-3. Hollenberg, Hebr. Schulbuch bearb. v. K.Budde⁸: *Schühlein*, Bl. f. d. Gymn.-Schulw. XXXIII, S. 82; *J.Kirste*, Z. f. d. öst. Gymn. XLVII, S. 436 f. Honein ibn Ishâk, Sinnsprüche der Philosophen. Nach d. hebr. Uebs. Charisi's übtr. u. erl. v. A.Loewenthal: *M.Steinschneider*, DI.20, S. 769 f.; *Isr.Lévi*, Rev. ét. j. XXXIV, S. 139.

A.v.Hoonacker, Nouvelles études sur la restaur. juive après l'exil de Babylone: *K.M[arti]*, LC 9, S. 291 f.; *Wellhausen*, GGA 2, S. 97 f.; *C.Piepenbring*, Rev. hist. rel. XXXIII, S. 353-8; *J.Simon*, Rev. d'hist. et de litt. rel. II, S. 83.

S.A.Horodecky, 1) Schem Mi-schmu'el (OB IX, 2235) 2) Kerem Schelome (OBX, 5131): *A.Freimann*, Isr. Mschr. '97, No. 2.

J.M.Japhet, Die Accente der heil. Schrift: I.C 8, S. 257-9; *M.Petuchowski*, Z. f. hebr. Bibliogr. II, S. 77; *M.Mielziener*, Am. J. of langu. and lit. XIII, S. 229-31.

M.Jastrow, A dictionary of the Targumim: *M.G[aster]*, JRAS '97, S. 382-4. Flavii Josephi opera omnia . . . rec. A.Naber. VI: I.C 2. S. 62-4. Flavii Josephi antiqu. Iudaicarum epitoma ed. B.Niese: I.C 25, S. 816 f.; *P.Wendland*, DL 22, S. 846-8; *C.O.Zuretti*, Riv. di filol. XXV, S. 453 f. A.Kamphausen, The Book of Daniel: *K.M[arti]*, LC 11, S. 353 f.; *W.Nowack*, DL 25, S. 961-3; Ath., June 19, S. 806.

— — Das Verh. d. Menschenopfers z. isr. Rel.: *W.Nowack*, DL 10, S. 361-3; *A.van Hoonacker*, Muséon XVI, S. 186 f.; *J.Simon*, Rev. d'hist. et de litt. rel. II, S. 83 f.

S.Karppe, La Bible: *J.Réville*, Rev. hist. rel. XXXIII, S. 251 f. v.Kasteren, Le canon juif vers le commenc. de notre ère: *Isr.Lévi*, Rev. ét. j. XXXIV, S. 145-7.

D.Kaufmann, Dr. Israel Conegliano: *v.Zwiedineck*, D. Z. f. Geschw., N. F. I, Mbl. S. 359-62.

M.Kayserling, Chr. Columbus u. d. Antheil d. Juden an d. span. u. portug. Entdeckungen: *S.Ruge*, DL 10, S. 383 f. (dazu Kayserling, ebd. 13, S. 518 f.; Ruge, S. 519 f.)

L.Keel, Sirach: *C.Hilgenreiner*, ÖL 6, S. 164 f.

C.F.Kent, A history of the Hebrew people: Independent (N. Y.) XLIX, S. 851. H.Kleimenhagen, Beitr. z. Synonymik der hebr. Sprache: *M.L[ambert]*, Rev. ét. j. XXXIV, S. 151.

H.Klueger, Ueb. Genesis u. Compos. der Halachasamml. Edujot: *D.Feuchtwang*, Mschr. f. Gesch. u. Wiss. d. Jt. XLI, S. 278-83; 330-3.

Sam.Kohn, Die Sabbatharier in Siebenbürgen: *A.Rösler*, ÖL 4, S. 101 f. W.H.Kosters, Die Wiederherstell. Israels: *O.H.Gates*, Am. J. of Sem. langu. lit. XII, S. 268-73.

R.Kraetzschmar, Die Bundesvorstell. im alten Test.: *K.Marti*, LC 5, S. 153-5; *J.Simon*, Rev. d'hist. et de litt. rel. II, S. 84-6.

R.Kübel, Bibelkännedom: *F.A.J[ohansson]*, Kyrkl. Tidskr. III, S. 174 f. E.Landau, Die gegensinnigen Wörter im Alt- u. Neuhebr.: E.Landau, LC 3, S. 109 f. (gegen die OB X, S. 266 aufgef. Rec. von *Strack*); *H.L.Strack*, ebd. S. 110; *I.M.Casanowicz*, Am. J. of Sem. langu. and lit. XIII, S. 231-3.

F.Leitner, Die prophet. Inspiration: *O.Mussil*, ÖL 1, S. 1–3; *J.B.Nisius*, Z. f. kath. Th. XXI, S. 312 f.; *J.Simon*, Rev. d'hist. et de litt. rel. II, S. 88 f.
Isr.Lévi, Les dix-huit bénédictions et les psaumes de Salomon: *I.Abrahams*, Jew. Qu. Rev. IX, S. 539–42.
Alfr. Lévy, Les doctrines d'Israël: *S.Lévy*, Jew. Qu. Rev. IX, S. 537–9.
A.Liebermann, Das Pronomen u. d. Adverb. des babylon.-talmud. Dialektes: *Rosenberg*, Isr. Mschr. '96, No. 4.
L.Lucas, Gesch. d. Stadt Tyrus z. Z. d. Kreuzzüge: *Helmolt*, ÖL 11, S. 329; *Hagenmeyer*, Mitt. aus d. hist. Litt. XXV, S. 61–3; *R.Sternfeld*, D. Z. f. Geschw. N. F. I, Mbl. S. 356.
J.F.McCurdy. History, prophecy, and the monuments. II: SR LXXXIII, S. 203; *J.P.Peters*, New World VI, S. 174–81.
Mandelkern, Veteris Test. concord. hebr.: *H.Brody*, Z. f. hebr. Bibliogr. II, S. 71 f.; *C.Siegfried*, Z. f. wiss. Th. XL, S. 465–7 (Stellenfehler); *H.Hirschfeld*, JRAS '97, S. 390–3.
K.Marti, Kurzgef. Gramm. d. Bibl.-aram. Sprache: *Ch.R.Brown*, Am. J. of Sem. langu. and lit. XIII, S. 315 f.; *J.C.Matthes*, Museum V, No. 5.
L.Massebieau, L'épître de Jacques (OB IX, 5727): *J.Simon*, Rev. d'hist. et de litt. rel. I, S. 557.
O.Meltzer, Gesch. d. Karthager. II: *B.Niese*, DL 19, S. 739–41; *Ad.Bauer*, Hist. Z. LXXIX, S. 73–6.
Arn.Meyer, Jesu Muttersprache: *J.T.Marshall*, Am. J. of th. I, S. 188–90; *O.Cone*, New World VI, S. 185–7.
A.Mez, Die Bibel des Josephus: *A.Hilgenfeld*, B. philol. Ws. '97, S. 1224–6.
G.F.Moore, A crit. and exeg. comment. on Judges: *E.L.Curtis*, Am. J. of th. I, S. 176–81.
E.Nestle, Philologica sacra: *Schm.*, LC 15, S. 481; *W.H. van de Sande Bakhuijzen*, Museum V, No. 2.
W.A.Neumann, Stud. üb. zwei Blätter aus e. alten Samar. Pentateuch-Hs.: *W.S.Watson*, Am. J. of Sem. langu. and lit. XIII, S. 317.
W.Nowack, Lehrb. d. hebr. Archaeologie: *X.Koenig*, Rev. hist. rel. XXXIII, S. 96–8.
J.-B.Pelt, Hist. de l'Ancien Test.: *A.Roussel*, Bull. cr. 18, S. 341 f.
F.Perles, Zur althebr. Strophik: *N.Schlögl*, ÖL 11, S. 325 f.
— — Analekten z. Textkritik des Alten Test.: *J.S.*, Rev. cr. 18, S. 342.
S.Poznański, Die Qirqisâni-Hss. (OB X, 2400): *G.Margoliouth*, Z. f. hebr. Bibliogr. II, S. 99 f.
Th. Reinach, Textes d'auteurs grecs et romains rel. au Judaïsme: *L.Cohn*, Mschr. f. Gesch. u. Wiss. d. Jt. XLI, S. 285–8; *A.Freimann*, Z. f. hebr. Bibliogr. II, S. 16 f.
— — L'empereur Claude et les antisémites alexandrins . . .: Rev. hist. rel. XXXIII, S. 402 f.
F.Réthoré, Sc. des rel. du passé, et de l'avenir, du judaïsme et du christianisme: *G.T.Ladd*, Am. J. of th. I, S. 161–3.
Saadia Ben Josef al-Fayyoumi, Version arabe d'Isaïe p.p. Jos.Derenbourg et Hartw.Derenbourg: *C.F.S[eybold]*, LC 3, S. 81 f.
S.Schechter, Studies in Judaism: *G.F.Moore*, Am. J. of th. I, S. 183–6; *A.Macalister*, Jew. Qu. Rev. IX, S. 522–8.
Aem.Schöpfer, Bibel u. Wissenschaft: *Schanz*, Th. Qschr. LXXIX, S. 136–9; *F.v.Hummelauer*, Z. f. kath. Th. XXI, S. 152–5; *J.B.Nisius*, ebd. S. 155–74; Dublin Rev. CXX, S. 216 f.; Civiltà catt., Ser. XVI, Vol. X, S. 196–200.
— — Gesch. d. Alt. Test.[2]: Civiltà catt., a. n. O.
A.Scholz. Comm. üb. d. Buch Judith: *Selbst*, Katholik XV ('97), S. 84–7; *Vetter*, Th. Qschr. LXXIX, S. 139–45.
— — 1) Comm. z. Buche Tobias (OB III, 882). 2) Comm. üb. d. Buch „Esther" (OB VI, 953): *Vetter*, Th. Qschr. LXXIX, S. 139–45.
J.Skinner, Isaiah: Ac. LI, S. 112.

G.A.Smith, The book of the twelve prophets. I: *W.R.Harper*, Am. J. of th. I, S. 477-82.

G.J.Spurrell, Notes on the text of the Book of Genesis[2]: *C.v.d.B.*, Dublin Rev. CXXI, S. 230 f.

S.Stein, Mater. z. Ethik d. Talmud. I: *G.*, Mschr. f. Gesch. u. Wiss. d. Jt. XLI, S. 239 f.

M.Steinschneider, Zus. u. Berichtig. z. m. Bibliogr. Hdb.: *Porges*, Mschr. f. Gesch. u. Wiss. d. Jt. XLI, S. 240.

M.Stern, Die isr. Bevölk. d. deutsch. Städte. III: *A.Mllr.*, Hist. Jb. XVIII, S. 710.

G.Steuernagel, Die Entsteh. d. deuteron. Gesetzes: *W.Nowack*, DL 6, S. 203-5; *Nath.Schmidt*, Am. J. of th. I, S. 486-9.

A.W.Streane, The double text of Jeremiah: SR LXXXIII, S. 203 f.; *M.Löhr*, Th. Lz. 13, S. 346-8.

R.Stübe, Jüdisch-Babylon. Zaubertexte: *D.Kaufmann*, Mschr. f. Gesch. u. Wiss. d. Jt. XLI, S. 185-9; *H.Brody*, Z. f. hebr. Bibliogr. II, S. 18 f.

E.Teichmann, Die paulinischen Vorst. v. Auferst. und Gericht u. ihre Bez. z. jüdischen Apokalyptik: *C.C.*, LC 22, S. 706-8; *H.Holtzmann*, DL 10, S. 363 f.

C.C.Torrey, The compos. and histor. value of Ezra-Nehemiah: *R.Kraetzschmar*, Th. Lz. 13, S. 348-50.

J.J.P.Valeton, Christus u. das AT: *G.Beer*, DL 3, S. 81-4.

H.Vogelstein u. P.Rieger, Gesch. d. Juden in Rom: *A.Br.*, LC 22, S. 710 f.; *E.Heydenreich*, Mitt. aus d. hist. Litt. XXV, S. 261-5; *N.Tamassia*, Cultura XVI, S. 170-2.

W.Volck, Heilige Schrift und Kritik: *F.A.J[ohansson]*, Kyrkl. Tidskr. III, S. 172-4.

W.Vollert, Tabellen z. neutest. Zeitgesch.: *E.Schürer*, Th. Lz. 3, S. 67 f.

F.Weber, Jüdische Theologie[2]: *H.L.Strack*, Th. Lz. 10, S. 270-2.

Joh.Weiss, Die musikal. Instrum. in d. heil. Schriften des AT.: *W.Nowack*, DL 2, S. 43.

C.Th.Weiss, Gesch. u. rechtl. Stell. d. Juden im Fürstbistum Strassburg: *A.Freimann*, Z. f. hebr. Bibliogr. II, S. 35 f.

P.Wendland, Die Therapeuten: *K.Löschhorn*, Mitt. aus d. hist. Litt. XXV, S. 150 f.; *Funk*, Th. Qschr. LXXIX, S. 173 f.; *A.H[ilgenfeld]*, Z. f. wiss. Th. XI, S. 154-8; *L.Pautigny*, Bull. cr. 2, S. 23 f.; *P.L.*, Rev. cr. 25, S. 489-91; *J.Réville*, Rev. hist. rel. XXXIV, S. 248 f.

G.Wertheim, Die Arithm. d. Elia Misrachi: *M.Friedländer*, Jew. Qu. Rev. IX, S. 528-30.

A.Wiener, Die jüd. Speisegesetze: *O.Mussil*, ÖL 2, S. 35.

H.Willrich, Juden u. Griechen vor der makkabäischen Erhebung: *F.Sedej*, ÖL 12, S. 356 f.

H.Winckler, Geschichte Israels. I: *C.Seydell*, Beil. z. Norddeutschen Allg. Ztg. '97, No. 185.

J.Winter u. A.Wünsche, Die jüd. Litteratur: *H.Brody* [OB X, S. 268], Z. f. hebr. Bibliogr. II, S. 19-21.

J.Wohlstein, Dämonenbeschwörungen aus nachtalmudischer Zeit: *D.Kaufmann*, Mschr. f. Gesch. u. Wiss. d. Jt. XLI, S. 185-9.

J.K.Zenner, Die Chorgesänge im Buche der Psalmen: *G.Beer*, DL 9, S. 321-5; *B.Schäfer*, ÖL 7, S. 193-6; *Vetter*, Th. Qschr. LXXIX, S. 348-51; *J.Hontheim*, Z. f. kath. Th. XXI, S. 323-36.

6. Arabien und der Islam.

a) Allgemeines.

(S. auch No. 74; 212; 533; 1209; 1212.)

2431 Brockelmann,C.–Islam [OB X, 2459]: Jsb. d. Geschw. '95 ('97), III, S. 268-72.

2432 Dvořák,R.–Islám: OSN XII, S. 776-85.

2453 Nawwáb Abdurrashid Khan.–Professor V a m b e r y on the Sultan: As.
Qu. Rev. III ('97), S. 430.
Gegen den Satz: "The Sultan is the spiritual head of all Mussulmans".
2454 Ahmed Riza.–The Caliph and his duties: Contemporary Rev. LXX,
S. 206–9.
2455 Baldensperger,P.J.–Morals of the Fellahin: Qu. St, '97, S. 123–34.
2456 Depont,O c t., et X a v.Coppolani.–Les confréries religieuses musulmanes. Alger, Jourdan, '97. XXVIII, 577 S. 4. (ill., T.)
2457 Gervais-Courtellemont.–Mon voyage à la Mecque [OB X, 5216].
2e–3e éd. P., Hachette & Co., '97. 240 S. 8. (ill.) *Fr. 4.*
2458 Gilles,J.–Le pays d'Arles en ses trois tribus saliennes: Les Avatiques,
les Désuviates & les Anatiles conten. depuis les siècles les plus réculés l'hist.
celtique, phénic., grecque, romaine et l'introd. du Christianisme suivie d'une
notice sur l'occupation a r a b e, sur les incursions des Normands . . .
d'après les textes, les monuments et les poteries de chaque nation. [P. 1.]
P., Thorin, ['97?]. 8.
2459 Goldziher, I g n.–Aus dem mohammedan. Heiligenkultus in Ägypten:
Globus I.XXI, S. 233–40.
2460 Die Unzugänglichkeit des Islam für christliche Einflüsse: Warte des
Tempels I.II, S. 389 f.
2461 Kyzlink,F r.–O beduinech [Von den Beduinen]: Vlasť XIII, S. 563–7;
868–72; 935–40; 1025–40.
2462 Leonhardt,O t t o.–Mekka-Pilger: Münchner Neueste Nachr. '97, 29.Jan.
2463 Le Roux,H u g u e s.–Mahomet à Paris: Cosmopolis I, S. 810–3.
2464 Lindberg,O.E.–Mohammed och Qoranen. (= Populärt vetenskapliga
föreläsningar vid Göteborgs Högskola. VI.) Göteborg, Wettergren & Kerber,
'97. IX, 194 S. 8. *Kr. 2.*
2465 Meilhon.–L'aliénation mentale chez les Arabes: Ann. méd.·psychol.
'96, Janv.–Déc.
2466 Müller,A.–L'islamismo. Disp. I–VIII. Milano, Soc. ed. it.,'97. S. 1–384. 8.
Je *L. 1.*
Uebs. aus der Oncken'schen Samml.
2467 M u h a m m a d. Ma., Christ. Lit. Soc., '97. 12 S. 8. 1 *p.*
2468 Muhammad Hayád Khán.–The rise and fall of the Muslim empire
in Spain. Lahore, l'unjab Observer Press, '97. 26 S. 8. 4 *@.*
2468a Muir,W. – Mohammedan controversy, biographies of Mohammed,
Sprenger on tradition, the Indian liturgy and the psalter. Lo., T. & T. Clark,
'97. 230 S. 8. 7 *s. 6 d.*
2469 Reville,A.–Some aspects of Islam: New World VI, S. 531–50.
2470 Ribera,J u l.–El justicia de Aragón y la organización jurídica de los
musulmanes españoles: Rev. cr. de hist. y lit. españolas II, S. 150–60.
2471 R u s s i a and Islam: Independent (N. Y.) '97, S. 1077.
2472 Schreiber,A.–Der Islam und die evangelische Mission: Allg. Miss.·Z.
XXIV, S. 145–59.
Auch sep. B., Warneck, '97. 15 S. 8. *M. 0.30.*
2473 Sherer.J.W.–A princess of Islam. Lo., Sonnenschein, '97. 352 S. 8. 6 *s.*
2474 Socin,A.–Zu M. u. N. 1896, S. 85: Mitth. u. Nachr. DPV '97, S. 6 f.
Zu H e n t s c h e l OB X, 5221.
2475 Solov'ev,V.–Magomet, ego žisn' i religioznoe učenie. Pe. '96. 80 S.
8. („Žisn' zamečatel'nych ljudej." Biografičeskaja Biblioteka F. Pavlenkova.)
2476 Suter,II.–Die Araber als Vermittler der Wissenschaften u. deren Über-
gang vom Orient in den Occident. Vortrag [OB X, 2489]. 2. Aufl. Aarau,
Sauerländer & Co., '97. 32 S. 8. *M. 1.*
2477 Tallqvist,K n u t.–Kulturförhållanden i Orienten. Minnen och anteck-
ningar: Finsk Tidskrift '95, Dec., S. 426–42.
Handelt über die Kulturfortschritte in Aegypten, Syrien, Palästina.
2478 — — Kvinnan i Orienten: Geograf. fören. Tidskrift '96, S. 121–38. (ill.)

2479 **Watts-Dunton**,T h e o d.–Parables concerning Ilyas the prophet. No. 2. The slave girls progress to paradise: Ath., March 13, S. 347.
No. 1: ebd. 1881, March 12, S. 364.
2480 **Zeller**,F r i e d r.–Der Islam in s. Verhältn. z. Christentum: Christl. Orient I, S. 108–19; 155–72; 212–22.

b. Mohammedanische Archaeologie, Numismatik, Epigraphik.
(S. auch No. 1734.)

2481 **Amador** d e l o s R i o s,R.–Epigrafía árabe: Bol. Soc. esp. de excursiones '97, Febr.
2482 — — Épigrafía arábiga: monumentos sepulcrales de Palma de Mallorca: Bol. Soc. arqueol. Luliana '96, Oct.·Dec.
2483 **Berchem**,Max van.–Inscriptions arabes de Syrie. Le Caire (Vienne, typogr. Holzhausen,) '97. 104 S. 4.
2483a **Blochet**,E.–Les miniatures des manuscrits musulmans: Gaz. des Beaux-Arts '97, 1er Avril.
2483b **Codera**,Fr.–Monumentos árabes del Cairo: Bol. R. Ac. de la hist. XXVI, S. 223–7.
2484 **Franz-Pacha**.–Die Grab-Moschee des Sultans Kait-Bai bei Kairo. (— Die Baukunst hrsg. v. R. Borrmann und R. Graul. 3. Heft.) B., Spemann, ['97]. 12 S., VIII T. Fol.
2484a **Kay**,Henry Cassels.–A Seljukite inscription at Damascus: JRAS '97, S. 335–45.
2485 **Mubarek Ghalib Bey**.–Quelques mots sur deux monnaies Ilkhaniennes. Bruxelles '97. 5 S. 8. (L., Harrass. *M.* 1.)
2486 **Regil**,M. del.–Descubrimiento arqueológico. Arco árabe en una cueva de la provincia de Santander: Bol. Soc. esp. de excursiones '97, Febr.

c. Arabische Sprache und Litteratur.
(S. auch No. 7; 12; 434; 1518; 1622; 1733; 2254; 2322; 2324; 2330; 2392; 2405; 2420; 2459; 2699; 2831).

2487 **Almagro**,A.–Los códices arábigos de la universidad de Granada: Bol. Soc. Unión hispano-mauritánica '96, Oct.·Nov.
2488 **Codera**,F r.–Libros árabes adquiridos para la Academia [OB VIII, 5396]: Bol. R. Ac. de la hist. XXVI, S. 408–16; XXX, S. 372–4.
2489 — — Manuscritos árabes españoles de la collección de la casa Brill de Leiden: ebd. XXVII, S. 266–73.
2490 **Lozano**,J.–Los manuscritos árabes del Escorial: Ciudad de Dios '97, 5 Marzo.
2491 **Theodori** Abu Kurra de cultu imaginum libellus e codice arabico nunc primum ed., latine versus, illustratus a Joanne Arendzen. (Diss.) Bonnae, typ. Drobnig, '97. 2 Bl., XXII, 52, 50 S., 2 Bl.; 2 T. 8.
2492 **Arib**.–Tabari continuatus quem edidit, indicibus et glossario instruxit M.J. de Goeje. (Auch m. arab. T.) Leiden, Brill, '97. XXVI, ſIſ S. 8. *M.* 6.
2493 **Attaja**,M.O.–Étimologičeskij razbor arabskich slov, okančivajuščichsja na ab (resp. ab, ib, ub). (Materialy dlja semitičeskago sravnitel'nago jazykověděnija.): Χαριστήρια (oben No. 75a.)
2493a **Baldwin**,C.W.–English-Arabic dialogues for the use of students in Morocco, rev. and ed. by W.Mackintosh. Tanger '93. 115 S. 8. (Lo., Quaritch. 5 s.)
2493b — — Dialogos españoles y arabigos en el dialecto de Marruecos. Ebd. '93. 115 S. 8. (Ebd. 5 s.)
2494 **Basset**,René.–Contes et légendes arabes [OB X, 2512]. II–XXVIII: Rev. des trad. pop. XII, S. 65–9; 243–53; 337–41.
2495 — — Notes sur les mille et une nuits [OB X, 2513]. III: ebd. S. 146–52.

9*

2496 **Behâ Ed-Dîn.**-The life of Saladin 1137-1193 A. D. [Compared w. the orig. Arabic and annot. hy C. R. Conder.] I.o., Palestine Exploration Fund, '97. 440 S.; 5 T. 8. 9*s.*

2497 Histoire de la conquête de l'Abyssinie (XVI*e* siècle) par **Chihâb Eddîn Ahmed ben 'Abd el Qâder** surnommé 'Arab-Faqih. Texte arabe publ. av. une trad. française et des notes p. René Basset. Fasc. 1. (= Publ. de l'école des lettres d'Alger. Bull. de corr. afr. XIX.) P., Leroux, '97. S. 1-91. 8.

2498 **Codera,Fr.**-Copia de un tomo de Aben Çaid regalada á la Academia: Bol. R. Ac. de la hist. XXVII, S. 148-60.

2499 — — Un historiador marroquí contemporaneo: ebd. XXX, S. 251-74. Ueber Ahmed ben Jâlid el Nasiri. كتاب الاستقصاء لاخبار دولة المغرب الاقصى.

2500 **Durand,A.**, et **I.Cheikho.**-Elementa grammaticae Arabicae cum chrestomathia, lexico variisque notis [OB X, 5269]. Pars II. (Chrestomathia et lexicon.) Beyrouth, Impr. catholique, '97. S. 181-480. 8. cpl. *Fr.* 8. (L., Harrass. *M.* 8.)
> Rec. *H.S*[*tumm*]*e*, LC 7, S. 237.

2501 **Ferreiro,G.**-Un sociologo arabe del secolo XIV [Ibn-Jaldún]: Riforma sociale '97, No. 3.

2502 **Gaudenzio di Matelica.**- Sillabario con i primi esercizii di lettura ad uso dei collegii e scuole di Terra Santa. 4. ed. Gerusalemme, Tipogr. dei PP. Francescani, '95. 108 S. 8.

2503 **Gincburg,Bar.D.**-Osnovy Arabskago stichosloženija [OB IX, 5871]. XI-XIV: Zap. X, S. 1-65; 449 f.

2504 **Goeje,Michael Jan de.**-Quotations from the Bible in the Qorân and the tradition: Semitic Studies in memory of Alexander Kohut, S. 179-85.

2505 **Goldziher,Ign.**-Gesetzl. Bestimmungen über Kunja-Namen im Islam: ZDMG LI, S. 256-66.

2506 — — Zur Hamâsa des Buhturī: WZKM XI, S. 161-3.

2507 — — Some notes on the Dîwâns of the Arabic tribes: JRAS '97, S. 325-34.

2508 **Guidi,I.**-Una descrizione araba di Antiochia: Rdc. Lincei VI, S. 137-61. Teil des Cod. arab. Vaticano 286 [anonym] in Text u. Uebs.

2509 **Hartmann,Mart.**-Das arabische Strophengedicht. Th. 1. (= Semitistische Studien. Heft 13.) Weimar, Felber, '96. 8.

2510 — — Kleinere Mittheilungen [OB X, 1740]. 3. luqmân = 'Αλκμαίων: ZA XII, S. 106 f.

2511 — — Arabische Lieder aus Syrien: ZDMG LI, S. 177-214.

2512 Der Dîwân des arab. Dichters Hâtim Tej nebst Fragmenten, hrsg., übers. u. erläutert v. Frdr. Schulthess. L., Hinrichs, '97. VI, 132, 54 S. 8. *M.* 10.80.

2513 **Houdas,O.**-Précis de grammaire arabe. P., J. André et Co., '97. VIII, 203 S., 1 Bl. Errata.
> Rec. *Julien Vinson*, Rev. de ling. XXX, S. 265-8.

2514 Il Canzoniere di 'Ab'd al-Cabbâr Ibn Abî Bakr Ibn Muhammad Ibn Hamdîs poeta arabo di Siracusa (1056-1133). Testo arabo pubbl. nella sua integrità quale risulta dai codici di Roma e di Pietroburgo, coll' aggiunta di poesie dello stesso autore ricavate da altri scrittori da Celestino Schiaparelli. (= Pubbl. del R. Ist. orientale in Napoli. Tomo I.) (Auch m. arab. T.) Roma, tip. della casa editr. italiana, '97. XV, 591 S. 4. *L.* 25.

2515 **Jacob,Geo.**-Studien in arabischen Dichtern [OB IX, 5882]. IV. Hft. Altarabische Parallelen zum Alten Testament. B., Mayer & Müller, '97. 25 S. 8. *M.* 1.
> Rec. *F.Schulthess*, DL 11, S. 412-4; *J.-B.C*[*habot*], Rev. cr. 12, S. 237.

2516 L'histoire d'Alep de **Kamal-ad-Dîn.** Version fr. d'après le texte arabe p. E.Blochet [OB X, 5281]: Rev. de l'Or. lat. V, S. 37-107.

2517 A Greek embassy to Baghdâd in 917 A. D. Transl. from the Arabic ms. of Al-Khatîb, in the Brit. Mus. Libr. by Guy Le Strange: JRAS '97, S. 35-45.

2618 Der Koran. Aus dem Arab. wortgetreu neu übers., u. m. erläut. Anmerkgn. versehen v. L.Ullmann. 9. Aufl. Bielefeld, Velhagen & Klasing. '97. VIII, 550 S. 8. *M.* 2.

2619 The Koran examined. Ma., Christ. Lit. Soc., '97. 48 S. 8. *6 p.*

2620 Laune, E. - Manuel français-arabe, ou recueil d'actes administratifs, judiciaires et sous-seing privé, traduits en arabe. (autogr.) Alger, Jourdan, '97. XIII, 426 S. 8. *Fr.* 7.50.
Rec. G[audefroy]-L[emombynes], Bull. de ggr. et d'archéol. d'Oran XVII, S. 313.

2621 Lippert, Julius. - Ibn al-Kûfî, ein Vorgänger Nadims: WZKM XI, S. 147–55.

2622 Lopez, Dav. - Cousas arabico-portuguesas: O Archeologo portugués '96, Agosto y Sept.

2623 Macdonald, Duncan B. - The faith of al-Islâm [OB X, 2551]: Am. J. of Sem. langu. and litt. XIII, S. 140 f.

2624 Maçoudi. - Le livre de l'avertissement et de la revision. Traduction p. B. Carra de Vaux. (Soc. Asiat. Collection d'ouvrages orientaux.) P., Impr. nat., '96. (L., Harrass. *M.* 6.)
Rec. A.d'Avril, Rev. de l'Or. chrét., Suppl. trim. II, S. 228—32.

2625 Margoliouth, David Samuel. - On the Arabic version of Aristotle's Rhetoric: Semitic Studies in memory of Alexander Kohut, S. 376–87.

2626 Maris, Amri et Slibae de patriarchis Nestorianorum commentaria ex codicibus Vaticanis ed. Henr. Gismondi. Pars II: Amri et Slibae textus. - Pars II, 2: Amri et Slibae textus versio latina. Romae, excud. F. de Luigi, '96/7. VII, 10V S. u. 83 S. 4. L., Spirgatis *M.* 13.
I erscheint später. [Haupttitel zu OB X, 1921].

2627 Secrets of oriental sexuology. Supplement to Burton's world-famous „Thousand nights and a night". Marriage-love and woman amongst the Arabs. (Otherwise entitled) The Book of Exposition. Literally translated from the Arabic by an English Bohemian. „Kitab al-izah fi 'ilm al-nikah bi-t-tamam w-al-kamal". With translator's foreword, numerous important notes illustrating the text and several very interesting appendices. In one large post 8vo volume issued only to responsible persons by private subscription. Back-parlours of all respectable book-shops '96. Subscr. 1 *Guinea and a half.*
Erhältlich z. B. von A. Twietmeyer. Leipzig. [Nach e. Buchhändler-Circular.]

2628 [000] Nacht. Aus dem Arab. übertr. v. Max Henning [OB X, 5295]. II-III. 25-100. Nacht. (= Universal-Bibl. No. 3616 f.; 3661 f.) L., Reclam, '97. 190; 212 S. 8. *M.* 0.80.

2629 Nöldeke, Thdr. - Zur Grammatik des classischen Arabisch. [Aus: „Denkschr. d. k. Akad. d. Wiss."] W., C. Gerold's Sohn in Komm., '97. 114 S. 4. *M.* 6.80.
Rec. K. Vollers, ZA XII, S. 125—39; D. B. Macdonald, Am. J. of Sem. langu. and lit. XIII, S. 310—3.

2630 Østrup, J. - Contes de Damas recueillis et trad. avec une introd. et une esquisse de grammaire. Leyde, Brill, '97. VIII, 163 S. 8. *M.* 5.
Ersatz f. d. falsch rubricierten Titel OB X, 482J. — Rec. K. Vollers, ZA XI, S. 447—521 Th. Nöldeke, ZDMG LI, S. 171—6.

2631 Patton, Walter M. - Ahmed Ibn Hanbal and the Mihna. A biography of the Imâm including an account of the Mohammedan inquisition called the Mihna, 218-234 A. H. Ebd. '97. 3 Bl., 209 S. 8. *M.* 6.50.
S. 1—47 als Diss. Heidelberg.

2632 Pons Boigues, Fr. - Apuntes sobre las escrituras mozárabes toledanas que se conservan en el Archivo Historico Nacional. Madrid '97. 320 S. 8. (L., Harrass. *M.* 2.80.)

2633 — — Escrituras mozárabes toledanas: Bol. Soc. esp. de excursiones '96, Dec.
Rec. dieser Schriften: Fidel Fita, Bol. R. Ac. de la hist. XXX, S. 529—32; F. Codera, Rev. cr. de hist. y lit. españolas II, S. 41 f.

2634 Robert, Achille. - Chansons arabes chantées par les femmes indigènes de Guelma pour endormir les enfants [OB X, 2803]. II: Rev. des trad. pop. XII, S. 86 f.

2535 Continuation de l'histoire des Mamelouks de Makrizi, par El-Sakhaoui. Texte arabe d'après le ms. unique conservé à la Bibl. khédiv. Revu et corrigé par Ahmed Zéki Bey [Schl. zu OB X, 5303]: Rev. d'Ég., Vol. IV (eigens paginirt; insgesamt ٣٣٣ S. 8.).

2536 Liber decem quaestionum contra Christianos. Auctore Ṣāliḥo Ibn al-Ḥusain ed. Franc. Triebs. (Diss.) Bonnae, typ. Drobnig, '97. IX, 11, 11 S., 2 Bl. 8.

2537 Schreiner, Mart.–Beiträge z. Gesch. d. Bibel in d. arab. Litteratur: Semitic Studies in memory of Alexander Kohut, S. 495-513.

2538 Schwarz, P.–Die ältere geographische Litteratur der Araber: Ggr. Z. III, S. 137-46.

2539 Seippel, Alex.–Rerum normannicarum fontes arabici e libris quum typis expressis tum manu scriptis collegit et sumptibus Universitatis Christianiensis ed. — —. Fasc. I. Textum continens. Anni MDCCCXCIII programma academicum alterum. Christianiae, typ. A. W. Brøgger, '96. S. 1-148; 4 T. 4. *Kr.* 20.
Rec. *F. Schwally*, DL 22, S. 845 f.

2540 Sibawaihi's Buch über die Grammatik... Uebs. u. erkl. v. G. Jahn [OB X, 5309]. Lief. 15-6. H., Reuther & Reichardt, '97. *Je M.* 4.
Rec. *Dannecker*, Th. Qschr. LXXIX, S. 172 f.

2541 Snouck Hurgronje, C.–Iets over verjaring in het Mohammedaansche recht: Ts. Ind. t.-l.-vk. XXXIX, S. 431-57.

2542 Eenige Arabische strijdschriften besproken door C. Snouck Hurgronje: ebd. S. 379-427.

2543 Steinschneider, Mor.–Die arabischen Übersetzungen aus dem Griechischen. Gekrönte Preisschrift der „Académie des Inscriptions". [Aus: „Centralbl. f. Bibliothekswesen", „Virchow's Archiv f. Pathol.", „Zeitschr. f. Mathem." u. „Zeitschr. der deutschen morgenländ. Gesellsch."(OB X, 5311 etc.)]. L., Harrassowitz, '97. IV, 34; IV, 112; 22, 29, 33, 30, 59 u. 81 S. 8. *M.* 20.
In 24 Ex. hergest.

2544 Swedenborg, Eman.–Kitāb as-samā wa-ǧahannam wa'l-ḥālat al-wustā au 'ālam al-arwāḥ... ma'a muqaddimat fi tarǧumat ḥajāt al-muallif. Wa-qad taraǧǧama dalik... Habīb Salamūni [Salmoné]. Lo., Swedenborg Soc., '96. 11, 388, 59 S. 8.

2545 Tallqvist, K.L.–Arabische Sprichwörter und Spiele, gesammelt und erklärt von — —. Helsingfors, Druck v. J. Simelii Erben (L., Harrassowitz), '97. 152 S. 8. *M.* 4.

2546 — — Arabisk folkpoesi på Libanon: Finsk Tidskrift '95, S. 1-16.

2547 Thimm, C.A.–Egyptian self-taught (Arabic) with the English phonetic transliterations of every word. For practical use.... Lo., Marlborough, '97. 70 S. 8. 2 *s.*

2548 Aegypt. Urkunden aus d. Kgl. Mus. zu Berlin. Hrsg. v. d. Generalverwaltung. Arabische Urkunden. I. Bd. 1. Heft. [Bearb. v. L. Abel.] B., Weidmann, '96. 32 autogr. Bl. 4. *M.* 3.40.
Wiederhol. des besser hierher zu stellenden Titels OB X, 2699. — Rec. LC 1, S. 25 f.; J. S. 110; *Siegm. Fraenkel*, ZDMG LI, S. 170; *J. Karabacek*, WZKM XI, S. 1-21; *M.A.S.*, Rev. cr. 3. S. 42; *A. Wiedemann*, Byz. Z. VI, S. 439 f.

2549 Vollers, K.–Beitr. z. Kenntn. der lebenden Arab. Sprache in Ägypten [OB X, 5313]. II. Über Lehnwörter. Fremdes u. Eigenes: ZDMG LI, S. 291-326.

2550 — — Zu ZDPV. XIX (1896), S. 72 u. 116: ZDPV XX, S. 7.
Zu L. Einsler OB X, 5271. Vgl. auch Ephr. Cohn, Mitth. u. Nachr. DPV '97, S. 40.

2551 — — The Egyptian chronicle of Ibn Iyās: As. Qu. Rev. III ('97), S. 114-23; 356-63.
Vgl. OB IX, 5880a.

2552 Washington-Serruys.–L'arabe moderne étudié dans les journaux et les pièces officielles. Beyrouth, Impr. cath., '97. XXI, ٨٠, 80, 82—143 S. 8. *Fr.* 6. (L., Harrass. *M.* 6.)

2553 Wellhausen,J.–Der arabische Josippus. (= Abhandl. der königl. Ges. der Wiss. zu Göttingen. Philolog.-hist. Classe. Neue Folge. 1. Bd. No. 4). B., Weidmann, '97. 50 S. 4. *M.* 3.50

Rec. *C.Brockelmann.* DL 24. S. 035—7.

2554 — — Reste arab. Heidentums, gesammelt u. erläutert [OB I, 3373]. 2. Ausg. B., G. Reimer, '97. VIII, 250 S. 8. *M.* 8.

2555 — — Die alte arabische Poesie: Cosmopolis I, S. 592—604.

Arabische Drucke aus Russland u. dem Orient.
(Vgl. oben S. 34.)

2556 Dyck,Edw. Albert van.- مطبوع هو بما القنوع اكتفاء كتاب من أشهر التآليف العربية فى المطابع الشرقية والغربية طبع بمطبعة الهلال بالفتجالة بمصر سنة ١٨٩٧ م ١٣١٢ ه على نفقة جامعه وادارة جريدة الهلال. [Cairo, Administr. d. Ztg. „El-Hilal", '97.] 677, 3 S. 8.

Rec. *K.Vollers,* ZDMG LI. S. 340 f.; *I.Goldziher,* WZKM XI. S. 231—41.

2557 Abū 'Abderrahmân Fahreddîn ibn 'Alî el Nûrkâwî († 1310).– Bed' elamânî. Pe., Bûrâgânî, '94. 13 S. 8.

S. 10—13 Verse von Allâhjâr; türkisch über Orthoepie des Qorân (Tegwîd.)

2558 Abū 'l-Muntahâ.- الأكبر الفقه شرح. Hrsg. v. Šemsu 'd-dîn Husein-ugly. Kazan', Universitäts-Druckerei, '97. 36 S. 8. *Rub.* 0.25.

2559 'Alî Gbâlib.-Bedret el ma'âlî fî tergemet el laâlî. Arab. Sprüche, mit metr. persischer Übersetzung (von Sâwegî zâde) und türk. Erklärung. Constantinopel, Matba'a 'amira, 1315. 96 S. 8.

2560 'Atâ'-allâh el Bâjezîdî.-Ŝarâiṭ el Imân. Pe., Bûrâgânî, '97. 52 S.

Mit russ. Vorwort, Transcription u. Übersetzung.

2561 Bandeli (Panteleimon) Ṣaltba Ġauzî والوقاية واعراضه الطاعون منه. Kazan', Universitäts-Druckerei, '97. 24 S. 8.

2562 [Bible (éd. photolithographique)]. مرسومًا) المقدّس الكتاب بالشمس ومطبوعًا على العجر). Beyrouth, Impr. cath., '97. 562 S. 8. *Fr.* 10.

2563 Cheikho,L.-Préceptes de littérature et de rhétorique. الأنشاء علم والعروض والخطابة. Beyrouth, Impr. cath. Vol. I. 2e éd. '97. Vol. II. 2e éd. '90. 448; 226 S. 8. Je *Fr.* 2.

2564 — — L'échelle du Magânî. المجاني مرقاة. Ebd. Vol. I. 15e éd. '97. Vol. II. 6e éd. '96. 113; 100 S. 8. Je *Fr.* 0.30.

Vgl. OB IX, 2432.

2565 Rijâl al-adab fî marâtî šawâ'ir al-'arab. Gama'ahu... Lûîs Šaiḥû al-Jasū'î [L. Cheikho]. Al-guz'. Ebd. '97. 157 S. 8. *Fr.* 3.

Ergänz. z. T. OB X, 5266. — Rec. Luzac's Or. List VIII, S. 141.

2566 Du'â ism a'zam wehem basqa šerif du'alar. Pe., Bûrâgânî, '97. 16 S. 8.

Arab. Gebete mit türkischen Erläuterungen.

2567 Eddé,G.-Principes de la grammaire arube. علم فى الجليّة القواعد العربيّة. Beyrouth, Impr. cath. Vol. I. 8e éd. '96. Vol. II. 4e éd. '94. 168; 155 S. 8. Je *Fr.* 0.80.

2568 Farhât,Germanos –Grammaire arabe. المطالب بحث. Annotée p. Sa'îd al Ḥûrî aš-Šartûnî. 6e éd. Ebd. '95. 363 S. 8. *Fr.* 2.60.

2569 Ferîd Bey.-Ta'rîh el daulat el osmanijje. 2. Ausg. Cairo 1314. 406 S. 8. (L., Spirgatis *M.* 6.50.)

2570 Gelâl eddîn Muhammad b. As'ad el Ṣiddîqî el Dewânî.-Commentar zu el 'Aqâid el 'Aludijje. Pe., Bûrâgânî, 1313. 135 S. 4.

2571 Qirq Hadiṭ. Pe. '97. 15 S. 16.
40 Traditionen des Propheten.

2572 Ḥālid ben 'Abdallāh el Azharī.-Temrīn eḷṭullāb fī ṣinā'at al i'rāb [Commentar zur Alfijje des Ibn Malik]. Cairo, Meimenijje, 1312. 2, 146 S. 4.
A. R. Dess. Comm. Muwaṣṣil eḷṭullāb ilā qawā'id el i'rāb l'Ibn Hišām.

2573 Iljās Ḥalīl Tewīnī.-Felsefet elziwāġ. Ba'abdā '95. 131, 2 S. 8.

2574 Harfouch,J.-Cours de thèmes arabes-français, en deux parties, avec le Corrigé. كتاب الترجمة من العربية الى الافرنسية. 4ᵉ éd. Beyrouth, Impr. cath., '96. 165 S. 8.

2575 [Ibn Aġūrrum Mohammad as-Ṣanhaġi († 723-1323)].-Élements de la syntaxe arabe (Garrūmīyah). الآجّرومية. Beyrouth, Impr. cath., '96. 52 S. 8.
Fr. 0.35.

2576 Ibn al Ḥāġib.-Šarḥ el Kāfija. Nebst pers. und türk. Übersetzung der Kāfija. 3 Bde. Stambul 1311. 405 S. 8. (L., Spirgatis *M.* 6.)

2577 Abū 'Abdallāh Aḥmad Ibn Muḥammad Ibn Hanbal aṣ-Šaibanī.-Musnad imâm al-muḥaddiṭin. Alġuz 1-6. Cairo, Maṭba'at al-Maimanijja, 1313 [1895 f.]. 6 Bde. 4, 4, 466; 548; 12, 503; 12, 447; 12, 456; 8, 468 S. 4.
A. R. 'Alā ad-Dīn 'Alī Ibn Husām ad-Dīn, Muutaḫab Kanz al-'ummāl fī sunnan al-aqwāl wa'l-af'āl.

2578 Ja'qūb Ibn Isḥaq as Sikkit.-La critique du langage p. p. I. Cheikho [OB X, 5280]. Vol. III. Beyrouth, Impr. cath., '97. 362 S. 8.
cpl. *Fr.* 15.
Édition classique. Ebd. '96. 450 S. 8.

2579 Jazbek,Ibrāhīm.-Suḍūr el ibrīz min kitâb Allâh 'azīz. (Vokalisirt.) I. Jerusalem '95. 3, 382 S. 8.

2580 Kalīla wa-Dimnah. (Vocalisirt.) Beirût '96. 364 S. 8.
(L., Spirgatis *M.* 4.)

2581 Katejev.- مَجمَعُ الدعوات وبعض السُوَر والآيَات. [Arab. u. türk.] Kazan', Universitäts-Druckerei, '97. 48 S. 8.
Rub. 0.15.

2582 Keldāni.-Fiqh. Hrsg. v. Šemsu'd-din Husein-uġly. Kazan', Universitäts-Druckerei, '97. 16 S. 8.
Rub. 0.05.

2583 Mirza Kemālu'l-Maqṣûdī el Sûlengerī. ترجمهء شروط الصَّلوة. Hrsg. v. Šemsu'd-din Husein-uġly. [Arab. u. tatarisch.] Kazan', Universitäts-Druckerei, '97. 18 S. 8.
Rub. 0.10.

2584 Leonardos Tarābulusī.-Manaṭ elragaib fī tārīh qiddis el'agaib Mari Antonios el Bādowī. [Leben des Antonius von Padova.] Jerusal. '95. 439 S. 8.
Fr. 2.50.

2585 Maqrizī.-El ilmâm biaḫbâr man biarḍ el ḥabaše min mulûk el Islâm. Cairo, Taḥīf, '95. 27 S. 4.

2586 Taḥrīr Maṣr min riqq el-asr. Cairo '97. 15 S. 8. *Piast.* 2.50.
2 polit. Qaṣīden (die Erlösung Aegyptens von der englischen Besetzung.)

2587 Muḥammad b. 'Abdallāh al Gerdānī.-Neil el marâm min aḥâdīṭ ḫair el ânâm (725 paränetische Traditionen Mohammeds, alphabetisch nach Sujūṭī's Gami' ṣaġīr). Cairo, Maṭba'a Hindijje, 1315. 2, 114 S. 4.
A. R. Ders. Muršid el ânâm ilā mā jaġib ma'rifathu min el 'aqāid wal-aḥkām.

2588 Muḥammad 'Alī al-Biblāwī.-Fihrist al-asmā al-a'lâm al-wâridat fī' l-ġuz ar-rabi' wa'l-hâmis min kitâb al-intiṣar li-wasitat 'iqd al-amṣar li-Ibn-Duqmāq. Bûlâq, Maṭba'at al-amīrijjat, 1314 ḥ. 111 S. 8.

2589 — und 'Alī Efendi Subḥī.-Fihrist al-a'lâm al-wâridat fi'l-ġuz al-awwal wa'l-ṭānī wa'l-ṭālit min kitâb badai' az-zuhûr fī waqai' ad-duhûr li-Ibn-Ijās. Ebd. 1314. 168 S. 8.

2590 Mulla Muḥammad 'Alī ibn Mulla 'Abd el-ṣāliḥ el Iraktāwī.- بناء الاسلام. Hrsg. v. Ḥaġī Malik Muhammedov [Arab. u. türkisch.] Kazan', Universitäts-Druckerei, '97. 1 S. Fol.

2591 Muḥammad Hamdi el Neššar el Dimjaṭı.-(Riwaja) Tahḍıb el aḫlaq bimahasin el'ossaq. Cairo, Maṭba'a Costagliola, 1314. 88 S. 4.

2592 Muḥammad al-Mahdı al Uskudarı u. Mulla Aḥmed safa al-ḥaǵi ibn 'Abbas al-Tašbilgı.- المناقب الاحمدية والمقامات السعيدية. Hrsg. v. Šemsu'd-dın Ḥusein-uǵly. Kazan', Universitäts-Druckerei, '97. 338 S. 4. *Rub.* 3.50.

2593 Muḥammad P'aša Ṣadiq.- Daltl al-ḥaǵǵ li'l-warid ila Makkat wa'l-Madınat. Bulaq, Maṭba'at al-kubra al-amırijja, 1313. 152 S.; 1 Portr., 9 T., 2 Pl., 1 K. 8.

2594 [Qoran.] هفتيك شريف. Unt. d. Red. v. Da-Mulla 'Ālim-ǵan el Barudı. Hrsg. v. Muḥammed-'Alı Minhaǵu'd-dın uǵly Ḳadyrov. Kazan', Universitäts-Druckerei, '97. 16 S. 8. *Rub.* 0.20.

2595 [–]. يانكى تفسير هفتيككا تفسير بيان. Hrsg. v. Muḥammed-'Alı Ḳadyrov. [Arabisch u. tatarisch.] Ebd. '97. 214 S. 4. *Rub.* 0.50.

2596 Qoran 'Oẕman. [Facsimile einer Seite nach dem Exemplar der öff. Bibl. zu Petersburg.] Pe., Buraǵanı, '95. 57×51 cm.

2597 Schmid,Ch.-Cent petits contes. مائة حكاية. Traduit par M. Massabki. 6e éd. Beyrouth, Impr. cath., '04. 158 S. 8. *Fr.* 0.30.
Le même. Texte français, avec la traduction arabe en regard. 8e éd. Ebd. '95. 154 Bl. 8. *Fr.* 0.50. — Texte français seul. 3e éd. Ebd. '96. 158 S. 8. *Fr.* 0.30.

2598 Siraǵı ma' dija el siraǵ [Seǵawendı's Siraǵijje (Erbrecht) mit reichlichen Randerklärungen.] Pe., Buraǵanı, 1313. 70 S. 4.

2599 Tajjib walad Mulla Ǵilman Jabjın.- بيرام لر معلوماتى هم يباش طالب لارغه نصيحت. [Arab. u. türkisch.] Kazan', Universitäts-Druckerei, '97. 16 S. 8. *Rub.* 0.10.

2600 Taškoprüzade.-Šarḥ Fawaid el ǵiaṭijje min 'ilmi el ma'ani walbayan. Stambul 1314. 308 S. 8. (L, Spirgatis *M.* 3.50.)

2601 Welı eddın Moḥammed el Tebrızı.-Miškat el Maṣabıḥ [mit Randglossen und Interlinearerklärungen]. Pe., Buraǵanı, 1313. 577 S. Fol.

2602 Zeinab Fawwaz.-Eldurr el manẕur fı ṭabaqat rabbat el ḫodur. Cairo 1312. 556 S. 8. (L, Spirgatis *M.* 12.)

2603 Zein-allah b. Ḥabıb-allah el Naqšbendı el Šerıfı.-El Fewaid el muhimma lilmuıtdın el Naqšbendijja. Pe., Buraǵanı, 1313 ['96]. 19 S. 8.

2604 Zernugı.-Taflımu 'l-mutafahhim, šarḥu ta'lımi 'l-muta'allim. Kazan' '96. 128 S. 8. (L, Harrass. *M.* 5.)

Ausgaben von Šemsu'd-dın Ḥusein-uǵly. Kazan', Univ.-Druckerei, '97.

2605 خطبة آدم [Arabisch u. tartarisch]. 15 S. 8. *Rub.* 0.05.

2606 هفتيك شريف. 16 S. 8. *Rub.* 0.25.

2607 كعبه شريف. 1 S. Fol.

2608 كتاب الالباب. 3. Aufl. 32 S. 8. *Rub.* 0.10.

2609 مجمع الفضائل. [Arab. u. türkisch]. 1 S. Fol.

2610 شرائط الايمان. [Arab. u. türkisch.] 24 S. 8. *Rub.* 0.15.

2611 سجره مباركه [Arab. u. türkisch.] 1 S. Fol.

Anhang: Sabäisches und Verwandtes.

2612 Derenbourg,Hartwig.-Le dieu Rimmôn sur une inscription ḥimyarite: Semitic Studies in memory of Alexander Kohut, S. 120-5.

2613 Glaser,Ed.-Das Alter der minäischen Inschriften; Mitt. Vorderas. Ges. II, S. 248-57.

2614 — — Zwei Inschriften üb. den Dammbruch von Marib. E. Beitr. z. Gesch. Arabiens im 5. u. 6. Jh. n. Chr.: ebd. S. 360-488. Sep. *M.* 6.

2615 Hommel, Fritz. - Ägypten in d. südarab. Inschriften: Aegyptiaca. Festschr. Ebers, S. 25—9.

2616 — — Das graphische מ im Minäischen u. das Alter der minäischen Inschriften: Mitt. Vorderas. Ges. II, S. 258—72.

2617 Landberg, Comte de. - Arabica [OB IX, 5886]. No. IV. Notes préliminaires sur les tribus du pays libre de Datîna et du Sultanat des Awâliq supérieurs etc. Ḥuṣn el-Ḳurâb. Leide, Brill, '97. 76 S.; 1 Inschrift und 9 Photogr. 8.

2618 Mordtmann, J.H. - Beiträge zur minäischen Epigraphik. Mit 22 in den Text gedr. Fcsms. (— Semitistische Studien, 12. Hft.) Weimar, Felber, '97. XIV, 127 S. 8.   *M.* 12.

2619 Winckler, Hugo. - Die sabäischen inschriften der zeit Alhan Nahfan's: Mitt. Vorderas. Ges. II, S. 328-59.   Sep. *M.* 1.50.

Recensionen zu V, 6.*)

Les gnomes de Sidi Abd el-Rahman el-Medjedoub. By H. de Castries: *R.Basset*, Rev. hist. rel. XXXIII, S. 231-4.

Abû Bekr Muḥammed Ibn Zakarîyâ al-Râzî, Traité sur le calcul ... trad. p. P. de Koning: *K.S.*, LC 8, S. 270f.; *H.Hirschfeld*, JRAS '97, S. 155—8; *I.Guidi*, Cultura XVI, S. 161; *M.Th.Houtsma*, Museum V, No. 4. T.W.Arnold, The preaching of Islam: *C.Brockelmann*, D. Z. f. Geschw., N. F. I, Mbl. S. 347—9; Ac. LI, S. 206; Ath., Apr. 3, S. 438 f.; As. Qu. Rev. III, ('97), S. 207 f.; *C.H.Toy*, New World VI, S. 583-5; *M.J. de Goeje*, Museum V, No. 4.

Al-Aṣmaʿî, Kitâb eš-šâ' hrsg. v. A. Haffner: *R.Geyer*, OL. 3, S. 75f.

P.Casanova, Numismatique des Danichmendites: *Schefer*, CR XXIV ('96), S. 605.

Caspari, A grammar of the Arabic language transl. by W. Wright: *C.F.S[eybold]*, LC 11, S. 365 f.

H. de Castries, l.'Islam: *G.Valbert*, Rev. d. deux mondes CXXXVII, S. 217-28; *Carra de Vaux*, Rev. des questions hist. LXI, S. 5-21; *E.D.R.*, JRAS '97, S. 177 f.

L.Cheikho, 1) Comm. sur le Diwan d'al Hansa (OB IX, 2430; X, S. 274); 2) Abrégé du comm. (OB IX, 2432): *de Vaux*, Bull. cr. 20, S. 387-90; 3) *O.H[oudas]*, Rev. cr. 24, S. 461.

H.Derenbourg, Ousâma Ibn Mounḳidh, Souv. hist.: *H.Hr.*, LC 24, S. 771 f.

J.Euting, Tageb. e. Reise in Inner-Arabien: *A.S[ocin]*, LC 4, S. 125 f.; *P.Schwarz*, Ggr. Z. III, S. 118.

Germanos Farhât, Dîwân ed. Saʿid al Ḥûri aš-Šartûni: *de Vaux*, Bull. cr. 8, S. 152-5.

Gervais-Courtellemont, Mon voyage à la Mecque: *Ed.Glaser*, PM XLIII, Lber. S. 37; *Ad'Avril*, Rev. de l'Or. chrét., Suppl. trim. II, S. 232-7.

M.D.Gibson, Cat. of the Arabic mss.: *J.-B.Chabot*, JA Sér. IX, T. IX, S. 535 f.

I.Goldziher, Abhdl. z. arab. Philologie. I: *Wellhausen*, GGA 3, S. 250-2; *C.F.S[eybold]*, LC 2, S. 61 f.; *Siegm.Fraenkel*, DL 16, S. 609-11.

I.Goldziher & C.v.Landberg-Hallberger, Die Legende v. Mönch Barṣiṣâ: *J.R[éville]*, Rev. hist. rel. XXXIV, S. 144.

M.Herz, Cat. of the National Museum of Arab art ed. by St. Lane-Poole: *C.F.S[eybold]*, LC 2, S. 71 f.

L.Hirsch, Reisen in Süd-Arabien: *I.Goldziher*, DL. 15, S. 581-3; -/-, Globus LXXI, S. 393f.; *Ed.Glaser*, PM XLIII, Lber. S. 37-9; *P.Schwarz*, Ggr. Z. III, S. 358 f.

Kiamil Bey, La vérité sur l'islamisme: Stimmen aus Maria-Laach LII, S. 111-4.

H.Lavoix, Cat. des monnaies musulmanes de la Bibl. nat.: *A.R.v.G.*, Rev. cr. 22, S. 422 f.

---

*) Vgl. auch die zahlreichen Rec. zur Rubrik V, 6 c von *N.F.Katanov*, Dějatel', Jahrgang 1897.

Alb.**Mayr**, Zur Geschichte der älteren christlichen Kirche von Malta (OB X,
5227): *H.Gelser*, Wschr. für klass. Phil. '96, S. 1402–4.
Mohammad Bey çosmân Galal, Madraset el Jazwâg ... übers. v. M. Sobern-
heim: *O.Mussil*, ÖL 6, S. 174; *D.B.Macdonald*, Am. J. of Sem. langu.
and lit. XIII, S. 313–5.
E.Montet, Premiers élém. de la langue arabe: As. Qu. Rev. III, ('97), S. 211 f.
An Arabic version of the Epistles of St. Paul ... ed. by M. D. Gibson:
J.-B.Chabot, JA Sér. IX, T. IX, S. 534 f.
H.Reckendorf, Die syntakt. Verh. d. Arabischen: *C.B[esold]*, ZA XI, S. 446
(zu der OB X, S. 275 aufgef. Rec. B.s).
E.Sell, The faith of Islam: *E.D.R.*, JRAS '97, S. 175 f.
Jabalahi III ... vita ex Silvae Mosulani libro ... ed. R. Hilgenfeld:
Dannecker, Th. Qschr. LXXIX, S. 352; *K.Vollers*, Byz. Z. VI, S. 592 f.;
A. van Hoonacker, Muséon XVI, S. 188; *R.Gottheil*, Am. J. of Sem.
langu. and lit. XIII, S. 227–9.
S.Spiro, Arab. Engl. vocabulary: Ath., June 12, S. 778 f.
H.Stumme, Gramm. d. tunis. Arabisch: *C.F.S[eybold]*, LC 5, S. 167; *M.
Hartmann*, DL 18, S. 687 f.
G.v.Vloten, Recherches sur la domination arabe ...; *F.Codera*, Bol. R. Ac.
de la hist. XXVI, S. 97–118.
R.K.Wilson, A digest of Anglo-Muhammadan law: Ath., June 19, S. 807 f.

VI. AFRIKA.

2620 Debes,E.-Schulwandkarte v. Afrika. 1:6,000,000. (Physikalisch-poli-
tisch.) 6 Blatt à 72×58,5 cm. Farbendr. u. kolor. L., Wagner & Debes, '97.
                              M. 8; auf Leinw. m. Stäben *M.* 15.
2621 Gaebler,Ed.-Schulwandkarte v. Afrika. 1:6,400,000. 2. Aufl. 6 Blatt
à 54,5×97,5 cm. Farbendr. u. kolor. L., G. Lang, '97.
                  M. 15; auf Leinw. in Mappe od. m. Stäben *M.* 22.
2622 Böttcher,Karl.-Rund um Afrika. Land- u. Seebilder. L., Elischer
Nachf., '97. XI, 209 S. 8.   *M.* 3.
2623 Bowles,C. and S.M.-A Nile voyage of recovery. With introd. by
Prof. A. H. Sayce. Lo., Low, '97. 8.   *7 s. 6 d.*
2624 Brown,Rob.-Storia dell' Africa e de' suoi esploratori. 2 Vol. Milano,
Sonzogno, '97. 647; 655 S.; 1 K. 4.
  S. OB IX, 2496; X, 5344 etc.
2625 Bruce,J.-Travels through part of Africa, Syria, Egypt, and Arabia,
into Abyssinia, to discover the source of the Nile. Lo., Chambers, '97.
358 S. 8. (ill.)   *2 s.*
2626 Pease,Alfr. E.-Africa north of the equator: Contemporary Rev.
LXX, S. 37–45.
2627 Reinisch,Leo.-Ein Blick auf Ägypten u. Abessinien: ÖM XXIII, S. 1–6.
2628 Sergi,Giuseppe.-Africa. Antropologia della stirpe camitica (Specie
Eurafricana). (= Biblioteca di scienze moderne. No. 1.) Con 118 fig.
n. testo e 1 carta p. la distrib. geogr. Torino, Frat. Bocca, '97. XV,
426 S.; 1 K. 8.

1. Aegypten.

2629 Revue d'Égypte. Recueil mensuel ... p. p. Ch.Gaillardot Bey
[OB X, 5357]. Tome III. No. 6-7. Nov.-Déc. '96. IV. No. 1-4. Jan.-Avril
'97. Le Caire, Impr. nat. S. 301–423, ۲۷٦–۳۳۱; 1–176, ۳۳۷–٤۳۳. j. *Fr.* 32.
2630 Morgan,J. de.-Note sur les travaux du service des antiquités de
l'Égypte et de l'Institut Égyptien pendant les années 1892, 93 et 94: Actes
du X. Congr. des Orient., Sect. IV, S. 3–33.
Vgl. OB X, 5464, wo auf OB VIII, 5547 zu verweisen ist.

2631 Zogheb,Alex.Max de.–Les successeurs d'Alexandre le Grand: Rev. d'Ég. IV, S. 13–63; 1 Tab.

Darin u. a.: Généalogie des Lagides (Dynastie Ptolémaïque, 305 à 30 av. J.-C.); Chronologie des préfets de l'Egypte sous l'empire romain et l'empire d'Orient; Chronologie des dynasties musulmanes.

a. Neu-Aegypten.
(S. auch No. 2459.)

2632 Baedeker,K.–Ägypten. 4. Aufl. 1., Baedeker, '97. 8. Geb. *M.* 12.

Rec. *K.Piehl*, Sphinx II, S. 42–6; *J.I'.I'rážek*, Pražaké Noviny '97, No. 109.

2633 Egyptens Bevölkerung: ÖM XXIII, S. 82 f.

2634 Bourguet,Alfr.–La France et l'Angleterre en Égypte. P., l'lon, '97. 2 Bl., 288 S. 8.

Rec. *Ch.D|iehl|*, Rev. cr. 26, S. 517.

2635 The citadel of Cairo: Ath., June 26, S. 848 f.

2636 Voyage du Levant ou itinéraire du voyage qu'a fait dans le Levant M.Louis **Chevalier**, président au parlement de Paris, en l'année 1699, où il a fait la description de l'état présent et ancien des isles de Sardaigne, de Malthe . . ., et des villes de Smirne, de Constantinople, d'Alexandrie et le Grand Caire . . .: Rev. d'Ég. III, S. 301–42; IV, S. 134–56.

Bibliothèque de l'Arsénal, Ms. 3551, Tome III.

2637 The awakening of the Coptic church. By a Coptic layman: Contemporary Rev. LXXI, S. 734–47.

2638 Emelius,E.–Eine Reise durchs Pharaonenland. Hannover, Sponholtz in Komm., '97. 113 S. 8. *M.* 3.

2639 Fournel,Victor.–D'Alexandrie au Caire. Tours, Mame & Fils, '97. 143 S. 8. (ill.)

2640 Lumbroso,Giac.–La modella dell' artista egiziano. Palermo (Giornale di Sicilia) '97. 7 S. 8.

Modernes Volksmärchen über die Herstellung der grossen Sphinx. (ZÄS XXXI, S. 110.)

2641 Médaille frappée en Angleterre en l'honneur de Méhémet Aly Pacha: Rev. d'Ég. IV, S. 1–12; 2 T.

Mit Auszug u. Ueba. aus „Numismatic Chronicle" V, S. 147—50.

2642 Relations du royaume d'Egypte écrittes par le P.S.François **Paumier**, Religieux du tiers ordre de St. François de la province de Normandie, qui demeuroit dans le dit Royaume dès les années 1710, 1711 et 1712, qu'il passa à Jérusalem au mois de Septembre [OB X, 5375]: Rev. d'Ég. III, S. 343–74; IV, S. 96–104.

2643 Schirmacher,Kaethe.–Aus aller Herren Länder. Gesammelte Studien u. Aufsätze. P., Welter, '97. 8. *M.* 4.

S. 69–84: Neu-Ägypten.

2644 Wilkin,A.–On the Nile with a camera. Lo., Unwin, '97. 254 S. 8. (ill.) 21 *s.*

Rec. Ath., Apr. 3, S. 443.

b. Alt-Aegypten.
(S. auch No. 74; 355; 1655; 1681; 1691; 1772; 1808; 2024 f.; 2069; 2359; 2632.)

2645 Mitteilungen aus der Sammlung der Papyrus Erzherzog Rainer. Hrsg. u. red. v. Jos. **Karabacek** [OB III, 1227]. 6. Bd. 4 Hfte. 4. W., Hof- u. Staatsdruckerei, '97. III, 118 S. m. 2 Taf. in Licht- u. Steindr. *Fl.* 10.

Für die Aegyptologie kommt hieraus in Betracht: J.Krall, Ein neuer historischer Roman in demotischer Schrift (Nach e. auf d. Or.-Congr. in Genf geh. Vortr.), S. 19—80.

2646 Sphinx. Revue critique embrassant le domaine entier de l'égyptologie publiée . . . par Karl Piehl [OB X, 5382]. Vol. II. Fasc. 1. Upsala, Ak. Bokhandeln (L., Hinrichs), ['97]. S. 1–62. 8. 4 Hefte *Kr.* 13,50; *M.* 15.

Inhalt (ausser OB XI, 73a; 124a u. den besonders aufgef. Recens.): Karl Piehl, Notes de lexicographie égyptienne [s. unten No. 2735], S. 1–9; Sur ⟨hieroglyph⟩, dieu nouveau jusqu'ici inconnu [zu E.Chassinat, Critique d'un critique, Rec. de trav. XX), S. 37–41; Mélanges, S. 52—8 (kurze Referate); Notices [OB X, 5382]. § 10. Le prétendu mot ⟨hieroglyph⟩. § 11. ⟨hieroglyph⟩ = ⟨hieroglyph⟩ ?, S. 59—62.

2647 Zeitschrift f. ägyptische Sprache u. Alterthumskunde mit Unterstütz. d. Deutschen Morgenl. Ges. hrsg. v. A.Erman u. G.Steindorff [OB X, 5383]. Bd. XXXV. 1. Heft. L., Hinrichs, '97. S. 1–110. 4. j. *M.* 15.
Inhalt: Aufs. v. L.Borchardt: Zur Geschichte der Pyramiden. VIII–IX, S. 87–93; Beitr. zu Griffith' Benihasan III (unten No. 2690), S. 103–7. — Aufs. v. A.Erman: Bemerk. zu den Funden von Abydos, S. 11f.; Zu den Legrain'schen Inschriften, S. 19–29; Nubische Glossen, S. 108. Die Gans Ro, S. 108 f.; Hebräische Bücher in ägypt. Sprache u. Schrift, S. 109f. [Zu OB VIII, 4047]. — Aufs. v. H.Schäfer: Zur Erklär. der „Traumstele", S. 67–70; Ein Tempelgerath, S. 98 f. — Fr.W. v. Bissing, Die Datirung des „Maket-Grabes", S. 94–7. — J.H.Bondi, Koptische Fluchformeln aus judischer Quelle, S. 102f. — J.A.Knudtzon, Tilgung des Amon in Keilschrift, S. 107 f. — F.Krebs, Zur ägypt. Religion in griech.-römischer Zeit, S. 100 f. — G.Legrain, Deux stèles trouvées à Karnak en février 1897, S. 12–9. — E.Naville, La succession des Thoutmès d'après un mémoire récent (Sethe OB X, 5494), S. 30–67. — K.Sethe, Die ältesten geschichtl. Denkmäler der Ägypter, S. 1–6. — W.Spiegelberg, Ein neues Denkmal aus der Frühzeit der ägypt. Kunst, S. 7–11. — U.Wilcken, Zur trilinguen Inschrift von Philae, S. 70–87 [vgl. OB X, 5458]. — Erschienene Schriften, S. 110.

2648 Egypt Exploration Fund.–Archaeol. Report [OB X, 5384] 1895–6 comprising the work of the Eg. Expl. F. and the progress of egyptology during the year 1895-6. Ed. by F.Ll.Griffith. With ill., and maps. Lo., Offices of the Eg. Expl. Fund. 52 S. 4.
Ed.Naville, Excavations at Deir el Bahari, S. 1–6; Transport of obelisks. As illustr. by a bas-relief in the temple of Deir el Bahari, S. 6–13. — D.G.Hogarth and B.P.Grenfell, Cities of the Faiyûm. I. Karanis and Bacchias, S. 14–9. — F.Ll.Griffith, F.G.Kenyon and W.E.Crum, Progress of Egyptology (Archaeology, hieroglyphic studies, etc.; Graeco-Roman Egypt; Coptic studies), S. 20–52. — Map of Egypt (5 Bl.).
— — 1896-7. ... With maps. 70 S. 4.
B.P.Grenfell, Oxyrhynchus and its papyri, S. 1–12. — A.S.Hunt, A Thucydides papyrus from Oxyrhynchus, S. 13–21. — W.M.F.Petrie, Excavations at Deshâsheh, S. 21f. — F.Ll.Griffith, F.G.Kenyon and W.E.Crum, Progress of Egyptology, S. 23–70. — Map of Egypt (5 Bl., identisch mit den für den vorhergeh. Bd. verzeichneten.)

2649 Kaufmann,Carl Maria.–Die Resultate d. archäologischen Forschung in Aegypten. Ein Rückbl. auf die Ergebn. d. letzten Jahre: Hist.-pol. Bl. CXIX, S. 798-808; 875–84.

2650 Virey,Phil.–Chronique d'Égypte: Bull. cr. 6, S. 115-8.

2651 Price,F.G.Hilton.–A catalogue of the Egyptian antiquities in the possession of - -. Lo., Quaritch, '97. VIII, 480 S. 4. (ill., T.)
50 s. (L., Harrass. *M.* 42.50.)

2652 Amélineau,E.–Les nouvelles fouilles d'Abydos. Angers, impr. Burdin, '96. 47 S. 8.
Rec. *G.Maspero*, Rev. cr. 6, S. 115–8.

2653 Beauvisage,Georges.–Recherches sur quelques bois pharaoniques [OB X, 2608]: Rec. de trav. XIX, S. 77–83.

2654 Binion,S.A.–Ancient Egypt, or, Mizraïm. N. Y., Allen & Co., '96. 292 S. 8. (ill., T.) $ 80.

2654a Bissing,F.v.–Grammat. Studien zu Inschriften der XVIIIten Dynastie. L.: Rec. de trav. XIX, S. 187–93.

2655 Bok,V.G.–Koptische gemusterte Gewebe (russ.): Trudy Imp. Mosk. arch. Obšč. VIII ('97).

2656 — — Bronzovyj Koptskij sosud: Zap. Imp. arch. Obšč. VII, S. 230–46.
Zu beiden Aufs. vgl. *J.S[trzygowski]*, Byz. Z. VI, S. 632.

2657 Bondi,J.H.–Gegenseitige Kultureinflüsse d. Ägypter u. Semiten: Aegyptiaca. Festschr. Ebers, S. 1–7.

2658 Borchardt,Ludw.–Ein Rechnungsbuch d. königlichen Hofes aus d. alten Reiche: ebd. S. 8–15.

2659 — — Über das Alter des Sphinx bei Giseh: Sitzb. Ak. Wiss. B. '97, S. 752–60; 1 T.

2660 Bose,Ernest.–Isis dévoilée, ou l'Égyptologie sacrée. 2e éd., rev. et corr. P., Perrin & Co., '97. VI, 360 S. 8.

2661 Botti,G.–Fouilles à la colonne Théodosienne 1896. Mém. prés. à la Soc. archéol. d'Alexandrie '97. 142 S. 8. (ill.)
Rec. *J.S[trzygowski]*. Byz. Z. VI, S. 639.

2662 Boudier,Émile.–Vers égyptiens. Métrique démotique. Étude prosod. et phonét. du poème satirique, du poème de Moschion et des papyrus à transcriptions grecques de Leyde & de Londres, av. une lettre à l'auteur p.

Eugène Revillout. P., Leroux, '97. 3 Bl., XXIV, 230 S., 1 Bl., 235–84 Bl., 3 BL, 3 Facs. 4.   *Fr.* 50.

2663 Boudier, Émile.–Un contrat inédit du temps de Philopator. Thèse de l'Ecole du Louvre. P. '97. 4.   (L., Harrass. *M.* 4.)

2664 Bouriant, U.–Fragments des petits prophètes en dialecte de Panopolis: Rec. de trav. XIX, S. 1–12.

2665 Casanova, P.–Histoire et description de la citadelle du Caire [OB VIII, 5506]. Partie II. (= Mem. p. p. les membres de la mission archéol. fr. au Caire. VI, No. 5). P., Leroux, '97. S. 619–781. 4. (T.)   *Fr.* 20.

2666 Chardon, D.–Dictionnaire démotique suivi d'un index français-démotique et d'un tableau de tous les signes démotiques avec leur équivalence et leur transcription hiéroglyphique [Schl. zu OB VII, 2516]. II–III. P., Leroux, '97. 2 Bl., IV S., S. 81–226. 8. (autogr.)

2667 Chassinat, Ém.–Les Νεκύες de Manéthon et la troisième Ennéade héliopolitaine: Rec. de trav. XIX, S. 23–31.

2668 Clair, Geo. St.–The family of Seb: Westminster Rev., Vol. 147, S. 156–63.

2669 Cooke, J. Hunt.–The Book of the Dead and a passage in the Psalms: Contemporary Rev. LXX, S. 276–85.

2670 Cotton, Jas. S.–Graeco-Roman branch, for the discovery and publication of remains of classical antiquity and early christianity in Egypt: Biblia (Boston; Lo., Luzac) X, S. 228–30.

2671 Crusius, O.–Grenfells Erotic fragment u. seine litterarische Stellung: Philologus LV, S. 353–84.
Vgl. auch OB X, 2670 Anm.

2672 Cr[usius], O.–Cornelius Gallus auf e. ägypt. Inschrift: ebd. S. 122.

2673 Cumont, Franz.–L'astrologue Palchos: Rev. de l'instr. publ. en Belgique XI., S. 1–12.
Vgl. C.Weyman, Byz. Z. VI, S. 469.

2674 Daressy, G.–Notes et remarques [OB IX, 5990]. CXXXVIII–CXLVII: Rec. de trav. XIX, S. 13–22.

2675 Dawson, J. W.–Merenptah and the Israelites: Expos. Times '96, Oct., S. 17f.
S. OD X, 2677 etc.

2676 Dillmont, T. de.–Motifs de broderie copte. (L'art chrétien en Egypte)– I–III. Dornach, Dillmont, ['97]. 18; 10; 14 S. mit je 30 T. 4. Je *Fr.* 2,50.

2677 Duringe, A.–Note sur une statuette funéraire égyptienne appartenant à M.A.Duringe, à Lyon: Rec. de trav. XIX, S. 86.

2678 Egypt: The land of the pyramids. Ma., Christ. Lit. Soc., '97. 80 S. 8. 5 @.

2679 Eisenlohr, Aug.–Die Bestimmung historischer Daten durch die Hülfe der Astronomie: Actes du X. Congr. des Or., Sect. IV, S. 65–92; 1 T.

2680 Erman, Adf.–Bruchstücke koptischer Volkslitteratur. [Aus: „Abhandlgn. d. Akad. d. Wiss. zu Berlin".] B., G. Reimer in Komm., '97. 64 S. 4. *M.* 3,50.
Rec. K.Piehl, Sphinx II, S. 30–2.

2681 — — Gespräch eines Lebensmüden mit seiner Seele. Aus dem Papyrus 3024 der kgl. Museen hrsg. [Aus: „Abh. d. Ak. d. Wiss. zu Berlin."] Ebd. '97. 77 S., 10 T. 4. *M.* 6.
Rec. Luzac's Or. List VIII, S. 69 f.

2682 — — Die Sprüche v. d. Himmelsgöttin: Aegyptiaca. Festschr. Ebers, S. 16–24.

2683 Estrées, Marguerite d'.–A travers l'Égypte et la Grèce. Les jeux olympiques anciens et modernes. P., Charles, ['97]. 170 S. 8.

2684 Foucart, George.–Histoire de l'ordre lotiforme. Étude d'archéologie égypt. (Thèse.) P., Leroux, '97. VIII, 291 S. 8. (ill.)   *Fr.* 15.
Rec. Ed.Naville, Sphinx II, S. 18–20.

2685 Fradenburgh, J.N.–Light from Egypt. Cincinnati, Curts & Jennings, '97. 400 S. 8. $ 1.25.
Rec. Biblia X, S. 232.

2686 Fuchs, Rob.–Lebte Erasistratos in Alexandreia?: Rhein. Mus. f. Philol., N. F. LII, S. 377–90.

2687 A.G.–[Les recherches archéol. faites en Egypte]: Rev. de l'art I, S. 79.

2688 Gardiner, Alan H.–Notes on some stelae: Rec. de trav. XIX, S. 83–6.

2689 Gayet, A l b e r t.–L'exploration des ruines d'Antinoë et la découverte d'un temple de Ramsès II enclos dans l'enceinte de la ville d'Hadrien. P., Leroux, '96. 23 S. 4. (ill.)

2690 Griffith, F. L l.–Beni Hasan [OB VII, 5701]. Part III being the 5th memoir of the Arch. Survey of Egypt. Lo., Office of the Eg. Expl. Fund, '96. 42 S.; 10 T. 4. 25 s.

Rec. *G. Maspero*, Rev. cr. 11, S. 201—3; *K. Piehl*, Sphinx II, S. 33—6.

2691 Haeberlin, C.–Griechische Papyri: Cbl. f. Biblw. XIV, S. 1–13; 201–25; 263–83; 337–61; 389–412; 473–99.

2692 Hebbelynck, A d.–Les versions coptes de la Bible: Muséon XVI, S. 91–3. S. auch OB X, 2639.

2693 Hommel, F.–Merenptah and the Israelites: Expos. Times '96, Oct., S. 15–7. S. schon OB X, 2690 Anm.

2694 Kaerst, J.–Die Begründung des Alexander- u. Ptolemaeerkultes in Aegypten: Rhein. Mus. f. Philol., N. F. LII, S. 42–68.

2695 Kenyon, F. G.–Deux papyrus grecs du British Museum: Rev. de phil., de litt. et d'hist. anc. XXI, S. 1–7.

II: Le droit de requisition dans l'Égypte romaine.

2696 Krebs, F r i t z.–Die Polizei im röm. Ägypten: Aegyptiaca. Festschr. Ebers, S. 30–6.

2697 Kunze, J o h a n n e s.–Ein neues Symbol aus Ägypten und seine Bedeutung für die Geschichte des altchristlichen Taufbekenntnisses: Neue kirchl. Z. VIII, S. 543–67.

Vgl. *C. H' [cyman]*, Byz. Z. VI, S. 628.

2698 Labib.–Coptic reading book. First series. Cairo '97.

2699 — — Dictionnaire copte-arabe. Vol. I. Ebd. '96.

Ueber beide Publ. s. *W. E. Crum*, Arch. Report of the Eg. Expl. Fund '96-7, S. 68.

2700 Lanciani, R o d o l f o.–Literary treasure-trove on the Nile: North. Am. Rev., Vol. 164, S. 678–84.

2701 Lang, A n d r e w.–Magical papyri: Class. Rev. XI, S. 107 f.

Zu E.Riess OB X, 5486.

2702 Lefébure, E.–La vertu et la vie du nom. I. En Égypte: Mélusine VIII, S. 217–36.

2703 Lemm, O s c a r v.–Miscellanea Coptica: Aegyptiaca. Festschr. Ebers, S. 37–40.

2704 Lieblein, J.–Den egyptiske dyredyrkelse og fetischismen: Nord. Tidskr. '97, S. 47–65.

2705 Lockyer, J. N o r m a n.–The dawn of astronomy [OB VIII, 2095]. A study of the temple-worship and mythol. of the ancient Egyptians. New ed. N. Y., Macmillan, '97. XVI, 432 S. 8. $ 3.

Rec. Biblia X, S. 235 f.

2706 M.–Inschrift aus Coptus in Aegypten u. Juvenal: Beil. Allg. Ztg. 102, S. 3–6.

2707 Mahaffy, J. P.–Pompey's pillar at Alexandria: Ath., Febr. 27, S. 285 f. Dazu W.M.F.Petrie, ebd., April 10, S. 485; Apr. 24, S. 551; Mahaffy, Apr. 17, S. 516.

2708 — — About Alexandria: Nineteenth Century XLI, S. 437–45. Dagegen D.G.Hogarth, Ath., June 5, S. 752 f.

2709 Manning, S.–Land of the Pharaohs drawn with pen and pencil. Revised by Richard I. o v e t t. Supp. chapter on recent discoveries by Flinders Petrie. Lo., Rel. Tract. Soc., '97. 192 S. 8. 8 s.

2710 Marucchi, O r.–Gli obelischi egiziani di Roma. Obelisco del Popolo: Bull. della commissione archeol. com. di Roma XXIV, S. 129–73.

2711 Masner, K a r l.–Theodor G r a f's Sammlung griech.-römischer Mumien-Bilder u. Masken aus Aegypten: Mitth. anthr. Ges. W. XXVI, S. [66].

2712 Maspero, G.–Notes sur la géographie égyptienne de la Syrie: Rev. de trav. XIX, S. 64–73.

2713 — — A travers la vocalisation égyptienne [OB X, 2657]: ebd. S. 149–85.

2714 Meyer, E d.–Storia dell' antico Egitto [OB X, 5462]. Disp. XI–XIII. Milano, Vallardi, '97. S. 481–595; 18 T.

2715 Meyer, P a u l.–Zur Chronologie der Praefecti Aegypti im zweiten Jahrh.: Hermes XXXII, S. 210–34.

2716 Meyer,Paul.-Aus ägyptischen Urkunden: Philologus LVI, S. 193-216.
2717 Michaelis,Ad.-Eine alexandrinische Erzfigur der Goetheschen Sammlung: Jb. d. D. archäol. Inst. XII, S. 49-54.
2718 Molandre,A.-Le nom d'Israel, d'après une inscription hiéroglyphique: Rev. des religions '96, Sept., S. 415-21.
2719 Moret,Alex.-L'appel au roi en Égypte aux temps des Pharaons et des Ptolémées: Actes du X. Congr. des Or., Sect. IV, S. 141-65.
2720 — — La condition des féaux dans la famille, dans la société, dans la vie d'outre-tombe: Rec. de trav. XIX, S. 112-48.
2721 Morgan,J. de.-Ueber die Auffindung eines Königsgrabes in Negada: Z. f. Ethnol. XXIX, S. (207).
Vgl. Beil. Allg. Ztg. 120, S. 8; Independent (N. Y.) XLIX, S. 1241.
2722 Müller,W.Max.-Das phönikische Rezept des Pap. Ebers: Aegyptiaca. Festschr. Ebers, S. 77-81.
2723 — — Geographische Einzelheiten (Botrys. [Zu Winckler OB X, 4611.] Zu Niebuhr's Jarimuta (OB X, 5468). Die Seelandschaft Unki in ägypt. Inschriften): Mitt. Vorderas. Gesellschaft II, S. 273-8.
2724 — — The geographical list of Serreh: Rec. de trav. XIX, S. 73 f.
2725 Naville,Ed.-Additions et corrections aux trois inscriptions de la reine Hatshepsou (OB X, 2666): ebd. S. 209-15.
2726 Nicole,Jules.-Un partage d'hoirie en Égypte l'an 350 ap. J. C. (No. 14bis de ma collection de papyrus grecs d'El-Fayoum): Actes du X. Congr. des Or., Sect. VI, S. 3-10.
2727 The Petrie Papyri. Hieratic Papyri from Kahun and Gurob (principally of the Middle Kingdom) edited by F.Ll.Griffith. With 40 autotype plates. (Kahun, Plates I-XXXVII; Gurob, Plates XXXVIII-XL.) Part I. Lo., Quaritch, '97. 18 S. 4. cpl. 52 s. 6 d.
Rec. G.Maspero, J. des Savants '97. S. 206-21.
2728 New classical fragments and other Greek and Latin papyri ed. by Bernard P.Grenfell and Arthur S.Hunt. (= Greek Papyri. Ser. II.) Oxford, Clarendon Press, '97. XI, 217 S.; 5 T. 8. 12 s. 6 d.
Rec. O.Crusius, Beil. Allg. Ztg. 52, S. 4 f. (s. auch ebd. 124, S. 7); G.Lumbroso, Rdc. Lincei VI, S. 69-78.
2729 Pellegrini,A.-Glanures: Rec. de trav. XIX, S. 215-22.
Ueber a Grabstelen u. ein Basrelief im Museo archeol. di Firenze.
2730 [Ueber Pellegrini's Aufs. im Archivio Storico Siciliano üb. eine aegypt. Inschr. im Mus v. Palermo]: JRAS '97, S. 132.
2731 Eine altägypt. Urkunde über das Volk Israel: Globus LXXI, S. 71-4.
Nach F.Petrie OB X, 2677 etc.
2732 Die Nilinsel Philae: Beil. Allg. Ztg. 9, S. 6 f.
2733 Piehl,Karl.-Réponse à M. Gaston Maspero, membre de l'Institut, à propos de son avant-propos du „Temple d'Edfou". [Aus: „Sphinx".] Upsala (L., Hinrichs,) '97. 31 S. 8. M. 3.
Vgl. OB X, S. 289.
2734 — — Texte provenant du grand temple d'Edfou: Actes du X. Congr. des Or., Sect. IV, S. 111-21.
2735 — — Note de lexicographie égyptienne: ebd. S. 125-38.
2736 — — Hvad lär oss det gamla Egypten?: Nord. Tidskr. '97, S. 475-90.
2737 — — Om egyptiska mumier: Finsk Tidskrift '96, S. 76-95.
2738 Pietschmann,Rich.-Der Verstorbene als Schreibpalette u. die Schreibpalette als Osiris: Aegyptiaca. Festschr. Ebers, S. 82-8.
2739 Pollard,Jos.-The land of the monuments: notes of Egyptian travel. With introd. by Will.Wright. N. Y., Whittaker, '97. 456 S. 8. $ 2.
2740 The new Psalm of David: Biblia (Boston; Lo., Luzac) X, S. 215-7.
Psalm 151 nach dem in Aeg. aufgef. koptischen Psalter-Papyrus.
2741 Reinach,Sal.-Le préhistorique en Égypte d'après de récentes publications: L'Anthr. VIII, S. 327-43.
Nach J. de MorganOB X, 5463; Petrie u. Quibell X, 5476; Amélineau, oben No. 2652.
2742 Reinhardt,C.-Eine arab.-koptische Kirchenbann-Urkunde: Aegyptiaca. Festschr. Ebers, S. 89-91.

2743 Renouf,P. le Page.–Lectures on the origin and growth of religion as illustrated by the religions of ancient Egypt. (Hibbert lectures, 1879.) 3rd ed. Lo., Williams & Norgate, '97. 8.   3 *s.* 6 *d.*

2744 Ricci,Serafino.–Di una stele con iscrizione trilingue rinvenuta a File in Egitto: Atti R. Acc. delle sc. di Torino XXXI, S. 677–85.
Iscr. geroglifica, greca, latina. Cf. OB X, 5458.

2745 Rochemonteix,Marquis de.–Le temple d'Edfou. Publié *in extenso* d'après les estampages et les copies par ÉmileChassinat [OB IX, 6057]. Fasc. 4. (= Mém. p. p. les membres de la miss. arch. fr. au Caire. Tome X, 4.) P., Leroux, '97. 2 Bl., S. I–XX, 441–592; 6 T.   *Fr.* 30.

2746 Sayce,A.H.–The Israelites on the stela of Meneptah: Expos. Times '96, Nov., S. 89 f.
S. schon OB X, 5490.

2747 Schäfer,Heinrich.–Noch einmal die Inschrift v. Neapel: Aegyptiaca. Festschrift Ebers, S. 92–8.
Vgl. OB VII, 5641.

2748 Schiaparelli,Ernest.–Résumé de la communication faite sur la géographie de la Nubie et des pays environnants d'après les indications des monuments égyptiens: Actes du X. Congr. des Or., Sect. IV, S. 105–8.

2749 Schmidt,Carl.–Eine griech. Grabinschrift aus Antinoë: Festschr. Ebers, S. 99–106.

2750 Schulten,A.–Ein römischer Kaufvertrag auf Papyrus aus d. J. 166 n.Chr.: Hermes XXXII, S. 273–89; 1 T.

2751 Schwarz,Wilh.–Eigennamen in griechischen Inschriften: Rhein. Mus. f. Philol., N. F. LII, S. 463 f.
No. 2 üb. die aegypt.-griech. Namen im Corpus inscr. graec.

2752 Schweinfurth,G.–Einiges üb. die Ornamentik der ältesten Culturepoche Ägyptens: ÖM XXIII, S. 97–100.

2753 Briefe Georg Schweinfurth's üb. vormenesische Alterthümer in Aegypten: Z. f. Ethnol. XXIX, S. (27)–(31).
Mit Bem. v. Virchow, S. (31) f.

2754 — — über neue Forsch. in Aegypten u. die Einbalsamirung v. Köpfen im Alterthum: ebd. S. (131)–(134).
Mit Bem. v. Virchow üb. e. Brief v. Fouquet, S. (134)–(138).

2755 — — Ueb. d. Ursprung der Aegypter: ebd. S. (263)–(286).
Vgl. Mostert, Beil. Allg. Ztg. 100, S. 7 f.; vgl. ebd. 140, S. 7 f.

2756 Sethe,Kurt.–Amenhotep, der Sohn des Hapu: Aegyptiaca. Festschr. Ebers, S. 107–16.

2757 Spiegelberg,Wilh.–Eine neue Sammlung v. Liebesliedern: Ebd. S. 117–21; 1 T.

2758 — — Varia [OB IX, 2635]. XXII. Der Grabtempel Thutmosis' III. XXIII. Noch einmal der Grabtempel Amenothes' II. XXIV. Der Palast Ramses' II. XXV. Zur neuaegyptischen Orthographie. XXVI. Die Bedeutung von 𓏏𓊪 Apoc. 22/2. XXVII. Ein Vorläufer des Hri-Hor. XXVIII. Zwei Gegenst. mit dem Namen des Senmut. XXIX. Neue Beitr. zu den altaeg. Titelsammlungen. XXX. Ein neues Monument aus d. Zeit der Thronwirren unter den Thutmosiden. XXXI. ⲀϬⲞⲀ. XXXII. ⸗𓃭 𓊏 phrt: Rec. de trav. XIX, S. 86–101; 1 T.

2759 Steindorff,Geo.–Grabfunde des mittleren Reichs in den königl. Museen zu Berlin. I. Das Grab des Mentuhotep. (= Mitteilungen aus den orient. Samml. der kgl. Museen zu Berlin. VIII. Hft.) B., Speman, '97. VIII, 46 S. m. Abbildgn. u. 13 Taf.   *M.* 80.
Rec. G.E[bers], LC 23, S. 757 f.

2760 — — Eine neue Art ägyptischer Kunst: Aegyptiaca. Festschr. Ebers, S. 112–41; 1 T.

2761 — — Die Verwaltung der Alterthümer in Aegypten: Beil. Allg. Ztg. 113, S. 1–4.

2762 Strack,Max L.–Die Dynastie der Ptolemäer. B., Besser, '97. XVI, 294 S. m. 1 Stammtaf. 8.   *M.* 7.

2763 Turaev,B.-Neizdannyj poětičeskij pamjatnik koptskoj èpigrafiki: Záp. X, S. 79–82; 1 T.

2764 Tylor,J.J.-The tomb of Paheri. With an introd. by F.Ll.Griffith. (= Wall drawings and monuments of El Kab. [Vol. I.]) Lo., Quaritch, '95. 4 Bl., 4 S., 18 T. m. 17 Erl.-Bl. Fol.
Vgl. OB VIII, 2049.

2765 — — The tomb of Sebeknekht. W. plan, sections and architectural notes by Somers Clarke. (= Wall drawing and monuments of El Kab. [Vol.2.]) Ebd. '96. 4 Bl., 3 S., 11 Taf. m. je 1 Erl.-Bl. Fol.
Rec. Ath., Apr. 10, S. 484 [dazu Clarke, ebd., May 8, S. 623].

2766 Aegyptische Urkunden aus den kgl. Museen zu Berlin. Hrsg. von der Generalverwaltung. Griechische Urkunden [OB X, 5502]. 2. Bd. 10. Hft. B., Weidmann, '97. 4.   *M.* 2.40.
OB X, 5502 ist hinzuzufügen: 2. Bd. 9. Hft. — Rec. *B.*, LC 21, S. 687; *H.G.*, Rev. cr. 3, S. 41.

2767 Wiedemann,Alfr.-Religion of the ancient Egyptians. Lo., Grevel (N.Y., Putnam), '97. XVI, 324 S. 8.   12 *s.* 6 *d.*; $ 3.75.
Rec. Ac. LI, S. 566 f.; S. S. Times XXXIX, S. 587 f.

2768 — — Das Brettspiel bei den alten Aegyptern: Actes du X. Congr. des Or., Sect. IV, S. 37–61.

2769 — — Ein Reformator auf dem Throne der Pharaonen. Amenophis IV u. seine Zeit: Umschau I, S. 80–3; 98–102.

2770 Wilcken,Ulrich.-Zur ägyptisch-hellenischen Litteratur: Aegyptiaca. Festschr. Ebers, S. 142–52.

2771 Winslow,William C.-Egyptological notes [OB X, 2709]: Am. Ant. & Or. J. XIX, S. 147 f.

2. Das übrige Nordost-Afrika.

a) Allgemeines.
(S. auch No. 112; 2497.)

2772 Améro,Constant.-Le Négus Ménélik et l'Abyssinie nouvelle. P., Taffin-Lefort, '97. 240 S. 8. (ill.)

2773 Aron,Ph.-Les Italiens en Ethiopie: Bull. trim. de ggr. et d'archéol. d'Oran XVII, S. 253–72.

2774 Atteridge,A.H.-Towards Khartoum: the story of the Soudan War of 1896.· Lo., Innes, '97. 382 S. 8. (Portr., ill., K.)   16 *s.*

2775 Beltrame,G.-I primi settari contro il mistero dell' incarnazione del verbo e la religione or professata dagli Abissini: Atti R. Ist. Veneto di sc., lett. ed. arti, Ser. VII, T. VIII, disp. 5.

2775a Bent,J.Theod.-The island of Socotra: Nineteenth Century XLI, S. 975–92.

2776 Braun,Osk.-Die abessinische Kirche über den Primat: Th.-praktische Mschr. VII, S. 225–7.
Vgl. C.II'[eymau], Byz. Z. VI, S. 647.

2777 Canuti,Gius.-L'Italia in Africa e le guerre con l'Abissinia, dall' occupazione di Massaua alla resa dei prigionieri dopo la battaglia d'Adua, Firenze, tip. Salani, '97. 254 S. 8.

2778 Considerazioni generali sull' Africa e l'antica Etiopia. – L'Etiopia al tempo de' Portoghesi. – Progressi del cattolicismo in Abissinia al principio del secolo XVII. – Persecuzione e ruine del cattol. in Abiss. al principio del sec. XVII: Civiltà catt., Ser. XVI, Vol. VII, S. 20–36; 274–92; 536–51; 702–13.
Vgl. OB X, 5510.

2779 Hassenstein,B.-Dr. A. Donaldson Smiths Exped. durch d. Somál- u. Galla-Land zum Rudolf-See in d. Jahren 1894 u. 1895: PM XLIII, S. 7–15; 1 K.
Vgl. OB X, 5532.

2780 Keller,Konr.-Der Untergang der Expedition Bottego: Globus LXXI, S. 329 f.

2781 La Jonquière,C.de.-Les Italiens en Erythrée. Quinze ans de politique coloniale. P., Charles-Lavauzelle, '97. 352 S. 8. (K.)

2782 Marinelli,G.–Gli Amhara Burgi: Riv. ggr. it. II ('95), S. 261–77.
2783 Pellenc.–Les Italiens en Afrique (1880–1896). P., Baudoin, '97. 221 S. 8. (T.)
2784 Rouire.–Les Italiens dans l'Érythrée: Rev. d. deux mondes CXXXIV, S. 391–413.
2785 Sambon,L.–L'esercito abissino. Usi e costumi. Roma, Voghera, '96. 64 S. 8. (ill.)
Rec. *K.v.Bruchhausen*, PM XLIII, Lber. S. 46 f.
2786 Smith,A.D.– Through unknown Afr. countries. The first exped. from Somaliland to Lake Lamu. Lo., (N. Y.), Arnold, '97. XVII, 471 S. 8. 21 s.; $5.
Rec. Ac. LI, S. 417 f.; Independent (N. Y.) XLIX, S. 1406.

b) Sprache und Litteratur
(einschliesslich der äthiopischen Dialekte).

2787 Perruchon,J.–Études éthiopiennes: JA Sér. IX, T. IX, S. 358–67. Uebersicht der neueren Veröffentl.
2788 Bergbold,Kurt.–Somáli-Studien: ZAOS III, S. 1–16.
2789 Conti-Rossini,Carlo.–Il „Gadla Takla Haymanot" secondo la relazione waldebbana: Memorie R. Acc. Lincei 1894 (= Ser. V, Cl. di sc. mor., stor. e filol., Vol. II, Parte 1ª), S. 98–143.
S. 97: Relazione di Guidi e Teza. [Ergänz. d. Tit. OB X, 5539.]
2790 Il „Fetha Nagast" o „Legislazione dei re" codice ecclesiastico e civile di Abessinia pubbl. da Ign.Guidi. (= Pubblicazioni sc. del R. Ist. Orientale in Napoli. II.) Roma, tip. della casa ed. it., '97. IX, *EXVII* S. 4. L. 30.
2791 Vida do abba Daniel do Mostero do mosteiro de Sceté. Versão ethiopica publ. por Laz.Goldschmidt e F.M.Esteves Pereira. Lisboa, Impr. nacional, '97. XXIII, 58 S. 8.
2792 Guidi,Ign.– Il „Gadla 'Aragâwi": Memorie R. Acc. Lincei 1894 (= Ser. V, Cl. di sc. mor., stor. et. filol., Vol. II, Parte 1ª), S. 54–96.
Ergänzung d. Tit. OB IX, 6140b.
2793 — — Sopra due degli „Aethiopische Lesestücke" del Dr.Bachmann (OB VII, 2649): ZA XI, S. 401–16.
2794 Hackspill,L.– Die äthiopische Evangelienübersetzung (Matth. I–X) [Schl. zu OB X, 5543]: ZA XI, S. 367–88.
2795 Lawlor,H.J.–Early citations from the Book of Enoch: J. of Philol. XXV, S. 164–225.
2796 Perruchon,J.–Notes pour l'histoire d'Éthiopie [OB X, 5547]: Rev. sém. V, S. 75–80; 173–89.

3. Nordwest-Afrika.
a) Allgemeines.
(S. auch No. 85; 373; 1552; 2296; 2332; 2435; 2437; 2440a; 2441; 2448; 2456; 2499.)
2797 Carte de l'Afrique, à l'échelle de 1/2,000,000. Région septentrionale [OB X, 5552]. Feuille No. 5: Laghouat. P., Serv. ggr. de l'armée, '97. *Fr.* 1.
2798 Carte de l'Algérie à l'éch. de 1 : 50,000 [OB X, 5554]. Feuille No. 61: Marceau. 94: Saint-Arnaud. 112: Aumale. 271: Lamoricière. Ebd. '97.
Je *Fr.* 1.50.
2799 Carte de la Tunisie, à l'éch. de 1 : 50,000 [OB X, 5555]. Feuille No. 18: Béja. – 19: Tebourba. – 22: Mennzel Bou Zalea. – 23: Mennzel Heurr. Ebd. '97.
Je *Fr.* 1.50.
2800 — 1 : 200,000. Feuille No. 36: El Kanbout. 37: Bir Ali. 40: Jeneïen. Ebd. '97.
Je *Fr.* 0.70.
2801 Flotte de Roquevaire,R.de.–Carte du Maroc, à l'échelle du 1 : 1,000,000 c. Notice et index bibliographique. P., Barrère, '97. 20 S. 8.
2802 Demaeght,L.–Catalogue raisonné du Musée de la ville d'Oran: Bull. trim. de ggr. et d'archéol. d'Oran XVII ('97).
2803 Audollent.–Communication sur une inscription des carrières d'Ain Tekbalet: Bull. Soc. nat. des antiquaires de Fr. '96, S. 284–8.

2804 Ballu, Albert.–Guide de Timgad, antique Thamugadi. (= Guides en Algérie et en Tunisie, à l'usage des touristes et des archéologues [OB VII, 2676; X, 2440]. No. III.) P., Leroux, '97. 2 Bl., 69 S.; 7 T., 1 1'l. 8.
Rec. G[audefroy]-D[emombynes]. Bull. trim. de ggr. et d'archéol. d'Oran XVII, S. 312 f.
2805 — — Les ruines de Timgad, antique Thamugadi. Ebd. '97. 3 Bl., 243 S. 8. (ill., K.)
2806 Bernard, Aug.–Documents pour servir à l'étude du Nord-Ouest africain: Bull. trim. de ggr. et d'archéol. d'Oran XVII, S. 243-52.
2807 Bertholon.–Exploration anthropologique de l'île de Gerba (Tunisie): L'Anthr. VIII, S. 318-26.
2808 Bertrand.–Note sur la basilique de Castiglione: Bull. arch. du com. des trav. hist. et sc. '96, S. 139-42.
2809 Boada y Romeu, J.–Allende el Estrecho; viajes por Marruecos; la campaña de Melilla; la embajada del general Martinez Campos à Marraskeix. Impresiones y recuerdos. Barcelona, imp. Gutenberg, '96. 563 S. 4.
2810 Boissier, G.–Promenades archéologiques. A propos de Dougga et d'El-Djem: Rev. d. deux mondes CXXXVII, S. 5-30.
Vgl. OB VIII, 6156 etc.
2811 Cagnat, R.–Chronique d'épigraphie africaine: Bull. arch. du com. des trav. hist. et sc. '95, S. 309-29.
2812 Canal, J.–Les colonnes d'Hercule. Itinéraire d'Oran à Tanger [Schl. zu OB VIII, 2184]: Bull. trim. de ggr. et d'archéol. d'Oran XVII ('97).
2813 Carton.–Les sépultures à enceinte de Tunisie: L'Anthr. VIII, S. 27-40.
2814 — — Le sanctuaire de Baal-Saturne à Dougga. Rapport sur les fouilles exécutées à Dougga en 1893: N. Archives des miss. sc. et litt. VII, S. 367-474; 4 T.
2815 — — Notes sur quelques ruines romaines de Tunisie: Bull. arch. du com. des Trav. hist. et sc. '95, S. 330-42.
2816 Dubois, Marcel, Gaston Boissier et collaborateurs.–La France en Tunisie. P., Carré & Naud, '97. 274 S. 8. (ill.)
2817 Doutté, Edm.–Excursion dans la région forestière du Cap Bougarone: Bull. trim. de ggr. et d'archéol. d'Oran XVII, S. 202-42.
2818 Du Coudray La Blanchère, M.-R.–L'aménagement de l'eau et l'installation rurale dans l'Afrique ancienne: N. Archives des miss. sc. et litt. VII, S. 1-109.
Von geschichtl. Interesse.
2819 — — Tombes en mosaïque de Thabraca. Douze stèles votives du Musée du Bardo. [Hrsg.: R.Cagnat.] (= Bibliothèque d'archéologie africaine. Fasc. 1.) P., Leroux, '97. 3 Bl., 64 S.; 7 T. 8.
2820 Duro, Cesáreo Fern.–Pérdida de la ciudad de Bugía, en Africa, año 1555, referida por un clérigo vizcaíno, testigo de vista: Bol. R. Ac. de la hist. XXIX, S. 465-537.
2821 Fita, Fidel.–Antiguos epígrafes de Tánger, Jerez y Arcos de la Frontera: ebd. S. 355-63.
2822 Fitzner, Rud.–Die Regentschaft Tunis. Streifzüge u. Studien. Mit 17 Vollbildern u. 1 Karte [OB IX, 2693]. 3. [Titel-]Aufl. B., Allg. Verein f. deutsche Litteratur, '97. X, 360 S. 8. *M. 6.*
2823 Flamand, G.-B.-M.–Note sur deux „pierres écrites" (Hadjra mektouba), dessins rupestres provenant d'El-Hadj-Mimoun, région Figuig (Sud-Oranais): L'Anthr. VIII, S. 284-93.
2824 Forest, Louis.–La naturalisation des juifs algériens et l'insurrection de 1871, étude historique. P., Soc. fr. d'impr. et de libr., ['97]. 56 S. 8. *Fr. 1.*
2825 Foureau, Fern.–Au Sahara. Mes deux missions de 1892 et 1893. Le Gassi Touil et le Grand Erg. Rééd. du rapport de miss. publ. en juillet 1893. P., Challamel, '97. 2 Bl., 192 S.; 1 K. 8.
2826 Gadeau de Kerville, Henri.–Tunisiana et Algeriana. Rouen, impr. Lecerf, '96. 115 S. 8. (T.)
2827 Gambier, J.W.–The Guanches: the ancient inhabitants of Canary: Smithsonian Report 1894 (Washington '96), S. 541-53.
Abgedr. aus OB VIII, 2202 (wo der Name zu ändern ist).

2828 Gauckler.–Mémoire sur les caractères de l'architecture de l'Afrique romaine. Présenté au Congrès archéol. de Tournai ['96]. 8.

2829 — — [Sur une stèle votive du Bou-Kournein, dédiée à Saturnus Palmensis Aquensis]: Bull. Soc. nat. des antiquaires de Fr. '96, S. 187–9.

2830 — — Découvertes archéol. en Tunisie: Mém. Soc. nat. des antiquaires LVI, S. 83–160; 1 T.

2831 Gaudefroy-Demombynes.–Saints et savants du Mar'reb. I. Sidi 1 Medjaci: Bull. trim. de ggr. et d'archéol. d'Oran XVII, S. 273–6.

2832 Gavault, Pierre.–Étude sur les ruines rom. de Tigziret. (= Bibliothèque d'archéologie africaine. Fasc. II.) [Hrsg.: Stéphane Gsell.] P., Leroux, '97. 3 Bl., 134 S.; 2 T. 8.

2833 Gsell, S.–Inscriptions inédites de l'Algérie: Bull. arch. du com. des trav. hist. et sc. '96, S. 156–220.

2834 Héron de Villefosse.–[Sur un nouveau portrait de Ptolémée, roi de Maurétanie]: Bull. Soc. nat. des antiquaires de Fr. '96, S. 72–4.

2835 Koenig, A.–Reisen u. Forschungen in Algerien. Mit 24 nach photograph. Aufnahmen gefertigten Schwarzdr.-Bildern, 14 m. der Hand color. Taf., 2 Farbendr.-Taf. u. 1 Karte. I.. (B., R.Friedländer & Sohn,) '97. 168 u. 426 S. 8. *M.* 25.

2836 Lachouque.–Note sur la partie de la côte tunisienne comprise entre Chebba et Mahédia: Bull. arch. du com. des trav. hist. et sc. '97, S. 369–76.

2837 Aus Tunis u. Marokko: ÖM XXIII, S. 74–80.
Nach P.Ladame u. H.Goll im „Globe".

2838 La Martinière, H. de.–La convention de Lalla Mar'nia et la frontière algérienne de l'Ouest: Rev. d. deux mondes CXL, S. 859–79.

2839 Lepage, A.–L'Afrique du Nord: Algérie, Tunisie, Maroc: Rev. du monde cath. '96, Mars.

2840 Malbot, Henri, et R.Verneau.–Étude d'ethnographie algérienne. Les Chaouias et la trépanation du crâne dans l'Aurès: L'Anthr. VIII, S. 1–18; 174–204.

2841 Mathieu, A.–Une excursion dans l'Est oranais. La région des Beni-Ouragh. Nancy, impr. Berger-Levrault & Co., '96. 39 S. 8.
Extrait des Mémoires de l'Académie de Stanislas.

2842 Maurice, Jules.–Étude sur l'organisation de l'Afrique indigène sous la domination romaine: Mém. Soc. nat. des antiquaires LV, S. 1–54.

2843 Pallu de Lessert, A.-Clément.–Fastes des provinces africaines (proconsulaire, Numidie, Maurétanies) sous la domination romaine. T. 1er. [OB X,2779]. Deuxième partie. Fastes de la Numidie. P., Leroux, '97. S. 307–571. 4.

2844 Peron, A.–Afrique du Nord. Algérie, Tunisie (1894 et 1895). Le Mans, impr. Monnoyer, ['97]. 24 S. 8.

2845 Reinach, Sal.–Statue de femme découverte à Carthage et bas-relief découvert à Sidi-Salah-el-Balthi: Bull. arch. du com. des trav. hist. et sc. '96, S. 147–51; 2 T.
Vgl. auch Gauckler, ebd. S. 152–5.

2846 Robert, Achille.–Médecine populaire arabe [OB X, 5602]. II–IV. Rev. des trad. pop. XII, S. 48; 262.

2847 — — Légendes contemporaines [OB X, 5600]. VII: ebd. S. 272 f.

2848 — — Croyances des indigènes des environs de Sedrata [OB X, 5601]: ebd. S. 59.

2849 Saladin, H.–Fouilles à Sétif (Algérie): Bull. arch. du com. des trav. hist. et sc. '95, S. 498 f.

2850 Die Kabylen u. das Christentum: Globus LXXI, S. 364.
Nach Schneider, Cbl. f. d. ges. kath. Missionsthätigk. in Afr. '97, S. 143.

2851 Schumacher, K.–El-Kantara: Beil. Allg. Ztg. 10, S. 1 f.

2852 [Toutain.–Sur les ruines antiques autour du marabout de Sidi Acem]: Bull. Soc. nat. des antiquaires de Fr. '96, S. 86 f.

2853 Toutée.–Dahomé, Niger, Touareg. Notes et récits de voyage. P., Colin & Co., '97. XXI, 371 S. 8. K.) *Fr.* 4
Rec. A.Schenck, Ggr. Z. III, S. 486 f.

2854 Varigny,C. de.-L'Algérie en 1896: Rev. des deux mondes CXXXVII, S. 630–72.

2855 Vuillier,Gaston.-La Tunisie. Tours, Mame & Fils, '96. 298 S. 4. (ill.)

b) Sprache und Litteratur.
(S. auch No. 413.)

2856 Eckardt,J.T. von.-Magrebinische Volksmärchen: D. Rdsch. LXXXX, S. 120–33.
Im Anschl. an die Schriften v. Stumme.

2857 Masqueray,E.-Observations grammaticales sur la grammaire touareg et textes de la Tamahaq des Taïtoq. P. p. R. Basset et Gaudefroy-Demombynes [OB X, 2800]. Fasc. 2–3. (= Publications de l'École des lettres d'Alger. Bull. de corr. afr. XVIII.) P., Leroux, '97. S. 97–272. 8.

2858 Said,A.-Une première année de langue kabyle, dialecte zaouaoua. Alger, Jourdan, '97. VII, 237 S. 8.   *Fr.* 3.50

2859 Stumme,Hans.-Neue tunisische Sammlungen (Kinderlieder, Strassenlieder, Auszählreime, Rätsel, 'Aróbis, Geschichtchen u. s. w.). [Aus: „Ztschr. f. afrikan. u. ocean. Sprachen".] B., D. Reimer, '97. 48 S. 8.   *M.* 2.
= OB X, 2804. — Rec. *M.Hartmann*, DL 18, S. 687 f. und ZVVk VI, S. 460 f.

4. Das übrige Afrika. (Sprache u. Litteratur.)
(S. auch No. 434.)

2860 Anderson,W.G.-An introd. grammar of the Sena language spoken on the lower Zambesi. In the Sena language. Lo. '97. 8.
(L., Harrassowitz *M.* 1.25.)

2861 Berthoud,H.-Quelques remarques sur la famille des langues bantou et sur la langue tzonga en particulier: Actes du X. Congr. des Or., Sect. IV, S. 169–92.

2862 Brincker,P.H.-Beschreibung der „Éumbo" des Häuptlings der Ova-kuánjama in Nord-Ovamboland: Globus LXXI, S. 94 f.

2863 — — Die Sage der Ovámbo vom Kalúnga: ebd. S. 342.

2864 Culin,Stewart.-Mancala, the national game of Africa: Rep. of the U. S. National Mus. '94 ('96), S. 595–607; 5 T.

2865 Duala-Lieder für die Christengemeinden in Kamerun, Westafrika. Kalat'a Mienge. 2. Aufl. Basel, Missionsbuchh., '97. XVI, 228 S. 8. *Fr.* 2.50.

2866 Elliott,W.A.-Dictionary of the Tebele and Shuna languages with illustr. sentences and some grammat. notes. Lo., Nutt, ['97]. XXXIX, 441 S. 8.   12 *s.* (L., Harrass. *M.* 10.)

2867 Evanjili entakatifu eya aisa-masiya eyawandi kibwa yonna. Neuville-sous-Montreuil, imp. Duquat, '97. 116 S. 8.

2868 Förster,Brix.-Die Sonrhay: Globus LXXI, S. 193–5.

2869 Frobenius,L.-Die bildende Kunst der Afrikaner: Mitth. anthr. Ges. W. XXVII, S. 1–17.

2870 Hacquard et Dupuis.-Manuel de la langue Soñgay parlée de Tombouctou à Say, dans la boucle du Niger. P., Maisonneuve, '97. 8. *Fr.* 5.

2871 Junod,H.A.-Grammaire Ronga, suivie d'un manuel de convers. et d'un vocabulaire ronga-portugais-français-anglais pour exposer et illustrer les lois du Ronga, langage parlé p. les indigènes du district de Lourenço-Marques. Publ. p. les soins du Gouvernement portugais. Lausanne, impr. Bridel & Co., '97. 218, 90, 308 S. 8.   *Fr.* 5.
Rec. *R.Basset*, Rev. des trad. pop. XII, S. 508 f. ; JRAS '97, S. 413.

2872 Katekismu. Kitabu kyabasoka. Neuville-sous-Montreuil, impr. Duquat, '97. 46 S. 8.

2873 Kisbey,W.H.-Zigna exercises. Compiled for the Universities Mission to Central Africa. Lo. '97. 8.   (L., Harrass. *M.* 2)

2874 Kisukuma Primer. Mihayo ya kuandia mu kisukuma. Lo. '96. 16 S. 8.   (Lo., Luzac 9 *d.*)

2875 Manka,J., and J.A.Alley.-Kafa ka Malen ka Atra Temne. A Book of Hymns in Temne (Sierra Leone). Lo., Soc. for prom. Chr. Knowledge, '96.
Rec. Ath., Jan. 9, S. 45.

2876 Ovir,Ewald.-Märchen und Räthsel der Wamadschame: ZAOS III,
S. 65–84.
2877 Prietze,Rud.-Beitr. z. Erforsch. v. Sprache u. Volksgeist in der Togo-
Kolonie: ebd. S. 17–64.
Rec. *R.Virchow*, Z. f. Ethnol. XXIX, S. 76.
2878 Rambaud,J.-B.-Des rapports de la langue yoruba avec les langues
de la famille mandé: BSLP X, S. L-LXX.
2879 Wiese,Carl.-Eine Felsinschrift der Bantu am Sambese: Z. f. Ethnol.
XXVIII, S. (534) f.
2880 Werner,A.-African Folk-lore: Contemporary Rev. LXX, S. 377–90.

Recensionen zu VI.

R.Basset, Les apocryphes éthiopiens: *J.Réville*, Rev. hist. rel. XXXIII,
S. 394 f.
F.Bernard, Deux missions fr. chez les Touareg: *F.Hahn*, PM XLIII, Lber.
S. 45.
C.Beyer, Im Pharaonenlande: *G.St[eindorff]*, LC 21, S. 681 („Das Werk
wimmelt von Fehlern..“); ÖL 11, S. 336; *G.Schweinfurth*, PM XLIII, Lber.
S. 44.
G.Boissier, L'Afrique romaine: *W.C.F.Anderson*, Class. Rev. XI, S. 127.
L.Brichetti-Robecchi, Nell' Harrar: *K.v.Bruchhausen*, PM XLIII, Lber. S. 47.
H.R.Brown, Hist. of the barrage at the head of the Delta of Egypt (OB X,
5358. Cairo, Diemer, '96. *Fr.* 7.50.): *G.Schweinfurth*, PM XLIII, Lber. S. 44.
E.A.W.Budge, An Egyptian reading book: Nature LIII, S. 26 f.; LV, S. 218 f.;
As. Qu. Rev. III ('97), S. 216.
— — Some account of the coll. of Egypt. antiquities in the poss. of Lady
Meux: Nature LV, S. 218 f.
— — The life and exploits of Alexander the Great: Nature LIII, S. 483–5.
Carton, Découvertes épigr. et arch. faites en Tunisie: CR XXIV ('96), S. 316 f.
(mention honorable).
Corpus papyrorum Raineri. I. Griechische Texte hrsg. v. C. Wessely:
A.S.Hunt, GGA 6, S. 456–66; *H.*, Class. Rev. XI, S. 118.
Ch.Diehl,Description de l'Afrique du Nord. L'Afrique byzantine (OB X, 5413
ist zur Rubrik VI, 3a zu stellen!): *A.Schulten*, B. philol. Ws. '97, S. 882–7.
F.Dubois, Timbuctoo the mysterious: Independent (N. Y.) XLIX, S. 883.
A.Erman, Life in Ancient Egypt: *J.G.G.*, J. Anthr. Inst. of Great Brit. XXV,
S. 407–9.
— — Aeg. Grammatik: *G.Maspero*, Rev. cr. 11, S. 203–5.
G.Fino, Memorie di filos. egiziana: Civiltà catt., Ser. XVI, Vol. IX, S. 592–5.
P.Gauckler, L'archéologie de la Tunisie: *A.S[ocin]*, LC 11, S. 372 f.; *Boissier*,
CR XXIV ('96), S. 276.
A memoir of Sir John Drummond Hay (OB X, 5586): Ac. LI, S. 39 f.
E.Jacottet, Contes popul. des Bassoutos: *L.Marillier*, Rev. hist. rel. XXXIII,
S. 389–92.
W.Kristensen, Aegypternes forestillinger om livet efter døden i forbindelse
med guderne Ra og Osiris: *A.Aall*, Rev. hist. rel. XXXIV, S. 246.
E.W.Lane, Cairo fifty years ago: *C.F.S[eybold]*, LC 19, S. 617; Ac. LI,
S. 99 f.; Ath., Jan. 30, S. 147; SR LXXXIII, S. 453.
F.Lehmann, Die Katechetenschule zu Alexandria: *P.Koetschau*, Th. Lz. 4,
S. 101.
F.v.Löher, Das Kanarierbuch: *K.Haebler*, Hist. Z. LXXIX, S. 142 f.
Mahaffy, On the Flinders Petrie Papyri: *J.K.Ingram*, Proc. R. Irish Ac.,
Ser. III, Vol. IV, Minutes of Proc., S. 203–10.
L.Malosse, Impressions d'Égypte: *C.F.S[eybold]*, LC 25, S. 811.
G.Mercier, Le Chaouia de l'Aurès: *Barbier de Meynard*, CR XXIV ('96)
S. 487 f.
J. de Morgan, Recherches sur les origines de l'Égypte: Ath., June 19, S. 815.
Nature LV, S. 578 f.

E.Naville, The temple of Deir el Bahari. I: Ath., Apr. 10, S. 484.
Newberry & Griffith, El-Bersheh: Ath., Apr. 10, S. 484; *G.Maspero*, Rev. cr. 4, S. 61–5.
An Alex. erotic fragment and other Greek p a p y r i ed. by B.P.G r e n f e l l: *S.Witkowski*, GGA 6, S. 474–6.
Hier. P a p y r u s aus d. Kgl. Mus. zu Berlin. I: *G.Maspero*, Rev. cr. 6, S. 114.
J.Partsch, Die Berbern in d. Dichtung des Corippus: *K.K[rumbacher]*, Byz. Z. VI, S. 637.
Ph.Paulitschke, Ethnogr. Nordostafrikas: *Kirchhoff*, PM XLIII, Lber. S. 47 f.
W.M.F.Petrie & J.E.**Quibell**, Nagada and Ballas: *G.Maspero*, Rev. cr. 7, S. 122–30.
Peyronis lexicon copticum: *Carl Schmidt*, GGA 7, S. 573–6.
K.Piehl, Bilder från Egypten: *F.A.J[ohansson]*, Kyrkl. Tidskr. III, S. 95 f.
Pistis Sophia (OB X, 5481): *M.G[aster]*, JRAS '97, S. 380 f.
J.Pollard, The land of the monuments: Ac. LI, S. 99 f.
Revenue laws of Ptolemy Philadelphus. Ed.... by B.P.G r e n f e l l: *S.Witkowski*, GGA 6, S. 466–74; *W.Wyse*, Class. Rev. XI, S. 47–55.
C.H.Robinson, Specimens of Hausa literature: Ath., Jan. 9, S. 45 f.
F.Robinson, Coptic apocr. gospels: *H.G.*, Rev. cr. 5, S. 84 f.; *J.Kennedy*, JRAS '97, S. 351–7.
L.Rütimeyer, Kat. d. Abt. f. Nordost-Afr.: *J.D.E.Schmeltz*, Int. Arch. f. Ethnogr. X, S. 31.
Th.Schreiber, Der Gallierkopf des Museums in Gize bei Kairo: *F.Winter*, GGA 5, S. 357–9; *W.Reichel*, Z. f. d. öst. Gymn. XLVII, S. 907 f.; *Lennart Kjellberg*, Eranos I, Appendix critica, S. 23–6.
K.Sethe, Untersuch. zur Gesch. u. Alterthumsk. Aegyptens: *Ed.M[eye]r*, LC 5, S. 156 f.
Slatin Pascha, Feuer u. Schwert im Sudan: *F.H[ommel]*, Beil. Allg. Ztg. 46, S. 7.
W.Spiegelberg, Die aegypt. Samml. des Mus. Meermanno-Westreenianum im Haag: *G.St[eindorff]*, LC 21, S. 694 f.
— — Corresp. du temps des Rois-Prêtres: *Em.Chassinat*, Rev. des quest. hist. LXII, S. 321–3.
— — 1) Rechn. aus d. Zeit Setis I, 2) Arbeiter u. Arbeiterbew. im Pharaonenreich: *G.Maspero*, Rev. cr. 5, S. 81–4.
G.Steindorff, Koptische Gramm.: *G.Maspero*, Rev. cr. 11, S. 205.
B.Stern, Aegypt. Kulturgesch. I: *F.Krebs*, DL 12, S. 461 f.; *G.Ebers*, Beil. Allg. Ztg. 32, S. 6; *J.V.Prásek*, České Museum filol. III, S. 368–73.
H.G.C.Swayne, Seventeen trips through Somáliland: *F.Hahn*, PM XLIII, Lber. S. 47.
C.Torr, Memphis and Mycenae: C.Torr, Class. Rev. XI, S. 74–82 (zu der Rec. v. Myres OB X, S. 289; dazu J.L.Myres, ebd. S. 128–30; Torr S. 224–6); *A.Erman*, B. philol. Ws. '97, S. 721–4; *J.V.Prásek*, České Mus. filol. III, S. 54–6.
J.Toutain, Les cités romaines de la Tunisie: *A.Schulten*, Beil. Allg. Ztg. 67, S. 5–7; *A.Audollent*, Rev. cr. 12, S. 221–6.
— — 1) Note sur quelques voies romaines de l'Afrique proconsulaire, 2) Les Romains dans le Sahara: Bull. Soc. nat. des antiquaires de Fr. '96, S. 243 f.
Kopt. u. arab. U r k u n d e n (OB IX, 6080): *G.Maspero*, Rev. cr. 3, S. 42.
J.-G.**Vanderheym**, Une expédition avec le Négous Ménélik: *K.v.Bruchhausen*, PM XLIII, Lber. S. 47.
L. de Vito, Vocab. della lingua tigrigna: *Th.Nöldeke*, GGA 1, S. 15–20.
Gesch. d. Galla [Zenahu la-Galla], hrsg. v. A.W.Schleicher: *E.Littmann*, ZA XI, S. 389–400.

Vor Kurzem erschien:

Vergleichende Grammatik

der semitischen Sprachen.

Elemente der Laut- und Formenlehre.

Von

Dr. H. Zimmern,

Professor an der Universität in Leipzig.

Mit einer Schrifttafel von J. Euting.

8°. XII, 194 S. M. 5.50, geb. M. 6.30.

Früher erschien:

Kurzgefasste

Grammatik der biblisch-aramäischen Sprache.

Litteratur, Paradigmen, kritisch berichtigte Texte und Glossar

von

D. Karl Marti,

ord. Professor an der Universität Bern.

8°. XX, 224 S. Mk. 3.60, geb. Mk. 4.40.

Lexicon Syriacum

auctore

Carolo Brockelmann,

praefatus est

Th. Nöldeke.

Lex. 8°. VIII, 512 Seiten. Mk. 28.—, in solid. Halbfranzband Mk. 30.—.

☞ Die Herren Dozenten des Syrischen erhalten das Werk für ihre Hörer bei Bestellung von mindestens 3 Exx. zum Preise von à Mk. 22.— gebunden. Derartige Bestellungen müssen aber direkt an uns gerichtet werden mit Angabe der Buchhandlung, durch welche die Exx. geliefert werden sollen. Trotz des in Anbetracht des Umfanges mässigen Preises glauben wir durch diese Vergünstigung vielen Wünschen studentischer Kreise zu entsprechen.

Wir halten stets auf Lager:

Vocabulaire arabe - français.

Par le

P. J.-B. Belot, S. J.

4. edition revue et augmentée d'une liste des mots empruntés aux langues étrangères, avec l'indication de ces langues.

8°. 1000 Seiten brosch. Jetzt M. 7.50. Solid in Halbfranzband geb. M. 9.50.

- Verlag von Reuther & Reichard in Berlin W. 9.

Keilinschriftliche Bibliothek.

Sammlung

von

assyrischen und babylonischen Texten

in Umschrift und Übersetzung.

In Verbindung mit

DDr. L. Abel, C. Bezold, P. Jensen,
F. E. Peiser, H. Winckler

herausgegeben von

Eberhard Schrader.

„Bekanntlich haben die grossartigen Entdeckungen, welche europäische und amerikanische Gelehrte in den letzten 50 Jahren auf dem Boden von Vorderasien gemacht haben, eine ganz neue Literatur zu Tage gefördert, welche ebenso eigenartig in ihrer Herstellung und Aufbewahrung, als wichtig nach ihrem Inhalt und ihrer Bedeutung erscheint. Monumentale Inschriften auf den Wandflächen und Sockeln von Tempeln und Palästen, sowie Literaturwerke jeder Art auf gebrannten Thontafeln entrollen ein Bild von der Geschichte und den innern Zuständen derjenigen Völker und Herrscher, von welchen einst die Geschicke der ganzen Welt abhingen, und hellen grosse Partien der alten Geschichte auf, welche sonst in undurchdringliches Dunkel gehüllt waren. Diese Aufschlüsse müssen um so freudiger begrüsst werden, weil sie sich unmittelbar mit denjenigen Thatsachen berühren, welche die Geschichte der göttlichen Offenbarung und den Inhalt des Alten Testamentes ausmachen. Man darf jetzt sagen, dass die gesammte alttestamentliche Geschichte in ihrem Zusammenhange mit den übrigen Weltvorgängen erst begriffen werden kann, seitdem die Geschichte Babyloniens und Assyriens aus deren einheimischen Documenten erschlossen worden ist. Zu einer Zeit, da alle Mittel der Gelehrsamkeit ins Feld geführt werden, um den geschichtlichen Charakter des Alten Testamentes zu entwerthen, hat die göttliche Vorsehung denselben durch Urkunden zu Ehren gebracht, welche Jahrtausende im Schoosse der Erde vergessen, aber unzerstörbar geborgen waren. Auch darin zeigt sich die Fügung der göttlichen Weisheit, dass dieselben nicht eher ans Licht getreten sind, als bis der fortgeschrittene Stand menschlicher Gelehrsamkeit eine Entzifferung der geheimnissvollen Documente möglich machte; zu jeder frühern Zeit würde die Auffindung solcher Urkunden ganz wirkungslos für das geistige Leben der Menschheit geblieben sein.

Angesichts der neuen Aera, welche für die Kenntniss der göttlichen Offenbarung und die Geschichte unserer heiligen Religion mit diesen Errungenschaften hereinbrechen muss, ist in der gelehrten

Welt ein reger Wetteifer hervorgetreten, die in Keilschrift verhüllten Nachrichten zu entziffern und so die Schätze ungekannter Wahrheiten zu heben. Indessen müssen solche Aufschlüsse das Gemeingut weniger Auserlesenen bleiben, weil die Beschaffenheit sowohl der Schrift als der darin ausgedrückten Sprache Anforderungen an den Entzifferer stellt, welche nur bei mehr als gewöhnlicher Gelehrsamkeit und Hingebung erfüllt werden können. Zwar ist schon der Anfang gemacht worden, die gewonnenen Schätze in weiteren Kreisen bekannt zu machen; allein es hat sich nicht vermeiden lassen, dass einzelne Gelehrte den gefundenen Stoff im Lichte subjectiver Auffassung, namentlich in Verbindung mit einseitig religiösen Anschauungen, dem grossen Publicum bekannt zu machen suchten und so einer objectiven Würdigung der neugefundenen Aufschlüsse vorgriffen. Deswegen ist es mit grosser Genugthuung zu begrüssen gewesen, dass einer der bedeutendsten Keilschriftforscher in Deutschland, Prof. Eberhard Schrader in Berlin, sich mit einer Anzahl jüngerer Kräfte in Verbindung gesetzt hat, um mit uneigennütziger Wissenschaftlichkeit die Früchte ihrer gründlichen und eingehenden Studien allen Gebildeten vorzulegen und diesen die Verwerthung der keilinschriftlichen Literatur ohne vorherige assyriologische Studien möglich zu machen.

Die „Keilinschriftliche Bibliothek" bietet nämlich eine planmässige Sammlung assyrischer und babylonischer Texte in lateinischer Umschrift und mit beigefügter deutscher Uebersetzung und bildet so ein Urkundenbuch zur vorderasiatischen Geschichte, welches „für weitere und speciellere Untersuchungen einen Ausgangs- und Anhaltspunkt zu bilden" geeignet ist. Gerade die Art und Weise, wie die „Keilinschriftliche Bibliothek" solchen Untersuchungen dienen will, bildet ihre höchste Empfehlung. Sie enthält nämlich die fraglichen Texte in buchstäblicher Umschreibung mit diplomatischer Genauigkeit auf der linken und in wörtlicher Uebersetzung auf der rechten Seite des Buches. Kurze Noten unter dem Text enthalten die literarischen Nachweise und das Allernothwendigste zum Textverständniss; sonst sind alle und jede Erläuterungen, sogar geographische, vermieden, und so wird der Leser durch die höchste Objectivität in den Stand gesetzt, das dargebotene Material nach historischen Gesichtspunkten zu verwerthen.

Der erste Band brachte historische Texte des altassyrischen Reiches aus der Zeit von 1400—750 v. Chr. nebst der sogenannten synchronistischen Geschichte, d. h. einer keilinschriftlichen Zusammenstellung gleichzeitiger Ereignisse in den beiden Reichen (1480—810 v. Chr.) und den assyrischen Eponymenlisten (888—666). Der zweite Band enthält historische Texte des neuassyrischen Reiches (745—620) nebst babylonischen Chroniken und Königslisten, aus denen u. a. die Identität Phul's und Tiglat Pilesar's authentisch sich ergiebt. In der 1. Hälfte des dritten Bandes erscheinen historische Texte altbabylonischer Kleinkönige, welche seit dem Anfang des 4. Jahrtausends bis gegen 1000 v. Chr. reichen und meist erst in jüngster Zeit aus dem südlichen Babylonien gewonnen worden sind. Die 2. Hälfte dieses Bandes enthält historische Texte des neubabylonischen Reiches seit der Mitte des 7. Jahrhunderts bis zu den berühmten Proclamationen des Cyrus und einer Inschrift des Antiochus Soter. Sonach bieten die drei ersten Bände das gesammte Material zur äussern Geschichte der beiden vorderasiatischen Weltreiche in einer Gestalt, deren Authentie von keiner andern Geschichtsquelle erreicht werden kann. Die Bekanntschaft mit den Gepflogenheiten der morgenländischen Herrscher nöthigt zwar, einzelne Züge in dem so entstehenden Geschichtsbilde zu ändern, im Ganzen aber sind hier bedeutende Abschnitte aus so weit entlegenem Alterthum zu einer verlässlicheren Kenntniss gebracht, als sonst viel näher liegende Perioden der Geschichte gebracht werden können. Der Wichtigkeit dieser Documente ist dadurch entsprochen worden, dass in die Bearbeitung und Uebersetzung der monumentalen Inschriften sich die verschiedenen Gelehrten getheilt haben; denn jedes dieser wichtigen Denkmale fordert eine Gründlichkeit und eine Genauigkeit, welche nur bei völliger Hingabe an eine einzige Aufgabe erreicht werden kann.

Anders ist es mit dem jetzt erschienenen vierten Bande. Derselbe illustrirt die Rechtsverhältnisse und bürgerlichen Einrichtungen der beiden Reiche durch eine Sammlung von 296 Texten juristischen und geschäftlichen Inhalts, welche, zur Zeit der altbabylonischen Gemeinwesen beginnend und bis auf die Seleuciden und die Arsaciden reichend, sich über mehr als zwei Jahrtausende und sämmtliche Perioden der babylonischen und assyrischen Geschichte erstreckt. Es sind Grenzsteininschriften, Contracte und Belehnungsurkunden, welche aus den einzelnen babylonischen Städten, aus den assyrischen Archiven und zum Theil auch aus Kleinasien herstammen. Die Zahl solcher Thonurkunden, welche bereits die europäischen und amerikanischen Museen zu überfüllen beginnen, wächst mit jedem Jahre, und schon sind fast 4000 im Originaltexte veröffentlicht worden. Sie zeigen in der Abfassung eine grosse Stabilität, ähnlich wie bei uns die Formulare der gewöhnlichen Geschäftspapiere, und ihr Verständniss kann nur durch zusammenfassendes und vergleichendes Studium sehr vieler einzelnen Texte gewonnen werden. Demgemäss erscheint als Bearbeiter des IV. Bandes ein einziger Gelehrter, Dr. F. E. Peiser, der mit Verständniss und Liebe in eine von Oppert eröffnete Bahn eingetreten ist. Auch die deutschen Uebersetzungen, welche Peiser den Texten beigegeben hat, verlangen ein zusammenfassendes Studium, ehe man sich in diesen geschäftlichen Jargon hineinfinden kann; dann aber eröffnen sie den Einblick in das gesammte Rechtsleben der Babylonier und Assyrer, das in vielfacher Hinsicht die Vergleichung mit den Einrichtungen der uns bekannten Staaten herausfordert.

Der fünfte Band der „Keilinschriftlichen Bibliothek", welcher in Kurzem erscheinen soll,*) wird die in Aegypten gefundenen

*) Ist inzwischen erschienen. Eine ausführliche Inhaltsangabe der Briefe, sowie ein sorgfältig gearbeitetes Wörter- und Eigennamenverzeichniss erhöht den Werth dieses besonders interessanten Bandes. Die Verlagsbuchhandlung.

sogenannten Tell-el-Amarna-Texte, eine diplomatische Corre-
spondenz ägyptischer Unterthanen in Palästina und dem Osten
mit zwei Pharaonen des 15. Jahrhunderts v. Chr., bringen und die
Zustände Palästina's zu der Zeit, da die Israeliten noch in Aegypten
lebten, ins Licht setzen. Der sechste Band*) wird als Abschluss
der keilschriftlichen Literatur die poetischen Texte der Babylonier und Assyrer, d. h. den Ausdruck ihrer aus der Uroffen-
barung stammenden, mythisch gefärbten Traditionen und ihres
religiösen Lebens enthalten. Auf diese beiden Bände darf man besonders gespannt sein, da sie mehr als alle andern zur Illustrirung
des Alten Testamentes geeignet sein werden, und da die verständige
Art der Herausgabe jede Bevormundung vom Standpunkt eines
Herausgebers aus abschneidet.

„Ist dieses schöne Unternehmen einmal abgeschlossen,“
so schliesst Herr Prof. Dr. *Franz Kaulen* (Bonn) im Lit.
Handweiser 1896 27. 8. die vorstehende Anzeige der »Keilinschriftlichen Bibliothek«, „so besitzt die deutsche Literatur eine Quellensammlung zur babylonisch-assyrischen
Geschichte, der bei keinem Volke etwas Aehnliches an
die Seite gesetzt werden kann, und auf Grund deren auch
der nicht assyrisch gebildete Leser mit voller Sicherheit
die Geschichte, die innern Verhältnisse und das Geistes-
leben der merkwürdigsten unter den vorchristlichen
Völkern kennen lernen kann. Es wäre sehr zu bedauern,
wenn diese Sammlung ausserhalb der sogenannten assyrio-
logischen Kreise nicht die gebührende Beachtung fände,
und es ist der Hauptzweck dieser Zeilen, die gesammte
gebildete, namentlich aber die theologische Welt nach-
drücklich auf die hier gebotenen Schätze aufmerksam zu
machen und ihre Verwerthung denen zu empfehlen, welche
an ihnen das allergrösste Interesse haben müssen.“

---

*) Erscheint voraussichtlich im Herbst 1898.

Von der **Keilinschriftlichen Bibliothek** sind bis jetzt aus-
gegeben:

I. Band. XVI, 218 S. gr. 8. Mit einer Karte M. 9,—.
II. „ VI, 292 S. gr. 8. „ „ „ M. 12,—.
III. „ 1. Hälfte, IV, 212 S. gr. 8. M. 8,—.
III. „ 2. „ IV, 147 S. gr. 8. M. 6,—.
IV. „ XVI, 320 S. gr. 8. M. 13,—.
V. „ XXXVI, 415 + 50 S. gr. 8. M. 20,—.

(Vom V. Band ist zugleich eine **englische Ausgabe** unter dem
Titel: „**The Tell-el-Amarna-Letters**“ erschienen.)

Indem wir hiermit zur Subscription auf dies hervorragende
Unternehmen auch hier ergebenst einladen, bemerken wir, dass jede
Buchhandlung in der Lage ist, die obigen Bände auf Wunsch zur
Einsicht vorzulegen.

Berlin W. 9. **Reuther & Reichard.**

Abkürzungen.

A. — Année.
Abh. — Abhandlungen.
Ac. — Académie, Academy usw.
Acc., Ak. — Accademia, Akademie.
Aeg. — Aegypten.
Afr. — Afrika, africain usw.
allg. — allgemein.
Am. — Amerika, american usw.
Amst. — Amsterdam.
Anm. — Anmerkungen.
Ann. — Annalen, Annales usw.
Ant. — Antiquary, antiquarian.
Anthr. — Anthropologie usw.
Anz. — Anzeiger, Anzeigen.
Arch. — Archiv, Archivio usw.
arch. — archéologique usw.
Archaeol. — Archaeologie usw.
As. — Asien, asiatique usw.
ASB — Asiatic Society of Bengal.
Assoc. — Association.
Ath. — Athenaeum.
Ausl. — Ausland.
B. — Berlin.
BA — Biblical Archaeology.
BB — Bezzenberger's Beiträge.
Bd. — Band.
Beitr. — Beiträge.
Ber. — Bericht, Berichte.
BI. — Bibliotheca Indica N. S.
Bibl. — Bibliotheca usw.
Biblw. — Bibliothekswesen.
Bijdr. — Bijdragen voor de taal-
land-en volkenkunde van Neder-
landsch Indië, VI. volgreeks.
Bl. — Blatt, Blätter.
Bo. — Bombay.
Br. — Branch.
B&OR — Babylonian and Oriental
Record.
BSLP — Bulletin de la Soc. de
linguistique de Paris.
BSS — Beiträge zur Assyriol.
u. semit. Sprachwiss.
Bull., Boll., Bol. — Bulletin,
Bulletino, Boletin usw.
C. — Calcutta.
Cat. — Catalogue usw.
Cbl. — Centralblatt.
Cent. — Century.
Chr. — Chronicle.
col. — colonial.
Comm. — Commission usw.
class. — classical usw.
contemp. — contemporary, con-
temporânea.
corr. — correspondance.
CR — Compte rendu (ohne
Beisatz: C.-r. de l'ac. des inscr.)
cr. — critique.
D. — Deutsch, Deutschland.
Diss. — Dissertation.
DL — Deutsche Litteraturzeitung.
DPV — Deutscher Palaestina-
Verein.
Dr. Vost. — Drevnosti Vostocnyja.
Ebd. — Ebendaselbst.
Éc. — École.
Ég. — Égypte.
Engl. — England, English usw.
Erdk. — Erdkunde.
Ep. I. — Epigraphia Indica.
ét. j. — études juives.
Ethnogr. — Ethnographie usw.
Ethnol. — Ethnologie usw.
ev. — evangelisch.
Exp. — The Expositor.
Fasc. — Fascicule usw.
Fr. — France, français usw.
Gaz. — Gazette.
Gen. — Genootschap.
Ges. — Gesellschaft.
Gesch. — Geschichte usw.
Geschw. — Geschichtswissensch.
GGA — Göttingische Gelehrte
Anzeigen.
Ggr. — Geographie usw.
Gi. — Giornale.

Gött. Nachr. — Nachrichten von
der königl. Gesellschaft der
Wissenschaften zu Göttingen.
gr. — griechisch, grec usw.
Gymn. — Gymnasium.
Gymnw. — Gymnasialwesen.
Hebr. — Hebräisch usw.
hell. — hellénique.
hist. — histoire, history usw.
hrsg. — herausgegeben.
IA — Indian Antiquary.
idg. — indogermanisch.
IF — Indogerm. Forschungen.
Ind. — India, indian usw.
Inst. — Institut usw.
int. — international.
Izv. — Investija.
It. — Italia, italiano usw.
J. — Journal.
j. — jährlich.
JA — Journal asiatique.
JAOS — Journ. of the Amer.
Oriental Society.
Jb. — Jahrbuch, Jahrbücher.
JRAS — Journal of the Royal
Asiatic Society.
Jab. — Jahresbericht.
Jt. — Judentum.
K. — Karte.
KZ — Kuhn's Zeitschrift.
kath. — katholisch.
L. — Leipzig.
Lber. — Litteraturbericht.
Lbl. — Litteraturblatt.
LC — Literarisches Centralblatt.
Ling. — Linguistique.
lit., litt. — Literatur, litterarisch
usw.
Lo. — London.
Lz. — Litteraturzeitung.
M. — München.
Ma. — Madras.
Mag. — Magazin usw.
mar. — maritime.
Math. — Mathematik usw.
Mbl. — Monatsblätter.
Mém. — Mémoires.
Mh. — Monatshefte.
Miss. — Mission, missions.
Mitt. — Mitteilungen.
Mouv. — Mouvement.
Mschr. — Monatsschrift.
MSLP — Mémoires de la Soc.
de linguistique de Paris.
n. — neu, new, nouveau, usw.
Nachr. — Nachrichten.
N. Ant. — Nuova Antologia.
No. — Nummer, numéro usw.
Not. — Notices, Notulen usw.
N. S. — New Series usw.
nst. — neueste.
Num. — Numismatik usw.
N. Y. — New York.
OB — Oriental. Bibliographie.
ÖL — Österreichisches Litteratur-
blatt.
ÖM — Österreichische Monats-
schrift für den Orient.
Öst. — Österreich, österreichisch.
Or. — Orient, oriental usw.
p. — par, per, por usw.
p. p. — publié par.
P. — Paris.
Pe. — St. Petersburg.
pl. — planches.
PM — Petermanns Mitteilungen.
pol. — politique usw.
Polyb. — Polybiblion.
pop. — populär usw.
PR — Papyrus Rainer.
Proc. — Proceedings.
Proc. AOS — Proceedings of the
American Oriental Society.
Proc. BA — Proceedings of the So-
ciety of Biblical Archaeology.
prot. — protestantisch.
Qschr. — Quartalschrift.

Qu. — Quarterly usw.
Qu. St. — Quarterly Statement of
the Palestine Exploration Fund.
R. — Royal, Real usw.
RAS — Royal Asiatic Society.
Rdc. — Rendiconti (Rdc. Lincei
— Rendic. Acc. Lincei, Cl.
mor., stor. e filol., Ser. V).
Rdsch. — Rundschau.
Rec. — Recension.
Rec. de trav. — Recueil de travaux
rel. à la phil. . . . égyptiennes
et assyr.
rel. — religion usw.
Rep. — Report.
Rev. — Review, Revue, Revista.
Riv. — Rivista.
Russ. — Russisch.
S. — Seite.
sc. — science, scientifique usw.
Schr. — Schriften.
sém. — sémitique usw.
Sér., Ser. — Série, Series usw.
Sitzb. — Sitzungsberichte.
Soc. — Society, Société usw.
Spr. — Sprache, Sprachen.
SR — Saturday Review.
Sr. Az. V. — Sredne Aziatskij
Vestnik.
S.S. — Sunday School.
St. — Stuttgart.
Stat. — Statistik.
stor. — storia, storico.
Stud. — Studien.
Stud. u. Kr. — Studien u. Kritiken.
T. — Tafel.
Th. — Theologie, theologisch
usw.
T'P — T'oung Pao.
Tr. — Transactions.
Trad. — Tradition, Traditions.
trad. — traduit usw.
transl. — translated.
Ts. — Tijdschrift.
Ts. Ind. t.-l.-vk. — Tijdschrift
voor indische taal-, land- en
volkenkunde.
Ts. N. I. — Tijdschrift voor
Nederlands Indië.
UC — University Circulars.
übs. — übersetzt.
Ung. — Ungarn, Ungarisch.
v. — von.
Ver. — Verein.
vgl. — vergleichend.
Verh. — Verhandlungen.
Viz. Vrem. — Vizantijskij Vremen-
nik.
Vs. — Vierteljahrsschrift.
W. — Wien.
Wiss. — Wissenschaft, wissen-
schaftlich usw.
Ws. — Wochenschrift.
WZKM — Wiener Zeitschrift für
die Kunde des Morgenlandes.
Z. — Zeitschrift.
ZA — Zeitschrift für Assyriologie.
ZAOS — Zeitschr. für afrikan.
u. oceanische Sprachen.
ZÄS — Zeitschrift für Ägyptische
Sprache.
Zap. — Zapiski (ohne Beisatz:
Zapiski Vostocnago otdelenija
Imp. Russkago archeologices-
kago Obicestva).
ZAW — Zeitschrift für Alttesta-
mentliche Wissenschaft.
ZDMG — Zeitschrift der Deutschen
Morgenländischen Gesellschaft.
ZDPV — Zeitschrift des Deutschen
Palaestina-Vereins.
ŽMNP — Zurnal Ministerstva
Narodnago Prosvescenija (blosse
Seitenz. bez. d. Rubr. Otdel nauk.)
Ztg. — Zeitung.
ZVVk. — Zeitschrift des Vereins
für Volkskunde.

Zum Gebrauch abzutrennen!

I. ALLGEMEINES.

1. Bibliographie. Handschriftenkataloge.
Sammlungen u. ä.
(S. auch No. 3211.)

2881 Orientalische Bibliographie begründet v. August Müller. Unter
Mitw. v. N.F.Katanov, E.Kuhn, H.Nützel, J.V.Prásek, C.Salemann,
H L.Strack, Y.Wichmann, K.V.Zettersteen u. A. bearbeitet u. hrsg. v.
Lucian Scherman [OB XI, 1]. XI. Jahrg. ('97). 1. Halbjahrsheft. B., Reuther
& R., '98. Abgeschlossen am 22. März '98. S. 1–152. 8. Subscr. j. *M.* 10.
Rec. *N.Katanov*, Izv.Obšč. arch. etc. XIV, S. 378 f. — S. übrigens auch ZDMG LI, S. XXVI;
JA Sér. IX, T. X. S. 509.

2882 Babelon,Ernest.–Fondation Eugène Piot. Catalogue des Camées antiques et modernes de la Bibliothèque nationale. Ouvrage accomp. d'un
album de 76 planches. P., Leroux, '97. 2 Bl., CLXXIX, 463 S. u. 2 Bl., 76 T. 8.

2883 Bibliographies extracted from the best books, and a reader's guide
to contemporary literature. Lo., Sonnenschein, '97. 4.
Darin: Archaeology, &c. 2r. 6d. Arts and Trades. 5r. Geography, &c. 4r. 6d. History.
4r. 6d. Mythology and Folk-lore. 2r. 6d. Philology. 10r. 6d. Theology. 6r.

2884 Chennevières,Henry de.–Le Musée du Louvre: Monde moderne V,
S. 659–81.

2885 Dziatzko.–Bibliotheken. – Buch. – Buchhandel: Paulys Realencycl. III,
S. 405–21; 939–71; 973–85.
Vgl. *W.L.Schreiber*, Z. f. Bücherfreunde I, 2, S. 511 f.

2886 Dubor,G.de.–Le Musée Guimet et les religions de l'Orient: Monde
moderne V, S. 881–94.

2887 Foley,P.K.–American authors 1795–1895. A bibliography of first and
notable editions chronolog. arranged with notes. With an introd. by Walter
Leon Sawyer. Boston, print. for subscribers by the Publ. Print. Co., '97.
XVI, 350 S. 8.

2888 G.–Zentralasiatische Alterthümer: Beil. Allg. Ztg. 288, S. 8.

2889 Theologischer Jahresbericht. Hrsg. v. H.Holtzmann [OB
XI, 11]. 16. Bd., enth. die Literatur des J. 1896. 2.–4. Abth. Braunschw.,
Schwetschke & Sohn, '97. S. 157–784; 92 S. Register. 8. Subscr. j. *M.* 20.

2890 Mašanov,M.A.–Katalog vostočnych knig Missionerskoj Biblioteki.
Kazan', Universitäts-Druckerei, '97. 203 S. 8. *Rub.* 1.

2891 Massi,J.H.–Description abrégée des musées de sculpture antique grecque et romaine, avec addition des musées grégorien-etrusque et égyptien,
des monuments assyriens ... Rome, Impr. de la Soc. du Divin Sauveur, '97.
96 S. 8. *L.* 1.50.

2892 Nouvelles acquisitions du Musée Asiatique: Bull. Ac. Pe., Sér. V,
Vol. V, S. XIX–XXIII.
Grösstenteils japanische Bücher u. ä., gesammelt auf der Orientreise des jetzigen Kaisers.

2892a Müntz,Eug.–Notes from Paris; Ath., Dec. 25, S. 893 f.
Neuerwerb. des Louvre etc.

2892b Le Musée Guimet: Rev. de l'hist. des rel. XXXVI, S. 296.

2893 Pape,Paul.–[Theologische] Bibliographie [OB XI, 18]: Th. Lz. '97,
S. 397–400; 421–4; 445–7; 477–80; 501–4; 525–8; 549–51; 573–6; 596–9;
621–4; 645–8; 669–72; 693–6.

2894 Schmeltz,J.D.E.–Museum für Völkerkunde, Leipzig: Int. Arch. f.
Ethnogr. X, S. 215.

Officielle Bücherlisten der indischen Regierung [OB XI, 23 ff.].

2895 A s s a m Library. Catal. of books. '97. Qu. 4. Shillong '98. 1 Bl. Q.-Fol.

2896 B e n g a l Library Catal. of books. '97. Qu. 3-4. C. '97/8. 65; 85 S. Fol.

2897 Catal. of books printed in the B o m b a y Presidency. '97. Qu. 3-4. Bo. '97,8. 37; 43 S. Fol.

2898 Catal. of books registered in B u r m a. '97, Qu. 3-4. Rangoon '97,8. Je 1 Bl. Q.-Fol.

2899 Catal. of books registered in the C e n t r a l P r o v i n c e s. '97, Qu. 3-4. Nagpur '97,8. Je 4 S. Qu.-Fol.

2900 Memorandum of books registered in the H y d e r a b a d A s s i g n e d D i s t r i c t s. '97, Qu. 3-4. Akola '97,8. Je 1 Bl. Qu.-Fol.

2901 Catal. of books printed in the M a d r a s Presidency. '97, Qu. 3-4. M. '97,8. S. 63-123. Fol.

2902 Statements of particulars regarding books and periodicals published in the N o r t h - W e s t e r n P r o v i n c e s and Oudh. '97, Qu. 3-4. Allahabad '97,8. 48; 47 S. Qu.-Fol.

2903 Catal. of books registered in the P u n j a b. '97, Qu. 3-4. Lahore '97,8. 31; 40 S. Qu.-Fol.

Buchhändlerische Ankündigungen. Antiquariatskataloge.

2904 A.**Buchholz**,M.–No. XXXVI. Psychologie. Anthropologie. Natur-philosophie. Metaphysik. Unsterblichkeitsglaube. Theosophie. Mystik. Kabbala. Judaica. Allgemeine und orientalische Religionswissenschaft. Ge-heimwissenschaften. Alte Medicin. Freimaurerei. Sekten. ['98.] 23 S. 8.

2905 S.**Calvary** & Co., B.–No. 193. Ostasien. China u. Japan. Indochines. Völker u. Sprachen. Mongolisch-Tungusisch-Tibetisch. ['98.] 42 S. 8.

2906 J.**Grant**, Edinburgh.–A special list of books on Japan, China, & India. Dec. '97. 24 S. 8.

2907 O.**Harrassowitz**,L.–Bericht über neue Erwerbungen [OB XI, 33]. No. 21-2. [Juli; Oct. '97.] 8; 12 S. 8.

2908 — — Verlags- und Parthie-Artikel. 1. Juli 1872-1. Oct. 1897. 32 S. 8.

2909 — — No. 229. Indochinesische, ostasiatische und polynesisch-malay-ische Sprachen. '98. 46 S. 8.

2910 List of I n d i a n G o v e r n m e n t publications. [I.o.], India Office, Apr. '97. 4 S. 4.

2911 J.**Kauffmann**,Frankf.a.M.–No. 25. Verz. wertvoller Hebr. Handschrif-ten. '98. 25 S. 8.

2912 Muḥammed Ǵan **Kerimov**, Kazan'.– اسامى الكتب. '97. 31 S. 8.
Rub. 0,10.

2913 **Luzac's** Oriental List [OB XI, 41]. Vol. VIII, Nos. 7-12. I.o., July-Dec., '97. S. 161-292, I-XVI. 8.

2914 M.**Nijhoff**, à la Haye (Hollande).–Quarto centenario do descobrimi-ento da India. Vasco da Gama. Les colonies portugaises dans l'Afrique, l'Asie et l'Amérique. Les relations entre les Portugais et les Hollandais dans leurs colonies. Catalogue de livres en vente chez — —. '98. 44 S. 8.

2915 B.**Quaritch**, I.o.–No. 177. Catalogue of rare & valuable books rel. to the East: history, geogr., and languages. Febr., '98. 96 S. 8.

2916 **Simmel** & Co., L.–No. 175. Sprache und Cultur der altitalischen, keltischen und vorgriechischen Völker. Enthält die betreffenden Theile der Bibliothek des verstorbenen Herrn Professor Dr. Wilhelm D e e c k e. '98. 22 S. 8.

2917 A.**Weigel**,L.–No. 34. Orientalia. Americana. Vergleich. Linguistik. '98. 16 S. 8.

2. Zeitschriften
(soweit sie nicht ausschliesslich den Einzelabteilungen zugehören).

2918 G i o r n a l e della S o c i e t à A s i a t i c a I t a l i a n a [OB X, 45]. Vol. X. '96-'97. Roma-Firenze-Torino, Loescher, '97. XII, 218 S. 8. 　　L. 20. Rec. *Friedr.Müller*, WZKM XI, S. 371 f.

2910 Journal Asiatique . . . publié par la Société Asiatique [OB XI, 54]. Neuvième Série. Tome X. Juillet-Déc. '97. P., Leroux. 549 S. (T.) 8. j. *Fr. 25.* (Étranger *Fr.* 30.)

2920 The Journal of the Bombay Branch of the Royal Asiatic Society [OB IX, 2807]. Nos. LI-LII = Vol. XIX [,Fasc. I-II]. Bo., Society's Library, '95,6. S. 1-287, I-LXX; 2 T. 8.

2920a The Journal of the China Brauch of the Royal Asiatic Society [OB VIII, 2429]. New Ser. Vol. XXVII, Nos. 1-2. 1892-93. Issued May 1894; Dec. 1895. 287 S. (T.) — Vol. XXVIII, Nos. 1-2. 1893-94. Issued January 1895; May 1898. V, 400, XI S. (T.). — Vol. XXIX, No. 1. 1894-95. Issued Febr. 1896. 623 S. (= OB X, 667). — Vol. XXX, No. 1. 1895-96. Issued July 1896. 101 S. (= OB XI, 3506). Shanghai, Kelly & Walsh. 8. j. $ 5.

2921 Journal of the Straits Branch of the Royal Asiatic Society [OB VIII, 2429a]. Nos. 27-30. Singapore, American Mission Press, '94-'97. 175 S.; 2 Bl, X, 103; VIII, 74; XXII, 313 S. 8.

2922 Journal of the Asiatic Society of Bengal. Vol. LXII. Part III. (Anthropology, &c.) (Nos. I-III. 1893): with Index. Edited by the Anthropological Secretary. C., As. Soc., '96. XII S. 8.
Titel und Index zu den drei ersten Heften des anthropologischen Teils OB VII. 2910.

2922a — — [OB XI, 56]. LXVI, Part I, Nos. 1-3 und Extra No. Ed. by the Philolog. Secretary. May-Nov., '97. C., As. Soc. S. 1-212. (T., K.); VI, 67 S. 8.

2923 Oesterreichische Monatsschrift für den Orient. Red. von A. von Scala [OB XI, 60]. XXIII. Jg. No. 10-12. Oct.-Dec. '97. Verl. d. K. K. Österr. Handels-Museum in Wien. S. 109-48. 4. j. *Fl.* 5.

2924 Société des sciences et lettres. — Société orientale. Le Muséon et la Revue des religions, études historiques, ethnologiques et religieuses [OB XI, 61]. Tome I et XVI. No. 3-5. Juin-Nov. '97. Louvain, Istás. S. 209-508. 8. j. *Fr.* 10.

2925 Proceedings of the Society of Biblical Archaeology [OB X, 53]. Vol. XIX, Parts 1-8. Jan.-Dec., '97. Lo., publ. at the Offices of the Soc. 318, VII S. 8. (T.)

2926 Proceedings of the Asiatic Society of Bengal [OB XI, 62]. '97, Nos. I-VIII = Jan.-Aug. C., As. Soc. S. 1-130. 8.

2927 The Babylonian and Oriental Record: a monthly magazine of the antiquities of the East. W.St.Chad Boscawen, H.M.Mackenzie, joint editors [OB XI, 63]. Vol. VIII, No. 3. April, '96. Lo., Nutt; Luzac & Co. S. 49-72. 8. j. *12s. 6d.*

2928 The Imperial and Asiatic Quarterly Review and Oriental and Colonial Record [OB XI, 65]. Third Series. Vol. IV. Nos. 7-8. July; Oct., '97. IV, 456 S. 8. Woking, Oriental University Institute. 10 s.

2929 The Calcutta Review. Ed. by James W. Furrell [OB XI, 66]. Vol. CV = Nos. 209-210. July, Oct. '97. C., Thom. S. Smith. 405, XXIX S. 8. Je 6 s.

2930 Zeitschrift der Deutschen Morgenländischen Gesellschaft. Hrsg. . . . unter der verantw. Red. v. E.Windisch [OB XI, 68]. 51. Bd. Heft 3-4. I., Brockhaus in Comm., '97. S. 343-721, XVII-LX. 8. j. *M.* 15.

2931 Wiener Zeitschrift für die Kunde des Morgenlandes. Hrsg. und red. von G.Bühler, J.Karabacek, D.H.Müller, F.Müller, L.Reinisch [OB XI, 69]. XI. Bd. II. 3-4. W. Hölder, '97. IV S. u. S. 209-392. 8.

2932 Zeitschrift für afrikanische und oceanische Sprachen. Mit besonderer Berücks. der Deutschen Kolonien. Hrsg. m. Unterstütz. der Kolonial-Abth. des Auswärtigen Amts, der D. Kolonialges. u. A. von A.Seidel [OB XI, 70]. III. Jahrg., 2.-3. Heft. B., D. Reimer, '97. S. 97-288. 8. j. *M.* 12.

Sammelwerke. Vermischtes.

2933 [A new edition of the] Sacred Books of the East. [Twenty-four volumes bound in twelve books and the price, $ 65.50, reduced to to $ 30.00. The complete text of the edition of the Clarendon Press Oxford,

England, verbatim and unabridged,] transl. by various Oriental scholars and ed. by F. Max Müller. Vol. I. The Upanishads, Parts I–II. N. Y., Christ. Literature Co., '97. 101, 320, 52, 350 S. 8. $ 2.50.

2933a Englisches Real-Lexikon hrsg. v. Clemens Klöpper. L., Renger, '97. 8. Darin u. a.: Döddeker, Dictionaries. S. 735—92.

2934 Müller,F.Max.–Ausgewählte Werke. (In ca. 65 Lfgn.) 1. u. 2. Lfg.: Essays. I. L., Engelmann, '97. S. 1–192. 8. Je *M*. 1.

2935 Paulys Real-Encyclopädie d. class. Altertumswissenschaft. Neue Bearbeitung. Unter Mitw. zahlr. Fachgenossen hrsg. v. Georg Wissowa [OB X, 2916]. Bd. III, 1 (Fünfter Halbbd.) Barbarus–Campanus. St., Metzler, '97. S. 1–1440. 8.
Die hervorstechendsten längeren Artikel sind unter den betr. Rubriken einzeln aufgeführt (s. oben No. 2865 etc.)

2936 المظفّريّة Sbornik statej učenikov professora Barona Viktora Romanoviča Rozena ko dnju dvadcatipjatilětija ego pervoj lekcii 13-go nojabrja 1872–1897. Pe., Druckerei d. Ak., '97. V, 363 S. 8. (Gedr. in 261 Ex.)

2937 Frdr.Rückert's ausgewählte Werke in 6 Bdn. Hrsg. u. eingeleitet v. Phpp. Stein. L., Reclam jun., '97. XXXII, 355; 412; 314; 496; 311; 587 S. 8. *M*. 4.50.
Rec. hiervon u. von OB XI. 77 u. 79: Öl. 18, S. 569f.

2938 Selections from the Calcutta Review [OB X, 2920]. Second Series. Nos. 34–6. C., Thomas S. Smith, '96/7. Je 110–130 S. 8. Je 1 *R*. 4 @.

2939 Uspenskij,F.–Otčet o dějatel'nosti Russkago Archeologičeskago Instituta v Konstantinopolě v 1896 godu. Priloženie k IV tomu „Vizantijskago Vremennika". 48 S. 8.
Darin u. a. S. 12—26: Ěkskursii po Maloj Azii, S. 36—42: Ěkskursija v Palestinu.

3. Geschichte der Wissenschaft.
(S. auch No. 3067; 3146; 3254.)

2910 Rotermund,Heinr.Wilh.–Fortsetzung u. Ergänzungen zu Chrn. Glieb. Jöchers allgemeinem Gelehrten-Lexiko, worin die Schriftsteller aller Stände nach ihren vornehmsten Lebensumständen u. Schriften beschrieben werden. Angef. v. Joh. Chrph. Adelung u. vom Buchstaben K fortgesetzt v. — —. 7. Bd. Mit e. Anh., enth. die f. die 2. Ausg. des 3. Bds. (K) bestimmten Verbessergn. u. Zusätze aus dem Handexemplar des Verf. Im Auftrage der Deutschen Gesellschaft in Leipzig hrsg. v. Otto Günther. L., K. W. Hiersemann in Komm., '97. VI S. u. 724 Sp. 4. *M*. 30.
Rec. LC 45. S. 1461 f.

2940a Cantor,Mor.–The life of Pythagoras: Open Court XI, S. 321–32; 1 T.
Uebs. aus C.'s Mathemat. Beitr. z. Kulturleben der Völker (Halle 1863).

2941 Curtze,Maxim.–Die Quadratwurzelformel des Heron bei d. Arabern u. bei Regiomontan u. damit Zusammenbängendes: Z. f. Math. u. Phys., Hist. litt. Abt. XLII, S. 145–52.

2942 Gurlt,E.–Geschichte der Chirurgie u. ihrer Ausübung. Volkschirurgie — Alterthum — Mittelalter — Renaissance. 3 Bde. B., Hirschwald, '98. XVI, 976; VII, 926; XII, 834 S. 8. (ill., T.)

2943 Hantzsch,Victor.–Über Georg Marggraf: Ber. über die Verh. Sächs. Ges. Wiss., Phil.-hist. Cl., Bd. 48 ('96), S. 199–227.
S. 216 f. Notiz über das Buch des Holländers Gulielmus Piso: De Indiae utriusque re naturali et medica.

2944 Jullian,Camille.–L'Orientalisme à Bordeaux. Bordeaux, Gounouilhou, '97. 20 S. 8.
Extrait des Actes de l'Académie des sciences, belles-lettres et arts de Bordeaux '97.

2945 Kennedy,A.R.S.–Jean Astruc: Expository Times VIII, S. 24–7; 61–5.
Pentateuch-Kritiker geb. 1684.

2946 [Lindemann,F.–Über antike Polyeder und Gewichte in italienischen Museen]: Sitzb. Ak. Wiss. M., Phil.-phil. u. hist. Cl. '97, Bd. II, S. 386–8 = Math.-phys. Cl. '97, S. 480–2.
Zu OB X, 2931.

2947 Mayer, Jos.–Aphorismen aus der mathematischen Geographie: Bl. f. d. Gymn.-Schulw. XXXIII, S. 673-85.
I: Verschied. Benenn. u. Schreibweisen insbes. d. arab. Namen.

2948 Pagel, Jul.–Geschichte der Medicin. I. Einführung in die Gesch. d. Med. 25 akad. Vorles. II. Historisch-medic. Bibliographie f. d. J. 1875-96. B., Karger, '98. XII. 960 S. 8. *M.* 22.

2949 Renouf, P.Le Page.–Young and Champollion: Proc. BA XIX, S. 188-209.

2949a Desjatyj archeologičeskij sězd v Rigě: ŽMNP Bd. 308, Sovr. lět., S. 39-76.

2949b Edkins.–[The ninth Oriental Congress of Sept. 1892]: J. China Br. RAS N. S. XXVII, S. 231-45.

2950 Cust, R.N.–The International Congresses of Orientalists: As. Qu. Rev. IV ('97), S. 79-98.
Uebersicht der Congr. vor dem Pariser v. J. 1897.

2951 Der XI. internationale Orientalisten-Congress: ÖM XXIII, S. 116-8.

2952 The eleventh Intern. Congress of Orientalists: JRAS '97, S. 911-7.

2953 Le Congrès des Orientalistes: Bull.Soc. ggr. Rochefort XIX, S. 203-12.

2954 Le XIe Congrès des Orientalistes: Muséon XVI, S. 483-8.

2954a Le XIe Congrès des Orientalistes: Rev. de l'Or. chrét., Suppl. trim. II, S. 494-7.

· **2954b B.**–The Congress of Orientalists: Ath., Sept. 11, S. 354; Sept. 18, S. 387.

2955 Broennle, Paul.–XI. internationaler Orientalistenkongress zu Paris: Vossische Ztg. '97, No. 426; 432; 448.

2956 Drouin, Éd.–Notice sur le XIe Congrès des Orientalistes: JA Sér. IX, T. X, S. 521-5.

2957 Dubor, Georges de.–Le Congrès des Orientalistes: Nouv. Rev. CVIII, S. 549-53.

2958 H[ommel], F. – Der Orientalisten-Congress in Paris: Köln. Ztg. '97, No. 836; 842.

2958a K[rumbacher], K. – Die byzantin. Philologie auf dem Pariser Orientalistenkongress: Byz. Z. VII, S. 256-9.

2959 Montet, E.–Report, day by day, of the Paris Oriental Congress: As. Qu. Rev. IV ('97), S. 349-56.

2960 Offord, J.–Notes on the Congress of Orientalists, Paris: Proc. BA XIX, S. 305-11.

2960a Het elfde Orientalistencongres: Ts. N. I. I ('97), S. 893-9.

2961 Pfungst, Arth.–Der Elfte Orientalistenkongress: Frankfurter Ztg. '97, No. 256.

2962 Réville, Jean. – La onzième session du Congrès international des Orientalistes: Rev. de l'hist. des rel. XXXVI, S. 254-64.

2962a [Scherma]n.–Der XI. Internationale Orientalisten-Congress: Beil. Allg. Ztg. 203, S. 8; 207, S. 6 f.

2963 S[chlegel], G.–Le Congrès international des Orientalistes: TP VIII, S. 514-7.

2963a Vasil'ev, A. – Odinnadcatyj internacional'nyj kongress orientalistov v Parižě. 5-12 sentjabrja 1897 goda. – VI-ja sekcija: Grecija-Vostok: Viz. Vrem. IV, S. 759-62.

· **2964 Cordier,** Henri.–Douzième Congrès intern. des Orientalistes: JA Sér. IX, T. X, S. 544-6.
Rom 1899.

2965 [Ber. über den Religionswissenschaftlichen Congress in Stockholm]: Beil. Allg. Ztg. 201, S. 7 f.

2966 Den religionsvetenskapliga Kongressen i Stockholm 1897: Bibelforskaren XIV, S. 373-7.

2906a Aall,Anathon.-Le Congrès des sciences religieuses de Stockholm: Rev. de l'hist. des rel. XXXVI, S. 265-70.

2907 Fries,S.A.-Religionsvetenskapliga Kongressen i Stockholm 1897. En fullständig framställning af Kongressens uppkomst och förhandlingar jämte porträtt af dess president, bestyrelse och samtliga talare. II. 1-5. Stockholm, Bohlin, '97. 240 S.; 1 T. 8.   Je *Kr.* 0.50.

2968 Tallqvist,K.-Religionskongresser: Humanitas '97, No. 4.

2909 — — Uskontokongressi Chicagossa 1893 ja uskontotieteellinen kongressi Tukholmassa 1897 [Der Religionskongress in Chicago 1893 und der religionswissenschaftliche Kongress in Stockholm 1897]: Valvoja '97, S.455-72.

Persönliches. Biographien und Nekrologe.

2970 H. T. H[aughton] and H. N. R[idley].-In Memoriam: J. Straits Br. RAS No. 30, S. XIX-XXI.
Nekrologische Notizen über R. E. Rost, H. A. O'Brien, M. Lister, H. V. Stevens.

2971 Lagarde,Paul de.-Erinnerungen an Friedrich Rückert. Ueber einige Berliner Theologen, und was von ihnen zu lernen ist. In e. neuen Abdr. überreicht v. Anna de Lagarde. Göttingen, Druck d. Dieterichschen Univ.-Buchdr. '97. 1 Bl., 127 S. 8.

2972 Ravenstein,E.G.-Antoine d'Abbadie: Ggr. J. IX, S. 569 f.

2973 William Francis Ainsworth: ebd. S. 98 f.

2974 Sir Rutherford Alcock: ebd. X, S. 642-5; 1 Portr.

2975 Müller,Sophus.-Kristian Bahnson: Illustreret Tidende '97, No. 18.

2976 Schmeltz,J.D.E. - † Kristian Bahnson: Int. Arch. f. Ethnogr. X, S. 180; 1 Portr.

2977 Dutt, Romesh C.-The late Bankim Chandra Chatterjea: JRAS '97, S. 700-2.

2978 Schubert, Gust.v.-Heinrich Barth, der Bahnbrecher der deutschen Afrikaforschung. B., D. Reimer, '97. X, 184 S. m. 4 Bildnissen u. 6 Fksms. 8.   *M.* 3.

2979 Chaix, P.-Théodore Bent: Globe XXXVI, Bull., S. 179 f.

2980 J. Theodore Bent: Ggr. J. IX, S. 670 f.

2981 Noël,C.C.-Les travaux scientifiques de S. A. I. le prince Roland Bonaparte. Evreux, impr. Hérissey, '97. 64 S. 8. (ill.)

2982 Lefmann,S.-Franz Bopp, sein Leben u. seine Wissenschaft [OB IX, 2876]. Nachtrag. Mit e. Einleitg. u. e. vollständ. Register. B., G. Reimer, '97. IV, XLII, 129 S. 8.   *M.* 4.

2983 Edmond Cotteau: A travers le monde '97, S. 38 f.

2984 Girard,Jules.-[Edmond Cotteau]: CR Soc. de ggr. '97, S. 7.

2984a Guttmann,J.-Gedenkrede auf Joseph Derenbourg: Brann's Jüd. Volks- u. Hauskalender f. d. J. 1897. (Breslau, Jacobsohn & Co.)

2985 Kobell,Louise v.-Gespräche mit Georg Ebers. Zum 60. Geburtst. d. Dichters u. Gelehrten: D. Rev. XXII, S. 334-44.

2986 Ney Elias: East Asia I, S. 81 f.; 1 Portr.

2987 Wheeler,St.-Ney Elias: Ggr. J. X, S. 101-6.

2988 W[olkenhauer], W.-Ney Elias: Globus LXXII, S. 19.

2988a Aleksandr Vasil'evič Eliséev (nekrolog): Zemlevčděnie II, 2/3, S. 177-82.

2989 Schweitzer, Geo.-Emin Pascha. Eine Darstellg. seines Lebens u. Wirkens m. Benutzg. seiner Tagebücher, Briefe u. wissenschaftl. Aufzeichngn. Mit 1 Karte, 8 Portraits u. e. Anzahl Autographien. B., H. Walther, '97. XIV, 808 S. 8.   *M.* 12.
Rec. Literatura I, S. 322-4.

2989a Boselli, Jules.-Edme-François Jomard: Rev. d'Ég. IV, S. 157-72; 1 Portr.

2990 Caspari,Walter.-Rede geh. bei der Beerdigung des Herrn Dr. phil. et theol. August Köhler, K. Geh. Rates, o. Prof. d. alttest. Exegese an der Univ. Erlangen am 19. Febr. 1897. Erlangen, Druck v. Junge, '97. 9 S. 4.

2991 Prof. Legge: Ath., Dec. 4, S. 788.

2002 Professor **Legge**: Literature I, S. 216 f.
2003 H.K.-[James **Legge**]: Beil. Allg. Ztg. 274, S. 7.
2004 K[naapinen], M.A.-Kuvauksia Elias Lönnrotin elämästä [Schilde-rungen aus dem Leben E. L.'s]: Länsi-Suomen Kansanlehti '97, No. 11.
2005 N[iemi], A.-Elias Lönnrot Kajaanissa [OB XI, 143]: Virittäjä '97, No. 6.
2006 Malan, A.N.-Solomon Caesar **Malan**: memorials of his life and writings. Lo., Murray, '97. XIV, 445 S.; 1 Portr., 29 T. 8. 18 s.
Rec. Literature I, S. 234.
2006a Louis **Malosse**: Rev. d'Ég. III, S. 421-3.
Aus d. „Temps". S. OB X, 5369.
2007 Le Comte de **Mas Latrie**, 1815-1897. Nogent-le-Rotrou, impr. Daupeley-Gouverneur, '97. 31, 3 S.; 1 Portr. 8.
Nekrol. v. Héron de Villefosse, Paul Meyer, Servois, Babelon, Charmetant; Bibliographie der Arbeiten M.'s.
2007a Dr. W.H.J.**Meyners** d'Estrey: Ts. N. I. I ('97), S. 907-9.
2008 Herbert Vivian.-Herr Max **Mueller**, P.C.: SR LXXXIV, S. 283 f.
Ueber M.'s Aufs. „Royalties" in der Cosmopolis 1897.
2009 Hugh Nevill: JRAS '97, S. 700.
3000 Umlauft, Fr.-Zu Ida **Pfeiffer's** hundertstem Geburtstage: Mitth. ggr. Ges. W. XL, S. 754-7.
3000a Hirschfeld, Hartw.-Biographie Salomon **Plessner's**: Biblisches u. Rabbinisches aus S. Plessner's Nachlass (Frankf. a. M., Kauffmann, '97), S. 5-25; 1 Portr.
S. auch Elias Plessner ebd., hebr. Teil, S. 5-89.
3000b Bernhöft.-Dr. Albert Hermann **Post**: Jb. d. int. Vereinig. f. vgl. Rechtswiss. I, S. 643-7.
3001 Darmesteter, A. Mary F. Robinson.-The life of Ernest **Renan**. Lo., Methuen, '97. 290 S. 8. 6 s.
Rec. Ac. LII, S. 418 f.; Ath., Nov. 13, S. 663 f.; Literature I, S. 298 f.
3002 Helveg, F.-Ernest **Renan** som Israels historieskriver: Th. Tidsskr. for den danske Folkekirke '97, S. 353-417.
3003 Sir Peter Le Page **Renouf**: Ath., Oct. 23, S. 562.
3003a Sir P. Le Page **Renouf**: Biblia (Boston; Io., Luzac) X, S. 250 f.
3004 Sir Peter Le Page **Renouf**: Literature I, S. 26.
3004a E[rman], A.-Peter Le Page **Renouf**: ZÄS XXXV, S. 165 f.
3005 Rylands, W.H.-Biographical record of the late Sir Peter Le Page **Renouf**: Proc. BA XIX, S. 271-9.
3006 Bonola Bey.-Don Paolo **Rosignoli**: Bull. Soc. Khédiv. de ggr. IV, S. 875-97.
3006a Deflers, A.-Notice sur la vie et les travaux du Prof. Ernest **Sickenberger**: Rev. d'Ég. III, S. 225-34; 265-88; 1 Portr., 1 T.
3006b Schweinfurth, G.-Ernst **Sickenberger** †: Bull. de l'inst. ég., IIIe Sér., No. 7, S. 6-16.
3007 Schindler, R.-**Spurgeon**. Sein Leben u. Wirken. Eine Biographie des Fürsten unter den Predigern. Mit Vorwort v. G.Kawerau. Nebst 3 Ansprachen v. C.H.Spurgeon. Deutsch v. A.Steen. 2. Aufl. 10. Taus. Hamburg, Baptist. Verlagsbuchh. v. J.G.Oncken Nachf., '97. V, 176 S. 8. M. 1.
3008 Lütken, Chr.-Japetus **Steenstrup**, hans Liv og Virksomhed: Overs. over det Kgl. Danske Vidensk. Selsk. Forhandl. '97, S. 521-48.
3008a Retzius, G.-Japetus **Steenstrup**: Ymer '97, S. 293-9; 1 Portr.
3009 Uspenskij, Porfirij.-Kniga bytija moego. Dnevnik i avtobiografičeskija zapiski. Izd. pod redakciej P. Syrku [OB IX, 2971]. Čast' III-IV. 1846-49. 1850-53. Pe. '96. 8.
Rec. Trudy Kievsk. Duch. Ak. '97, S. 399-428.
3010 Girard, Jules.-[**Vivien de Saint-Martin**]: CR Soc. de ggr. '97, S. 5-7.
3011 Claparède, A.de.-Louis **Vivien de Saint-Martin**: Globe XXXVI, Bull., S. 73-5.
3012 **Vivien de St. Martin**: Ggr. J. IX, S. 228 f.
3013 Meinhold, J.-**Wellhausen**. (1. Taus.) [Vort. v. Rade.] (= Hefte z. 'Christlichen Welt'. No. 27.) L., Mohr, '97. 44 S. 8. M. 0.50.

3014 Fischer,William.–Zu dem „Verz. d. wissensch. Schr. Zachariä's von Lingenthal" (OB IX, 2982): Z. d. Savigny-Stiftung f. Rechtsgesch. XVII, 2, S. 332–4.
S. auch Byz. Z. VII, S. 262.

4. Geographie und Geschichte.

3014a Izvěstija Imperatorskago Russkago Geogr. Obśčestva [OB VIII, 200]. T. XXX, Vyp. 2-XXXII. 1894-96. Pe., Tipogr. A.S. Suvorina. S. 145-809, I-XIII; XIV, 686; XXXII, 589 S. 8. (T., K.)
Hierzu u. zu dem zugehörigen Otčet Imp. Russk. Geogr. Obśč. za 1894—96 god vgl. die Anm. zu OB VIII, 200.

3015 Bibliotheca geographica. Bearb. v. O. Baschin [OB X, 3001]. Bd. III. Jg. 1894. B., Kühl, '97. XVI, 402 S. 8.   .M. 8.
Rec. P.Em.Richter, Ggr. Z. III, S. 713.

3016 Bibliographie [OB X, 161] de l'année 1895: Annales de ggr. 1896, Sept.

3017 Bibliographie [OB X, 3004]: Bull. Soc. ggr. commerc. de P. XVIII, S. 72-80; 164-76; 244-8; 412-24; 503-12; 974-98.

3018 Brose,Maxim.–Die Deutsche Koloniallitteratur von 1884-95. Mit e. Anh.: Verzeichniss von Werken, die sich auf fremdländ. Kolonien beziehen u. in d. Bibliothek d. Deutschen Kolonialges. vorhanden sind. Hrsg. von d. Deutschen Kolonialges. B., Druck v. O. Elsner, '97. VI, 158 S. 8.

3019 Chronique géographique [OB X, 3005]: Soc. belge de ggr., Bull. XX, S. 453-78; XXI, S. 62-92; 168-92; 273-300; 395-416; 517-32; 632-49.

3020 Coles,J.–New maps [OB X, 3006]: Ggr. J. IX, S. 117-20; 246-8; 349-52; 469-72; 584-8; 690-2; X, S. 125-8; 235 f.; 346-8; 461-4; 557-64; 657-60.

3021 G[ochet],F.AlexisM.–Le bilan géographique de l'année 1896 [OB IX, 2986a]: Bull. Soc. ggr. Anvers XXI, S. 43-69.

3022 — — — 1897: ebd. S. 365-403.

3023 Léotard,Jacques.–Chronique géographique: Bull. Soc. ggr. Marseille XXI, S. 55-84; 175-212; 286-323; 396-428.

3024 Markham,Clem.R.–Anniversary address [OB X, 3009], 1897: Ggr. J. IX, S. 589-604.

3025 Maunoir,Ch.–Rapport sur les travaux de la Société de géogr. et sur les progrès des sciences géogr. pendant l'année 1895 [OB X, 168]: Bull. Soc. de ggr. XVII ('96), S. 409-517.

3026 Mill,HughRob.–Geographical literature of the month [OB X, 3010]: Ggr. J. IX, S. 102-17; 231-45; 334-49; 456-69; 572-84; 675-89; X, S. 117-25; 224-34; 338-46; 450-61; 546-57; 646-57.

3027 Regelsperger,G., et I.Drapeyron.–Mouvement géographique [OB X, 3012]: Rev. de ggr. XXXIX, S. 445-55; XI, S. 48-57; 129-38; 205-16; 279-89; 361-71; 448-58.

3028 Schokalsky,Jules de.–Les travaux géographiques russes en 1895 et 1896: Soc. belge de ggr., Bull. XXI, S. 339-58.
Die Uebs. fur 1894 ersch. im Report du Congr. ggr. int. de Londres de 1895.

3029 Semenov,P. P., i A.A.Dostoevskij.–Istorija poluvěkovoj dějateľ nosti imperatorskago russkago geografičeskago obśčestva 1845-1895. Čast' I-III. Pe., tip. V. Bezobrazov & Co., '96. XXX, 468 S.; 2 Port., 2 T.; XI, 471-979 S.; 2 Portr.; VIII, 983-1377, 66 S.; 1 Portr. 8.
Rec. P.K., Ggr. J. X, S. 53—6. — S. auch: Poluvěkovoj jubilej Imp. Russkago Geogr. Obśčestva: Zemlevěděnie II, 4, S. 137—17.

3030 Sommario di articoli geografici [OB X, 3014]: Bull. Soc. ggr. it. X ('97), S. 28-32; 60-4; 100-4; 132-6; 168-72; 205-8; 252-6; 304-8; 349-52; 389-92; 433-6; 474-8.

3031 Torres Campos,Raf.–Memoria acerca de los progresos geográficos: Bol. Soc. ggr. Madrid XXXIX, S. 81-130.

3032 Wichmann,H.–Geographischer Monatsbericht [OB XI, 169]: PM XLIII, S. 175 f.; 197-200; 222-4; 246-8; 270-2; 295 f.

3033 **Yver,**Georges,-Le mouvement géographique en 1896: Soc. de ggr. de Tours, Rev. XIV, S. 4–14.

3034 **The** new student's Atlas. 80 full-page maps of modern geography embracing latest discoveries and changes in boundaries. Index of 50000 names. Lo., Collins, '97. 8. 8 *s. 6d.*

3035 **Bacon,**G.W.-Commercial and library Atlas of the world w. index-gazetteer, containing: 100 double page maps and 100 inset maps, . . . alphabet. index-gaz. of 2,000 towns, statist. diagrams. Lo., Bacon & Co., '97. 4 Bl., 100 K., 36, 12, 80 S. 4.

3036 **Bamberg,** Karl.-Wandkarte v. Asien. 1:6,700,000. Physikalische Ausg. m. polit. Karton. 16. Aufl. 15 Blatt à 38,5 × 46,5 cm. Farbdr. B., Chun, '97. *M.* 15.

3037 **Barbier,**J.V., et Anthoine.-Lexique géographique du monde entier [OB X, 3019]. Fasc. 17. 1'., Berger-Levrault & Co., '97. S. 1009–72. 8. *Fr.* 1.50.

3038 **Barré,**Paul.-La pénétration européenne en Asie et la délimitation des frontières des colonies et états indépendants: Rev. de ggr. XXXIX, S. 401–8; XI., S. 13–22; 100–16; 189–99; 271–8; 348–51; 441–7.

3038a **Barrows,**J.H.-A world pilgrimage, 1896–97. Ed. by Mary Eleanor Barrows. Chicago, McClurg & Co., '97. 479 S. 8. § 2.

3039 **Berghaus,**Herm.-Chart of the world on Mercators projection. Entirely reconstr. by H. Habenicht u. Br. Domann. 12. ed. 4 Bl. à 47,5×77 cm. Gotha, J. Perthes, '97. *M.* 14.

Rec. *É.Nuppine*, PM XLIII, Lber. S. 129; *A.Hettner*, Ggr. Z. III. S. 591 f.; *Gg.Wagener*, Verh. Ges. f. Erdk. B. XXIV, S. 510 f.; Bull. Soc. ggr. comm. Havre XIV, S. 189–92; J. of the Manchester ggr. Soc. XII, S. 122–4; Boll. Soc. ggr. it X ('97), S. 246 f.

3040 **Bonin,**Ch.E.-A travers le Yun-Nan, le Tibet et la Mongolie: A travers le monde '97, S. 81–4.

3041 **Brown,**R.-The countries of the world: popular description of the continents, islands, rivers, seas, peoples of the globe. New ed. Vol. 1–4. Lo., Cassell, '95–97. 4. Je 6 *s.*

3042 **Boughtob,**W.-History of ancient peoples. N.Y. (Lo.) '97. 8. (ill., K.). 9 *s.*

3043 **Bury,**J.B.-The European expedition of Darius: Class. Rev. XI, S. 277–82.

3044 **Carrière,**A.-Sur un chapitre de Grégoire de Tours relatif à l'histoire d'Orient: École pratique des hautes ét. Section des sc. hist. et philol., Annuaire 1898 (P. '97), S. 3–23.

Episodes de la dévastation de la Syrie par les armées de Chosroès (573). — Comment les Persarméniens se révoltèrent contre le roi de Perse et demandèrent l'assistance de Justin (571).

3045 **Christian,**W.-Weltgeschichte. 1.–20. Lief. Fürth, Löwensohn, '95–'97. 8. Je *M.* 0.50.

3046 **Columba,**Gaetano Mario.-La tradizione geogr. dell' età romana: Atti II. Congr. ggr. it. '95 (Roma '95), S. 511–37.

3047 **Conder,**C.R.-Saladin and King Richard: The Eastern question in the twelfth century: Blackwood's Edinburgh Mag. CLXI, S. 389–97.

3048 **Contenson,**L.de.-La Turquie d'Asie. Ses divisions — ses nationalités: Correspondant, Vol. 184, S. 1035–62.

Vgl. L'Universo '97, No. 4 f.

3049 **Cunningham,**W.-An essay on Western civilisation in its economic aspects. (Ancient times.) Cambridge, Univ. Press, '98. XII, 220 S. 8.(K.) 4 *s.* 6 *d.*

3050 **Date** book, recording principal events of the world and births and deaths of distinguished people from the creation to 1897. Lo., Routledge, '97. 96 S. 8. 6 *d.*

3051 **Delvaux,**Georges.-Vasco de Gama et les découvertes maritimes des Portugais: Soc. belge de ggr., Bull. XXI, S. 301–38; 448–78; 600–31.

3052 **Donnet,**Fern.-Notes pour servir à l'histoire des émigrations anciennes des Anversois, dans les pays d'Outre-Mer: Bull. Soc. ggr. Anvers XXI, S. 91–126.

3053 **Droysen,**Joh.Gust.-Geschichte Alexanders des Grossen. 5. [Titel]-Aufl. Mit 5 Karten v. Rich. Kiepert. Gotha ('92), F. A. Perthes, '97. IV, 510 S. 8. *M.* 4.

3054 **Dubois,**Marcel.-Extrème-Orient et Nouveau-Monde: Soc. normande de ggr., Bull. XIX, S. 337–56.

3055 [Ber. äb. e. Vortr. v. L. Dürr üb. s. Reisen in Osteuropa u. im Orient]: D. ggr. Bl. XX, S. 102-4.

3056 Le voyage du Levant de l'hilippe Du Fresne-Canaye(1573). Publié et annoté p. H. Hauser. (= Rec. de voyages et de docum. p. servir à l'hist. de la ggr. XVI.) P., Leroux, '97. XXXVII, 332 S. 8. (ill., 1 K.) *Fr.* 25.
Rec. Bull. Univ. de Lyon X, S. 300.

3057 Eudociae Augustae, Procli Lycii, Claudiani carminum graecorum reliquiae. Accedunt Blemyomachiae fragmenta. Recensuit Arthurus Ludwich. L., Teubner, '97. VI, 241 S. 8. *M.* 4.
Enth. auch Notizen üb. die orientalischen Bezieh. des späteren römischen Reiches. — Rec. *K.K[rumbacher],* Byz. Z. VII, S. 208 f.

3057a Modern mountaineering: Edinburgh Rev., Vol. 186, S. 33-59.
U. a. nach E. A. Fitzgerald OB X, 3818 u. D. W. Freshfield OB X, 1597.

3058 Gaebler,Ed.-Neuester Hand-Atlas üb. alle Teile der Erde, m. besond. Berücksicht. des gesamten Weltverkehrs entworfen, bearb. und gezeichnet. Ausg. A., enth. 128 Karten u. Darstellgn. in einheitl. Massstäben, nebst alphabet. Namenverzeichnis. 2. Aufl. L., F. A. Berger in Komm., '97. 40 farb. Kartens. m. XXVI S. Text. 4. Geb. *M.* 4.

— — — Ausg. B., enth. e. kurzgefasste allgemeine Weltgeschichte v. Fritz Bayer. 2. Aufl. Ebd. '97. 40 farb. Kartens. m. Text auf der Rückseite u. XXVI S. Text. 4. Geb. *M.* 5.

3059 — — Schulwandkarte v. Asien. 1:6,400,000. Neue grosse Ausg. Physikalisch mit roten Grenzlinien. 6 Blatt à 56×100,5 cm. Farbdr. L., G. Lang, '97. *M.* 15.

3060 Geistbeck,Alois.-Bilder-Atlas zur Geographie der aussereuropäischen Erdteile. Mit beschreib. Text. Mit 314 Holzschn. L., Bibliograph. Institut, '97. 240 S. 8. Geb. *M.* 2.75.

3061 Gelcich,E., u. F.Sauter.-Kartenkunde, geschichtlich dargestellt. 2. Aufl. v. Paul Dinse. L., Göschen, '97. 168 S. 8. (ill.) Geb. *M.* 0.80.

3062 Die gesammte Geographie. 5. Bd. Politische Geogr. v. Asien, Afrika, Amerika, Australien. (= Miniatur-Bibl. No. 29.) L., Verlag f. Kunst u. Wiss., '97. 48 S. 8. *M.* 0.10.

3063 Gibbon,Ed.-The history of the decline and fall of the Roman empire, edited in seven volumes with introduction, notes, appendices and index by J. B. Bury [OB X, 3033]. Vol. III-IV. Lo., Methuen & Co., '97/98. XIII, 508 S.; 1 K. u. XIV, 546 S. 8.
Rec. *K.K[rumbacher],* Byz. Z. VII, S. 386 f.; *G.M.Rushforth,* Engl. Hist. Rev. XII, S. 134—8; 536—8.

3064 Haffter,E.-Briefe aus dem fernen Osten. 5. Aufl. Frauenfeld, J. Huber, '97. VIII, 332 S. 8. *M.* 3.20.

3065 Hagenmeyer,Heinr.-Der Brief des Kaisers Alexios I. Komnenos an den Grafen Robert I. von Flandern: Byz. Z. VI, S. 1-32.
Rec. *G.Paris,* Rev. de l'Or. lat. V, S. 254—6.

3066 Halévy,J.-[Sur le peuple appelé Matieni ou Mantieni]: JA Sér. IX, T. X, S. 499 f.

3067 Hantzsch,Vikt.-Die deutschen Geographen der Renaissance: Ggr. Z. III, S. 507-14; 557-66; 618-24.

3068 Die Hauptstädte der Welt. Reich illustr. Prachtwerk. Breslau, Schles. Buchdruckerei, '97. V, 683, XXVI S. Fol. Geb. *M.* 15.

3069 Hedin,Sven.-Nogle Ord om min Rejse gennem Asien: Nord og Syd I, S. 171-81.

3070 [De reis van Sven Hedin door Midden-Azië]: Ts. Ned. Aardr. Gen. XIV ('97), S. 792-4.

3071 Heiderich,Frz.-Länderkunde der aussereuropäischen Erdteile. Mit 11 Textkärtchen u. Profilen. L., Göschen, '97. 162 S. 8. Geb. *M.* 0.80.

3072 Hellwald,Frdr.v.-Die Erde u. ihre Völker. Ein geograph. Hausbuch. 4. Aufl. Durchgesehen v.W. Ule. St., Union, '97. VIII, 915 S. 8. (ill.) Geb. *M.*16.50.
Schlussüt. zu OB X, 190.

3073 — — Jorden och dess folk. Bearbetning af O. H. Dumrath [OB XI, 191]. H. 2-12. Stockholm, Fritze, '97. S. 49-200; 22 T. 8. Je *Kr.* 0.50.

3073a Hill,G.F.–Sources for Greek history between the Persian and Peloponnesian wars. Lo., Frowde, '97. 434 S. 8. 10 *s.* 6 *d.*
3074 Hirschfeld,Gust.–Aus dem Orient. 2. Aufl. B., Allg. Verein f. Litteratur, '97. VII, 388 S. 8. *M.* 6.
Rec. *K[irchho]ff,* LC 41, S. 1329 f.; *Otto Kern,* DL 42, S. 1661—3.
3075 Hogarth,D.G.–Philip and Alexander of Macedon. Two essays in biography. Lo., Murray, '97. 324 S. 8. 14 *s.*
Rec. *F.T.Richards,* Class. Rev. XI, S. 313—7; SR LXXXIV, S. 227 f.
3076 Hümmerich,Joh.Franz H.–Quellenuntersuchungen z. ersten Indienfahrt des Vasco da Gama. (Progr. Maximiliansgymn. und Diss. München.) M., Druck v. Straub, '97. 41 S. 8.
3077 Joanne,Paul.–Dictionnaire géogr. [OB X, 3044]. Livr. 114–22. P., Hachette & Co., '97. S. 3069-3336. 4. Je *Fr.* 1.
3078 Kretschmer,Konr.–Die Katalanische Weltkarte der Biblioteca Estense zu Modena: Z. Ges. f. Erdk. B. XXXII, S. 65–111; 191–218; 1 K.
3079 Kulakovskij,Jul.–Gdě nachodilas' Vičinskaja eparchija Konstantinopol'skago patriarchata?: Viz. Vrem. IV, S. 315–36.
Rec. Behandelt S. 324 ff. die Stelle des Pachymeres über die Alanen. — *E.K[urtz],* Byz. Z. VII, S. 492.
3080 Lanzoni,P.–Venezia e il commercio coll' India: Soc. d'esplor. commerc. in Afiica '97, No. 1.
3080a La Roncière,Ch. de.–Charlemagne et la civilisation maritime au IXe siècle: Moyen âge I ('97), S. 201–23.
Rec. *K.K[rumbacher],* Byz. Z. VII, S. 243.
3081 Latyšev,V.V.–Sbornik grečeskich nadpisej christianskich vremen iz Južnoj Rossii. Pe. '96. III, 143 S.; 13 T. 8. *Rub.* 2.
Rec. *Julian Kulakovskij,* Viz. Vrem. IV, S. 232–8.
3082 Lefèvre,André.–L'histoire. (= Bibl. des sciences contemporaines. 2e Série, T. I.) P., C. Reinwald, '97. VIII, 693 S. 8.
Rec. *Julien l'inson,* Rev. de ling. XXXI, S. 160—5.
3083 — — Alexandre le Grand: Rev. mens. de l'éc. d'anthr. P. VI, No. 3.
3083a Lehmann,Paul–Länder- u. Völkerkunde [OB XI, 195]. 5.–7. Hft. (= Hausschatz des Wissens. Heft 195; 197 f.). Neudamm, J. Neumann, '97. S. 151–288. 8. (ill.) Je *M.* 0.30.
3084 Lévy,Vict.–Les découvertes de Gama et la colonisation portugaise: Bol. Soc. ggr. Lisboa XVI, S. 191–202.
3085 Loureiro,Ad.–No Oriente. De Napoles á China. Impressions de voyage dans les Indes et dans la Chine. 2 Vol. Lisboa, Imprensa Nacional, '96/7. 369, 419 S. 8. *Fr.* 10.
3086 Masson,Paulus.–De Massiliensium negotiationibus ab urbe cond. usque ad tempus quo Christiani terram sanctam armis subegerunt, ab anno DC ante Chr. n. ad annum MC post Chr. n. (Thèse.) P., Hachette & Co., '96. VII, 144 S. 8.
3086a Melschke-Smith,W.–Den aardbol om. Indrukken van een reis om de wereld. Rotterdam, Nijgh & van Ditmar, '97. 376 S. 8. (ill.) *F.* 1.60.
3086b Miščenko,F.G.–Izvěstija Gerodota v vně-skifskich zemljach Rossii: ŽMNP Bd. 308, Otd. klass. filol., S. 103–24.
3087 Mitrofanov,P.–Izměnenie v napravlenii četvertago krestovago pochoda: Viz. Vrem. IV, S. 461–523.
3088 Noblemaire,Georges.–Un congé. Egypte; Ceylan; Sud de l'Inde. (Bibliothèque variée.) P., Hachette & Co., '97. 327 S. 8. *Fr.* 3.50.
3089 Norman,Henry Wylie.–Captain Cook and his first voyage round the world, 1768 to 1771, with special reference to his exploration of the Queensland coast: Proc. and Tr. Queensland Br. R. Ggr. Soc. of Australasia XI, S. 1–30.
3090 Oberhummer u. Brandis.–Bosporos: Paulys Realencycl. III, S. 741–89.
3091 Oberhummer, J.Miller, Kubitschek.–Byzantion: ebd. S. 1116–58.
3092 Oppel,Alwin.–Entstehung u. Niedergang des spanischen Weltreiches u. seines Kolonialhandels. Hamburg, Verlagsanstalt, '97. 54 S. 8. *M.* 0.75.

3093 **Oram.**–Notes of a tour in the Eastern Mediterranean: J. of the Manchester ggr. Soc. XII, S. 350–60.

3094 **Perrot,**George.–Un peuple oublié. Les Sikèles: Rev. d. deux mondes, Vol. 141, S. 594–632.

3095 **Philip** jr., George.–The enlargement of the geographical horizon, as illustrated in the history of cartography, down to the end of the age of discovery: Proc. Lit. and Philos. Soc. Liverpool I., S. 313–39.

3095a **Prášek,**J.V.–Benátcan M. Polo a cesty jeho [Der Venezianer M. Polo u. seine Reisen]: Časopis Českého Musea LXXI, S. 401–15; 497–515.

3096 **Ratzel,**Frdr.–Politische Geographie. M., Oldenbourg, '97. XX, 715 S. S. (ill.)   *M.* 16.

3096a **Reuss,**Frdr.–Die Chronologie Diodors: N. Jb. f. Philol., Bd. 153, S. 641–72.

3097 **Rohde,**Erwin.–Φιλόπατρις [OB IX, 3034]. II: Byz. Z. VI, S. 475–82.
Vgl. auch Rob. Crampe, Noch einmal Philopatris: ebd. S. 141–9.

3098 **Salmon,**Edw.–1497–1897: East and West: Fortnightly Rev., N. S. LXI, S. 556–67.

3099 **Schmidt,**Ferd.–Weltgeschichte. 3. Aufl. 4 Bde. B., Friedberg & Mode, '97. VIII, 524; X, 486; X, 534 u. VIII, 518 S. 8. (ill.)   Je *M.* 5.

3100 **Schultz,**Fritz.–Reise um die Welt auf S. M. Schiff Vineta. 1875–77. Briefe an seine Eltern. Münster, Regensberg, '97. IV, 259 S. m. 2 Autotyp. 8.   *M.* 2.25.

3101 **Schwarz,**Wilh.–Gross-Arabien: N. Jb. f. Philol. u. Paed. CLV, S. 874–6.

3102 **Seeck,**Otto.–Geschichte des Untergangs der antiken Welt. 1. Bd. 2. Aufl. B., Siemenroth & Troschel, '97. IX, 428 S. 8.   *M.* 5.
Rec. *K.*Krumbacher], Byz. Z. VII, S. 240 f.

3103 **Sinclair,**W.F.–„Pedro Teixeira": JRAS '97, S. 624–8.
Ueber dessen 1610 zu Antwerpen gedruckte Reisebeschreib. — Dazu Don. Ferguson, ebd. S. 933–9.

3104 **Teixeira** d'Aragão,A.C.–Vasco da Gama e a Vidigueira. Quelques notices et documens sur Vasco da Gama. Lisboa, Imprensa Nacional, '98. XXXVII. 303 S. 8.   *Fr.* 5.

3105 **Thalich,**Wilh.–Eine Reise in den Orient [OB IX, 3047]. 2. [Titel-] Aufl. Dresden, Pierson, '97. 285 S. 8.   *M.* 3.

3106 **Tomaschek,**Wilh.–Festrede [zur Vasco da Gama-Feier]: Mitth. ggr. Ges. W. XI., S. 311–25.

3107 **Toutain,**Paul.–La pénétration des Russes en Asie: Soc. normande de ggr., Bull. XIX, S. 286–91.

3108 **Vollers,**K.–Miszellen zur oriental. Geographie: PM XLIII, S. 245.
1. Azania = ʿAjam. 2. Der syro-ägyptische Grenzbaum.

3109 **Walker,**J.B.–Abel Janszoon Tasman: his life and voyages. Hobart (Tasmania), Grahame jr., '96. 56 S.; 3 K. 8.
Rec. *Kugr*, PM XLIII, Lber. S. 141.

5. Volkskunde (einschl. Anthropologie, Kulturgesch., Religionswiss. u. s. w.),

Kunst, Recht.

(S. auch No. 3040; 3282; 4059.)

3110 **Brabrook,**E.W.–Anniversary address [OB XI, 226]: J. Anthr. Inst. of Great Brit. XXVI, S. 416–32.

3111 **Buschan,**Gg.–Bibliographische Übersicht. Laufende Litt. d. Jahre 1896 u. 1897 [OB XI, 227]: Cbl. f. Anthr. II, S. 349–80.

3112 **Dozy,**J.G.–Revue bibliographique [OB XI, 228]: Int. Arch. f. Ethnogr. X, S. 161–5; 215–8; 266–70.

3113 **Verzeichn.** d. anthropol. Litteratur. I. Urgeschichte u. Archäologie. III. Völkerkunde (1893). Von E.Fromm [OB IX, 3032]: Beil. z. Arch. f. Anthr. XXIV, S. 1–30; 51–101.

3113a **Marillier,**L.–Revue des périodiques. Religion des peuples non-civilisés et folk-lore [Schl. zu OB XI, 234a]: Rev. de l'hist. des rel. XXXIV, S. 410–20.

3114 Nachrichten aus den Missionen [OB XI, 236]: Kath. Missionen XXVI, S. 11-23; 38-52; 61-72; 82-95; 107-20; 130-44; 15S-68.

3115 [Anthropol. Referate.] Aus der skandinavischen Literatur: Arch. f. Anthr. XXIV, S. 672-92.
Vorher OB IX, 3069.

3116 L'inscription d'Abercius: Analecta Bolland. XVI, S. 74-7.

3116a L'iscrizione di Abercio: Bessarione II, S. 245-59; 357-73.

3117 Achelis,Th.-Mythologie u. Völkerkunde: Nord u. Süd, Bd. 81, S. 356-72.

3118 — — Ethnologie u. Ethik. 1-4. Taus. (= Fragen d. öffentlichen Lebens. Hrsg. v. Rich. Wrede. II. Jahrg. 6. Hft.) B., Kritik-Verlag, '97. 12 S. 8. *M.* 0.50.

3119 Allen,G.-The evolution of the idea of God: an inquiry into the origins of religion. Lo., Richards, '97. 460 S. 8. 20 s.
Rec. Ac. LII, S. 471 f.; Ath., Nov. 20, S. 700 f.; Literature I, S. 226—8; *A.Lang*, Contemp. Rev. LXXII. S. 768—81.

3120 Alviella,G.d'.-Lectures on the origin and growth of the conception of God, as illustrated by anthropology and history. Hibbert lectures, 1891. Lo., Williams & Norgate, '97. 8. 3 s. 6 d.

3121 [Ber. üb. e. Vortr. des Frh. v. Andrian üb. kosmologische u. kosmogonische Vorstell. b. d. Naturvölkern]: Beil. Allg. Ztg. 177, S. 7.

3122 Bachofen,J.J.-Das Mutterrecht. Eine Untersuchg. üb. die Gynaikokratie der alten Welt nach ihrer religiösen u. rechtl. Natur. 2. unveränd. Aufl. Mit 9 Steindr.-Taf. u. e. ausführl. Sachregister. Basel, Schwabe, '97. XI., 440 S. 4. *M.* 16.

3123 Bang,G.-Europeisk kulturhistoria i korta drag. Öfvs. fr. manuskriptet af C.A.Zachrisson. I. Stockholm, Norstedt, '97. 332 S.; 25 T. 8. *Kr.* 3.50.
Rec. *O.Montelius*, Nord. Tidskr. '97, S. 611—4.

3124 Barrows,J.H.-Christianity the world-religion: lectures delivered in India and Japan. Chicago, McClurg & Co., '97. IV, 412 S. S. $ 1.50.
Harmonies of the truths of Christianity with the truths of other religions. An appendix tells of B.'s travels in India and Japan. With bibliography and notes.

3125 Basset,René.-Les empreintes merveilleuses [OB X, 3112]: Rev. des trad. pop. XII, S. 406-9.

3126 — — Les ongles [OB X, 3111]: ebd. S. 410.

3127 — — Le prétendu cannibalisme: ebd. S. 651-4.
Mit besond. Bezugn. auf die musulman. Erzählungen.

3128 Baudi di Vesme, Caesar Ritter von. - Gesch. des Spiritismus. Einzig autor. Uebs. aus d. Ital. (OB X, 3117a) und [sic!] mit Anm. vers. v. Feilgenhauer. 1. Bd.: Das Altertum. L, Mutze, '98. XIX, 548 S. 8. *M.* 10.

3129 Baye,Bar.de.-Voyage archéologique en Russie: A travers le monde '97, S. 137-40.

3130 Berger,Phil.-Les origines orientales de la mythologie grecque: Rev. d. deux mondes, Vol. 138, S. 377-403.

3131 Besant, Annie.-The ancient wisdom: an outline of theosophical teachings. Lo., Theosophical Pub. Soc., '97. 502 S. 8. 5 s.

3131a Blinkenberg, Chr.-Antiquités prémycéniennes. Étude sur la plus ancienne civilisation de la Grèce, trad. p. E. Beauvois: Mém. Soc. des Antiquaires du Nord '96, S. 1-69.
Original: Aarbøger for nordisk Oldkyndighed '96, No. 1. — Vgl. Archiv f. Anthr. XXIV, S. 673 f.

3132 Blümrer.-Bernstein: Paulys Realencycl. III, S. 295-304.

3133 Boas,Franz.-The limitations of the comparative method of anthropology: Science V ('96), S. 901-8.
Rec. *F.Ratzel*, PM XLIII, Lber. S. 139.

3134 Bos,P.R.-Jagd, Viehzucht und Ackerbau als Culturstufen: Int. Arch. f. Ethnogr. X, S. 187-205.

3135 Brinton,D.G.-Religions of primitive peoples. (= American lectures on the history of religions, No. 2, 2nd Series.) N.Y., Putnam, '97. XV, 264 S. 8. $ 1.50.

3136 Buchner,Max.-Das Porträt. Ein Stück Völkerkunde: Umschau I, S. 689-92.

3137 Bungartz, J e a n.–Illustrirtes Katzenbuch. B., Parey.'96. VII, 118 S. 8. (ill.)
Auch mit histor. Teil. — Rec. *L. Karell.* Heil. Allg. Ztg. 238. S. 5—7.   *M.* 3.

3138 Campbell, J.M.–Notes on the spirit bases of belief and custom [OB
XI, 257]: IA XXVI, S. 245–52; 277–9; 293–304.

3139 Chantepie d e l a S a u s s a y e, P.D.- Lehrbuch der Religionsgeschichte.
In Verbindg. m. Edm.Buckley, H.O.Lange, Frdr.Jeremias, J J.P.Vale-
ton jr., M.Th.Houtsma, Edv.Lehmann hrsg. (Sammlung theol. Lehrbücher.)
2. Aufl. 2. Bd. Freiburg i. B., Mohr, '97. XVII, 512 S. 8.   *M.* 11.
OB XI, 326 etc. unter La Saussaye gestellt. — Rec. *H[ard]y,* LC 51/2, S. 1668 f.; *J.S.,*
Rev. cr. 37/8, S. 14/>—8; 47. S. 377 f.

3139a The sources of c i v i l i s a t i o n: Australasian Anthr. J. '96, 2, S. 8.

3140 Coffey, G e o r g e.–Prehistoric cenotaphs: Proc. R. Irish Ac., Ser. III,
Vol. IV, S. 16–29.

3141 Collignon, M a x i m e.–Geschichte d. griechischen Plastik. Ins Deutsche
übertr. u. m. Anmerkgn. begleitet v. Ed.Thraemer. 1. Bd. Anfänge — früh-
archaische Kunst — reifer Archaismus — die grossen Meister des 5. Jahrh.
[OB X, 3127.] 5. Lfg. Strassburg, Trübner, '97. XV u. S. 481–592. 8. *M.* 4.
— — — 2. (Schluss-)Bd.: Der Einfluss der grossen Meister des 5. Jahrh. —
Das 4. Jahrh. — Die hellenist. Zeit. — Die griech. Kunst unter röm. Herrschaft. Deutsch v. Fritz Baumgarten. Ebd. '97. X, 763 S.; 12 T. 8. *M.* 24.

3142 Das Mancalaspiel u. seine Verbreitung: Globus LXXII, S. 31 f.
Nach S. Culin OB XI, 280).

3143 Curtis, M a t t o o n M.–Sympathy with the lower animals: Bibl. Sacra
LIV, S. 38–49.

3144 Cust, R o b. N.–Modern religious conceptions: C. Rev. CV, S. 221–38.
Nach OB XI, 267.

3145 Damiani, Fr.–Saggio storico-critico sul commercio degli antichi. Bari,
Laterza & Figli, '97. 125 S. 8.

3146 Dedekind, A l e x.–Ein Beitr. zur Purpurkunde. Im Anhange: Neue Ausg.
seltener älterer Schriften über l'urpur. B., Mayer & Müller, '98. 3 Bl., 364 S.;
1 Portr., 3 Facs. 8.   *M.* 7.

3147 De Sanctis, G.–Die Grabschrift des Aberkios: Z. f. kath. Th. XXI,
S. 673–95.

3148 Dolmetsch, H.–Der Ornamentenschatz. E. Musterbuch stilvoller Orna-
mente aus allen Kulturepochen. 3. verm. Aufl. St., Jul. Hoffmann, '97. 100 T.
mit erl. Text. Fol.   *M.* 24.

3149 Dragendorff, G e o r g.–Die Heilpflanzen der verschiedenen Völker und
Zeiten. Ihre Anwendung, wesentl. Bestandtheile u. Geschichte. Lief. 1. St.,
Enke, '98. S. 1—160. 8.   *M.* 4.

3149a Dümmler, F e r d.–Sittengeschichtl. Parallelen: Philologus LVI, S. 5–32.

3150 Dupuis.–Abrégé de l'origine de tous les cultes. T. 1er. (Bibliothèque
nationale.) P., Pfluger, '97. 160 S. 8.   *Fr.* 0.25.

3151 Dziatzko.–Brief-Byblos: Pauly s Realencycl. III, S. 836–43; 1100–4.

3151a Edkins.–Comparative archaeology: J. China Br.RAS XXVII, S. 247–63.

3152 Émile-Soldi.–La langue sacrée; la cosmoglyphie; le mystère de la
création. (Missions artistiques et scientifiques du ministère de l'instruction
publique et des beaux-arts). P., Heymann, '97. XVI, 984 S. 8.   *Fr.* 30.
Rec. *E.Verneau.* L'Anthr. VIII, S. 728-30; *S Dewey,* Westminster Rev., Vol. 148, S. 622-9.

3153 Evans, H e n r y R i d g e l y.–Hours with the ghosts; or, nineteenth century witchcraft: illustrated investigations into the phenomena of spiritualism
and theosophy. Chicago, Laird & Lee, '97. VI, 297 S. 8. $ 1.
Handelt auch über A.Besant, W.Q.Judge u. Blavatsky; mit einer Bibliographie.

3154 Fabarius, E.A.–Kolonisierung und Mission: Aus allen Weltth. XXVIII,
S. 145–54.

3155 Felix, L u d w.–Entwicklungsgesch. d. Eigenthums unter culturgesch. u.
wirthschaftl. Gesichtspunkte. Bd. I–IV, t. I., Duncker & Humblot, '83–'96. 8.
Rec. *Schroeder-Teschen.* D. Rev. XXII, 1. S. 251 f.

3156 Fletcher, B.–History of architecture for student, craftsman, and ama-
teur: a comparative view of historical styles from the earliest period. 3rd ed.
Lo., Batsford, '97. 332 S. 8. (ill., T.)   12 s. 6d.

3157 [Ber. üb. e. Vortr. v. R.J.Floody: „On the origin of the week and holy day among primitive peoples"]: J. of Am. Folk-Lore X, S. 247.

3157a Fon-Stern,É.R.–O poddělkě predmetov klassičeskoj drevnosti na jugě Rossii: ŽMNP Bd. 30S, Otd. klass. filol., S. 129–59.

3158 Fouillé,Alfr.–La psychologie des peuples et l'anthropologie: Rev. d. deux mondes, Vol. 128, S. 365–96.

3158a Freydorf,E.v.–Der Seele Vierteilung: Globus LXXII, S. 145-7.

3158b Froebe,Rob.–Ueber Theosophie u. Theosophische Vereine: Metaphys. Rdsch. II, S. 100–16.

3159 Furtwängler,A.–Neue Denkmäler antiker Kunst: Sitzb. Ak.Wiss. M., Phil.-phil. u. hist. Cl. '97, Bd. II, S. 109—44; 12 T. (vgl. auch S. 534).
Darin S. 109 ff. Mykenisches Glas: S. 138 ff Kalksteinkopf von Cypern.

3160 Galiment,H.–Les divinités à attitude orientale: Rev. mens. de l'éc. d'anthr. P. VI, No. 2.

3161 Garufi,C.A.–Ricerche sugli usi nuziali nel medio evo in Sicilia (con documenti inediti). Palermo, Reber, '97. 103 S. 8.
Rec. LC 38, S. 1219.

3162 Gensichen.M.–Missionsarbeit hüben u. drüben. Gesammelte Vorträge. B., Buchh. d. Berliner evangel. Missionsgesellschaft, '97. V, 149 S. 8. M. 2.20.

3163 Geasmann,G.W.–Die Sternenwelt u. ihre mythologische Deutung. (= Wissenschaftl. Volksbibliothek No. 62.) L., Schnurpfeil, '97. 72 S. 8. M. 0.20.

3164 Gladstone,J.H.–On the transition from the use of copper to that of bronze: J. Anthr. Inst. of Great Brit. XXVI, S. 309–20.

3165 Gobineau,Graf.–Versuch über die Ungleichheit der Menschenracen. Deutsche Ausg. v. Ludw. Schemann. 1. Bd. St., Frommann, '98. VI, XXVIII, 290 S. 8. M. 3.50.
Das frz. Orig. erschien 1853-5 und in 2. Ausg. 1884.

3166 Grössel,Wolfg.–Die Mission u. die evangelische Kirche im 17. Jahrh. Gotha, F.A.Perthes, '97. X, 235 S. 8. M. 4.50.

3166a The hair, a distinctive characteristic of diverse races: Australasian Anthr. J. '97, 5, S. 100 f.

3167 Harnack,Adf.–Lehrbuch der Dogmengeschichte. (Sammlung theolog. Lehrbücher.) (In 3 Bdn.) 3. Aufl. Subskr.-Ausg. (In 40 Lfgn.) 1. u. 2. Lfg. (3. Bd. S. 721–814.) Freiburg i. B., Mohr, '97. 8. Je M. 1.
Vgl. OB IX, 341 etc.

3168 — — History of dogma. Transl. from the 3rd German ed. by Jas.Miller [OB X, 3164]. Vol. III. Lo., Williams & Norgate, '97. 352 S. 8. 10 s, 6 d.
Rec. A.T.Swing, Bibl. Sacra LIV, S. 153-61; 407.

3169 Hartmann,Karl Otto.–Stilkunde. M. 12 Vollbildern u. 179 Textill. (= Samml. Göschen. No. 80.) L., Göschen, '98. 232 S. 8. Geb. M. 0.80.

3170 Hellborn,Adf.–Allgemeine Völkerkunde in kurzgefasster Darstellung. L., F.Hirt & Sohn, '97. 200 S. 8. M. 3.

3171 Hewitt,J.F.–The history of the week as a guide to prehistoric chronology: Westminster Rev., Vol. 148, S. 8–22; 126–99; 237–50.

3171a The original home of mankind: Australasian Anthr. J. '97, S. 111 f.

3172 Howard,C.–Sex worship: an exposition of the phallic origin of religion. Washington (Lo.) '97. 8. 6 s.

3173 Howarth,O.H.–The Asiatic element of the tribes of Southern Mexico: J. Anthr. Inst. of Great Brit. XXVI, S. 32 f.

3174 Hutchinson,H.N.–Marriage customs in many lands. Lo., Seeley, '97. 360 S. 8. 12 s. 6 d.
Rec. Ath., Dec. 25, S. 890: Literature I, S. 297.

3174a Karutz,R.–Das Ohr im Volksglauben: Globus LXXII, S. 214-9.

3174b Keller,C.–Die afrikanischen Elemente in der europ. Haustierwelt: ebd. S. 285-9.

3175 Wachsthum der katholischen Kirche in den britischen Kolonien unter der Regierung der Königin Victoria: Kath. Missionen XXVI, S. 95 f.

3176 Kjellgren,Karl G.-Hundra år på världsmissionsfältet. Några ord om Londonmissionssällskapet (London Missionary Society) och dess insatser i det kristna kulturarbetet bland hednafolken. Stockholm, Palmquist, '97. 241 S. 8. *Kr.* 2.50.

3177 Kleinpaul,Rud.-Die Lebendigen u. die Toten in Volksglauben, Religion u. Sage. L., Göschen, '97. VI, 293 S. 8. *M.* 6.

3178 Knecht,Aug.-Die Religionspolitik Kaiser Justinians I. Eine kirchengesch. Studie. Würzburg, Göbel, '96. VI, 148 S. 8.
Beh. auch das Vorgehen gegen Heiden, Manichäer, Juden u. Samariter.

3179 K.S.Kodandaráma Aiyar.-The position of women in India, in America, and among savages. Parlakimedi, publ. by the author, '97. 40 S. 8. 8 @.

3180 Koski,Samuli.-Kansan oikeustapoja ja käsitteiä: Historiall. arkisto XV, 1, S. 108—63.

3181 Kunze,F.-Die Seide im Lichte der Culturgeschichte: Nord u. Süd, Bd. 81, S. 40-9.

3182 Lang,Andrew.-Modern mythology. N. Y., Longmans, '97. XXII, 212 S. 8. $ 3.
Rec. Ac. LII, S. 124 f.; Ath., July 31, S. 151 f.; SR LXXXIV, S. 91.

3183 Lasa,T.v.der.-Zur Geschichte u. Literatur des Schachspiels. L., Veit & Co., '97. VIII, 269 S. 8.
Rec. *J.ü—r*, LC 48, S. 1572-1.

3183a Le Blant,E.-750 inscriptions de pierres gravées, inédites ou peu connues: Mém. de l'Ac. des inscr. et belles-lettres XXXVI, 1 (P., Impr. nat., '97). 210 S.; 2 T. 4.
Zur Erwähn. biblischer Namen vgl. *M.Schwab*, Rev. de l'hist. des rel. XXXVI, S. 128—30.

3184 Letourneau,Ch.-L'évolution du commerce dans les diverses races humaines. (= Bibliothèque anthropologique. XVIII) P., Vigot frères, '97. XXIII, 581 S. 8.
Rec. *Julien Vinson*, Rev. de ling. XXXI, S. 166—8; *K.l Jerneau*, l.'Anthr. VIII. S. 706—8.

3185 Limousin,Charles M.-La Kabbale littéraire occidentale: Nouv.Rev. CVII, S. 281-310.

3186 M.-Die Grabschrift des Aberkios: Beil. Allg. Ztg. 178, S. 4-7.

3187 Macalister,R.A.S.-Ecclesiastical vestments: their development and history. I.o., Stock, '96. 288 S. 8. 6 s.

3187a McGee,W.J.-The beginning of marriage: Am.Anthropologist IX, No.11.

3188 Main,A.-La storia dell' usura nel mondo pagano e nel cristianesimo: Riv. int. di sc. sociali XIII, S. 215-34; XIV, S. 27-47.

3189 Mantegazza,Paul.-De mensch in het geslachtsleven. Culturhist. en anthropologisch onderzoek naar den sexueelen omgang bij de verschillende volken der aarde. Voor Nederland bewerkt en met tal van ethnogr. bijzonderheden betr. de Nederl. bezittingen in Indië vermeerded door A.R. Westerhout. 5e druk. Amst., van Klaveren, '97. *F.* 3.90.

3189a Marillier,L.-La place du totémisme dans l'évolution religieuse à propos d'un livre récent (F. B. Jevons Ol X, 3173): Rev. de l'hist. des rel. XXXVI, S. 208-53.

3190 Martin,F.R.-Moderne Keramik von Centralasien. 15 Tafeln nebst Text. Stockholm, Chelius, '97. 9 S.; 15 T. 4. *Kr.* 22.50; *M.* 25.

3191 — — Morgenländische Stoffe. 15 Tafeln nebst Text. Ebd. '97. 12 S.; 15 T. 4. *Kr.* 18; *M.* 20.

3192 Matthew,James E.-The literature of music, a history from the earliest time to the present day. I.o., Stock, '96. 292 S. 8. 4 s. 6 d.

3193 Mau.-Bart: Paulys Realencycl. III, S. 30-4.

3193a — — Bestattung: ebd. S. 331-59.

3194 Mayeux,II.-Causeries sur les styles. L'enfance de l'art: Rev. de l'art II, S. 108-20.

3195 Mehemed Emin Efendi.-Kultur u. Humanität. Völkerpsych. u. polit. Untersuchungen. Würzburg, Stahel, '97. III, 168 S. 8. *M.* 3.60.
Rec. LC 29, S. 931 f.; *A.l ierhandt*, Globus LXXII, S. 355.

3196 **Montelius,**Osc.-The Tyrrhenians in Greece and Italy; J. Anthr. Inst. of Great Brit. XXVI, S. 254—61; 16 T., 2 Tab.
3197 — — Preclassical chronology in Greece and Italy: ebd. S. 261-71.
3198/9 **Mortillet,**G.de.-Les boissons fermentées: Rev. mens. de l'éc. d'anthr. de P. VII, No. 9.
3200 **Müller,**F.Max.-Bönen i olika religioner. En inblick i jämförande religionsforskning. Utdrag från föreläsningar hållna i Oxford. (= I var tids lifsfrågor utg. af S. Alrutz. II.) Stockholm, Skoglund, '97. 43 S. 8. *Kr.* 0,75.
3201 **Nardini Despotti Mospignotti,** A. - L'architettura ionica in relazione a quelle dei popoli ariani dell' Asia anteriore: Archivio stor. dell' arte, Ser. II, Anno III, Fasc. 3.
3202 **Nevins,**J.Birkbeck.-Systems of colonization from prehistoric periods and their results: Proc. Lit. and Philos. Soc. Liverpool L, S. 1–44.
3203 **Nilles,**Nic.-Kalendarium manuale utriusque ecclesiae orientalis et occidentalis academiis clericorum accommodatum auspiciis commissarii apostolici auctius atque emendatius iterum ed. - - [OB X, 342]. Tom. II. Innsbruck, F.Rauch, '97. XXXII, 858 S. 8. *M.* 10.
Rec. *C.W[eyman]*, Byz. Z. VII, S. 485 f.; *M.Pohl*, Rev. cr. 33,4, S. 104.
3204 **Nyrop,**Kristoffer.-Kysset og dets historie. Kjøbenhavn, Nordiske Forlag, '97. 200 S. 8. *Kr.* 2,50.
Rec. *J.Füsing*, Nord. Tidskr. '97, S. 691—5.
3205 **Olck.**-Brei.-Butter.-Byssos: Paulys Realencycl. III, S. 457–64; 1089–92; 1108–14.
3206 **Oppel,**A.-Die Kokospalme: D. ggr. Bl. XX, S. 179-214; 257–76.
S. 202—141 Die K. im Haushalte der Völker.
3206a **Parmentier,**L.-Le roi des Saturnales: Rev. de philol. XXI, S. 143–9.
3207 **Patetta,**F.-Contributi alla storia delle orazioni nuziali e della celebrazione del matrimonio: Studi Senesi XIII, S. 3–72.
3208 **Peschel,**Osc.-Völkerkunde. 7. Aufl. Mit e. Vorwort von Ferd. Frhrn. v. Richthofen. L., Duncker & Humblot, '97. XIV, 570 S. m. Bildn. 8. *M.* 10.
3209 **Pharmakowsky,**Boris.-Un nouveau fragment de fresque mycénienne: Rev. archéol. XXXI ('97), S. 374–80; 1 T.
3210 **Ploss,**H.-Das Weib in der Natur- u. Völkerkunde. Anthropol. Studien. 5. Aufl. Nach dem Tode des Verf. bearb. u. hrsg. v. Max Bartels. Mit 11 lith. Taf. u. 420 Abbildgn. im Text. 2 Bde. L., Grieben, '97. XX, 710 u. VIII, 711 S. 8. *M.* 26.
Schlusstit. zu OB XI, 360.
3211 **Pottier,**E.-Vases antiques du Louvre. Photogravures et dessins de Jules Devillard. Salles A-E: Les origines, les styles; écoles rhodienne et corinthienne. P., Hachette, '97. 67 S. 4. (T.) *Fr.* 30.
Rec. *T.S*, LC 49, S. 1612 f.; *A.Furtwängler*, DL 42, S. 1940—11.
3211a Origins and interpretations of primitive religions: Edinburgh Rev., Vol. 186, S. 213-44.
Nach MaryH.Kingsley, Travels in West Africa (Lo., '97); F.B.Jevons OB X, 3173; Max Müller OB XI, 342.
3211b The two races of the white species of men: Australasian Anthr. J. '96, 2, S. 20 f.
The red species of mankind: ebd. '97, 3, S. 7 f.; The yellow sp. of m., ebd. 4, S. 93.
3212 **Ratzel,**Friedr.-Der Staat und sein Boden geographisch betrachtet. (= Abh. Sächs. Ges. Wiss., Phil.-hist. Cl. XVII, 4.) L., Hirzel, '96. 127 S. 8. *M.* 6.
3213 — — The history of mankind. Transl. from the 2nd German ed. by A.J.Butler. With introd. by E.B. Tylor [OB X, 3216]. Vol. II. Lo. (N.Y.), Macmillan, '97. XIV, 562 S. 8. (ill., K., T.) 12 s.; $ 4.
Rec. Open Court XI, S. 251—4; D.G.Brinton, Int. J. of Ethics VII, S. 526 f.
3213a **Reichel,**Wolfg.-Ueber vorhellenische Götterculte. W., Hölder, '97. V, 98 S. 8. (ill.) *M.* 4.
Rec. *S.Reinach*, Rev. cr. 48, S. 389—92.
3214 **Richter,**Julius.-Auf apostolischen Missionswegen: Ev.Missionen '97 S. 1–11; 49–59.

3215 Roscher,W.H.-Das von der „Kynanthropie" handelnde Fragment des Marcellus von Side. (= Abh. Sächs. Ges. Wiss., Phil.-hist. Cl. XVII, 3.) L., Hirzel, '96. 92 S. 8. *M. 4.*

3216 Sabatier,Aug.-Esquisse d'une philosophie de la religion d'après la psychologie et l'histoire. P., Fischbacher, '97. 8. *Fr. 7.50*
Vgl. *E.-J.Miguet.* Correspondant, Vol. 187. S. 3—42.

3217 — — Outlines of a philosophy of religion based on psychology and history. Author. transl. by T.A.Seed. Lo., Hodder, '97. 354 S. 8. *7 s. 6d.*

3218 Saby,Jul.-L'ascétisme et l'évangile. (Thèse de P.) Montauban, impr. Granié, '97. 85 S. 8.
Introd.: Coup d'oeil retrospectif sur l'asc. avant le Christianisme, S. 13—31.

3219 Sartori,Paul.-Glockensagen u.Glockenaberglaube: ZVVk VII,S.113—29; 270—86; 358—69.

3220 Schaible,Karl Heinr.-Die Frau im Altertum. E. kulturgesch. Bild. Karlsruhe, G.Braun, '98. VIII, 96 S. 8. *M. 2.*

3221 Schirmacher,K.-Die Frau im Orient: Voss.Ztg.'97,Sonntagsbeil.No.32 f.

3222 Schmeltz,J.D.E.-Ueber das Marterinstrument „Tikan gabus": Int.Arch. f. Ethnogr. X, S. 157 f.

3223 — — Mededeelingen uit's Rijks Ethnographisch Museum: ebd. S.261-4; 1 T.

3224 — — Ueber das Alter des Tabakrauchens: ebd. S. 265 f.
Nach Aufs. im Ostas. Lloyd '97, No. 16; 18 u. in dem Indischen Gids '97, Febr.

3225 Schmidt,Walther.-Kritik der Theorie der Religion bei Max Müller. (Diss. L.) B., Druck v. Knoll & Wölbling, '96. 37 S. 8.

3226 Schurtz,H.-Beiträge z. Entstehungsgeschichte des Geldes: D. ggr. Bl. XX, S. 1—66.
Rec. *A.Vierkandt*, PM XLIII, Lber. S. 141.

3227 Sergi,G.-Ursprung u. Verbreitung des mittelländischen Stammes. Mit 30 Abbildgn. im Texte, 2 Karten u. e. Anh.: Die Arier in Italien. Übers. v. A.Byhan. L., Friedrich, '97. VIII, 163 S. 8. *M. 5.*
Vgl. OB X, 373 etc. — Rec. *R.Andree,* Globus LXXII, S. 211.

3227a Über den Ursprung des Sexagesimalsystems: Himmel u. Erde '97, August.

3228 Silbermann,Henri.-Die Seide. Ihre Geschichte, Gewinng. u.Verarbeitg. 1. Bd. Die Geschichte der Seidenkultur, des Seidenhandels u. der Seidenwebekunst von ihren Anfängen bis auf die Gegenwart. Naturgeschichte der Seide. Die Gewinng. der Rohseide u. Zubereitg. der Gespinnste. Dresden, G.Kühtmann, '97. X, 517 S. 8. (ill.) *M. 25.*
Rec. *Jul.Lessing,* DL 48, S. 1908—11.

3229 Simcox,E.J.-Primitive civilizations; or outlines of the history of ownership in archaic communities. Cheap ed. 2 Vols. Lo., Sonnenschein. '97. 1148 S. 8. *21 s.*

3229a Sinclair,W.F.-„Antiquity of Eastern falconry": JRAS '96, S. 793-6.
Dazu Th. G. Pinches, ebd. '97, S. 117 f.

3229b Sociology: the progression and evolution of mankind: Austral-asian Anthr. J. '97, 4, S. 91-3.

3230 Sokolov,M.I.-Novyj materʹjal dlja objasnenija amuletov, nazyvaemych zmčevikami. Moskva '94. 70 S. 4.
Aus: Trudy Slavjanskoj Kommissii pri Imperatorskom Archeologičeskom Obščestvě. Vyp. I. — Rec. *A.Sčukarev*, Viz. Vrem. III, S. 384—6. — Vgl. auch ebd. S. 675 f.

3231 Steinmetz,S.Rud.-Continuität oder Lohn u. Strafe im Jenseits der Wilden: Arch. f. Anthr. XXIV, S. 577—608.
Zugl. Kritik von L.Marillier OB VIII, 2930.

3232 Theosophy briefly explained. Written and edited by various students. Lo., Simpkin, '97. 128 S. 8. *1 s.*

3233 Thomas,Cyrus.-The vigesimal system of enumeration: Am. Anthropologist IX, No. 12.

3234 Tiele,C.P.-Elements of the science of religion. Part I: Morphological. Gifford lectures before the university of Edinburgh in 1896. Vol. 1. Lo., Blackwood, '97. 312 S. 8. *7 s. 6 d.*
Rec. Ac. LII, S. 393 f.; Literature I, S. 269 (hier ist der Verf. fortwährend „Teile" genannt!).

3235 Trever,G.H.–Studies in comparative theology: six lectures. Cincinnati, Curts & Jennings, '97. VI, 482 S. 8. $ 1.20.
The Vedic religion and primitive revelation etc.

3236 Tümpel.–Belos: Paulys Realencycl. III, S. 259-64.

3237 Tyler,C.M.–Bases of religious belief, historic and ideal: an outline of religious study. Lo. (N.Y.), Putnam, '97. X, 273 S. 8. 6 s.; $ 1.50.

3238 Characteristics of the universal religion: Brahmavâdin (Ma.; Lo., Luzac) III, S. 261-8.

3239 Upton,C.B.–Lectures on the bases of religious belief, delivered April and May 1893: Hibbert lectures. 2nd ed. Lo., Williams & Norgate, '97. 376 S. 8. 3 s. 6 d.

3239a [Ber. von L. Vanderkindere, A. Willems u. Goblet d'Alviella üb. e. Preisaufgabe: Sur les croyances et les cultes de l'Ile de Crète dans l'antiquité]: Bull. Ac. royale de Belg. XXXIII ('97), S. 480–92.

3240 V[erneau],R.–Les causes de l'anthropophagie: L'Anthr. VIII, S. 630. Nach Flinders Petrie.

3241 Viel,Jean.–Les idées des Grecs sur la vie future. (Thèse de Montauban.) Toulouse, impr. Chauvin & Fils, '97. 164 S. 8.
Berücks. in der Einl. die oriental. Religionen.

3242 Vuillier,Gaston.–La danse. P., Hachette, '98. VIII, 390 S. 4. (ill., T.)

3243 — — A history of dancing from the earliest age to our own times. From the French. Sketch of dancing in England by Joseph Grego. Lo., Heinemann (N.Y., Appleton), '97. 454 S. 4. (ill., T.) 36 s.; $ 12.

3244 Wagler.–Baumwolle: Paulys Realencycl. III, S. 167–73.

3245 Walkey,R.Huyshe.–Archaeology and evolution: J. of the Tr. of the Victoria Inst. XXVIII, S. 117–28.

3246 Warburg,O.–Die Muskatnuss, ihre Geschichte, Botanik, Kultur, Handel u. Verwerthung, sowie ihre Verfälschungen u. Surrogate. Zugleich e. Beitrag zur Kulturgeschichte der Banda-Inseln. Mit 3 Heliograv., 4 lith. Taf., 1 Karte u. 12 Abbildgn. im Text. L., Engelmann, '97. XII, 628 S. 8. M. 20.
Rec. H.Polakowsky, Verh. Ges. f. Erdk. B. XXIV, S. 556 f.

3247 Ward,J.–Historic ornament: treatise on decorative art and architectural ornament. Treats of prehistoric art; ancien art and architecture; Eastern, Early Christian, Byzantine, Saracenic, Romanesque, Gothic and Renaissance architecture and ornament. Lo., Chapman, '97. 420 S. 8. (ill.) 7 s. 6 d.

3248 Warneck,G.–Missionsstunden. 2. Bd. Die Mission in Bildern aus ihrer Geschichte. 1. Abtlg. Afrika u. die Südsee. 4. Aufl. Gütersloh, Bertelsmann, '97. XI, 363 S. 8. M. 5.

3248a — — Die deutschen evangelischen Missionen: Aus allen Weltth. XXVIII, S. 257–66.

3249 Weinhold.–Zur Geschichte des heidnischen Ritus. (Aus d. Abh. kgl. Ak. d. Wiss. B.) B., G. Reimer in Comm., '96. 50 S. 4. M. 2.

3250 Whitney,Annie Weston.–"De los' ell an' yard": J. of Am. Folk-Lore X, S. 293–8.
Ell and yard = the sword and belt of Orion.

3251 Wide,S.K.A.–Eleusis och de eleusinska mysterierna: Ord och Bild '96, S. 305–18.

3252 Witzgall,J.–Das Buch von der Biene. Unter Mitw. v. Elsässer, Gmelin . . . St., Ulmer, '98. IX, 542 S. 8. (ill.) M. 6.50.
S. 1–83: Geschichte d. Bienenzucht v. Alb.Gmelin.

3253 Wünsche,Aug.–Der Regenbogen in den Mythen u. Sagen der Völker: Nord u. Süd, Bd. 82, S. 70–82.

3253a Wyman,Walter.–The black plague: North Am. Rev., Vol. 164, S. 441–52.
Vgl. OB XI, 334.

3254 Zambacho-Pacha.–L'antiquité de la syphilis: La France médicale et Paris médical '97, No. 52.
Vgl. K.V[erneau], L'Anthr. VIII, S. 734 („Fouquet a découvert dans l'anc. nécropole d'Abydos des ossements pathologiques prouvant que, sous les Pharaons, la syphilis existait dans la vallée du Nil").

3255 Zehender,W.v.–Die Weltreligionen auf d. Columbia-Congress v. Chicago im Sept. 1893. Mit einigen Zus. u. Erläut. M., Rieger, '97. VIII, 252 S. 8. *M.* 5.
Rec. LC 46, S. 148).
3256 Zöckler,Otto.–Askese und Mönchtum. 2. Aufl. der „Kritischen Geschichte der Askese". [Schl. zu OB XI, 400.] Bd. II. Frankfurt a. M., Heyder & Zimmer, '97. IV u. S. 323–645. 8. *M.* 5.
Die 1. Aufl. ersch. 1874. — Rec. *Alb.Erhard*, Hist. Jb. XVIII. S. 867—70; *L. Schulze*, Th. Lbl. '97. S. 493 f.; *G.Grützmacher*, Th. Rdsch. I, S. 113—6.

6. Schriftkunde. Numismatik.

3257 Babelon,Ernest.–Les collections de monnaies anciennes, leur utilité scientif. (— Petite Bibliothèque d'art et d'archéologie. No. 22). P., Leroux, '97. 4 Bl., VI, 126 S. 8.
3258 Münzkunde aller Staaten der Erde. 5. Aufl. (═ Miniatur-Bibliothek No. 17). L., Verlag f. Kunst u. Wissenschaft, '97. 47 S. 8. *M.* 0.10.
3259 Königliche Museen zu Berlin. – Katalog der orientalischen Münzen. [Bearbeitet v. Heinrich Nützel.] Erster Band. Die Münzen der östlichen Chalifen. Mit 7 Tafeln. B., Spemann, '98. XVIII, 423 S. 4. *M.* 25.
Rec. Num. Z. XXX, S. 202 f.

7. Sprachwissenschaft.

3260 Sprachwissenschaftliche Abhandlungen. Hrsg. von Lukas von Patrubány [OB XI, 405]. Bd. I, Heft 2–4. Budapest, Franklin-Verein, Oct.-Dec. '97. S. 17–80. 8.
3260a Nyelvtudományi Közlemények a Magyar Tudományos Akadémia nyelvtudományi bizottságának megbízásából szerkeszti Szinnyei József [OB X, 3270a]. XXVI, 3–4. XXVII, 1–2. Budapest, Ak., '96/7. S. 257–500 mit IV S. Titel u. Inh.; S. 1–240. 8. j. *Fl.* 3.
3260b An Egyptian alphabet for the Egyptian people. Florence, Landi Press, '97. 56 S. 8.
„This anonymous pamphlet proposes a transliteration of the Arabic alphabet for the use of Egyptians. The form adopted is a Roman alphabet with a few diacritical marks": Ggr. J. X, S. 556.
3260c Hellebrant Árpád.–Könyvészet 1896. I [OB X, 3270b]: Nyelvtud. Közlem. XXVII, S. 217–26.
3261 Howell,M.S.–The transliteration report of "The Royal Asiatic Society": As. Qu. Rev. IV ('97), S. 197 f.
3262 Hutson,C.W.–The story of language. Chicago, McClurg & Co., '97. 392 S. 8. $ 1.50.
3263 Meyer,Leo.–[Ueber sein geplantes „Handbuch der griech. Etymologie"]: Sitzb. Gel. Estn. Ges. '96, S. 1–26.
Mit Bem. über das indog. u. ugrofinnische Sprachgebiet.
3264 Nota [della direzione]: Gi. Soc. as. it. X, S. 206.
Missfallensvotum betr. S. Prato OB X, 422.
3265 Scerbo,F.–Le nuove proposte di trascrizione: Gi. Soc.as. it. X, S.199–205.
Zu OB IX, 3277 u. Kuhn u. Schnorr OB X, 3276.
3266 Solov'ev,A.T.–[Joh. III, 16 in I 39 Sprachen]. Kazań, Univers.-Druckerei, '97. 24 S. 4. *Rub.* 0.25.
3266a Teza,E.–La società biblica d'Inghilterra nel MDCCCXCIV [OB IX, 3297a]: Atti Ist. Veneto, Ser. VII, T. VI, S. 572–96.
3267 [Die Zahl der Bibelübersetzungen]: Beil. Allg. Ztg. 207, S. 8.
Nach J. G. Watt. — Vgl. OB XI, 423a.
3268 Windisch,E.–Zur Theorie der Mischsprachen u. Lehnwörter: Ber. üb. d. Verh. Sächs. Ges. Wiss., Philol.-Hist. Cl., Bd. 49, S. 101–26.

8. Litteraturgeschichte.
(S. auch No. 3476.)

3268a Ausfeld,Ad.–Zu Pseudokallisthenes und Julius Valerius: Rhein. Mus. LII, S. 435–45; 557–68.
3269 Baumgartner,A.–Weltliteratur [OB XI, 426]. 1. Bd. 4–8. Lfg. (Schluss). Freib. i/B., Herder. S. 241–620, I–XIX. 8. Je *M.* 1.20.

Baumgartner, A.-Weltliteratur. 2. Bd. Die Literaturen Indiens u. Ostasiens. 1.-2. Aufl. Ebd. '97. XV, 630 S. 8. *M.* 9.60.
Rec. von Bd. I: *Rich.M.Meyer*, DL 47, S. 1846—8; *L.Pastor*, OL 13, S. 396 f.; Civiltà catt., Ser. XVI, Vol. XII, S. 71—4; *G.Gietmann*, Stimmen aus Maria-Laach LIII, S. 426—9; *J.B. Nisius*, Z. f. kath. Th. XXI, S. 533—6.

3270 **Gaster**,M.-An old Hebrew romance of Alexander. (Transl. from Hebr. mss. of the twelfth century): JRAS '97, S. 485-549.
Vgl. *K.K|rumbacher|*, Byz. Z. VII, S. 215.

3270a **Gleye**, C.E.-Zur Charakteristik des Pseudo-Kallisthenes: Philologus LVI, S. 244.

3271 **Goldziher**,Ign.-Die verweigerte Kniebeugung: ZVVk VII, S. 441-3.
Talmud. u. muhammed. Erzähl.

3272 **Herzog**,Sigm.-Die Alexanderchronik des Meister Babiloth. E. Beitr. z. Gesch. d. Alexanderromans. Progr. Eberhard-Ludwigs-Gymn. Stuttg. '97. 60 S. 4.

3272a **Istrin**,V.M.-Zamečanija o sostavě tolkovoj palei: Izvěstija otděl. russk. jaz. i slov. Imp. Akad. nauk 2 ('97), kn. 1, S. 175-209; kn. 4, S. 845-905.
Rec. *K.K|rumbacher|*, Byz. Z. VII, S. 226.

3273 — — Otkrovenie Mefodija Patarskago i apokrifičeskija viděnija Daniila. Izslědovanija i teksty: Čtenija v Imp. Obšč. istorii i drevnostej rossijskich pri Moskovskom Universitetě za 1897 g. II, 329, 208 S. 8.
Vgl. Bull. Ac. Pe. V. Sér., V. S. LV f.

3274 Otčet komandirovannago za granicu ... Vasilija Istrina za vtoruju polovinu 1894 goda: ŽMNP '96, Nov., Otd. 2, S. 1—41.
Enthält S. 12—31 Material für die Legenden von Judas Ischarioth und Zacharias mit Bezug auf Sergěj Solovev, Istoriko-literaturnye etjudy. K legendam ob Iudě predatelě. Vyp. I. Char'kov 1895 und auf A. Berendts OB IX, 5542.

3275 **Book of wonder voyages**. Ed. by Joseph Jacobs. Ill. by John D. Batten. I.o., Nutt '97. 236 S. 4. 6s.

3276 **Jülicher**.-Barlaam: Paulys Realencycl. III, S. 21-3.

3277 **Kirby**, W. F., and A. G. Ellis.-The story of Ahikar and Nadab: Ath., Nov. 20, S. 711.
Dazu A. S. Lewis, ebd., Nov. 27, S. 750.

3278 **Kuiper**, K.-Studia Callimachea. II. De Callimachi theologumenis. Lugd. Bat., Sijthoff, '98. VIII, 158 S. 8.
Betr. auch die aeg. Mythol.

3278a **Lanman**,Charles R.-'Pilpay': Library of the World's best literature (N. Y., Hill & Co. '97).

3279 **Leixner**,Otto v.-Geschichte der fremden Litteraturen. 2. Aufl. 1. Tl. (= Ill. Geschichte der Litteraturen aller Völker, 3. Bd.). Mit 177 Text-Ab-bildgn. u. 10 teilweise mehrfarb. Beilagen. L., Spamer, '97. VI, 485 S. 8. *M.* 8.

3280 **Marr**, N.-Chiton Gospoden' v knižnych legendach armjan, gruzin i sirijcev: Sborn. stat. uč. prof. Rozena S. 67-96.
Darin georgische und armenische Texte mit Übs.

3281 **Matuszewski**,Ign. - Dyabeł w poezyi [Der Teufel in der Poesie]. Warschau, Centnerschwer, '94. 8.
T. nach d. Rec. v. *W.Baresvicz*, Oest.-Ung. Rev. XIX, S. 137—51.

3282 **Nordmeyer**,G.-Der Tod Neros in der Legende: Festschr. Gymn. Mörs '96, S. 27-36.
Handelt auch üb. die auf Nero bez. Nachr. bei Johannes von Nikiu etc.

3283 **Teza**,E.-Eco di stranieri ai nostri poeti: Atti e Mem. R. Acc. di sc. Padova XIII ('97), S. 175-99.

3284 **Veselovskij**,Aleksandr.-[Zum Alexanderroman]: Viz. Vrem. IV, S. 533-87.
Im Anschluss an die neuesten Publicationen von Budge, Gaster, Christensen u. a. m. — Auch sep. 55 S. 8.

3285 **Wassmer**,Jacob.-Zur erklärung von Sophokles Antigone: N. Jb. f. Philol. u. Paed. CLV, S. 701-4.
Erörtert im Anschl. an Vers 905 ff. das Verh. von Bruder u. Schwester in der Völkerkunde. — S. schon Pischel, Nöldeke u. Pizzi OB X, 4496 etc.

3286 **Wlislocki**,Heinr.v.-Zur Lenorensage: Z. f. vgl. Littgesch., N. F. XI, S. 467-74.

3287 **Zuretti**,C.O.-Per la critica del l'hysiologus greco: Studi it. di filol. class. V, S. 113-218.

Recensionen zu I.

Alexandri Lycopol. contra Manichaei opiniones disputatio ed. A. Brinkmann: *Hugo Koch*, Katholik XIV ('96), S. 376-8.

W. Anz, Zur Frage n. d. Urspr. des Gnosticismus: *G.Kr.*, IC 43, S. 1386-8; *A.Harnack*, Th. Lz. 18, S. 483 f.

C.R. Beazley, The dawn of modern geography: *Ruge*, PM XLIII, I.ber. S. 141 f.; Ggr. J. IX, S. 532 f.; *Guy Le Strange*, Engl. Hist. Rev. XII, S. 538-43.

J. Beloch, Griech. Geschichte. II: *r.*, LC 28, S. 901 f.

C. Bertacchi, L'Asia Minore, L'Oriente e gli Armeni: *Naumann*, PM XLIII, Lber. S. 97.

C. Bigham, A ride through Western Asia: IC 32, S. 1032 f.; *O.Mann*, DL 34, S. 1347-9; Ac. LII, S. 196 f.

G. Bonet-Maury, Le congrès des religions: *C. de Meaux*, Correspondant, Vol. 182, S. 179 f.

G.N. Bonwetsch, Stud. z. d. Komment. Hippolyts z. Buche Daniel u. Hohen Liede: *G.Kr.*, IC 47, S. 1515 f.; *N. Bonwetsch* (Selbstanz.), GGA 12, S. 999 f.; *A.Jülicher*, Th. Lz. 25, S. 651-8; 26, S. 693 (bespr. auch OB XI, 434a u. H.Achelis, Hippolytstudien '97); *A.H[ilgenfeld]*, Z. f. wiss. Th. XL, S. 637 und B. philol. Wschr. '97, S. 1414-6.

K. Bücher, Arbeit und Rhythmus: *F.Eulenburg*, DL 31, S. 1227-32; *Fr. Paulsen*, Preuss. Jb., Bd. 89, S. 139-42.

G. Busolt, Griech. Geschichte. III, 1: *r.*, IC 28, S. 901 f.

M. Cantor, Vorles. üb. Gesch. d. Mathem.: *T.J.McC[ormack]*, Monist VII, S. 314-7.

V. Charbonnel, Congrès universel des religions en 1900: *J.Réville*, Rev. de l'hist. des rel. XXXV, S. 266 f.

V. Chauvin, Bibliogr. des ouvrages arabes. II: Bibliographie moderne '97, Mai; *J.Forget*, Muséon XVI, S. 489f.; *R.Basset*, Rev. des trad. pop. XII, S. 694-6.

H. Cordier, Centenaire de Marco Polo: *A. de Claparède*, Globe XXXVI, Bull., S. 190—3; *Ruge*, PM XLIII, Lber. S. 143.

F. Cumont, Textes et mon. fig. rel. aux mystères de Mithra: *Aug.Wagener*, Bull. Ac. royale de Belg. XXIX ('95), S. 87-9; *C.Patsch*, Wiss. Mitth. aus Bosnien V, S. 352-4.

A. Dieterich, Die Grabschrift des Aberkios: *H.Gompers*, DL 33, S. 1288; *Th.Preger*, Bl. f. d. Gymn. Schulw. XXXIII, S. 633 f.; *P.Batiffol*, Rev. de l'hist. des rel. XXXVI, S. 111-3 (s. auch XXXIV, S. 428); *Hilgenfeld*, B. philol. Wschr. '97, S. 391-4; *Victor Schultze*, Th. Lbl. '97, S. 94-6.

J.L. Dutreuil de Rhins, Mission scientifique dans la Haute-Asie. I: *H.Vam. béry*, ÖM XXIII, S. 139-41.

Aegyptiaca. Festschr. Ebers: IC 47, S. 1524 f.

F.T. Elworthy, The evil eye: *L.Marillier*, Rev. de l'hist. des rel. XXXV, S. 253-60.

A.J. Evans, Cretan pictographs and praephoenician script: *Hub.Schmidt*, B. philol. Ws. '97, S. 1422-7.

E.P. Evans, Animal symbolism in eccl. archit.: *C.E.Boyd*, Open Court XI, S. 313-5.

A.K. Fischer, Die Hunnen im schweiz. Eifischthale: *Foss*, Mitt. aus d. hist. Litt. XXV, S. 494 f.

Fontes historiae imperii Trapezuntini. Ed. A. Papadopulos-Kerameus. I (Abdruck aus: Zap. Ist.-Filol. Fak. Pe., Heft 43): Viz. Vrem. IV, S. 682 f.

A. Glassberg, Die Beschneidung: *J.P.*, Isr. Mschr. '97, No. 8.

G.M. Grant, L'Orient et la Bible. Les grandes religions (OB XI, 277): *J.Réville*, Rev. de l'hist. des rel. XXXVI, S. 289.

E. Hahn, 1) Die Hausthiere, 2) Demeter u. Baubo: *J.D.E.Schmelts*, Int. Arch. f. Ethnogr. X, S. 173-7; *R.F.Kaindl*, Mitth. ggr. Ges. W. XL, S. 803-6; 2): *L.Marillier*, Rev. de l'hist. des rel. XXXV, S. 385-7.

E.-T.Hamy, Études hist. et géographiques: *Ruge*, PM XLIII, Lber. S. 141.
Mélanges Charles de Harlez: *J.G.*, Bull. cr. '96, S. 575 f.; *W.Bang* et
A.Hebbelynck, Muséon XVI, S. 282–90.
J.Hart, Gesch. d. Weltlitt.: *Rich.M.Meyer*, DL 47, S. 1848–51.
G.F.Gereberg [Hertzberg], Istorija Vizantii. Perevod, primēcanija i prilo-
ženija P.V.Bezobrazova (OB XI, 191a): Viz. Vrem. IV, S. 250 f.; Russkij
Věstnik '97, Apr., S. 319–21.
R.Hildebrand, Recht u. Sitte: *F.Pollock*, Engl. Hist. Rev. XII, S. 531–3.
Hippolytus'Werke, hrsg. v. G.N.Bonwetsch u. H.Achelis. I, 1: *A.H[ilgen-
feld]*, Z. f. wiss. Th. XI., S. 634–6 und B. philol. Wschr. '97, S. 1321–6 (cf.
C.Weyman, Byz. Z. VII, S. 226); *P.Lejay*, Rev. cr. 42, S. 221–4.
W.W.Hunter, Life of B. H. Hodgson: *L.Feer*, Rev. cr. 52, S. 493–7.
O.Jespersen, Progress in language: *Holger Pedersen*, Nord. Tidsskr. for
Filol., 3. Række, IV, S. 131–5.
F.B.Jevons, Introd. to the hist. of religion: J. Anthr. Inst. of Great Brit.
XXVI, S. 303 f.; Westminster Rev., Vol. 148, S. 439–48.
Ch.Joret, Les plantes dans l'antiquité et au moyen âge. I: *Ed.Hahn*, DL.
38, S. 1498–1500; *E.Roth*, Globus LXXII, S. 307; Ath., Aug. 14, S. 227.
Journal of the American Oriental Soc. XIX, 1: *F.L.*, Gi. Soc. as. it.
X, S. 208 f.
A.H.Keane, Ethnology: Educational Rev. X, No. 5.
H.Kluge, Die Schrift der Mykenier: *Hub.Schmidt*, B. philol.Ws. '97, S.1428–31.
J.Kobler, Zur Urgeschichte d. Ehe: *J.D.E.Schmeltz*, Int. Arch. f. Ethnogr.
X, S. 277 f.
Semitic studies in mem. of Alex. Kohut: *C.Siegfried*, Th. Lz. 15, S. 403–5;
W.Bacher, Rev. ét. j. XXXV, S. 115–32; *M.Schwab*, Rev. de l'hist. des
rel. XXXV, S. 388–91; *M.J.de Goeje*, Th. Ts. '97, S. 428–32; *H.L.Strack*,
Th. Lbl. '97, S. 129–31.
E.Kuhn u. H.Schnorr v. Carolsfeld, Die Transcr. fremder Alph.: *H.Bo-
hatta*, ÖL 16, S. 492 f.; JRAS '97, S. 653 f.; Bibliographie moderne '97, Mai;
C.deH[arles], Muséon XVI, S. 290 f.
E.Lambrecht, Catal. de la Bibl. de l'École des langues or. vivantes. I: *C.F.
S[eybold]*, LC 35, S. 1134 f.; *C.Sonneck*, Rev. cr. 29, S. 41 f.
A.Lang, Mythes, cultes et religion: *A.Roussel*, Bull. cr. '96, S. 361–5; *R.
Basset*, Rev. des trad. pop. XII, S. 574 f.
Légendes religieuses bulgares trad. p. L. Schischmanoff: *René Basset*,
Rev. des trad. pop. XII, S. 503–6 [zur vgl. Litteraturgesch.].
Liturgies . . . ed. by F.E.Brightman.: *R-l*, LC 29, S. 929–31.
R.Loewe, Die Reste der Germanen am Schwarzen Meere: *J.D.E.Schmeltz*,
Int. Arch. f. Ethnogr. X, S. 278; *–lz*, LC 51/2, S. 1671 f.; *F.Wrede*, DL 49.
S. 1942–5; *L.L[aloy]*, L'Anthr. VIII, S. 480.
O.T.Mason, Primitive travel and transportation: *A.Vierkandt*, PM XLIII,
Lber. S. 140 f.
Maspero, Hist. anc. des peuples de l'Orient. II: SR LXXXIV, S. 174; *G.Radet*,
Rev. des Univ. du Midi III, S. 257–9.
R.Meringer u. K.Mayer, Versprechen und Verlesen: *J.Balassa*, Nyelvtud.
Közlem. XXVI, S. 364–7.
Rich.M.Meyer, Deutsche Charactere: *Friedr.v.d.Leyen*, Beil. Allg. Ztg.
231, S. 4–6.
K.Miller, Mappae mundi: *E.Michael*, Z. f. kath. Th. XXI, S. 512–6.
J.R.Mucke, Horde u. Familie: *J.D.E.Schmeltz*, Int. Arch. f. Ethnogr. X,
S. 177–9.
F.M.Müller, Contrib. to the science of mythology: *T.J.McCormack*, Monist
VIII, S. 625–7; *J.Beames*, As. Qu. Rev. IV ('97), S. 209–13.
P.Müller-Simonis, Vom Kaukasus z. Pers. Meerbusen: *Hn.*, LC 46, S. 1487 f.;
Arsruni, Ggr. Z. III, S. 598 f.
Is.Myer, Scarabs: *Clermont-Ganneau*, Rev. cr. 52, S. 505 f.
J.L.Nevius, Demon possession: *H.Chatelain*, J. of Am. Folk-Lore IX, S. 300–2.

P.Norrenberg, Allg. Litteraturgesch. (OB IX, 3322): *A.L.Stiefel*, Bayer. Z.
f. Realschulw. XVII, S. 189-206.
E.Oppermann, Geogr. Namenbuch: *E.Lentz*, Verh. Ges. f. Erdk. B. XXIV,
S. 212 f.
A.Παπαδόπουλος-Κεραμεύς, 1) Ἱεροσ. βιβλιοθήκη. III. 2) Ἀναλ. Ἱεροσ. σταχυο-
λογίας. III-IV: *O.v.Gebhardt*, DL 47, S. 1841-3.
J.H.Philpot, The sacred tree: *L.Marillier*, Rev. de l'hist. des rel. XXXV,
S. 339-45.
S.Reinach, Chroniques d'Orient. II: Ath., July 31, S. 168.
J.E.Ritchie, The cities of the dawn: Spectator, Vol. 79, S. 803.
J.Robinsohn, Psychologie der Naturvölker: *Th.Achelis*, PM XLIII, Lber. S.140.
Fr.Rückert's Werke. Hrsg. v. Conr. Beyer: *-I*, LC 30, S. 978 f.
F.Rühl, Chronologie: LC 49, S. 1590 f.
M.Schanz, Ein Zug nach Osten: *Immanuel*, PM XLIII, Lber. S. 130.
J.D.E.Schmeltz, Ethnogr. Musea in Midden-Europa (OB XI, 19. XI, 109 S. 4.):
S.Günther, Beil. Allg. Ztg. 229, S. 6 f.
F.v.Schwarz, Sintflut u. Völkerwand.: *C.Diener*, Mitth. ggr. Ges.W. XL, S.140 f.
Specimen translations in various Indian languages. Coll. and ed.
by G. A. Grierson: Ath., Oct. 2, S. 454.
R.S.Steinmetz, Ethnol. Stud. z. ersten Entw. d. Strafe: *M.Mauss*, Rev. de
l'hist. des rel. XXXIV, S. 269-95; XXXV, S. 31-60.
E.Stucken, Astralmythen der Hebräer, Bab. u. Aeg. I: *W.Drexler*, DL 38,
S. 1489 f.
C.P.Tiele, Gesch. d. Religion im Alterth. I, 2: *G.E[bers]*, LC 47, S. 1532 f.
H.F.Tozer, A history of ancient geography: *B-r*, LC 35, S. 1139-41; *J.
Partsch*, DL 41, S. 1622 f.
C.Tsountas & I.Manatt, The Mycenaean age: *H.W.Magoun*, Bibl. Sacra.
LIV, S. 593 f.
A.Vierkandt, Naturvölker u. Kulturvölker: *J.D.E.Schmeltz*, Int. Arch. f.
Ethnogr. X, S. 273 f.; *A.Wernicke*, DL 40, S. 1566-70; *S.R.Steinmetz*,
Globus LXXII, S. 17 f.; *Richter*, ÖL 19, S. 594 f.; *Ph.Paulitschke*, Mitth.
ggr. Ges. W. XL, S. 892 f.; *H.Panckow*, Verh. Ges. f. Erdk. B. XXIV, S. 89 f.
— — Die Kulturformen: *Th.Achelis*, PM XLIII, Lber. S. 140.
Thom.Wilson, The Swastika: *M.B.*, L'Anthr. VIII, S. 611-7; *G.d'Alviella*,
Bull. Ac. roy. de Belg. XXXIII ('97), S. 478-80.
M.G.Zimmermann, Kunstgesch. d. Alterthums: *H.W.*, LC 30, S. 981.
Živaja Starina. VI ('96): *H.Kern* [OB X, S. 173], Int. Arch. f. Ethnogr.
X, S. 165-9; 218-20; *Katanov*, Izv. Obšč. arch. etc. XIV, S. 379 f.

II. URAL-ALTAISCHE VÖLKER.
1. Geographie, Ethnographie und Geschichte.
(S. auch No. 3628; 4369.)

3288 Izvĕstija Obščestva archeologii, istorii i étnografii pri
Imp. Kazanskom Universitetĕ [OB XI, 448]. Vol. XIV, 3. Kazan' '97.
S. 241-389. 8.   j. (6 Hefte) *Rub.* 5.
3289 Finskt Museum. Illustr. Monatsschrift der finn. arch. Gesellsch.
Hrsg. v. Hj. Appelgren [OB XI, 449]. Jahrg. '97. H. 6-12. Helsingfors.
8.   j. (12 Hefte) *Fm.* 2.50.
Darin u. a.: Hj. Appelgren, En brandgraf å Ylsikylä kyrkogård i Bjerno. — A.Hackman,
Om likbränning i båtar under den yngre järnåldern i Finland. — Finska ortnamn i Åländska
skärgården.
3290 Suomen Museo. Illustr. Monatsschrift der finn. arch. Gesellsch.
Hrsg. v. Hj.Appelgren [OB XI, 450]. Jahrg. '97. H. 7-12. Helsingfors.
j. (12 Hefte) *Fm.* 2.50.
Darin u. a.: A.H.Snellman, Liiviläisten kukistus [Die Unterwerfung der Liven]. — Hj.Å.
Tarkeitä löytöjä. Solki kansanvaelluksen ajalta Tytärsaaresta. [Wichtige Funde. Eine Fibula
aus der Zeit der Völkerwanderungen aus Tytärsaari].
3291 Vénukoff,M.-Nouvelle grande carte de l'Asie russe par Bolcheff:
Rev. de ggr. XL, S. 71 f.

3292 Andreev,I.–Očerk istorii narodnago prosvěščenija v Finljandii: Obrazovanie '97, No. 10 f.

3293 Archangel'skij,N.A.–Světloe ozero (Sjuda-kjul') v prich. sela M. Šat'my Jadrinsk. u., s kartoju prichodov: Malo-Šat'minskago i Bol'še-Šatm.: Izv. Obšč. arch. etc. XIV, S. 362–5; 1 K.

3294 Arslanian,D.–Das gesammte Recht des Grundeigenthums u. das Erbrecht für alles Eigenthum in der Türkei. W., Perles, '94. 56 S. 8. *M.* 1.60.
Rec. *Ad.Shek,* Jb. d. int. Vereinig. f. vgl. Rechtswiss. I, S. 281—301.

3294a Astrachanskij Sbornik, izd. Petrovskim Obščestvom izslědovatelej Astrachanskago kraja. Vyp. I. Astrachan' '96.
Rec. *V.R—v.* ŽMNP Bd. 308, S. 370—3.

3295 B-n,A.I.–Sredi morja i skal. Iz putešestvija po Finljandii: Mirov. Otgoloski '97, No. 145; 152.

3296 Bagin,S.–Svadebnye obrjady i obyčai votjakov Kazanskago uězda: Etn. Obozr. XXXIII, S. 59–92.
Rec. *N.F.Katanov,* Dějatel' '98, S. 150 f.

3297 Baye, Baron de.–De Moscou à Krasnoïarsk. Souvenirs d'une mission: Rev. de ggr. XL, S. 246–70; 321–47.
S. auch CR Soc. de ggr. '97, S. 94—100.

3298 Aus Reinhold v. Becker's handschr. Aufzeichnungen: Ergänzungen u. Berichtig. zu Gananders Mythologia Fennica (schwed.): Finska Fornminnesför. Tidskr. — Suomen Muinaismuisto-yhdistyksen Aikakauskirja XV.
Tit. nach Archiv f. Anthr. XXIV, S. 690.

3298a Bonin, Charles-Eudes.–Note sur le tombeau de Gengis-Khan: CR XXV ('97), S. 712–7.

3299 Bury,J.B.–The Turks in the sixth century: Engl. Hist. Review XII,S.417–26.
Vgl. OB X, 3371 u. *K.K'[rumbacher],* Byz. Z. VII, S. 242.

3300 Buzzard,C.N.–A two months' trip into Mongolia: Proc. R. Artillery Inst. XXIV, S. 49–59.

3300a Campbell, John.–The Dénés of America, identified with the Tungus of Asia: Tr. Canadian Institute V, S. 167–223.

3301 Carpelan,Tor.–Finsk biografisk handbok [OB XI, 470]. Häftet 5. Helsingfors, Edlund, '97. 8. *Fm.* 3.

3302 Chaffanjon.–Asie centrale: CR Soc. de ggr. '97, S. 16–8.
S. auch Verneau, La mission Chaffanjon en Asie centrale, L'Anthr. VIII, S. 587—92.

3303 Conrad,H.–Le voyage d'Anthony Jenkinson dans l'Asie centrale en 1558: Union ggr. du Nord de la Fr., Bull. XVIII, S. 28–42; 120–35; 224–42.

3304 Danielson,J.R.–Finska Kriget och Finlands Krigare 1808–9. Från finskan af W.Söderhjelm. Helsingfors, Weilin & Göös, '97. 5 Bl., 797 S.; 1 Pl., 1 K. 8.

3305 Dillon,E.J.–The first Russian census: Contemp. Rev. LXXII, S. 837–45.
S. auch P.K., Ggr. J. IX, S. 657–9.

3306 Floriant,V.de.–Chez les Mongols: Bibliothèque univ. et Rev. suisse IV ('96), S. 152–72.
Nach den Werken von James Gilmour.

3307 Forsström,O.A.–Suomen keskiajan historia [OB XI, 479]. Vihko 12. Jyväskylä, Gummerus, '97. 8. (ill.) Je *Fm.* 0.85.

3308 Grotenfelt,K.–Muutamia asiakirjoja maatilus-oloista Suomessa, ja erittäinkin n. s. Vaasa-tiluksista, 1500-luvun keskivaiheilla [Über die Landguts-Verhältnisse in Finnland, bes. üb. d. sog. Vasa-Güter in der Mitte des 16. Jahrh.]: Historiall. arkisto XV, 1, S. 88–107.

3309 Heikel,A.Ivar.–Sede- och bildningsförhällanden i Finland under 17de seklets senare hälft. Helsingfors '97. 80 S. 8. *Fm.* 0.75.
Rec. *G[rotenfel]t,* Valvoja '98, S. 301 f.

3310 Heikel,A x e l O.–Mordvalaisten pukuja ja kuoseja. – Trachten u. Muster der Mordvinen [OB XI, 485]. Lief. II–III. Hels., Finnisch-Ugrische Gesellsch. (L, Harrassowitz), '97. 32 Taf. Subscr. cpl. *Fm.* 36.
(für die Mitglieder der Gesellsch. *Fm.* 24); *M.* 30.

3311 Käytännöllisiä lisälehtiä teokseen „Mordvalaisten pukuja ja kuoseja". – Praktische Ergänzungsblätter zu dem Werke „Trachten und Muster der Mordvinen." No. 1–10 (= 2 Hefte). Helsingfors '97. *Fm.* 2.

3312 Heizman.–Geschichte e. mongolischen Christengemeinde: Kath. Missionen XXVI, S. 9–11; 31–4.

3313 [Ber. üb. e. Vortr. G.Huth's üb. die Tungusen am Jenissei]: ZVVk VII, S. 457 f.

3314 Ivanov,A.–Ukazatel' statej po istorii i ètnografii, pomĕšĉen. v Samar. Eparchial. Vĕdomostjach za 1867–96 gg: Izv. Obšĉ. arch. etc. XIV, No. 3.

3315 Izvošĉikov,M.I.–Svadebnyj obrjad u zažitoĉnych krest'jan s. Ankudinovki Sengileev. u. Simbir. gub.; ebd., No. 3.
Auch sep. Kazan', Univers.-Druckerei, '97. 10 S. 8.   *Rub.* 0.15.

3316 Jefferson,R.L.–Roughing it in Siberia: Trans-Siberian railway, gold mining industry of Asiatic Russia. I.o., I.ow, '97. 260 S. 8.   5 *s.*

3317 Katanov,N.F.–Ob odnoj vypisi 1700 g., dannoj Tataram svijaž. u. po kopii I.N.Jurkina, s tabl. tatar. tamıg: Izv. Obšĉ. arch. etc. XIV, S. 361 f.

3318 Keyserling,R.–Vom japanischen Meer zum Ural. Eine Wanderung durch Sibirien. Breslau, Schletter, '97. XI, 312 S. 8. (ill., K.)   *M.* 6.

3319 Kolesnikov,M.–Ĉeremisy jazycniki v Belebeevsk. u.: Ufimsk. Gub. Vĕd. '97, No. 87; 89–91.

3320 Krahmer,G.–Sibirien u. die grosse sibirische Eisenbahn. Mit 1 Skizze. I.., Zuckschwerdt & Co., '97. V, 103 S. 8.   *M.* 3.

3321 Kropotkin,P.–The population of Russia: Ggr. J, X, S. 196–202.

3322 Kustarnyja izdĕlija Ostjakov: Permsk. Gub. Vĕd. '97, No. 50.

3323 Kuznecov,I.P.–Istoriĉeskie akty XVII stolĕtija (1630–99 gg.). Materialy dlja istorii Sibiri. Vypusk II. Tomsk, Druck von Kononov u. Skulimovskij, '97. 99 S. 4.   *Rub.* 2¼.

3324 Lalo,J.–A travers la Sibérie: Soc. normande de ggr., Bull. XVIII, S. 218–38; 293–316.

3325 Lampe,F.–Die transsibirische Eisenbahn: Aus allen Welth. XXVIII, S. 401–12; 443–52; 473–80.

3326 Leder,Hans.–Im Lande der Lamen. (Aus Sibirien über Urga nach Karakorum): Jsb. d. Ver. f. Erdk. Metz XIX, S. 81–4; 1 K.

3326a [Ber. üb. e. Vortr. v. Hans Leder: „Aus dem dunkelsten Asien"]: Mitt. ggr. Ges. Jena XVI, S. 148–50.

3326b [— — „Durch die Gobi zu den Ruinen von Karakorum"]: ebd. S. 151 f.

3327 Lefèvre,A.–Mythologie des Slaves et des Finnois: Rev. mens. de l'éc. d'anthr. de P. VII, No. 8.
Rec. *L.L*[*aloy*], L'Anthr. VIII, S. 714 f.

3328 Vostoĉnaja Man'ĉžurija: Zemlevĕdĉnie III, 3/4, S. 149–57.

3329 Marsden,Kate.–Eine Reise nach Sibirien. Uebers. v. Marie, Gräfin zu Erbach-Schönberg, geb. Prinzessin v. Battenberg. Neue, wohlf. [Titel-] Ausg. L., Friedrich, '95. V, 158 S. 8. (ill.)   *M.* 3.
Rec. —*r.*, Mitth. ggr. Ges. W. XL, S. 896–8.

3330 Martin,F.R.–Sammlung F. R. Martin. Sibirica. Ein Beitrag zur Kenntnis der Vorgeschichte u. Kultur sibir. Völker. Mit Unterstützg. des schwed. Staates hrg. [OB IX, 3416]. Textbd. Stockholm, G. Chelius in Komm , '97. V, 44 S. m. 36 Fig. u. 35 Bl. Erklärgn.   cpl. *M.* 60.
Rec. Globus LXXII, S. 233—6; *E.N.S*[*täla*], Valvoja '97. S. 536—8.

3331 Moškov,V.A.–Materialy dlja charakteristiki muzykal'nago tvorĉestva inorodcev Volžsko-Kamskago kraja. II. Melodii Nogajskich i Orenburg. Tatar. [OB IX, 555]: Izv. Obšĉ. arch. etc. XIV, S. 265–91.

3332 Nikol'skij,D.P.–Ètnografiĉesko-antropolog. oĉerk vostoĉnych Ĉeremis. Pe., Kriegsdruckerei, '97. 108 S. 8.   *Rub.* 1.
S.-A. aus: Trudy Antropolog. Obšĉestva Pe. 1894.5.

3333 — — Iz poĕzdki k lĕsnym Baškiram: Zemlevĕdĉnie II, 4, S. 47–64.

3334 Nossiloff,Const.–La musique et le théâtre chez les indigènes de Sibérie: A travers le monde '97, S. 5 f.

3335 Obruĉev,V.A.–Priroda i žiteli central'noj Azii i eja jugovostoĉnoj okrainy: Zemlevĕdĉnie III, 2, S. 1–72. (K., T.)
Rec. *Immanuel*, PM XLIII, Lber. S. 101 f.

3336 Ogloblin,N.–K Multanskomu voprosu: Istor. Věstnik '97, Maj, S. 525–35.
Rec. *N.Ch[aruzin]*, Ftn. Oborr. XXXIV, S. 205–7.

3337 Otčet o dějatel'nosti Permskago eparchial'nago komiteta pravoslavnago missionerskago obšcestva (Miss. Školy; sostav učašcichsja po věroispovědaniju i narodnosti; ukazanie na otnošenie inorodcev k iniss. Školam): Permsk. Eparch. Vědom. '97, No. 7–9.

3338 Otčet Permskago eparch. učilišcnago sověta o sostojanii cerkovnoprichodskich škol i škol gramoti Permsk. eparchii za 1895–96 g.: ebd. No.13 –19; 21.

3339 Otčet o sostojanii cerkovno-prichodskich škol i škol gramoti Ufimskoj eparchii za 1895–96 g. (Statistika škol, raskola i inověrcev): Ufimsk. Eparch. Vědom. '97, No. 4–11.

3340 Otčet Ufimsk. Eparch. Komiteta Pravoslavn. Miss. Obšcestva za 1896 g.: ebd. No. 21.

3341 Palladius.–Deux traversées de la Mongolie traduites du russe (OB VI, 1523) par les élèves du cours de russe de l'École des langues orient.: Bull. ggr. hist. et descr. '94, S. 35–111; 1 K.
Vgl. *Immanuel*, PM XLII, Lber. S. 110.

3342 Primčty Votjakov: Permsk. Gub. Věd. '97, No. 88.

3343 Pulszky Ferencz.–Magyarország archaeologiája. Köt. I–II. Budap., Pallas, '97. 3 Bl., 342 S.; 99 T. u. 3 Bl., 376 S.; 95 T. 8.

3344 Rheen,Samuele.–En kortt Relation om Lapparnes Lefwarne och Sedher, wijd-Skiepellsser, sampt i mänga Stycken Grofwe wildfarellsser [Hrsg. von K. B. Wiklund]: Bidrag till kännedom om de svenska landsmålen o. svenskt folkliv. XVII, 1. Upsala '97. 68 S. 8.

3345 Ribot,Al.–Sur le Transsibérien: Rev. de ggr. XL, S. 200–4.
Nach der „Illustr. Ztg."

3346 Rickmers,Willy Rickmer.–Reise nach Ost-Bochara: D. ggr. Bl. XX, S. 66–91.

3347 Roborovski,V.–J.–Mission scientifique dans l'Asie centrale, 1893–95. Rapport sommaire: CR Soc. de ggr. '97, S. 205–11.

3348 Asie Centrale: L'exploration Roborovski: Rev. française XXII, S. 598–602; 1 K.

3349 Rohrbach,Paul.–Aus Turan und Armenien: Preuss. Jb., Bd. 89, S. 53–82; 256–84; 431–69; Bd. 90, S. 101–32; 280–310; 437–85.

3350 Ruuth,J.V.–Satakunnan asutusoloista keskiajalla [Die Kolonisation Satakunta's im Mittelalter]: Historiall. arkisto XV, 1, S. 1–28.

3351 Rybakov,S.G.–Muzyka i pěsni ural'skich musul'man s očerkom ich byta. Pe., Druck der Ak. der Wiss., '97. 330 S. 4. *Rub. 3.*

3351a Ryčkov,P.I.–Istorija Orenburgskaja (1730–1750). Izd. Orenb. Gub. Stat. Kom., pod red. i s prim. N.M.Guť jara. Orenburg '96. 195 S. Fol. *Rub.0.75.*
Rec. *N.Ardašev*, ŽMNP Bd. 308, S. 364–9.

3352 P.S.–Livonskija sagi. O proischož\denii Čudskago ozera ili Peipusa: Pribalt. listok '97, No. 59.
Livonskija sagi. O proischoždenii ozera Kemmern: ebd. No. 49.

3353 Saint-Yves,G.–De la Volga à la frontière sibérienne. L'Oural méridional: Bull. Soc. ggr. Marseille XXI, S. 231–53.

3354 — — Omsk et le gouvernement d'Akmolinsk: ebd. S. 362–73.

3355 With a Shamman medicine man: East Asia I, S. 97–100.
From a correspondent of the „Standard."

3356 Simpson,J.Y.–The great Siberian iron road: Blackwood's Edinburgh Mag. CLXI, S. 1–20.

3357 Sobolev,M.–Russkij Altaj. (Iz putešestvija na Altaj v 1895 g.): Zemlevědenie III, 3/4, S. 51–110. (T.)

3358 Stenin,N.v.–Die Permier: Globus LXXI, S. 349–52; 371–4.
Nach I. N. Smirnov, Permjaki: Izv. Obšč. arch. etc. IX.

3358a Stenin,P.v.–Das Haus der Jakuten (Ostsibirien): ebd. LXXII, S. 344–7.
Nach V. L. Sěrosěvskij OB X, 512.

3359 Taľko-Hryncevic,Ju.–Semejskie (starobrjadcy) v Zabajkal'i. Soobšceno 28 okt. 1894 g. v obyknovennom obšcem sobranii Troickosavsko-Kjachtin-

skago Otdělenija Priamurskago otděla Imp. Russk. Geogr. Obščestva. Kjachta, Kjachtinskaja Obščestvennaja Tip., '94. 25 S. 8.
Ergänz. des Tit. OB IX, 3462.
3360 Les sépultures t c h o u d e s: Soc. normande de ggr., Bull. XVIII, S. 361-4.
3361 **Tomaschek.**-Budinoi: Paulys Realencycl. III, S. 989-91.
3362 **Troščanskij,**V.F.-Opyt sistematičeskoj programmy dlja sobiranija svě-dènij o dochristianskich vèrovanijach Jakutov: Izv.Obšč. arch. etc. XIV, S. 292-360.
3363 Iz. s. Usť·Kemskoe. U Ostjakov. Fakt, svidetel'stvujuščij o nepo-nimanii Ostjakami christianskoj religii: Permsk. Gub. Věd. '97, No. 45.
3364 **Vambery,**H.v.-Ueber den Ursprung der Magyaren: Mitth. ggr. Ges. W. XL, S. 167-86.
3365 **Venidray,**Henri.-Notre itinéraire de Vladivostok en Russie par l'Asie centrale: Soc. normande de ggr., Bull. XVIII, S. 341-57; 1 K.
Mit Bem. v. T o u t a i n S. 338—401 357.
3366 **Vitevskij,**V.N.-I. I. Nepljuev i Orenburg. kraj v prežnem ego sostavě do 1758 goda. 2. Ausg. 4 Bde. Kazan' '97. 962 S.; Anhang 198 S. 4. (Portr., K., T.)   *Rub. 9.*
3367 **Westermarck,**Ed.-La Finlande. P., Giard et Brière, '97. 15 S. 8.
Extrait de la Rev. int. de sociologie.

Türkisches Reich.

3368 **Goltz-Pascha,** C. Freiherr von der.-Karte der Umgegend v. Constanti-nopel unter Benutz. d. älteren Aufnahmen (1888–95) erweitert, bearbeitet u. gezeichnet. Maassstab 1 : 100000. B., Schall & Grund, ['97]. 25 S. Text. 8. *M.*4.
3369 Öfversigtskarta öfver Balkan-halfön. Malmö, Envall & Kull, '97. 1 Bl.   *Kr.* 0.50.
3370 **Blochet,**E.-Une lettre d'Ibrahim Pacha à Charles-Quint: Rev. de l'Ör. chrét., Suppl. trim. II, S. 302-6.
3371 **Clayton,** E.-Consular experiences in Turkey: Proc. R. Artillery Inst. XXIV, S. 427-43.
Reise v. Erzerum nach Van u. durch Armenien.
3372 **Denais,**Jos.-Le fanatisme en Turquie [OB XI, 533]: Nouv. Rev. CVII, S. 61-77.
3373 Εὐαγγελίδης,Τρύφων E.-Γεννάδιος β' ὁ Σχολάριος, πρῶτος μετὰ τὴν ἅλωσιν οἰκουμενικὸς Πατριάρχης. Ἰστορικὴ καὶ κριτικὴ μελέτη. Athen '96. 116 S. 8.   *Dr.* 5.
Rec. *Joh.Dräseke,* Byz. Z. VI, S. 419—21.
3374 **Freshfield,**Edw.-Notes on the church of the Kalenders at Constanti-nople: Archaeologia LV, S. 431-8; 12 T.
3375 **Grunzel,**Jos.-Die wirtschaftlichen Verhältnisse Kleinasiens. W., Dorn, '97. 63 S.; 1 K. 8.   *M.* 2.
3376 **La Jonquière,**A.de.-Histoire de l'empire ottoman depuis les origines jusqu'au traité de Berlin. 2e éd. P., Hachette & Co., '97. 617 S. 8. (K.) *Fr.* 6.
3376a **Löbel,**D.Th.-Hochzeitsbräuche in der Türkei. Nach eigenen Beob-acht. u. Forschungen u. nach den verlässlichsten Quellen. M. einer Einl. v. H. Vambéry: „Ethnogr. Forschungen in der Türkei". Amsterdam, de Bussy, '97. XVI, 298 S. 8.   *F.* 3.
3377 **Martin,**Will.-Souvenirs de quelques années passées en Asie Mineure: Globe XXXVI, Bull. S. 31-43.
3378 [Ber. üb. e. Vortr. von Mesmer-Saldern's üb. das Osmanische Reich]: Mitt. ggr. Ges. Jena XVI, S. 141-3.
3379 Wissenschaftliche Mittheilungen aus Bosnien u. der Hercego-vina. Hrsg. v. bosn.-hercegov. Landesmuseum in Sarajevo. Red. v. Mor. v. Hoernes [OB X, 3412]. 5. Bd. W., Gerold's Sohn in Komm., '97. 8.
Darin: Jul. v. Schlosser, Eine jüdische Bilderhandschr. d. Mittelalters, S. 345—9. (Vor-läuf. Mitth., abgedruckt Heil. Allg. Ztg. 165, S. 7 f.) — Rec. s. besonders.
3379a **Novaković,**Stojan.-Die Serben und Türken im XIV. u. XV. Jahr-hundert. Geschichtliche Studie über die ersten Kämpfe mit den türkischen Eindringern vor und nach der Schlacht am Amselfelde. Übers. v. Kosta Jezdimirović. Semlin, Verlag des Östlichen Grenzboten, '97. 600 S., 2 Bl. 8.
Vgl. K.K[rumbacher], Byz. Z. VII, S. 489.

3380 Radonić,Jovan.–Der Grossvojvode von Bosnien Sandalj Hranić-Kosača: Arch. f. slav. Philol. XIX ('97), S. 380–465.

3381 Ramsay,W.M.–Everyday life in Turkey. Lo., Hodder, '97. 316 S. 8. 5 *s*. Rec. Ac. LII, S. 560.

3382 Rodt,E d.v.–Bilder aus Konstantinopel. Reise-Erinnergn. [Aus: „Der Bund".] Bern, Schmid & Francke, '97. 40 S. 8. *M.* o.80.

3383/4 Ryan,C.S., and J.Sandes.–Under the red crescent: Adventures of an English surgeon with the Turkish army at Plevna and Erzeroum, 1877–78. Lo., Murray, '97. 456 S. 8. (Portr., K.) 9 *s*.

3385 Ungern-Sternberg,E.Frhr.von.–Aus den Erinnerungen eines Dragomans: Velhagen & Klasings Mh. XI, I, S. 309–15.

2. Sprache und Litteratur.
(S. auch No. 3364.)

3386 Bang,W.–Les langues ouralo-altaïques et l'importance de leur étude pour celle des langues indogermaniques: Mém. couronnés et autres mém. p. p. l'Ac. r. des sc., des lettres et des beaux-arts de Belg. (Collection in 8⁰.), T. XLIX. 19 S.

Türken.
(S. auch No. 3370.)

3387 Alberts,Otto.–Zur Textkritik des Kudatku Bilik: ZDMG LI, S. 715–7.

3388 Bittner,Maximilian.–Türkische Volkslieder. Nach Aufzeichnungen von Schahen Efendi Alan [OB X, 551]: WZKM XI, S. 357–73.

3389 Divaev,A.A.–Kirgizsk. razskaz o zvězdach (tekst i perevod): Izv. Obšč. arch. etc. XIV, S. 366–9.

3390 — — Kirgizsk. opisanie solnca (tekst i perev.): ebd. S. 370–7.

3391 Katanov,N.F.–Tjurkskija skazki o čelověkě, ponimavšem jazyk životnych: ebd. S. 251–8.

3392 — — Priměty i pověrija Tjurkov Kitajskago Turkestana, kasajuščijasja javlenij prirody: Sborn. stat. uč. prof. Rozena, S. 29–44.

3393 Katanov,N.F., i I.P. Poganovič.–Sagajskaja i serbskaja skazki o čertě i ženščině: Izv. Obšč. arch. etc. XIV, S. 259–64.

3394 Kúnos Ignácz.–Kisázsia török dialektusairól. Székfoglaló értekezés. (= Értekezések a nyelv- és széptudományok köréből. XVI. kötet. IX. szám.) Budapest, Akademie, '96. 48 S. 8. *Fl.* o.45.

3394a — — A török nyelv idegen elemei: Nyelvtud. Közlem. XXVI, S. 438–54; XXVII, S. 52–63; 211–6.

3394b Kuntze.–Türkisch. Bonn, C. Georgi, '97. 24 S. 8. *M.*o.50.

3395 Melioranskij,P.–Skazanie o prorokě Salichě. (Iz Kysasu-l'-Ěnbija Rubguzi): Sborn. stat. uč. prof. Rozena, S. 279–308.

3395a The history of the Khōjas of Eastern-Turkistān summarised from the Tazkira-i-Khwājagān of Muhammad Sādiq Kāshghari by the late Rob. Barkley Shaw, ed. with introd. and notes by N. Elias. VI, 67 S. 8. (= JASB LXVI, I, Extra No.)

3395b Radloff,W.–Versuch e Wörterbuches der Türk-Dialecte [OB XI, 561]. 9. Lfg. (2. Bd. S. 641–960.) Pe., Ak. (L., Voss), '97. 8. *M.* 2.50.

3396 [Seidī 'Alī ben Hosein, Kātib i Rūmī].–Die topogr. Capitel des indischen Seespiegels Mohịt übs. v. Maxim. Bittner, mit e. Einl. sowie mit 30 Taf. vers. v. Wilh. Tomaschek. W., Geogr. Gesellsch., '97. VI, 92 S.; XXX T. Fol.

Der Text u. eine Auswahl der Karten auch: Mitth. ggr. Ges. W. XL, S. 329–419; 8 T. — Rec. *H.Jansen*, Globus LXXII. S. 181–5; *M. J. de Goeje*, Ts. Ned. Aardr. Gen. XIV ('97). S. 445–8; *C. Conti Rossini*, Boll. Soc. ggr. it. X ('97). S. 444–50.

3397 Kirgizsko-russkij slovar'. Orenburg, Druck v. Breslin, '97. 243 S. 8. *Rub.* 1.

3398 Strzygowski,Jos.–Zur Datierung des Goldfundes von Nagy-Szent-Miklós: Byz. Z. VI, S. 585 f.
Bespricht Inschriften, welche türkisch-bulgarische Worte zu enthalten scheinen.

3399 Vasil'ev,A.V.–Obrazcy kirgizsk. narod. slovesnosti. – Kirgizsk. pěsnja o 3 molodcach. Lief. 1. Orenburg '97. 38 S. 8.
Rec. *S.G.Rybakov*, S. Peterb. Vědomosti '97, No. 338.

Alttürkische Inschriften.

3399a [**Kingsmill.** – On the inscriptions of the upper Yenisei]: J. China Br. RAS N. S. XXVII, S. 198–205.

3400 **Klemenc,D.**–Sěvero-Aziatskija runičeskija pis'mena. Čtenie ich. Soobščeno v Obščem Sobranii Troickosavsko-Kjachtinskago Otdčlenija Priamurskago Otdčla Imp. Russkago Geogr. Obščestva 20 marta 1895 g. Irkutsk, Tipo-lit. P. J. Makušina, '95. 30 S. 8.

3401 **Negib** 'Asim.–Enisei turk jazisi. [Üb. d. alttürk. Jeniseiinschriften.] Constantinopel 1315. 36 S. 8.   (I., Spirgatis *M.* 1.)

3402 **Radloff,W.**–Die alttürkischen Inschriften der Mongolei [OB IX, 3532]. Neue Folge. Nebst e. Abh. v. W. Barthold : Die histor. Bedeutung d. alttürk. Inschriften. Pe., Glasounof (L., Voss Sort. in Comm.), '97. VII,181, 36 S. 4. *M.* 5.
Rec. *W.Bang*,T'P VIII, S. 533–8.

Mongolen und Mandschu.
(S. auch No. 3540; 3560.)

3403 Snre ulhisu cargi dalin de akônaha Kin k'eng bithe. (Mahâprajñâpâramitâ Vajracchedikâ.) Le livre de diamant clair, lumineux fairant passer à l'autre vie. Texte mandchou. Traduction du texte mandchou. Par Charles de Harlez: WZKM XI, S. 209–30; 331–56.

3404 **Zach,Erwin Ritter von.**–Ueber Wortzusammensetzungen im Mandschu: WZKM XI, S. 242–8.

Finno-Ugrier.[*]
(S. auch No. 3327.)

3405 Virittäjä. Uusi jakso. Kotikielen Seuran aikakauslehti. Ensim. vuosikerta [OB XI, 581]. No. 6. Toimitus [Redaction]: E. A. Ekman, V. Alava, K. Karjalainen, A. R. Niemi, J. H. Vennola. Helsingissä '97.   j. (6 Hefte) *Fm.* 2.50.
Rec. von No. 1: *J. Scinnyei*, Nyelvtud. Közlem. XXVII. S. 106 f.

3405a **Ásbóth Oszkár.**–A szláv jövevényszók kora. (*Veréb* és *szarka*): Nyelvtud. Közlem. XXVI, S. 329–36.

3405b — — Lengyel és szlovén szók a magyar nyelvben?: ebd. S. 346–50.

3405c — — Magyar *o* – szláv *o*: ebd. S. 455–86; XXVII, S. 55–76.
Vgl. ebd. XXVI, S. 356–60. — Mit Beziehung auf E. Setälä's Rec. von J. Szinnyei OB X, 601.

3406 **Balassa József.**–A magyar nyelvjárások újabb irodalma: ebd. XXVII, S. 98–104.
Über neuere Arbeiten von Veress Ignácz, Kolumbán Samu, Lázár István, Nógrádi Jenő.

3406a Bukvar' dlja Permjakov. Kazan', Univers.-Druckerei, '97. 14 S. 8.

3407 Bukvar' dlja Mordvy-Mokši. 2. Aufl. Ebd. '97. 56 S. 8. *Rub.* 0.05.

3407a **Erdélyi Lajos.**–Az ,összevont mondat' modern szempontból: Nyelvtud. Közlem. XXVI, S. 280–309.
Mit besonderer Rücksicht auf das Magyarische.

3408 **Eruslanov,P.**–Pervaja učebnaja knižka dlja sovměstnago obučenija Čeremis i Russkich. 3. Aufl. Kazan', Univers.-Druckerei, '97. 130 S. 8. *Rub.* 0.35.

3408a **Fiók Károly, Zolnai Gyula, Melich János, Szinnyei József, M. M., Asbóth Oszkár, Bartha József, Veress Ignácz.**–Kisebb közlések: Nyelvtud. Közlem. XXVI, S. 279; 328; 370–6; 486; 496–500; XXVII, S. 51; 63; 85; 97; 123–8; 165; 193; 205; 210; 216; 237–40.

3400 **Grotenfelt,K.**–Muutamista ruotsinkielisen Pohjanmaan suomalaisista paikannimistä [Ueber einige finnische Ortsnamen in den schwedischen Gemeinden Österbottens]: Virittäjä '97, No. 6.

3409a **Halász Ignácz.**–Svéd-lapp nyelv [VIII, 3216]. VI. Pite lappmarki szótár és nyelvtan. Rövid karesnandói lapp szójegyzetekkel. Budapest, Ak., '96. XLI, 204 S. 8.   *Fl.* 1.60.

───────────

[*] Zur Ergänzung vgl. Nyelvtud. Közlem. XXVI, S. 495; XXVII, S. 217—9.

3410 Hermann, K.A. - Die alte [estnische] Inschrift an der Carmelschen Kirche auf Oesel: Sitzb. Gel. Estn. Ges. '95.
Hierzu M. Lipp, ebd. '96, S. 61 f.; 89—92; A. Hermann S. 130—4.

3411 — — Eine Satzlehre d. estnisch. Sprache i. Estnischen: ebd. '96, S.134-6.
Selbstanz. seiner vor kurzem ersch. Syntax: „Eesti keele lause-ôpetus."

3412 — — Ueber die etymol. Bedeut. der alten livischen u. kurischen Ortsnamen: ebd. S. 145-77.

3413 The Kalevala: the national epic of Finland. Transl. into English verse by J. M. Crawford. New ed. 2 Vols. Cincinnati, Clarke Co., '97. 794; 49 S. 8. **§ 2.50**

3414 Krohn,Julius.-Suomalaisen kirjallisuuden vaiheet [Die Geschichte der finnischen Litteratur]. Suomolaisen Kirjall. Seuran toimituksia. 68 osa. Helsingissä '97. X, 480 S. 8. **Fm. 6.**
Rec. *K.Grotenfelt*, Valvoja '98, S. 131—7; *A.'.F[orsman]*, Virittäjä '98, No. 2.

3415 Liebleitner,Joh.-Kleines ungarisch-deutsches Wörterbuch. Die zum Sprechen nothwendigsten Haupt-, Eigenschafts- u. Zeitwörter. 11. Aufl. Pressburg, Stampfel, '97. 32 S. 8. **M. 0.20.**

3416 Lipp,M.-Joachim Rossinius: Sitzb. Gel. Estn. Ges. '96, S. 110-5.
Ueber 2 estn. Werke R.'s v. J. 1632.

3416a Melich János.-Követ fújui: Nyelvtud. Közlem. XXVI, S. 487—91.

3416b — — Geréb: ebd. XXVII, S. 206-10.

3416c Misteli Ferencz. - A magyar nyelv néhány szerkezetéről: ebd. S. 194-205.
Mit Beziehung auf die OB X. S. 172 erwähnte Rec. seiner „Charakteristik" etc. von J.Balassa.

3417 Munkácsi Bernát.-Lexicon linguae Votiacorum. A votyák nyelv szótára [OB IX, 631]. Füz. 4. Budapest, Ak., '96. XVI S. u. S. 481-836. 8. **Fl. 3.50.**

3417a — — Még néhány szó az *est* megvilágításához: Nyelvtud. Közlem. XXVI, S. 310-5.
Mit Beziehung auf E.Setälä OB X, 345sa u. B.Munkácsi OB X, 315zc. Vgl. G.Zolnai, E.Setälä u. B.Munkácsi, Az *est* szó vitájhoz: Nyelvtud. Közlem. XXVII, S. 77—85.

3417b — — A vogul „figura etymologica" kérdéséhez: ebd. S. 351-5.

3417c — — A finn-magyar *d-l* és *d-s* hangmegfelelésekről: ebd. XXVII, S. 129-65.

3417d Paasonen Henrik.-Indogermán eredetű-e a Volga folyónak legrégibb ismeretes mordvin neve?: ebd. S. 121-3.
Verteidigt gegen O.Schrader den ugrischen Ursprung des Namens 'Pä u. s. w.

3418 Palander,F.W.-Suomalais-venäläinen sanakirja [OB IX, 3579]. Heft 3-4. Porvoo, Söderström, '97. S. **Je Fm. 1.75.**
OB IX, 3579 sind die Vornamen des Verf. entsprechend zu ändern.

3418a Patrubány, Lukas von.-Ungarische Etymologien [OB XI, 604]:

3418b Prikkel Marián.-Tilutoa, mundoa: Nyelvtud. Közlem. XXVI, S.316-8.
Sprachwiss. Abhandlungen. Hrsg. von I.v.P. I, S. 17 f.

3418c Saxén,R.-Skandinaavilaisia lainasanoja [Skandinavische Lehnwörter im Finnischen]: Virittäjä '97, No. 6.

3419 Setälä Emil.-A finn-ugor ð és ð': Nyelvtud. Közlem. XXVI, S. 377-437; vgl. XXVII, S. 76.

3419a Kratkij slavjano-votskij slovar'. Kazan', Univ.-Druckerei,·'97. 86 S. 8. **Rub. 0.10.**

3419b Szamota István.-A Murmelius-féle latin-magyar szójegyzék 1533-ból. (= Értekezések a nyelv- és széptudomanyok köréből. XVI. kötet. VII. szám.) Budapest, Akademie, '96. V, 46 S.; 1 T. 8. **Fl. 0.50.**

3420 Szinnyei József.-Magyar Tájszótár [OB VII, 590]. I. kötet. A–Ny. Budapest, Hornyánszky, '93-'96. 1568 S. 4. **Fl. 10.**

3420a Pervonačalnyj učebnik russkago jazyka dla Mordvy-Erza. 2. Aufl. Kazan', Univers.-Druckerei, '97. 165 S. 8. **Rub. 0.10.**

3420b Volf György.-Az egyházi szláv nyelv hazája és a magyar honfoglalás: Nyelvtud. Közlem. XXVII, S. 1-51; 166-93.
Vgl. G.Volf, Az ószlovén nyelv hazája: ebd. XXVI, S. 78—84. O.Ásbóth, Az ószlovén nyelv hazája: ebd. S. 218-25. G.Volf, A tudomány szabadságáért. Egyúttal egy kis szlavisztika: ebd. S. 319-28. O.Ásbóth u. G.Volf, A glagolita é és az ószloven nyelv hazája: ebd. XXVII, S. 86—97.

3421 G.Z.-Očerki finskoj literaturi (I). Päivärinta: Žizn' '97, No. 2.
3422 O zagrobnoj žizni (Čeremisisch). Kazan', Univ.-Druckerei, '97. 74 S.
8.   *Rub.* 0.20.
3422a Zolnai Gyula. - Nyelvtörténeti adatok Debreczen városának régi
jegyzőkönyveiből: Nyelvtud. Közlem. XXVI, S. 337-45.

Tatarische u. ä. Drucke.*)
(Vgl. unten die Rubrik V. 6c.)
[Falls nicht anders vermerkt: Kazan', Univ.-Druckerei, 1897.]

3423 Ahmad Midhat-efendi.-باشنلك بولارلك. Tatarische Uebs. v. Sadru'd-
dīn Maqsūdov. Kazan', Druck von Dombrovskij, '97. 30 S. 8.   *Rub.* 0.05.
3424 Akyt walad Ölümgü.-ترجمه آقيت ولد اولمگو آلطاى اسكى. Hrsg. v. Muhammad-Nagīb 'Alī Akberov. (Kirgis.)   44 S. 8.   *Rub.* 0.30.
3425 Zitie svjatago Aleksija čelověka Božija. (Čuvašisch in russ. Trans-
scription.) 18 S. 8.   *Rub.* 0.03.
3426 'Ali Mahmūd.-قصه آدم. Hrsg. v. Kerimov. (Kirgis.) Kazan',
Druck von Čirkova, '97. 16 S. 8.   *Rub.* 0.15.
3427 — — كناز منان ضايغه. Hrsg. v. Kerimov. (Kirgis.) Ebd. '97.
15 S. 8.   *Rub.* 0.15.
3428 — — قصه ايكى ايكز بالا كوب كينكاش. Hrsg. v. Kerimov.
(Kirgis.) Ebd. '97.   29 S. 8.   *Rub.* 0.25.
3429 الف لينة ولينة. Tatar. Uebers. v. Muhammad Fātih Halidov.
I. Teil. 211 S. 8.   *Rub.* 1.
Rec. *N.F.Katanov*, Dejatel' '98, S. 205.
3430 O sv. angelach i zlych duchach. (Čuvašisch.) 1.-2. Aufl. 36 S. 8.
                                                  Rub. 0.20; 0.08.
3431 قصه بيرام. Hrsg. v. Semsu'd-dīn Husein-ugly. 132 S. 8. *Rub.* 1.
3432 Kák bědnyj čelověk može pomogať svoim bližnim. 15 S. 8. *Rub.* 0.01.
Cuvašisch in russ. Transscription.
3433 كتاب درّ العجائب. Hrsg. v. Kerimov. (Čagataisch.) 175 S. 8.
Rec. *N.F.Katanov*, Dejatel' '98, S. 260 f.
3434 كتاب درّ العجايب. Hrsg.v. 'Abdu'r-rahīm und 'Abdu'l-kerīm
Fathu'llāh. 175 S. 8.   *Rub.* 1.50.
3435 Gospoda našego Iisusa Christa Svjatoe Evangelie. (Čuvašisch in
russ. Transscr.) 273 S. 8.   *Rub.* 1.
3436 Husāmu'd-dīn ibn Serefu'd-dīn.-رساله نواريخ بلغاريه وذكر Hrsg. v. Semsu'd-
dīn Husein-ugly. 40 S. 8.   *Rub.*0.60.
Rec. *N.F.Katanov*, Dejatel' '98, S. 203 f.
3437 خلاصه علم حال. Hrsg.v. Semsu'd-dīn Husein-ugly. 31 S. 8.
Rec. *N.F.Katanov*, Dejatel' '98, S. 261 f.
3438 Jalčygylov, Tāgu'd-dīn.-رساله عزيزه شرح ببات العاجزين-[Kommentar zu OB X, 3466] (Čagataisch.) Hrsg. v. Muhammad 'Alī Kadyrov.
262 S. 8.   *Rub.* 2.
3439 Kerimov, Muhammad-gān.-خلاصة البيان. [Biographien der 81
musulmanischen Heiligen der Stadt Kazan'.] Tatar. Verse. Kazan', Druck.
von Večeslav, '97. 59 S. 8.   *Rub.* 0.60.
3440 Kessāfu'd-dīn ibn Sahi-Merdan ibn 'Ibādi'llāh.-قصه حلوا فروش. Hrsg. v. Kerimov. (Kirgis.) Kazan', Druck. von Čirkova, '97.
16 S. 8.   *Rub.* 0.15.

*) S. auch *N.F.Katanov*'s Recensionen früherer Publicationen: Dejatel' 1897/8.

3441 Keśśáfu'd-dīn ibn Šahi-Merdán ibn 'Ibádi'llāh.-منظورات. Hrsg. v. Kerimo v. (Kirgis.) Ebd. '97. 15 S. 8. *Rub.* o.₁₅.

3442 — — قصه ابو الحارث. Hrsg. v. Kerimov. (Kirgis.) Ebd. '97. 16 S. 8. *Rub.* o.₁₅.

3443 — — قصهء حكمت نُما. Hrsg. v. Kerimov. (Kirgis.) Ebd. '97. 15 S. 8. *Rub.* o.₁₅.

3444 — — قصه جمشيد. Hrsg. v. Kerimov. (Kirgis.) Ebd. '97. 16 S. 8. *Rub.* o.₁₅.

3445 — — نور باطر اولن كتابى. Hrsg. v. Kerimov. (Kirgis.) Ebd. '97. 15 S. 8. *Rub.* o.₁₅.

3446 — — متقولات للاختراز من الوبا. Hrsg. v. Kerimov. (Kirg.) Ebd. '97. 15 S. 8. *Rub.* o.₁₅.

3447 Maqsūdov, Aḥmad Hādī.-معلّم اوّل. 72 S. 8. *Rub.* o.₁₅.

3448 Muḥammad-Sadyq Kašģarī.-كتاب آداب الصالعين. (Chines.-Türkisch.) Taškent, Druck von Breidenbach, '96. 68 S. 8. *Rub.* 1.

3449 Muḥju'd-dīn 'Arabī.-تعبير نامه. 53. Capitel. Hrsg. v. Kerimov. Kazan', Druck v. Čirkova, '96. 58 S. 8. *Rub.* o.₀₀.
Am Rande: تحفة الملوك نام تعبير نامه. 60. Kapitel.

3450 Munāsib-girel Mulla Muḥidu'd-dīn uġly.-قصّه صابقال. Hrsg v. Šemsu'd-dīn Husein uġly. 343 S. 8. *Rub.* 2.₂₅.

3451 O poste. I. u. 2. Aufl. (Čuvašisch.) 28 S. 8. *Rub.* o.₁₅; o.₀₈.

3452 قصهء اوج قڒ نوغاى هم قزاق تلندى. Hrsg. v. Kerimov. (Kirgisch u. tatarisch.) Kazan', Druck von Čirkova, '97. 30 S. 8. *Rub.* o.₃₀.

3453 قزلار حكايتى. Hrsg. v. Šemsu'd-dīn Husein-uġly. 48 S. 8. *Rub.* o.₁₅.

3454 Razskazy iz žitij svjatych i stat'i nazidatel'nago soderžanija. (Čuvašisch.) 60; 33; 36; 33 S. 8. *Rub.* o.₃₀.

3455 Sindukov,A.Š.-كتاب الوصيّة. Kazan', Druck von Dombrovskij, '97. 16 S. 8. *Rub.* o.₁₅.

3456 Tajjib walad Mulla Gilmān Jahjīn.-صبى و صبيهلار اوجون مرغوب بولغان حكايهلار مقال لار. 152 S. 8. *Rub.* 1.

3457 'Alī Sidād ibn Gewdet.-'Arūḍ i 'Osmāni. Stambul 1314. 56 S. 8. (L., Spirgatis *M.* 1.)

3458 Gemāl eddīn.-'Osmanli tārīḫ we muarriḫlerL Stambul, Iqdām, 1314. 156 S. 8.

3459 Latīfī Qastamunilī.-Tezkere i šo'ara [Anthologie u. Biographien türk. Dichter.] Ebd. 382, 9 S. 8. (L., Spirgatis *M.* 3.)
cf. Rieu, Turkish Catalogue, S. 75.

3460 Muḥammad Regeb.-Amjāl i haqīqet. Stambul 1315. 76 S. 8. (Ebd. *M.*2.₅₀.)

3461 Neša'idi Żafer. [Türkische Siegesgesänge beim griech. Kriege 1897.] Ebd. 95 S. 8. (Ebd. *M.* 1.₂₀.)

3462 Oqgī zāde.-Aḥsan el hadīt. Stambul, Iqdām, 1313. 256 S. 8.

3463 Qanber.-Dustūr i Taḥrīr. Stambul 1315. 72 S. 8. (L.,Spirgatis *M.*1.₈₀.)

3464 Sāmi Bey.-Qāmūs 'arabī 'arabīdan türkģeje mekmil loġat kitābi. Bogen 1-60. Stambul 1313. 8. (L., Spirgatis *M.* 15.)

Recensionen zu II.

M.Albrecht, Russisch Centralasien: *M.Wiedemann*, Verh. Ges. f. Erdk. B. XXIV, S. 80-3.

T.G.Aminoff, Votjakin äänne- ja muoto-opin luonnos: *M.Szilasi*, Nyelvtud. Közlem. XXVI, S. 492f.

deBaye, Du Volga à l'Irtish: Westminster Rev., Vol. 148, S. 235 f.
— — Notes sur les Votjaks: *L.Feer*, L'Anthr. VIII, S. 715.
Roland Bonaparte, Docum. de l'époque mongole des XIII et XIVᵉ siècles (OB IX, 3499): *E.Drouin*, Muséon XVI, S. 276 f.
G.Dévéria, Notes d'épigraphie mongole-chinoise: Rev. de l'hist. des rel. XXXVI, S. 151 f.
B.F.Godenhjelm, Handbook of the hist. of Finnish Literature: Ath., July 17, S.95.
J.Grunzel, Entw. e. vgl. Gramm. d. altaischen Sprachen: [*E.Kuhn*], Beil. Allg. Ztg. 185, S. 7.
A.Hackman, Die Bronzezeit Finlands: *Th.V[olkov]*. L.'Anthr. VIII, S. 477–9.
J.Häybä, Kuvaelmia itäsuomalaisten vanhoista tavoista. Talvitoimet: *O. R[e-lander]*, Valvoja '97, S. 532–4.
N.F.Katanov, Otčet (OB XI, 552): *N.Skornakov*, Jenisei '97, No. 90.
K.Killinen, Puumerkeistä (OB X, 449a, wo „Hauszeichen" statt Handzeichen zu lesen ist): *A.Hackman*, Cbl. f. Anthr. II, S. 308 f.
R.Lindau, Türkische Geschichten: *Rich.M.Meyer*, DL 35, S. 1389 f.
H.Paasonen, Kiellelisiä lisiä suomalaisten aivistyshistoriaan: *J. Szinnyei*, Nyelvtud. Közlem. XXVII, S. 108 f.
S.Patkanov, Die Irtysch-Ostjaken und ihre Volkspoesie. I.: *E.N.S[etälä]*, Valvoja '97, S. 538 f.; *N.C[haruzin]*, Etn. Obozr. XXXIV, S. 202–5.
A.Pozdněev, Mongolija i Mongoly. I: *Immanuel*, PM XI.III, I.ber. S. 102; *Guse*, Verh. Ges. f. Erdk. B. XXIV, S. 497 f.; Ggr. J. IX, S. 441–3; *Katanov*, Izv. Obšč. arch. etc. XIV, No. 3.
W.Radloff, Proben der Volkslitteratur d. nördl. türk. Stämme. VII (OB X, 3433): *H.W-r*, LC 49, S. 1604 f.
W.M.Ramsay, Impressions of Turkey: Ath., Aug. 14, S. 221 f.; Literature I, S. 228 f.; Westminster Rev., Vol. 148, S. 352; Spectator LXXIX, S. 406.
F.de Rocca, De l'Alaï à l'Amou-Daria: *Immanuel*, PM XI.III, I.ber. S. 100.
G.Schlegel u. E.v.Zach, Zwei mandschu-chines. Diplome: *th.*, Beil. Allg. Ztg. 151, S. 7.
M.G.Schybergson, Gesch.Finnlands: *W.R.Morfill*, Engl. Hist. Rev. XII, S.807 f.
V.I.Šeroševskij, Jakuty: Ggr. J. X, S. 437 f.; *Katanov*, Izv. Obšč. arch. etc. XIV, No. 3.
K.Szabó & A.Hellebrant, Régi magyar könyvtár. III, I (OB X, 3456): *H.W-r*, LC 39, S. 1266.
A.Tweedie, Through Finland in carts: Ac. LII, S. 68 f.; Ath., Aug. 14, S. 222; Westminster Rev., Vol. 148, S. 228.
Y.Wichmann, Wotjakische Sprachproben. I: *M.Szilasi*, Nyelvtud. Közlem. XXVI, S. 493–5.

III. OSTASIEN UND OCEANIEN.

3465 Mitteilungen der Deutschen Gesellschaft f. Natur- und Völkerkunde Ostasiens in Tokio. Hrsg. v. Vorst. [OB X, 606; XI, 639]. 4. Suppl.-Hft. zum 6. Bd. Tokio, Buchdr. d. Shueisha (B., A.Asher & Co.). 4. *M.6.*
3466 T'oung Pao. Archives pour servir à l'étude de l'hist., des langues, de la géogr. et de l'ethnogr. de l'Asie Orientale. Rédigées par G. Schlegel et H. Cordier [OB XI, 640]. Vol. VIII, No. 4–5. Oct.–Dec. '97. Leide, Brill. S. 361–574, I–IV.   j. *Fr.* 25.
3467 Basset,René.-Contes et légendes de l'Extrême Orient [OB XI, 642]: Rev. des trad. pop. XII, S. 597–606.
3468 Bishop,Mrs.-Missions in China, Corea and Japan – a traveller's testimony: Church Missionary Intelligencer XXII, S. 525–32.
3469 Brandt,M. v.-Drei Jahre ostasiatischer Politik 1894–97. Beiträge zur Geschichte des chinesisch-japan. Krieges u. seiner Folgen. St., Strecker & Moser, '97. VI, 263 S. 8.   *M.* 3.50
3470 Coucheron-Aamot,W.-Kriget mellan Japan och Kina [OB XI, 647]. Stockholm, Bonnier, '97. S. 49–208. 8. (ill.)   Cpl. *Kr.* 3.75

3471 Ekström,A.-Kriget mellan Japan och Kina. Stockholm, Norstedt, '97. 244 S. 8. (ill., K.) *Kr.* 4.50.

3472 Hesse-Wartegg,E.v.-China u. Japan. Erlebnisse, Studien, Beobachtgn. auf e. Reise um die Welt. Mit 44 Vollbildern, 132 in den Text gedr. Abbildgn., Beilagen und 1 Generalkarte v. Ostasien. L., J.J.Weber, '97. VIII, 568 S. 8. *M.* 18.

Rec. *A.B.*, D. ggr. Bl. XX, S. 289—91; Globus LXXII, S. 306 f.; ÖM XXIII, S. 132; Beil. Allg. Ztg. 281, S. 5 f.

3473 Johnston,Ja.-China and Formosa. The story of the mission of the Presbyterian church of England. N.Y., Revell Co., '97. 400 S. 8. $ 1.75.

3474 Lapicque.-La race négrito et sa distribution géographique: Annales de ggr. V, S. 407—24.

Vgl. OB X, 3508.

3475 Madrolle,Cl.-Au Tibet et en Chine: Bull. Soc. ggr. commerc. de P. XVIII, S. 293–6.

3475a Marre,Arist.-Des noms de nombres et des systèmes de numération parlée en usage dans le monde océanique, à Madagascar, en Malaisie et en Polynésie: Rev. gén. int. '97, IV, S. 209–18.

3476 Meyer,A.B., u.W.Foy.-Bronzepauken aus Südost-Asien.(= Kgl.Ethnogr. Museum zu Dresden. Bd. XI.) Dresden, Stengel & Co., '97. V, 24 S.; 13 T. Fol.

S. 20 über Pfauenhandel im Altertum, über die Ophir-Frage etc.

3476a Müller-Beeck.-Die geogr. Errungenschaften u. neuen geogr. Aufgaben in Ost-Asien nach d. japan.-chines. Krieg: Verh.Ges.f.Erdk. B.XXIV, S. 387—97.

3477 Neufville,Paul de.-Notes prises sur un voyage en Indo-Chine et à Java, 22 déc. '94 au 3 mai '95. Sceaux, impr. Charaire, '96. 8.

3478 Orléans, Prince Henri d'.-Du Tonkin aux Indes (janvier 1895–janvier 1896). Illustr. de G. Vuillier, d'après les photographies de l'auteur. Gravure de J. Huyot. Cartes et appendice géographique par Emile Roux. P., Lévy, '98. 3 Bl., 442 S.; 5 K. 4.

S. auch Globus LXXII, S. 153—7; 169—73; 185—90; ferner E. Roux, Renseignements géographiques inédits recueillis, en dehors de l'itinéraire suivi, au cours de l'expédition du prince Henri d'Orléans, de M.M. E. Roux et Briffaut. Du Tonkin aux Indes (janvier 1895–janvier 1896): Bull. Soc. de ggr. XVIII ('97), S. 81—95.

3479 — — Madagascar–Indo-Chine française-Yunnan–Assam. Notes commerciales et coloniales: Bull. Soc. ggr. commerc. de P. XVIII, S. 329–47; 1 K.

3480 Reith,G.M.-A padre in partibus. Notes of a holiday tour through Java, the Eastern Archipelago and Siam. Singapore and Straits Printing Office '97.

3481 Temple,R.C.-Derivation of Sapèque: IA XXVI, S. 222 f.

„Sapèque is the ordinary form in French writers of the commercial term „cash" now used for the lowest denomination of modern Chinese currency". — Ableit. v. malaiisch *sapaku*.

3482 — — Derivation of Sateleer: ebd. S. 280.

A small coin of the Malays; mal. *satali*.

3483 W[ilkinson],R.J.-The Indonesian numerals: J. Straits Br. RAS No. 28, S. 99–103.

1. China.
a) Allgemeines.
(S. auch No. 3539; 3627.)

3484 Adigard,S. - L'infanticide en Chine, d'après un document officiel: Études rel., philos., hist. et litt., T. 71, S. 377—83.

3485 Bishop,Isabella. -A journey in Western Sze-chuan: Ggr. J. X, S. 19–50; 1 K.

3486 v.Brandt.-Die christlichen Missionen in China: Umschau I, S. 842–4.

3487 Chinese censors: Blackwood's Edinburgh Mag. CLXII, S. 525–30.

3488 Clement,ErnestW.-Chinese refugees of the seventeenth century in Mito: Tr. As. Soc. Japan XXIV, S. 12–40; 4 T.

Vgl. ebd. S. XX—XXII.

3488a Inland communications in China: J. China Br. RAS N. S. XXVIII, S. I-V, 1–213; 6 K.

3489 Cooper,Luise.-Aus der deutschen Mission unter dem weiblichen Geschlechte in China. 3. Aufl. Darmstadt, C. F. Winter'sche Buchdr. in Komm., '97. IV, 164 S. 8. *M.* 1.

13*

3490 Courant,Maur.-La femme chinoise dans la famille et dans la société: Rev. d. deux mondes, Vol. 141, S. 171-204.

3491 Cunnyngham,W.G.E.-Young people's history of the Chinese. N.Y., Revell Co., '97. 285 S. 8.　　　　$ 1.

3492 The currency in China: Yale Rev. '97, Febr.
Hist. Entwickl. d. chines. Geldwesens.

3493 Dronsart,Marie.-La femme en Chine: Correspondant, Vol. 184, S. 264-91.

3494 Dubois,Marcel.-La conquête du marché Chinois: Union ggr. du Nord de la Fr. XVIII, S. 257-64.

3495 Enjoy,P. d'.-Le témoignage en Chine: Rev. int. de sociologie IV, S. 460-4.

3496 — — Le culte des morts en Chine: ebd. '97, Mars.

3497 Les explorations dans l'empire chinois: Bull. Soc. ggr. Rochefort XIX, S. 36-42.

3498 Favier,Alph.-Péking. Péking, Impr. des Lazaristes au Pé-t'ang, '97. XII, 562 S.; 36 T. 4. (ill.).

3499 Galpin,F.-Life in China: J. of the Manchester Ggr. Soc. XII, S. 274 f.

3500 Genähr.-Aus dem religiösen Leben der Chinesen: Ev. Missionen '97, S. 107-9.

3501 Groeneveldt,W.P.-De Nederlanders in China. Eerste stuk. De eerste bemoeiingen om den handel in China en de vestiging in de Pescadores (1601-1624). (= Bijdragen tot de Taal-, Land- en Volkenkunde van Nederlandsch-Indie. Zesde Volgr., Deel IV.) 's-Gravenhage, Nijhoff, '08. XI, 598 S. 8.
Rec. G. Schlegel, T'P VIII, S. 518-31 und Ts. N. I. I ('97), S. 1015-36.

3502 Groot,J.J.M. de.-The religious system of China, its ancient forms, evolution, history, and present aspect. Manners, customs and social institutions connected therewith. Published with a subvention from the Dutch colonial government [OB VIII, 3296]. Vol. III. Book 1. Disposal of the dead, Part III. The Grave (2. Hälfte). Leiden, Brill, '97. IV u. S. 829-1468. 8. (ill., T.) M. 20.

3503 Hirth,Friedr.-Die Bucht von Kiau-tschau u. ihr Hinterland. Vortrag. Sonderabdr. aus d. Münchner N. Nachr. [Dec. '97]. M., Knorr & Hirth. 21 S.; 1 K. 8.
Abgedr.: ÖM XXIII, S. 133-9.

3504 Hosie,A.-Three years in Western China. Lo., Philip, '97. 8.　6 s.
Rec. Ac. LII, S. 347; SR LXXXIV. S. 446 f.

3505 Imbault-Huart,C.-Le Si-Kiang ou fleuve de l'ouest: Bull. Soc. ggr. commerc. de P. XIX, S. 34-61; 177-99; 1 K.

3506 — — Le voyage de l'ambassade hollandaise de 1656 à travers la province de Canton: J. China Br. RAS N. S. XXX, S. 1-73.

3507 Letourneau,Ch.-Le commerce et la monnaie en Chine: Rev. int. de sociol. '97, Avril.

3508 Lièvre,D.-Sur les côtes de Chine: Bull. Soc. ggr. comm. Havre XIV, S. 1-48.

3509 Little,Mrs.A.-The fairy foxes: a Chinese legend told in English. 3rd ed. Lo., Gay, '97. 8.　　　　1 s. 6 d.

3510 — — My diary in a Chinese farm. Ebd. '97. 8.　　　4 s.

3511 Ly-Chao-Pée.-La Chine et les Chinois: Bull. Soc. ggr. Marseille XXI, S. 41-6.

3512 MacGowan,J.-A history of China from the earliest days down to the present. Lo., Paul (N.Y., New Amsterdam Book Co.), '97. 622 S. 8. 16 s.; $ 6.

3513 — — Pictures of Southern China. Lo., Rel. Tract. Soc., '97. 320 S. 8.
10 s. 6 d.

3514 Madrolle,Cl.-L'ile de Hai-nan: Bull. Soc. ggr. commerc. de P. XIX, S. 347-67.

3515 Matignon.-Le suicide en Chine: Arch. d'anthr. crimin. XII, S. 365 ff.

3516 Meischke-Smith,W.-Chineesche karaktertrekken. 2e druk. Rotterdam, Nijgh & van Ditmar, '97. 134 S. 8.　　　　F. 2,50.

3517 Mission lyonnaise d'exploration en Chine [OB X, 3552a]: A travers le monde '96, S. 401–4; '97, S. 9–12; 97–100; 153–6.

3517a Möllendorff,P.G.v.–The family law of the Chinese: J. China Br. RAS N. S. XXVII, S. 131–90.

3518 Nishiwada,K.–A trip in the Northern China (japan.): J. of ggr. Tôkyô IX, S. 572.

3519 Parker,Edw.H.–The religion of the Chinese: NewCentury Rev. '97, Sept.

3520 — — China and the Pamirs: Contemp. Rev. LXXII, S. 867–79; 1 K.

3520a Eine Probe chinesischer Rechtspflege: Mitt. ggr. Ges. Jena XVI, S. 50–3.
Aus d. Ev. Heidenboten '07, S. 76.

3521 Rosthorn,Arth.v.–The salt administration of Ssüch'uan: J. China Br. RAS N. S. XXVII, S. 1–32; 1 K.
Ersatz f. d. Tit. OB IX, 714.

3522 Rouvier,Gaston.–La province chinoise du Yunnan et les routes bui y mènent [OB X, 3565]: Rev. de ggr. XXXIX, S. 409–14; XL, S. 23–9: 81–6; 423–40.

3523 Samson-Himmelstjerna,H.v.–Westöstliche Kontraste: BaltischeMschr. '97, S. 242–8.
Vergleichung der Lebensauffassung des Abendlandes und China's.

3524 Serbin, A. – Die mohammedanische Bevölkerung China's: Beil. Allg. Ztg. 200, S. 4–6.

3524a [Ueb. den Plan einer Universitätsgründung in Peking]: ebd. 287, S. 8.

3525 Volpicelli,Z.–Early Portuguese commerce and settlements in China: J. China Br. RAS N. S. XXVII, S. 33–69 (vgl. S. 206–10).

3525a — — Arab trade in China during the T'ang dynasty (9th century): ebd. S. 211–5.

3526 Wilson,Will.–Eye-gate; or, the value of native art in the mission field, with spec. refer. to the evangelization of China. Lo., Partridge, '97. 40 S. 8. (ill.)   2 s.
Rec. East Asia I, S. 100.

3527 Zaborowski.–L'infanticide et les ensevelissements de personnes vivantes en Chine: Rev. encycl. Larousse '96, Oct. 31.

b) Sprache, Litteratur, Kunst etc.
(S. auch No. 3488; 3498; 3517a; 4029.)

3528 Bibliotheca Lindesiana. Catalogue of Chinese books and manuscripts. [Aberdeen], privately printed, '93. XI, 90 S. 4.
Ergänz. des Titels OB IX, 3731.

3529 Alexander,G.G.–Tâo-ism. What Lâo-tsze meant by Tâo: As. Qu. Rev. IV ('97), S. 387–96.

3530 Borel,Henri.–Kwan Yin. Een boek van de goden en de hel. Amst., Kampen & Zoon, '97. VIII, 191 S.; 1 K. 4.   F. 2.50.

3531 Chavannes,Éd.–Nouvelle note sur la chronologie chinoise de l'an 238 à l'an 87 av. J.-C.: JA Sér. IX, T. X, S. 539–44.
Zu OB XI, 715 u. H.Havret unten No. 3545.

3532 — — La première inscription chinoise de Bodh Gayâ (Réponse à M.G.Schlegel): Rev. de l'hist. des rel. XXXV, S. 118–112.
Zu OB XI, 756. — Dagegen G.Schlegel, La première inscription chinoise de Bouddha-Gayâ (Réplique à la réponse de M.E.Chavannes): TP VIII, S. 487–513. Rec. von OB X. 3586 u. XI, 3532: T.H'z, JRAS '97, S. 659–61.

3533 Cheu King. Texte chinois av. une double trad. en français et en latin, une introd. et un vocab. par S.Couvreur. Ho Kien fou, Impr. de la Miss. cath., '96. XXXII, 556 S.; 1 K. 8.

3534 Chou King. Texte chinois av. une double trad. en fr. et en latin, des annotations et un vocabulaire p. S.Couvreur. Ebd. '97. 464 S.; 1 K. 8.
Rec. beider Ausg.: H.Cordier, Rev. cr. 49, S. 412f.; A.A.Fauvel, Etudes rel., philos., hist. et litt., T. 71, S. 421f.

3535 Devéria,G.–Estampages d'inscriptions chinoises provenant de la mission de MM.Dutreuil de Rhins et Grenard: CR XXV ('97), S. 268–81.

3536 — — Musulmans et Manichéens chinois: JA Sér. IX, T. X, S. 445–84; 1 T.

3537 Giles, Herb. A. - 古今姓氏族譜 A Chinese biographical dictionary. Fasc. I. I.o., Quaritch (Shanghai, Kelly & Walsh), '97. S. 1–496. 8.
Rec. *G.Schlegel,* T·P VIII, S. 438–41. (cpl. 42 *s.*)

3538 Gordon,C.A.–Items of Chinese ethics and philosophy: J. of the Tr. of the Victoria Inst. XXVIII, S. 39–78.
Mit Bem. v. Thom. F.Wade u. a.

3539 — — China's place in ancient history: a fragment: ebd. XXIX, S. 93–133.

3540 Harlez,C. de.–L'interprétation du Yi-king. – La version mandchoue et ma traduction: Bull. Ac. royale de Belg. XXXII ('96), S. 339–69.
Ers. f. d. Tit. OB X, 3600. S. auch unten No. 3560.

3541 — — Fleurs de l'antique Orient. Extraits d'œuvres inédites d'anciens philosophes chinois: Gi. Soc. as. it. X, S. 99–129.

3542 — — Les chasses guerrières en Chine: Muséon XVI, S. 356–71.

3543 — — La médecine dans l'empire chinois: ebd. S. 413–28.

3544 Havret,Henri.–La stèle chrétienne de Si-Ngan-Fou [OB X, 3606]. IIème partie. Histoire du monument. (= Variétés sinol., No. 12.) Chang-hai, Impr. de la Mission cath., '97. 420 S.; 14 T. 8. 16 *s.*

3545 — — La chronologie des Han: T·P VIII, S. 378–411.

3546 Heller,Joh. Ev.–Das Nestorianische Denkmal in Singan fu. Separat-abdr. aus dem II. Bande [S. 435–95] des Werkes „Wissenschaftliche Ergebnisse der Reise des Grafen B. Széchenyi in Ostasien (1877–1880)". Budapest '97. 62 S.; 2 T. 4.
Bd. I = OB VII, 3510.

3547 [Ueber chines. Inschriften auf Denkmälern im District Magdalena, Mexico]: Beil. Allg. Ztg. 154, S. 8.
Vgl. *J.D.E.Schmeltz,* Int. Arch. f. Ethnogr. X, S. 266; Spectator LXXIX, S. 67.

3547a James, F.H.–Taoism: Outlook '97, Apr. 24.

3548 Kohlbrugge,J.H.F.–De uitlegging van Lao Tsz's „Tao" door Henri Borel (OB X, 630): Ind. Gids XIX ('97), S. 1364–7.

3549 Kühnert,F.–Das Wesen der chines. Sprache: ÖM XXIII, S. 121–6.

3550 Lacouperie,Terrien de.–Chinese antiquities: B&OR VIII, S. 51–63.

3551 — — The monosyllabism of the Chinese language: ebd. S. 63–9.

3552 Lau-Tsze's Tau-Teh-King. The old philosopher's classic on reason and virtue transl. by Paul Carus: Monist VII, S. 571–601.

3553 Mély,F. de.–Le «De monstris» chinois et les bestiaires occidentaux: Rev. archéol. XXXI ('97), S. 353–73.

3554 Puini,C.–Idee politiche ed economiche della Cina antica: Riv. it. di sociologia I, No 1.

3554a Richard,Timothy.–Synopsis of „How to awaken faith in the Mahayana school", a work by the 12th Buddhist Patriarch Ma Ming (Ashragasha), who died about A. D. 100: J. China Br. RAS N. S. XXVII, S. 263–78.
Statt Ashragasha ist Aśvaghoṣa zu lesen.

3555 Schaank,S.H.–Ancient Chinese phonetics: T·P VIII, S. 361–77; 457–86.

3556 Schlegel,G.–Some moot points in the Giles-Lockhart controversy: T·P VIII, S. 412–30.

3557 [Se-chou]. Les quatre livres avec un commentaire abrégé en chinois, une double trad. en français et en latin et un vocab. des lettres et des noms propres p. S.Couvreur. Ho Kien fou, Impr. de la Miss. cath., '95. VII, 748 S. 8.
Rec. *H.Cordier,* Rev. cr. 49, S. 412f.

3557a Smith, A.H.–Confucianism: New Cent. Rev. '97, July, S. 687–92.

3558 Specht,Éd.–Les Indo-Scythes et l'époque du règne de Kanichka, d'après les sources chinoises: JA Sér. IX, T. X, S. 152–93; 546.

3559 Tobar,Jérôme.–Le Credo des rebelles „aux longs cheveux": T·P VIII, S. 431–6.
Zu C. de Harlez OB XI, 728; vgl. de Harlez, T·P VIII, S. 555f.

3560 Le Yi-king. Traduit d'après les interprètes chinois, avec la version mandchoue p. C. de Harlez. P., Leroux, '97. 8. *Fr.* 7.50.
S. auch oben No. 3540. — Rec. *H.B[a]ng,* LC 41. S. 1335f.

3560a The Yü-li or precious records. Transl. by Geo. W. Clarke: J. China Br. RAS N. S. XXVIII, S. 233-400.

2. Indo-China.

3561 Gerini,G.E.–Notes on the early geography of Indo-China: JRAS '97, S. 551-77; 11 T.

3561a Orléans,Prince Henri-Ph. d'.–Sur le Haut Mékong: Rev. de P. '96. VI, S. 449-80; 711-42; 1 K.

3562 Revilliod,John T.–Viaje de Saïgon á Bangkok, atraversando el Cambodge y el Siam. Trad. por Carlos Roumagnac: Bol. Soc. ggr. estadistica Rep. Mexicana III ('95), S. 407-13.

3563 Roux,Ém.–Les sources de l'Irawaddy: Annales de ggr. V, No. 24. Rec. *Ule*, PM XLIII, Lber. S. 170.

3564 — — Aux sources de l'Irraouaddi, d'Hanoï à Calcutta par terre: Tour du monde '97, S. 193-276; 1 K.
Auch sep. P., Hachette & Co., '97. 92 S. 4. (ill.) *Fr.* 10.

3565 Simon,G.–Le Mékong et l'Indo-Chine: Bull. Soc. ggr. commerc. de P. XVIII, S. 425-43; 1 K.

3566 Soulié.–De Ta-tsien-loû à Tse-kou (rive droite du Mékong) 11 oct.– 7 déc. 1894: Bull. Soc. de ggr. XVIII ('97), S. 36-80; 1 K.

a) Annam, Kambodscha, Tschampa.

3567 Aymonier,Étienne.–Le Cambodge et ses monuments: Rev. de l'hist. des rel. XXXVI, S. 20-54.

3568 Basset,Alb.–Traditions et superstitions annamites [OB XI, 772]: Rev. des trad. pop. XII, S. 554-7.

3569 Bonin,CharlesEudes.–Note sur les sources du Fleuve rouge: Bull. Soc. de ggr. XVIII ('97), S. 202-6.

3570 Dégoutin,M.–Les grottes de marbre de Tourane (Annam): Spelunca II, S. 125-32.

3571 Diguet,Ed.–Éléments de grammaire annamite. 2. éd. P., Challamel, '97. 8. *Fr.* 3.

3572 Dumoutier,G.–Traditions populaires sino-annamites [OB XI, 773]: Rev. des trad. pop. XII, S. 380-8; 417-34.

3573 Enjoy,Paul d'.–Les „lèvres de minium" et les „lèvres de plomb". Contribution à l'ethnologie des Mongols: L'Anthr. VIII, S. 439-44.
Ueber die „Muoi-Son" und „Muoi-Chi" der Annamiten.

3574 — — Essai sur la colonisation de la Cochinchine [OB X, 3652]: Rev. de ggr. XI, S. 87-99.

3575 — — Municipalités annamites: Rev. rose, 4e Sér., T. VIII, S. 300 f.

3576 Gouzien,Paul.–Manuel franco-tonkinois de conversation, spécialement à l'usage du médecin, précédé d'un exposé des règles de l'intonation et de la prononciation annamites. P., Challamel, '97. XI, 174 S. 8.

3577 Jung,Eug.–Hanoï et ses environs: Monde moderne III, S. 676-84.

3578 Leclère,Adhémar.–Les divers types connus au Cambodge du pied sacré du Buddha: CR XXV ('97), S. 289-95.

3579 — — Le zodiaque cambodgien: Rev. rose, 4e Sér., T. VIII, S. 481-6; 711-7.

3580 Lemire,Ch.–Les arts et les cultes anciens et modernes en Annam-Tonkin: Union ggr. du Nord de la Fr., Bull. XVIII, S. 193-223.

3581 Nouvelle visite à la pagode royale (Tonkin): Bull. Soc. ggr. comm. Bordeaux XX, S. 463 f.

3582 L'architecture au Cambodge. Le grand hôtel de Pnòm-Penh: L'Architecture '97, 10 Avril.

3583 Pouvourville,Alb. de.–L'Annam sanglant: Nouv. Rev. CVIII, S. 237-60; 438-63; 654-69; CIX, S. 101-22; 263-92.

b) Siam, Laos, Shan.

3584 Mission Etienne Aymonier. Voyage dans le Laos [OB IX, 3794]. T. II. (= Annales du Musée Guimet. Bibliothèque d'études. VI). P., Leroux, '97. 364 S. 8.

3585 Benoit,Henri.–Maha Chulalongkorn, roi de Siam: Rev. de P. '97, IV, S. 785–97.

3586 Chevillard,S.–Le Siam. (= Bibl. ill. des voyages autour du monde par terre et par mer, No.3.) P., Plon, Nourrit et Co., '97. 32 S. 8. (ill.) *Fr.* 0.15.

3587 Feliciangeli,A.–Uno sguado al Siam moderno: Rivista milit. it. '97, No. 13.

3588 Fournereau,L.–Les villes mortes du Siam: Tour du monde '97, 31 Juill.

3589 Frankfurter,Osc.–Siam. Gesetzgeb. 1896: Jb. d. int. Vereinig. f. vgl. Rechtswiss. III, S. 824–8.

3590 Hesse-Wartegg, Ernst v.–Hoffestlichkeiten beim König der weissen Elefanten: Velhagen & Klasing's Mh. XI, 2, S. 628–40.

3591 — — Was die Siamesen mit ihren Todten machen: Münchner N. Nachrichten '97, No. 402; 404.

3592 Lafforgue.–Le Laos et ses habitants: Bull. Soc. ggr. Toulouse '96, Juillet-Août.

3593 Lijfstraffen in Siam: Ind. Gids XIX ('97), S. 961–5.

3594 Malglaive,J.de.–La pénétration au Laos par la brèche d'Ai-Lao: Bull. Soc. ggr. commerc. de P. XVIII, S. 263–81; 1 K.

3595 Parker,E.H.–Siam: As. Qu. Rev. IV ('97), S. 112–9.

3596 Waddell,L.A.–On A. Sandberg's note to Gait's paper on Ahom coins (OB XI, 783): Proc. ASB '97, S. 12–4.

3597 Woodthorpe,R.G.–Some account of the Shans and Hill tribes of the states on the Mekong: J. Anthr. Inst. of Great Brit. XXVI, S. 13–28; 1 T.

c) Barma, Assam etc.
(S. auch No. 3091.)

3598 Bertacchi,C.–La Birmania e il viaggio di Leonardo Fea: Mem. Soc. ggr. it. VI, S. 241–85.

3599 Godden,Gertr.M.–Nágá and other frontier tribes of North-East India: J. Anthr. Inst. of Great Brit. XXVI, S. 161–201; 1 T.
Rec. *Th. Volkov*, L'Anthr. VIII, S. 716 f.

3599a Gallois, Eug.–En Birmanie: Rev. gén. int. '97, IV, S. 395–418.

3600 Hanson, O.–Religions in Upper Burma: Independent (N. Y.) XLIX, S. 1082.

3600a Harvey, John.–Report on the Thetta column and work in the Southern Chin hills during the season 1894–95. Rangoon '95. 16, 8, 6, 6 S. 8. (K.)

3600b Houghton, Bernard.–The Arakanese dialect of the Burman language: JRAS '97, S. 453–61.
Hierzu St. Andrew St. John, ebd. S. 940 f.

3601 Jardine. John.–Buddhist law: As. Qu. Rev. IV ('97), S. 367–75.

3602 Moore, H.C.–The Dacoits treasure, or in the days of Po Thaw: a story of adventure in Burma. Ill. by Harold Piffurd. Lo., Addison, '97. 432 S. 8.   5 *s.*

3603 Noetlings Entdeckung zugeschlagener Feuersteinsplitter im Pliocän von Burma: Globus LXXII, S. 15 f.
Aus Natural Science '97, April, S. 233–41.

3604 Parker, E.H.–The Burmo-Chinese frontier and the Kakhyen tribes: Fortnightly Rev., N. S. LXII, S. 86–104.

3604a Rigby, G.C.–Report on a tour through the Northern Shan States. Season 1894–95. Rangoon '95. 26, LXII S. 8. (ill., K.)

3604b Sinclair,W.F.–Dimapur: JRAS '97, S. 623 f.
Dazu St. Andrew St. John S. 611 f. Vgl. OB XI, 801.

3605 Temple,R.C.–Currency and coinage among the Burmese [OB XI, 804]: IA XXVI, S. 197–212; 232–45; 253–65; 281–92.

3605a Tables for the transliteration of Burmese into English, with lists showing the names in Engl. and Burm. of the divisions, districts . . . of Burma. Rangoon '96. XVIII, 202 S. 8.

3605b Turner,C.H.–Report on the Kairuma, Naring, and Daidin columns, Chin hills, 1895–96. Rangoon '96. 20, 6, 2, 4, 6, 2, 2 S. 8. (ill., K.)

3605c Turner,M.N.-Report on the Sana Kachin expedition, 1895-96. Ebd.
'96. 22, 4, 8, 2, 2, 4, 4, 4 S. 8. (ill., K.)
3606 A dictionary of the Sgau Karen language compiled by J.Wade, assisted by Mrs. S. K. Bennett. Recompiled and revised by E. B. Cross.
Rangoon, F. D. Phinney, '96. 2 Bl., 1341 S. 8.

Anhang: Andamanen u. Nikobaren.

3607 Man,E.II.-Notes on the Nicobarese: IA XXVI, S. 217-22; 265-77.
3608 Temple,R.C.-The Andaman tokens: ebd. S. 192-4.

3. Tibet und Verwandtes.

(S. auch No. 3563; 4064.)

3609 L'exploration Bonin au Tibet oriental: Revue fr. XXI, S. 704-11.
3610 Deasy,H.II.P.-Journey in Western Tibet: Ggr. J. IX, S. 217 f.
3611 Fletcher,W.A.L.-A journey toward Llassa: Tr. Liverpool ggr. Soc.
'96, S. 74-92.
3612 A short account of the great kingdom of Tibet. In 1729 A. D.:
J. Buddh. Text and Anthr. Soc. V, 1, S. 4-23.
Uebs. aus Fra Francesco Orazio della Penna di Billi.
3613 Francke,H.-Bemerkungen zu Jäschke's tibetischer Bibelübersetzung:
ZDMG LI, S. 647-57.
3614 Malcolm.-Journey of Captain Wellby and Lieut. Malcolm across
Tibet: Ggr. J. IX, S. 215-7.
3615 Massieu,Isabelle.-Le Cachemire et le Ladak: Bull. Soc. ggr. commerc. de P. XVIII, S. 237-9.
Auch hier Erweisung des Schwindels von Notovitch.
3616 — — Une Française au Ladak: Rev. d. deux mondes. Vol. 142,
S. 152-76.
S. auch OB X, 3705.
3617 Putešestvie po vostočnomu Turkestanu, Kun-Lunju, severnoj okraine
Tibetskago nagor'ja i Čžungarii v 1889-m i 1890-m g. Otčet byvšago načal'nika Tibetskoj ekspedicii M.V.Pevcova. S kartoj i 40 fototip. (= Trudy
Tibetskoj ekspedicii 1889-90. Čast' I.) Pe., tip. M. Stasjuleviča '95. XIV,
423 S.; 1 Portr., 1 K., 39 T. 4.
Ergänz. d. Tit. OB IX, 3843.
3618 Ekskursii v storonu ot putej Tibetskoj ekspedicii V. I. Roborovskago
i P. K. Kozlova. S 6 tabl. semok. (= Trudy Tibetskoj ekspedicii 1889-90.
Č. III.) Ebd. '96. 4 Bl., 126 S.; 6 K. 4.
Čast' II ('92) betr. geolog. Untersuch. — Vgl. P. K., Russian expeditions in Tibet, Ggr. J.
IX, S. 546-55; Globus LXXI, S. 164. S. auch OB X, 3377; XI, 402.
3619 Rosthorn,A.v.-Vokabularfragmente ost-tibetischer Dialekte: ZDMG
LI, S. 524-31.
S. 531-3 Bem. v. A. Conrady.
3620 [Sarat Candra Dās.]-A short note on the origin of the Tibetans and
their division into clans: J. Buddh. Text and Anthr. Soc. V, 1, S. 1-4.
Mitteilungen nach tibetischen Texten.
3621 [— —] Description of a Tibetan funeral: ebd. V, 2, S. 1-4; vgl. ebd.
S. IV f.
3622 Schreve,Th.-Tibetische Pilgerfahrten. (Himalaya.) Nacherzählt v. H.
Kluge. (= Kleine Traktate aus der Brüdermission. No. 24.) Herrnhut
(Gnadau, Unitäts-Buchh.) '97. 16 S. 8. *M. 0.05.*
3623 SherPhyin ... ed. by Pratáp Chandra Ghosha [OB IX, 3846].
Vol. III. Fasc. II. (= BI No. 896). C., As. Soc., '97. S. 97-192. 8.
(I., Harrass. *M. 2.50.*)
3624 Turner, C. H. Polhill.-The colloquial language of Tibet. Darjeeling,
publ. by the author, '97. 40 S. 8. 1 *R. 8 @.*
3625 Wellby,M.S.-From Leh to Peking across Tibet: J. United Service
Inst. India XXVI, S. 177-98.

4. Korea.

3626 The Korean Repository [OB VIII, 3507]. Vol. II. Nos. 1–12.
Jan.-Dec., '95. Seoul, Trilingual Press. 484 S. 8.   j. $ 2 gold.
Aus dem Inhalt: H. B. Hulbert, Korean reforms, S. 1–9. W. B. Scranton & C. C.
Vinton, Missionary review, S. 15–22. E. B. Landis, The classic of the Buddhist rosary,
S. 23–6. D. L. Gifford, Korean guilds and other associations, S. 41–8. M. B. Jones,
The Korean bride, S. 49–55. W. M. Junkin, The Tong Hak, S. 56–61. X., The bird
bridge [a story], S. 62–7; 354 f. The Korean almanac, S. 68–73. H. G. Appenzeller,
Ki Tza: the founder of Korean civilization, S 81–7. W. H. Wilkinson, Korean chess,
S. 88–95. G. H. Jones, The youth's primer [a small Chinese classic of Korean author-
ship], S. 96–103; 134–9. H. N. Allen, Legends of Chong Dong and vicinity, S. 103–10.
J. S. Gale, Ode on filial piety; Korean love song etc. S. 121 f.; 288. L., Buddhist chants
and procession, S. 123–6. H. N. Allen, Places of interest in Seoul with history and legend.
S. 127–33; 182–7; 200–14. Ilk Seup, A tiger [a story], S. 140–2. A. Poleax Wayside
idols, S. 143 f. Obstacles encountered by Korean Christians, S. 145–51. W. H. W[ilkinson],
[List of various places in English, Chinese and Korean], S. 153–5. W. M. Baird, Romani-
zation of Korean sounds, S. 161–75; [vgl ebd. 233 f.; H. B. Hulbert, S. 299–306.] J. S.
Gale, The Korean pony, S. 176–81. J. B. Busteed, The Korean doctor and his methods,
S. 188–93. Seven months among the Tong Haks, S. 201–8. H. B. Hulbert, The origin
of the Korean people, S. 219–291; 215–64. A. Poleax, Where the Han bends, S. 241–6.
D. L. Gifford, Places of interest in Korea, S. 281–7. W. L. Swallen, Polygamy and the
church, S. 289–94. G. H. Jones, Rev. Wm. J. McKenzie. A memoir, S. 295–8. Beza,
Korean proverbs, S. 314–6. J. S. Gale, Korean history (Transl. fr. the Tong-gook T'ong-
gam), S. 321–7. (Dazu Beza, S. 379–81.) D. L. Gifford, An adventure on the Han river,
S. 328–33. H. N. Allen, The wise fool [a story], S. 334–8. S. A. Moffett, „Review of
the gospels of Matthew and John [Translations by the Permanent Executive Bible Committee],
S. 361–5. C. C. Vinton, Slavery and feudalism in Korea, S. 366–72. Confucianism in Korea,
S. 401–4. J. Edkins, Relationship of the Tartar language [Mongol-Chinese, Korean-Chinese,
Mongol-Korean identifications], S. 405–11. S. A. Moffett, Legend of the hasty death gate,
S. 414 f. J. S. Gale, A few words on literature, S. 423–5. Korean names, S. 426–31. H. N.
Allen, Folk Lore. A reward to filial piety, S. 462–5. H. B. Hulbert, The rise of the
Yangban, S. 471–4.

— — H. G. Appenzeller, Geo. Heber Jones, Editors [OB XI, 822].
Vol. IV. Nos. 7–12. July-Dec., '97. Ebd. S. 241–480. 8.
E. B. Landis, Notable dates of Kang-Wha, S. 245–8. G. H. Jones, The Korean inn,
S. 249–53. J. S. Gale, Difficulties in Korean, S. 254–7. R. Random, Tal Sung. A legend,
S. 281–3. H. B. Hulbert, Korean proverbs, S. 284–90; 360–73; 452–5. J. Edkins,
Korean writing, S. 301–7. W. B. Scranton, The fifty-three Buddhas and the nine dragons,
S. 321–4. Things in general (The spittoon governor. Tables of dry measures, etc.), S. 330–31;
464–6. The Korean origin of the Japanese Eta, S. 396–8 H. B. Hulbert, An ancient
gazetteer of Korea, S. 407–16. C. F. Reid, A week in the country between Seoul and Songdo,
S. 417–22. X., Pak — the spoon-maker, S. 423–32. E. D. Follwell, Pyeng-Yang legends,
S. 449–51. X., A reversed Santa Claus, S. 456 f. (Sprachl. Bemerk. von T. H. Yun, S. 278;
W. H. Scranton, S. 316 f.) [Recensionen s. besonders verzeichnet.]

3627 D. A.-Očerk Korei i eja otnošenij k Kitaju i Japonii: Zemlevěděnie II,
1, S. 164–201; 1 K.

3628 Bishop, Isabella B.-Korea and her neighbors: a narrative of travel
. . . with a pref. by W. C. Hillier. N. Y., Revell Co., '98. 480 S. 8. $ 2.

3629 Courant, Maur.–La complainte mimée et le ballet en Corée: JA
Sér. IX, T. X, S. 74–6.

3630 Du Fief, J.-La Corée: Soc. de ggr. de Tours, Rev. XI, S. 199–221.
Auszug aus OB IX, 3859.

3631 Gale, James S.-A Korean English dictionary. Yokohama, Kelly &
Walsh, '97. VIII, 1096, 64 S. 8.   (L., Harrass. M. 45.)
Vgl. OB XI, 822 (S. 43). — Rec. Korean Repository IV, S. 308–13.

3631a Gardner, C. T.-The coinage of Corea: J. China Br. RAS N. S. XXVII,
S. 71–130.

3632 Gottsche.-Korea u. seine Nachbarn: Mitt.Ver. f. Erdk. L. '96, S. XXXII–
XXXVI.

3633 v. Grünau.-Ein Ritt quer durch Korea: Globus LXXII, S. 149–51 (s.
auch S. 322).

3634 Guide pour rendre propice l'étoile qui garde chaque homme et pour
connaître les destinées de l'année. Traduit du coréen par Hong-Tyong-
Ou et Henri Chevalier. (= Annales du Musée Guimet. XXVI, 2.) P.,
Leroux, '97. S. 77–123. 4.
Vgl. OB IX, 830.

3635 Landis, E. B.-Korean folk-tales: J. of Am. Folk-Lore X, S. 282–92.
The tale of the envious brother. The tale of the sesamum-seed merchant. The tale of
the bold man and the timid one. The story of the covetous magistrate.

3636 Landis,E.B.-Native dyes and methods of dyeing in Korea: J. Anthr. Inst. of Great Brit. XXVI, S. 453-7.

3637 Lièvre,Dan.-Promenades japonaises et coréennes 1894-1896: Bull. Soc. ggr. comm. Havre XIV, S. 224-53.

3638 Morse,E.S.-Korean interviews: Popular Science Monthly LI, S. 1 ff.

3639 Scott,James.-Stray notes on Corean history and literature: J. China Br. RAS N. S. XXVIII, S. 214-32; vgl. XXVII, S. 246 f.

3640 Smith,Anna Tolman.-Some nursery rhymes of Korea: J. of Am. Folk-Lore X, S. 181-6.

5. Japan.

3641 Transactions of the Asiatic Society of Japan [OB X, 805]. Vol. XXIV. Yokohama, Meiklejohn & Co., '96. 187, I.II S. 8. $ 2.50. Suppl. zu Vol. XXIII: OB X, 3757.

3642 The Hansei Zasshi [OB XI, 834]. Vol. XII, Nos. 7-12. July-Dec., '97. Tokyo. 54; 52; 46; 47; 46; 44 S. 8. (ill, T.) j. Yen 2.20 (6 s. für Europa). Aus dem Inhalt: No. 7: I.Hirota, Prince Shotoku (A short sketch of his life), S. 1—6. C.Ito, Architecture of various Buddhist sects in Japan, S. 7—12. S. Takahashi, Development of the Japanese idea of intern. law, S. 13—20. Kratkoe objasnenie upotrebitel'nych slov, v buddijskom proizvedenii, S. 47—54.
No. 8: M. Fukuchi, The first period of Japanese civilization, S. 1—5. S. Takahashi, Development of the Jap. idea of int. law, S. 6—13. Y.Haga, On the Khyōgen, S. 14—7. C.Pfoundes, Buddhism in the Occident, S. 18—25.
No. 9: T. Yokoi, Luxury of the Fujiwara family and the progress of Japanese art, S. 1—5. M.Fukuchi, The first period of Jap. civil., S. 6—10. Kobōdaishi's „Instruction of true words". Transl. by Kiroku Hayashi, S. 11—13. Christianity in Japan, S. 14—7.
No. 10: S. Takahashi, Devel. of the Jap. idea of int. law, S. 1—7. M. Fukuchi, The first period of Jap. civil., S. 12—5. R. Torii, Aboriginal tribes of Eastern Formosa and their geogr. names, S. 33—47.
No. 11: M.Ueda, About common personal nouns in Japanese language, S. 1—9. Suematsu, The position of the „Genji Monogatari" in Jap. literature, S. 10—7. Prominent Japanese priests, S. 18—23. J. Takakusu, Hiuen Tsang, a great traveller in India, S. 24 f.
No. 12: M.Fukuchi, The first period of Jap. civil., S. 1—4. Japan. prominent priests, S. 5—9. Kouakamura, On the naturalized tribes, S. 10—20.

3643 Tokyō Jinruigaku Kai Zasshi [OB XI, 835]. Für Vol. XI, No. 115—20 (Oct. '95—März '96) s. die Inhaltsang. v. A. Gramatzky, Int. Arch. f. Ethnogr. X, S. 270—3.

a) Allgemeines.
(S. auch No. 3627; 3637; 3827.)

3644 Bacon,A.M.-Japanese girls and women [OB V, 348]. New cheaper ed. Boston, Houghton, Mifflin & Co., '97. IX, 333 S. 8. 75 c.

3645 Barré,Paul.-Les progrès du Japon: Union ggr. du Nord de la Fr., Bull. XVIII, S. 317—32.

3646 Bergen,R.van.-The story of Japan. N. Y., American Book Co., '97. 294 S. 8. $ 1.

3647 — — Reaction in Japan: Independent (N. Y.) XLIX, S. 1103 f.

3648 Le Japon d'aujourd'hui. Extraits du journal intime de M. l'abbé G.Bruley des Vasannes, missionnaire apostolique. 3e éd. Tours, Mame & Fils, '97. 368 S. 8. (ill.)

3649 Japanese candor: Independent (N. Y.) XLIX, S. 877 f.

3650 Coucheron-Aamot,W.-Durch das Land der Japaner. Schilderungen aus Japan. Aus d. Norweg. v. F.v.Känel. B., Schoenfeldt, '97. XVI, 209 S.; 1 Facs. 8. (ill.) M. 3.

3650a Crommelin,H.S.M.vanWickevoort.-De Nederlanders in Japan: Ts. N. I. I ('97), S. 573-90.

3651 Désormeaux,Henry.-Les exposants de 1900: le Japon: Moniteur des expositions '97, Juin.

3652 Droppers.-[Some old Japanese economic theories in the light of modern theories]: Tr. As. Soc. Japan XXIV, S. V-XX.

3652a Engelbregt,J.H.-De ontwikkeling van Japan, met het oog op het Gele Gevaar: Ts. N. I. I ('97), S. 800-15.

3653 Francken,C.J.Wijnaendts.-Het Japansche volk: Tijdspiegel '97.(35S.) Tit. a. d. Rec. v. G.Schlegel, T'P VIII, S. 531—3.

3654 Gowland, Will.-The dolmens and burial mounds in Japan: Archaeologia
LV, S. 439–524; 1 K., 3 T.
3655 Griffis, W.E.-Japanese national holidays: Independent (N. Y.) XLIX,
S. 837 f.
3656 Hearn, L.-Gleanings in Buddha-fields: studies of hand and soul in
the Far East. Lo., Harper (Boston, Houghton, Mifflin & Co.), '97. III,
296 S. 8.　　　　　　　　　　　　　　　　　　　　　　　　6 s.; $ 1.25.
　　Rec. Literature I, S. 41 f.; Ath., Nov. 13, S. 664 f.
3657 Klobukowski, A.-Le Japon septentrional: Bull. Soc. ggr. commerc.
de P. XIX, S. 10–33; 1 K.
3658 La Farge, J.-An artist's letters from Japan. Lo., Unwin, '97.
308 S. 8.　　　　　　　　　　　　　　　　　　　　　　　　　　16 s.
　　Abdruck v. Aufs. aus d. „Century". — Rec. Literature I, S. 203 f.
3659 Lamare.-La nouvelle loi monétaire du Japon: Bull. de num. '97,
S. 89–91.
3660 Lloyd, Arth.-Nasu no Yumoto. An old Japanese inn: Tr. As. Soc.
Japan XXIV, S. 176—87.
3661 Der Matsuyama-Spiegel. Ein japanisches Märchen: Ev. Missionen
'97, S. 207–10.
3662 Moraes, Wenceslau de.-Dai-Nippon (O grande Japão). Impressions
littéraires et artistiques sur le Japon et la vie japonaise. Lisboa, Imprensa
Nacional, '97. XVI, 302 S. 8.　　　　　　　　　　　　　　　　Fr. 5.
3663 Morgan, Agnes.-The feast of lanterns and the feast of the star
weaver in Japan: J. of Am. Folk-Lore X, S. 244–6.
3664 Nachod, Osk.-Die Beziehungen der niederländischen ostindischen
Kompagnie zu Japan im 17. Jahrh. L., R. Friese, '98. XXXIV, 444 u.
CCX S. 8.　　　　　　　　　　　　　　　　　　　　　　　　M. 12.
3665 Peery, R.B.-The gist of Japan: the islands, their people, and missions.
Lo., Oliphant, '97. 318 S. 8.　　　　　　　　　　　　　　　　5 s.
　　Rec. Ac. LII, S. 347 („Apart from the *odium theologicum* which seems to pervade this
work, it is a comprehensive and lucid account of the chief natural features and national
characteristics of Japan"); Literature I, S. 77; Ath., Nov. 13. S. 664 f.
3666 de Pourtalès.-L'émigration et l'accroissement de la population au
Japon: Bull. Soc. ggr. commerc. de P. XIX, S. 200–3.
3667 Salwey, Charlotte M.-Japanese monographs [OB X, 3745]. IV. On
the manner of making gardens: As. Qu. Rev. IV ('97), S. 161–4.
3668 Satō Rigakushi, D.-Kamegaoka in the province of Mutsu: its physical
and geological features, and relics of the stone age (japan.): J. Tōkyō ggr.
Soc. '96, 2, S. 169–216.
3669 Schreider, D.I.-Strana voschodjaščago solnca. Izd. O. N. Popova.
Pe., Druck v. Leifert. '97. 60 S. 8.　　　　　　　　　　　Rub. 0.20.
　　Rec. *N.F.Katanov,* Dějatel' '98. S. 151.
3670 Sherer, J.A.B.-The Japanese rule of morals: Independent (N. Y.)
XLIX, S. 1230 f.
3671 Siebold, Ph.Fr.v.-Nippon. Archiv zur Beschreibg. v. Japan u. dessen
Neben- u. Schutzländern Jezo m. den südl. Kurilen, Sachalin, Korea u. den
Liukiu-Inseln. Hrsg. v. seinen Söhnen [OB X, 3750]. 2. Bd. 2. Aufl. Würz-
burg, Woerl, '97. VII, 342 S. 8. (ill.)　　　　　　　　　　　M. 8.
　　Rec. *K.Andree,* Globus LXXII. S. 304 f.; *K.Rathgen,* Preuss. Jb. XC. S. 151–3; *S.Günther,*
Beil. Allg. 156, S. 6 f.; Ts. N. I. I ('97), S. 888–92.
3672 Simms, J.-Characteristics, habits and customs of the Japanese people:
Frank Leslie's Popular Monthly '97, Aug.
3673 Thomas, J.I.I.-Journeys among the gentle Japs in the summer of
1895; special chapter on the religions of Japan. Lo., Low, '97. 276 S. 8.
(K., Portr.)　　　　　　　　　　　　　　　　　　　　　　7 s. 6 d.
　　Rec. Ac. LII, S. 69; East Asia I, S. 108 f.; Ath., Sept. 18, S. 384; *E.Knipping,* PM XLIII,
Lber. S. 167.
3674 Weston, Walter.-Customs and superstitions in the highlands of
Central Japan: J. Anthr. Inst. of Great Brit. XXVI, S. 29–31.

3676 Wilberforce,B.A.-Dominican missions and martyrs in Japan. Pref. by Card. Manning. New ed. Lo., Art & Book Co., '97. 196 S. 8. 1 *s*. 6 *d*.
3676 Yagi,S.-The topographical distribution of dolmens in Musashi (japan.): J. Tökyö ggr. Soc. '96, 3, S. 385-444.

b) Sprache, Litteratur, Kunst etc.
(S. auch No. 3662.)

3677 Chamberlain, Basil Hall.- A preliminary notice of the Luchuan language: J. Anthr. Inst. of Great Brit. XXVI, S. 47-59.
3678 — — Contributions to a bibliography of Luchu: Tr. As. Soc. Japan XXIV, S. 1-11.
3678a Chushingura; or the loyal retainers of Akao. English version of J. Inouye. Lo., Paul, '95. 80 S. 8. 3 *s*.
3679 Courant,Maur.-De la lecture japonaise des textes contenant uniquement ou principalement des caractères idéographiques: JA Sér. IX, T. X, S. 218-65.
3680 Dooman,Is.- The influence of Greco-Persian art on Japanese arts: Tr. As. Soc. Japan XXIV, S. 137-75; XXIVf.
3681 Florenz,K.-Poetical gleanings from the Far East: Japanese poems. From the German (OB X, 852) by A. Lloyd. Lo., Low, '97. 100 S. 4. (ill.) 7 *s*. 6 *d*,
3682 La gravure japonaise: L'Estampe et l'affiche '97, 15 Avril.
3683 Japanese self-taught: being a collection of colloquial phrases in the vulgar as well as in the polite styles, and an English-Japanese vocabulary. '97. 220 S. 8. (Lo., Paul 8 *s*.)
3684 Handbook of the Japanese Language. For the use of tourists and residents. '97. 297 S. 8. (Ebd. 4 *s*.)
3685 Drei japanische Fabeln. Von Kisak Tamai: Globus LXXII, S. 192 f.
3686 Nihongi od. Japanische Annalen. Übs. u. erklärt v. Karl Florenz. III. Tl. Geschichte Japans im 7. Jahrh. (OB X, 864]. V. Buch 30 u. General-Index zu Tl. III. Suppl.-Heft IV zu Bd. VI der Mitth. d. D. Ges. f. Nat.-u. Völkerk. Ostas. (oben No. 3465). 59 S. u. S. XLIII-LVII; Index 36 S. *M*. 6.
3687 Seidlitz, W. v.–Geschichte des japanischen Farbenholzschnitts. Mit 95 Abbildgn. Dresden, Kühtmann, '97. XVI, 220 S. 8. *M*. 18.
Hieraus: 1) Utamaro: Beil. Allg. Ztg. 201, S. 1—3. 2) Morónobu u. s. Zeitgenossen: ÖM XXIII, S. 103 f.
3688 Sertat,R.-Outamaro: diptyque japonais: J. des Artistes '97, 14 Mars.
3689 Severini,A.-Le curiosità di Jocohama. l'arte quarta: Gi. Soc. as. it. X, S. 1-41.
I—III ersch. 1882 in den „Pubblicazioni del R. Istituto di studi superiori in Firenze".
3690 Stevens, C.I. McCluer.–Japanese ivory masks. Pictures in ivory: Ludgate '97, Aug.
3691 Tetsusirō Inouyé.-Congrès international des Orientalistes. XIe Session. Paris, 1897. Sur le développement des idées philosophiques au Japon avant l'introduction de la civilisation européenne. P., impr. G. Maurin (J. Maisonneuve), '97. 28 S. 8.
3692 — — Kurze Übersicht über die Entwickelung der philosophischen Ideen in Japan. A. d. Franz. übs. v. August Gramatzky. B., Reichs-druckerei (P. Lehmann), '97. 25 S. 8. *M*. 0.80.

Anhang: Ainu, Kamtschatka, Amurland u. s. w.

3693 Population of the Ainu in Hokkaidö.-Ainu geographical names in Tosa (japan.): J. of ggr. Tökyö IX, No. 10S.
3694 Batchelor.John.-Ainu words as illustrative of customs and matters pathological, psychological and religious: Tr. As. Soc. Japan XXIV, S. 41-111.
3695 Kanasawa,S.-A revision on the Moshiogusa, an Ainu vocabulary: J. Tökyö ggr. Soc. '96, 2, S. 217-316.
3696 Ribaud,Mich.-Eine Sommerfahrt durch Jeso, die Nordinsel Japans: Kath. Missionen XXV, S. 97-100; 121-3; 154-8.

3697 Sljunin,N.-Sredi Čukčej: Zemlevědénie II, 4, S. 1–46.
3698 Villetard deLaguérie.-La colonisation japonaise de Yeso: A travers le monde '96, S. 397–9.
3699 Windt,Harry de.-The island of Sakhalin: Fortnightly Rev., N. S. LXI, S. 711–5.

6. Oceanien.
(S. auch No. 3089.)

3700 Debes,E.-Schulwandkarte v. Australien u. Polynesien. Im Anschluss an des Herausgebers Schulatlanten bearb. Mittlerer Massstab 1 : 7,500,000. 6 Blatt à 78×59 cm. Farbdr. 1-, Wagner & Debes, '97. *M.* 10.
3701 Langhans,Paul.-Deutscher Kolonial-Atlas. 30 Karten m. 300 Neben-karten [OB XI, 893]. 13–15. Lfg. 6 farb. Karten m. VI, 6 S. Text. Gotha, J. Perthes, '97. Fol. Je *M.* 1.60.
Hieraus: Das Schutzgebiet der Neu-Guinea-Kompanie in 6 (farb.) Blättern m. 69 Neben-karten 1 : 2,000,000. à 33.5×41.5 cm. M. Begleitworten üb. die wirtschaftl. Grundzüge des Schutzgebietes u. Kartenquellen. Fol. 4 S. Ebd. *M.* 6. — Rec. des Atlas: *E.Fischer,* Beil. Allg. Ztg. 284, S. 6 f.; *E.Tiesen,* Verh. Ges. f. Erdk. D. XXIV. S. 560—2.
**3702 Differences between Australians and Melanesians, and the ethnical composition of these latter: Australasian Anthr. J. '97, 6, S. 120 f.
3703 The ethnology of Australian blacks: ebd. '96, 1, S. 4–6; 2, S.14–7; '97, 3, S. 6 f.; 4, S. 78 f.; 5, S. 96 f.; 6, S. 114 f.
S. auch Tully, ebd. 4, S. 84.
3704 What the Australian blacks learned in, and brought from, India: ebd. '97, 6, S. 121 f.
3705 Campo Echevarría,A. del.-España en Oceanía. Descripción hist.-geogr., y estadística de nuestras posesiones en aquella parte del mundo; religión, usos, costumbres de sus habitantes, etc. Santander, impr. Planchard y Arce, '97. 152 S. 8. *Pes.* 1.50.
3706 Frobenius,L.-Ueber oceanische Masken [OB XI, 896]: Int. Arch. f. Ethnogr. X, S. 206–9; 1 T.
3707 Morris,E.E.-Austral-English: a dictionary of Australasian words, phrases and usages, with those Aboriginal-Australian and Maori words, which have become incorporated in the language, and the commoner scientific words that have had their origin in Australasia. Lo.(N.Y.), Macmillan, '97. XXI, 525 S. 8. 16 *s.*; $ 3.75.
3708 Muir,Alex.-The Royal Geogr. Soc. of Australasia, Queensland: an historical review: Proc. and Tr. Queensland Br. R. Ggr. Soc. of Australasia XI, S. 118–37.
3709 Parker,K.Langloh.-Gleanings of black folks' medical lore: Austral-asian Anthr. J. '97, 6, S. 117 f.
3710 Thomson,J.P.-Geography in Australasia: anniversary address to the R. Ggr. Soc. of Australasia, Brisbane: Proc. und Tr. Queensland Br. R. Ggr. Soc. of Australasia X, S. 85–131; XI, S. 138–58; XII, S. 30–40.
3711 Vis,C.W.de.-On the word „Kangaroo": ebd. X, S. 35–45.
Auf Grund der Vocabulare in E.Curr's „The Australian race". — Dazu E.Tregear, ebd. XI, S. 75 f.
3712 The voyagings to Australasia and the Pacific in ancient times: Australasian Anthr. J. '96, 2, S. 6 f.
3713 Warneck,G.-Die deutschen evangel. Missionen in den deutschen Kolonien: Aus allen Welth. XXVIII, S. 329–38.

a) Australien und Neu-Guinea.

**3714 Kaart van Nederl. Nieuw-Guinea em omliegende eilanden. 1 : 2,000,000. Batavia, Topogr. Bureau.
Vgl. Ts. Ned. Aardr. Gen. XIV ('97), S. 838.
3715 Balangero,G.B.-Australia e Ceylan: studi e recordi di tredici anni di missione. Torino, Paravia & Co., '98. IX, 386 S. 8. (ill.; 2 T.) *L* 5.
3716 Bircher,Henri.-L'Australie: Bull. Soc. khédiv. de ggr. IV, S. 723–44.
3717 Boyd,W.Carr.-Journey from Western Australia to Warina, in South Australia: Ggr. J. IX, S. 61 f.; 1 K.

3718 Brothers,Rob.-Travelling teeth. An aboriginal custom: Australasian Anthr. J. '97, 3, S. 8 f.

3719 — — Myth of Australia. Thowra and the seven myells: ebd. S. 10 f.

3720 Burgess,H.T.-The commonwealth of Australia: Independent (N. Y.) XLIX, S. 838 f.

3721 Calvert, A.F.-My fourth tour in Western Australia. Lo., Heinemann, '97. 4. (ill.) 21 s.

3722 Cohen,Phil.-Description of the „Gaboora" [initiation]: Australasian Anthr. J. '97, 4, S. 83 f.; 5, S. 97 f.; 6, S. 115-7.

3723 Cosmogony and anthropology and the first men coming to Australia: ebd. '96, 1, S. 7.

3724 The causes of the changes in the dialects of the blacks of Australia: ebd. '97, 6, S. 129 f.

3725 Songs by Australian blacks. Collect. by Doherty, Pitt, and Hassel: ebd. '97, 3, S. 8.

3726 Edge-Partington.J.-Corroboree music from the Burnett river, Queensland: J. Anthr. Inst. of Great Brit. XXVI, S. 436.

3727 Etheridge jr.,R.-Notes on Australian shields, more particularly the Drummung: ebd. S. 153-61; 2 T.

3728 Fawcett,J.W.-A burial ceremony of the Waw-Wyper tribe: Australasian Anthr. J. '97, 6, S. 125.

3729 Fick,F.-Streifzüge in Australien: Beil. Allg. Ztg. 166, S. 1-6.

3730 Gribble,E.R.-Class systems: Australasian Anthr. J. '97, 4, S. 84.

3731 Harper,WalterR.-Aboriginal names: ebd. '97, 5, S. 105.

3732 Hoffmann.-Eine Koté sa aus Neuguinea: Die Geschichte von den Geistern Kelibob u. Mandumba: Ber. d. Rhein. Miss.-Ges. '97, S. 85-7.
Abgedr.: Mitt. ggr. Ges. Jena XVI. S. 48-50.

3733 The Horn expedition to Central Australia: Ggr. J. X, S. 51-3.

3734 Horst,D.W.-Nieuws van de Jakati-rivier: Ts. Ned. Aardr. Gen. XIV ('97), S. 124-31.

3735 Hutchinson,F.-New South Wales. The mother colony of the Australians. Sydney, Potter, 96. XII, 369 S.; 6 K. 8. (ill.)
Rec. Rv.-Lendenfe'd, PM XLIII. Lber. S. 117.

3736 Kunze,G.-Allerlei Bilder aus dem Leben der Papua. E. schlichter Beitr. z. Kenntnis d. Bewohner Neu-Guineas. (= Rheinische Missions-Schriften No. 78.) Barmen, Missionshaus, '97. 107 S. 8.

3737 — — Kleine Züge aus d. Missionsleben auf Neu-Guinea. (= Rheinische Missions-Schriften No. 79.) Ebd. '97. 67 S. 8.

3738 Lauterbach,Carl.-Bericht üb. die Kaiser-Wilhelm-Land-Exped. im J. 1896: Verh. Ges. f. Erdk. B. XXIV, S. 51-69; 1 K.
Vgl. OB XI, 905.

3739 Lawes,W.G.-Grammar and vocabulary of the language spoken by Motu tribe (New Guinea). With introd. by George Pratt. Third and enl. ed. Sydney '96. XIV, 157 S. 8.
Rec. J. Anthr. Inst. of Great Brit. XXVI. S. 303.

3740 Lemoine,J.-A.-Exploration en Papouasie: Bull. Soc. ggr. de l'Est '96, S. 366-80.

3741 Lendenfeld,R.v.-Austral. Reise. 2. Aufl. Innsbruck, Wagner, '96. IX, 325 S. 8. M. 8.80
Rec. F.Hahn, PM XLIII. Lber. S. 117.

3742 Linguistics: Australasian Anthr. J. '96, 1, S. 9; 12 f.; 2, S. 12 f.; '97, 3, S. 16 f.; 4, S. 88 f.; 5, S. 106 f.; 6, S. 123.
Tribe at Croydon Station, Queensland; Tribe near Orara river; Wooradgery tribe; Cammealroy dialect; Yarrabah Station, tribal dialect of Goon-gan-je; Mikadoon dialect etc.

3743 Loria,Lamb.-Viaggi nella Nuova Guinea: Boll. Soc. ggr. it. X ('97), S. 156-61.

3744 Maistre,Paul.-Les aborigènes australiens. Coutumes et légendes: A travers le monde '97, S. 113-6.

3745 Mathews,R.H.-Australian ground and tree drawings: Am. Anthropologist IX, No. 1.

3746 Mathews,R.H.-The Bücān ceremony of New South Wales: ebd. No. 10.

3747 — — Australian class systems: ebd. No. 12.

3748 — — The Bŭrbüng of the Wiradthuri tribes [OB XI, 907]: J. Anthr. Inst. of Great Brit. XXVI, S. 272-85.

3749 — — The Keeparra ceremony of initiation: ebd. S. 320-40; 1 T.

3750 — — The Kamilaroi class systems of the Australian aborigines: Proc. and Tr. Queensland Br. R. Ggr. Soc. of Australasia X, S. 18-34; 1 T.

3751 — — The aboriginal rock pictures of Australia: ebd. S. 46-70; 2 T.

3752 — — The rock pictures of the Australian aborigines: ebd. XI, S. 86-105; 2 T.

3753 — — The initiation ceremonies of the aborigines of the upper Lachlan: ebd. S. 167-9.

3754 Mitchell,A.-An archaeologist's study of the Admirality islanders: Proc. Soc Antiquaries of Scotland '95/96, S. 357 ff.

3755 Monckton,W.-Some collections of New Guinea customs: J. Polynes. Soc. '96, Sept.

3756 **Müller,**Friedr.-Die Papuasprachen: Globus LXXII, S. 140 f.

3757 **Munari,**P.-Un Italiano in Australia: note e impressioni. Milano, tip. degli Operai, '97. XI, 128 S. 8. (ill.)　　　　　　　　　　*L.* 1.50.

3758 Mythology: Australasian Anthr. J. '96, 1, S. 14 f.

3759 The New Guinea natives and the dispatches of the Governor of New Guinea: ebd. '97, 5, S. 104 f.

3760 H.P.-Information about Australian tribes: ebd. '96, 2, S. 18-20; '97, 3, S. 12-4; 4, S. 80-2; 5, S. 99 f.

3761 Roest,J.L.D. van der.-Uit het leven der bevolking van Windessi (Nederl. Nieuw-Guinea): Ts. Ind. t.-l.-vk. XL, S. 150-77.

3762 Shaw,Floral.-Story of Australia. Lo., Marshall, '97. 150 S. 8. 1 s. 6 d.

3763 The Bora human sacrifice: Australasian Anthr. J. '97, 4, S. 91.
Ueber W. A. Squire, Ritual myths and customs of the Australian aborigines (Sidney, Turner & Henderson).

3764 The message sticks: Australasian Anthr. J. '96, 1, S. 10 f.; 2, S. 10.
„From a tribe of aborigines inhab. the country watered by the Conner's river, on the eastern coast of Queensland." — S. auch F.N.Bucknell, ebd. '97, 3. S. 10.

3765 Thomson,J.P.-Queensland: Scottish ggr. Mag. XIII, S. 561-73; 624-35.

3766 — — A survey of recent exploration in British New Guinea: Proc. and Tr. Queensland Br. R. Ggr. Soc. of Australasia X, S. 1-17.

3767 — — Sir Wm. MacGregor's recent journey across New Guinea and re-ascent of Mt. Victoria: ebd. XII, S. 43-5. (= Nature LV, S. 157.)
Dazu: H.O.Forbes, ebd. S. 45-7 (= Nature LV, S. 217); Thomson, ebd. S. 47-50.

3768 Marked trees of a Bora ground and their meanings: Australasian Anthr. J. '97, 3, S. 18.

3769 Vollmer,A.-Der Ausgang der Calvertschen Forschungsreise im Innern Australiens 1896/97: Globus LXXII, S. 113 f.

b) Polynesien, Melanesien, Mikronesien.

3770 Transactions and Proceedings of the New Zealand Institute. 1896. Ed. by JamesHector [OB X, 3814]. Vol. XXIX. (Issued June, 1897.) Wellington, John Mackay; Lo., Trübner. 661 S. 8.
Darin: J.Rutland, Traces of civilisation: An inquiry into the history of the Pacific, S. 1—51; A.Hamilton, Notes from Murihiku, S. 160—78.

3771 Atkinson,J.J.-[On an instrument used by the natives of New Caledonia to pierce their stone axes]: J. Anthr. Inst. of Great Brit. XXVI, S. 433 f.

3772 **Bässler,**A.-Marac und Ahu auf den Gesellschafts-Inseln: Int. Arch. f. Ethnogr. X, S. 245-60.

3773 Tahitische Legenden. Gesammelt von A.Baessler: Globus LXXII, S. 225 f.

3774 Bley,B.-A umana varvai tabu ure ra lavur tade ma ra lavur bug tabu. S. l. '97.
Sprache v. Neu-Pommern.

3775 — — Grundzüge der Grammatik der Neu-Pommerschen Sprache an d. Nordküste d. Gazellen-Halbinsel [OB XI, 921]: ZAOS III, S. 97-130.

3776 **Bülow,H.v.**–Kenntnisse u. Fertigkeiten der Samoaner: Globus LXXII, S. 237-40.

3777 **Cadell** of **Grange, Henry M.**–A visit to Mount Tarawera (New-Zealand): Scottish ggr. Mag. XIII, ('97), S. 246-59.

3778 **Carlsen,F.**–Erforsch. d. Salomonsinsel Neu-Georgia: Globus LXXII, S. 49 f.

3779 **Codrington,R.H.**, and J.**Palmer.**–A dictionary of the language of Mota, Sugarloaf Island, Banks' Islands. With a short grammar and index. l.o., Soc. for prom. Chr. Knowledge, 96. XXIII, 312 S. 8. (L., Harrass, *M*. 1.)
Rec. J. Anthr. Inst. of Great Brit. XXVI, S. 301—3; Ath., July 24, S. 125.

3780 **Dalton,O.M.**–Notes on an ethnogr. collection from the West coast of North America (more espec. California), Hawaii & Tahiti, formed during the voyage of Captain Vancouver 1790-95, and now in the British Museum: Int. Arch. f. Ethnogr. X, S. 225-45; 2 T.

3781 **Gauguin,Paul**, et Ch.**Morice.**–Noa Noa: Rev. blanche XIV, No. 105.

3782 **Gisborne,W.**–New Zealand rulers and statesmen from 1840-97. Rev. and enl. ed. I.o., Low, '97. 8. 5 *s*.

3783 **Grundemann,Peter Reinh.**–Bilder von den Bismarck-Inseln: Ev. Missionen '97, S. 145-51; 180-8; 231-7; 241-7; 275-81.

3784 **Guis.**–Les Canaques. Ce qu'ils font, ce qu'ils disent: Missions cath. '98, S. 9-11; 16-8; 28-30; 44-6; 57-9; 70f.; 82-4; 95 f.; 106-8; 118-20; 129-31; 141 f.; 151-3; 161-3; 176-9; 183-5; 201-3; 213 f.; 224-6; 238-40; 250 f.

3785 **Guppy,H.B.**–The Polynesians and their plant-names: J. of the Tr. of the Victoria Inst. XXIX, S. 135-74.
Mit Bem. v. John Fraser u. a. [Ergänz. z. T. OB XI, 927.]

3786 **Hawaiian almanac** and annual for 1898: a handbook of information on matters relating to the H. islands, original and selected, of value to merchants, tourists, and others [OB XI, 930]. 24 th year. Honolulu, Thrum, '98. 197 S. 8. 75 *c*.

3787 **Jouan,Henri.**–Les îles Marquises il y a quarante ans: CR Soc. de ggr. '97, S. 408-11.

3788 —— Les enfants du ciel. Légende des naturels de la Nouvelle-Zélande: Mém. Soc. nat. acad. de Cherbourg '98.

3788a **Kop,F.H.van der.**–De dynastie der Kaméhaméha's: Ts. N. I. I ('97), S. 961-79.

3789 **Kunze,G.**–Ein schönes Tagewerk in einem Lande der Thränen und Trübsale. Lust, Leid u. Arbeit d. Anfangszeit auf einsamer Südsee-Insel. (= Rheinische Missions-Schriften No. 77.) Barmen, Missionshaus, '97. 96 S. 8.

3790 **La Mothe,B.de.**–La Nouvelle-Zélande: Monde moderne III, S. 231-40.

3791 **Logan,D.**–Education in the Hawaiian islands: North Am. Rev., Vol. 165, S. 20-5.

3792 **Manuiri.**–The story of the visit of Tonga iti to Rarotonga: J. Polynes. Soc. '96, Sept.

3793 **Melching,Karl.**–Staatenbildung in Melanesien. (Diss. L.) Minden, Druck v. Bruns, '97. 3 Bl., 56 S. 8.
Rec. Globus LXXII, S. 340.

3794 **Mialaret,Th.**–L'île des Pins. Son passé, son présent, son avenir. P., André & Co., '97. 221 S.; 1 K. 8. *Fr.* 3.
Rec. *F.Hahn*, PM XLIII, Lber. S. 117f.; *L.deLeymarie*, Bull. Soc. ggr. commerc. de P. XIX, S. 431 f.; *J.S.*, Bull. Soc. ggr. Rochefort XIX, S. 141.

3795 **Musick,J.R.**–Hawaii our new possessions: an account of travels and adventure, with sketches of the scenery, customs and manners, mythology and history of Hawaii to the present . . . N. Y., Funk & Wagnalls, '98. XXII, 524 S.; 1 K. 8. $ 2.75.

3796 **Results** of a census of the colony of New Zealand, taken for the night of the 12th April, 1896. Wellington '97. VI, 368, LXVI S. 8.

3797 **Olier,Armand.**–Le royaume de Tonga dans le vicariat apostolique de l'Océanie centrale: Miss. cath. '97, S. 427-9; 443 f.; 450-2; 460-2; 473-5.

3798 The origin and original home of the Polynesians: Australasian Anthr. J. '96, 2, S. 8 f.

3799 Parkinson,R.-Zur Ethnographie der Ongtong Java- u. Tasman-Inseln, mit einigen Bemerk. üb. die Marqueen- u. Abgarris-Inseln [OB XI, 938]: Int. Arch. f. Ethnogr. X, S. 136-51; 4 T.

S. 146-50 Vocabular. — Rec. L.Z.[aloy], L.'Anthr. VIII, S. 486 f.

3800 Ray,Sidney H.-Vocabulary and grammatical notes on the language of Makura, Central New Hebrides: J. Anthr. Inst. of Great Brit. XXVI, S. 67-73.

3801 — — The common origin of the Oceanic languages: J. Polynes. Soc. '96, March.

3802 Texts in the languages of the Solomon Islands (1. Texts in the Florida language.) Ed. with literal transl. and notes by Sidney H. Ray: ZAOS III, S. 193-224.

3803 Reeves,W.P.-The fortunate isles: picturesque New Zealand: J. R. Colonial Inst. XXVII, S. 510-33.

3804 Regelsperger,Gust.-Liste bibliographique sur l'ile des Pins: Bull. Soc. ggr. Rochefort XIX, S. 142-4.

3805 Robley.-Collection of baked heads of Maoris: J. Anthr. Inst. of Great Brit. XXVI, S. 110-2.

3806 Schuster,J.-A varvai ta ra buk tabu ure ra umana bul. S. l. '96.

Kanakkische Spr.

3807 Servigny,J.-Hawai et les États-Unis: Rev. française XXII, S. 385-96.

3808 Somerville,Boyle T.-Ethnographical notes on New Georgia, Solomon Islands: J. Anthr. Inst. of Great Brit. XXVI, S. 357-412; 3 T.

· **3809** — — Songs and specimens of the language of New Georgia, Solomon Islands. With an introd. notice of Melanesian and New Guinea songs, by Sidney H.Ray: ebd. S. 436-53.

3810 E.St.-Eine Fahrt nach unserer fernsten Colonie: Beil. Allg. Ztg. 213, S. 1-5; 214, S. 3-6.

Marschallinseln.

3811 Stair,J.B.-Old Samoa; or Flotsam and Jetsan from the Pacific ocean. Introd. by the Bishop of Ballarat. Lo., Rel. Tract Soc. '97. 296 S. 8. 5 s.

3812 — — Jottings on the mythology and spiritbore of old Samoa: J. Polynes. Soc. '96, March.

3813 Sundowner.-Rambles in Polynesia. Lo., European Mail, '97. 220 S. 8.   4 s.

3813a Švambera,F.-Kaledonie Nová [Neu Caledonien]: OSN XIII, S. 772-9.

3814 Tajima,N.-Notes on New Caledonia and some islands lying close to it (japan.): J. Tōkyō ggr. Soc. '96, 2, S. 125-68.

3815 Tautain.-Notes sur les constructions et monuments des Marquises: L'Anthr. VIII, S. 538-58; 667-78.

3816 Tregear,Edw.-A l'aumotuan dictionary with Polynesian comparatives. Wellington, New Zealand, '95. 160 S. 8.

Rec. S.H.Ray, J. Anthr. Inst. of Great Brit. XXVI. S. 204 f.

3817 — — The language of Makura, New Hebrides: J. Polynes. Soc. '96, Sept.

3818 Vaggioli,Fel.-Storia della Nuova Zelanda e dei suoi abitatori [OB V, 4412]. Vol. II. Parma, tip. Fiaccadori, '96. X, 548 S. 8.

Rec. H.Laufer, Cbl. f. Anthr. II, S. 316 f.

7. Malaien u. s. w.

a. Philippinen, Formosa.

3819 Blumentritt,Ferd.-Streiflichter auf die philippinische Revolution: ÖM XXIII, S. 109-13.

Hiernach: De opstand op de Filippijnen: Ts. N. I. I ('97), S. 997-1002.

3820 Davidson,Jas.W.-A review of the history of Formosa, and a sketch of the life of Koxinga, the first king of Formosa: Tr. As. Soc. Japan XXIV, S. 112-36.

3821 Gummá, A.-Le Dondiin et les Philippines. Barcelone s. a. XII, 121 S. 8.
Auch in span. Spr.: „El Archipielago Dondiin. el nombre de Luzón y los origenes del cristianismo en Filipinas": Bol. Soc. ggr. Madrid XXXIX, S. 21—46. (Gegen Romanet du Caillaud, CR Soc. ggr. P. '96, S. 117; 174.) — Vgl. *F. Blumentritt*, PM XLIII, Lber. S. 172.

3822 Ishii,Y.-A travel in the Northern part of the Taiwan island (Formosa) (japan.): J. Tōkyō ggr. Soc. '96, 3, S. 355–84.

3822a Kern,II.-De onlusten op de Filippijnen: Ts. N. I. I ('97), S. 591–612.

3823 Leval,G.de.-Les iles Philippines: Bull. Soc. d'études colon. III, S. 257 ff.
S. auch OB XI, 960.

3824 Menant,René.-Notes sur les iles Philippines: Bull. Soc. ggr. comm. de P. XVIII, S. 652–67; 800–7; 865–87; XIX, S. 241–68.

3825 Oppel, A.–Die wirtschaftl. Verhältnisse der Philippinen: Aus allen Weltth. XXVIII, S. 433–40; 479–86; 513–8.

3826 Schumacher,Rob.-Erinnerungen aus Formosa: Allg. Ztg. '98, No. 123, MorgenbL

3827 Thirion,Paul.-Convoitises japonaises et colonies européennes. Les Philippines: Correspondant, Vol. 187, S. 256–82.

3828 Torii,T.-The Aborigines in the Northern part of Formosa (japan.): J. of ggr. Tōkyō IX, S. 352–8.

3829 Yokoyama,S.-On the island of Taiwan (Formosa) (japan.): J. Tōkyo ggr. Soc. '96, 2, S. 317–50.

b. Niederländisch-Indien (mit Malacca u. s. w.).

3830 Bijdragen tot de Taal-, Land- en Volkenkunde van Neder-landsch-Indië, uitg. door het Koninkl. Instituut voor de T.-, L.- en Vk. v. N.-I. [OB XI, 972]. Zesde Volgr., Deel IV (Deel XLVIII d. geheele Reeks). 's-Gravenhage, Nijhoff, '98. XI, 598 S. 8.
Inhalt s. oben No. 3501.

3831 Mededeelingen van wege het Nederlandsche Zendelinggenoot-schap, bijdragen tot de kennis der zending en der taal-, land- en volkenkunde van Nederlandsch Indië. Onder Redactie van C. Poensen. XLI. Jg. Rotter-dam, M. Wyt & Zonen, '97. 395 S. 8.

3832 Notulen van de Algemeene en Bestuursvergaderingen van het Bataviaasch Genootschap van Kunsten en Wetenschappen [OB X, 3855]. Deel XXXIV. 1896. Afl. 3–4. S. 63–132; XXXVII-CXXIII. Deel XXXV. 1897. Afl. 1–2. S. 1–66, I–IX, I–XXIII. Batavia, Albrecht & Co., '96/7. 8.
Vgl. die Bem. zu OB VII, 3912a.

3833 Tijdschrift voor Nederlandsch-Indië van wijlen W. R. baron van Hoëvell [OB XI, 973]. Tweede nieuwe serie. Onder redactie van H. A. Lesturgeon. 1e Jaargang. Juli–Dec. '97. 's-Gravenhage, F. J. van Paasschen. S. 543–1118 mit VIII S. Titel u. Inhaltsverzeichnis. 8. j. *F.* 13.

3834 Tijdschrift voor Indische taal-, land- en volkenkunde, uitg. d. h. Bataviaasch Genootschap van K. en W., onder redactie van P.J.F.Louw en B. Hoetink [OB XI, 974]. Deel XL. Aflev. 1 en 2. Batavia, Albrecht & Co. ('s Hage, Nijhoff), '97. S. 1–190; 1 Bl. Errata zu Dl. XXXIX. (T.)

3835 Wet en Adat. Bladen, gewijd in het algemeen aan het recht en aanverwante onderwerpen, in het bizonder aan indische rechtsbelangen. Uitg. onder leiding van J. A. Nederburgh. Tweede Jaargang. Batavia, Kolff & Co., '98. 8. *F.* 14.

3835a Lijst van ingekomen boekwerken [OB X, 3858] gedurende 1896/7: Not. Bat. Gen. XXXIV, S. XXXVII-XLVIII; LI-LXIV; XXXV, 1, S. I-IX; 2, S. I-XVI.

a) Allgemeines.
(S. auch No. 3501; 3650a; 3664.)

3836 Topographische Kaart der residentie Bantam. Opgen. ... in de jaren 1878–85. In steendr. gebr. op de schaal v. 1:100000. 's-Gravenhage, Topogr. Inrichting, '97. 1 Ktnbl. quer-Fol. in 9 Bl.

3837 Beijerinck en Ockerse.-Topographische Kaart der residentie Soera-karta. Geteekend op h. Topograph. Bureau ... op de schaal v. 1:100000. Herziene dr. Ebd. '94. 6 Bl. Quer-Fol.

3838 Topogr. Kaart der Residentie Wester-Afdeeling van Borneo.
1:200000. [OB VIII, 3730]. Bl. X: Ketapang. XI: Gelam. XVI: Djelai.
XIX: Sintang. XX: Pinoh. XXIII: Boven Melawi. XXIV: Boven Serawai.
Batavia, Topogr. Bureau.
3839 Overzichtskaart der Residentie Wester-Afd. v. Borneo. 1:1000000.
Ebd.
Ucb. beide Karten: Ts. Ned. Aardr. Gen. XIV ('97), S. 837.
3840 Topographische Kaart der residentie Cheribon. Opgenomen en
zamengest. onder de leiding v. de opgevolg. chefs v. h. Topograph. Bureau
der geniedirectie ... door de commissie ... Geteekend d. von Plötz.
[Schaal 1:100000.] Batavia 1857. In Steendr. gebracht ... 1877. Herziene
druk. 's-Gravenhage, Topogr. Inrichting, '97. 6 Ktnbl. Quer-Fol.
3841 Lange,L.C.A.F.-Kaart der federatiën van Pedir en Gigiëng, in 1880
vervaardigt naar de gegevens der Inlandsche hoofden. Schaal 1:100000.
's-Gravenhage, van Cleef, '97. 58 × 68 cm.   F. 1.25.
3842 Ockerse,P.M.-Topographische Kaart der residentie Japara. Geteekend
bij h. Topogr. Bureau te Batavia ... op de schaal v. 1:100000. Herziene
druk. 's-Gravenhage, Topogr. Inrichting, '94. 4 Bl.
3843 Ockerse,P.M., en G.A.Diederich.-Topographische Kaart der residentie
Rembang. Overgebr. en geteekend op de schaal v. 1:100000. Herziene
druk. Ebd. '97. 1 Bl.
3844 Romswinckel.-De Liang-pas en het oostelijk gedeelte van de Bataksche hoogvlakte, 1:200000: Ts. Ned. Aardr. Gen. XIV ('97), Kaart No. I.
3845 Kaart van het eiland Soemba. Schaal 1:500000. Jannari 1897.
Herziene herdruk, Juli 1897. Batavia, Topogr. Bureau.
Rec. H. ten Kate, Ts. Ned. Aardr. Gen. XIV ('97), S. 668 f.
3846 Kaart der Residentie Oostkust van Sumatra, op de schaal 1:200000,
samengesteld ... in de jaren 1887-1892, herzien en verbeterd in 1896. Batavia,
Topogr. Bureau.   F. 10.
Rec. Ts. Ned. Aardr. Gen. XIV ('97), S. 836.
3847 Thomson, L.W.I.K. - Kaart van het gebied bezet in Groot-Atjeh.
1:40000. 's-Gravenhage, Smulders & Co., '97. 2 Bl. 80 × 100 cm. F. 1.25.
3848 Sherborn,C.Davies.-A bibliography of Malaya, from June, 1892. to
June, 1894: J. Straits Br. RAS No. 27, S. 135-75; 29, S. 33-74.
3849 Regeerings-Almanak voor Nederlandsch-Indië [OB XI, 980]
1898. Eerste Gedeelte: Grondgebied en bevolking, inrichting van het bestuur van Nederlandsch-Indië en bijlagen. — Tweede Gedeelte: Kalender en
Personalia. Landsdrukkerij-Batavia. 8.
3850 Aitton,D.-Nederl. Oost- en West-Indië, ten dienste van het onderwijs.
4e, omgew. en verm. druk. Groningen, Noordhoff, '97.   F. 1.25.
3851 Asselbergs.-Eene reis naar Sombawa: Kath. Missiën XXI, F. No. 4.
3851a Bemmelen, J. F. van, en G. B. Hooijer.-Guide to the Dutch East
Indies. Composed by invitation of the Royal Steam Packet Co. Transl. (OB
X, 958) by B. J. Berrington. Lo., Luzac, '97. 8.   1 s. 6 d.
3852 Blagden,C.Otto.-Notes on the folk-lore and popular religion of the
Malays: J. Str. Br. RAS XXIX, S. 1-12.
3853 Bodemeijer, Ch.E.-De oudheden in de contrôle-afdeeling Gênding,
afdeeling Kraksaän, Residentie Probolinggo: Ts. Ind. t.-l.-vk. XL, S. 178-87.
3854 Brau de Saint-Pol Lias.-La Malaisie: Monde moderne IV, S. 814-26.
3855 Carpenter,J.B.-Island of Bali and Lombok, Malay Archipelago: J. R.
Ggr. Soc. Australasia VI, S. 45-71.
3856 Clifford, Hugh.-A journey through the Malay States of Trengganu
and Kelantan: Ggr. J. IX, S. 1-37.
3857 Cool,W.-De Lombokexpeditie. Batavia, Kolff & Co., '96. 496 S.; 1 K. 8.
Schlusstitel zu OB VIII, 3748. — Engl. Uebs. OB XI, 988. Rec. Niermeyer, PM XLIII,
Lber. S. 107 f.; C. Rev. CV, S. XIV f.; SR LXXXIV. S. 297.
3858 Creagh,C.V.-On unusual forms of burial by people of the East coast
of Borneo: J. Anthr. Inst. of Great Brit. XXVI, S. 33-6; 1 T.
3859 The Dyaks of Borneo: Chambers' Journal '97, Aug.

3860 Eck, R. van.–Luctor et emergo, of de geschiedenis der Nederlanders in den Oost-Indischen archipel. Afl. 1–5. Zwolle, Mehler & Co., '97. Je *F.* o.₃₅.

3861 Eerdmans, A. J. A. F.–Het landschap Gowa. En Geschiedenis van het rijk Gowa d. B. **Erkelens.** (= Verhandelingen v. h. Bataviaasch Genootschap v. Kunsten en Wetenschappen. D. 50. Stuk 3.) Batavia, Albrecht & Co., '97. 2 Bl., 121 S.; 1 T. 4. *F.* 2.₅₀.

3862 Gallois, Eug.–Ruines et antiquités religieuses javanaises. Temples de Boeroe-Boedor et de Branbanan. P., impr. pour l'auteur, '95. 8.

3863 — — Java: Bull. Soc. ggr. Lille XXVII ('97), S. 89–94.
„Een onbeduidende reisbrief, vol onjuistheden": Ts. Ned. Aardr. Gen. XIV ('97), S. 454.

3864 Godet, Kob.–Ame javanaise: Rev. de P. '96, VI, S. 193–224.

3865 Grabowsky, F.–Gebräuche der Dajaken Südost-Borneos bei der Geburt: Globus LXXII, S. 269–73.

3866 Graeser, Carl.–Aus Indien u. Italien. Skizzen u. Studien. Zürich, Schröter, '98. VIII, 267 S. 8. *M.* 3.
Rec. Beil. Allg. Ztg. 285, S. 7.

3867 Groeneveldt, W. P.–Eene reis van eene Nederlandsche vloot in het begin der 17ᵈᵉ eeuw: Ts. Ned. Aardr. Gen. XIV ('97), S. 397–410.

3868 Hasselt, A. L. van.–De administratieve indeeling van l'adang-Lawas en eenige cijfers: ebd. S. 412–4.

3869 Heyting, Th. A. L.–Beschrijving der ouder-afdeeling Groot-Mandeling en Batang-Natal: ebd. S. 209–320; 1 K.

3870 Hoëvell, G. W. W. C. Bar. van.–Eenige typen uit den Nederl.-Indischen Archipel: Int. Arch. f. Ethnogr. X, S. 181–7; 2 T.

3871 Hooijer, G. B.–De krijgsgeschiedenis van Ned.-Indië, van 1811 tot 1894 [OB X, 974]. Dl. II–III. 's-Gravenhage, van Cleef, '96/7. 8.
Rec. Ts. N. I. I ('97), S. 1094 f.

3872 Jambon, Ch.–Lettre de l'Extrême-Orient: Bull. Soc. ggr. comm. Bordeaux XX, S. 354–61.

3873 Kern, H.–Gebruik onzer taal in Nederlandsch-Indië. Rede, gehouden op het 24ˢᵗᵉ Taal- en Letterkundig Congres te Dordrecht: Ts. N. I. I ('97), S. 788–99.

3874 Kessler, L. W. A.–Atjeh: ebd. S. 642–66.

3875 — — Minister Cremer en de pacificatie van Atjeh: ebd. S. 859–64.

3876 Koenig, J. G.–Journal of a voyage from India to Siam and Malacca in 1779. Transl. from his mss. in the British Museum [OB VIII, 3444a]: J. Straits Br. RAS No. 27, S. 57–133.

3877 Kruijt, A. C.–Beiträge zur Volkskunde der Poso-Alfuren [OB X, 3881]: Mitt. ggr. Ges. Jena XVI, S. 1–48.

3878 Kruyt, J. A. – Address delivered before the Indian Society, on the Straits Settlements and the Malay Peninsula: J. Straits Br. RAS No. 28, S. 19–45.
Dazu: Discussion on Mr. Kruyt's paper, ebd. S. 46–51. — Das Ganze übs. aus OB VIII, 3772.

3879 Leclercq, Jules.–Java et le système colonial des Hollandais: Rev. des deux mondes, Vol. 144, S. 161–87.

3880 — — Voyage aux volcans de Java: Soc. belge de ggr., Bull. XXI, S. 533–99; 1 K.

3881 Lejeal, L. – L'administration coloniale dans les Indes Néerlandaises: Union ggr. du Nord de la Fr., Bull. XVIII, S. 111–9.

3882 Liefrinck, F. A., C. J. van Eerde, en H. Kern.–Een Balisch tempelschot: Int. Arch. f. Ethnogr. X, S. 159–61.
Zu Pleyte OB XI, 1019.

3883 [Ber. üb. e. Vortr. v. P. A. van der Lith über die Rechtsverhältnisse in Niederländisch-Indien]: Beil. Allg. Ztg. 207, S. 7 f.

3884 Louw, P. J. F. – De Java-oorlog van 1825–30 [OB IX, 4085]. Dl. II. Batavia, Landsdrukkerij ('s-Gravenhage, Nijhoff), '97. XXVIII, 693 S.; 6 K. 8. *F.*5.
Rec. Ts. N. I. I ('97), S. 980 f.

3885 Maass, Alfr.–Ueber seine Reise nach den Mentawei-Inseln: Verh. Ges. f. Erdk. B. XXIV, S. 424 f.; 478 f.

206   III. Ostasien und Oceanien.

3886 Martin,K.–Reisen in den Molukken, in Ambon, den Uliassern, Seran (Ceram) u. Buru. Geologischer Thl. 1. Lfg: Ambon u. die Uliasser. Mit 3 Karten, 5 Taf. u. 20 Textbildern. Nebst e. Profillinie der nördl. Halmahera. Leiden, Brill, '97. VIII, 98 S. 8. *M. 5.*

3887 Massieu, Isabelle.–A Java: Bull. Soc. ggr. commerc. de P. XVIII, S. 456–63.

3888 Maurik, Just. van.–Indrukken van een „tòtòk.‟ Indische typen en schetsen. Amsterdam, v. Holkema & Warendorf, '97. IV, 488 S. 4. *F.* 6.,0.

3889 Meyners d'Estrey.–Sambas: Rev. de ggr. XI., S. 117–23.

3890 De Christenen in de Minahassa: Ts. N. I. I ('97), S. 1098–1103.
Nach der Nov.-No. des „Maandbericht van het Nederlandsche Zendelinggenootschap.‟

3891 Dr. Nieuwenhuis' tocht dwars door Borneo [OB X, 3892]: Ts. Ned. Aardr. Gen. XIV ('97), S. 142–6; 618–28.

3892 Nieuwenhuijzen,W.C.–Poeloe Web, zeehaven: Ind Gids XIX, S. 892–907; 2 K.

3893 Nijland,E.–Handleiding voor de kennis van het volksleven der bewoners van Ned. Oost-Indië. Leiden, Brill, '97. IV, 179 S.; 12 K. 8. *F.* 1.50.

3894 Ossenbruggen,F.D.E.van.–Niederl.-Ost-Indien. Gesetzgebung u. Literatur 1896: Jb. d. int. Vereinig. f. vgl. Rechtswiss. III, S. 580–6.

3895 Eine Fahrt auf d. Tobasee in Sumatra: Mitt. ggr. Ges. Jena XVI, S. 53–5.
Nach Püse, Berichte d. Rhein. Miss.-Ges. '97, S. 77–81.

3896 Riedel,J.G.F.–De Watu Rerumĕran ne empung of de steenen zetel der Empungs in de Minahassa: Ts. Ind. t.- l.-vk. XI., S. 188–90; 1 T.

3897 Roberts,W.Bertr.–Notes on mining life and general features of Pahang, Malay Peninsula: Proc. and Tr. Queensland Br. R. Ggr. Soc. of Australasia XII, S. 1–19.

3898 Sarasin, P. & F. – Exploration de Célèbes: A travers le monde '97, S. 33–6; 41–4.

3899 Schmeltz,J.D.E.–Zijn de tot sierraad op Borneo dienende kralen van kornalijnsteen (agaat) inheemsch maaksel of worden ze ingevoerd: Int. Arch. f. Ethnogr. X, S. 161.
Zu Salomo Müller, Land- en Volkenkunde, Verhandelingen over de natuurl. gesch. d. Ned. overzeesche bezittingen.

3900 Scidmore,E.R.–Java the garden of the East. N. Y., Century Co., '97. IX, 339 S. 8. $ 1.50.

3901 — — Down to Java: Century Magazine '97, Aug.
Vgl. Buddhist (Colombo) '97, Oct. 1.

3902 Serrurier,L.–De wajang poerwâ. E. ethnolog. studie. Uitg. op last v. .... d. Minist. v. Binnenl. Zaken. (Uitgave v. 's Rijks Ethnogr. Museum.) Leiden, Brill, '96. Text VII, 352 S.; 6 T., 2 K., 2 Tab. 4; Platen-portef. 24 Tafeln. Fol.

3903 S[kinner],A.M.–Memoir of Captain Francis Light, who founded Penang. [Died October 21st, 1794]: J. Straits Br. RAS No. 28, S. 1–17.

3904 Snouck Hurgronje,C.–Kokosraspel auf Java: Int. Arch. f. Ethnogr. X, S. 157.
Zu OB X, 3902.

3905 Steinmetz,H.E.–Oudheidkundige beschrijving van de afdeeling Bandawasa (residentie Bĕsoeki): Ts. Ind. t.-l.-vk. XI., S. 1–60; 5 T.

3906 De Maleische staatjes Trĕngganoe en Kĕlantan: Ind. Gids XIX ('97), S. 1370–86.

3906a Wardrop, A.Tucker.–All about North Borneo, the new Ceylon: J. Manchester ggr. Soc. XIII, S. 165–80.

3907 West, Leonh.H.–British North Borneo: As. Qu. Rev. IV ('97), S. 330–45.

3908 Westenberg,C.J.–Verslag eener reis naar de onafhankelijke Bataklanden ten noorden van het Toba-meer: Ts. Ned. Aardr. Gen. XIV ('97), S. 1–112; 1 K.

3909 Wichmann,A.–De oorsprong van den naam van het eiland Celebes: Gids '96, No. 5.
Vgl. Ruge, PM XLIII, Lber. S. 142.

3910 Wray,L.–The cave dwellings of Perak: J. Anthr. Inst. of Great Brit. XXVI, S. 36–47.

β) Sprache und Litteratur.

(S. auch No. 3482.)

3911 Blagden, C. Otto.–Early Indo-Chinese influence in the Malay peninsula. As illustrated by some of the dialects of the aboriginal tribes: J. Straits Br. RAS No. 27, S. 21–56.

3912 Bland, R. N.–Aturan Sungei Ujong: ebd. No. 28, S. 53–72.

3913 Cohen Fzn., S.–Iets over eedzwering bij de Javanen: Ts. Ind. t.-l.-vk. XL, S. 144–9.

3914 Fokker, A. A.–Volledige leercursus in brieven ter aanleering van de Maleische taal door eigen oefening. 2ᵉ geheel herziene en omgew. druk. Zutfen, Thieme & Co., '97.   *F.* 7.20.

3915 — — Het Javaansch en de beschaving: Ts. N. I. I ('97), S. 937–50.

3916 Grashuis, G. J.–Javaansche spraakkunst, met vertaaloefeningen. Zwolle, Tjeenk Willink, '97. VIII, 199 S. 8.   *F.* 2.00.

3917 — — De Soendaneesche tolk. Hollandsch-Soendaneesche woordenlijst. 3ᵉ druk. Leiden, Sijthoff, '97. VIII, 237 S. 8.   *F.* 3.50.

3918 Hikajat mesa Kagoengan seri pandji Wila Koesoema. In vroeger tijden door een Maleier uit het Javaansch in het Maleisch vertaald. Nu voor de pers bewerkt door H. C. Klinkert. 1ᵉ stuk. Leiden, Trap, '97. 80 S. 4.   *F.* 0.15.

3919 Hikayat si-Miskin. Uitg. d. J. S. A. van Dissel. Leiden, Brill, '97. VIII, 136 S. 8.   *F.* 2.50.

3920 Luering, H. L. E.–A vocabulary of the Dusun language of Kimanis: J. Straits Br. RAS No. 30, S. 1–29.

3920a Matthes, B. F.–De Profetieën en Klaagliederen van Jeremia, in het Makassaarsch vertaald. Amst., Nederl. Bijbelgenootschap, '97. 4.

3920b — — — in het Boegineesch vertaald. Ebd. '98. 4.

Vgl. OB X, 3922a.

3921 Inche Muhammad Ja'far.–An account of the cultivation of rice in Malacca [in Malay], with a translation by C. O. Blagden: J. Straits Br. RAS No. 30, S. 285–304.

3922 Pleyte, C. M.–An unpublished Batak creation legend: J. Anthr. Inst. of Great Brit. XXVI, S. 103–9.

3922a — — Eine Angkolaische Geisterbeschwörung: Urquell, N. F. I, S. 321–9.

3923 Ridley, H. N.–Malay plant names: J. Straits Br. RAS No. 30, S. 31–283.

3924 Skeat, W. W.–A vocabulary of the Besisi dialect: ebd. No. 29, S. 13–31. An aboriginal tribe of the Malay Peninsula.

3925 Spat, C.–Een nieuwe richting in de Maleische spraakleer: Ind. Gids XIX ('97), S. 1634–45.

3926 Tendeloo, H. J. E.–Feiten en cijfers uit de Sadjarah Mělayu in verband met enkele betwiste hoofdpunten der Maleische Grammatica: Ts. Ind. t.-l.-vk. XL, S. 61–143.

3927 Tiemersma, L.–Kamoeliaän Toehan. Inilah bebrapa barang riwajat pada masa raja naiknja Toehan ka sorga dan pada masa raja pantěkosta. Batavia ('s-Hage), Kolff & Co., '96. 56 S. 8.   *F.* 0.15.

3928 — — Radja Ahab dan nabi Elia. Ebd. '96. 72 S. 8.   *F.* 0.25.

3929 Soulahat es' Salatin (la descendance des sultans) ou Sadjarah Malayou (l'arbre généalogique malais) par le Fakir Toun Bembang de Patani trad. p. Arist. Marre [OB X, 3929]: Muséon XVI, S. 243–51; 345–55; 447–62.

Vgl. OB XI, 105.

3929a Walbeehm, A. H. J. G.–Het dialekt van Djapârâ. (= Verh. Bat. Gen. D. 49. Stuk 3.) Batavia, Albrecht & Co., '97. 1 Bl., XV, 174 S. 4.

3930 W[ilkinson], R. J., and H. T. Haughton.–Notes and queries: J. Straits Br. RAS No. 30, S. 305–13.

Protective charm. — Earthquakes. — The south. — Names of months. — Benzoin. — Datara Guru. — Boriah.

8. Madagascar.

3931 J. B.–Pour voyager à Madagascar: A travers le monde '96, S. 400. Vocabular etc.

208 IIL Ostasien und Oceanien.

3932 Bastard.-Mœurs sakalaves. Cérémonies funèbres: ebd. '97, S. 121-4.
3933 Bertrand.-De Tananarive à Fianarantsoa: ebd. '97, S. 145-8.
3934 Blavet,Emile.-Au pays malgache. De Paris à Tananarive et retour.
P., Ollendorf, '97. XVI, 223 S. 8.
3935 Brunet,Louis.- De Marseille à Tamatave. P., Delagrave, '98.
239 S. 8. (ill.)
3936 Courmes,A.-Notes de voyage à Madagascar: Bull. Soc. ggr. commerc.
de P. XVIII, S. 194-207.
3937 Cournot,M.-La famille à Madagascar. Discours prononcé à l'audience
solennelle de rentrée de la cour d'appel d'Angers, le 16 octobre 1897.
Angers, impr. Paré, 97. VII, 41 S. 8.
3938 Dumeray,Rob.-Boutou-Kely. Souvenirs de la vie malgache: Rev.
d. deux mondes, Vol. 129, S. 163-88.
3939 Froidevaux,Henri.-Un voyage dans les lagunes de la côte orientale
de Madagascar: Rev. de ggr. XXXIX, S. 434-44.
3940 Girlend,J.-Madagascar. Souvenirs et impressions. Rouen, Deshays
& Co., '97. 169 S. 4. (ill.)   *Fr.* 15.
3941 Girod-Genet,Lucien.- A Madagascar. A travers bois. Besançon,
impr. Jacquin, '97. 20 S. 8. (ill.)
3942 Grandidier,Alfr.-Voyage de Lemaire dans l'Androy (octobre 1896):
Bull. Soc. de ggr. XVIII ('97), S. 96-105.
3943 Grosclaude.-Chez les Sakalaves: Rev. de P. '97, II, S. 594-617;
I K.; III, S. 152-76; 593-618; IV, S. 631-60.
3944 Hocquard,Éd.-L'expédition de Madagascar: Tour du monde '97,
S. 61-156.
3944a Marre,Arist.-Chants malgaches: Rev. gén. int. '97, IV, S. 57-64.
3945 Piolet,J.-B.-De l'esclavage à Madagascar: Correspondant, Vol. 182,
S. 447-80.
3946 Sarzeau, J.-Les Français aux colonies. Sénégal et Soudan français;
Dahomey; Madagascar; Tunisie. P., Blond et Barral, ['97.] 404 S.; 1 Portr. 8.
3947 Sikora,François.-Sept ans à Madagascar: Bull. Soc. ggr. Marseille
XXI, S. 163-74; 277-85.
3948 Smith,Alfr.-Madagascar. The sequel of the war: Mission Field XLI,
S. 443-52.
3949 Viénot,John.-Madagascar et le protestantisme français. 3e éd. P.,
Fischbacher, '97. 27 S. 8.
3950 Völtzkow.-Reisen in Madagaskar: Mitt. Ver. f. Erdk. L. '96, S. XXVII-
XXIX.
3951 Yerville,V.d'.-Le régime civil et le régime militaire à Madagascar.
Laroche et Galliéni: Correspondant, Vol. 187, S. 615-38.

Recensionen zu III.

Archivo del bibliófilo filipino ed. W.E.Retana: *C.M.Pleyte*, Ts. Ned.
Aardr. Gen. XIV ('97), S. 667 f.
A.Bässler, Südsee-Bilder: *Bässler*, Int. Arch. f. Ethnogr. X, S. 209 f. (gegen
die OB X, S. 53 aufgef. Rec.)
K.S.Baxter, In Bamboo lands: *E.Knipping*, PM XLIII, Lber. S. 167.
G.W.Bird, Wanderings in Burma: Ac. LII, S. 177 f.: Ath., July 24, S. 124 f.;
East Asia I, S. 101-3; SR LXXXIV, S. 173 f.; Spectator LXXIX, S. 462.
C.Biscardi e V.Corradini, Relazione ... (OB X, 3520): *F.Hirth*, PM XLIII,
Lber. S. 106.
Brandstetter, Malaio-polynes. Forschungen. V. Die Gründung von Wadjo:
K., LC 44, S. 1432 f.
B.S.Carey and H.N.Tuck, The Chin hills. I: J. Anthr. Inst. of Great Brit.
XXVI, S. 205-7.
Cte deCharencey, Langues océan. et transgangétiques: *B.Laufer*, ZAOS III,
S. 191 f.
L.Chastang, La Corée: *Y.S.*, Bull. Soc. ggr. Rochefort XVIII, S. 299 f.

G.**Collingridge**, The discovery of Australia: *Zobrist*, Bull. Soc. neuchateloise de ggr. IX, S. 190-2.

F.**Combés**, Historia de Mindanao y Joló: *F.Blumentritt*, PM XLIII, Lber. S. 172.

A.**Conrady**, Eine indochines. Causativ-Denominativ-Bildung: *A.S.*, Gi. Soc. as. it. X, S. 210 f.

H.**Cordier**, Les origines de deux établissements fr. dans l'Extrême-Orient (OB XI, 662): *F.Hirth*, PM XLIII, Lber. S. 106.

M.**Courant**, Bibliogr. coréenne: Ath., Oct. 2, S. 452; *A.H.Kenmure* [OB XI, S. 54], Korean Repository IV, S. 258-66.

I.**Dornseiffen**, Soematra (OB X, 3860): *J.F.Niermeyer*, PM XLIII, Lber. S. 171.

F.W.**Eastlake** and Y.**Yoshi-Aki**, Heroic Japan: SR LXXXIV, S. 498.

O.E.**Ehlers**, Im Osten Asiens: *Fr.Hirth*, PM XLIII, Lber. S. 104.

L.**Fea**, Quattro anni fra i Birmani: *Ule*, PM XLIII, Lber. S. 169.

Ad.**Fischer**, Bilder aus Japan: *K.Rathgen*, Preuss. Jb. XC, S. 154 f.

J.S.**Gale**, Korean grammatical forms: Korean Repository II, S. 74 f. (S. auch *W.H.W[ilkinson]*, A Korean Katakana [= side symbols], ebd. S. 215-8.)

A.**Grandidier**, Hist. de la ggr. de Madagascar: *G.Gravier*, Soc. normande de ggr., Bull. XV, S. 434-6.

G. **Gravier**, La cartographie de Madagascar: *H. Froidevaux*, Bull. Soc. ggr. comm. de P. XIX, S. 137-9; *L.Drapeyron*, Rev. de ggr. XL, S. 300-2; *Lance*, Soc. normande de ggr. Bull. XIX, S. 70 f.

W.E.**Griffis**, Corea: Korean Repository IV, S. 458-63.

K aart van het gebied bezet in Groot-Atjeh (OB X, 956): Ts. N. I. I ('97), S. 1095-7.

A.**Grünwedel**, Buddhist. Studien: *R.*, Umschau I, S. 795-9; Hansei Zasshi XII, 11, S. 26-8.

G.E.**Grum-Grzimajlo**, Opisanie putešestvija v zapadnyj Kitaj: *Guse*, Verh. Ges. f. Erdk. B. XXIV, S. 370 f.; *Katanov*, Izv. Obšč. arch. etc. XIV, No. 3.

G.**Gussmann**, Auf chines. Missionspfaden: *F.Hirth*, PM XLIII, Lber. S. 106.

C.J.H.**Halcombe**, The mystic flowery land: SR LXXXIV, S. 327 f.

E.**Hart**, Picturesque Burma: *R. F. St. Andrew St. John*, JRAS '97, S. 656-9; Literature I, S. 300; As. Qu. Rev. IV ('97', S. 206 f.; Spectator LXXIX, S. 462.

R.**Hata**, Gedanken e. Japaners über die Frauen: *Felix D-k*, Öl. 19, S. 595.

F.**Hirth**, Ueb. d. einheim. Quellen z. Gesch. d. chines. Malerei: *Max Buchner*, Beil. Allg. Ztg. 259, S. 1-4.

I-**tsing**, Mém. composé . . . sur les religieux éminents . . . trad. p. E.Chavannes: *T.W.*, JRAS '97, S. 654-6.

I-**tsing**, A record of the Buddhist religion... transl. p. J.Takakusu: *E.Chavannes*, Rev. de l'hist. des rel. XXXV, S. 350-3.

°Jigs-med nam-mk'a... hrsg. u. übs. v. G.Huth. II: *E.Kuhn*, DL 44, S. 1745 f.; *L. Feer*, Rev. de l'hist. des rel. XXXV, S. 225-30.

H.**Kern**, Een chineesch reiziger op Sumatra: *v.Hasselt*, Ts. Ned. Aardr. Gen. XIV ('97', S. 454 f.

A.**Keyser**, From Jungle to Java: *Niermeyer*, Ts. Ned. Aardr. Gen. XIV ('97), S. 661 f.

J.L. de **Lanessan**, La morale des philosophes chinois: *W.A.P.Martin*, Am. J. of th. I, S. 796-8.

L.**Lönholm**, Japans moderne civilisation: *K.Rathgen*, Preuss. Jb. XC, S. 153 f.

A.**Loureiro**, Macau: *F.Hahn*, PM XLIII, Lber. S. 106 f.

v.**Luschan**, Beitr. z. Kenntn. d. Tättowirung in Samoa: *L.L[aloy]*, L'Anthr. VIII, S. 492.

C.**MacCauley**, Japanese. An introductory course: Ath., Oct. 2, S. 453.

W.**Macgregor**, British New Guinea: *K.Th.Preuss*, Verh. Ges. f. Edk. B. XXIV, S. 553-5.

W.A.P.**Martin**, A cycle of Cathay: *Fr.Hirth*, PM XLIII, Lber. S. 105.

H.H.**Montgomery**, The light of Melanesia: East Asia I, S. 103-6.

O.**Münsterberg**, Japans auswärt. Handel v. 1542 bis 1854: *Rein*, Verh. Ges.
f. Erdk. B. XXIV, S. 155.
Nihongi... transl. by W.G.Aston: Ath., July 17, S. 90–2.
L.**Nocentini**, Materiali ... (OB X, 804 ff.): *Fr. Hirth*, PM XLIII, Lber. S. 103.
G.**Nypels**, De expeditiën naar Bali in 1846, 1848, 1849 en 1868: *F.H.Boo-
gaard*, Ts. N. I. I ('97), S. 886–8.
W.**Obrutschew**, Aus China: *K.Rathgen*, Preuss. Jb. XC, S. 151; *F.Hirth*,
PM XLIII, Lber. S. 104 f.; *C.Diener*, Mitth. ggr. Ges. W. XL, S. 293–5.
K.L.**Parker**, Australian legendary tales: *L.Marillier*, Rev. de l'hist. des
rel. XXXV, S. 383–5.
J.E.**Reiffert**, Zehn Jahre in China: *F.Hirth*, PM XLIII, Lber. 106.
L.**Riess**, Gesch. d. Insel Formosa: *G.Schlegel*, Int. Arch. f. Ethnogr. X,
S. 156 f.; *Kirchhoff*, PM XLIII, Lber. S. 167 f.
H.L.**Roth**, The natives of Sarawak: *J.D.E.Schmeltz*, Int. Arch. f. Ethnogr.
X, S. 220–3; *H.Schurtz*, PM XLIII, Lber. S. 108; *A.C.H.*, J. Anthr. Inst.
of Great Brit. XXV, S. 299 f.; J. of the Manchester ggr. Soc. XII, S. 348.
H.S.**Saunderson**, Notes on Korea: Korean Repository II, S. 271–4.
A.H.**Savage-Landor**, Corea: *H.B.H[ulbert]*, Korean Repository II, S. 230 f.
S.H.**Schaank**, Het Loeh-Foeng dialect: *G.Schlegel*, TP VIII, S. 437 f.
G.**Schlegel**, La femme chinoise: *J.D.E.Schmeltz*, Int. Arch. f. Ethnogr.
XI, S. 275 f.
— — La loi du parallélisme: *Schlegel* (zur Rec. Conrady's OB XI, S. 55),
LC 27, S. 892 und TP VIII, S. 557–61.
O.**Schultze**, Im Reich der Mitte: *F.Hirth*, PM XLIII, Lber. S. 105 f.
R.**Semon**, Im Australischen Busch: *R.v.Lendenfeld*, Mitth. ggr. Ges. W.
XL, S. 154–7.
L.**Serrurier**, Bibliothèque japonaise: *A.Gramatzky*, Int. Arch. f. Ethnogr.
X, S. 170–2.
A.H.**Smith**, Chinese characteristics: Literature I, S. 77.
H.G.**Snow**, Notes on the Kuril islands: *A.Krause*, PM XLIII, Lber. S. 102 f.
B.T.**Somerville** and S.C.**Weigall** (OB XI, 943 verdruckt: Weigell): A voca-
bulary of various dialects used in New Georgia, Solomon islands: *S.H.Ray*,
J. Anthr. Inst. of Great. Brit. XXVI, S. 202 f.
M.**Sommerville**, Siam: Ath., July 24, S. 124; East Asia I, S. 106–8; Litera-
ture I, S. 15; Spectator LXXIX, S. 376 f.
E.F.**Strange**, Japanese illustration: SK LXXXIV, S. 266 f.
Sureçamatibhadra, Die Ber. d. Lehre übs. v. E.Schlagintweit: *L.Feer*,
Rev. cr. 35/6, S. 121 f.
A.**Tissandier**, Cambodge et Java: *A.Vierkandt*, PM XLIII, Lber. S. 169.
Transact. and Proc. of the Japan Soc. II: As. Qu. Rev., N.S. X, S. 223.
Bataksche Vertellingen verz. d. C.M.Pleyte: *L.Marillier*, Rev. d. l'hist.
des rel. XXXV, S. 261–3.
G.**Vitale**, Chinese Folklore: *L.N[ocentini]*, Gi. Soc. as. it. X, S. 215.
Z.**Volpicelli**, Chinese phonology: *L. N[ocentini]*, Gi. Soc. as. it. X, S. 214 f.
Zaborowski, Origine et caractères des Hovas: *O.Hovorka*, Cbl. f. Anthr.
II, S. 315 f.
Zi[Siu], Pratique des examens: *A.A.F[auvel]*, Études rel., philos., hist., et
litt., T. 71, S. 422.

IV. INDOGERMANEN.
1. Allgemeines.
(S. auch No. 3386.)

3052 Albania. Revue mensuelle albanaise de littérature, linguistique,
histoire, sociologie. 1re année. No. 1. Bruxelles '97. 4. (L., Spirgatis j. *M.* 8.)
3053 Antologia albanese, trad. in italiano da G. de Rada. Napoli
'96. 8. (Ebd. *M.* 2.)

3054 Bloomfield,M.–Indo-European notes: Tr. Am. Philol. Assoc. XXVIII, S. 55–9.
On the vocalism and accent of the middle participle in the Indo-Eur. languages. — Ionic ἴζω = ἴζω, 'till'. — Latin salus: salvos. — The fractional numerals in Avestan.

3055 Bréal, Michel.–Essai de sémantique. P., Hachette & Co., '97. 349 S. 8.
Rec. *P.Regnaud,* Rev. de ling. XXXI, S. 60-7.

3055a Brugmann.–Beiträge z.Wortforschung im Gebiete der indog.Sprachen: Ber. Verh. Sächs. Ges. Wiss. L., Phil.-Hist. Cl., Bd. 49, S. 17–38.

3056 Brugmann, Karl, u. Berthold Delbrück.–Grundriss der vergleichenden Grammatik der indogermanischen Sprachen. 1. Bd.: Einleitung u. Lautlehre [OB XI, 1076]. 2. Hälfte. (A. u. d. T.: Vergleichende Laut-, Stammbildungs- u. Flexionslehre der indogerman. Sprachen v. Karl Brugmann. 2. Bearbeitg. 1. Bd.: Einleitung u. Lautlehre. 2. Hälfte.) Strassburg, Trübner, '97. IX S. u. S. 623-1098. 8. *M.* 12.
Rec. *Fr.Stolz,* N. philol. Rdsch. '97. S. 327—34; *W.Streitberg,* Beil. Allg. Ztg. 151, S. 1—5; *V.Henry,* Rev. cr. 41, S. 187—91.

3057 — — — 4. Band. Vergleichende Syntax der indogerman. Sprachen v. B.Delbrück [OB VII, 1065]. 2. Tl. Ebd. '97. XVII, 560 S. 8. *M.* 15.
Rec, *W.Streitberg*], LC 46, S. 1494.

3058 Bruinier, J.W.–Die Heimath der Indogermanen u. die Möglichkeit ihrer Feststellung: Jsb. d. Ver. f. Erdk. Metz XIX, S. 22—41.

3059 Cannegieter,II.–De formis, quae dicuntur futuri exacti et conjunctivi perfecti formae syncopatae in -so-sim. (Diss.) Utrecht, Breijer, '96. 7 Bl., 107 S. 8.
Rec. *J.S.Speijer,* Museum V, No. 1.

3060 Dobruski,V.–Materiali po archeologijata na Blgarija: Sbornik za narodni umotvorenija, nauka i knižnina. Kn. XIII (Sofija '96), S. 398-442.
Bringt eine Anzahl thrakischer Namen.

3061 Flensburg, Nils.–Studien auf dem Gebiete der indogermanischen Wurzelbildung. Semasiologisch-etymolog. Beitr. I. Die einfache Basis ter- im Indogermanischen. Lund, Hj. Möller's Univ.-Buchh., '97. XI, 115 S. 8. *M.* 2.50.

3062 Labes, R.J.E.–Einige Ergebnisse der vergleichenden Sprachwissenschaft. Progr. d. Grossen Stadtschule Rostock '97. 22 S. 4.

3063 Leitner,G.W.–Certain Oriental analogies in Gaelic: As. Qu. Rev. IV ('97), S. 417–9.

3064 Meyer,Gust.–Albanesische Studien [OB X, 1088]. VI. Beiträge zur Kenntniss verschiedener albanes. Mundarten. [Aus: „Sitzungsber. d. k. Akad. d. Wiss."] W., C. Gerold's Sohn in Komm., '97. 114 S. 8. *M.* 2.50.
Vgl. Anz. Ak. Wiss. W. XXXIV ('97). S. 47 f.

3065 Pedersen,Holger.–Aspirationen i Irsk, en sproghistorsk undersøgelse. 1. del. Med et tillæg: Thesen til den indoevropaeisk sproghistorie. L., Spirgatis, '97. VIII, 200 S. 8. *M.* 4.50.

3066 Schrader,Otto.–„Frei". Eine sprachgeschichtl. Betrachtung: Z. f. Socialwiss. I, S. 339-44.
Ueber skr. priya = frei, ἐλεύθερος — got. liudan — skr. ruh etc.

3067 Schultze,Mart.–Grammatik der altpreussischen Sprache. Versuch d. Wiederherstellg. ihrer Formen m. Berücksich. des Sanskrit, des Litauischen u. anderer verwandter Sprachen. L., J. Scholtze, '97. IV, 67 S. 8. *M.* 1.60.

3068 Schwerdtfeger,F.–Die Heimat der Homanen [OB X, 1098]. II-III. Cruttinnen, Selbstverlag, '96/7. 8.
Vgl. Jsb. d. germ. Philol. '95, S. 56; '96, S. 55; '97, S. 52.

3069 Skiro,G.–Kengat e luftes, chants belliqueux. Texte albanais et traduction italienne. Palermo '97. 8. (L., Spirgatis, *M.* 2.50.)

3070 Thomas,F.W.–Some remarks on the accusative with infinitive: Class. Rev. XI, S. 373–82.

3071 Zubatý, Josef.–Über gewisse Genitivendungen des Lettischen, Slavischen und Altindischen. (= Sitzb. k. böhm. Ges. Wiss. '97. No. XVII.) Prag, Řivnáč in Comm., '97. 27 S. 8. *M.* 0.20.

2. Indien.
(S. auch No. 3704.)

3972 The Indian Antiquary... Ed. by Rich. Carnac Temple [OB XI, 1113]. Part CCCXX (Vol. XXV) = Dec., 1896, Part II. S. 345–53. Parts CCCXXVII–CCCXXXI (Vol. XXVI) = 1897, July–Nov. Bo., Educ. Soc.'s Press. S. 169–308. 4.   j. 36 s. incl. post.

3973 Journal of the Buddhist Text and Anthropological Society [OB X, 3988]. Ed. by S'arat Chandra Dás. Vol. V. P. I. II. C., Buddh. Text Soc., '97. III, 44, 2 S.; 1 T. und IV, 6, 15, III, 36, III S. 8.
j. Rs. 5 (L., Harrass. M. 8.)

3973a Campbell, Frank.–Index catalogue of bibliographical works (chiefly in the Engl. language) relating to India. Lo. '97. 99 S. 8.   3 s. 6 d.

a. Geographie und Geschichte
(einschl. Reisebeschreibungen und Administrationswesen).
(S. auch No. 3076; 3558; 3615; 4350; 4352; 4355; 4379; 4605.)

3974 Statistical Atlas of India. (Second edition, 1895.) C., printed by the Superintendent of Government Printing, India, '95. 73 S.; 25 K., 10 Diagramme. Quer-Fol.   Rs. 5 in India; 5 s. in England. (I.o., Stanford.)
Chapter XV, The people. XVI, Languages and religions. — Vgl. OB X, 3089a; XI, 1117.

3974a Indian research in Russia: Englishman (Calcutta) '98, Feb. 28; March 1.

3975 The North-West frontier of India. Bibliography: Literature I, S. 62.

3976 Bartholomew, John.–Route chart to India & the East on Mercators projection. (With inset maps.) [1 : 2,400 000.] Edinburgh, J. Bartholomew & Co. ['94].

3977 Sasibhúshan Chatterji.–Hindusthan. A wall map of India. (In Hindi.) C., B. L. Chakravarti, '97. 41″ by 33″.   2 Rs. 8 @.

3977a Map showing the scene of operations of the Chitral relief force. Taken fr. the map of Afganistan, 1829, w. corrections to date. Publ. und. the dir. of C.Strahan. Scale 1 : 1,520,640 ... C., Survey of India Off., ['95]. Fol.

3978 Adams, George.–A remediable grievance: Nineteenth Century XLII, S. 486–92.
On the landholding classes of Upper India.

3978a Baden-Powell, B.H.–Land revenue and tenure in British India. Oxford, Clarendon Press, '94. 260 S. 8.
Résumé von OB VI, 3578. Rec. H.P., Rev. hist. LIX, S. 407 f.

3979 Bagot, A.G.–Sport and travel in India and Central America. Lo., Chapman, '97. 380 S. 8.   6 s.
Rec. SR LXXXIV, S. 446.

3980 Beveridge, H.–Babar Padshah Ghazi: C. Rev. CV, S. 1–32.

3981 M.M.Bhownaggree.–The present agitation in India and the vernacular press: Fortnightly Rev., N. S. LXII, S. 304–11.

3982 Boulger, D.C.–The story of India. (Story of the Empire Series.) Lo., Marshall, '97. 152 S. 8.   1 s. 6 d.

3983 Bourbel, Marquis de.–Routes in Jammu and Kashmir. C., Thacker, Spink & Co., '97. 396 S. 8.   Rs. 10.

3984 Boyer, A.-M.–Nahapâna et l'ère Çaka: JA Sér. IX, T. X, S. 120–51.

3985 Bretaudeau, C.–Bengale occidental. Voyage dans le Biru: Études rel., philos., hist. et litt., T. 70, S. 673–85.

3986 Briggs, R.A.–Bungalows and country residences: designs and examples of recently executed works. 4th ed. Lo., Batsford, '97. 12 S. 4. (T.)   12 s. 6 d.

3987 Broadfoot, W.–Káfiristán and the Káfirs: Blackwood's Edinburgh Mag. CLXI, S. 359–66.

3988 Bühler, G.–A Jaina account of the end of the Vaghelas of Gujarat: IA XXVI, S. 194 f.

3989 Campbell, J.M.–Mándu: J. Bo. Br. RAS XIX, S. 154–201.
Historische Darstellung mit eingehender Beschreibung der Gebäude und Übersetzung mehrerer persischer Inschriften.

3090 **Chamberlain,**Neville, and A.**Colvin.**-The Indian war: SR LXXXIV, S. 212-4.

3091 **Charmanne,**II.-Inde britannique. District de Darjeeling, Assam, Bengale. Bruxelles, Weissenbruch, '97. 49 S. 8. *Fr.* 1.

3092/3 **Chevrillon,**André.-Romantic India. Transl. from the French by W.Marchant. Lo., Heinemann, '97. VIII, 276 S. 8. 7 *s.* 6 *d.*
Vgl. OB X, 1126. — Rec. SR LXXXIV, S. 93 f.

3094 **Conway,**W. Mart.-Escalades et explorations dans l'Himalaya de Karakoram: Globe XXXVI, Bull., S. 44-54.

3095 **Crawford,**A.-Our troubles in Poona and the Deccan. Lo., Constable, '97. 274 S. 8. (ill.) 14 *s.*

3096 **Crawford,**A.T.C.Arthur.-Reminiscences of an Indian Police Official. 2nd ed. Lo., Roxburghe Press, '97. 304 S. 8. (ill.) 7 *s.* 6 *d.*

3097 Indian discontent and frontier risings: Qu. Rev., Vol. 186, S. 552-76.
Nach Lord Roberts OB XI, 1153; S.S.Thorburn OB VIII, 4024; W.Crooke OB XI, 1125.

3098 The disturbance in India: Independent (N. Y.) XLIX, S. 1142.

3099 **Dutt,**R.C.-England and India: a record of progress during 100 years, 1785-1885. Lo., Chatto, '97. 178 S. 8. 2 *s.*
Rec. Ac. LII, S. 324.

4000 **Eha.**-Behind the bungalow. 6th ed. Lo., Thacker, '97. 168 S. 8.(ill.) 6 *s.*

4001 **Ewing,**J.C.R.-The famine in India: Independent (N. Y.) XLIX, S. 1081.

4002 Famine in India. Further papers regarding the famine and the relief operations during 1896-97 [OB XI, 1126a]. No. 3. Lo., Eyre, '97. 1 *s.* 9 *d.*

4003 **Fawcett,**F.-The Moplars of Malabar: As. Qu. Rev. IV ('97), S. 288-300; 419.

4004 **Gériolles,**A.de.-En pays hindou. Impressions d'un enseigne de vaisseau. (Bibl. variée, 3e Série.) P., Firmin-Didot et Co., ['97]. 160 S. 8. (ill.) *Fr.* 2.

4005 — — Bénarès; Monde moderne VI, S. 559-70.

4006 **Gerson** da Cunha,J.-The Portuguese in South Kanara: J. Bo. Br. RAS XIX, S. 249-62.

4007 **Ghosh,**A.S.-The financial relation between England and India: Westminster Rev., Vol. 148, S. 401-12.

4008 **Gribble,**J.D.B.-The forgotten Vizianagram treaty [1758]: As. Qu. Rev. IV ('97), S. 152-60.

4009 **Griffin,**Lepel.-Indian sedition: SR LXXXIV, S. 26 f.
S. auch S.S.Morris, Spectator LXXIX, S. 402.

4010 **Hanna,**H.B.-The rising in Swat: SR LXXXIV, S. 133 f.

4011 **Hewitt,**J.F.-The communal origin of Indian land tenures: JRAS '97, S. 628-41.
Zu Baden-Powell OB X, 3901 u. XI, 1122.

4012 L'Inde contemporaine par un voyageur russe. Trad. du journal russe le Nouveau Temps, par L.Guitton: Bull. Soc. ggr. comm. Havre XIV, S. 195-207.

4013 Proceedings of the East India Association: As. Qu. Rev. IV ('97), S. 169-81; 397-404.

4014 East India: progress and condition, 1895-6. Lo., Eyre, '97. 1 *s.* 11¹/₂*d.*

4015 H.R.J.-Indian universities – actual and ideal [OB X, 4009]. III: C. Rev. CV, S. 139-62.

4016 **Jackson,**Alice F.-Heroes of the Chitral siege. Lo., Soc. for prom. Christ. Knowl., '97. 128 S. 8. 1 *s.*

4017 **Jambon,**Ch.-Le Sikkim: Bull. Soc. ggr. comm. Bordeaux XIX, S. 486-97.

4018 **Karkaria,**R.P.-Mahmud of Ghazni and the legend of Somnath: J. Bo. Br. RAS XIX, S. 142-53.
Vgl. OB IX, 4312.

4019 **Kaye,** J.W., and G. B. **Malleson.**-History of Indian mutiny, 1857-8. New ed. 6 Vols. Anal. index by F. Pincott. Lo., Longmans, '97. XX, 456; XXIV, 506; XXIV, 388; 448; 386; 458 S. 8. Je 3 *s.* 6 *d.*

4020 Keene,H.G.-Mughals and Turks: C. Rev. CV, S. 180f.

4021 — — A servant of „John Company": Recollections of an Indian official. Ill. by W.Simpson from sketches by the author. Lo., Thacker, '97. 354 S. 8.   12 *s.*
Rec. SR LXXXIV, S. 522 f.

4022 Kitts,E.J.-Creditor and debtor in India: Law Qu. Rev. XII, S. 41-52.

4023 Klemm,Kurt.-König Asoka Pijadasi, ein sozialer Reformator der vorchristl. Zeit: Beil. Allg. Ztg. 257, S. 1-4.

4024 Knight,A.E.-India: from the Aryan invasion to the great Sepoy mutiny. Lo., Partridge, '97. 320 S. 8.   2 *s.* 6 *d.*

4025 M.L.-India, ancient and modern: C. Rev. CV, S. 121-38.
Geogr.-hist. u. statist. Bemerk.

4026 Lee-Warner,Will.-Moral advance of the peoples of India during the reign of queen Victoria: J. Soc. of arts XLV, S. 161-78.

4027 Lethbridge,R.-India in the sixtieth Victorian year: As. Qu. Rev. ('97), S. 1-10.
Vgl. ebd. S. 184f.; 198f.

4028 Letters received by the East India company from its servants in the East [OB X, 4016]. Vol. II: 1613-1615. Lo., Low, '97. S.   21 *s.*

4029 Lévi,Sylv.-Note additionelle sur les Indo-Scythes [OB XI, 1143]: JA Sér. IX, T. X, S. 526-31.
S. auch oben No. 3558.

4030 List of Factory Records of the late East India Company, preserved in the Record Department of the India Office, London. [Vorr. v. F. C. D[anvers].] [Lo.] '97. XXVIII, 91 S. Fol.

4031 S.C.M.-Chronicles of the Hutwa Raj: C. Rev. CV, S. 33-44.

4032 Mohanlal Vishnulal Pandia.-Separation of Banswara from Dungarpur State in Rajputana: JASB LXVI, I, S. 164-9.

4033 Muddock,J.E.-Star of fortune: a story of the Indian mutiny. New ed. Lo., Chapman, '97. 326 S. 8.   1 *s.*

4034 The Native States of India: Edinburgh Rev., Vol. 186, S. 188-212.
Nach W.Lee-Warner OB VIII, 1002; Ch.L.Tupper OB VII, 1160; B.H.Haden-Powell OB X, 3931.

4034a [Nunes,Fern., e Domingo Paes.]-Chronica dos reis de Bisnaga. Manuscr. ined. do seculo XVI publ. p. David Lopes. Lisboa, Imprensa Nacional, '97. LXXXIX, 123 S. 8.   *Fr.* 3.50.
Rec. Luzac's Or. List VIII, S. 203.

4035 Pargiter,F.E.-Ancient countries in Eastern India: JASB LXVI, I, S. 85-112; 1 K.
Magadha. Videha. The kingdom of Vaiçâli. The second group of five nations. Anga. Vanga, Kalinga, Pundra and Paundra. Suhma and Tâmalipta. Udra or Odra. Prâg-Jyôtisa. The Kirâtas. Utkala.

4036 The founding of Pondichery and the birth of Madame Dupleix: C. Rev. CV, S. 375-81.

4037 Pratt,E.-India and England: Westminster Rev., Vol. 148, S. 645-53.

4038 Rafiuddin Ahmad.-Is the British „Raj" in danger?: Nineteenth Century XLII, S. 493-500.

4039 Rám Charan Mitra.-The law of joint property and partition in British India. (Tagore law lectures for 1895.) C., Thacker, Spink & Co., '97. 648 S. 8.   *Rs.* 10.

4040 Ranade,M.G.-The tree blossomed. Shivaji as a civil ruler: J. Bo. Br. RAS XIX, S. 202-14.

4041 Sewell,R.-India before the English: J. East India Assoc. XXIX, S. 17-48.
☞ As. Qu. Rev. IV ('97). S. 120—51. Hierzu J.Beames, ebd. S. 185—8; H.Beveridge S. 188—90; C.L.Tupper S. 190—2; G.W.Leitner S. 192; J.D.B.Gribble S. 405—8; Trimbakrai J.Desai S. 408.

4042 The Shevaroy hills: C. Rev. CV, S. 93-106.

4043 Smith,G.-Twelve Indian statesmen. Lo., Murray, '97. 334 S. 8. 10 *s.* 6 *d.*
Rec. Ath., Dec. 25, S. 881 f.

4044 Smith,V.A.-The conquests of Samudra Gupta: JRAS '97. S. 859-910.
Cf. OB XI, 1157; 1292.

4045 Stein,M.A.-The castle of Lohara: IA XXVI, S. 225-32.

4046 Taylor,Lucy.-Sahib and Sepoy; or saving an empire. A tale of the Indian mutiny. Lo., Shaw, '97. 368 S. 8. 5 *s.*

4046a Temple, Sir Rich.-The country of Cashmere: J. Manchester ggr. Soc. XIII, S. 139–41.

4047 Trevelyan,E.J.-The law relating to minors. C., Thacker, Spink & Co., '97. 456 S. 8. *Rs.* 16.

4048 Tyrrell,F.H.-The Indian mutiny: SR LXXXIV, S. 667.

Zu „Veteran", The truth at last about the mutiny, ebd. S. 556. — S. ferner W.T., ebd. S. 747.

4049 The unrest in India: Independent (N. Y.) XLIX, S. 909.

S. auch: Spectator LXXIX, S. 1; 33; 37f.; 56: C.A.Elliott S. 47f.

4050 Elements of unrest in India. By a Bengal civilian: As. Qu. Rev. IV ('97), S. 248–64.

4051 Valbert,G.-Warren Hastings et son dernier biographe: Rev. des deux mondes, Vol. 128, S. 204–15.

Ueber Malleson OB VIII, 3995.

4052 Vibart,H.M.-Richard Baird Smith, the leader of the Delhi Heroes in 1857. Private correspondence of the Commanding Engineer during the siege, and oth. interesting letters hitherto unpubl. Westminster, Constable & Co., '97. XI, 172 S.; 1 Portr., 1 K. 8.

4053 Virchand R.Gandhi.-India–religious, political, social – of 1895: Monist VII, S. 119–22.

4054 West,Raymond.-Judicial and executive functions in India: As. Qu. Rev. IV ('97), S. 274–87.

b) Volkskunde (einschl. Religionsgeschichte, Gewerbe u. s. w.).

(S. auch No. 3138; 3179; 4003; 4023; 4053; 4181; 4317.)

4055 [Kuhn,Ernst.]-Neuere Literatur über den Buddhismus: Beil. Allg. Ztg. 183, S. 7.

4056 Alberg,Evelina.-En dag under Indiens sol (= Missionsskrifter, utg. af Evang. fosterl.-stift. 6.) Stockholm, Fost.-stift., '97. 29 S. 8. *Kr.* 0.25.

4057 Arnold,E.L.-On the Indian hills, or, coffee planting in Southern India [OB VII, 4104]. New ed. Lo., Low, '97. 358 S. 8. (ill.) 2 *s.* 6 *d.*

4057a Balfour, Henry.-Life history of an Aghori Fakir; with exhibition of the human skull used by him as a drinking vessel, and notes on the similar use of skulls by other races: J. Anthr. Inst. of Great Brit. XXVI, S. 340–57; 2 T.

Vgl. *de Nadaillac*, L'Anthr. VIII, S. 445–9.

4058 K.M.**Banerjea.**-A dialogue on Hindu pantheism and Vedantism: Ind. Ev. Rev. XXIII, S. 82–109.

4059 Barnes,Irene H.-Behind the Pardah: story of the C.E.Z.M.S. work in India. Pref. by T. A.Gurney. Lo., Marshall Bros., '97. 272 S. 8. (ill.) 3 *s.* 6 *d.*

4060 Besant,Annie.-The three paths to union with God: lectures at Benares, on the 6th annual convention of the Indian section of the Theosophical Soc., oct. 19–21, 1896. Benares, Theosoph. Soc. (Lo., Theosoph. Pub. Soc.), '97. 70 S. 8. *R.* 1; 1 *s.*

4061 Blavatsky,H.P.-Die Geheimlehre (The secret doctrine), die Vereinigung v. Wissenschaft, Religion u. Philosophie. Aus dem Engl. (OB XI, 1174) v. Rob. Froebe. (In ca. 20 Lfgn.) 1.–2. Lfg. 1., Friedrich, '97. S. 1–192. 8. Je *M.* 3.

4062 Boeck,K.-Im schwarzen Viertel von Bombay: Velhagen & Klasing's Mh. XI, 2, S. 574–84.

4063 The origin of Buddhism: Brahmavâdin (Ma.; Lo., Luzac) III, S. 301–8.

4064 Explanations of the Buddhist cosmorama: J. Buddh. Text and Anthr. Soc. V, 1 (2 S.; 1 T.).

4065 Carus,Paul.-The mythology of Buddhism: Monist VII, S. 415–45.

4066 — — Buddhism and its Christian critics. Chicago, Open Court Pub. Co., '97. 315 S. 8. $ 1.25.

4067 — — Nirvana: a story of Buddhist philosophy. Ebd. '97. 49 S. 8. $ 1.

4068 Life of Chaitanya: J. Buddh. Text and Anthr. Soc. V, 2 (III S., S. 1–36).

4069 Chandler,J.S.-A Hindu mutt, or school of theology: Independent (N. Y.) XLIX, S. 1210.

4070 Cheem,A.-Lays of Ind, comical, satirical, and descriptive: poems ill. of English life in India. 10th ed. I.o., Thacker, '97. 248 S. 8. (ill.)   6 *s.*

4071 Coemans, Émile.-Les croyances religieuses dans l'Inde antique: Rev. de Belg. XXIX ('97), S. 113-24.

4072 Collins,R.-Buddhism and „the Light of Asia": J. of the Tr. of the Victoria Inst. XXVIII, S. 153-89.

Mit Bem. v. G. U. Pope, K. S. Macdonald, Conder, A. B. Hutchinson, Legge. S. W. Sutton u. a.

4073 Holy stones: IA XXVI, S. 252.

Nach „Cosmopolitan", Panjab Notes and Queries 1883.

4074 Dahlmann, Jos.-Buddhismus und ethische Cultur: Stimmen aus Maria-Laach LIII, S. 505-20.

4075 Davids,T.W.Rhys.-Lectures on the origin and growth of religion as illustrated by the history of Indian Buddhism. Hibbert lectures, 1881. 2nd ed. I.o., Williams & Norgate, '97. 8.   3 *s.* 6 *d.*

4075a Dharmapala,H.-The study of Buddha's Dharma: Buddhist (Colombo) '97, Dec. 13.

4076 Dubois, J.A.-Hindu manners, customs and ceremonies. Transl. fr. the author's later French ms. and ed. with notes, corr., and biography by H.K. Beauchamp. With a pref. note by F. Max Müller. 2 Vols. Oxford, Clarendon Press, '97. XXXVI, 730 S.; 1 Portr. 8.   21 *s.*

4077 Falke,Rob.-Buddha, Mohammed, Christus, e. Vergleich der drei Persönlichkeiten u. ihrer Religionen [OB IX, 4384]. 2. systemat. Tl.: Vergleich der drei Religionen. Gütersloh, Bertelsmann, '97. III, 252 S. 8.   *M.* 3.

Rec. J.Réville, Rev. de l'hist. des rel. XXXIV, S. 408 f.

4078 Frere,Mary.-Old Deccan days; or Hindoo fairy-tales. New issue. Albany, McDonough, '97. 344 S. 8. $ 1.25.

4079 Geijerstam, Karl af.-Den afslöjade Isis. Madame Blavatskys och den moderna teosofiens historia i sammandrag. Stockholm, Gernandt, '97. 276 S.; 2 T. 8.   Kr. 2.50.

Vgl. G.Klein, Om den „hemliga läran" af Madame Blavatsky. Bref till byråingeniör Karl af Geijerstam, med ett instämmande af Herman Almkvist. Tillagg till „Den afslöjade Isis." Ebd. '97. 15 S. 8.   Kr. 0.30.

4080 Gouët,Simeon.-L'Inde, sa grandeur et sa décadence. Vienne, Ogeret et Martin, '97. VII, 32 S. 8.

4080a Çrī Gouri Nātha Cakravartti.-The Mahāpuruṣ sect of Assam: J. Buddh. Text and Anthr. Soc. V, 1, S. 37-40.

4081 de Gryse.-Les premiers habitants du Bengale ou les aborigènes du Chota-Nagpore, de l'Orissa et des Santal-Pergannas: Miss. cath. '97, S. 429-32.

Ergänz. zu OB XI, 1198.

4082 Bedsteads as spirit haunts: IA XXVI, S. 224.

Nach Gurdyal Singh, Panjab Notes and Queries 1883.

4083 Works on religion of the late Pandit **Guru Datta.** Ed. by Lála Jíwan Dás. Lahore, Punjab Economical Press, '97. 227 S. 8.   K. 1.

4084 Hara Prasád Sástri.-Discovery of living Buddhism in Bengal. C., Sanskrit Press Depository, '97. 32 S. 8.   8 @.

An attempt of identifying as a corrupt form of Buddh. the worship of the deity known as Dharma. — Vgl. OB IX, 1275 f.; 1415.

4085 Hitz,Luise.-Damajanti. Lyrisches Drama in 3 Aufz. u. e. Vorspiel. Nach e. Episode des Mahabharata. M., Lukaschik, '97. 98 S. 8.   *M.* 1.50.

Rec. —n., Beil. Allg. Ztg. 291, S. 8.

4086 Josephson,Johannes.-Darstellung u. Beurteilung des Buddhismus, im Anschl. an d. buddh. Katechismus des Bhikschu Subhadra. Progr. Gymn. Rendsburg '97. 35 S. 4.

4087 Just,E.-Die Siddhânta od. die Geheimlehre des modernen Siwaismus. Nach tamul. Quellen dargestellt. (= Sammlung v. Missionsschriften (Tamulenmission). Hrsg. v. der ev.-luther. Mission in L. No. 9.) L., J. Naumann's Sort. in Komm., '97. 28 S. 8. (ill.)   *M.* 0.20.

4088 Kolmodin,A.-Nāgra ord om Indien sāsom missionsfält. (= Missionsskrifter, utg. af Evang. fosterl.-stift. 3.) Stockholm, Fost.-stift., '97. 20 S. S.   Kr. 0.20.

4088a Lanman,C.R.-Brahmanism: Outlook '97, July 31, S. 789-92.

4089 [Ber. von C. de Harlez, Goblet d'Alviella u. Kurth üb. e. Preisarbeit v. Louis de La Vallée Poussin: Histoire du bouddhisme du nord, spécialement au Népaul. Utilité des sources sanscrites pour l'étude du bouddhisme]: Bull. Ac. royale de Belg. XXIX ('95), S. 644-65; XXXI ('96), S. 493-501.

4090 Magoun,H.W.-Early religion of the Hindus: Bibl. Sacra LIV, S. 603-33.

4091 Mahomed Bahadur Shah ovvero l'ultimo imperatore del Gran Mogul: Civiltà catt., Ser. XVI, Vol. XII, S. 189-203.
Forts. u.d.Tit.: Nel Paese de' Bramini. Racconto: ebd. S. 297—312; 436—54; 569—85; 623—710.

4092 Mappilla faith and fanaticism: C. Rev. CV, S. 212-20.

4093 Marsh,R.-Mahatma's pupil [OB VII, 3276a]. New ed. Lo., Henry, '97. 222 S. 8. 2 s.

4094 Lifsbilder ur den evangelisk-lutherska missionen bland Tamulerfolket i Ostindien 1705-1840. I: Ziegenbalg-Plütschau-Gundler. Missionens grundläggningstid 1705-20. Utdrag ur W. Germanns m. fl. missionshistoriska skrifter, på Svenska utg. af En vän till Tamulerfolket. Med förord af Hj. Danell (= Skrifter utg. af samf. pro fide et christianismo. 44, a). Stockholm (gedr. Upsala), Beijer, '97. 326 S. 8. *Kr.* 2.50.

4095 Müller,F.Max.-Origen y desarrollo de la religión, estudiados á la luz de las religiones de la India. Madrid ['97]. 347 S. 4. *Ics.* 7.

4096 — — Die Lösung der sozialen Frage im Buddhismus: Zukunft XVI, S. 11-27 ('96, No. 40).

4097 Nevins,J.Ernest.-Hindu domestic and religious customs: Proc. Lit. and Philos. Soc. Liverpool I., S. 263-91.

4098 Olcott,H.S.-The Buddhist catechism. 33rd ed. Ma., Thompson & Co., '97. 132 S. 8.

4099 Oldenberg,Herm.-Buddha. Sein Leben, seine Lehre, seine Gemeinde. 3. Aufl. B., Besser, '97. VIII, 460 S. 8. *M.* 9.
Rec. R.Kralik, OL 21, S. 646 f.

4100 Oppert,Gust.-Die Ureinwohner Indiens in ethnologischer, religiöser und sprachlicher Hinsicht: Globus LXII, S. 53-9; 77-82.

4100a Palmer,G.H.-Similarities and contrasts of Christianity and Buddhism: Outlook '97, June, S. 443-50.

4101 Pavolini,P.E.-Buddismo. (Manuali Hoepli.) Milano, Hoepli, '98. XV, 163 S. 8.

4102 Hindu titles of Musalmans: IA XXVI, S. 224.
Nach T.C.Plowden, Panjab Notes and Queries 1883.

4103 Preisausschreiben der Sächs. Missionsconferenz zur Förder. des Missionswerkes in Indien: ZDMG 1897 (4 S. beigeheftet Bd. LI, Heft 2).
S. auch LC 31, S. 1022 f.

4104 Guru Proshad Sen -Education in Ancient India: C. Rev. CV, S. 163-73.

4105 A modern parallel to the Culla-Paduma Jataka (193). Told and recorded by Ram-Rap, Brahman of Dattawali, district Aligarh: JRAS '97, S. 855-7.

4106 Rhiem, Hanna.-Die Not der indischen u. die Pflicht der deutschen Frau [OB IX, 4433a]. 3. Aufl. Breklum, Christl. Buchh., '97. 15 S. 8. *M.* 0.10.

4107 Robertson,George Scott.-Káfiristan: its manners and customs: J. Soc. of arts XLV, S. 573-81.

4108 Rouse,W.H.D.-The giant crab, and other tales from old India re-told. Lo., Nutt, '97. 130 S. S. (ill.) 3 s. 6 d.

4109 Sarat Chandra Mitra.-On the Har Parauri, or the Behári women's ceremony for producing rain: JRAS '97, S. 471-84.
Auf beigeheftetem Zettel erlasst die Redaction des JRAS folgende Erklär.: „Since the Journal was printed off we find that Article No. XVIII has already been contributed, in nearly identical words, to the Journal of the Bengal Asiatic Soc., vol. LXV, part 5 [recte: 3], No. 1, p. 37 and following." (OB XI, 1231.)

4110 Sasi Bhusan Ghosh.-The Rámakrishna mission: Brahmavâdin (Ma.; Lo., Luzac) III, S. 254-6; 289 f.; 333 f.

4111 [Scherma]n -[Buddhistischer „Gottesdienst" im Musée Guimet]: Beil. Allg. Ztg. 209, S. 8.

4112 **Seydel**, Rud.–Die Buddha-Legende u. das Leben Jesu nach den Evangelien. Erneute Prüfg. ihres gegenseit. Verhältnisses. 2. Aufl. m. ergänz. Anmerkgn. v. Matt. Seydel. Weimar, Felber, '97. XVI, 140 S. 8. *M.*2.

4113 **Speer**, R.E.–Hinduism in its holy city: Independent (N. Y.) XLIX, S. 1272 f.

4114 A point in Indian martyrology: IA XXVI, S. 280.
Nach C.Spitta, Panjab Notes and Queries 1883.

4115 G.R.**Subramiah Pantulu**.–Some notes on the folk-lore of the Telugus [OB XI, 1239]: IA XXVI, S. 223 f.; 252; 304–8.

4116 **Tomaschek**.–Brachmai. – Brachmanai. – Brachmanes. – Brachme: Paulys Realencycl. III, S. 803–6.

4117 History of the Hindu triad. Ma., Christ. Lit. Soc., '97. 64 S. 8. 2 (@.

4118 M.N.**Venketswami**.–Folklore in the Central Provinces of India [OB XI, 1244]. No. 11. The old woman of the sugar-cane field: IA XXVI, S. 195 f.

4119 —— A morality from the Central Provinces: ebd. S. 280.

4120 **Waddell**, L.A.–Upagupta, the fourth Buddhist patriarch, and high priest of Açoka: JASB LXVI, I, S. 76–84.

4121 **Wassilieff** [Vasilev, V.P.]–Le Bouddhisme dans son plein développement d'après les Vinayas. Trad. (OB IX, 4452) p. Sylv. Lévi: Rev. de l'hist. des rel. XXXIV, S. 318–25.

4122 **Westcott**, A.–Our oldest Indian mission. Ma., Christ. Knowledge Soc., '97. 114 S. 8.   1 *R.* S (@.

4123 An instance of the power of Indian villagers to combine for the common good. – Days of rest: IA XXVI, S. 196; 308.
Nach J.Wilson, Panjab Notes and Queries 1883.

c) Archäologie, Epigraphik, Schriftwesen,
Numismatik, Kunst.
(S. auch No. 3984; 3089.)

4124 Progress Report of the Archaeol. Survey of Western India [OB X, 4165] For the year ending 30th June 1897. 21, 2 S.; 1 Pl. Fol. 4 (@.
Verf. Henry Cousens.

4125 **Barth**.–L'inscription de la colonne de Lumbini, érigée par le roi Açoka: CR XXV ('97), S. 258 f.

4126 **Bendall**, Cecil.–Central Asian antiquities: Ath., Nov. 20, S. 715.
Zur ind. Altertumskunde.

4127 Revised lists of antiquarian remains in the Bombay Presidency and the Native States of Baroda, Palanpur, Radhanpur, Kathiawad, Kachh, Kolhapur, and the Southern Maratha minor States. Originally compiled by Jas. **Burgess**, revised by Henry Cousens. (= Arch. Survey of India. New Imper. Series. Vol. XVI. Western India. VIII.) Bo., Gov. Central Press, '97. VI, 398 S. 4. (K.)   *Rs.* 5.
1. Ausg.: Litbl. f. or. Philol. IV, 1918.

4128 **Foucher**.–Rapport sur le Kashmîr: CR XXV ('97), S. 38–45.

4129 **Führer**.–Le site de la ville de Kapilavastu et le lieu de naissance du Buddha: ebd. S. 45–8.

4130 **Grenard**.–Un manuscrit kharoshthi: ebd. S. 251–7.

4131 **Griffiths**, J.–The paintings of the Buddhist cave-temples of Ajanta, Khandesh, India. 2 Vols. Lo., privately printed, '96/7. With 159 pl. Fol.
(L., Harrass. *M.* 260.)

4131a **Haig**, Wolseley.–Note on a find of coins in the Wun district, Barâr: Proc. ASB '97, S. 63 f.

4132 **Harilal Harshadrai Dhruva**.–The Nadole inscription of King Âlhanadeva, V. S. 1218: J. Bo. Br. RAS XIX, S. 26–34.

4133 **Hoernle**, A.F.Rud.–The Gauhati copper plate grant of Indrapâla of Prâgjyotisa in Âsam: JASB LXVI, I, S. 113–32; 3 T.

4134 —— On some new or rare Hindû and Muhammadan coins [OB VII, 5413]. No. IV: ebd. S. 133–45; 1 T.

4135 —— Report on old coins: Proc. ASB '97, S. 2–12; 75–7.

4136 Kielhorn,F.-Miscellaneous dates of inscriptions: IA XXV, S. 345 f.

4137 — — Festal days of the Hindu lunar calendar: ebd. XXVI, S. 177-87.

4138 Possible site of Kuṣinâra: JRAS '97, S. 705 f.

4139 Murray-Aynsley,H.G.M.-Drawings from Mahomedan grave stones in Kashmir: Proc. ASB '97, S. 54 f.

4140 Nagêndra Nâtha Vasu.-Mêghêçvara inscription of Svapnêçvara Dêva of Orissa: JASB LXVI, I, S. 11-23; 1 T.

4141 Parvillée.-Armure indienne. XVIe siècle: Décoration ancienne et moderne '97.

4142 Pearse,Geo.G.-An unpublished Coorg medal: Num. Chron., 3. Ser., Vol. XVII, S. 249 f.

4143 Probyn,L.C.-Indian coinage and currency. Papers on an Indian gold standard, with the Indian coinage and currency acts corrected to date. Lo., E. Wilson, '97. VIII, 125 S.; 1 T. 8.   4 s.

4144 Çri Rajendra Lal Gupta.-A note on the antiquity of Tumluk: J. Buddh. Text and Anthr. Soc. V, 2, S. 4-6.

4145 Rea,Alex.-Monumental remains of the Dutch East India Company in the Presidency of Madras. (= Arch. Survey of India. New Imp. Ser. Vol. XXV. Southern India. Vol. IX.) Ma., Government Press, '97. X, 79 S.; LXIII T. Fol.   12 Rs. 12 (a/.; 17 s.

4146 Read,Charles H.-Notes on a silver dish with a figure of Dionysos from the Hindu Kush: Archaeologia LV, S. 534-6; 1 T.

4147 Rodgers,C.J.-Coins struck at Nahan: Proc. ASB '97, S. 84-6.

4148 Smith,Vinc.A.-Numismatic notes and novelties(Ancient and Mediaeval India): JASB LXVI, I, S. 1-10; 1 T.

4149 — — The birthplace of Gautama Buddha: JRAS '97, S. 615-21.

4150 — — Pistapura, Mahendragiri, and king Achyuta: ebd. S. 643.
Zu R.Sewell OB XI, 1157 u. E.J.Rapson OB XI, 1286.

4151 Thurston,Edgar.-Note on the hist. of the East India Company coinage. C., Baptist Mission Press, '97.
Rec. Ath., Aug. 7. S. 201.

4152 Waddell,L.A.-The discovery of the birthplace of the Buddha: JRAS '97, S. 644-51.
Erweist W.'s von Führer verschwiegene Prioritätsansprüche hinsichtl. jener Ortsbestimmung. — S. auch Ac. L, S. 50 u. OB XI, 1257 Anm.

4152a Indian monumental inscriptions. Vol. I: List of inscriptions on Tombsor monuments in Bengal, possessing historical or archaeological interest, ed. by C. R. Wilson. C. '96. 248, XII, XVI S. Fol. (Lo., Luzac 4 s.)

4153 Woodburn,A.-Note on brick figures found in a Buddhist tower in Kahu, near Mirpur Khás, Sindh. With an introduction by J.M.Campbell: J. Bo. Br. RAS XIX, S. 44-6; 2 T.
Darstellungen des Sikhin.

d) Sprache und Litteratur.
(S. auch No. 4100.)

4154 Hopkins,E.W.-'Indian Literature': Library of the World's best literature (N. Y., Hill & Co., '97).

α) Dravidisch und Kolarisch.

4155 The light of truth or Siddhanta Deepika, a monthly journal devoted to religion, philos., lit.. science, etc. Ma., C. N. Press.
Ueber Nos. 1-2: IA XXVI. S. 196 (von Interesse für die Tamil-Litteratur).

4156 Beisenherz,H.-A dictionary based on Joh. Phil. Fabricius' „Malabar-English dictionary". Tranquebar, Ev. Luth. Mission Soc., '97. 656 S. 8. Rs. 3.

4157 Drake,John.-The story of the prodigal son, transl. into the Kurku language: JASB LXVI, I, S. 192 f.

4158 Haig,Wolseley.-A comparative vocabulary of the Gôṇḍi and Kôlâmi languages: ebd. S. 185-91.

4158a Jensen,Herm.-A classified collection of Tamil proverbs with translations, explan. and indices. (Trübner's Oriental Series.) Lo., Paul, '97. 2 Bl., XXIV, 499 S. 8.   8 s.
S. schon den Titel OB XI, 1301.

4159 The Gospel according to St. John. Ed. in Gondi by the Church Missionary Society, Mandla. Allahabad, Mission Press, '97. 77 S. 8.

4160 Panchatantram ed. in Malayalam with notes and vocabulary by L.Garthwaite. 7th ed. Mangalore, Basel Mission Press, '97. 263 S. 8. 10 @.

4161 Pope,G.U.-The poets of the Tamil lands: As. Qu. Rev. IV ('97), S. 99-102; 357-61.

4162 Ratnam Pillai,T.John.-The domestic's manual or a Tamil and English vocabulary. 2nd ed. Ma., Addison & Co., '97. 320 S. 8.   Rs. 2.

β) Saṃskṛt.
(S. auch No. 3971; 4035; 4104; 4116.)

4163 Kávyamálá. Ed. by Pandit Kedárnáth Durgáprasád and Káshináth Pándurang Parab [OB X, 4214]. Nos. 127-37. Bo., Tukárám Jávji, '97. Je 100 S. 8.   Je 10 @. (L., Harrassowitz 12 Nos. M. 14.)

4164 Kávyamálá. Ed. by Pandit Sivadatta and Káśínáth Pándurang Parab [OB XI, 1305]. Nos. 57-9. Bo., Nirṇaya-Ságara Press, '96/7. 8.
No. 57: The Rāghava-naishadhiya of Haradattasûri with his own gloss. 2 Bl., 68 S. — No. 58: The Śriṅgārabhûshaṇa of Vāmana-Bhatta-Bāṇa. 2 Bl., 19 S. 8. — No. 59: The Amṛitodaya of Gokulanâtha. 3 Bl., 73 S.

4165 The Pandit. A monthly publication of the Benares College, devoted to Sanskrit literature [OB XI, 1306]. New Series. Vol. XIX, Nos. 7-12. July-Dec., '97. Benares, Lazarus & Co. 8.   j. Rs. 9.
Inhalt: Tattvamuktākalāpa with Sarvārthasiddhi. Ed. by Rāma Miśra Śāstrī, S. 337—52; 393—408; 419—64; 505—20; 561—76; 617—32. — Jaiminisûtravṛittih of Śitikaṇṭhabhaṭṭa. Ed. by Nityānandapanta, S. 353—60; 409—16; 465—72; 521—8; 577—92; 649—64. — Mādhaviya Dhātuvṛittih. Ed. by Dāmodara Śāstri, S. 361—8; 417—24; 473—88; 529—44: Titel u. 29 S. Inhaltsverz. (Das Ganze auch sep. Benares, Medical Hall Press, '97. 856 S. 8. 7 s. 6 d.) — Kāśikāvyākhyā Padamañjari. Ed. by Dāmodara Śāstri, S. 369—74; 425—40; 489—96; 545—52; 593—608; 633—48. — Kāvya-Prakāśa. Ed. by Gaṅganāth Jhā, S. 385—92; 441—8; 497—504; 553—60; 609—16; 665—72. — Sribhāshya with Śrutaprakāśikā. Ed. by Rāma Miśra Śāstri [nur eigens paginirt], S. 1009—53.
Supplement: The hymns of the Atharva Veda, transl. with a pop. comm. by Ralph T. H.Griffith, Vol. II, S. 401—502 (Schluss).

4166 A descriptive Catalogue of Sanskrit manuscripts in the library of the Calcutta Sanskrit College. Prepared under the orders of the Government of Bengal, by Hṛishíkeśa Śástrí and Śiva Chandra Gui [OB X, 1339]. Nos. 6-7. C., Baptist Mission Press, '96. S. 97-288. 8.

4167 Leumann, Ernst.-A list of the Strassburg collection of Digambara manuscripts: WZKM XI, S. 297-312.
Auch sep. mit der urspr. Pag., dazu Titelblatt und Dedication an Ābāji Viṣṇu Kāthavaṭe.

4168 Advaitamanjary Series publ. by V.Sambasiva Aiyar (Sri Vidya Press, Kumbakonam, Madras).   (L., Harrass. M. 75.)
No. 1. Advaita Siddhi by Madhusûdana Saraswati. 2 Bl., 4, 4, 2, 4, 343 S. 8. 1893.   Rs. 4½. (M. 12.)
No. 2. Laghuchandrika by Brahmananda Saraswati. 2 Bl., 4, 4, 2, 4, 643 S. 8. 1893.   Rs. 7½. (M. 20.)
No. 3. Siddhanta Bindu with Ratnavali by Madhusudana Saraswati & Brahmananda Saraswati. 2 Bl., 4, 2, 4, 212 S. 8. 1893.   Rs. 3. (M. 8.)
No. 4. Sutra Vritti by Sankarabhagavathpatha Sishia. 2 Bl., 2, 2, 4, 133 S. 8. 1894.   Rs. 1½. (M. 4.)
No. 5. Siddhantalesa Sangraha with Krishnalankara Viakhia by Appaya Dekshitar & Krishnananda Thirtha. 1 Bl., 2, 8, 2, 2, 4, 472 S. 8. 1894. Rs. 5.
(M. 12.50.)
No. 6. Brihma (sic!) Vidyabharanam Advaitananda. 2 Bl., 17, 2, 4, 819 S. 8. s. a.   Rs. 10. (M. 26.)
No. 7. Sivatatva Vivekam by Appaiya Dikshita. 1 Bl., 2, 4, 142 S. 8. 1895.   Rs. 2. (M. 5.)
Die jedem der 7 Bde. vorgeheftete engl. Vorrede ist vom 1. Nov. 1897 datirt.

4169 The Aitareya Bráhmana of the Ṛig-Veda, with the commentary of Sáyaṇa Áchárya. Ed. by Pandit Satyavrata Sámaśramí [OB X, 4220]. Vol. IV. Fasc. 1-3. (BI No. 895; 898; 903.) C., As. Soc., '97. 8.
Je 6 @. (L., Harrass. je M. 1.)

4170/1 Amalananda.-Vedánta Kalpataru ed. by Ráma Sástri Tailanga. (— Vizianagram Sanskr. Ser., Vol. XI, No. 13, Part II.) Benares, Lazarus & Co., '97. 378 S. 8. 3 Rs. 12 @.

4172 Annambhatta.-The Tarkasangraha with the author's Dípiká and Govardhana's Nyáya-Bodhiní and crit. and explan. notes by Yashavant Vásudev Athalye, revised by Mahádev Rájáram Bodas. (—Bo. Sanskr. Ser. No. LV.) Bo., Government, '97. 460 S. 8. 3 Rs. 4 @. (L., Harrass. M. 7.)

4173 [Prospectus of a] Photographic reproduction of the unique ms. of the Kashmirian Atharva-Veda, the so-called Paippalada-Çakhá. 3 S. 8.

Einlad. der Johns Hopkins University in Baltimore zur Subscr. auf dieses von ihr geplante Unternehmen. Subscr.-Preis $ 25; £ 5.

4174 The Bhagavad-Gítá with Shrí Shankaráchárya's commentary. Transl. by A. Mahadeva Sastri. Ma., Thompson & Co., '97. 374 S. 8. Rs. 3.

4175 Un centinaio di sentenze morali di Bhartrhari. Versione rimata di E. Teza: Atti e Mem. R. Acc. di sc. Padova XIII ('97), S. 225-64.

4176 Bhatti-Kávya, Cantos I-IV, with introd., notes, and a close Engl. transl. by V. G. Pradhán. Poona, Shirálkar & Co., '97. 176 S. 8. 12 @.

4177 Bhavishya Mahápurána. Bo., Khemráj Shrikrishnadás, '97. 647 Bl. 8. Rs. 8.

4178 Bergaigne,Abel.-La religion védique d'après les hymnes du Rig-Veda. T. IV: Index. Par M. Bloomfield. (= Bibl. de l'Ecole des hautes études. Fasc. 117.) P., Bouillon, '97. 154 S. 8.

Vol. I–III ersch. 1878–83.

4179 Böhtlingk.-Bemerkungen zur Bhagavadgítá: Ber. Verh. Sächs. Ges. Wiss. I., Phil.-Hist. Cl., Bd. 49, S. 1–16.

4179a — — Kritische Beiträge: ebd. S. 127–38.

4180 Brihad-Dharma-Purána. Sanskrit text, ed. by Pandit Harapra-sád Sástrí [OB IX, 1405]. Fasc. 6. (BI No. 905.) C., As. Soc., '97. S. 485-580. 8. 6 @. (L., Harrass. M. 1.)

4181 Bühler, Georg.-Buddha's quotation of a Gátha by Sanatkumára: JRAS '97, S. 585-8.

4182 Carakasaṃhita ed. by Jívánandavidyáságara. 2. ed. C. '96. 931 S.; 1 Portr. 8.

Sehr verbessert gegen die 1. im J. 1877 ersch. Ausg.

4183 Colizza,Giov.-Del riconoscimento nel dramma indiano e nel dramma greco. Roma, tip. della R. Acc. dei Lincei, '97. 105 S. 8. L. 5.

4184 Dhanwada Gopal Krishnacharya Samayaji.-Shri Tingantárṇavatarṇih. A raft for the sea of conjugation of verbs. Benares, Lazarus & Co., '97. 614 S. 8. Rs. 6.

4185 Formichi,C.-Il Brahmán nel Rigveda: Gi. Soc. as. it. X, S. 161-74.

4186 — — Le dieu Brihaspati dans le Rigveda: Rev. gén. int. '97, IV, S.47-55.

4187 Ganganath Jha.-Mukti or liberation: Brahmavádin (Ma.; Lo., Luzac) III, S. 321-9.

4188 Gangeśa Upádhyáya.-Tattva-Cintámani. Ed. by Kámákhyá Nátha Tarka-Vágíśa [OB X, 4259]. Vol. V. Fasc. 5. - Part IV. Vol. II. Fasc. 1-2. (BI No. 891; 900; 908.) C., As. Soc., '97. 8. Je 6 @. (L., Harrass. je M.1.)

4189 H[arilal] H[arshadrai] Dhruva. - Páraskara Grihya Sûtras and the Sacred Books of the East, Vol. XXIX: J. Bo. Br. RAS XIX, S. 24 f.

Über ein neues Manuscript von Láthi in Káthiawáḍ, welches vollständiger ist als die bisher bekannten.

4190 — — The progress and development of the Aryan speech-being the first of the Wilson Philological Lectures (1894) in connection with the University of Bombay: ebd. S. 76-108.

4191 — — On Vedic chronology and the dawn of Indian philosophy: J. Anthr. Soc. Bombay IV ('97), No. 4.

Vgl. L. Feer, L'Anthr. VIII, S. 717 f.

4192 Hartmann,Frz.-Die Erkenntnislehre der Bhagavad Gita, im Lichte der Geheimlehre betrachtet. Ein Beitrag zum Studium derselben. L., Friedrich, '97. III, 150 S. 8. M 3.

4193 Henry,V.-Un mot sémitique dans le Véda, hrúḍu: JA Sér. IX, T. X, S. 511-6.
Semit.*harūḍu (vgl. assyr. huraçu u. hebr. harūç) = Gold. (Anrede des Takman Av. I, 25, 2 f.)
4194 Jackson, A.V.W.-Jayadeva.- Kālidāsa: Library of the World's best literature (N. Y., Hill & Co., '97).
4195 Jacob,G.A.-Notes on Alaṅkāra literature [OB XI, 1349]. II: JRAS '97, S. 829-53.
Rec. A. Barth]. Rev. cr. 27, S. 56; 49, S. 431 f.
4196 Jacobi,Herm.-Ein Beitr. zur Rāmāyaṇakritik: ZDMG LJ, S. 605-22.
4197 [Jimūta Vāhana].-Kāla Viveka. Ed. by Paṇḍit Madhusūdana Smṛtiratna [OB XI, 1350]. Fasc. 2. (Bl No. 904.) C., As. Soc., '97. S. 97-192. 8.
6 @. (L., Harrass. M. 1.)
4198 Jnānendra Sarasvatī.-Tattvabodhinī [hrsg. v.] Nārāyaṇaśāstri.
2 Vols. Benares, Choukhamba Sanskrit Book Depot, '97. (Publ. No. 6.) 438; 315; 98 S. 8.   Rs. 4.   (L., Harrass. M. 10.)
Die 98 Schlussseiten des 2. Bandes enth. Jayakṛṣṇa's Subodhinī.
4199 Johansson,K.F.-Bidrag til Rigvedas tolkning. (= Skrifter utgifna af K. Humanistiska Vetenskapssamfundet i Upsala. V. 7.) Upsala, Almqvist & Wiksell, '97. 38 S. 8.   Kr. 0.75.
Erklärung der Hymnen V, 86. VI, 24. VII, 7. — Dazu ein deutsches Résumé „Beiträge zur Interpretation des Rigveda". S. XIII-XVII.
4200 Johnston, Ch.-Shankara, teacher of India: Open Court XI, S. 559-63.
4200a Jonson,Ern.-The highest Vedanta: Brahmavādin (Ma.; Lo., Luzac) III, S. 355-9.
4201 Kālidāsa.-Mālāvikāgnimitra ed. with a close Engl. transl. chiefly collected from the notes given in class by the late V. S. Apte by Sadāshiv Bhimráv Bhāgvat. Poona, Bhāskar Nārāyan Godbole, '97. 126 S. 8. 1 R. 8 @.
4202 — — The Raghuvamśa with the comm. of Mallinātha ed. with notes by Shankar Pāndurang Pandit. Part I. Cantos I-VI. Bo., Education Soc.'s Press, '97. 259 S. 8.   1 R. 8 @.
4203 — — with the comm. of Mallinātha ed. with a literal Engl. transl. ... by Gopál Raghunáth Nandargikar. Poona, Rādhábál Atmarām Sagoon, '97. 1197 S. 8.   3 Rs. 8 @.
Schlussstit. zu OB X, 1383.
, 4204 — — The Ritusanhāra, with notes and Engl. transl. by C.S.Sitárám Ayyar. Bo., Gopál Nārāyan & Co., '97. 69 S. 8.   12 @.
4205 The aphorisms of the Vaiseshika philosophy by Kanāda ... ed. by Vindhyeshvari Prasada Dube. (= Benares Sanskr. Ser. No. 50.) Benares, Braj Bhushan Das, '97. 100 S. 8.   R. 1.
4206 K[ashinath] B[apu] Pathak.-On the date of Kālidāsa: J. Bo. Br. RAS XIX, S. 35-43.
4207 — — On the authorship of the Nyāyabindu: ebd. S. 47-57.
4208 Kharegat,M.P.-On the interpretation of certain passages in the Pancha Siddhántiká of Varáhamihira, an old Hindu astronomical work: ebd. S. 109-41.
S. 118-22, 136-41 wichtige Erörterungen über den Kalender der Parsen, welcher in dem genannten Werk Kap. I, V. 23-5 thatsächlich gemeint ist.
4209 [Ksemendra's Avadānakalpalatā. Mitteilungen daraus [OB X, 1393. 4284]:] Hārītikādamanavadānam, Uebs. von Satīça Candra Vidyābhūsana und Skr.-Text: J. Buddh. Text and Anthr. Soc. V, 1, S. 26-36. - Virūdhakāvadānam, Skr.-Text: ebd. 2 (15 S.).
4210 Lanman,CharlesRockwell.-A Sanskrit reader: with vocabulary and notes. Parts I. and II. Text and vocabulary. First ed., second issue. Part III. Notes. First ed., first issue. Boston, Ginn & Co., '98 XX S., 2 Bl., 405 S. 8.   (L., Harrass. M. 10.)
4211 Laugākṣi Bhāskara.-Arthasaṅgraha [hrsg. v.] Ganeśaśāstri Ksīrasāgara. Benares, Chowkamba Sanskrit Book Depot, 1954 ['97]. (Publ. No. 4.) 201 S. 8.   1 R. 8 @.
4212 La Vallée Poussin,Louis de.-The Buddhist „Wheel of life" from a new source: JRAS '97, S. 463-70.
Caṇḍamahārosaṇatantra.

4213 Macdonald, K.S.–The Atharva Veda and witchcraft: Ind. Ev. Rev. XXIII, S. 33–55.

4214 Macdonell, A.A.–The earliest mention of chess in Sanskrit literature: Ath., July 24, S. 130.
Zu Jacobi OB X, 1377. Hinweis auf e. Stelle in Bāṇa's Harṣacarita (7. Jh.).

4215 Mahábhárata with commentary [OB XI, 1366]. Vol. I. No. 13. Sarabhojirájapuram, A.Rangasámi Dīkshitar, '97. 160 S. 8. cpl. Rs. 25.

4216 Le Mahávastu. Texte sanscrit publié pour la première fois et accompagné d'introductions et d'un commentaire par É.Senart [OB IV, 3420]. T. III. P., Imprimerie nationale, '97. 2 Bl., XLI, 588 S. 8. Fr. 25.
Collection d'ouvrages orientaux. Seconde série.

4217 Das Mánava-Grhya-Sútra, nebst Commentar in kurzer Fassg. hrsg. v. Frdr.Knauer. Pe. (I., Voss' Sort. in Comm.,) '97. 191 S. 8. M. 5.
Rec. Leop.vonSchroeder, WZKM XI, S. 375–82.

4218 The Mándûkya-Upanishad. By Herb.Baynes: IA XXVI, S. 169–76.

4219 Manmatha Náth Datta.–Darsana. Philosophy. C., Soc. f. the resuscitation of Indian lit., '97. 128 S. 8. 8 @.
Based mainly on Colebrooke's work; with Engl. transl. of the Sānkhya Kárika and the Tarka Sangraha.

4220 Martinetti, P.–Il sistema Sankhya. Studio sulla filosofia indiana. Torino '97. 130 S. 8. (L., Harrass. M. 4.)
Vgl. Riv. it. di filos. XII, No. 1.

4221 Meillet, A.–De la partie commune des pâdas de 11 et de 12 syllabes dans le maṇḍala III du Rigveda: JA Sér. IX, T. X, S. 266–300.

4222 [Mṛcchakaṭika.] Het leemen wagentje. Indisch tooneelspel. Uit sanskrt en prakrt in het nederlandsch vertaald d. J.Ph.Vogel. Amsterdam, Scheltema & Holkema, '97. XV, 216 S. 4. F. 3.

4223 Nagojibhatta.–Paribhāṣenduśekhava [hrsg. v.] Ganeśaśástri Kṣīrasâgara. Benares, Chowkhumba Sanskrit Book Depot, '97. (Publ. No. 2.) 281 S. 8. 1 R. 4 @.

4224 Nárâyaṇadāsasiddha.–Praśnavaiṣṇavaḥ [hrsg. v.] Nárâyaṇaśástri. Ebd. 1953 ['96]. (Publ. No. 2.) 72 S. 8. 8 @.
OB X, 4231 ist No. 1 dieser Serie, deren Aussentitel etwas inconsequent wechselt.

4225 Narayan Shastri Patwardhan.–Paribhashenda Shekhar. The mooncrested definitions. Benares, publ. by the author, '97. 320 S. 8. Rs. 5.

4226 S.M.Natesa Sástri.–A review of Sakuntalá of Kálidása. Ma., Srínivása Varadáchári & Co., '97. 81 S. 8. 8 @.
Vorher im „Calcutta National Magazine" veröffentlicht.

4227 Negelein, Jul. v.–Das Verbalsystem des Atharvaveda. Diss. Norden, (Königsberg, W. Koch,) '97. 48 S. 8. M. 1.20

4228 Oldenberg, Herm.–Savitar: ZDMG LI, S. 473–84.

4229 Parásara-Smṛiti ed. by Mahámahopádhyáya Chandrakánta Tarkalankára [Schl, zu OB VI, 3780]. Vol. III. Fasc. V. (BI No. 906.) C., As. Soc., '97. S. 385–96, 4 Bl., 66 S. 8. (L., Harrass, M. 1.)

4229a Puráṇa Karma Darpanaḥ ed. by Shástri Shivshankar Parbhurám. Thána, Trimbak Abáji Ráje, '97. 872 Bl. 8. 5 Rs. 8 @.

4230 Pavolini, P.E.–La Madhavacampû di Ciraṅjīva: notizie e saggi. Firenze, tip. Carnesecchi & Figli, '97. 20 S. 8.

4231 The Puranas. C., Soc. f. the resuscitation of Indian lit., '97. 128 S. 8. 8 @.
A reprint of the introd. to H.H.Wilson's transl. of the Vishṇu Pur.

4232 Translation of Sankara's commentary on the Mundaka Upanishad: Brahmavâdin (Ma.; Lo., Luzac) III, S. 360–5.

4233 P.K.Sankara Das.–Sankara, or a brief sketch of Sankara Áchárya's history. Madura, P. K. Kuppusámi, '97. 41 S. 8. 4 @.

4234 Śánkháyana.–Śrauta Sútra ed. by A. Hillebrandt [OB IX, 1459]. Vol. III. Fasc. 4. (BI No. 892.) C., As. Soc., '97. 8. (L., Harrass. M. 1.)

4235 Swámi Sáradánanda.–The Vedanta, its theory and practice: Brahmavâdin (Ma.; Lo., Luzac) III, S. 269–77.

224 IV. Indogermanen.

4236 Swámi Sáradánanda.-The Indian epics: ebd. S. 308-21.
4236a — — Poetry and drama of ancient times: ebd. S. 346-55.
4237 Sardar Joala Sahai.-A Sanskrit sloka in honour of the sixtieth year of the Victorian era: As. Qu. Rev. IV ('97), S. 203.
4238 The Satapatha Brâhmana according to the text of the Mâdhyandina school transl. by J. Eggeling [OB VII, 4342]. Part IV. Books VIII-X. (=Sacred Books of the East. Vol. XLIII.) Oxford, Clarendon Press, '97. 8. 12 s. 6 d.
4239 Satíça Candra Vidyâbhûṣaṇa.-The Madhyamika aphorisms [OB X, 1421]: J. Buddh. Text and Anthr. Soc. V, 1, S. 23-6.
4240 Schroeder, L.v.-Ein neuentdecktes Rcaka der Katha-Schule: ZDMG LI, S. 666-8.
4241 Sítanátb Datta.-Sankarácháryya. C., Soc. f. the resuscitation of Indian lit., '97. 80 S. 8.   8 @.
With an Engl. transl. of the Átmabodha etc.
4242 Sufiism and the Vedanta: Brahmavâdin (Ma.; Lo., Luzac)III, S. 377-86.
4243 [Rapports de C. de Harlez, T.-J. Lamy, P. Willems sur l'édition et la trad. du Sûrya-hridaya-stotra par L. de La Vallée Poussin]: Bull. Ac. royale de Belg. XXVIII ('94), S. 113-7.
4244 The [Taittirîya] Saṅhitá of the Black Yajur Veda, with the comment. of Mádhava Achárya. Ed. by Satyavrata Sámaśramî [OB X, 4325]. Fasc. 41-2. (BI No. 902; 909.) C., As. Soc., '97. S. 385-576. 8.
                                        je 6 @. (L., Harrass. je M. 1.)
4244a Teza,E.-Nandâ. Novellina indiana: Atti e Mem. R. Acc. di sc. Padova XIII ('97), S. 161-8.
4245 [Udyottakara Bhâradvâja].-Nyâya-Várttikam. Ed. by Vindhyes-vari Prasâd Dube [OB X, 14t1]. Fasc. IV. (BI No. 907.) C., As. Soc., '97. S. 289-368, 1-26. 8.   6 @. (L., Harrass. M. 1.)
OB X, 14t1 ist hiernach zu ergänzen.
4245a [Upaniṣad.] Ashtottara Satopanishad ed. by E. Ratnavelu Mudali. Ma., publ. by the ed., '97. 890 S. 8.   Rs. 4.
4245b Studies in the Upanishads. Ma., Christ. Lit. Soc., '97. 80 S. 8. 2 @. 6 p.
4246 The Vajasaneya Upanishad. By Herb.Baynes: IA XXVI, S. 213-6.
4247 [Vallabhâcârya.]-Anubhâshya ed. by Hemachandra Vidyáratna [OB X, 4221]. Fasc. IV. (BI No. 897.) C., As. Soc., '97. S. 6 @. (L., Harrass. M. 1.)
OB X, 4221 ist hiernach zu ändern.
4248 Válmíki.-Kámáyanam. Vol. I. (= Books I-IV.) Ma., V. Venkata-krishnama Chetti & Sons, '97. 586 S. 8.   2 Rs. 8 @.
4249 Varâhamihira.-Brihat Samhitá with the comm. of Bhattotpala ed. by Mahamahopádhyáya Sudhákar Dvivedi. (= Vizianagram Sanskr. Ser. X, No. 12, Part II.) Benares, Lazarus & Co., '97. 660 S. 8.   6 Rs. 8 @.
4250 The Vedanta, its basis and its methods: Brahmavâdin (Ma.; Lo., Luzac) III, S. 339-45.
4251 The Vedas. C., Soc. f. the resuscitation of Indian lit., '97. 112 S. 8. 8 @.
Results of the researches of Colebrooke and other Europ. scholars etc.
4252 Swámi Vivekánanda.-The Vedánta. A lecture delivered at Lahore on the 12th November 1897: Brahmavâdin (Ma.; Lo., Luzac) III, S. 222-54. Vgl. ebd. S. 256 f.
4253 Winternitz,M.-Notes on the Mahabhárata, with special reference to Dahlmann's „Mahabhárata" (OB IX, 4564): JRAS '97, S. 713-59.
4254 Zubatý, Josef.-Zu den altindischen männlichen -ī- Stämmen. (= Sitzb. k. böhm. Ges. Wiss. '97. No. XIX.) Prag, Rivnáč in Comm., '97. 25 S. 8. M. 0.40.

γ) Pali und Prakṛt.*)
(S. auch No. 4167.)

4255 Aṅguttaranikáyo vijjodayaparivene upapadbanácariyena Devamittatthe-rena lekhakápaṭhasodhanena saṃsodhito. Anguttara Nikaya. Coll. and rev. by H. Devamitta Thera. I.fg. 1-2. Colombo, Lakrivikirana Press, 2436-38 of the Pari-Nirvana [1893-95]. S. 1-160. 8. (L., Harrass. M. 5.)

*) No. 4255; 4257-9; 4264; 4266; 4469 sind in singhalesischen Charakteren gedruckt.

4256 Die Åvaśyaka-Erzählungen. Hrsg. v. Ernst Leumann. 1. Hft. (— Abh. f. die Kunde des Morgenlandes. X. Bd. No. 2.) I., Brockhaus in Komm., '97. 2 Bl., 49 S. 8. *M.* 1.80.

4257 Samantapåsådikå nåma Vinayatthasaṃvaṇṇanå Suvaṇṇajotyåsabha Siripavara Dhammakittinå lekhakadosåpaharaṇena visådīkaraṇavasenåbhisaṅkhatå. Koḷambanagare Laṅkåravikiraṇayantålaye muddåpitå. (Bhågo 1.) Bu. Va. 2440. [**Buddhaghosa's** Commentar Samantapåsådikå zum Vinaya. Auf Grund revid. Handschriften hrsg. v. S. S. Dhammakitti. Lfg. 1. Colombo, Lakrivikirana-Druckerei, '97.] S. 1–160. 8. (L., Harrass. *M.* 6.)

4258 Jåtakaṭṭhakathå Buddhaghosattherenappaṇītå Dhammånandattherassopadesånugena Sīlånandattherena cirappatitakhalitaṭṭhånåpagamanena abhisankhatå. D. M. Nonis nåmena sogatena ganthappakåsamuddålaye muddåpitå. (Bhågo 1–2.) Sambuddhaparinibbånå 2435–36. [**Buddhaghosa's** Commentar zu den Jåtaka's. Unter Mitwirkung von Dhammånanda rev. u. hrsg. von Sīlånanda. Lfg. 1–2. Colombo, Druck von D. M. Nonis, '92/3.] S. 1–160. 8. Erganz. des Tit. OB VII, 4374.

4259 Mahårūpasiddhi. Ayaṃ Mahårūpasiddhinåmako mågadhikavyåkaraṇagantho mahåveyyåkaraṇena Buddhappiyamahåttherena viracito. Guṇaratanaittherena lekhakadosavivajjanena saṃsodhito. Buddhassa bhagavato parinibbånato 2440. Mahå Rūpasiddhi or a superior grammar of Påli by **Buddhappiya.** Ed. by Gunaratana Thera. Brandiawatta, printed by B. I., Perera, '97. 3 Bl., 279 S. 8. (L., Harrass. *M.* 9.)

4260 Dhammapada. Ed. Påli and Burmese by Thingaza Sadaw. Rangoon, Yadanathiri Press, '97. 256 S. 8. 6 @.

4261 Påli Text Society. **Dhammapåla's** Paramattha-Dīpanī. Part III being the commentary on the Peta-vatthu. Ed. by E. Hardy. Lo., publ. for the Påli Text Soc. by Frowde, '94. X, 303 S. 8. Rec. *Windisch*, LC 40, S. 1300 f.; *H.Oldenberg,* DL 28, S. 1087.

4262 The Jåtaka together with its commentary being tales of the anterior births of Gotama Buddha. Ed. in the original Påli by V. Fausböll [OB X, 4343]. Vol. VII. (Postscriptum and Index.) Lo., Kegan Paul, '97. 4 Bl., XVII, 247 S. 8. (L., Harrass. *M.* 25.20.) Nebentitel: Index to the Jåtaka and its commentary, containing a complete index of proper names and titles, together with a list of the introductory gåthås and an index of parallel verses. By Dines Andersen.

4263 Påli Text Society. Kathåvatthu. Ed. by Arnold C. Taylor. 2 Vols. Lo., Frowde, '94–'97. XIII, 637 S. 8.

4264 Majjhimanikåyo vijjodayaparivene upåcariyabhåvam upagatena Bhīmatitthagåmajena Saraṇaṅkaråkhyena yatinå saheva Vijayåråmavihåravåsinå Paññåratanåbhidhånena bhikkhunå saṃsodhito. (Bhågo 1–2.) Laṅkåravikiraṇabhidhåne yantagehe. Buddhavassa 2438–41. [Majjhimanikåya hrsg. v. Paññåratana u. Saraṇaṅkara. Lfg. 1–2. Colombo, Lakrivikirana-Druckerei, '95–'97.] S. 1–160. 8. (L., Harrass. *M.* 5.)

4265 [Majjhima-Nikåya, Sutta 72 translated]: Buddhist (Colombo) '98, Febr. 18.

4266 Milindapañho. Milindanågasenapaññavyåkaraṇehi samålaṅkato mahåkhīnåsavattherehi pakaraṇårūlhåsmā ṭhapito pathamo bhågo Jinaratanåbhidhånattheravarassa sissabhūtena Anomadassiyatinå tassevåcariyassa upadesam anugamma saṃsodhetvå 'bhisaṅkhato. Vijjåsagarayantålaye muddåpito. (Bhågo 1.) Buddhassa bhagavato parinibbånato 2438. [Der Milindapañha. Gespräch zwischen Milinda u. Någasena. Mit Unterstützung seines Lehrers Jinaratana revid. u. hrsg. v. Anomadassi. Lfg. 1. Colombo, Vidyåsagara-Druckerei, '96.] S. 1–80. 8. (L., Harrass. *M.* 2.50.)

4267 Pavolini, P.E. – Rasavåhinī I, 8–10 [OB IX, 1490]: Gi. Soc. as. it. X, S. 175–98.

4268 Pischel, Rich.–abbharå: ZDMG LI, S. 589–91.

4269 Suttasaṅgahatthakathå Dhīmatå Sudhammånåmadheyyena bhikkhunå lepyådidosanirakaraṇavasena visadayitå cevåbhisaṅkhatåca. P.Th. Pīris nåminå sogatena Koḷambanagare ganthappakåsakayantagehe muddåpitå. (Bhågo 1.)

Bu. Va. 2441. [Der Commentar zum Suttasaṅgaha. Auf Grund revidierter Handschriften verbessert u. hrsg. v. Sudhamma. Lfg. 1. Colombo, Druck v. P. Th. Piris, '97.] S. 1-80. 8.   (L., Harrass. *M.* 2.50.)

b) Neuere indisch-arische Sprachen.

4270 **Janardan Singh.**-Statement of the dialects spoken in Baghelkhand: Proc. ASB '97, S. 78-81.
Bagheli u. Gondi.

4271 **Syamacharan Ganguli.**-Transliteral versus phonetic romanisation: C. Rev. CV, S. 342-51.

Baṅgālī:

4272 Samartha Kosha. A Bengali-English dictionary with Pauranic biographical dictionary ed. by Anupa Krishna Mitra and Lalita Krishna Basu [OB XI, 1420]. Parts 111-20. C., publ. by the authors, '97. Je 32 S. 4.   Je 4 *(a)*. (L.o., Luzac 7 *d.*)

4273 Vishva Kosh. The universal encyclopaedia ed. by Nagendranáth Basu [OB XI, 1421]. Darsana-Devahrada. C., publ. by the author, '97. 8. Die Lief. 8 *(a)*.

4274 **Anderson,**J.D.-Some Chittagong proverbs. C., printed by R. Datta, '97. 90 S. 8.

4275 The Bengalee language and literature: C. Rev. CV, S. 300-13.
Ueber Dinez Chandra Sen OB X, 4359.

4276 Dharma Pustak. The holy Bible. Transl. by G. H. Rouse. C., Bible Transl. Soc., '97. 1080 S. 4.   *Rs.* 5.

4277 Trayi Bháshá. The Vedas in Bengali by Satyavrata Sámasrami. C., publ. by the author, '97. 156 S. 8.   *Rs.* 2.
Beng. transl. of a number of Vedic Mantras.

Hindī und Hindūstānī:
(S. auch No. 3977.)

4278 **Girindranath Dutt.**-Notes on the vernacular dialects spoken in the district of Sáran: JASB LXVI, I, S. 194-212.

4279 Pandit **Mōhanlál Vishnulál Pandia** -The antiquity of the poet Nágari Dás and his concubine Rasik Bihari alias Bant Thani: JASB LXVI, I, S. 63-75.

4280 Ramal Guljár. Rohtak, Rám Raksha Pál, '97. 388 S. 8.   *Rs.* 7.
An astrological treatise, said to have been translated from a Greek work by Virval, the favourite minister and courtier of the emperor Akbar.

4281 Heaven and hell; also, The Intermediate State, or world of spirits; a relation of things heard and seen. By Emanuel **Swedenborg.** Being a transl. of his work entitled 'De Coelo et ejus Mirabilibus, et de Inferno, ex Auditis et Visis.' Londini 1758. Lo., Swedenborg Soc., '94. (Auch m. Hindi-Tit.) 2 Bl., 8, 12, 432 S. 8.

4282 Nadir Shāh and Muhammad Shāh, a Hindi poem by Tilōk Dās, contributed by Will. Irvine: JASB LXVI, I, S. 24-52.
Text, Transcription, engl. Uebs. u. Anmerk.

Kaśmīrī:

4283 Essays on Kaśmiri grammar. By the late Karl Friedr. **Burkhard.** Transl. and ed., with notes and additions, by G. A. Grierson [OB X, 4375]: IA XXVI, S. 188-92.

4284 **Grierson,**G.A.-On the Kaçmiri consonantal system: JASB LXVI, I, S. 180-4.

Konkanī:

4285 Lopes, Alfr. Peterpaulowsky.-Rhapsodia indiana. (Portug.& Konkanim). Bo., Luiz Lopes, '97. 12 S. 8.   1 *R.* 8 *(a)*.
Musical notations.

Marāṭhī:

4286 Kávya Sangraha. Compiled by Váman Dáji Oka [OB X, 4376]. Nos. 81-3. Bo., Tukárám Jávji, '97. Je 100-130 S. 8.   Je 8 *(a)*.

Nepālī:

4287 The gospel of Mark. Transl. by A. Turnbull. C., Auxiliary Bible Soc., '97. 70 S. 8. 6 *p.*

Pañjābī:

4288 Bomford, Trevor.–Pronominal adjuncts in the language spoken in the Western and Southern parts of the Panjab: JASB LXVI, I, S. 146–63.

Mehrsprachig.

Saṃskṛt und Baṅgālī:

4289 A metrical Bengali translation of the Brahma Vaivartta Purāna with extracts from the original by Raghunandan Bhattácháryya. C., Yogendra Náth De, '97. 628 S. 8. *Rs.* 3.

4290 Fakir Chánd Sarkár.–Gupta Vidyá. Dwarhatá, Anukul Chandra Mahákál, '97. 240 S. 8. 1 *R.* 12 @.
A coll. of Mantras and magical formulae etc.

4291 The Íśávásyopanishad of the White Yajurveda. Text with comm. and a Bengali exposition by Vihárí Lál Mukherji. C., Sánnyál & Co., '97. 42 S. 8. 8 @.

4292 Krishnadása Kavirája. – Chaitanya Charitámrita. With two Sanskrit comm., foot-notes and a Bengali transl. of the Sanskrit quotations by Panchánan Chakravarti [OB XI, 1447]. Nos. 5–12. Dacca, publ. by the editor, '97. Je 16–18 S. 8.
OB XI, 1447 ist der Verfassername zu ergänzen.

4293 The Tithitattva of Raghunandana with the comm. of Kásirám Váchaspati and a Bengali transl. ed. by Nīla Kamal Vidyánidhi. C., Ganes Chandra Ghosh, '97. 524 S. 8. *Rs.* 4.

Saṃskṛt und Gujarātī:

4294 The Bhagavadgītá and the Íśa, Kena, Mundaka and Aitareya Upanishads with a comm. in Gujaráti ed. by Ranchhodji Uddhavji. Bo., Baldevrám Bhatt, '96. 681 S. 8. *Rs.* 4.
Die Upan. allein. 104 S. 8. 12 @.

Saṃskṛt und Hindī:

4295 Rám Prasád Sarma.–The principles of astrology. Bánkipur, publ. by the author, '97. 59 S. 8.

4296 Vidyáranya.–Panchadashi . . . with its comm. in Sanskrit and a transl. in Hindi by Pitámbar Purushottamji. Bo., Sharif Sálemuhammad, '97. 1038 S. 8. *Rs.* 10.
S. auch OB IX, 4669.

Saṃskṛt und Marāṭhī:

4297 Charaka-Sanhitá with transl. and copious notes in Maráthi by Shankar Dáji Shástri Pade. Vol. I. No. I. Bo., publ. by the transl., '97. S. 1–64. 8. 4 Nos. 1 *R.* 4 @.

e) Ceylon.

(S. auch No. 3715.)

4298 Buddhism in Ceylon: Buddhist (Colombo) '98, Febr. 18.

4299 Educational institutions in Ceylon: ebd. '98, Jan.-Febr.

4300 Elfer.–Masques de maladies: Correspondant médical 1897.
Ueber zwei singhales. Masken des Berliner Museums. — Vgl. R.[erneau], L'Anthr. VIII, S. 631.

4301 Ferguson,D.W.–Captain Robert Knox. The twenty years' captive in Ceylon and author of "an historical relation of the island Ceylon, in the East Indies" (London, 1681). Contributions towards a biography. Colombo '96/7. 72 S. 4. (Lo., Luzac.)
One hundred copies printed for private circulation only.

4301a Fernando,C.M., and H.C.P.Bell.–Sigiriya frescoes: Buddhist (Colombo) '98, Febr. 4.

4302 Geiger,Wilh.-Ceylon. Tagebuchblätter und Reiseerinnerungen. Mit 23 Abb. nach Original-Aufn. Wiesbaden, Kreidel, '98. XI, 214 S. 8. *M.* 7.60.
Rec. hiervon resp. von OB X, 1479: *Wryke,* PM XLIII, Lber. S. 107; *Em. Schmidt,* Globus LXXII, S. 371 f.; Beil. Allg. Ztg. 285, S. 6 f.

4303 Schmidt, Emil.-Ceylon. Mit 39 Bildern u. 1 Karte. (= Veröffentlichungen des Vereins der Bücherfreunde. 6. Jahrg. 7. Bd.) 1–8. Taus. B., Schall & Grund, '97. IX, 323 S. 8. *M.* 5.
Rec. *J.D.E.Schmeltz,* Int. Arch. f. Ethnogr. XI, S. 271 f.; *Grabowsky,* Globus LXXII, S. 275; *H.S.hurtz,* PM XLIII, Lber. S. 170; *F.Krenecker,* Verh. Ges. f. Erdk. B. XXIV, S. 557 f.; *W.Geiger,* Ggr. Z. III, S. 653 f.

4304 Aryan Sinhalese: Buddhist (Colombo) '97, Dec.

4305 Zirkel.-Reisen auf der Insel Ceylon: Mitt.Ver. f. Erdk. L. '96, S. XV–XX.

Anhang: Zigeuner.

(S. auch No. 4389.)

4306 Cora,Guido.-Die Zigeuner. Turin, im Selbstverlage des Verfassers. 101 S. 8.
Auf Bl. 2 die Bemerk.: „Wieder gedruckt vom „Ausland" 1890." (= OB IV, 3471). Druck von V. Bona, Turin. Juni 1895. — Rec. *Kirchhoff,* PM XLIII, Lber. S. 139 f.

4307 Folklore de l'Ukraine. Tziganes: Κρυπτάδια V, S. 138–40.

4308 Wlislocki, Heinr. v.-Die Stellung des Weibes bei den ungarländischen Wanderzigeunern: Oest.-Ung. Rev. XIX, S. 91–107.

4309 — — Das sogenannte „Pharaonslied" der Zigeuner: ZDMG LI, S.485–98.

Recensionen zu IV, 1—2.

Hymns of the Atharva Veda. Transl. by M.Bloomfield: *J. Beames,* As. Qu. Rev. IV ('97), S. 365 f.; *V.Henry,* Rev. cr. 52, S. 506–9 (hiergegen *P.Regnaud,* Rev. de ling. XXXI, S. 157–9).

Th.Aufrecht, Catalogus catalogorum. II: *Wi[ndisch],* LC 37, S. 1199 f.

J.R.Baldwin, Indian Gup: Ath., Sept. 18, S. 383 f.

The Harsa-Carita of Bāna. Transl. by E. B. Cowell and F. W. Thomas: Luzac's Or. List VIII, S. 138 f.; As. Qu. Rev. IV ('97), S. 216–8.

The Pitrmedhasūtras of Baudhāyana . . . ed. by W. Caland: *R. Pischel,* GGA 10, S. 810–4.

S.Frh.v.Bischoffshausen, Das höhere kathol. Unterrichtswesen in Indien: *Gust.Oppert,* Dl. 36, S. 1403–7.

Il primo capitolo della Brahma-Up. trad. da C.Formichi: LC 43, S.1398 f.

G.Bühler, Indische Paläographie: *W[indisch],* LC 28, S. 910–2.

W.Caland, Die altind. Todten- u. Bestattungsgebr.: *R. Pischel,* GGA 10, S. 810–4; *L. Finot,* Rev. de l'hist. des rel. XXXV, S. 216–24.

W.Crooke, The North-Western Provinces of India: Ac. LII, S. 320 f.; Ath., July 17, S. 96 f.; Folk-Lore VIII, S. 267–9; SR LXXXIV, S. 268 f.; As. Qu. Rev. IV ('97), S. 215.

— — The popular rel. and folklore of Northern India: Folk-Lore VIII, S. 269–71; As. Qu. Rev. IV ('97), S. 205 f.; Rev. rose, Sér. IV, T. VIII, S. 144 f.

— — The tribes and castes of the North-Western Prov. and Oudh: *J.Kennedy,* JRAS '97, S. 661–8.

J.Dahlmann, Nirvāna: *O.F[ranke],* LC 42, S. 1366–9.

[Dhammapada.] Der Wahrheitspfad . . . übs. v. K.E.Neumann: *L.Feer,* Rev. cr. 33/4, S. 101 f.

G.Dottin, Les désinences verbales en *r* en sanskrit, en italique et en celtique: *E.Zupitza,* Dl. 35, S. 1371–3; *L.Job,* Rev. cr. 47, S. 357–61.

Hj.Edgren, Jämförande Grammatik: *S.Sørensen,* Nord. Tidsskr. for Filol., 3. Række, IV, S. 141–4.

A.Führer, List of Christian tombs . . . in the North-Western Prov. and Oudh: y., Beil. Allg. Ztg. 146, S. 5 f.

R.Garbe, Sāmkhya u. Yoga: *S.Konow,* Dl. 31, S. 1207–9.

Ch.Gough & A.D.Innes, The Sikhs and the Sikh Wars: Spectator LXXIX, S. 277 f.

M.Grammont, La dissimilation consonantique dans les langues indo-européennes etc.: *J.Balassa*, Nyelvtud. Közlem. XXVII, S. 104–6.
E.Hardy, Die Vedisch-brahm. Periode der Rel. des alten Indiens: *L.Scherman*, Urquell, N. F. I, S. 353 f.
M.F.Hecker, Schopenhauer u. die indische Philosophie: *P.Martinetti*, DL 33, S. 1285 f.
A.Hillebrandt, Ritual-Literatur: *S.Konow*, DL 31, S. 1206 f.; *S.Lévy*, Rev. cr. 42, S. 217 f.
E.W.Hopkins, The religions of India: *A.Lepitre*, Muséon XVI, S. 394 f.
J.Huizinga, De Vidûsaka in het Indisch tooneel: *A.B[arth]*, Rev. cr. 29, S. 56 f.; *V.Henry*, ebd. 30, S. 63.
E.Hultzsch, South-Indian inscriptions. Vol. II, 3 (OB X, 1293): *W[indisch]*, LC 42, S. 1357.
R.v.Ihering, The evolution of the Aryans: Ac. LII, S. 5 f.; Luzac's Or. List VIII, S. 139–41; Westminster Rev., Vol. 148, S. 107 f.
McLeod Innes, The Sepoy revolt: *H.G.Keene*, Westminster Rev., Vol. 148, S. 263–70.
The jātaka. Vol. III. Transl. by H. T. Francis & R. A. Neil: *J.Jacobs*, Folk-Lore VIII, S. 257–60; Westminster Rev., Vol. 148, S. 463 f.
J.Jolly, Recht u. Sitte: *J.Kirste*, ÖL 15, S. 462; *S.Lévi*, Rev. cr. 43, S. 245 f.
H.Kern, Manual of Indian Buddhism: *S.Konow*, DL 31, S. 1209 f.
V.Librandi, Gramm. albanese: *G.W.*, LC 46, S. 1499.
J.A.H.Louis, The gates of Thibet: *Gg.Wegener*, PM XLIII, Lber. S. 170.
A.Ludwig, Das Mahâbhârata: *J.Kirste*, ÖL 19, S. 588.
A.A.Macdonell, Vedic mythology: *H[ardi]y*, LC 51/2, S.1605 f.; *Lv.Schroeder*, Beil. Allg. Ztg. 167, S. 1–5; *A.Hillebrandt*, JRAS '97, S. 921–5; Luzac's Or. List VIII, S. 162.
The Mahâbh. transl. by Pratâpa Chandra Roy: *A.Roussel*, Bull. cr. '96, S. 561–5.
Majjhimanikâyo ... übs. v. K.E.Neumann: *R.Kralik*, ÖL 15, S. 457 f.; *J.*, D. Rev. XXII, 1, S. 378; *L.Feer*, Rev. cr. 33/4, S. 102 f.
The Mantrapâṭha ... ed. by M. Winternitz: *L.v.Schroeder*, DL 51/2, S. 2008 f. („mustergültige Ausg."); Luzac's Or. List VIII, S. 238.
A.Meillet, De indo-eur. radice *men* „mente agitare": *M. Grammont*, Rev. cr. 35/6, S. 122 f.
R.Meringer, Indogerm. Sprachwissensch.: *H[erbi]g*, Hist. Jb. XVIII, S. 990.
G.Oppert, Ueber die Toda: *L.Laloy*, L'Anthr. VIII, S. 484 f.
H.Rasmussen, Mellem Singhalesere og Hinduer: *Henkel*, PM XLIII, Lber. S. 107.
P.Regnaud, Comment naissent les mythes: *J.Vinson*, Rev. de ling. XXXI, S. 168 f.
— — Élem. de grammaire comp. du Grec et du Latin: *G.M[eye]r*, LC 20, S. 654 (dagegen *Regnaud*, Rev. de ling. XXX, S. 311 f.).
[Ṛgveda]. Vedic hymns. II. Transl. by H. Oldenberg: *J.Beames*, As. Qu. Rev. IV ('97), S. 363–5; *V.Henry*, Rev. cr. 52, S. 509 f.
Lord Roberts, Forty-one years in India: Blackwood's Edinburgh Mag. CLXI, S. 297–316; Edinburgh Rev., Vol. 185, S. 1–34.
C.J.Rodgers, Cat. of the coins (OB IX, 4506; XI, 1287): *O.C.*, JRAS '97, S. 928–31.
R.Schmidt, Der Textus Ornatior der Çukasaptati: *S.Konow*, DL 38, S. 1490 f.; *P.E.P[avolini]*, Gi. Soc. as. it. X, S. 216.
Ém.Senart, Les castes dans l'Inde: Rev. de l'hist. des rel. XXXIV, S. 424 f.
E.Siecke, Die Urreligion der Indogermanen: *O.G.*, LC 31, S. 1010 f.; *E Zupitza*, DL 38, S. 1487 f.; *V.Henry*, Rev. cr. 30, S. 64 f.
W.Simpson, The Buddhist praying-wheel: *G.d'Alviella*, Rev. de l'hist. des rel. XXXV, S. 117–20.
E.W.Smith, The Moghul archit. of Fathpûr Sikri, II: Ath., July 31, S. 167 f.
Vinc.A.Smith, The remains near Kasia: JRAS '97, S. 919–21.
G.Temple, A glossary of Indian terms: *G[arb]e*, LC 29, S. 942 f.; *J.Jolly*, DL 47, S. 1851 f.; *W.Irvine*, JRAS '97, S. 668–71.

E.Thurston, 1) Anthropology of the Todas (OB X, 4149), 2) Anthr. of the
Badagas (OB XI, 1243): *Em. Schmidt*, PM XLIII, Lber. S. 170 f.; *Sarat
Chandra Mitra*, C. Rev. CV, S. 314–41.
Ch.de Ujfalvy, Les Aryens: Arch. f. Anthr. XXIV, S. 609–11; *H.Schurtz*,
PM XLIII, Lber. S. 166 f.
Sechzig Upanishads des Veda ... übs. v. P.Deussen: LC 36, S. 1166–S;
A.Hillebrandt, DL 49, S. 1928–30; μ., Beil. Allg. Ztg. 144, S. 6 f.; Luzac's
Or. List VIII, S. 162 f.
Valmiki, Râmâyana ... übtr. v. J. Menrad. I: *H. Oldenberg*, DL 45,
S. 1773 f.
H.C.Warren, Buddhism in translations: *L. Finot*, Rev. de l'hist. des rel.
XXXIV, S. 377–So.
E.Windisch, Die altindischen Religionsurkunden u. die christl. Mission: *H.
Oldenberg*, DL 41, S. 1606 f.

3. Iran.

4310 Grundriss der iranischen Philologie ... hrsg. v.Wilh. Geiger
und Ernst Kuhn [OB X, 1506]. II. Bd., 3. Lfg. Strassb., Trübner, '97.
S. 321–4So. 8. *M. 8.*
H. Ethé, Neupers. Literatur (Schluss), S. 321–68. W. Geiger, Geogr. v. Iran, S. 371–94.
F. Justi, Geschichte Irans v. d. ältesten Zeiten b. z. Ausgang der Sasâniden, S. 395–480.
Rec. v. Bd. I–II: *L.Pizzi*, Gi. Soc. as. it. X, S. 212–4.

a) Alt-Iran.
α) Allgemeines.
4311 Boscawen,W.St.Chad.-Persian religions: B&OR VIII, S. 49 f.
Zu Casartelli OB IX, 4835.
4312 Dieulafoy,Jane.-Les fouilles de Suse: Soc. normande de ggr., Bull.
XIX, S. 263–86.
4313 Les fouilles archéologiques en Perse: L'Art pour tous '97, Juillet.
S. auch: Chronique des arts '97, 25 Juillet.
4314 Helbig,Wolfg.-Eine Heerschau des Peisistratos oder Hippias auf
einer schwarzfigurigen Schale: Sitzb. Ak. Wiss. M., Phil.-phil. u. hist. Cl. '97,
II, S. 259–320.
Mit Untersuchungen über die Beziehungen zwischen Griechen und Skythen, skythische
Tracht u. ä.
4314a Istočnikov,M.-Mnimaja zavisinost' bibleiskago věroučenija ot religii
Zoroastra. Kazan', Univ.-Druckerei, '97. 407 S. 8. *Rub. 2.25.*
4315 Modi, Jivanji Jamshedji.-The bas-relief of Beharâm Gour (Beharâm V.) at Naksh-i-Rustam, and his marriage with an Indian princess: J.
Bo. Br. RAS XIX, S. 58–75.
Vgl. OB IX, 1004; X, 1512.
4316 Neuhaus,Otto.-Die Quellen des Pompejus Trogus in der persischen
Geschichte [OB X, 4434]. (Teil VI.) Progr. k. Friedrichs-Kollegium Königsberg i. Pr. '97. 30 S. 4.
4317 Patell,B.Byramjee.-Suicides amongst the Parsees of Bombay: J.
Anthr. Soc. Bombay IV ('96), No. 1.
4318 Prášek,J.V.-Forschungen z. Gesch. d. Alterthums. I: Kambyses u. die
Ueberlief. des Alterthums. I., Pfeiffer, '97. III, 84 S. 8. *M. 6.*
Rec. [*F.H.Weissbach*]. LC 44, S. 1422 f.
4319 — — Kambysés: OSN XIII, S. 836–8.
4320/1 Rindtorff,E.-Die Religion des Zarathustra. Progr. Realgymn. Weimar
'97. 24 S. 4.
4322 Weissbach,F.H.-Zur Chronologie des falschen Smerdis u. des Darius
Hystaspis: ZDMG LI, S. 509–23.
4323 — — Zur Chronol. des Kambyses: ebd. S. 661–5.

β) Sprache und Litteratur.

4324 Casartelli,L.C.-Some recent Parsi literary work: B&OR VIII, S. 69–72.
4325 Blochet,E.-L'Avesta de James Darmesteter et ses critiques: Rev.
archéol. XXXI ('97), S. 38–93.
S. 86 ff. speciell über J. J. Modi unten No. 4329.

4325a The Dâdistân-i-Dinik, Questions I–XV, with answers, being the Pahlavi Text prescribed for the B. A. examination of the University of Bombay. Edited, with a collation and explanatory notes. By Darab Dastur Peshotan Sanjana. Bo. '97.

4326 Jackson,A.V.W.–Avesta: Library of the World's best literature (N. Y., Hill & Co., '97).

4327 Karkaria,R.P.–The teleology of the Pahlavi Shikand Gumanik Vijar and Cicero's De Natura Deorum: J. Bo. Br. RAS XIX, S. 215–23.

4328 Lafont,G.de.–Les grandes religions. Le Mazdéisme; l'Avesta. Préface d'Em. Burnouf. P., Chamuel, '97. XII, 375 S. 8.

4329 Modi, Jivanji Jamshedji.–The antiquity of the Avesta: J. Bo. Br. RAS XIX, S. 263–87.

Gegen Darmesteter. S. oben No. 4325.

4330 — — L'antiquité de l'Avesta: Rev. de l'hist. des rel. XXXV, S. 1–30.

Uebs. des vorigen.

4331 Müller,Friedr.–Beiträge zur Erklärung der altpersischen Keilinschriften: WZKM XI, S. 249–58.

4332 — — Der Ausdruck „Awesta': ebd. S. 291 f.

Zu OB IX, 1616.

4333 — — Die Wurzel tak im Iranischen und Slavischen. — Pahlawi, Neupersisches und Armenisches: ebd. S. 385–90.

4334 Richter,O.–The Avesta and the Bible par le prof. Ch. Aiken(Washington 1897) et la traduction de l'Avesta de M. J. Darmesteter: Muséon XVI, S. 429–37.

4335 Sanjana, Darab Peshotan.–The extant codices of the Pahlavi Nirangistán: J. Bo. Br. RAS XIX, S. 1–23.

= OB VIII, 1285,6.

b) Neu-Iran.

a) Allgemeines.

4336 Hotz,A.–Perzië. Overzicht van in de Nederlandsche taal uitgegeven werken, gevolgd door eene opgave van de voornaamste buitenlandsche schrijvers: Ts. Ned. Aardr. Gen. XIV ('97), S. 713–58.

4337 Baba Bar Ischaja.–Armenien u. Persien: Jsb. d. Ver. f. Erdk. Metz XIX, S. 76–9.

4338 Burn,Rich.–The Bakhtiari hills, an itinerary of the road from Iṣfahân to Shushtar: JASB LXVI, I, S. 170–9.

4339 Cordeiro,Luc.–Batalhas da India. Como se perdeu Ormuz. Processo inedito do seculo XVII. Lisboa, Impr. Nacional, '96. XV, 296 S. 8. Fr. 4.

4340 Diamanti.–La Perse: Union ggr. du Nord de la Fr., Bull. XVII, S. 298–300.

4341 Goldsmid,Fred.J.–Persia and heir neighbours [OB X, 4459]: J. Tyneside ggr. Soc. III, S. 311–20.

4342 Harou,Alfr.–Pourquoi le chat tombe toujours sur ses pattes. — Légende persane: Rev. des trad. pop. XII, S. 667.

Aus „Tour du monde" 1862, S. 124.

4343 Stiffe,Arth.W.–Ancient trading centres of the Persian Gulf [OB X, 1550]. III. Pre-Mohammedan settlements. IV. Maskat: Ggr. J. IX, S. 309–14; X, S. 608–18.

4344 Sykes,P.Molesworth.–Recent journeys in Persia: Ggr. J. X, S. 568–97.

4345 Wilson,S.G.–Persia: Western mission. Philadelphia, Westminster Press, '97. 381 S. 8. (K.) $ 1.25.

Afghânistan. Balūčistan. Kurdistan. Pamir. Osseten.
(S. auch No. 3079; 3520; 3975; 4640.)

4346 Kiepert,H.–Karte des Kriegsschauplatzes in Afghanistan. Iran, östl. Hälfte, enth. Afghanistan, Balutschistan u. die Ozbeghischen Khanate am Oxus, nach engl. u. russ. Orig.-Karten u. Reiseberichten zusammengestellt. Theilweise berichtigt 1885/97. 1:3,000,000. 64×48,5 cm. Kpfrst. u. kolor. B., D. Reimer, '97. M. 1.

4347 Adye, John.–Indian frontier policy: an histor. sketch. Lo., Smith & Elder, '97. 70 S.; 1 K. 8.   3 s. 6 d.
Rec. Ath., Dec. 25, S. 881.

4348 Afghanistan og dets Befolkning: Nord og Syd I, S. 201–4.

4349 Chantre, Ernest.–Les Kurdes. Esquisse historique et ethnographique. Lyon, Rey, '97. 41 S. 8. (ill.)
Soc. d'anthr. de Lyon. Séance du 7 Nov. '96. — Rec. *K.l'erness*, L'Anthr. VIII, S. 481–4.

4350 Colvin, Auckland.–The problem beyond the Indian frontier: Nineteenth Century XLII, S. 845–68.

4351 Die indischen Grenzstämme: ÖM XXIII, S. 131 f.
Waziri, Swati, Orakzai, Afridi.

4352 Griffin, Lepel.–The breakdown of the 'forward' frontier policy: Nineteenth Century XLII, S. 501–16.
On the policy of the British Gov. on the North-West frontier of India.

4353 Hanna, H.B.–The Indian frontier war: Spectator LXXIX, S. 274; vgl. S. 487.

4354 Holdich, T.H.–The Perso-Baluch boundary: Ggr. J. IX, S. 416–22.

4355 Leitner, G.W.–The Amir, the frontier tribes and the Sultan: As. Qu. Rev. IV ('97), S. 237–47.

4356 McMahon, A.H.–The Southern borderlands of Afghanistan: Ggr. J. IX, S. 393–415.

4357 Nazarov, P.S.–Poězdka na Pamir: Zemlevědenie III, 1, S. 111–36.

4358 — — Dopolnenie. (Ot redakcii.) Obščij charakter Pamira i ego naselenie: ebd S. 137–40; 1 K.

4359 Olufsen, O.–Den danske Pamir-Expedition: Ggr. Tidskrift XIV, S. 51–76.
S. schon OB XI, 1512.

4360 — — Über die dänische Pamir-Exped. im J. 1896: Verh. Ges. f. Erdk. B. XXIV, S. 328–39.

4361 Tate, Geo. P.–Kalat. A memoir on the country and family of the Ahmadzai Khans of Kalat. From a ms. account by the Akhund Muhammad Sidik, with notes and append. from other mss., as well as from printed books. C. '96. 56, XII S. 8.

4362 — — "Kech-Makurán": Ggr. J. X, S. 221–4.
Dazu F. J. Goldsmid, ebd. S. 447 f.; M. R. Haig, S. 448 f.

4363 Yate, A.C.–Loralai: Scottish ggr. Mag. XIII, S. 357–66.

4364 Younghusband, G.J.–Indian frontier warfare. Ed. by Walter H. James. Lo., Paul, '97. 270 S. 8.   10 s. 6 d.

β) Sprache und Litteratur.
(S. auch No. 4333.)

4365 'Abdu-l-Qádir ibn i Muluk Sháh known as al-Badáóní.–Muntakhabu-t-tawárikh. Translated from the original Persian by G. Ranking [OB XI, 1516]. Fasc. IV. (BI No. 894.) C., As. Soc., '97. S. 289–384. 8.
(L., Harrass. *M.* 1.50.)

4366 Personal reminiscences of the Bábí insurrection at Zanjan in 1850, written in Persian by Aqá 'Abdu'l Ahad-i-Zanjání, and transl. into Engl. by Edward G. Browne: JRAS '97, S. 761–827.

4367 Asadí's neupersisches Wörterbuch Lughat-i Furs nach der einzigen vaticanischen Hs. hrsg. v. Paul Horn. (= Abhandl. d. Kgl. Ges. d. Wiss. Göttingen. Phil.-histor. Kl., N. F. Bd. 1. No. 8.) B., Weidmann, '97. 37, 133 S. 4.   *M.* 18.
Rec. Luzac's Or. List VIII, S. 239 f.

4368 Bacher, W.–Ein persischer Kommentar z. Buche Samuel: ZDMG LI, S. 392–425.
Cod. Hebr. 77 der Privatsamml. Dr. Gaster's in London. Titel des Werkes מקצוע; Verfasser unbekannt. — Vgl. unten No. 4381 u. S. Fraenkel, ZDMG LI, S. 681 f.

4369 Bartol'd, V.–Chafizi-Abru i ego sočinenija: Sborn. stat. uč. prof. Rozena, S. 1–28.

4370 Browne, Edw.G.–Dawlatsháh's lives of the Persian poets (Tadhkiratu'sh-Shu'ará): JRAS '97, S. 942 f.
Ankünd. einer Ausgabe im Falle genügender Subscription.

4371 D.-Omar Khāyyām: Ac. LII, S. 331 f.
4372 Delta,Thom.-Persian rose-leaves: ebd. S. 457.
4373 Duhomme,Fréd.-Un bouquet du jardin des roses de Sadi (vers).
P., Jouve, '97. 113 S. 8.
4374 Poems from the Divan of Hafiz. Transl. by Gertrude I. Bell. I.o.,
Heinemann, '97. 152 S. 8.   6 s.
4375 Diván-e-Háfez (Odes 251-300) transl. into Engl. . . . by Krishnalál
M. Jhaveri. Bo., Cooper & Cooper, '97. 61 S. 8.   2 Rs. 4 @.
Vgl. OB IX, 4920.
4376 Huart,Cl.-[Zu H.Vambéry OB XI, 1534]: ZDMG I.I, S. 508.
4377 Jackson,A.V.W.-Firdausī. Hafiz. Jalāl ad-dīn Rūmī. Jāmī. Nizāmī. Sa'dī:
Library of the World's best literature (N. Y., Hill & Co., '97).
4378 Modi, Jivanji Jamshedji.-Firdousi on the Indian origin of the
game of chess: J. Bo. Br. RAS XIX, S. 224-36.
4379 — — Cashmere and the ancient Persians: ebd. S. 237-48.
Betrifft namentlich Firdausī, persische Historiker u. s. w.
4380 Müller,Friedr.-Neupersische Etymologien: WZKM XI, S. 292-4.
Vgl. OB X, 4491; XI, 1496 etc.
4381 Nöldeke,Theod.-Judenpersisch: ZDMG I.I, S. 669-76.
S. oben No. 4368.
4382 Ol'denburg,Sergěj.-O persidskoj prozaičeskoj versii „Knigi Sindbāda":
Sborn. stat. uč. prof. Rozena, S. 253-78.
Vgl. K.'['rumbacher]. Byz. Z. VII, S. 461.
4383 Omar Khayyām.-The Rubáiyyát, rendered into English verse, by
Edward Fitzgerald. Portland, Maine, U.S.A., Mosher, '97. 126 S. 8. $ 1 50.
4384 — — — Paraphrase from several literal translations by R. Le Galli-
enne. I.o., Richards, '97. 102 S. 8.   5 s.
Vgl. Cosmopolitan (N. Y.) '97, July; Aug. — Rec. Ac. LII, S. 475-7 (vgl. ebd. S. 527);
Literature I, S. 169 f.; SR LXXXIV, S. 670.
4385 Parvillée.-Couverture de manuscrit persan: Décoration anc. et moderne '97.
4386 Pizzi,I.-Le idee politiche di Nizām ul-Mulk: Gi. Soc. as. it. X, S.131-9.
4387 Sorábsháv Bairámjí Doctor.-Compendium of Persian grammar and
general literature. Surat, publ. by the author, '97. 134 S. 8. 1 R. 4 @.
4388 Žukovskij,V.-Omar Chajjam i „stranstvujuščija" četverostišija: Sborn.
stat. uč. prof. Rozena, S. 325-63.

Kurdisch und Balūčisch:

4389 Groome,F.H.-Kurdish or Gipsy: Ath.. Nov. 6, S. 635.
4390,1 Rapport de Mr. Saleman p sur un mémoire de Mr. H. Makas intitulé:
„Kurdische Texte im Kurmānji-Dialekte aus der Gegend von Mārdīn": Bull.
Ac. Pe., Sér. V, Vol. VI, S. XXXI-XXXIII.

4. Armenien und Kaukasusländer.
a) Allgemeines.
(S. auch No. 3349; 4337.)

4392 Stieda,L.-Referate aus der russischen Literatur [OB X, 3095]. (Abhandlungen, den Kaukasus betreffend): Arch. f. Anthr. XXIV, S. 621-62.
4393 Chantre, Ernest.-Les Arméniens. Esquisse historique et ethnographique: Bull. Univ. de Lyon X, S. 113-6.
Rec. R.l'erm-an, L'Anthr. VIII, S. 481-4.
4394 Dorn,B.-Atlas zu Bemerkungen auf Anlass einer wiss. Reise in dem
Kaukasus ... (OB IX, 4951). Hrsg. v. d. K. Russ. Archaeol. Ges. Pe., Buchdr.
d. Ak. d. Wiss., '95. 9 S.; 44 T., 2 Bl. Fol.
4395 C.F.-La nation arménienne. Son passé, son présent, son avenir politique et religieux: La Terre Sainte '97, S. 181 f.; 214 f.; 228-30; 244-6;
267-9; 274-6; 307 f.; 340-2; 380 f.; '98, S. 26-30; 42-4; 56-9; 69-71;
100-2; 118.
4396 Fournier,F.-Voyage au Caucase: Bull. Soc. ggr. Marseille XXI, S.150-61.
4397 Gallois,Eug.-La traversée du Caucase par la route de Géorgie: Annuaire Club alpin fr. XXII, S. 339-59; 1 K.

4398 Hahn,C.-Die Milchverwandtschaft im Kaukasus: Globus LXXII, S. 116.
4399 Ivanovakij, A.A.-Ararat: Zemlevědénie '97, No. 1 f.
Rec. *T.Pích*, Globus LXXII, S. 305.
4400 Melllac, Lucien.-Une visite à Edchmiadzin (Arménie russe). Le Katholikos. P., impr. Larousse, '97. 16 S. 8. (ill.)
4401 Morane, Pierre.-Les sectaires russes au Caucase: Correspondant, Vol. 186, S. 266-88.
4402 — — Au seuil de l'Europe. Les Arméniens du Caucase: ebd., Vol. 187, S. 72-91.
4403 Mourier,J.-L'art au Caucase [OB X, 1611; 4520]. Première partie: Art religieux. La sculpture. S. 27-42. — Deuxième partie: Arts industriels. La bijouterie et la glyptique. S. 13-38. P., Maisonneuve, '96. 8. (ill.)
4404 Pavlov,A.-Sinodal'naja gramota 1213 goda o brakě grečeskago imperatora s dočer'ju armjanskago knjazja: Viz. Vrem. IV, S. 160-6.
Rec. *E.K[urts]*, Byz. Z. VI, S. 645-7.
4405 Peradze,Il.-K materialam po istorii goroda Tiflisa: Duchovnyj Věstnik Gruzinskago Ěkzarchata '96, No. 10, S. 14-9, nicht-offic. Abt.
4406 — — K materialam po istorii christianstva v Širvaně, Dagestaně i voobšče sredi Kavkazskich gorcev: ebd. No. 18, S. 5-11, nicht offic. Abt.
4407 Sadzagelov-Iveriell,G.-Istorija i drevnosti Cromskago Voznesenskago chrama: ebd. No. 11, S. 14-24.
4408 — — Opisanie Nikozskoj Michailo-Archangel'skoj cerkvi v Kartalinii: ebd. No. 20, S. 5-12.
4409 Souhesmes,R.de.-Du Caucase à la Vistule. Nancy, Berger-Levrault & Co, '97. 28 S. 8.
4410 Tchéraz,Minas.-L'église arménienne, son histoire, ses croyances: Muséon XVI, S. 232-42; 324-9.
4411 Ter Gregor.-History of Armenia from the earliest ages to the present time. Lo., Heywood, '97. 232 S. 8. (ill)   3 *s.*
Rec. *L.S.A.*, As. Qu. Rev. III ('97), S. 447 f.
4412 Vigoni,P.-Da Tiflis a Bacu: L'Universo '97, No. 1-10.
4413 Waldvogel,T.-Reisebilder aus dem Kaukasus. Schaffhausen, C. Schoch in Komm, '97. IV, 155 S. 8.   *M. 2.*
4414 Wingate,H.K.-Threshold sacrifice in Armenia: Expository Times VIII, S. 89.

b) Sprache und Litteratur.
(S. auch No. 3280; 4333.)

4415 Handēs amsóreay baroyakan, ousoumnakan, arouestgitakan [OB IX, 4982]. Bd. X-XI. Wien, Mechitharisten, '96-'97. Je 2 Bl., 384 S. 4.
Diese Monatsschr. darf als Centralorgan d. armen. Philol. betrachtet werden. Sie enthält ausser Originalartikeln u. Uebs. regelmässige bibliographische Uebersichten u. ausführl. Mitteilungen über die armen. Zeitschriften-Litteratur (auch die Umschläge der einzelnen Hefte sind zu beachten) und bildet somit eine wichtige Ergänzung zu unserer Rubrik „Armenien."
4416 Burckhardt,A.-Armenisches: Byz. Z. VII, S. 260 f.
Ueber die Monatsschr. „Ararat."
4417 Conybeare,Fred.C.-Ananias of Shirak (A. D. 600-650 c.): Byz. Z. VI, S. 572-84.
I. His autobiography. II. His tract on Easter. (Translated from the Armenian.)
4418 — — The growth of the Peshiṭṭâ version of the New Testament. Illustrated from the Old Armenian and Georgian versions: Am. J. of th. I, S. 883-912.
4418a Dupin de Saint André, Louis.-L'auteur des douze derniers versets de l'évangile de Marc. (Thèse.) Montauban, impr. Granié, '97. 52 S. 8.
S. 32-6: Le codex Edschmiatzin.
4419 Hübschmann, H.-Armenische Grammatik. 1. Thl.: Armenische Etymologie [OB IX, 5007]. 2. Abth.: Die syr. u. griech. Lehnwörter im Altarmenischen u. die echtarmen. Wörter. (= Bibl. indog. Grammatiken. 6. Bd. 1.Thl. 2. Abth.) L., Breitkopf & Härtel, '97. XXIII S. u. S. 281-575. 8. *M. 8.*
Rec. B[ar]th[ol]omae], LC 39, S. 1261 f.; A.Meillet, Rev. cr. 48, S. 385—9.
4420 Klette,E.Theodor.-Der Prozess und die Acta S. Apollonii. (= Texte u. Unters. z. Gesch. d. altchr. Lit. XV, 2.) L., Hinrichs,'97. IV, 136 S. 8. *M. 4.50.*
Mit der armenischen Version. — Rec. C.W[eyman], Byz. Z. VI, S. 625 f.

4421 Marr,N.–Armjansko-Gruzinskie materialy dlja istorii dušepoleznoj po-věsti o Varlaamě i Ioasafě: Zapiski vostočn. otděl. Imp. russk. archeolog. Obšč. XI ('97\ S. 49–78.
Rec. A'.A'[rumba.ker], Byz. Z. VII, S. 215 f.
4422 Die heilige Messe nach dem armenischen Ritus. W., Mechitharisten-Congregation, '96. 62 S. 8.   Fl. o.30.
4423 Patrubány,Lukas von.–Vorarbeiten zum arm. Namenbuch [OB XI, 1573]: Sprachwiss. Abhandlungen. Hrsg. von L. v. P. I, S. 18–28; 33–58; 69–73.
4424 — — Ulnia gam Zeyt'un: ebd. S. 29 f.; 60 f.
Nach einem Werke Allahvёrdean's, Konst. 1885.
4425 — — Kirk' ayôt'iç. (Ein sieb.-arm. Gebetbuch aus 1793): ebd. S. 65–8.
Daneben enthalten die genannten „Abhandlungen'' noch kleinere Mitteilungen und Notizen zur armenischen Philologie.
4426 Pephanes,Angelos.–Ἑρμηνεία τῆς θείας καὶ ἱερᾶς λειτουργίας τοῦ ἐν ἁγίοις πατρὸς ἡμῶν Ἰωάννου ἀρχιεπισκόπου Κωνσταντινουπόλεως τοῦ Χρυσοστόμου. Ἐν Ἀθήναις, Ἐκ τοῦ τυπογραφείου Ἀνέστη Κωνσταντινίδου, '97. 181 S. 8.
Enth. auch Vergleich. mit d. armen. Rituell. Vgl. K.K[rumbacker], Byz. Z. VII, S. 237.
4427 Tēr-Mkrtčean, Galoust (Miaban).–Agathangelosi albiurneriç. Yisa-tak dataknkhaç Goria ev Šmoni wkayiç or wkayeçin y Ourha. Walaršapat '96. 91 S. 8.
S.-A. aus Ararat '96, S. 385—92 ; 425—40. — Rec. N.Marr, Viz. Vrem. IV, S. 667—74.

Kaukasische Sprachen.

(S. auch No. 3280; 4418; 4422.)
4428 Baudouin de Courtenay,J.–Déchiffrement et explication de l'in-scription énigmatique, gravée sur une croix, reçue de la Prusse orientale par Pawlicki: Anz. Ak. Wiss. Krakau '97, S. 204–11.
Vgl. dazu: Brief des Professors H. Schuchardt an Professor Fr. Müller in Angelegenheit des georgischen Kreuzes von Pawlicki, WZKM XI, S. 294—6.
4429 Gaster,M.–Rumänische Drucker in Georgien: WZKM XI, S. 383–5.
Zu II. Schuchardt OB XI, 1579a.
4430 Karbelov,P.–Alaverdskoe pergamentnoe četveroevangelie XI věka: Duchovnyj Věstnik Gruzinskago Ekzarchata '97, No. 9–10, S. 15–22.
Vgl. Viz. Vrem. IV, S. 687 f.
4431 Müller,Friedr.–Ueber den Ursprung der Gruzinischen Schrift. (Aus Sitzb. k. Ak. d. Wiss. W., Phil.-hist. Cl.) W., C. Gerold's Sohn in Comm., '98. 12 S. 8.   M. o.40.
Vgl. Anz. Ak. W., Phil.-hist. Cl. XXXIV, S. 98 f.
4432 Natroev,A.–Novyj variant gruzinskoj biblii: Duchovnyj Věstnik Gru-zinskago Ekzarchata '97, No. 8, S. 11-7.
Vgl. Viz. Vrem. IV, S. 688.

5. Kleinasien und Cypern.

4433 [Notiz über die von dem Kleinasiatischen Syllogos zu Athen heraus-zugeben begonnene Zeitschrift Ξενοφάνης]: Viz. Vrem. IV, S. 311.
4434 J. G. C. Andersons Reisen in Phrygien 1897: Globus LXXII, S. 212.
4435 Anderson, J.G.C., and W.M.Ramsay.–Notes from Asia Minor: Ath., Oct. 23, S. 566 f.
4436 Asia Minor rediscovered: Qu. Rev., Vol. 186, S. 64–87.
U. a. nach Ch. Wilson OB IX, 3058; W. M. Ramsay OB IX, 1719; XI, 1602.
4437 Boissier,Alfr.–En Cappadoce: Globe XXXVI, Mém., S. 75–113; 8 T.
4438 Collignon,Maxime.–Notes d'un voyage en Asie-Mineure. P., Firmin-Didot & Co., ['97]. VIII, 101 S. 8.
4439 Deschamps,Ém.–Au pays d'Aphrodite Chypre. Carnet d'un voyageur. P., Hachette & Co., '98. 4 Bl., 258 S. 8. (ill.)
4440 — — De Brousse à Ténédos: Soc. normande de ggr., Bull. XVIII, S. 79–99.
4441 — — Quinze mois à l'île de Chypre, Larnaka, Famagouste: Tour du monde '97, S. 157–92.
Vgl. Globus LXXII, S. 328—31 ; 347—51.

4442 Enlart, Cam.–L'île de Chypre: Bull. Soc. de ggr. XVIII ('97), S. 179–201.
4443 — — L'île de Chypre: Union ggr. du Nord de la Fr., Bull. XVII, S. 289–94.
4444 Hill, G.F.–Catalogue of the Greek coins of Lycia, Pamphylia, and Pisidia. (= A cat. of the Greek coins in the Brit. Mus. No. 19.) Lo., printed by order of the Trustees, '97. CXXIV, 354 S.; 1 K., 1 T. 8.
4445 Holleaux, Maur.–L'expédition d'Attale Ier en 218: Rev. des Univ. du Midi III, S. 409–34.
Zu Radet OB X, 4583 [vgl. unten No. 4456 Anm.].
4445a Huart, Cl.–Konia. La ville des derviches tourneurs. Souvenirs d'un voyage en Asie Mineure. P., Leroux, '97. 8. (ill., K.)   *Fr.* 5.
4446 Imhoof-Blumer, F.–Lydische Stadtmünzen. Neue Untersuchgn. M. 6 Registern u. 151 Abb. auf VII Taf. Genf, Schweizer numism. Gesellsch. (L., Harrassowitz in Komm.), '97. IV, 214 S. 8.   *M.* 10.
S. A. aus 'Revue suisse de numismat'. — Ersatz f. d. Tit. OB XI, 1595. — Rec. *F. G.*, LC 51/2, S. 1696 f.
4447 Jeffery, George.–Mediaeval Cyprus: Ath., July 3, S. 42 f.
4448 Joanne, Paul.–Une ascension en Asie-Mineure: Hiérapolis et sa cascade pétrifiée: Annuaire Club alpin fr, XXII, S. 320–38.
4449 Voyage archéologique de Ph. Le Bas en Grèce et en Asie Mineure du 1er janvier 1843 au 1er décembre 1844. Extraits de sa correspondance [p. p. Léon Le Bas]: Rev. archéol. XXXI ('97), S. 238–402; 381–400.
4450 Munro, J.A.R., and H.M. Anthony.–Explorations in Mysia: Ggr. J. IX, S. 150–69; 256–76; 1 K.
4451 Naue, Jul.–Une plaque en or mycénienne découverte à Chypre: Rev. archéol. XXXI ('97), S. 333–5.
4452 Oberhummer, Roman.–Bericht über e. Reise in Syrien u. Kleinasien: PM XLIII, S. 249–61; 280–8; 1 K.
4453 [Ber. üb. e. Vortr. v. Rom. Oberhummer jr. u. H. Zimmerer üb. ihre Reise in Palästina, Syrien u. Kleinasien]: Aus allen Weltth. XXVIII, S. 564.
4454 Paton, W.R., and J.L. Myres.–Researches in Karia: Ggr. J. IX, S. 38–54.
4454a Φαρασόπουλος, Συμεών Σ.–Τά Σύλατα. Μελέτη τοῦ νομοῦ Ἰκονίου ὑπὸ γεωγραφικήν, φιλολογικήν καὶ ἐθνολογικήν ἐποψιν. Ἐν Ἀθήναις '95. 136 S. 8.
Rec. Viz. Vrem. IV, S. 295.
4455 Pogodin, P. D., i O. F. Wulff.–Nikomidija. Istoriko-archeologičeskij očerk: Izv. russk. archeol. Inst. v Konstantinopolě (Odessa '97) II, S. 77–184.
Vgl. *K.*[*rumbacher*], Byz. Z. VII, S. 503.
4456 Radet, Georges.–Recherches sur la géogr. ancienne de l'Asie Mineure [OB X, 4583]. V: La campagne de Valens contre Procope en 365 (Mygdus): Rev. des Univ. du Midi III, S. 1–4.
Die vorhergehenden Abschn. sind betitelt: I. La campagne d'Attale Ier contre Achaeus en 218. II. L'expédition d'Eupolème aux environs de Caprima en 314. III. Antioche de la Chrysaoride = Mylasa. IV. Sébaste de Phrygie = Dioscomé. [Zu I vgl. oben No. 4445.]
4457 Ramsay, W.M.–The Census of Quirinius: Exp., Ser. V, Vol.V, S. 274–86; 425–35.
4458 Riggauer, Hans.–Zur kleinasiatischen Münzkunde: Sitzb. Ak. Wiss. M., Phil.-phil. u. hist. Cl. '97, II, S. 523–33.
4459 Ruge, Ed. Meyer, Brandis.–Bithynia: Paulys Realencycl. III, S. 507–39.
4460 Sayce, A.H.–Haematite cylinder from Cappadocia: Proc. BA XIX, S. 301.
4461 Schneider, Ed.–La topographie de la Troade: CR Soc. de ggr. '96, S. 291–4.
4462 Staehelin, Fel.–Geschichte der Kleinasiatischen Galater bis zur Erricht. der römischen Provinz Asia. (Diss.) Basel, Druck d. Allg. Schweizer Ztg., '97. 104 S. 8.
Rec. *T.R.*[*einach*], Rev. cr. 50, S. 446.

Anhang: Hittiten.

4463 Belck, W.–Hanigalbat und Melitene: ZDMG LI, S. 555–68.
Gegen Jensen OB VIII, 1387: 4647.

4464 [Cara, Ces. A. de.]–Gli Hethei-Pelasgi in Italia [OB XI, 1609]. Gl' Italici nella paletnologia italiana: Civiltà catt., Ser. XVI, Vol. XII, S. 42–55; 274–89; 526–40.

4464a Jensen, Peter.–Hittiter und Armenier: Voss. Ztg. '97, Sonntagsbeil. No. 32 f.

Recensionen zu IV, 3—5.

H.Abich, Aus kaukas. Ländern: *E.Tietze*, Mitth. ggr. Ges. W. XL, S. 144–7.

J.G.C.Anderson, The road system of Eastern Asia Minor: *K.K[rumbacher]*, Byz. Z. VII, S. 493.

E.G.Browne, A year amongst the Persians: *Gg.Wegener*, PM XLIII, Lber. S. 166.

— — A cat. of the Pers. mss. in the libr. of the Univ. of Cambridge: Ath., Sept. 18, S. 379–81.

G.Curzon, The Pamirs and the source of the Oxus: *Immanuel*, PM XLIII, Lber. S. 101.

D.W.Freshfield, The explor. of the Caucasus: *C.Diener*, PM XLIII, S. 171–4.

A.Götze, Die trojanischen Silberbarren: *Walter*, Cbl. f. Anthr. II, S. 336.

J.R. & H.B.Harris, Letters from Armenia: Spectator LXXIX, S. 628.

M.Hartmann, Bohtan: *F.Schwally*, DL 37, S. 1463 f.

E.A.B.Hodgetts, Round about Armenia: *Immanuel*, PM XLIII, Lber. S. 98.

A.Houtum-Schindler, Eastern Persian Irak: *A.F.Stahl*, PM XLIII, Lber. S. 99 f.; *A.Hotz*, Ts. Ned. Aardr. Gen. XIV ('97), S. 604–17.

F.Justi, Iran. Namenbuch: *I.Pizzi*, Gi. Soc. as. it. X, S. 211 f.

L.Mseriance, Étjudy po Armjanskoj dialektologii. I: *A.Meillet*, Rev. cr. 46, S. 333 f.

E.v.Nolde, Reise nach Innerarab., Kurdistan u. Armenien: *Ed.Glaser*, PM XLIII, Lber. S. 165.

H.Ouvré, Un mois en Phrygie: *Naumann*, PM XLIII, Lber. S. 97.

Pahlavi texts. III. Transl. by E. W. West: *L.H.Mills*, As. Qu. Rev. IV ('97), S. 103–10.

Philo, De vita contemplativa . . . ed. and transl. by F. C. Conybeare: *A.C. Headlam*, Engl. Hist. Rev. XII, S. 325–30.

W.M.Ramsay, The cities and bishoprics of Phrygia. II: *G.Radet*, Rev. des Univ. du Midi III, S. 398 f.

Ch.Rieu, Suppl. to the cat. of the Persian mss. in the British Museum: Ath., Sept. 18, S. 379–81.

C.Salemann, Judaeo-persica. I: *Th.Nöldeke*, ZDMG LI, S. 548–53.

F.Sarre, Reise in Kleinasien: *v.Diest*, PM XLIII, Lber. S. 97; *v.Luschan*, Verh. Ges. f. Erdk. B. XXIV, S. 156–8.

H.Schuchardt, Zur Geogr. u. Statistik der kharthwelischen Sprachen: *H.W–r*, LC 41, S. 1337 f.

A.Torp, Zum Phrygischen: *F.Solmsen*, Dl. 30, S. 1178 f.

V. SEMITEN.
1. Allgemeines.
(S. auch No. 4193.)

4465 Beiträge zur Assyriologie u. semit. Sprachwissenschaft. Hrsg. v. Friedr. Delitzsch u. Paul Haupt [OB X, 4593]. 3. Bd., 4. Heft. L., Hinrichs, '98. S. 493–589. 8.

4466 The American Journal of Semitic languages and literatures (continuing "Hebraica") [OB XI, 1611]. Vol. XIV. No. 1. Oct. '97. Chicago, Univ. Press (Lo., Luzac; L., Köhler's Antiquarium). S. 1–56. 8. j. $ 3; *M.*14.

4467 Revue sémitique d'épigr. et d'histoire ancienne: Dir. J.Halévy [OB XI, 1612]. 5e Année. Juillet; Oct. '97. P., Leroux. S. 193–384. 8. j. *Fr.* 20.

4468 Bibliographie [OB XI, 1613]: ZAW XVII, S. 353–80.

4469 Semitic bibliography [OB XI, 1614]. July–Sept. '97: Am. J. of Semitic langu. and lit. XIV, S. 51–6.

4470 Montet, Edw.-Quarterly report on Semitic studies and Orientalism [OB XI, 1615]: As. Qu. Rev. IV ('97), S. 68–74; 346–8.

4471 Brockelmann,C.-Etymologische Miscellen: ZDMG LI, S. 658–60.

4472 Budde,K.-Prof. Nöldeke on נָבִיא and כֹהֵן (OB XI, 1631): Expos. Times VIII, S. 384.

4473 Chabot,J.-B.-Notes d'épigraphie et d'archéol. orientale. I. Bustes et inscr. de Palmyre: JA Sér. IX, T. X, S. 308–55; 2 T.

4474 Clermont-Ganneau, Ch.-Études d'archéologie orientale [OB IX, 5098; X, 1708]. Tome II. S. 41–227; 1 T. (Schluss von T. II). (— Bibl. de l'École des hautes études, Sc. philol. et hist., Fasc. 113.) P., Bouillon, '97. 8.

§ 4. Les inscriptions de Cheikh Barakât. S. 41—54. § 5. Le calendrier palmyrénien d'après une nouvelle inscription, S. 55—76; 1 T. § 6. L'inscr. phénicienne de Hassan-Beyli, S. 77—82. § 7. La province romaine d'Arabie et ses gouverneurs, S. 83—92. § 8. Les inscr. de Nazala, S. 93—102. § 9. Inscr. bilingues de Palmyre, S. 103—7. § 10. Les sanctuaires de Saint Jacques l'Intercis, S. 108—10. § 11. Les *Berquidia* des Croisés et la *Birkè* arabe, S. 111—8. § 12. La rivière de Gadara et le pont de Judaire, S. 119—22. § 13. Ouqhouâné, Qahouâné, et la Cauan des Croisés, S. 123—8. § 14. Sur quelques localités arabes de l'époque des croisades, S. 129—38. § 15. Thiabé, la ville d'Élie et le mont 'Aûf, S. 139 f. § 16. Nouvelles inscr. grecques & romaines de Syrie, S. 141—50. § 17. Une inscr. des croisades de Saint-Jean-d'Acre, S. 151 f. § 18. Édouard Ier d'Angleterre et la mission mongole de 1287, en Gascogne, S. 153. § 19. Inscr. phénicienne gravée sous un pied de vase en terre cuite, S. 154—6. § 20. Le mois phénicien de Zebah Chichchim, S. 157 f. § 21. L'inscr. phénicienne de Narnaka, S. 159—81. § 22. Les stèles araméennes de Neïrab, S. 182—223.

Rec. *M.Lidzbarski*, DL 36, S. 1408—14.

4474a Glaser,Ed.-Das Wörtchen Bâ in den hadhramitischen u. in den mesopotamisch-syrischen Stammes- u. Ortsnamen: PM XLIII, S. 245 f.

4475 Halévy,J.-[Sur les noms donnés chez les anciens Sémites aux armes et aux chars de guerre]: JA Sér. IX, T. X, S. 498 f.

4476 Hommel,F.-The Hebrew name Josiah: Expos. Times VIII, S. 562 f. Dazu D.S.Margoliouth, The name „Abraham", ebd. IX, S. 45.

4477 — — Supplementary note on the Hebrew name Josiah: ebd. IX, S. 144.

4478 König,Ed.-Principien u. Resultate der semitischen Grammatik: ZDMG LI, S. 623–46.

4479 Spiro,Jean.-Les origines des langues sémitiques: Rev. de th. et de philos. XXX, S. 144–68.

4480 Vasil'ev,A.-O grečeskich cerkovnych pěsnopěnijach: Viz. Vrem. III, S. 582–633.

S. 624 ff. Proischoždenie ritmičeskoj poézii, mit Beziehung auf die Arbeiten von W.Meyer, G.Bickell, H.Grimme u. s. w.

4481 Zimmern,Heinr.-Vergleichende Grammatik der semitischen Sprachen. Elemente der Laut- u. Formenlehre. Mit 1 Schrifttaf. v. Jul. Euting. B., Reuther & Reichard, '97. XI, 194 S. 8. *M.* 5.50.

2. Assyrisch-Babylonisches
(einschliesslich des Alt-Chaldäischen u. s. w.).

(S. auch No. 4323; 4463; 4596; 4610; 4640; 4746; 4982; 5240; 5244.)

4482 Revue d'assyriologie et d'archéol. orientale. Publ. sous la dir. de J. Oppert, E. Ledrain et Léon Heuzey [OB X, 1720]. Vol. IV, Nos. 1–4. P., Leroux '97/'98. S. 1–125.

Inhalt: L.Heuzey, Sceaux inédits des rois d'Agadé, S. 1—12; Textes chaldéens très antiques, Améliorations et nouvelles lectures, S. 34—6; Quelques figures à propos du dieu Terpon, S. 65—8; La construction du roi Our-Nina, S. 87—122; Fr. Thureau-Dangin, Un cadastre chaldéen, S. 13—22; Le cône historique d'Entéména, S. 37—50; Tablettes chaldéennes inédites, S. 69—86; 32 T.; La formule d'un traité entre Sirpourla et Gisban, S. 123—5; J.Oppert, Quelques mots sur le cadastre chaldéen, S. 23—33; Phil.Berger, Terpon-Thérapon, S. 51—6; Sur une nouvelle intaille à légende sémitique, S. 57 f.; B.Sax, Le prisme de Sennachérib inédit, S. 59—64.

4483 Zeitschrift f. Assyriologie u. verwandte Gebiete... hrsg. v. Carl Bezold [OB XI, 1639]. XII. Bd. 2. u. 3. Heft. December '97. Weimar, Felber. S. 145–280. 8. j. *M.* 18.

4484 [Bezold,C.]-Bibliographie [OB XI, 1640]: ZA XII, S. 278–80.

4485 Basmadjian,K.J.-Note on the Van inscriptions: JRAS '97, S. 579–83.

4486 Below.–Babylonische u. altmexikanische Pyramidentürme: Umschau I, S. 575-7.

4487 B[erle],A.A.–Babylonian palaeography and the Old Testament: Bibl., Sacra LIV, S. 391-3.

4488 Berthelot.–L'âge du cuivre en Chaldée: La Nature '97, 3 AvriL Vgl. L'Anthr. VIII, S. 472-5.

4489 Boissier, Alfr.–Note sur un linteau de porte découvert en Assyrie par George Smith: Proc. BA XIX, S. 250 f.; 1 T.

4490 Brucker, J.–Découvertes américaines en Babylonie: Études rel., philos., hist. et litt., T. 70, S. 828-35.

4491 Recent discoveries in Babylonia: Scotsman '97, Dec. 31, S. 7.

4492 Eisenlohr, Aug.–Ueber altbabylonische Maassbezeichnung: ZA XII, S. 231-9.

4493 Feuchtwang, D.–Assyriologische Studien [OB XI, 1653]. III. Die Chabiri: Mschr. f. Gesch. u. Wiss. d. Jt. XLI, S. 577-85.

4494 The Babylonian story of the flood: Queen's Quarterly '97, July, S. 32-7.

4495 Halévy, J.–[Sur les villes avoisinant Sirpourla]: JA Sér. IX, T. X, S. 500 f.

4496 — — Le profit historique des tablettes d'El-Amarna [OB XI, 1655]: Rev. sém. V, S. 255-62; 343-59.

4497 Harper, Rob.Fr.–Assyriological notes [OB XI, 1656]. III: Am. J. of Sem. langu. and lit. XIV, S. 1-16.

4498 Die neueste Entdeckung in Babylonien. Die älteste Stadt der Welt: OM XXIII, S. 141-3. Ausgr. v. Haynes.

4499 Die Entdeckung der ältesten babylonischen Kultur (7000–6000 vor uns. Zeitr.): Globus LXXII, S. 63-5. Ueb. die Forsch. v. Haynes u. Hilprecht. Auszug aus d. Times '97, June 24. — S. auch Umschau I, S. 551-3.

4499a Heuzey.–Communication sur les monuments du roi Ourou-kagkina: CR XXV ('97), S. 427-9.

4500 Hilprecht,II.V.–The early inhabitants of Babylonia: Expository Times VIII, S. 88 f.

4501 Hommel,Fr.–Assyriological notes [OB X, 1750]. § 21-38: Proc. BA XIX, S. 78-90; 312-5. Vgl. H.G. Tomkins, Khiana or Khâna, ebd. S. 113 f.

4502 — — The oldest history of the Semites: Expos. Times VIII, S. 103-9. S. schon OB X, 1743 Anm.

4503 Karppe.–Mélanges assyr. et bibliques [OB XI, 1665]: JA Sér. IX, T. X, S. 77-119.

4504 Knudtzon, J.A.–Babylonisch-assyr. Altertümer in Kopenhagen: ZA XII, S. 253-7; 1 autogr. T.

4505 — — Aus e. Briefe an C. Bezold: ebd. S. 269 f. Der von Winckler Ka-al-lim-ma-Sin gelesene Königsname laute Ka-da (bezw. ta)-aš-ma-an-Bel.

4506 Korelin,M.S.–Assirijskij narod i ego bogi-pokroviteli: Izd. Žurn. Russ-kaja Mysl'. Moskva, Volčaninova, '96. 74 S. 8. (ill.)

4507 Krause, E.–[Ueber babylon. Maass- u. Gewichtseinteilungen]: Prometheus '97, S. 828-30.

4508 Lehmann,C.F.–Zwei Hauptprobleme d. altoriental. Chronologie u. ihre Lösung. L., Pfeiffer, '98. X, 224 S.; 2 T., 5 Tab. 8. *M.* 25. A. Der Widerspruch zw. d. Datum von Bavian einers. u. d. Königsliste, sowie den übrigen Einzelangaben der Königsinschriften andererseits. B. Die Beurtheilung von Nabonid's Angabe über Narâm-Sin.

4508a McGee, Dav.–Zur Topographie Babylons auf Grund der Urkunden Nabopolassars u. Nebukadnezars: BSS III, S. 524-60. Vgl. OB IX, 1779.

4508b Meissner, Bruno.–Altbabylonische Gesetze: ebd. S. 493-523.

4509 Metcalf, John M.P.– The Tell-el-Amarna letters: Bibl. Sacra LIV, S. 334-47; 413-35.

4510 Miller,V.–Assirijskija zaklinanija i russkie narodnye zagovory: Russ-kaja Mysl' XVII, 7, S. 66–90.

4511 Moor,Fl. de.–La geste de Gilgamès, confrontée avec la Bible et avec les documents historiques indigènes: Muséon XVI, S. 252–64; 305–23; 463–82.

4512 Oppert,Jules.–Le boisseau septimal ou métrétès chaldéen: CR XXV ('97), S. 191–201.

4513 — — Éclaircissements sur quelques points relatifs à la dernière période de l'empire assyrien: ebd. S. 324–33.

4514 — — Un dieu commerçant: ebd. S. 469–88.

4515 — — Une dynastie d'usurpateurs commerçants: ebd. S. 495–7.
Nergal-sar-usur u. sein Sohn Labasi-Marduk.

4515a — — Remarques sur la géodésie des Chaldéens: Assoc. fr. p. l'avancement des sc. XXV, 1, S. 133–5.

4515b H.P.–Tel el-Amarna: Muséon XVI, S. 182–4.

4516 Peters,John Punnett.–Nippur; or explorations and adventures on the Euphrates: The narrative of the University of Pennsylvania expedition to Babylonia in the years 1888–90 [OB XI, 1693]. Vol. II. Second campaign. N. Y., Putnam, '97. X, 420 S.; 37 T., 1 Portr., 1 K., 2 Pl. 8.
Vol. I hat XV, 375 S.; 21 T., 3 Portr., 2 K. — Rec. Ac. LII, S. 195; Beil. Allg. Ztg. 215, S. 71 K.F.Harper, Am. J. of Sem. langu. and litt. XIV, S. 38—44; B., As. Qu. Rev. IV ('97), S. 440 f.

4517 Pinches,Theophilus G.–Some early Babylonian contracts or legal documents: JRAS '97, S. 589–613.

4518 — — The religious ideas of the Babylonians: J. of the Tr. of the Victoria Inst. XXVIII, S. 1–33.
S. 34—6: Some annotations by Fr. Hommel; the author's reply. S. 37 f. — Rec. Maspero, CR XXIV ('96), S. 242 f. (hier auch Besprech. e. Brochure v. Pinches: Notes on some of the recent discoveries in the realm of assyriology. Lo. '96. 8.)

4519 — — Certain inscriptions and records referring to Babylonia and Elam and their rulers, and other matters: ebd. XXIX, S. 43–90.

4520 — — Two archaic and three later Babylonian tablets: Proc. BA XIX, S. 132–43; 2 T.

4521 Plunkett,Miss.–The Median calendar and the constellation Taurus: ebd. S. 229–49; 5 T.
With notes by Offord S. 243—5.

4522 Rassam,Hormuzd.–Asshur and the land of Nimrod: being an account of the discoveries made in the ancient ruins of Nineveh, Asshur, Sepharvaim, Calah, Babylon, Bersippa, Cuthah, and Van, etc. With an introd. by R. W. Rogers. Cincinnati, Curts & Jennings, '97. XI, 432 S. 8. (K.) $ 3.
Rec. Biblia (Boston; Lo., Luzac) X, S. 267 f.

4523 Rauch,G.–Aus den Ergebnissen der orientalischen Geschichtsforschung. Die Assyrer. [OB X, 4664]. 2. Heft. Die assyr. Kultur. Progr. Brünn, C. Winkler in Comm., '97, 34 S. 8.

4524 R[einach],S.–Chronologie historique: L'Anthr. VIII, S. 629 f.
Ueber aeg. u. babyl. Ausgab.

4525 Sayce,A.H.–Assyriological notes [OB X, 1782]. No. 2–3: Proc. BA XIX, S. 68–76; 280–92.

4526 Scheil,V.–Le nom assyrien de Adrammelek (II. Reg. XIX, 37): Rev. bibl. VI, S. 207.

4527 — — Assimilation de trois nouveaux signes archaïques: ZA XII, S. 258–64.

4528 — — Le dieu-roi Bur-Sin-Planète: ebd. S. 265 f.

4529 — — Le sens du mot namrak: ebd. S. 266–8.

4530 Schwartz.–Berossos: Paulys Realencycl. III, S. 309–16.

4531 Sundberg,John C.–Babylonien: Norske Ggr. Selsk. Aarb. VII, S. 1–10.

4532 Thureau-Dangin,François.–Musée du Louvre. Département des antiquités orientales. Tablettes chaldéennes inédites. P., Leroux, '97. 18 S. 8. (T.)

4533 — — L'inscription de la stèle des vautours: CR XXV ('97), S. 240–6.

4534 — — Lougalzaggisi, roi d'Ourouk: Rev. sém. V, S. 263–74.

4535 Thureau-Dangin, François.–Les chiffres fractionnaires dans l'écriture babylonienne archaïque: BSS III, S. 588 f.

4535a — — Une lettre de Ḫammurabi: ZA XII, S. 273.

4536 Toribio del Campillo.–La biblioteca de Assur-Bani-Pal en Ninive: Bol. de archivos, bibliot. y museos I, S. 33–6; 50–4.

3. Palästina, Syrien und Mesopotamien.

a) Allgemeines.

(S. auch No. 4452; 5145.)

4537 Palestine Exploration Fund. Quarterly Statements [OB XI, 1718]. '97, Oct. Lo., Soc. Office. S. 241–310; 8 K. 8.

4538 Mittheilungen und Nachrichten des Deutschen Palaestina-Vereins im Auftr. d. Vorst. hrsg. v. H. Guthe [OB XI, 1719]. '97, No. 4–6. L., Baedeker in Comm. S. 49–96. 8. j. (mit der ZDPV) *M.* 10.
Dazu 12 S. 8: Die Arbeiten des Deutschen Vereins zur Erforsch. Palästinas von 1878—1897. Ein Bericht erstattet vom geschäftsführenden Ausschuss. Leipzig 1897.

4539 La Terre Sainte. Revue de l'Orient chrétien [OB X, 4683]. 23⁰ Année. '97, T. XIV, No. 9–24. S. 129–384. '98, T. XV, No. 1–11. S. 1–176. P., Oeuvres d'Orient. 4. j. *Fr.* 10.

4540 Zeitschrift des Deutschen Palaestina-Vereins hrsg. v. d. geschäftsführ. Ausschuss unter d. verantw. Red. v. I. Benzinger [OB XI, 1721]. Bd. XX, Heft 2–3. L., Baedeker in Comm., 97. S. 67–228, I–IV. 8. j. (mit den Mitth.) *M.* 10.

4541 Löwi, M. – Wandkarte v. Palästina nach der Vertheilung unter die 12 Stämme zum Gebrauche f. jede (jüdische) Lehranstalt, sowie für's Haus. (Mit hebr. u. deutscher Ortsbezeichng.) 4. Aufl. 4 Blatt à 48×39 cm. Farbdr. Mit 4 Bl. Text. Pressburg, Steiner, '97. *M.* 5.

4542 Abamelek-Lazarev, S. – Džeraš, archeolog. Izslědovanie. Pe. '97. Mit 17 T. 4. (L., Spirgatis *M.* 20.)
Privatdruck.

4543 Ambroise. – L'Estoire de la guerre sainte. Histoire en vers de la troisième croisade (1190–1192). Publ. et trad. d'après le ms. unique du Vatican et accomp. d'une introd., d'un glossaire et d'une table d. noms propres p. Gaston Paris. (= Collection de documents inéd. sur l'histoire de France. Ser. I. No. 11.) P., Impr. Nat., '97. 8 S., 4 Bl., XC S., 332 Sp., 333–578 S. 4.

4544 Benzinger.–Batanaia: Paulys Realencycl. III, S. 115–8.

4545 Berchem, Max v.–Le nord de la Syrie: souvenirs de voyages, géogr., monuments, etc.: Globe XXXVI, Bull., S. 27–31.

4546 — — Les châteaux des croisés en Syrie: Union syndicale des architectes fr., Bull. et CR des trav. de l'assoc. IV, No. 7 (Juillet '97).

4546a — — Arabische Inschrift aus Jerusalem: Mitth. u. Nachr. DPV '97, S. 70—8.
Dazu Vollers, ebd. S. 86.

4547 Berger, Philippe. – L'église du Saint-Sépulcre sur la mosaïque géographique de Mâdaba: CR XXV ('97), S. 457–66.

4548 — — La situation de la côte de Syrie dans le monde antique: Rev. bleue V ('96), S. 173–7.

4549 Bliss, F. J.–Fourteenth report of the excavations at Jerusalem [OB XI, 1737]: Qu. St. '97, S. 260–8.

4550 Bouché-Leclercq, A.–Le règne de Séleucus II Callinicus et la critique historique: Rev. des Univ. du Midi III, S. 133–68; 273–300.
Vgl. OB IX, 5188.

4551 Brockway, A. A. – The walls and gates of Jerusalem: Biblia (Boston; Lo., Luzac) X, S. 252–5.

4551a Brüsselbach.–Erklärung biblischer Altertümer m. 67 Nummern Phototypie. (2 Taf.) Enth. u. a.: Eine Münze v. Pharao, Salomo, phöniz. Glasmünzen v. Hiram u. a. Waldbröl, Selbstverlag, '97. 7 S. 8. *M.* 6.

4551b Brüsselbach.-Palästina-Funde No. 2. Die Handschrift v. Moses u. Christus, sowie v. Josua, David, Salomo, Jason, Simon u. einigen Jüngern m. 19 Nummern Phototypie. Crefeld, Hohns in Komm., '97. 10 S.; 2 T. 8. *M.* 4. Gleicher Unsinn wie der in OB XI, 2342 besprochene „Fund". Vgl. *D. Kaufmann*, Beil. Allg. Ztg. 208, S. 4–6.

4552 Caron,E.G.L.-Monnaies frappées à Damiette par les Croisés. - Jean de Brienne roi de Jérusalem: Bull. de l'inst. ég., IIIᵉ Sér., No. 7, S. 107-13.

4552a de Chateaubriand.-Itinéraire de l'aris à Jérusalem. Tours, Mame & Fils, '97. 367 S. 8. (ill.)

4553 Cléophas et M.-J.**Lagrange.**-La mosaïque géographique de Mâdaba: Rev. bibl. VI, S. 165-84; 1 T.

4554 Clermont-Ganneau.-The tomb of David: Ath., Sept. 11, S. 361 f. Zu Bliss, Qu. St. '97. July, S. 180 (OB XI, 1737).

4555 — — Les tombeaux de David et des rois de Juda et le tunnel-aqueduc de Siloé: CR XXV ('97), S. 383-427. Vgl. Beil. Allg. Ztg. 187, S. 8.

4556 — — Notes on the seal found on Ophel, the Greek inscriptions from Nazareth etc.: Qu. St. '97, S. 304-7.

4557 Couret.-La France en Terre-Sainte à la fin de 1897: Correspondant, Vol. 189, S. 1160-88.

4558 Dickie,Archibald Campbell.-The great mosque of the Omeiyades, Damascus: Qu. St. '97, S. 268-82. Vgl. unten No. 4619.

4559 Dodju,Gaston. - Istorija monarchičeskich učreždenij v latino-ierusalimskom korolevstvě (109)-1291 g.). Perevod s francuzskago. Pe. '97. VIII, 357 S. 8. Obs. von G. Dodu IX, 5272. — Rec. Viz. Vrem. IV, S. 251 f.; Russkij Věstnik '97, Apr., S. 321—3; Г. Σ., Istoriceskij Věstnik '97, Juni, S. 946—8.

4559a Driver,S.R.-The wells of Beersheba: Expos. Times VII, S. 567 f. Cf. OB XI, 1839a.

4560 Eisenhofer,Ludwig. - Prokopius von Gaza. E. literarhist. Studie. Gekr. Preisschr. (Diss. M.) Freiburg i. B., Herder, '97. 4 Bl.; 84 S. 8. Rec. J.Stiglmayr, Stimmen aus Maria-Laach LIII ('97), S. 79—82.

4561 Il libro di Eusebio de martyribus Palaestinae: Civiltà catt., Ser. XVI, Vol. XII, S. 56-65; 177-88.

4562 C.F.-Les ruines de Baalbek: La Terre Sainte '98, S. 46 f.; 56; 75 f.

4563 — — Le Sinaï: ebd. S. 102 f.; 123 f.; 134 f.; 151 f.

4564 Palestina. (Obščaja charakteristika strany i eja naselenija, glavnym obrazom-po T.Fišeru): Zemlevěděnie III, 3/4, S. 1-18. S. OB X, 4712.

4565 Förster,R.-Antiochia am Orontes. Zum Gedächtn. v. Otfried Müller: Jb. d. D. Archaeol. Inst. XII, S. 103—49; 1 T.

4566 [Germer-Durand,Eug.]-La carte mosaïque de Madaba. P., Maison de la Bonne Presse, '97. 2 Bl.; 6 T. Quer 4. Rec. A.Roussel, Bull. cr. 30, S. 571 f.; P.S., LC 39, S. 1269.

4567 Germer-Durand,J. - L'âge de pierre en Palestine: Rev. bibl. VI, S. 439-49.

4568 — — La voie romaine de Pétra à Mâdaba: ebd. S. 574-92.

4569 Gomperz,Heinrich. - Hat es jemals in Edessa christliche Könige gegeben: Archäol.-epigraph. Mittheilungen aus Oesterreich-Ungarn XIX, S. 154-7.

4570 Guillaume,Eug. - Les ruines de Palmyre et leur récent explorateur [Bertone]: Rev. d. deux mondes, Vol. 142, S. 374-406.

4571 Hamme,L.de.-Guide indicateur des sanctuaires et lieux histor. de la Terre-Sainte. 4. éd., rev., augm. et enrichie de vues, de cartes et de plans nouveaux. 3 Vol. Jérusalem '97. XXIV, 1218 S. 8. (L., Harrass. *M.* 15.)

4571a Harris,Helen B.-Pictures of the East: sketches of Biblical scenes in Palestine and Greece. Lo., Nisbet, '97. 86 S. 8. 8 s. 6 d.

4572 Herz,N.-Dalmanutha. Mark VIII. 10: Expos. Times VIII, S. 563. Dazu E.Nestle, ebd. IX, S. 45.

4573 Hill,G r a y.–A journey to Petra: Tr. Liverpool ggr. Soc. '96, S. 53–74.
S. schon OB XI, 1778.

4574 Jacquerel, Ch. – Les ruines de Hatra: Rev. archéol. XXXI ('97),
S. 343–52.

4575 Kapterev,N.–Gospodstvo grekov v Ierusalimskom patriarchatě s pervoj
poloviny XVI do poloviny XVIII věka: Bogoslovskij Věstnik '97, Mai,
S. 198–215.
Vgl. Viz. Vrem. IV, S. 689f.

4576 Κοικυλίδης, Κλ. Μ. – Ὁ ἐν Μαδηβᾷ μωσαικὸς καὶ γεωγραφικὸς περὶ
Συρίας, Παλαιστίνης καὶ Αἰγύπτου χάρτης. Ἐν Ἱεροσολύμοις. Ἐκ τοῦ
τοπογρ. τῶν Φραγκισκανῶν. 1897. 26 S.; 1 T. 8. (L., Spirgatis *M.* 3.)
Vgl. L. Fonck, Die zu Madaba entdeckte Mosaik-Karte des Heil. Landes: Stimmen aus
Maria Laach LIII, S. 390–9; Rich. Kraetzschmar, Die neugefundene Mosaikkarte von
Madeba nach d. Originalber. des Entdeckers: Mitth. u. Nachr. DPV '97, S. 49–56; Independent
(N. Y.) XLIX, S. 1306 f.; Beil. Allg. Ztg. 222, S. 7 f.; 227, S. 8. (Nach der „Köln. Ztg.)

4577 Kühne,E r n s t.–Zur Geschichte des Fürstentums Antiochia. I. Unter
normannischer Herrschaft (1098–1130). Progr. Sophien-Schule Berlin '97.
24 S. 4.

4578 Kugler,B e r n g a r d.–Istorija krestovych pochodov. Perevod s německago.
Pe. '95. VII, 459 S. 8. (ill., Pl., K.)
Rec. *P.P.*, Bogoslovskij bibliografičeskij listok '97, No. 3. S. 54 f.; Viz. Vrem. IV, S. 259.
(Das deutsche Original ersch. B., Grote, 1880; in 2. Aufl. 1891. S. auch OB III, 5187.)

4579 Lagrange,M.-J.–Notre exploration de l'étra: Rev. bibl. VI, S. 208–30.

4580 — — Jérusalem d'après la mosaïque de Mádaba: ebd. S. 450–8.

4581 — — Du Sinaï à Jérusalem: ebd. S. 605–25.

4582 Lammens,H.–Mádabá, la ville des mosaïques: Études rel., phil., hist.
et litt., T. 73, S. 721–36.

4583 Lees,G.R.–Village life in Palestina: Religion, home life, manners,
customs, social characteristics, superstitions of peasants in the Holy Land,
with reference to the Bible. Lo., Stock, '97. 150 S. 8. (ill.) 2 *s.*

4584 Archimandrit Leonld.–Choždenie archimandrit Agrefen'ja občteli Pre-
svjaščyja Bogorodica okolo 1370 goda. (= Pravoslavnyj Palestinskij Sbornik.
Vyp. 48.) Pe. '96. X, 36 S. 8.
Rec. Viz. Vrem. IV, S. 243 f.

4585 Loti,P i e r r e.–Galiläa. Autor. Uebs. aus. d. Franz. (OB IX, 5292) v.
E.Philiparie. B., Schuster & Loeffler, '97. 240 S. 8. *M.* 3.50.
Rec. *A.B.*, D. ggr. Bl. XX, S. 292–4.

4586 Mac Conn,T.–The Holy Land in geography and history. N. Y.,Selbst-
verl., '97. 2 Vols. $ 2.
Rec. Independent (N. Y.) LXIX, S. 1406.

4587 Macmillan,H u g h.–Achan's wedge of gold: Expos. Times IX, S. 61–3.

4588 Mancini,A u g.–Sul de martyribus Palaestinae di Eusebio di Cesarea:
Studi italiani di filol. class. V, S. 357–68.
Vgl. *C.Wl[yman]*, Byz. Z. VII, S. 227.

4589 Marmier,G. – Contributions à la géogr. de la Palestine et des pays
voisins: Rev. ét. j. XXXV, S. 185–202.

4589a Martin,P.–Histoire du Liban. تاريخ لبنان. Traduit par R a š î d
al-Ḥ û r î al-S a r t û n î. Beyrouth, Impr. cath., '90–'95. 724 S. 8. *Fr.* 3.

4590 Matignon.–Le tombeau de Sara et le culte des morts en Orient: La
Terre Sainte '97, S. 327–32.

4591 Mercati,G i o v a n n i. – I Martiri di Palestina d'Eusebio di Cesarea nel
codice Sinaitico: Rdc. R. Istituto Lombardo di sc. e lett., Ser. II, Vol. 30.
20 S. 8.

4592 Mercator.–Le ruine di Balbec in Siria: L'Universo '97, No. 15.

4593 Michaud,J.F.–Histoire de la première croisade, tirée de l'histoire des
croisades. Ed., with an hist. introd., map, and notes by A.V. Houghton.
Lo., Macmillan, '97. XVI, 192 S. 8. 2 *s.* 6 *d.*

4594 — — Histoire de la première croisade p. p. E.L. Naftel. Nouv. ed.
P., Hachette, '97. 236 S. 8. *Fr.* 2.50.

4595 The Nestorian Christians: Spectator LXXIX, S. 231.

4596 Offord,Jos.–Pre-Mosaic Palestine: Proc. BA XIX, S. 7–26.
4597 Palmer, Lucia A. – Oriental days. N. Y., Baker & Taylor Co., '97. 252 S. **8.** $ 2.
Travels in Egypt and the Holy Land.
4598 Putešestvie Antiochijskago patriarcha Makarija v Rossiju v polovinĕ XVII v., opisannoe ego synom, archidiakonom **Pavlom Aleppskim.** Perevod s arabskago G.Murkos po rukopisi Mosk. Glavn. Archiva Ministerstva Inostr. Dĕl [OB X, 2559; cf. XI, 1813]: Russkoe Obozrĕnie '97, Jan., S. 241–71; Febr., S. 875–910; März, S. 275–307; April, S. 689–714; Mai, S. 181–205; Juni, S. 621–43.
Rec. Russkoe Obozrĕnie '97, Apr., S. 915–8; Г. Σ., Istoričeskij Vĕstnik '97, Mai, S. 616f.; *M.Glubokovskij*, Russkij Vĕstnik '97, Jan., S. 403–5.
4599 Perdrizet, P., et **Ch. Fossey.**–Voyage dans la Syrie du Nord: Bull. de corr. hell. XXI, S. 65–91.
Vgl. *K.K[rumbacher]*, Byz. Z. VII, S. 494.
4600 Perrot,F.X.–Jérusalem. Aller et retour. Besançon, impr. Jacquin, '97. 305 S. **8.**
4601 Pilcher, E. J. – The date of the Siloam inscription: Proc. BA XIX, S. 165–82; 3 T.
4602 Pilcher,E.J., and A.H.Sayce.–Notes on the Ophel Signet: Qu. St. '97, S. 309f.
4603 Prinzivalli,V. – I luoghi santi della Palestina. Mussaico del IV o V seculo scoperto a Madebà: Boll. Soc. ggr. it. X ('97), S. 456–8.
4604 Raboisson. – Les Maspeh. Etude de géographie exégétique touchant des différentes localités de ce nom. Mémoire présenté au congrès des orientalistes de 1897. P., Firmin-Didot & Co., ['97]. XII, 44 S. (K.)
4605 Rassam,Hormuzd.–The Tigris-Mesopotamian railway and India: As. Qu. Rev. IV ('97), S. 11–26.
4606 Rauzy, Firmin.–Jérusalem, Constantinople, Athènes. Foix, Francal, '97. 318 S. **8.**
4606a Rhétoré,Fr.J.–La prise de Jérusalem par les Perses: Rev. bibl. VI, S. 458–63.
Zu Couret OB XI, 1757.
4607 Röhricht, Khold. – Geschichte des Königr. Jerusalem (1100–1291). Innsbruck, Wagner, '97. XXVIII, 1105 S. **8.** *M.* 30.
4608 Rosenius,Josef.–Hvad jag såg i det krigiska Grekland och det fredliga Palestina. Reseskildring från våren 1897. Stockh., Bonnier, '97. 184 S. **8.** *Kr.* 1.75.
4609 Rupprecht, Prinz v. Bayern. – Die Ruinenstadt Gerasa in Adschlun (Syrien): Z. Münchener Alterthums-Ver. IX, S. 1–9.
4610 Sayce,A.H.–Light from the Tell-el-Amarna tablets on Palestine before the Exodus: Homil. Rev. '97, May, S. 387–91.
4611 — — Palestine at the time of Abraham, as seen in the light of archaeology: ebd., March, S. 200–6.
4612 Schumacher,G.–Unsere Arbeiter im Ostjordanlande [OB XI, 1831]. II: Mitth. u. Nachr. DPV '97, S. 65–9; 1B–6.
4613 — — Das südliche Basan. Zum ersten Male aufgenommen u. beschr.: ZDPV XX, S. 65–226; 1 K.
4614 Séjourné,P.-M. – Les fouilles à Jérusalem: Rev. bibl. VI, S. 299–306.
4615 — — L'Éliané de Mádaba: ebd. S. 648–57.
Griech. Inschr. aus d. J. 490 u. 502.
4616 Simpson,Will.–The Temple and the Mount of Olives: Qu. St. '97, S. 307f.
4617 Sladkopĕvcov,Petr. – Drevnija palestinskija obiteli i proslavivšie ich svjatye podvižniki. Vypusk IV. Izdanie Imperatorskago Pravoslavnago Palestinskago Obščestva. Pe. '96. 268 S. **8.**
Rec. Viz. Vrem. IV, S. 257.
4618 Spiers, R. Phenè.–The great mosque of Damascus: Qu. St. '97, S. 282–99.
Dazu: Ch. Wilson, S. 299–301.

4019 Spiers,R.Phenè.–The great mosque of the Omeiyades, Damascus:
J. R. Inst. British Architects IV ('96), S. 25–40; 57–65.
Vgl. oben No. 4558.

4620 Stevenson,Enrico.–Di un insigne pavimento in musaico esprimente
la geografia dei luoghi santi scoperto in una basilica cristiana di Madaba
nella Palestina: Nuovo Bull. di archeol. crist. III, S. 45–102.
Vgl. C.IV[eyman]. Byz. Z. VII, S. 245.

4621 Stoppani,Ant. – Da Milano a Damasco. Ricordo di una carovana
milanese. Milano, Cogliati, '96. 658 S. 8.
Rec. Th.Fischer, PM XLIII, Lber. S. 99.

4621a Strauss, Fr. Ad. & Otto.–Den heliga skrifts länder och orter. Ny
uppl. öfversedd och tillökad af B. Wadström [OB X, 4782]. II. Stockh.,
Beijer, '97. 368 S. 4.   Kr. 5·75·

4622 Svambera,F.–Jordán: OSN XIII, S. 608 f.

4623 Tichonravov,N.S., i S.Dolgov.–Choždenie svjaščennoinoka Varsonofija
ko svjatomu gradu Ierusalimu v 1456 i 1461–1462 godach. (= Pravoslavnyj
Palestinskij Sbornik. Vyp. 45.) Moskva '96. LXI, 32 S. 8.
Rec. V.z. Vrem. IV, S. 242 f.

4624 Vasil'ev,A.–Nedavno otkrytaja palestinskaja mozaika: Viz. Vrem. IV,
S. 763.

4625 Villefosse,Héron de. – Diplome militaire de l'armée de Judée: Rev.
bibl. VI, S. 598–604.

4626 Villefosse,Héron de, et Clermont-Ganneau. – La mosaïque géographique découverte au delà du Jourdain à Madeba: CR XXV ('97), S. 140–5;
163 f.

4627 Watson,C.M.–The work of the Palestine Exploration Fund: J. Manchester ggr. Soc. XI, S. 281–6.

4628 Zenner,J.K.–Das Autograph von Carl Grimmings Palästinareise im J.
1625: Z. f. kath. Th. XXI, S. 585 f.

b. Aramäische Sprache und Litteratur (mit Ausschluss der jüdischen).

(S. auch No. 3280; 3546; 4418.)

4629 Acta martyrum et sanctorum, syriace ed. Paulus Bedjan [OB X,
1897]. Tom. VII. P. (I., Harrassowitz in Komm.,) '97. XII, 1019 S. 8. M. 28.
Rec. von VI: K.Gottheil, Am. J. of th. I, S. 820–5.

4630 Die Uebersetzung der Categorieen des Aristoteles von Jacob von
Edessa (nach e. Hdschr. d. Bibl. nationale zu Paris u. einer d. Kgl. Bibl.
zu Berlin) hrsg., mit e. Einl. vers. u. m. d. griech. Hdschriften verglichen v.
Sal. Schüler. (Diss. Erlangen.) B., Druck v. Itzkowski, '97. 31 S. 8.

4631 Vie du moine Rabban Youssef Bousnaya écrite par son disciple Jean
Barkaldoun, trad. du syr. et annotée p. J.-B.Chabot: Rev. de l'Or. chrét.,
Suppl. trim. II, S. 357–405.

4632 Barnes,W.E.–An apparatus criticus to Chronicles in the Peshitta version,
with a discussion of the value of the Codex Ambrosianus. Cambridge, Univ.
Press, '97. XXXIV, 62 S. 8.   5 s.
Rec. J.F.Stenning. Expos. Times IX, S. 45–7.

4633 Baumstark,Ant.–Das Kirchenjahr in Antiocheia zwischen 512 und 518
Röm. Qschr. f. chr. Alt. XI, S. 31–66.
Nach syr. Quellen. Vgl. C.W[eyman]. Byz. Z. VII, S. 238 f.

4634 — — Epaphroditos und Hyginus: ZDMG LI, S. 432–5.

4635 Brockelmann,C.–Zum Leben des Mar Benjamin: ZA XII, S. 270 f.
Zu Scheil OB XI, 1866. — S. auch S.Fraenkel unten No. 4640.

4636 Brooks,E.W.–A Syriac chronicle of the year 846: ZDMG LI, S. 569–88.
Brit. Mus. Add. Ms. 14, 642.

4637 Chwolson,D.–Syrisch-nestorianische Grabinschriften aus Semirjetschie.
Neue Folge. Hrsg. u. erklärt. Mit 4 phototyp. Taf. Pe. (L., Voss' Sort. in
Komm.,) '97. 62 S. 4.   M. 6.

4638 Clermont-Ganneau.–L'inscription sur le piédestal d'une statue élevée
au roi nabatéen Rabel I.: CR XXV ('97), S. 285 f.

4639 Duval,Rub.–Notes sur la poésie syriaque: JA Sér. IX, T. X, S. 57–73·

4640 Aus e. Briefe v. S.Fraenkel an C.Bezold: ZA XII, S. 272.
Zu Scheil OB XI, 1866 (s. auch ob. No. 4635) u. Sachau XI, 1701.

4641 Freimann,Aron.-Die Isagoge des Porphyrius in den syrischen Uebersetzungen. (Diss. Erlangen.) B., Druck v. Itzkowski, '97. 32 S., 1 Bl. 8.

4642 Ausgewählte nestorianische Kirchenlieder üb. das Martyrium des heil.
Georg von Giwargis Warda, m. Einl., Anm. u. deutscher Uebs. v. Isak
Folkmann. (Diss. Erlangen.) Kirchhain N.-L., Druck v. Schmersow, '97.
48, 55 S. 8.

4643 Jaussen,F.Ant.-Inscriptions palmyréniennes: Rev. bibl. VI, S. 592-7.

4644 Lamy,T.-J.-Les commentaires de Saint Éphrem sur le prophète
Zacharie: ebd. S. 380-95; 535-46.

4645 A Palestinian Syriac Lectionary containing lessons fr. the Pentateuch, Job, Proverbs, Prophets, Acts, and Epistles. Ed. by Agnes Smith Lewis
w. crit. notes by Eberhard Nestle, and a glossary by Margaret D. Gibson.
(= Studia Sinaitica. No. VI.) Lo., Clay & Sons, '97. CXLJ, 139 S.; 1 Facs. 4.
12 s. 6 d.
Rec. der Studia Sinaitica (OB X, 1898 etc.): SR LXXXIV, S. 174 f.

4646 Ledrain,E.-Dictionnaire de la langue de l'ancienne Chaldée. [autogr.]
P., Leroux, '98. 2 Bl., 4, 570 S. 4. *Fr.* 50.

4646a Letourneau.-Une antique inscription funéraire de Locmariaquer:
Assoc. fr. p. l'avancement des sc. XXV, 1, S. 202 f.
„Une inscr. gravée en caractéres d'une écriture orientale (palmyrénienne?)".

4647 Lewis,Agnes S.-Last gleanings from the Sinai Palimpsest: Exp.,
Ser. V, Vol. VI, S. 111-9.

4648 — — An omission from the text of the Sinai Palimpsest: ebd. S. 472.

4649 Lidzbarski,Mark.-Ein Exposé der Jesiden: ZDMG LI, S. 592-604.
Cod. Sachau 200 d. Kgl. Bibl. zu Berlin.

4650 La vie de Mar Binjamin traduite du syriaque par V.Scheil: Rev.
de l'Or. chrét., Suppl. trim. II, S. 245-70.
Vgl. OB XI, 1866.

4651 Margoliouth,G.-More fragments of the Palestinian Syriac version of
the Holy Scriptures [Schluss zu OB X, 4816]: Proc. BA XIX, S. 39-60.

4652 La mort de Mar Marcos, ou dernière entrevue de Mar Marcos et
de Mar Sérapion. Par V.Scheil: ZA XII, S. 162-70.

4653 Merx,Adb.-Die vier kanonischen Evangelien nach ihrem ältesten bekannten Texte. Uebersetzung u. Erläuterg. der syr. im Sinaikloster gefundenen Palimpsesthandschrift. 1. Thl. Uebersetzung. B., G. Reimer, '97. V,
258 S. 8. *M.* 5.
S. auch zu S. 247 ff. die Notiz in d. Th. Lz. 24, S. 644 f.

4654 Nau,F.-Analyse de la seconde partie inédite de l'histoire ecclésiastique
de Jean d'Asie, Patriarche Jacobite de Constantinople († 585): Rev. de l'Or.
chrét., Suppl. trim. II, S. 455-93.

4654a — — Une biographie inédite de Bardesane l'astrologue. P., Fonte-
moing, '97. 8. *Fr.* 1.

4655 Ruska,J.-Studien zu Severus bar Šakkú's Buch der Dialoge [Schl. zu
OB XI, 1872]: ZA XII, S. 145-61.

4656 Schmidt,Gottfr.-Die beiden Syrischen Übersetzungen des I. Maccabäerbuches [Schl. zu OB XI, 1874]: ZAW XVII, S. 233-62.
Auch Diss. Göttingen '96.

4657 Schulthess,Frdr.-Der Brief des Mara bar Sarapion. (Spicilegium
Syr. ed. Cureton p. 43 ff.) E. Beitr. zur Gesch. d. syr. Litt.: ZDMG LI, S. 365-91.

4658 Passio antiquior SS. Sergii et Bacchi graece nunc primum edita:
Analecta Bollandiana XIV, S. 373-95.
Mit Berücksichtigung des syrischen Textes in den Acta martyrum et sanctorum ed. P.Bedjan.
T. III, S. 283-322.

4659 Smith,R.Payne.-Thesaurus syriacus. Collegerunt Steph. M. Quatre-
mere, Geo. Henr. Bernstein, G.W.Lorsbach, Alb. Jac. Arnoldi, Carol.
M.Agrell, F.Field, Aemil.Roediger. Auxit, digessit, exposuit, ed. R.Payne
Smith. Fasc. X, pars I [OB VII, 4809]. Oxford, Clarendon Press, '97.
S. 3782-4359. 4. *M.* 36.

4660 Techen,L.–Syrisch-Hebräisches Glossar zu d. Psalmen nach der Peschitta [OB XI, 1879]. II: ZAW XVII, S. 280–331.
4661 Theodori Mopsuesteni commentarius in Evangelium D. Johannis
in libros VII partitus. Versio syriaca juxta codicem Parisiensem ed. studio
et labore J.B.Chabot. Tom. I. Textus syriacus. P., Leroux, '97. VIII,
412 S. 8.   *Fr.* 20.
    Rec. *R D[uval]*, Rev. cr. 37,8, S. 141 f.
4662 Vogüé,Mis de.–Notes d'épigraphie araméenne [OB X, 4834]: JA Sér.
IX, T. X, S. 197–217; 2 T.
    Zu S. 199 f. vgl. Clermont-Ganneau, La statue du dieu Obodas, roi de Nabatène,
    ebd. S. 518–21.
4663 — — L'inscription nabatéenne de Pétra: Rev. bibl. VI, S. 231–8.
4664 Zenner,J.K.–Zur syrischen Lexikographie: ZDMG LI, S. 679 f.

Recensionen zu V, 1—3.

Th.Audo, Dict. de la langue chald. I: Luzac's Or. List VIII, S. 142.
The Apocalypse of Baruch ... ed. by R. H. Charles: *G.Dalman*, Th.
Lbl. '97, S. 177–80.
I.Benzinger, Hebr. Archaeologie: *Clermont-Ganneau*, Rev. cr. 52, S.497–9.
F.Berg, The influence of the Septuagint upon the Peshittâ Psalter: *H.P.
Smith*, Am. J. of th. I, S. 804–6.
J.Berlinger, Die Peschitta zum I. Buch der Könige: *F.Schulthess*, Th. Lz.
20, S. 531 f.
Keilinschriftliche Bibliothek hrsg. v. Eb.Schrader. II–V: *R.*, Th. Lbl. '97,
S. 238–41.
D.F.Buhl, Geographie des alten Palästina: *Séjourné*, Rev. bibl. VI, S. 316 f.;
Clermont-Ganneau, Rev. cr. 52, S. 501–4; *C.R.Conder*, Crit. Rev. of th.
& philos. lit. VII, S. 33–9.
C.R.Conder, The Latin kingdom of Jerusalem: *O.J.Thatcher*, Am. J. of
th. I, S. 1060–2.
A.-J.Delattre, Le pays de Chanaan: *Is.Lévy*, Rev. archéol. XXXI ('97), S. 142 f.
J.Delaville le Roulx, Cartulaire général de l'ordre des Hospitaliers. II:
H.Hr., I.C 49, S. 1591 f.
F.Delitzsch, Die Entsteh. des ältesten Schriftsystems: *F.Jensen*, DL 30,
S. 1166–78; *H.Zimmern*, ZA XII, S. 274–7; Ath., July 17, S. 104 f.
— — Assyrisches Handwörterbuch: *Alfr.Jeremias*, Th. Lbl. '97, S. 219–21;
A.H.Sayce, Crit. Rev. of th. & philos. lit. VII, S. 25–8.
Chronique de Denys de Tell-Maḥré p. p. Chabot: *J.B.Chabot*, Bull. cr.
'96, S. 414–7 (gegen F.Nau's Rec. OB X, S. 96); dazu Nau, ebd. S. 464–79.
A.Eisenlohr, Ein altbabyl. Felderplan: *C.F.L.*, LC 39, S. 1267–9; *B.Meissner*,
B. philol. Ws. '98, S. 179 f.
Eusèbe de Césarée, Hist. eccl. p. p. P.Bedjan: *V.Ermoni*, Bull. cr. 36,
S. 689–91.
Galterii Cancellarii Bella Antiochena ... hrsg. v. H.Hagenmeyer: *P.M.
Baumgarten*, ÖL 20, S. 617 f.
G.Gatt, Die Hügel von Jerusalem: *N.Schlögl*, ÖL 18, S. 547; *E.Schürer*,
Th. Lz. 19, S. 507; *E.Griwnacký*, Stud. u. Mitth. aus d. Bened.-Orden XVIII,
S. 508–10; *L.Fonck*, Études rel., philos., hist. et litt., T. 71, S. 833–8.
L.Gautier, Au-delà du Jourdain: *Clermont-Ganneau*, Rev. cr. 52, S. 504 f.
Some pages of the four Gospels re-transcr. ... by A.S.Lewis: SR LXXXIV,
S. 174 f.
M.Grünbaum, Neue Beitr. z. semit. Sagenkunde: *Clermont-Ganneau*, Rev.
cr. 52, S. 505.
V.v.Haardt, Schulwandkarte v. Palästina: *Domann*, PM XLIII, Lber. S. 98.
R.F.Harper, Assyrian and Babylonian letters. III–IV: LC 33, S. 1074 f.; Ath.,
July 31, S. 157 f.
H.V.Hilprecht, The Babyl. exped. of the Univ. of Pennsylv. Ser. A: Cunei-
form texts. Vol. I: *A.-J.Delattre*, JA Sér. IX, T. X, S. 531–9.

Jos. Jacobs, Studies in biblical archaeology: *Clermont-Ganneau*, Rev. cr. 52, S. 499 f.

P. Jensen, Nik(k)al-Šarratu (OB X, 4635): *J. Halévy*, Rev. sém. V, S. 287 f.

Jésus-yab d'Adiabène, Hist. de Jésus-Sabran p. p. J.-B. Chabot: *E. Nestle*, Th. Lz. 20, S. 540 f.

The Apocalypse of St. John in a Syriac version. Ed. by J. Gwynn: Ath., July 10, S. 62.

N. Jorga, Phil. de Mézières: *B. Kugler*, DL 26, S. 1028 f.

N. Kapterev, Snošenija ierusalimskich patriarchov s russkim pravitel'stvom: Viz. Vrem. III, S. 395–9; *A. P-ov*, ŽMNP '96, Nov., S. 127–38.

C. F. Lehmann, Eine assyr. Darstell. der Massage (OB XI, 1673): *J. D. E. Schmelts*, Int. Arch. f. Ethnogr. X, S. 158 (m. Brief v. Luschan).

J. M. Ludlow, The age of the crusades: *O. J. Thatcher*, Am. J. of th. I, S. 1059 f.

Maspero, The dawn of civilization (OB X, 1761): SR LXXXIV, S. 174.

D. H. Müller, Die Propheten: *G. G. Bagster*, Expos. Times VIII, S. 413–5; *S. A. Fries*, Nord. Tidskr. '97, S. 267–86 (auch zu Zenner OB X, 4847).

W. Muss-Arnolt, Assyrisch-Englisch-Deutsches Handwörterb.: *A. Jeremias*, Th. Lbl. '97, S. 219–21.

Narses, Syr. Wechsellieder .. hrsg. v. F. Feldmann: *R. D[uval]*, Rev. cr. 30, S. 61–3.

F. E. Peiser, Texte jur. u. geschäftl. Inhalts: *W. Nowack*, DL 39, S. 1531 f. Bibl. and patrist. relics of the Palest. Syriac literature. Ed. by G. H. Gwilliam, F. C. Burkitt and J. F. Stenning: *J.-B. Chabot*, Rev. de l'hist. des rel. XXXIV, S. 395–7.

Riant, Études sur l'hist. de l'église de Bethléem. I–II: *H. Hr.*, LC 34, S. 1092–4.

A. H. Sayce, Patriarchal Palestine: *Kirchhoff*, PM XLIII, Lber. S. 165; *H. Oort*, Th. Ts. '97, S. 445–8.

C. Schick, Karte d. näheren Umgeb. v. Jerus.: *H. Guthe*, PM XLIII, Lber. S. 99.

— — Die Stiftshütte: *E. Schürer*, Th. Lz. 23, S. 601 f.; *Clermont-Ganneau*, Rev. cr. 52, S. 500 f.

Sepp, Neue hochwichtige Entdeckungen auf der zweiten Palästinafahrt: *Mart. Hartmann*, ZDPV XX, S. 227 f. („dem Verf. gebricht es an den Elementen der histor. Kritik u. an den einfachsten sprachl. Kenntn.")

E. v Starck, Palästina u. Syrien: *Clermont-Ganneau*, Rev. cr. 52, S. 504.

B. Violet, Die Palaestin. Märtyrer des Eusebius v. Caesarea: *P. L.*, Rev. cr. 41, S. 206 f.; *J. Viteau*, Rev. de philol., de litt. et d'hist. anc. XXI, S. 199 f.

I. von Wedels Beschr. s. Reisen ... bearb. v. M. Baer: *K. Wutke*, DL 37, S. 1459–62.

H. Winckler, Die Thontafeln von Tell el-Amarna: *W. Nowack*, DL 39, S. 1532–2; Ath., July 31, S. 157.

4. Altes Testament. Judentum.

a) Althebräische u. biblisch-aramäische Sprache (einschliesslich Metrik und Musik).
(S. auch No. 4972; 5008.)

4665 Beecher, Willis J. – Notes on Hebrew words in the Old Testament. I. „Torah" in the Book of Job. II. „Torah" in the Book of Proverbs: Homil. Rev. '97, June, S. 541–4.

4666 Hebrew and English lexicon of the Old Testament. With an appendix ... based on the lexicon of W. Gesenius as transl. by Edw. Robinson. Ed. by F. Brown and others [OB IX, 5341]. Parts V–VI. Oxford, Clarendon Press (Lo., Frowde), '95–'97. 4. Je 2 s. 6 d.

4667 Cheyne, T. K. – The origin and meaning of „Belial": Expos. Times VIII, S. 423 f.

Zu W. Baudissin's Artikel in Herzogs Realencycl. — Vgl. Hommel, Expos. Times VIII, S. 472; Baudissin, ebd. IX, S. 40–5; T. K. Cheyne, S. 91 f.

4068 Endemann. – A n o k i und a n i und einiges andere Sprachliche im Pentateuch: Ev. Kirchenztg. '98, S. 185-90; 235-8.
Dazu Ed. König, ebd. S. 285-7.

4069 González, M i q u e l. – Antología hebráica, con vocab. comparado, traducciones, análisis y raíces al margen. Salamanca, Tip. Católica Salmaticense, '97. 87 S. 4. *P·s. 2.*

4070 Grimme, H u b. –Abriss der biblisch-hebräischen Metrik [Schl. zu OB X, 4837]: ZDMG LI, S. 683-712.

4071 König, F r. E d. – Historisch-kritisches Lehrgebäude der hebräischen Sprache m. comparativer Berücksicht. des Semitischen überhaupt [Schl. zu OB IX, 1931]. 2. Hälfte. 2. Thl. Historisch-comparative Syntax der hebr. Sprache. L., Hinrichs, '97. IX, 721 S. 8. *M. 18.*
Selbstanz. Th. Lbl. '98, S. 16-20. Rec. J.F.McCurdy, Presb. & Ref. Rev. '97, S. 549-51.

4072 Lambert, M a y e r. –Sur la syntaxe de l'impératif en hébreu: Rev. ét. j. XXXV, S. 106-9.

4073 — — La trilitéralité des racines ז"ז et ע"ז: ebd. S. 203-12.

4074 Levi, I s a i a. – Grammatica ed esercizi pratici della lingua ebraica. (Manuali Hoepli.) Milano, Hoepli, '97. 191 S. 8.

4075 Michell, G.B.–The transliteration of Hebrew: Expos. Times IX, S. 48.

4076 Nestle, E.–The transliteration of Hebrew: ebd. VIII, S. 524.
Vgl. J.A.Selbie, ebd. S. 451 u. OB XI, 1892.

4077 Praetorius, F r z. – Über den rückweichenden Accent im Hebräischen. Halle, Buchh. des Waisenhauses, '97. V, 69 S. 8. *M. 4.*
Rec. K., LC 51.2, S. 1683-5.

4078 Strack, H e r m.L. – Hebräisches Vokabularium (in grammatischer u. sachlicher Ordnung). 5. Aufl. München, Beck, '97. 56 S. 8. *M. 0.80.*

4079 Vetter, P a u l. – Die Metrik des Buches Job. (= Bibl. Studien. Hrsg. v. O.Bardenhewer. 2. Bd. 4. Hft.) Freiburg i/B., Herder, '97. III, X, 82 S. 8.
Rec. O.Mussil, OL 23, S. 707 f.; F.Lauchert, Rev. int. de th. V, S. 877 f. *M. 2.30.*

Anhang:

4080 Der König M e s a und sein Stein: Warte des Tempels LIII, S. 276 f.

4081 Socin. – Zur Mesainschrift: Ber. Verh. Ges. Wiss. L., Phil.-Hist. Cl., Bd. 49, S. 171-84.
Vgl. OB I, 753-5; X, 1956.

b) Alttestamentliche Litteratur und Geschichte.

α) Allgemeines.

(S. auch No. 3013; 4334; 4487; 4503; 4511; 5133; 5273; 5286; 5289; 5297; 5303; 5327.)

4082 Z e i t s c h r i f t für die a l t t e s t a m e n t l i c h e W i s s e n s c h a f t. Hrsg. v. Bernh. S t a d e [OB XI, 1900]. 17. Jg. Heft 2. Giessen, Ricker, '97. S. 233-380. 8. j. *M. 10.*

4083 Jacquier, E.–Revue d'écriture sainte [OB XI, 1903]: Université cath., N. S. XXIV, S. 426-45.

4084 Piepenbring, C.–Revue des périodiques. Judaisme biblique: Rev. de l'hist. des rel. XXXV, S. 268-74.

4085 Simon, J a c q u e s.–Chronique biblique: Rev. d'hist. et de litt. rel. II, S. 444-74; 560-4.
Bespricht die wichtigsten neueren Publicationen.

4086 D i c t i o n n a i r e de la Bible, contenant tous les noms de personnes, de lieux, de plantes, d'animaux mentionnés dans les saintes écritures, etc. p. p. F.V i g o u r o u x [OB XI, 1906]. Fasc. 12. P., Letouzey et Ané, '96. 8. *Fr. 5.*
Rec. X.Barbier de Montault, Rev. archéol. XXXI ('07), S. 435.

4087 Wetzer u. **Welte's** Kirchenlexikon. 2. Aufl. [OB XI, 1909]. Lief. 108-11. Freiburg i. B., Herder, '97. 8. Je *M. 1.*

4088 Adeney, W.F. – The construction of the Bible. Lo., S. S. Union, '97. 96 S. 8. *1 s.*

4089 Albrecht, H e i n r.–Bibelehrung. Ein Versuch, den Inhalt der bibl. Schrift zu finden u. zu verstehen. 1. Hft. Die Schöpfung. Eine Philosophie u. Theologie aus der Urzeit. Hannover-Linden, Edel, '97. 12 S. S. *M. 0.25.*

4690 Bacuez et Vigouroux. – Manuel biblique, ou cours d'Écriture sainte, à l'usage des séminaires. 41e mille. Ancien Testament; par F. Vigouroux. 10e ed., revue et augmentée. T. 1er: Introduction générale; l'entateuque. P., Roger et Chernoviz, '97. XII, 798 S. 8.

4691 Barrett, G. S. – Bible and its inspiration. With some reference to the higher criticism. Lo., Jarrold, '97. 172 S. S. 2 s.

4692 Bartlett, S. C. – Novei Bible history: Bibl. Sacra LIV, S. 383–6; 572–6.

4693 Beach, Dav. N. – The reconstruction of theology: ebd. S. 108–40.

4694 Behrends, A. J. F. – Criticism and the Old Testament: Homil. Review '97, May, S. 411–8.

4695 Bennett, W. H. – A primer of the Bible. (A history of the Bible, sketched in the light of modern criticism.) Lo., Methuen, '97. 236 S. 8. 2 s. 6 d. Rec. Literature I, S. 204.

4696 B[erle], A. A. – Archaeology and literary criticism: Bibl. Sacra LIV, S. 389–91.
Zu Francis Brown, Old Testament problems (Annual address before the Soc. of Bibl. lit. and exegesis).

4697 [Bibel.] Die hl. Schriften d. alten u. neuen Test., übers. v. Loch u. Reischl. Neue Ausg. [Schl. zu OB XI, 1915.] 73–84. Lfg. Regensbg., Verl.-Anst., '97. 8. Je M. 0,30

4698 Die Bibel, d. i. die ganze Heilige Schrift des alten u. neuen Testaments nach Dr. Martin Luthers Übersetzung. Mit Bildern der Meister christl. Kunst. Hrsg. v. Rud. Pfleiderer. (Billige Ausg. ohne Heliogravüren u. m. weniger Vollbildern.) 3 Bde. St., Süddeutsches Verlags-Institut, '97. V, 578; III, 440 u. V, 368 S. 4. M. 50.

4699 [— —] Gamla Testamentet [OB XI, 1916]. III. De poetiska böckerna. Proföfversättning, utg. af Bibelkommissionen. Stockholm, Norstedt, '97. 275 S. 8. Kr. 0,50

4700 Bible for home and school. Arranged by Ed. T. Bartlett and John P. Peters. Introd. by F. W. Farrar. Parts 1–3: Hebrew story to the time of Saul. The kingdom of all Israel. Samaria and Judah to the exile. Lo., Clarke, '97. 228; 154; 192 S. 8. Je 1 s.

4701 The holy Bible, containing the Old and New Testaments. To which is prefixed an introduction by J. W. Mackail. (8 Vols.) (Eversley Bible.) Vols. I–III. Lo. (N. Y.), Macmillan, '97. XXIX, 513; 459; 482 S. 8. Je 5 s.; $1.50

4702 Bible for home reading. Ed. with comments and reflections for Jewish parents and children, by C. G. Montefiore. Part 1: To the second visit of Nehemiah to Jerusalem. 2nd ed. Lo., Macmillan, '97. 644 S. S. 4 s. 6 d. Rec. H. Oort. Th. Ts. XXXI, S. 330–5.

4703 Bible scenes and sweet stories of old. Lo., Nister, '97. 4. 3 s. 6 d.

4704 [— —] Walks from Eden: the Scripture story from the creation to the death of Abraham. By the author of „The wide, wide world" &c. New ed. Lo., Nisbet, '97. 290 S. 8. 2 s.

4705 [— —] House of Israel: the Scripture story from the birth of Isaac to the death of Jacob. By the author of „The wide, wide world", &c. New ed. Ebd. 360 S. 8. 2 s.

4706 [— —] Kingdom of Judah: the Scripture story from the death of Solomon to the captivity. By the author of „The wide, wide world", &c. New ed. Ebd. 266 S. 8. 2 s.

4707 Böhmer, Jul. – Brennende Zeit- u. Streitfragen der Kirche. Gesammelte Abhandlgn. Giessen, Ricker, '97. 8. M. 2.
I. Auf alttestamentlichem Gebiete. Bedenken u. Wünsche f. e. zukünft. Verdeutschg. des Alten Testaments. Gegenwart u. Zukunft im Lichte alttestamentl. Prophetenworte. Das Alte Testament im christl. Religionsunterricht. VI, 127 S.

4708 Boury, Henri. – Droits et devoirs des prêtres dans la rél[igion d'Israël. (Thèse.) P., impr. Lhen, '97. 71 S. 8.

4709 Broglie, de. – Questions bibliques. Oeuvre extrait d'articles de revues et de documents inédits de l'abbé de Broglie par C. Piat. P., Lecoffre, '97. VII, 409 S. 8.
Rec. A. Loisy, Bull. cr. 29, S. 555 f.; Civiltà catt., Ser. XVI, Vol. XI, S. 327—31.

4710 Buhl, Frants.–Some observations on the social institutions of the Israelites: Am. J. of th. I, S. 728-39.

4711 Bush,J.–Modern thoughts on ancient stories. (Sketches of Bible characters.) Lo., Kelly, '97. 178 S. 8. 2 s. 6 d.

4712 Carroll,B.H.–The Bible doctrine of repentance. With an introd. by T.T.Eaton. Louisville, Baptist Book Concern, '97. 132 S. 8. 25 c.

4713 Cereseto,Gio.Giacinto.–Istituzioni bibliche, ossia introduzione generale e speciale a tutti i libri della Santa Scrittura [OB VI, 4323]. Tomo II. Chiavari, tip. Esposito. 972 S. 8. L. 9.
Rec. Civiltá catt., Ser. XVI, Vol. XII, S. 65–70.

4714 Chambers,A.–„Our life after death"; or, the teaching of the Bible concerning the unseen world. Pref. by Canon Hammond [OB X, 4868]. 21–3rd. ed. Lo., Taylor, '97. 214 S. 8. 2 s. 6 d.

4715 Cruden's complete concordance to the Old and New Testaments. Lo., Morgan & Scott, '97. 762 S. 4.
Popular ed. 3 s. 6 d. Student's ed. 5 s. Library ed. 7 s. 6 d.
Vgl. OB XI, 1937.

4716 Davies,T.W.–Milestones in religious history: or tent, temple, tabernacle, synagogue and church: Bibl. World X, S. 1-23.

4717 Döring,Johs.–Wellhausens Theorien zur Geschichte Israels in kritischer Beleuchtung. Vortrag. Gütersloh, Bertelsmann, '97. 48 S. 8. M. 0.60.

4718 Driver,S.R.–An introduction to the literature of the Old Testament [OB VIII, 1593]. 6th ed. enl. (Int. theol. library.) Lo., Clark (N. Y., Scribner), '97. XI, 577 S. 8. 12 s.; § 2.50.
Rec. dieser u. der deutschen Ausg. (OB X, 2000): J.A.Selbie, Expos. Times IX, S. 137 f.; S.Minocchi, Rev. bibl. VI, S. 308–10; Ed.König, Th. Lbl. '97, S. 19–21.

4719 Dvorák,R.–Josef: OSN XIII, S. 617.

4720 Old Testament commentary for english reader. By various writers. Ed. by C.J.Ellicott. New ed. Vols. 1–5. Lo., Castell, '97. 608; 518; 530; 586; 618 S. 4. Je 4 s.

4721 Ellwang,Wm. W.–The Old Testament canon: Presb. Quarterly '97, Apr., S. 125–41.

4722 Fairbanks, Arth.–The conception of the future life in Homer: Am. J. of th. I, S. 741-57.
Mit Berücks. der einschläg. alttestamentl. Vorstell.

4723 Faure, André.–Le mariage en Judée et en Égypte. Analogie des deux institutions. Valence '97. 8.

4723a Ford,R.C.–The high priest's diadem: Expos. Times VIII, S. 526 f.

4724 Forlong,G.–Inspiration of the Bible: considerations adressed to deist and agnostic; a manual for the young believer. Lo., Thynne, '97. 130 S. 8. 1 s. 6 d.

4725 Die Frauen der Bibel. (= Religiöse Broschüren f. Gebildete. H. 4.) B., Christl. Zeitschriftenverein, '97. 44 S. 8.

4726 Girdlestone,R.B.–Synonyms of the Old Testament: their bearing on Christian doctrine. 2nd ed. Lo., Nisbet, '97. 8. 12 s.

4727 Gladden,Washington.–Seven puzzling Bible books: a supplement to „Who wrote the Bible?". Boston, Houghton, Mifflin & Co., '97. VI, 267 S. 8. $ 1.25.

4728 Glazebrook,M.G.–Notes on lessons from the Old Testament. Senior course [OB XI, 1956]. Vol. II. Lo., Rivington, '97. 8. 2 s. 6 d.

4729 Gray,G.Buchanan.–Professor Hommel on the evidential value of Hebrew proper names: Expos. Times VIII, S. 555-8.
Zu OB XI, 1901 2.

4730 Gwatkin,Wm.E.–Solomon: Sem. Magazine '97, Apr., S. 353-9.

4731 Harper,E.T.–Religious life in Israel from the division of the kingdom to the reform of Josiah: Bibl. World X, S. 35-47.

4732 Henslow,G.–Spiritual teachings on Bible plants; or the garden of God. Lo., Stoneman, '97. 98 S. 8. 1 s. 6 d.

4733 Hoffmann, Rich.Adf.–Was versteht man unter wissenschaftlicher Bibelforschung? Königsberg, F.Beyer, '97. 20 S. 8. M. 0.50.

4734 Denkmäler u. Pentateuchkritik: Stimmen aus Maria-Laach LIII, S. 576-8.
Stützt sich auf Hommel OB XI, 1961/2.
4735 Horton,R.F.-Women of the Old Testament: Studies in womanhood.
Lo., Service, '97. 304 S. 8. 3 s. 6 d.
4736 Huizinga,A.-Passages concerning seeing God: Presbyterian Quarterly
X, S. 508-15.
4737 Hull,E.-Holy Scripture illustrated and confirmed by recent discoveries
in Palestine and the East: J. of the Tr. of the Victoria Inst. XXVIII, S. 129-50.
S. 150-2: Remarks by C.R.Conder.
4738 Jülicher.-Bibelübersetzungen: Paulys Realencycl. III, S. 391-400.
4739 Kaulen,Frz.-Einleitung in die hl. Schrift Alten u. Neuen Testaments.
1. Tbl. 4. Aufl. Freiburg i/B., Herder, '97. VI, 188 S. 8. M. 2.30.
4740 — — Kurzes biblisches Handbuch zum Gebrauche f. Studirende der
Theologie. 1. Bdchn. (Auch u. d. T.: Kurze Einleitg. in die hl. Schrift des
Alten u. des Neuen Testaments.) Ebd. '97. IX, 151 S. 8. M. 1.80.
4741 Kennedy,A.R.S.- Did the Jews return under Cyrus?: Expos. Times
VIII, S. 268-71.
S. auch A. van Hoonacker, ebd. S. 351-4.
4742 Kerber,Geo.-Die religionsgeschichtliche Bedeutung der hebräischen
Eigennamen des alten Testamentes v. neuem geprüft. Freiburg i/B., Mohr,
'97. III, 99 S. 8. M. 2.80.
4743 Kübel,Rob.-Bibelkunde. Erklärung der wichtigsten Abschnitte der
hl. Schrift u. Einleitg. in die bibl. Bücher. 1. Tl. Das Alte Testament.
6. Aufl. St., Steinkopf, '97. 391 S. 8. M. 3.60.
Vgl. OB X, 4006.
4743a [Ch. Lagrange üb. die engl. Ausg. s. Buches über die grosse Pyra-
mide (OB VIII, 1618)]: Bull. Ac. royale de Belg. XXXI ('96), S. 4-6.
4744 Lehmann,Jos.-Assistance publique et privée d'après l'antique légis-
lation juive: Rev. ét. j. XXXV, S. I-XXXVIII.
4745 McCurdy,J.F.-The moral evolution of the Old Testament: Am. J. of
th I, S. 658-91.
4746 — — Light on scriptural texts from recent discoveries [OB XI, 1984].
The decline of Assyria. — Dissolution of the Assyrian empire. — The book
of Nahum and the fall of Nineveh. — The creation story-its origin: Homil.
Rev. '97, March, S. 218-21; Apr., S. 314-7; May, S. 408-11; June, S. 502-5;
July, S. 24-6; Aug., S. 121-4.
4747 Malov,E.A.-O prevoschodstvě Moiseja pred vsěmi prorokami (protiv
Evreev): Pravoslavnyj Sobesědnik '97, Juli-Sept. (56 S. 8.)
4748 Margival,Henri.-Richard Simon et la critique biblique au XVIIe
siècle [OB XI, 1987]: Rev. d'hist. et de litt. rel. II, S. 525-52.
4749 Mehlhorn,Paul.-Die Bibel, ihr krit. u. geschichtl. Boden. 4., teilw.
umgearb. Aufl. L., Barth, '97. 76 S. 8. M. 1.
Rec. A.Jonas, Z. f. d. Gymnw. XXXI ('97), S. 591 f.
4750 Monroe,James.-Joseph as a statesman: Bibl. Sacra LIV, S. 484-500.
4751 Montefiore,C.G.-Lectures on the origin and growth of religion, as
illustrated by the religion of the ancient Hebrews: Hibbert lectures, 1892.
2nd ed. Lo., Williams, '97. 8. 3 s. 6 d.
4752 Nestle,Eb.-The division of the ten commandments in the Greek and
Hebrew Bibles: Expos. Times VIII, S. 426 f.
4753 Norelius,Gustaf.-Gamla Testamentet i kortfattad öfversikt till läraver-
kens och det tidigare universitetsstudiets tjänst. Isagogisk studie. Med förord
af J.A.Ekman. Upsala, Lundequistska Bokh., '97. 2, 101 S. 8. Kr. 1.
4754 Osgood,Howard.-Morals before Moses: Presb. & Ref. Rev. VIII,
('97), S. 267-78.
4755 Ottley,R.L.-Aspects of the Old Testament, considered in eight lectures.
(Bampton lectures.) Lo. (N. Y.), Longmans, '97. XIX, 448 S. 8. 16 s.; § 4.
Rec. Literature I, S. 100 f.
4756 Paton,L.B.-The social, industrial and political life of Israel between
950 and 621 B. C.: Bibl. World X, S. 24-32.

4757 Peake,A.S.–A guide to Biblical study. Introd. by A.M. Fairbairn. Lo., Hodder (N. Y., Dodd), '97. XX, 224 S. 8. 3 s. 6 d.; $ 1.50. Rec. Literature I. S. 204.

4758 Poels,H.A.–Examen critique de l'hist. du sanctuaire de l'arche. Tome I. (Thèse de Louvain.) Leyde, Brill, '97. XIV, 422 S. 8. Fr. 5. Rec. J.S., Bull. cr. 29, S. 553 f.; J. A. Selbie, Expos. Times IX, S. 63–5; M.-J. Lagrange, Rev. bibl. VI, S. 630–2.

4759 Robert,Charles.–A propos des fils de Dieu et des filles de l'homme dans la Bible: Rev. bibl. VI, S. 264–71.

4700 Robertson,J.–Israels tidigare religion före det åttonde århundradet f. Kr. enligt bibeln och den moderna kritiken. Fri öfversättning och bearbetning efter originalets fjärde upplaga af And. Neander [OB XI, 2005]. II. 3-4. Stockholm (gedr. Norrköping), Carlsson, '97. S. 193-369. 8. Je Kr. 1.

4701 — — Israel's oude godsdienst naar de bijbelsche en de nieuwcritische voorstelling. Naar de 4e eng. uitgave (OB X, 2062). Met eene voorr. v. J.J.v.Toorenenbergen. Culemborg, Blom & Olivierse, '96. XII, 620 S. 8. F. 2.50. Rec. dieser u. der deutschen Ausg. (OB X, 4030); G.Wildeboer, Th. Studien XV, S. 287 —306; O. Mussil, OL 16, S. 483 f.; Seilin, Th. Lbl. '98, S. 1–5; W. Murphy, Rev. bibl. VI, S. 230–54.

4762 Sanday,W. – The historical method in theology: Expos. Times IX, S. 84–7.

4763 Sattig,Fritz.–Zur Behandlung des Alten Testaments auf der Mittelstufe des Gymnasiums. Progr. Waisen- u. Schulanstalt Bunzlau '97. 29 S. 4.

4764 Sayce,A.H.–Fra den bibelske arkæologis seneste resultater: For Kirke og Kultur '97, S. 629-35.

4765 Schell,Herm.–Das Problem des Geistes m. bes. Würdigung des dreieinigen Gottesbegriffs u. d. biblischen Schöpfungsidee. Akad. Festrede, geh. am 11. Mai '97. 2. Aufl. Würzburg, Göbel, '98. 76 S. 8.

4766 Schodde, G. H. – Israel's place in universal history: Bibl. World X, S. 272–6.

4767 Somervell,R.–Jewish monarchy. The parallel history. Printed in the text of the revised version, 1885. Part 1: The reigns of David and Solomon. Cambridge, Univ. Press, '97. 8. 2 s. Part 2 = OB X, 1991 (wo Somervell statt Somerville zu lesen ist).

4768 Spence,R.M.–Nebhélah: Expos. Times VIII, S. 428. Dazu Hommel S. 473 f.; Spence S. 526.

4709 Stade,Bernh.–Die Entstehung des Volkes Israel. Ak. Rede. Giessen, v. Münchow'sche Hof- u. Univ.-Dr., '97. 40 S. 4. S. auch Beil. Allg. Ztg. 152, S. 1–5; 153, S. 3–6.

4770 — — A. Hilgenfeld's „Bemerkung" und W.Staerk's „Erwiderung" (OB XI, 2017): ZAW XVII, S. 352.

4771 Tompkins,H.G.–Abraham and his age. Lo., Eyre, '97. 294 S. 8. (T.) 6 s.

4772 Vizard,P.E.–From the old faith to the new. Lo.,Green,'97. 136 S. 8. 1 s. Essays on the Bible, contending that the events recorded are to be regarded as natural, not supernatural.

4773 Wellhausen, J. – Israelitische u. jüdische Geschichte. 3. Ausg. B., G.Reimer, '97. VII, 388 S. 8. M. 9.

4774 Welton,M. – The Old Testament wisdom (Chokma): Bibl. World X, S. 183-9.

4775 Ziemer,Ern. – Abrahamus patriarcha an fuerit re vera. (Diss.) Erlangae, typ. Junge, '97. 108 S. 8. Rec. J.Meinhold, Th. Rdsch. I, S. 64–6.

β) Einzelne Bücher.

4776 Cheyne,T.K.–On 2 Chron. XIV. 9; Job I. 15; Prov. XXVII. 22: Expos. Times VIII, S. 431 f.

4777 Handbuch der Bibelerklärung. Hrsg. vom Calwer Verlagsverein. Bd. 1. Die Geschichtsbücher des Alten Testaments. Bd. 2. Die Lehrbücher u. Propheten des Alten Testaments. 7. Aufl. Calw u. St., Vereinsbuchh., '97. IV, 726 S.; 2 K. u. 564 S. 8. Je M. 3.

4778 Moulton, Rich. G. - Daniel and the minor Prophets. (The modern reader's Bible.) Lo. (N. Y.), Macmillan, '97. XII, 286 S. 8. 2 s. 6 d.; 50 c. S. OB XI, 2038.

4779 Müller, W. Max. - Miscellen. 1. Sanheribs Mörder. 2. König Jareb: ZAW XVII, S. 332-6.

4780 Peiser, F. E. - Miscellen: ZAW XVII, S. 347-51.
Esr. 1, 8. Gen. 2, 12. Jes. 3, 23. 1 Chron. 15, 7. Nah. 1, 1. Proverb. 30, 31. Jer. 25, 25. Thren. 3, 16.

4781 Pulpit commentary. Ed. by H. D. M. Spence and J. S. Exell [OB XI, 2040 ff.]. 1 Kings. Exposition and homiletics by Jos. Hammond. Homilies by various authors. New ed. Lo., Paul, '97. 584 S. 8. 6 s.

4782 — — 2 Kings. Exposition and homiletics by G. Rawlinson. Homilies by various authors. New ed. Ebd. '97. 530 S. 8. 6 s.

4783 — — 1-2 Chronicles. Expositions and homiletics by Phil. C. Barker. Homilies by various authors. New ed. Ebd. '97. 492; 466 S. S. Je 6 s.

4784 — — Isaiah. Expos. and homiletics by G. Rawlinson. Homilies by various authors. Vols. 1-2. New ed. Ebd. '97. 626; 514 S. S. Je 6 s.

4785 — — Ecclesiastes. Expos. by W. J. Deane Homilies by various authors. — Song of Solomon. Expos. by K. A. Redford. Homiletics by B. C. Caffin. Homilies by various authors. New ed. Ebd. '97. 610 S. 8. 6 s.

4786 — — Ezra. Expos. by G. Rawlinson. Homiletics by W. S. Lewis. Homilies by various authors. — Nehemiah. Expos. by G. Rawlinson. Homiletics by G. Wood. Homilies by various authors. — Esther. Expos. by G. Rawlinson. Homiletics by J. R. Thomson. Homilies by various authors. New ed. Ebd. '97. 540 S. S. 6 s.

4787 — — Job. Expos. by G. Rawlinson. Homiletics by T. Whitelaw. Homilies by various authors. New ed. Ebd. '97. 172 S. 8. 6 s.

4788 — — Proverbs. Expos. by W. J. Deane and S. T. Taylor-Taswell. Homiletics by W. F. Adeney. Homilies by various authors. New ed. Ebd. '97. 656 S. 8. 6 s.

4789 — — Psalms. Expos. by G. Rawlinson. Homiletics by E. R. Conder and W. Clarkson. Homilies by various authors. Vols. 1-3. New ed. Ebd. '97. 448; 450; 432 S. 8. Je 6 s.
S. schon OB X, 5037.

Hexateuch.
(S. auch No. 2745.)

4790 Abraham och de Babyloniska konungarne. 1 Mos. 14: Bibelforskaren XIV, S. 368-72.
Aus Kirchenfreund (Basel) '97, No. 22.

4791 Bartlett, S. C. - The veracity of the Hexateuch: defence of the historic character of the first six books of the Bible. N. Y., Revell Co., '97. 404 S. 8. $ 1.50
Rec. *H. Osgood,* Bibl. Sacra LIV, S. 788-91.

4792 Castelli, Dav. - Una congettura sopra Deuteronomio 32, 5: ZAW XVII, S. 337 f.

4793 Cheyne, T. K. - Prof. Hommel on Arphaxad [OB XI, 2047]: Expos. Times VIII, S. 474.

4794 — — Rival restorations of Num. XXIV, 23, 24: ebd. S. 520 f.

4795 Conti Rossini, Carlo. - Sul cap. XL del Genesi: Gi. Soc. as. it. X, S. 157-9.

4796 Diener, C. - Die Katastrophe von Sodom und Gomorrha im Lichte geologischer Forschung: Mitth. ggr. Ges. W. XI., S. 1-22.
Hiernach: Globus LXXI, S. 390 f.

4797 Dillmann, Aug. - Die Bücher Exodus u. Leviticus. In 3. Aufl. hrsg. v. Vict. Ryssel. (= Kurzgef. Handbuch zum Alten Testament. 12. Lfg.) L., Hirzel, '97. XIV, 696 S. 8. M. 12.

4798 — — Genesis critically and exegetically expounded. Transl. from the last ed. by Wm. B. Stevenson. 2 Vols. Lo., Clark, '97. 942 S. 8. 21 s.
Rec. *A. B. Davidson,* Expos. Times IX, S. 139 f.

4700 Engholm, Th.–Indlæg angaaende „Lex mosaica": Theol. Tidsskr. for den danske Folkekirke '97, S. 418–25.
Daru "Nogle korte Bemærkninger" von J. C. Jacobsen, S. 426–8.

4800 — — Prof. Driver's Deuteronomium (OB IX, 2048): ebd. S. 429–54.

4801 Gibson, Isaac.–Reasons for the higher criticism of the Hexateuch. Introd. by W. Hazard. Philadelphia, Jacobs & Co., '97. 100 S. 8.   50 c.

4802 Green, William Henry.–Die höhere Kritik des Pentateuchs. Aus dem Engl. (OB IX, 5512) v. Otto Becher. Gütersloh, Bertelsmann, '97. XI, 255 S. 8.   M. 4.

4803 Halévy, J.–Recherches bibliques [OB XI, 2056]. Unité, ordre et date des récits rel. à l'hist. d'Abraham et des Abrahamides: Rev. sém. V, S. 289–323.

4804 Hoedemaker, Ph.J.–Der mosaische Ursprung der Gesetze in den Büchern Exodus, Leviticus u. Numeri. Vorlesungen üb. die moderne Schriftkritik des Alten Testaments. Deutsch v. A. F. Schulte-Bunert. Gütersloh, Bertelsmann, '97. XV, 368 S. 8.   M. 6.

4805 Hontheim, J. – Bemerkungen z. Hexaemeron: Z. f. kath. Th. XXI, S. 747–50.

4806 Cursus Scripturæ Sacræ auctoribus R. Cornely, I. Knabenbauer, Fr. de Hummelauer. Commentariorum in Vet. Test. pars I, in libros historicos [OB IX, 2061] II: Commentarius in Exodum et Leviticum auctore Fr. de Hummelauer. P., Lethielleux, '97. VIII, 552 S. 8.   Fr. 10.

4807 Jones, J.C.–Primaeval revelation: studies in Genesis I–VIII. (Davies lecture for 1896.) Lo., Hodder (N. Y., Am. Tract Soc.), '97. XII, 366 S. S.   6 s.; § 1.75.

4808 Keerl, C.–Die Bekleidung Adams u. Evas mit Fell- oder Hautröcken d. h. mit der fleischlichen Leiblichkeit: N. Kirchl. Z. VIII, S. 987–1006.

4809 Lagrange, M.-J.– L'innocence et le péché, Gen. II, 4–III: Rev. bibl. VI, S. 341–79.

4810 Laird, H.P.–The first chapter of Genesis read in the light of modern science: Reformed Qu. Rev. '96, Oct., S. 481–90.

4811 Loisy, Alfr.–Notes sur la Genèse [OB X, 2107]. IV. Énos (Gen., IV, 26): Rev. d'hist. et de litt. rel. II, S. 398–407.

4812 Mackie, G.M.–Who was Potiphar?: Expos. Times VIII, S. 430.
Daru J. A. Selbie S. 474 f.

4813 Margoliouth, G. – Moses and the battle of Rephidim: Exp., Ser. V, Vol. V, S. 119–28.

4814 Meissner, B.–Der gegenwärtige Stand der Quellenforschung im Hexateuch: Z. f. d. ev. Relig.-Unterr. '97, Jan.

4815 Mitchell, H.G.–The fall and its consequences according to Genesis, chapter 3: Am. J. of th. I, S. 913–26.

4816 Morton, Henry.–The cosmogony of Genesis and its reconcilers: Bibl. Sacra LIV, S. 264–92; 436–68.

4817 Palmer, A.S.–Babylonian influence on the Bible and popular beliefs, „Tehôm and Tiâmat, Hades and Satan": a comparative study of Genesis 1, 2. Lo., Nutt, '97. 120 S. 8.   3 s. 6 d.
Rec. Westminster Rev., Vol. 148, S. 704.

4818 Perce, Warren R.– Genesis and modern science. N. Y., Pott & Co., '97. III, 362 S. 8. (K.) $ 1.50.

4819 Rupprecht, Ed.–Kann eine mangelhafte Beseitigung der sogen. Postmosaica die Anerkennung der Pentateuchabfassung durch Moses hindern?: Beweis des Glaubens '97, S. 310–8.

4820 Sayce, A.H.–Archaeological commentary on Genesis [OB X, 4982; XI, 2071]: Expos. Times VII ('96), S. 542–5; VIII ('97), S. 356–9; 461–5; IX, S. 31–4.

4821 Since, James.–The drama of creation (Genesis I, 1–II, 3): Exp., Ser. V, Vol. VI, S. 309–20; 387–400; 450–9.

4822 Sodomas og Gomorrhas Undergang: Nord og Syd I, S. 128.

4823 Tulloch.–Passage of the Red Sea by the Israelites: J. of the Tr. of the Victoria Inst. XXVIII, S. 267-80; 1 K.

4824 Volck,W.–Die Urgeschichte nach Genesis Kap. 1-11. Barmen, Wupperthaler Tractat-Ges., '97. 32 S. 8. *M.* 0.10.

Frühere Propheten.
(S. auch No. 4368.)

4825 Fragments of the Books of Kings according to the translation of **Aquila**. From a ms. formerly in the Geniza at Cairo ed. by F. C. Burkitt. With a pref. by C. Taylor. Cambridge, University Press, '97. With 6 Facs. 4. 10 s. 6 d.

4826 Barnes,W.E.–Chronicles a Targum : Expos. Times VIII, S. 316-9.

4827 B[erle],A.A.–The period of the Judges: Bibl. Sacra LIV, S. 387-9. Zu Petrie OB X, 1970.

4828 Budde,K.–Das Buch der Richter, erklärt. (═ Kurzer Handkomm. zum Alten Testament. 3. Lfg.) Freiburg i/B., Mohr, '97. XXIV, 147 S. 8.
Subskr.-Pr. *M.* 2.50; Einzelpr. *M.* 3.60.

4829 Burrows,W.O.–Second Book of Kings [OB XI, 2078]. With introd., notes and maps. Lo., Rivingtons, '97. 146 S. 8. 1 s. 6 d.

4830 Cheyne,T.K.–2 Samuel XII. 26, 27: Expos. Times IX, S. 143 f.

4831 Crockett,W.D.–The books of the Kings of Judah and Israel: a harmony of the books of Samuel, Kings, and Chronicles in the text of the version of 1884. With an introd. by W. J. Beecher. N. Y., Eaton & Mains, '97. VIII, 365 S. 8. $ 2.

4832 Händler,G.H.–2 Sam. XXIII. 7: Expos. Times VIII, S. 565 f. Dazu J. A. Selbie, ebd. IX, S. 47.

4833 Hommel,F.–Zerah the Cushite: ebd. VIII, S. 378 f. Ausgehend von 2 Chron. XIV, 9. — Dazu Nestle S. 432.

4834 Lumby,J.R.–First and second Books of Kings. (Cambridge Bible for schools and colleges.) Stereot. ed. Cambridge, Univ. Press, '97. 574 S. 8. 5 s.

4835 Tyler,Thom.–Two notes on the "Song of Deborah": Jew. Qu. Rev. X, S. 173 f.

4836 Vernes,Maur.–De la place faite aux légendes locales par les livres historiques de la Bible (Juges, Samuel, Rois): École pratique des hautes études. Sect. des sc. relig. Rapport sommaire (P. '97), S. 1-34.

4837 Walton,Mrs.O.F.–Elisha, the man of Abel-Meholah. Lo., Rel. Tract Soc., '97. 256 S. 8. 2 s. 6 d.

Spätere Propheten.
(S. auch No. 5036.)

4838 Profeten Amos: Bibelforskaren XIV, S. 333-67.

4839 Bernstein,A.–Isaiah 53, 9: Expos. Times VII, S. 567.

4840 Bertholet,A.–Das Buch Hesekiel, erklärt. (═ Kurzer Handkomm. z. Alten Test. 4. Lief.) Freiburg i. B., Mohr, '97. XXVI, 259 S. 8.
Subskr.-Preis *M.* 4; Einzelpr. *M.* 6.

4841 Betteridge,Walter R.–The predictive element in Old Testament prophecy: Bibl. Sacra LIV, S. 50-65.

4842 — — A sketch of the history of the book of Zechariah: ebd. S. 634-45.

4843 Brückner,Mart.–Die Komposition des Buches Jes. c. 28-33. Ein Rekonstruktionsversuch. (Diss. L.) Halle, Krause, '97. III, 84 S. 8. *M.* 1.50.

4844 Cheyne,T.K.–Einleitung in das Buch Jesaja. Deutsche Übersetzg. (OB IX, 2088), unter durchgäng. Mitwirkg. des Verf. hrsg. v. Jul. Böhmer. Giessen, Ricker, '97. XVI, 24, 408 S. 8. *M.* 12.
Rec. der deutsch. u. engl. Ausg. K.M[arti], LC 50, S. 1633; N.Koenig, Rev. de l'hist. des rel. XXXV, S. 236-41.

4844a — — Prof. G. A. Smith on the criticism of Micah 4-7: Expos. Times VII, S. 527 f.
S. unten No. 4864.

4845 Condamin,Albert.–Le texte de Jérémie XXXI, 22, est-il messianique?: Rev. bibl. VI, S. 396-404.

4846 Davidson,A.B.–Nahum 2, 7: Expos. Times VII, S. 568.
Cf. OB XI, 2096.

4847 Dvořák,R.-Jóél: OSN XIII, S. 581 f.

4848 — — Jonáš: ebd. S. 602.

4849 Giesebrecht,Frdr.-Die Berufsbegabung der alttestamentlichen Propheten. Göttingen, Vandenhoeck & Ruprecht, '97. III, 188 S. 8. *M.* 4 40.

4850 Grubb, E.-First lessons on the Hebrew Prophets. Lo., Headley, '97. 74 S. 8. 1 *s.*

4851 Harper,W.R.-The work of Isaiah: Bibl. World X, S. 48-57.

4852 Profeten Hosea: Bibelforskaren XIV, S. 132-73.

4853 Kennedy,James.-Isaiah VII. 25: Expos. Times VIII, S. 477 f.

4854 Lang,Marshall B.-A comparison. Isaiah I. 18 and Ephesians IV. 25-29: ebd. S. 405 f.

4855 Meyer, F.B. - Christus im Buche Jesaias. Deutsche Ausg. Kassel, Röttger. '97. VI, 289 S. 8. *M.* 3.
Vgl. OB IX, 5557; XI, 2112.

4856 Mitchell,H.G.-Isaiah: a study of chapters I-XII. N. Y., Crowell & Co., '97. 263 S. 8. $ 2.

4857 Nowack,W.-Die kleinen Propheten, übers. u. erklärt. (= Handkommentar zum Alten Testament. III. Abth. Die prophet. Bücher. 4. Bd.) Göttingen, Vandenhoeck & Ruprecht, '97. IV, 212 S. 8. *M.* 8.
Rec. *J.Halévy.* Rev. sém. V, S. 374-71 *T.K.Cheyne,* Expos., Ser. V, Vol. VI, S. 361-71; *S.K.Driver,* Expos. Times IX, S. 118-21.

4858 Plessner,Salomon.-Das Buch Nahum, übs. u. commentiert: Biblisches u. Rabbinisches aus S. Plessner's Nachlass (Frankf. a. M. '97), S. 27-73.

4859 Rahmer,M.-Die hebräischen Traditionen in den Werken des Hieronymus. 2. Theil: Die Commentarien zu den XII kleinen Propheten. II. Joël: Mschr. f. Gesch. u. Wiss. d. Jt. XLI, S. 625-39; 691 f.
Comm. zu Hosea ersch. ebd. 1865-1868.

4860 Ramsdell, T.J.-The missionary future in the book of Isaiah: Bibl. World X, S. 190-7.

4861 Rychlak,Jos.-Commentarius in librum Osee Prophetae. Cracoviae, typ. Univ. Jagellonicae (Buchh. d. poln. Verl.-Ges.), '97. IV, 297 S. 8. *M.* 6.
Rec. *Joh.Lorenz,* OL 21, S. 641-4.

4862 Sinker,R.-Hezekiah and his age. Lo., Eyre, '97. 202 S. 8. 3 *s.* 6 *d.*

4863 Sacharja, der Prophet. Von d. Verfass. des Propheten „Habakuk" u. „Haggai" u. des „christl. Hausschatzes". B., Deutsche ev. Buch- u. Tractat-Gesellschaft, '97. III, 296 S. 8. *M.* 2.

4864 Smith,G.A.-Professor Cheyne on my criticism of Micah 4-7: Expos. Times VIII, S. 48.
S. oben No. 4844a.

4865 Touzard, J. - De la conservation du texte hébreu, étude sur Isaïe XXXVI-XXXIX [OB X, 5c08]: Rev. bibl. VI, S. 185-206.

4866 Treitel,Leop.-Die Septuaginta zu Hoses, auf ihren Werth u. ihre Berechtigung zur Controlle des masoretischen Textes geprüft: Mschr. f. Gesch. u. Wiss. d. Jt. XLI, S. 433-54.
Zugl. Forts. zu OB II, 1121.

4867 Vos,Geerhardus.-Some doctrinal features of the early prophecies of Isaiah: Presb. & Ref. Rev. VIII, S. 444-63.

4868 Winterbotham,R.-The good shepherd of Zechariah XI: Exp., Ser.V, Vol. VI, S. 127-39.

4869 Woodworth,R.B.-„A peculiar treasure". Mal. 3, 17: Presb. Quarterly '97, Apr., S. 240-2.

Hagiographen.

4870 Baethgen,Frdr.-Die Psalmen, übersetzt u. erklärt. 2. Aufl. (= Handkommentar zum Alten Testament. II. Abth. Die poet. Bücher, 2. Bd.) Göttingen, Vandenhoeck & Ruprecht, '97. IV, XLII, 436 S. 8. *M.* 8.

4871 Barnes,W.E.-The interpretation of the second Psalm: Exp., Ser. V, Vol. VI, S. 304-8.

4872 Beardslee,J.W.-The imprecatory element in the Psalms: Presb. & Ref. Rev. VIII, S. 490-505.

4873 Beer,Geo.-Der Text des Buches Hiob untersucht [Schl. zu OB IX, 5566]. 2. Hft. Kapitel XV-Schluss. Marburg, Elwert, '97. XVI u. S. 89-258. 8. *M.* 5.60.

4874 Bert, Emmanuel.-Méditations sur le psaume 118, „Beati immaculati in via". Précédées d'une notice sur l'auteur. Aix, Dragon, '97. XXXI, 407 S. 8. *Fr.* 2.

4875 Boehmer, J.-Das Reich Gottes in den Psalmen [Schl. zu OB XI, 2131]: N. Kirchl. Z. VIII, S. 819-40.

4876 Budde,K.-The Book of Job: Expos. Times VIII, S. 111 f.

4877 Bussler,Erich.-Hiob u. Prometheus, zwei Vorkämpfer der göttlichen Gerechtigkeit. Ein Vergleich. (= Samml. gemeinverst. wissensch. Vorträge. Neue Folge. Heft 276.) Hamburg, Verlagsanst., '97. 44 S. 8. *M.* 0.75.

4878 Castelli,Dav.-Il poema semitico del pessimismo (il libro di Job) tradotto e commentato. Firenze, Paggi, '97. XII, 159 S. 8. *L.* 3. Rec. *C.Siegfried*, DL 45, S. 1761 f.; *A.Loisy*, Rev. cr. 50, S. 412.

4879 Cheyne,T.K.-The Book of Job and its latest commentator [OB XI, 2137]: Exp., Ser. V, Vol. VI, S. 22-36.

4880 — — Professor Budde's Job (OB X, 5015): an explanation: Expos. Times VIII, S. 288; 384.

4881 — — Prov. XXVII. 22: ebd. S. 480.

4882 — — On some suspected passages in the poetical books of the Old Testament: Jew. Qu. Rev. X, S. 13-7.

4883 Constantin, Emmanuel. - Le Cantique des cantiques de Salomon, mis en vers français. Poitiers, Clerté, '97. 60 S. 8. *Fr.* 2.

4884 Davison,W.T. - The theology of the Psalms [OB X, 5018]: Expos. Times VII, S. 535-9.

4885 Duhm, Bernh.-Das Buch Hiob. Uebs. v. — —. (= Die poetischen u. prophetischen Bücher des Alten Testaments. Uebersetzungen in den Versmassen der Urschrift. I.) Freiburg i/B., Mohr, '97. XX, 71 S. 8. *M.* 1.20.

4886 — — Das Buch Hiob, erkl. v. — —. (= Kurzer Hand-Comm. z. Alt. Test. 2. Lief. XVI. Abtlg.) Freiburg i/B., Mohr, '97. XV, 212 S. 8. Subskr.-Pr. *M.* 3.60; Einzelpr. *M.* 4.80. Rec. *J.S.*, Rev. cr. 46, S. 330 f.

4887 Dvořák,R.-Jób: OSN XIII, S. 577 f.

4888 Ekdahl,N.F.-Det nya psalmboks förslaget: Kyrkl. Tidskr. '97, No. 3 f.

4889 Gray,G.Buchanan.-Critical remarks on Pss. LVII. 4, 5 and LIX. 12: Jew. Qu. Rev. X, S. 182-4.

4890 Green,William Henry.-The dramatic character and integrity of Job: Presb. & Ref. Rev. VIII, S. 683-701.

4891 Grimme,Hub.-Zur Frage nach den Psalmenüberschriften: Th. Qschr. LXXIX, S. 580-3.

4892 Halévy,J.-[Job, XIV, 14]: JA Sér. IX, T. X, S. 499.

4893 — — Notes pour l'interprétation du Psaume [OB XI, 2146]. Psaume LXXXIV-XCIII: Rev. sém. V, S. 324-42.

4894 Henslow,George.-The song of songs: Expos. Times VIII, S. 381.

4895 Hommel,F.-Havilah in Job I. 17?: ebd. S. 431; 473. Dazu T. K. Cheyne S. 525 f.

4896 Hontheim,J.-Bemerkungen zu Psalm 104: Z. f. kath. Th. XXI, S. 560-6.

4897 — — Bem. zu Psalm 68: ebd. S. 738-47.

4898 Jacob,B.-Beiträge zu e. Einleitung in die Psalmen [OB XI, 2149]: ZAW XVII, S. 263-79.

4899 'Job and the Faust': Qu. Rev., Vol. 186, S. 213-40. U. a. nach E. J. Dillon OB IX, 1973.

4900 Klostermann,E.-Ein neues griechisches Unzialpsalterium: ZAW XVII, S. 339-46.

4901 Lombard,J.-Le livre des psaumes. Annecy, Abry, '97. VII, 324 S. 8.

4902 Macmillan,Hugh.-Throwing a stone at an idol: Expos. Times VIII, S. 399 f. Prov. XXVI. 8. — Vgl. F. C. Spurr S. 524.

4903 Montvaillant, Alfred de.–Poètes bibliques. Le Livre de Job mis en vers français. P., Fischbacher, '97. 112 S. 8.

4904 Nestle, E.–Ps. XII. 6 and Prov. XXVII. 21, 22: Expos. Times VIII, S. 287 f.
Dazu T. K. Cheyne S. 335 f.; Nestle S. 379; G. M. Mackie S. 521 f.

4905 Palis, E.–La critique nouvelle et l'oeuvre d'Esdras: Science catholique '97, Mai.

4906 Parisot, J.–Les psaumes de la captivité (Ps. CVI): Rev. bibl. VI, S. 432–9.

4907 The Psalms in history: Qu. Rev., Vol. 185, S. 305–30.
Nach der oben No. 4789 gen. Ausg. u. W. E. Gladstone OB IX, 2130.

4908 Riessler, P.–Zur Textgeschichte d. Buches Daniel: Th. Qschr. LXXIX, S. 584–603.

4909 Ryle, Herbert E.–Ezra and Nehemiah. (The smaller Cambridge Bible for schools.) With map, introd., and notes. Cambridge, Univ. Press (N. Y., Macmillan Co.), '97. 94 S. 8. 1 s.; 30 c.

4910 Sales, F. de.–Directorio de religiosas, y declaracion mística del cántico de los cánticos. Trad. del francés p. Cubillas Donynque. Madrid, Aguado, '97. 168 S. 8.

4911 Salignac Fénelon, Vic. François de.–Les choeurs du Cantique des Cantiques. [Toulouse, impr. Loubens & Trinchant, '97.] Fol.

4912 — — La table des Psaumes. Ebd. '97. Fol.
Beide Werke unpaginirt.

4913 Schulz, Alphons.–De psalmis gradualibus. Commentatio theologica. (Diss.) Münster, Aschendorff, '97. 62 S. 8. M. 1.50.

4914 Wildeboer, G.–Die Sprüche, erklärt v. — —. (= Kurzer Hand-Commentar zum Alten Testament. 1. Lfg. XV. Abtlg.) Freiburg i. B., Mohr, '97. XXIV, 95 S. 8. Subskr.-Pr. M. 1.00; Einzelpr. M. 2.50.
Rec. J.S., Rev. cr. 46, S. 330 f.

4915 Windel, Rud.–Luther als Exeget des Predigers Salomo. Progr. Lat. Hauptschule Halle '97. 24 S. 4.

Alttestamentliche und ältere christliche Apokryphen.
(S. auch No. 4656.)

4916 Blau, Ludw., et Isr. Lévi.–Quelques notes sur Jésus Ben Sirach et son ouvrage: Rev. ét. j. XXXV, S. 19–47.

4917 Bonwetsch, Nathanael.–Die Apokalypse Abrahams. Das Testament der vierzig Märtyrer. (= Studien zur Geschichte der Theologie u. der Kirche. I. Bd., 1. Hft.) L., Deichert Nachf., '97. 95 S. 8. M. 2.50.
Rec. E.Schürer, Th. Lz. 21, S. 553–5; C.H'[eyman], Byz. Z. VII, S. 225 f.

4918 Büchler, Ad.–Das Sendschreiben an die Jerusalemer an die Juden in Aegypten in II Makkab. 1, 11–2, 18: Mschr. f. Gesch. u. Wiss. d. Jt. XLI, S. 481–500; 528–54.

4919 Buttenwieser, Moses.–Die hebräische Elias-Apokalypse u. ihre Stellung in der apokalyptischen Litteratur des rabbinischen Schrifttums u. der Kirche. 1. Hälfte. Kritische Ausgabe m. Erläutergn., sprachl. Untersuchgn., u. einer Einleitg., nebst Übersetzgn. u. Untersuchg. der Abfassungszeit. L., E. Pfeiffer, '97. VII, 82 S. 8. M. 3.

4920 Charles, R.H.–The assumption of Moses transl. from the Latin sixth century ms., the unemended text of which is published herewith, tog. with the text in its restored and critically emended form. Ed. with introd., notes and indices by — —. Lo., Black, '97. LXV, 117 S. 8.
Rec. A.Loisy, Rev. cr. 50. S. 442 f.; Ath., Sept. 4, S. 320 f.

4921 Dvořák, R.–Judita: OSN XIII, S. 651.

4922 Fairweather, W., and J.S.Black.–First Book of Maccabees. (Cambridge Bible for schools.) Cambridge, Univ. Press, '97. 272 S. 8. 3 s. 6 d.

4923 Gaster, M.–Two unknown Hebrew versions of the Tobit legend [Schl, zu OB X, 2190]: Proc. BA XIX, S. 27–33; I–XV.

4924 Halévy, J.–[Sur quelques passages de l'Ecclésiastique]: JA Sér. IX, T. X, S. 501 f.

4925 Halévy, J.–Étude sur la partie du texte hébreu de l'Ecclésiastique récemment découverte [Schl. zu OB XI, 2185]: Rev. sém. V, S. 193–255; 383 f.

4926 Hogg, Hope W.–The Hebrew Ecclesiasticus. Some of its additions
and omissions: Am. J. of th. I, S. 777–86.

4927 Margoliouth, G.–Another Greek word in Hebrew: Ath., July 31, S. 162.
In Ecclesiasticus XL., 16 sei ‏‏ unverandert beizubehalten u. = κάρβοαν etc. mit
„cress" zu übersetzen.

4928 Perles, Fél.–Notes critiques sur le texte de l'*Ecclésiastique:* Rev. ét. j.
XXXV, S. 48–64.

4929 Schlatter, A.–Das neu gefundene hebräische Stück des Sirach. Der
Glossator des griech. Sirach u. seine Stellung in der Geschichte der jüd.
Theologie. (= Beiträge zur Förderung christlicher Theologie. Hrsg. v. A.
Schlatter u. H. Cremer. 1. Jahrg. 1897. 5–6. Hft.) Gütersloh, Bertelsmann,
'97. VII, 191 S. S. *M.* 3.60

4930 Smend, Rud.–Das hebräische Fragment der Weisheit des Jesus Sirach.
(= Abhandl. d. Kgl. Ges. d. Wiss. zu Göttingen. Phil.-hist. Klasse. N. F.
Bd. 2. No. 2.) B., Weidmann, '97. 34 S. 4. *M.* 3.50

4931 Smith, W. T.–The Hebrew Ecclesiasticus: Bibl. World X, S. 58–63.

4932 Touzard, J.–L'original hébreu de l'Ecclésiastique: Rev. bibl. VI, S. 271–
82; 547–73; 1 T.

4933 Zenner, J. K.–Zwei Weisheitslieder. 1. Ecclesiasticus c. 24. Nach d.
griech. Texte. 2. Baruch 3²–4⁴. Nach d. äthiop. Texte: Z. f. kath. Th. XXI,
S. 551–8.

4934 —— — Ecclesiasticus 38, 24–39, 10: ebd. S. 567–74.

c) Neutestamentliche Zeitgeschichte
(in ihrer Berührung mit semitischen Elementen).
(S. auch No. 3218.)

4935 Bacher, W.–Statements of a contemporary of the emperor Julian on
the rebuilding of the temple: Jew. Qu. Rev. X, S. 168–72.

4936 Bruston, C.–La descente du Christ aux enfers, d'après les apôtres et
d'après l'église. P., Fischbacher, '97. 46 S. 8.
Rec. J. A. Selbie, Expos. Times IX, S. 20–2.

4937 Edkins, Jos.–The star in the East: Expos. Times VIII, S. 565.

4938 Einsiedler, Jos. M. – De Tertulliani adversus Judaeos libro. (Diss.
Würzburg.) Augustae Vind., typ. Ph. J. Pfeifferi, '97. 44 S.; 2 Bl. 8.

4939 Erbes, C.–Der Antichrist in den Schriften d. Neuen Testaments: Th.
Arbeiten aus dem rheinischen wissensch. Prediger-Verein (hrsg. v. Kamphausen), N. F. 1. Hft., S. 1–59.

4940 Farrar, F. W.–The Herods. Lo., Service, '97. 256 S. 8. 3 s. 6 d.

4941 Grassmann, Rob. – Das Leben Jesus nach wissenschaftlicher Feststellung v. Ort u. Zeit. Stettin, Grassmann, '97. 53 S. 8. *M.* 0.60

4942 Holtzmann, H. J.–Lehrbuch der neutestam. Theologie. 2 Bde. Frei-
burg i. B., Mohr, '96/7. XVI, 503; XI, 532 S. 8. *M.* 20.
Rec. Joh Weiss, DL 46, S. 1801–6; W. Bahnsen, Prot. Mh. 1, S. 328–33; P. C[arus], Monist
VII, S. 133–9; J. S., Rev. cr. 37 8, S. 144–6.

4943 Jacobs, Jos., and M. Berlin. – The new „Logia": Jew. Qu. Rev. X,
S. 185–90.
Speciell über die Bezieh. zum Judentum in den ersten christl. Jh.

4944 Flavii Josephi opera ex versione latina antiqua ed., commentario
critico instruxit, prolegomena indicesque addidit Carol. Boysen. Pars VI.
De Judaeorum vetustate sive contra Apionem libri II. (= Corpus scriptorum
ecclesiasticorum latinorum. XXXVII, 6.) W. u. Prag, Tempsky, '98. LIV,
142 S. 8. *M.* 5.00

4945 Kranold, Gust.–Pharisäer u. Sadducäer. E. Versuch die Geschichte
der beiden Parteien bis auf Christi Zeit darzustellen. Progr. Realgymn. Magdeburg '97. 28 S. 4.

4945a Manfrin, P.–Gli Ebrei sotto la dominazione romana [OB IV, 1164].
Vol. III–IV. Roma, Bocca, '92; '97. 331; 305 S. 8.

4946 Marshall,J.T.–The Semitic and the Greek gospels: Expository Times VIII, S. 90 f.

4947 Nestle,E.–The Semitic and the Greek gospels: ebd. S. 42 f.; 90 f.; 138 f.

4948 Reinach,Théod.–Josèphe sur Jésus: Rev. ét. j. XXXV, S. 1–18.

4949 Riggs,J.S. – Alexandria and the New Testament: Am. J. of th. I, S. 927-49.

4950 Roberts,W. Rhys. – The quotation from *Genesis* in the *De Sublimitate* (IX, 9): Class. Rev. XI, S. 431–6.

4951 Säuberlich,Balduin.–Jesus der Nazoräer u. die Schriften des Neuen Testamentes. Nach dem Standpunkte der neuesten wissenschaftl. Forschgn. volksverständlich dargestellt. Nebst 2 einleit. Abhandlgn. üb. das Wesen aller Religion u. die Entstehg. des Christenthums. [Schl. zu OB X, 2219]. 2.-4. Lfg. Dresden, Herrmann & Co., '97. S. 97-176. 8.   Je *M.* 0.25.

4952 Sander,F.–Auslegen u. Ausdeuten. Histor.-krit. Versuch: Beil. Allg. Ztg. 241, S. 1-4; 242, S. 4-8; 243, S. 3-6.
Bespr. auch die jüd.-alexandr. Religionsphilosophie.

4953 Schwab,M.–Transcription de mots grecs et latins en hébreu, aux premiers siècles de J.-C.: JA Sér. IX, T. X, S. 414-44.

4954 Sykora,J.–Ježíš Kristus: OSN XIII, S. 326-39.

4955 Trabaud,H.–A propos de la langue de Jésus: Rev. de th. et de philos. XXX, S. 369-74.

4956 Wendland,Paul.–Kritische u. exeget. Bemerkungen zu Philo: Rhein. Mus. f. Philol., N. F. LII, S. 465-504.

4957 — — Eine doxographische Quelle Philo's: Sitz. Ak. Wiss. B. '97, S. 1074-9.
In der Schrift „De somniis" sind Excerpte aus den „Vetusta placita" (Mitte d. 1. Jh. n. Chr.).

d. Späteres Judentum.*)

(S. auch No. 3185; 3270; 4381; 4744; 5114; 5457.)

4958 Monatsschrift für Geschichte und Wissenschaft des Judentums. Neue Folge, hrsg. von M. Brann und D. Kaufmann [OB XI, 2233]. XLI. Jahrg. N. F. V. Jahrg., Heft 10-15. Juli-Dec. '97. Breslau, Schles. Verlags-Anst. S. 433-714, I-IV. 8.   j. *M.* 9.
Der Jahrgang entspricht von nun an dem Kalenderjahr, während er früher mit October begann.

4959 Publications of the American Jewish Histor. Society [OB XI, 2236]. No. 6. Publ. by the Soc. [Philadelphia] '97. X, 180 S. 8.
Cyrus Adler, Address of the Corresp. Secretary, S. 1—3. M. Kayserling, A memorial sent by German Jews to the President of the Continental Congress, S. 5—8. J.H. Hollander, Documents rel. to the attempted departure of the Jews from Surinam in 1675, S. 9—29. H. Cohen, A modern Maccabean, S. 31—7. Gratz Mordecai, Notice of Jacob Mordecai founder, and proprietor from 1809 to 1818, of the Warrenton (N. C.) Female Seminary, S. 30 —48. H. Friedenwald, Some newspaper advertisements of the eighteenth century, S. 49 —59. M.J. Kohler, The Jews in Newport, S. 61—80; Civil status of the Jews in colonial New York, S. 81—106. G.A. Kohut, The oldest tombstone-inscriptions of Philadelphia and Richmond, S. 107—11; A literary autobiography of Mordecai Manuel Noah, S. 113—21. N.T. Phillips, The congregation Shearith Israel. An historical review, S. 123—40. D. Sulzberger, Growth of Jewish population in the United States, S. 141—50. Notes etc.

4960 The Jewish Quarterly Review ed. by I. Abrahams and C.G. Montefiore [OB XI, 2237]. Vol. XX, No. 37. Oct., '97. Lo., Nutt. S. 1-196. 8.   j. 11 s.

4961 Revue des études juives [OB XI, 2238]. Tome XXXV. No. 69-70. Juillet-Déc. '97. P., Durlacher. 320, XLIV S. 8.   j. *Fr.* 25.

4962 Zeitschrift für Hebraeische Bibliographie. Unter Mitw. namhafter Gelehrter hrsg. v. H. Brody [OB XI, 2239]. II. Jahrg. No. 4-6. Juli-Dec. '97. B., Calvary & Co. S. 109-190; I-VI. 8.   j. *M.* 6.

4963 Bibliographische Uebersicht über die im J. 1894 ersch. Einzelschriften [Schluss zu OB XI, 2244]: Mschr. f. Gesch. u. Wiss. d. Jt. XLI, S. 522-8; 574-6; 671 f.
Wird mit Rücks. auf die Z. f. hebr. Bibliogr. nicht mehr fortgesetzt.

---

*) Vgl. als Ergänzung zu dieser Rubrik: Abt. I der Z. f. hebr. Bibliogr. (oben No. 4962)

4904 Steinschneider, Mor. – Verzeichniss der hebräischen Handschriften. 2. Abth. (= Handschriften-Verzeichnisse der königl. Bibliothek zu Berlin. 2. Bd. 2. Abth.) B., Asher & Co., '97. VIII, 172 S. 8. *M.* 10.
Die 1. Abth. ersch. 1878.

4905 Wiener,Sam.-Bibliotheca Friedlandiana. Catalogus librorum impressorum hebraeorum in museo asiatico imperialis academiae scientiarum Petropolitanae asservatorum [OB X, 2232]. Fasc. III. (In hebr. Sprache.) Petropoli (L., Voss' Sort. in Komm.,) '97. S. 225-315. 4. *M.* 2.
Rec. *M. Brann*, Mschr. f. Gesch. u. Wiss. d. Jt. XLI, S. 708–14; [*H. Brody*], Z. f. hebr. Bibliogr. II, S. 146 f.

4906 Hamburger.J.-Real-Encyclopädie des Judentums [OB XI, 2248]. III. Abtlg. 4. Suppl. I., Koehler's Sort. in Komm., '97. VI, 138 S. 8. *M.* 3.

4907 Abrahams,I.-Some Egyptian fragments of the Passover Hagada: Jew. Qu. Rev. X, S. 41-51.

4908 Amram,D.Werner.-The Jewish law of divorce according to Bible and Talmud with some reference to its development in post-talmudic times. I.o., Nutt, '97. 2 Bl., 224 S.; 1 Facs. 8.
Ers. f. d. Tit. OB XI, 2252.

4909 Appelius,Paul.-Maimonides. Ein Beitrag zur jüdischen Socialhygiene: Voss. Ztg. '97, Sonntagsbeil. No. 48.

4910 Aschkanaze,M.-Tempus loquendi. Ueber die Agada der palästinens. Amoräer. Nach der neuesten Darstellg. Strassburg, F.Engelhardt, '97. 82 S. 8. *M.* 2.40

4911 Auscher,Sim.-Die Geschichte Josefs. E. Uebs. u. krit. Behandl. d. Midrasch Bereschith rabba. Par. 84, 5-22 u. Par. 86, 1-94, 3. Teil I. (Diss. Giessen.) B., Druck v. Itzkowski, '97. 47 S. 8.

4912 Bacher,W.-Eine verschollene hebräischeVocabel[קמץ]: Mschr. f. Gesch. u. Wiss. d. Jt. XLI, S. 501 f.

4913 — — La légende de l'exorcisme d'un démon par Simon b. Yohaï: Rev. ét. j. XXXV, S. 285-7.

4914 — — Une date chronologique dans une pièce de poésie de Saadia: ebd. S. 290 f.

4915 Bauer,Jules.-Une nouvelle inscription hébraïque: ebd. S. 305.
Musée Calvet d'Avignon. 1742.

4916 Benno, u. A.Mittelmann.-Judendeutsche Sprichwörter u. Redensarten aus Mähren u. aus Ost-Galizien: Urquell, N. F. I, S. 271-9.

4917 Bernfeld,S.-Juden u. Judentum im 19. Jahrhundert. (= Am Ende des Jahrhunderts. Rückschau auf 100 Jahre geist. Entwickelg. Hrsg. v. Paul Bornstein. 3. Bd.) B., Cronbach, '97. VI, 167 S. 8. *M.* 1.50.

4918 Biberfeld,Ed. – Die hebräischen Druckereien zu Karlsruhe i. B. und ihre Drucke [OB XI, 2265]: Z. f. hebr. Bibliogr. II, S. 129-31; 176-81.

4919 Blau,Ludw.-The pope, the father of Jewish approbations: Jew. Qu. Rev. X, S. 175 f.
Clemens VIII i. J. 1592.

4920 Bloch,Cam.-L'opinion publique et les Juifs au XVIIIe siècle en France: Rev. ét. j. XXXV, S. 112-4.

4921 Böck,Isid. – Die ethischen Anschauungen von Salomon Maimon in ihrem Verhältn. zu Kants Morallehre. (Diss. Würzburg.) Ung. Brod, Druck v. Graffe, '97. 46 S.; 3 Bl. 8.

4922 The Antichrist legend: a chapter in Christian and Jewish folklore. Englished from the German of W. Bousset (OB IX, 2188), with a prologue on the Babylonian dragon myth, by A.H. Keane. I.o., Hutchinson, '96. 340 S. 8. 6 s.
Rec. J. Anthr. Inst. of Great Brit. XXVI, S. 207; *F.P.Badham*, Ac. L, S. 51 f.

4923 Brod,A., S.Rubin, M.Weissberg.-Judendeutsche Sagen u. Schnurren: Urquell, N. F. I, S. 344-6.

4924 Poetisches. Mitteil. v. H.Brody [OB XI, 2271]: Z. f. hebr. Bibliogr. II, S. 157-9.

4925 Carrington, Herbert De Witt.-Die Figur des Juden in der dramatischen Litteratur des XVIII. Jahrh. (Diss.) Heidelberg, Druck v. Pfeffer, '97. 85 S., 1 Bl. 8.

4980 Cheyne, T.K.-Grätz's corrections of the text of Job: Jew. Qu. Rev. X, S. 184.

Zu OB XI, 2140.

4987 D[alman], G.-Jüdische Melodien aus Galizien u. Russland. Zum 1. Male aufgez. u. unter Mitw. v. H. Jebe hrsg. (= Schriften d. Inst. Jud. Berlin. No. 17.) I., Robolsky, ['97]. 10 S. 8.   *M.* 1.20-

Rec. *S.Rapaport,* Z. f. hebr. Bibliogr. II, S. 168—70.

4988 — — Die Handschrift zum Jonathantargum des Pentateuch, Add. 27031 des Brit. Museum: Mschr. f. Gesch. u. Wiss. d. Jt. XLI, S. 454-6.

4980 Danon, Abr.-Une secte judéo-musulmane en Turquie: Rev. ét. j. XXXV, S. 264-81.

Crypto sabbatiens, appellés par les Turcs Deunméh ou „convertis".

4990 Darmesteter, Arsène. – The Talmud. From the French by Henr. Szold. Philadelphia, Jew. Publ. Soc., '97. 97 S. 8.   30 c.

4991 Davis, Nina.-Where shall I find thee? By Jebudah Halevi. 1806: Jew. Qu. Rev. X, S. 117 f.

Vgl. OB XI, 2282.

4992 Deutsch, Gotth. G. – The theory of oral tradition. Cincinnati, Bloch Publ. & Printing Co., '97. 49 S.

Rec. [*H.Brody*], Z. f. hebr. Bibliogr. II, S. 138.

4993 Ehrlich, A.-הוצאת מקרא: Mschr. f. Gesch. u. Wiss. d. Jt. XLI, S. 480.

4994 Engelkemper, Wilh. – De Saadiae Gaonis vita, bibliorum versione, hermeneutica. Commentatio theologica. Münster, Schöningh, '97. IV, 69 S. 8.   *M.* 3.60-

VIII, 48 S. 8. als Diss. Münster.

4995 Epstein, A.-Glossen zu Gross' Gallia Judaica (OB XI, 2315): Mschr. f. Gesch. u. Wiss. d. Jt. XLI, S. 464-80.

4996 — — Jacob b. Simson: Rev. ét. j. XXXV, S. 240-6.

4997 Farbstein, Dav. – On the study of Jewish law: Jew. Qu. Rev. X S. 177-81.

4998 Felsenthal, B.-Jüdische Fragen: Beiträge zur Klärung derselben. Chicago, Koelling & Klappenbach, '96.

Rec. *P.Goodman,* Jew. Qu. Rev. X, S. 191—6.

4990 Feuchtwang, D. – Erklärung einer Talmudstelle: Mschr. f. Gesch. u. Wiss. d. Jt. XLI, S. 693-6.

Chullin 45 b.

5000 Franco.-Essai sur l'histoire des Israélites de l'empire ottoman, depuis les origines jusqu'à nos jours. P., Durlacher, '97. VI, 296 S. 8.

5001 Freimann, A.-Meschoullam Cusser de Riva et sa tombe: Rev. ét. j. XXXV, S. 111 f.

Vgl. OB X, 5144 u. D.Kaufmann, ebd. S. 302—4.

5002 Abu Ajjub Soleiman b. Jahja Ibn Gabirol.-Weltliche Gedichte. Unter Mitwirkg. namhafter Gelehrter nach Handschriften u. Druckwerken bearb. u. m. Anmerkgn. u. Einleitg. versehen v. H.Brody. (In hebr. Sprache.) 1. Hft. B., M. Poppelauer, '97. 20, 12 S. 8.   *M.* 1.20-

Vgl. Z. f. hebr. Bibliogr. II, S. 166.

5003 Gasnos, H.-Etude historique sur la condition des Juifs dans l'ancien droit français. (Thèse.) Angers, impr. Burdin, '97. II, 260 S. 8.

5004 [Gestetner, Ad.]-Sammlung sinnreicher jüdisch-deutscher Sprüchwörter. Budapest, Selbstverl., '97. 30 S. 8.

5005 — — מבחר פנינים. Hebräische Travestien. 2. verb. u. stark verm. Aufl. Ebd. '97. 32 S. 8.

Zu beiden Schriften vgl. Urquell, N. F. I, S. 320; 355. (Die erstere wird hier als einfacher Nachdruck der „Jüd. Sprichwörter" von Mor.Blasz, Leipz. 1857, bezeichnet!)

5006 Graetz, H. – Histoire des juifs [Schl. zu OB VII, 5243]. Tome V. Trad. de l'allemand par Moïse Bloch. De l'époque de la réforme (1500) à 1880. Avec une préface de Zadoc Kahn. P., Durlacher, '97. VI, 465 S. 8.

5007 Grunwald, M. – Handschriftliches aus der Hamburger Stadtbibliothek [Schl. zu OB XI, 2317]: Mschr. f. Gesch. u. Wiss. d. Jt. XLI, S. 571-4.

5008 — — Die hebräischen Frauennamen: ebd. S. 667-71.

5009 Güdemann, M.–Geschichte des Erziehungswesens u. der Cultur der abendländischen Juden während des Mittelalters. In's Hebr. übertr. u. m. Anm. vers. von A. S. Friedberg. I. Tl. Warschau, Aschiasaf, '96. XIII, 252 S. 8. *Rub.* 1.20.
Das Orig. ersch. 1880—8.

5010 Halberstam, S. J.–Notes [zu E. N. Adler OB XI, 2251]: Jew. Qu. Rev. X, S. 165-7.

5011 — — Unbekannte Drucke: Z. f. hebr. Bibliogr. II, S. 131 f.; 190.

5012 Harkavy, A.–Fragment e. Apologie des Maimonidischen ראשי חכמה: ebd. S. 125-8; 181-8.

5013 Hoffmann, D.–Neue Collectaneen aus e. Mechilta zu Deuteronomium. Wiss. Beil. z. Jsb. d. Rabbiner-Seminars zu Berlin für 5655/6 (1895/6). B. '97. IV, 36 S.
Rec. [*H. Brody*]. Z. f. hebr. Bibliogr. II, S. 134.

5014 Aron Isaks sjelfbiografi. Efter författarens handskrift utg. af Israelitiska litteratursällskapet. Stockholm, Israel. litt. sällsk., '97. 4, 121 S. 8. *Kr.* 4.

5015 Issa'char Baer.–Commentaire sur le Cantique des cantiques. Trad. p. la première fois de l'hébreu et préc. d'une introd. (= Bibliothèque Rosicrucienne. Sér. 1. No. 2.) P., Chamuel, '97. 54 S., 3 Bl. 8.

5016 Josef ben Abraham Ibn Wakkar.–Rosch-Menasche. Responsen m. e. Anh.: Sefer Hajichud in arab. Sprache. Nach e. Handschrift aus der königl. Hof- u. Staats-Bibliothek zu München. Hrsg. v. M. Grossberg. (In hebr. Sprache.) W. (I., M. W. Kaufmann,) '97. 2 Bl., 17, 5 S.; 1 Portr. 8. *M.* 2.

5017 Karpeles, Gust.–A sketch of Jewish history. Philadelphia, Jewish Publ. Soc. of America, '97. III, 109 S. 8. 30 c.

5018 Kaufmann, Dav.–Zur Biographie Maimûni's: Mschr. f. Gesch. u. Wiss. d. Jt. XLI, S. 460-4.

5019 — — Der angebliche Nagid Mardochai: ebd. S. 503-5.

5020 — — Das Freundschaftsepigramm Juda Halewi's an Salomo Ibn Al-muallim: ebd. S. 612-6.
Dazu H. Brody S. 696—700.

5021 — — Zu den Gedichten R. Isak Bar Scheschet's u. R. Simeon b. Zemach Duran's: ebd. S. 660-6.

5022 — — Ein Brief R. Benjamin Cohen Vitali's in Reggio an R. Josua Heschel in Wilna aus d. Jahre 1691: ebd. S. 700-8.

5023 — — Isak Ibn al-Awâni: Z. f. hebr. Bibliogr. II, S. 188 f.

5024 — — Die Chronik des Achimaaz über die Kaiser Basilios I und Leon VI: Byz. Z. VI, S. 100-5.
Vgl. OB X, 2342; 5137.

5025 — — Beiträge z. Gesch. Ägyptens aus jüdischen Quellen. I. Al-Mu'izz u. al-'Aziz. II. Al-Hâkim. III. Al-Musta'li. IV. Die Hungersnot v. 1202. V. Saladin: ZDMG LI, S. 436-52.

5026 — — An hitherto unknown Messianic movement among the Jews, particularly those of Germany and the Byzantine empire [1096]: Jew. Qu. Rev. X, S. 139-51.

5027 — — The Egyptian Nagid: ebd. S. 162-4.
Zu E. N. Adler OB XI, 2251.

5028 — — Menahem Azarya da Fano et sa famille: Rev. ét. j. XXXV, S. 84-90.

5029 — — Quatre élégies sur la mort de R. Nathanael Trabotto de Modène: ebd. S. 256-63.

5030 — — L'inscription No. 206 de Narbonne: ebd. S. 292 f.
Zu M. Schwab OB XI, 2410. S. auch A. Kaminka u. Isr. Lévi S. 293—6.

5031 — — Élie b. Joseph de Nola à Bologne: ebd. S. 296—300.

5032 — — Maître Andréas et Jacob b. Élie: ebd. S. 300-2.

5033 Kestin, Abrah.–Hebrew grammar for Arabic-speaking Jews. Alexandria, Egypt '96. 1 s.
Tit. n. d. Rec. v. G. M. Mackie, Expository Times VIII, S. 75.

5034 Kabbala Denudata: the Kabbalah unveiled, containing 3 books of the Zohar. 1: Book of concealed mystery. 2: Greater holy assembly. 3: Lesser holy assembly. Transl. from the Latin of Knorr von Rosenroth, and collated with the orig. Chaldee and Hebrew text by S. L. Mac-Gregor Mathers. Lo., Paul, '97. 368 S. 8. 10 s. 6 d.

5035 Kohut, A d f.–Der alte Prager jüdische Friedhof. Ein Beitrag zur Culturgeschichte des böhm. Judenthums. (= Jüd. Universalbibl. No. 61.) Prag, Brandeis, '97. 112 S. M. 0.20.

5036 Kokovcov,P.–Tolkovanie Tanchuma iz Ierusalima na knigu proroka Iony: Sborn. stat. uč. prof. Rozena, S. 97–168.

5037 Krauss,S a m.–Griechische u. lateinische Lehnwörter im Talmud, Midrasch u. Targum. Mit Bemerkgn. v. Imman. Löw. Preisgekrönte Lösg. der Lattes'schen Preisfrage. I. Tl. B., Calvary & Co., '98. XLI, 349 S. 8. M. 12.

5038 — — Bari in der Pesiktha rabbathi: Mschr. f. Gesch. u. Wiss. d. Jt. XLI, S. 554–64.
Zu Isr. Lévi OB X, 5157 u. W. Bacher OB X, 5091. Dazu W. Bacher, Mschr. XLI, S. 604—12.

5039 Die Lehranstalt für die Wissenschaft des Judenthums in Berlin. Rückblick auf ihre ersten fünfundzwanzig Jahre (1872–1897). B., Druck v. Itzkowski, '97. 38 S. 4.

5040 Levi, I s a i a.–Il Talmûd giudicato. Morale del Talmûd e libri affini. Mantova, tip. Mondovi, '97. 70 S. 8. L. 1.

5041 Lévi, I s r.–Un recueil de contes juifs inédits [OB X, 5158]: Rev. ét. j. XXXV, S. 65–83.

5042 — — Les sources talmudiques de l'histoire juive: ebd. S. 213–23.

5043 — — Notes critiques sur la Pesikta Rabbati [OB X, 5157]: ebd. S.224–9.

5044 — — La discussion de R. Josué et de R. Éliézer sur les conditions de l'avénement du Messie: ebd. S. 282–5.

5045 Levias,C.–A grammar of the Aramaic idiom contained in the Babylonian Talmud [OB XI, 2368]: Am. J. of Sem. langu. and lit. XIV, S. 17–37.

5046 Libowitz, N.S.–Kritische Beleuchtung von E. Deinard's אל בא אל (OB XI, 2246). N. Y. '97. 20 S. 8.
Nicht im Buchhandel. — Rec. [H.Brody], Z. f. hebr. Bibliogr. II, S. 110.

5047 Löw, L e o p.–Gesammelte Schriften. Hrsg. v. Imman. Löw [OB VII, 55]. 4. Bd. Szegedin, L.Engel, '97. VI, 536 S. 8. Subskr.-Pr. M. 5.

5048 Loewe,M a u r.–La physique d'Ibn Gabirol: Rev. ét. j. XXXV, S. 161–84.

5049 Lubetzki,J.–Corrections et modifications rel. au „Sefer Haschlamâ" sur les quatre traités Berachot, Tanit, Jevomot & Meguillah. P. '97. XXIII, 44, 13 S.
Tit. n. d. Rec. v. [H.Brody], Z. f. hebr. Bibliogr. II, S. 110f.

5050 Lucas, Léop.–Innocent III et les Juifs: Rev. ét. j. XXXV, S. 247–55.

5051 Magnus.–Jewish portraits. 2nd enl. ed. Lo., Nutt, '97. 192 S. 8. 3 s.6 d.

5052 Maimonides' Commentar zum Tractat Edujoth Abschnitt I. 1–12. Zum ersten Male in arab. Urtext hrsg., m. verbesserter hebr. Uebersetzg., deutscher Uebersetzg., Einleitg. u. Anmerkgn. versehen v. M.Beermann. B., M. Poppelauer, '97. 37 u. 10 S. 8. M. 2.

5053 Mandl, S.–Volkswitz in Talmud und Midrasch: Urquell, N. F. I, S. 301–4.

5054 Meller, J.–Supercommentar zu Abr. Ibn Esra's Comm. z. Pentateuch u. d. fünf Megilloth. Berditschew '97. 115 S.

5055 M i d r a s c h S c h i r Ha-Schirim. Zum erstenmale nach e. aus dem 12. Jh. stamm. in Egypten aufgefundenen Hs. edirt, kritisch untersucht, m. Quellenangabe u. e. Einleitg versehen v. L.Grünhut. (In hebr. Sprache.) Jerusalem (Frankfurt a/M. J.Kauffmann,) '97. 38, 104 S. 8. M. 1.60.
Rec. W.Bacher, Rev. ét. j. XXXV, S. 230–9.

5056 Munk, L.–Die Judenlandtage in Hessen-Cassel: Mschr. f. Gesch. u. Wiss. d. Jt. XLI, S. 505–22.

5057 Perles, Fél.–Une faute ancienne dans la prière כל נדר: Rev. ét. j. XXXV, S. 289f.

. **5058** Pfeifer, S. – Kulturgeschichtliche Bilder aus dem jüdischen Gemeinde-
leben zu Reckendorf. Nach Aufzeichngn. zusammengestellt. Bamberg, Handelsdruckerei u. Verlagsh., '97. VIII, 152 S. **8.** *M.* 2.

5059 Philipson, Dav. – The progress of the Jewish reform movement in the
United States: Jew. Qu. Rev. X, S. 52–99.

5060 Sayings of the Jewish fathers, comprising Pirqe Aboth in Hebrew
and Engl., w. notes and excurses. Ed. by C. Taylor. 2nd ed. with additional notes and a Cairo fragment of Aquila's version of the Old Testament. Cambridge, University Press, '97. 8. 10 *s.*

5061 Commentar zu den Sprüchen der Väter (Pirke Aboth), aus Machsor
Vitry, m. Beiträgen v. A. Berliner. (In hebr. Sprache.) Frankfurt a/M.,
J. Kauffmann, '97. VI, 114 S. 8. *M.* 4.
  Rec. [*H. Brody*], Z. f. hebr. Bibliogr. II, S. 112.

5062 Plessner, Salomon. – לחיי מה. Hebr. Anmerkgn. z. Mischna, zu den
Agadoth der beiden Talmuden u. d. ältesten rabbinischen Schriften: Biblisches
u. Rabbinisches aus S. Plessner's Nachlass (Frankf. a. M. '97), hebr. Theil, S. 1–4.

5063 Pollak, M. – A Zsidok története Sopronban. Budapest, Lampel, '96.
379 S. 8.
  Rec. *J. Kont*, Rev. ét. J. XXXV. S. 156–9.

5064 Porgès. – Encore le nom Apiphior: Rev. ét. j. XXXV, S. 111.
  Zu S. Krauss OB XI, 2360.

5065 Poznański, Sam. – Ein Wort über das משרי המביר: Mschr. f. Gesch.
u. Wiss. d. Jt. XLI, S. 456–60.
  Dazu A. Epstein S. 564–71. Vgl. OB XI, 2291.

5066 — — Mitteilungen aus handschr. Bibel-Commentaren: Z. f. hebr.
Bibliogr. II, S. 153–6.

5067 — — Ben Meir and the origin of the Jewish calendar: Jew. Qu. Rev.
X, S. 152–61.

5068 Roubin, N. – La vie commerciale des Juifs comtadins en Languedoc au
XVIIIᵉ siècle [OB XI, 2399]: Rev. ét. j. XXXV, S. 91–105.

5069 Rubin, S., u. Emil Friedländer. – Volksglaube galizischer Juden: Urquell,
N. F. I, S. 270 f.

5070 Sachs, Hirsch. – Die Partikeln der Mischna. Kirchhain (B., Mayer &
Müller,) '97. 51 S. 8. *M.* 1.50.
  Rec. *A. Fr.*, Z. f. hebr. Bibliogr. II. S. 173.

5071 Schechter, S. – The rabbinical conception of holiness: Jew. Qu. Rev.
X, S. 1–12.

5072 — — A hoard of Hebrew mss.: Times '97, Aug. 3.
  Vgl. Rev. archéol. XXXI ('97). S. 291–7.

5073 Schwab, Moïse. – חומי ברית ודברן: Rev. ét. j. XXXV, S. 287–9.

5073a — — Une amulette hébraïque: Bull. Soc. des antiqu. de l'Ouest IX
('97), S. 516 f.

5074 Schwarz, Adf. – Die hermeneutische Analogie in der talmudischen
Litteratur. (4. Jsb. d. isr.-th. Lehranst. Wien.) Karlsruhe, J. Bielefeld's Verl.,
'97. 195 S. 8. *M.* 6.50.

5075 Séfer rō'ē Ješûrûn hêmmâ râšê ribbôt alfê Jisrâêl anšê haššem ...
Naftâli Șebi Jehûdâ Berlin ... Jôsêf Dôb Ber ... Jisrâêl Jehôšû'a ... Môše
Montefiore ... hibbar ... Môše Ḥajjim Triwaks. (Auch m. russ. Tit.)
Varšava, tip. M. J. Haltera & M. Ajzenštadta, '94. 31 S. 8.

5076 Séfer bêt Môše Ḥajjim hêlek I, jeḳalḳêl ḥiddûšim ûderûšim 'al Mas-
sêket Berâkôt, hubbar ... mêitti Môše Ḥajjim Triwaks ... (Auch m. russ.
Tit.) Varšava, tipo-lit. F. Baumrittera, '97. 24 S. 8.

5077 A Jew on the mission of Judaism: Bibl. Sacra LIV, S. 577–9.
  Zu O. J. Simon OB XI, 2414a.

5078 Simonsen, D. – Erklärung einer Mischnastelle: Mschr. f. Gesch. u. Wiss.
d. Jt. XLI, S. 485–8.

5079 — — Berichtigung der Ueberschrift in זהי אבני: Z. f. hebr. Bibliogr.
II, S. 151–3.

5080 — — [Frühdrucke spanischer u. portugies. Juden]: Z. f. Bücherfreunde
I, 2, S. 446.

5081 Sippurim. Sammlung jüdischer Volkssagen, Erzähl., Mythen, Chroniken, Denkwürdigk. u. Biographien berühmter Juden aller Jahrh., besonders d. Mittelalters [OB XI, 2415]. 7. Bdchen. (= Jüd. Univ.-Bibl. No. 57–60.) Prag, Brandeis, '97. 380 S. 8. *M.* 0.60.

5082 Steinschneider,Mor.–Vorlesungen über die Kunde hebräischer Handschriften, deren Sammlungen u. Verzeichnisse. M. 1 Schrifttaf. (= Beihefte z. Centralblatt f. Bibliothekswesen. No. 19.) L., Harrassowitz, '97. X, 110 S.; 1 T. 8.

5083 — — Christliche Hebraisten [OB XI, 2418]: Z. f. hebr. Bibliogr. II, S. 121–5; 147–51.

5084 — — Die Politik des Samuel ibn Abbas: ebd. S. 189 f.

5085 — — An introd. to the Arabic literature of the Jews [OB XI, 2420]: Jew. Qu. Rev. X, S. 119–38.

5086 Sulzberger, Mayer. – Encore le siège de Moïse: Rev. ét. j. XXXV, S. 110 f.

Zu Bacher OB XI, 2258.

5087 Der babyl. Talmud. Hrsg. v. I. Goldschmidt [OB XI, 2421]. 8.–10. Lfg. B., Calvary & Co., '97. 4. Je *M.* 5.

Rec. *W.A.Neumann*, OL 18, S. 548 f.

5088 Folklore de l'Ukraine. Jnifs: Κρυπτάδια V, S. 140–3.

5089 Weinberg,M.–Die Organisation der jüdischen Ortsgemeinden in der talmudischen Zeit: Mschr. f. Gesch. u. Wiss. d. Jt. XLI, S. 588–604; 639–60; 673–91.

5090 Weinstein,S.–ייריר מזמרת. Hebräische Volkslieder. Jerusalem, Lunz,'97. 8.

5091 Wenley,R.M.–Judaism and philosophy of religion: Jew. Qu. Rev. X, S. 18–40.

5092 [Ber. üb. e. Vortr. v. C.Werner üb. die Sekten im Judenthum]: Beil. Allg. Ztg. 265, S. 7.

5093 Wiener,Leo. – Beinamen russisch-jüdischer Stadtbewohner: Urquell, N. F. I, S. 279 f.

5094 Wolf,Bened.–Die Geschichte des Propheten Jona. Nach e. karschun. Handschrift der kgl. Bibliothek zu Berlin. Ein Beitrag zur Jona-Exegese. B., Poppelauer, '97. 54, XIV S. 8. *M.* 2.

5095 The Jewish Year book: an annual record of matters Jewish [OB X, 5194], 5658, 27th Sept., '97 to 16th Sept., '98. Ed. by Joseph Jacobs. Lo., Greenberg, '97. 376 S. 8. 3 *s.*

e. Samaritaner.

5096 Almkvist,Herman. – Ein Samaritanischer Brief an König Oscar in Facs. hrsg. u. übs. Mit einer Schrifttafel von Julius Euting: Skrifter utg. af K. Human. Vetenskapssamf. i Upsala V, 2. 10 S.; 2 T. 8. *Kr.* 0.75.

5097 Margoliouth,G.–An ancient Ms. of the Samaritan Liturgy: ZDMG LI, S. 499–507.

5. Phönicien mit Nebenländern.
(S. auch unten die Rubrik VI, 3.)

5097a Audollent,Aug.–Ceres africana: Assoc. fr. p. l'avancement des sc. XXV, 1, S. 275 f.; 2, S. 802–7.

Mit Bezieh. auf die phönic. Gottheit Tanit.

5098 Stèle punique représentant une déesse. Rapport de Ph.Berger sur une communication de Papier: Bull. archéol. du com. des trav. hist. et sc. '96, S. 221 f.

5098a Un voeu utile. Établissement d'un plan de Carthage: Ami des mon. et des arts XI, S. 123–5.

5099 Clermont-Ganneau. – Sur une inscription phénicienne de Tyr: CR XXV ('97), S. 347 f.

5100 — — Sur un petit cachet scarabéoïde en cornaline, avec inscription israélite phénicienne: ebd. S. 374 f.

5101 Delattre.–Carthage. Quelques tombeaux de la nécropole de Douïmès: Miss. cath. '97, S. 485–9; 500–2; 514–6.

5101a Drapeyron, L u d.–Calcul géogr. et chronol. des periodes de l'histoire de l'Afrique ancienne dont Carthage fut la capitale. 872 av. J.-C. 698 après J.-C.: Assoc. fr. p. l'avancement des sc. XXV, 1, S. 246; 2, S. 668–76.

5102 Lambert, M a y e r. – Une inscr. phénicienne à Avignon: JA Sér. IX, T. X, S. 485–9.

S. 489–94: Note sur le même sujet, par Phil. B e r g e r.

5103 L.M.–La boussole des Phéniciens: La Terre Sainte '98, S. 90 f.

5103a Médina. – Sur les récentes fouilles à Carthage du R.P. D e l a t t r e : Assoc. fr. pour l'avancement des sc. XXV, 1, S. 273–5.

5103b Novak, D o m. – Sur la nécropole phénicienne d'El-Alia: ebd. S. 273.

5103c Ravard. – Tombeau de l'époque néo-punique (1er siècle avant notre ère) découvert par lui à Teboursouk: ebd. 1, S. 273; 2, S. 796–8.

5104 Rouvier, J u l e s. – Les ères de Tripoli de Phénicie: CR XXV ('97), S. 429–31.

5105 Zumoffen,G.–L'âge de la pierre en Phénicie [Schl. zu OB XI, 2450]: L'Anthr. VIII, S. 426–38.

Recensionen zu V, 4—5.

I.Abrahams, Jewish life in the middle ages: S. S c h e c h t e r, Crit. Rev. of th. & philos. lit. VII, S. 16–21; [H. B r o d y], Z. f. hebr. Bibliogr. II, S. 113 f.

I.Abrahams and C.G.Montefiore, Aspects of Judaism[2]: B.B a d t, Mschr. f. Gesch. u. Wiss. d. Jt. XLI, S. 622–4.

H.Alberts, Der Bibelforscher, Heft 2: m s f., Z. f. hebr. Bibliogr. II, S. 114 f.

E.Babelon, Carthage: A.d e B a r t h é l e m y, Bull. cr. '96, S. 522 f.

W.Bacher, Die Bibelexegese Moses Maimûni's: G.B e e r, DL 43, S. 1690–2; C.S i e g f r i e d, Th. Lz. 14, S. 379 f.

— — Die Agada d. Paläst. Amoräer: E.S c h ü r e r, Th. Lz. 23, S. 602 f.

B.Baentsch, Geschichtsconstr. oder Wissenschaft?: J.M e i n h o l d, Th. Rdsch. I, S. 69.

C.J.Ball, The book of Genesis: W.N o w a c k, DL 31, S. 1201–3; J.B.C h a b o t, Rev. cr. 27, S. 1 f.; M.-J. L a g r a n g e, Rev. bibl. VI, S. 310 f.; Owen C. W h i t e h o u s e, Crit. Rev. of th. & philos. lit. VII, S. 298–302.

G.Behrmann, Das Buch Daniel: H.O o r t, Th. Ts. '97, S. 436 f.

R.L.Bensly & M.R.James, The fourth Book of Ezra: A.L o d s, Rev. de l'hist. des rel. XXXIV, S. 385–8.

A.Berendts, Stud. üb. Zacharias-Apokr.: F.M a c l e r, Rev. de l'hist. des rel. XXXV, S. 241–6.

A.Berliner, Geschichte der Juden in Rom: I.G u i d i, N. Ant. LX ('95), S. 362–6.

A.Bertholet, Die Stellung der Israeliten und der Juden zu den Fremden: H.O o r t, Th. Ts. '97, S. 82–90; J.A.S e l b i e, Expos. Times VIII, S. 229 f.

[Bible.] The Old Testament in Greek. Ed. by H.B.S w e t e: H.L.S t r a c k, Th. Lbl. '97, S. 185–90.

Urtext u. Uebers. d. Bibel (OB XI, 1908): S c h m., LC 49, S. 1585–7; P.W e n d - l a n d, Dl. 40, S. 1561–3; E.S c h ü r e r, Th. Lz. 15, S. 405 f.; [H.B r o d y], Z. f. hebr. Bibliogr. II, S. 142 f.; J.S., Rev. cr. 37/8, S. 142 f.; J.A. S e l b i e, Expos. Times VIII, S. 447 f.

G.Bickell, Das Buch Job: V i d m a r, Oest.-Ung. Rev. XVIII, S. 396–9.

F.Blass, Acta Apostolorum: J.S i c k e n b e r g e r, Röm. Qschr. f. chr. Alt. XI, S. 241 f.; T. E.P a g e, Class. Rev. XI, S. 317–20.

— — Gramm. d. neutest. Griechisch: A.L e p i t r e, Université cath., N. S. XXV, S. 315 f.

A.Bludau, Die alex. Uebs. d. Buches Daniel: J.S., Bull. cr. 29, S. 551–3.

C.A.Briggs, The higher criticism of the Hexateuch: B.B a e n t s c h, Th. Lz. 26, S. 673–5; J.S t r a c h a n, Crit. Rev. of th. & philos. lit. VII, S. 329–31.

A.E.Brooke & N.McLean, The Book of Judges in Greek: E.N e s t l e, N. philol. Rdsch. '97, S. 196–8.

K.**Budde**, Das Buch Hiob: *C.Siegfried*, Th. Lz. 15, S. 406–8; *H.Oort*, Th. Ts. '97, S. 625-37; *W.T.Smith*, Am. J. of th. I, S. 1013-5; *A.B. Davidson*, Crit. Rev. of th. & philos. lit. VII, S. 421-30; *Y.*, Rev. bibl. VI, S. 481-5.
A.**Büchler**, The sources of Josephus for the hist. of Syria: *H.M.Scott*, Am. J. of th. I, S. 848-50.
C.R.**Conder**, The Bible and the East: SR LXXXIV, S. 175.
Constant, Les Juifs devant l'église et l'histoire: *A.Boué*, Bull. cr. 33, S. 641-4.
W.A.**Copinger**, The Bible and its transmission: *O.v.Gebhardt*, Th. Lz. 22, S. 577-9; Ath., Sept. 25, S. 414 f.; *L.Delisle*, J. des Savants '97, S. 509 f.
C.H.**Cornill**, Einl. in das Alte Test.: *A.Bertholet*, Th. Rdsch. I, S. 16-20; *J.Böhmer*, Th. Lbl. '97, S. 137-42; *J.Halévy*, Rev. sém. V, S. 373 f.
— — The Book of Jeremiah: *Owen C.Whitehouse*, Crit. Rev. of th. & philos. lit. VII, S. 50-5.
A.E.**Cowley** and A.**Neubauer**, The orig. Hebrew of a portion of Ecclesiasticus: *K.M[arti]*, LC 36, S. 1153 f.; *I.M.Price*, Am. J. of Sem. langu. and lit. XIV, S. 49 f.; *H.W.Hogg*, Expos. Times VIII, S. 262-6.
G.**Dalman**, Die richterliche Gerechtigk. im Alten Test: *J.A.Selbie*, Expos. Times VIII, S. 416.
Th.**Davidson**, When the »higher criticism« has done its work: *G.B.Foster*, Am. J. of th. I, S. 1116-9.
Delattre, Carthage: *Guernet*, Soc. normande de ggr., Bull. XVIII, S. 320-2.
A.**Dieterich**, Nekyia: *J.L.Heiberg*, Nord. Tidsskr. for Filol., 3. Række, III, S. 179-83.
M.**Dieulafoy**, Le roi de David: *LouisHackspill*, Rev. bibl. VI, S. 311 f.; *É.Montet*, Rev. de l'hist. des rel. XXXVI, S. 271-4.
A.**Dillmann**, Handbuch der alttestamentlichen Theologie, hrsg. von R. Kittel: *H.L.Strack*, Th. Lbl. '97, S. 113-6; *C.Piepenbring*, Rev. de l'hist. des rel. XXXIV, S. 380-5.
S.R.**Driver**, The Books of Joel and Amos: *J.S.*, Bull. cr. 29, S. 554 f.
B.**Duhm**, Die Entstehung des Alten Testaments: *J.Böhmer*, Th. Lbl. '97, S. 404 f.; *A.Bertholet*, Th. Rdsch. I, S. 21-3.
J.I.**Emden**, Autobiographie: *[H.Brody]*, Z. f. hebr. Bibliogr. II, S. 135.
D.**Farbstein**, Das Recht d. unfr. u. d. freien Arbeiter nach jüd.-talmud. Recht: *Isr.Lévi*, Rev. de l'hist. des rel. XXXV, S. 391 f.
E.**Finkel**, R. Obadja Sforno: *[H.Brody]*, Z. f. hebr. Bibliogr. II, S. 115-7.
W.**Frankenberg**, Die Datierung der Psalmen Salomos: *[H. Brody]*, Z. f. hebr. Bibliogr. II, S. 139.
E.A.**Freeman**, Gesch. Siciliens. Deutsche Ausg. v. B. Lupus: *F.Haverfield*, Class. Rev. XI, S. 362 f.
M.**Friedländer**, Das Judenthum in der vorchr. griech. Welt: *P.Wendland*, DL 38, S. 1497 f.; *J.S.*, Rev. cr. 43, S. 269 f.
A.v.**Gall**, Die Einheitlichkeit des Buches Daniel: *H.Oort*, Th. Ts.'97, S 437-9.
M.**Gander**, Die Sündflut: LC 41, S. 1330 f.
C.D.**Ginsburg**, The new massoretico-crit. text of the Hebr. Bible: *B.Pick*, Presb. & Ref. Rev. '97, S. 311 f.
— — A series of fifteen facsimiles of manuscripts of the Hebrew Bible: *Is.Harris*, Jew. Qu. Rev. X, S. 190-4.
G.**Gray**, Studies in Hebrew proper names: *H.Oort*, Th. Ts. '97, S. 441-3; *J.A.Selbie*, Expos. Times VIII, S. 329-31 (s. auch T.K.Cheyne, S. 329).
H.**Gross**, Gallia Judaica: Annales du Midi '97, No. 36; *M.Schwab*, Rev. de ggr. XL, S. 314 f. (Vgl. auch oben No. 4995.)
H.**Gunkel**, Schöpfung u. Chaos: *N.Söderblom*, Rev. de l'hist. des rel. XXXV, S. 356-69.
A.**Harper**, The Book of Deuteronomy: Bibl. Sacra LIV, S. 191.
E.**Hatch** and H.A.**Redpath**, A concordance to the Septuagint: *B.B.Warfield*, Presb. & Ref. Rev. '97, S. 777-9; *M.-J.Lagrange*, Rev. bibl. VI, S. 627 f.

D.C.**Hesseling**, Les cinq livres de la loi: *L.Belléli*, Rev. ét. j. XXXV, S. 132-55 (dazu Hesseling, S. 314-8).

F.**Hommel**, Die altisrael. Ueberlief. (u. Uebs.): [*Zöckler*], Beweis des Glaubens '97, S. 396-8; *K.M[arti]*, LC 34, S. 1089-91; *C.Steuernagel*, DL 43, S. 1686-9; *O.Mussil*, ÖL 17, S. 515 f.; *Ed.König*, Th. Lbl. '97, S. 620-4; *F.Lauchert*, Rev. int. de th. V, S. 873-6; *Zehnpfund*, N. Kirchl. Z. VIII, S. 870-89; Ath., Aug. 28, S. 284 f.; Luzac's Oriental List VIII, S. 142 f.; *D.S.Margoliouth*, Expos. Times VIII, S. 499-501; *S.R. Driver*, ebd. IX, S. 96; *A.Loisy*, Rev. cr. 50, S. 441 f.;*J.Halévy*, Rev. sém. V, S. 381-3; *A.A.Bevan*, Crit. Rev. of th. & philos. lit. VII, S. 406-15; *M.-J.Lagrange*, Rev. bibl. VI, S. 628-30.

A.v.**Hoonacker**, Nouv. ét. sur la restaur. juive: *A.F.*, Bull. cr. '96, S. 622; *J.A.Selbie*, Expository Times VIII, S. 71-3.

S.**Hurwitz**, Machsor Vitry: *A.Epstein*, Rev. ét. j. XXXV, S. 308-13.

Jos.**Jacobs**, Jewish ideals: *J.Réville*, Rev. de l'hist. des rel. XXXV, S. 393 f.

M.R.**James**, Apocr. anecdota. II: *N.Bonwetsch*, Th. Lz. 19, S. 509-11; 525; *P.L.*, Rev. cr. 41, S. 205 f.; *W.T.Smith*, Am. J. of th. I, S. 1023-5.

J.M.**Japhet**, Die Accente der heil. Schrift: *Ed.König*, Th. Lbl. '97, S. 564-6.

Flavii**Josephi** opera omnia . . . rec. S.A.Naber. VI: *P.Wendland*, DL 31, S. 1210 f.

A.**Kamphausen**, The Book of Daniel: *J.-B.Chabot*, Rev. cr. 27, S. 2 f.

— — Das Verhältniss des Menschenopfers zur israelitischen Religion: *H. Oort*, Th. Ts. '97, S. 443-5.

E.**Kautzsch**, Abriss d. Gesch. d. alttest. Schrifttums: *A.Bertholet*, Th. Rdsch. I, S. 20 f.

B.**Kellermann**, Der Midrasch z. I. Buche Samuelis: [*H.Brody*], Z. f. hebr. Bibliogr. II, S. 172.

R.**Kittel**, A history of the Hebrews: *A.B.Davidson*, Crit. Rev. of th. & philos. lit. VII, S. 12-16.

— — Die Anfänge der hebräischen Geschichtsschreib.: *J.Meinhold*, Th. Rdsch. I, S. 62-4.

H.**Kleimenhagen**, Beitr. z. Synonym. d. hebr. Sprache: Luzac's Or. List VIII, S. 166.

A.D.**Klostermann**, Geschichte des Volkes Israel: *Sellin*, Th. Lbl. '97, S. 357-61.

— — Beitr. z. Entstehungsgesch. d. Pentateuchs: *C.Steuernagel*, Th. Rdsch. I, S. 106 f.

A.**Köhler**, Abraham (in Herzog's Realencykl.3): *J.Meinhold*, Th. Rdsch. I, S. 66-8.

R.**Kraetzschmar**, Die Bundesvorstell. im alt. Test.: *W.Nowack*, DL 51/2, S. 2001-3; *H.L.Strack*, Th. Lbl. '98, S. 49-53; *C.Piepenbring*, Rev. de l'hist. des rel. XXXV, S. 369-72.

— — Der Mythus v. Sodoms Ende: *C.Steuernagel*, Th. Rdsch. I, S. 108.

S.**Krausz**, Talmudi életszabályok (OB X, 2367): *J.Kont*, Rev.ét. j. XXXV, S.159.

S.**Leathes**, The claims of the Old Testament: Bibl. Sacra LIV, S. 799 f.

F.**Leitner**, Die prophet. Inspiration: *A.F.*, Bull. cr. '96, S. 621 f.

J.F.**McCurdy**, Hist., prophecy and the monuments. II: *O.H.Gates*, Bibl. Sacra LIV, S. 187-90; *W.H.Bennet*, Expos., Ser. V, Vol. V, S. 234-6; *A.B. Davidson*, Crit. Rev. of th. & philos. lit. VII, S. 430-2; *W.D.Kerswill*, Presb. & Ref. Rev. '97, S. 312-6; *V.*, Rev. bibl. VI, S. 626 f.

J.M.**Macdonald**, Massilia-Carthago sacrifice tablets of the worship of Baal: *D.S.Margoliouth*, JRAS '97, S. 671 f.

Maimonides' Comm. z. Tractat Aboda zara . . . hrsg. v. Jos. Wiener: *W.A.N[eumann]*, ÖL 18, S. 549.

J.**Marquart**, Fundamente israel. u. jüd. Geschichte: *J.Meinhold*, Th. Rdsch. I, S. 69-71; JRAS '97, S. 672; *J.Halévy*, Rev. sém. V, S. 377 f.

K.**Marti**, Kurzgef. Gramm. d. Bibl.-aram. Spr.: *Ch.R.Brown*, Am. J. of th. I, S. 803 f.

O.Meltzer, Gesch. d. Karthager. II: *Dietrich*, Mitt. aus d. hist. Litt. XXV,
S. 389f.; *C.C[lermont]-G[anneau]*, Rev. cr. 48, S. 403 f.
Ed.Meyer, Julius Wellhausen u. meine Schrift: Die Entsteh. d. Judenthums:
W.Nowack, DL 33, S. 1296 f.; Expos. Times VIII, S. 415 f.
— — Glossen z. d. Thontafelbr. v. Tell el Amarna: *J.Halévy*, Rev. sém. V,
S. 285-7.
— — Die Entsteh. d. Judenthums: *J.F.McCurdy*, Am. J. of th. I, S. 807-11.
M.Mielziner, Introd. to the Talmud: *T.W.Davies*, Expos. Times VIII, S. 446f.
W.R.Morfill & R.H.Charles, The Book of the Secrets of Enoch: *A.Lods*,
Rev. de l'hist. des rel. XXXIV, S. 391-5; *J.A.Selbie*, Expos. Times VIII,
S. 383 f.
· O.Naumann, Das Deuteronomium: *J.Böhmer*, Th. Lbl. ,'97, S. 371-3;
C.Steuernagel, Th. Rdsch. I, S. 108.
E.Nestle, Philologica sacra: *H.Holtzmann*, DL 38, S. 1481-3; *v.Dobschütz*,
Th. I.z. 23, S. 605-9; 25, S. 669; *W.Muss-Arnolt*, Am. J. of th. I, S. 1107 f.
— — Septuagintastudien. II: *H.P.Smith*, Am. J. of th. I, S. 806.
A.Neubauer, Mediaeval Jew. Chronicles: [*H.Brody*], Z. f. hebr. Bibliogr. II,
S. 159-64.
E.S.deNeuilly, Les Psaumes: *X.Koenig*, Rev. de l'hist. des rel. XXXV, S. 264 f.
J.Niglutsch, Brevis explicatio Psalmorum: *P.Berner*, ÖL 24, S. 740 f.
W.Nowack, Lehrb. d. Hebr. Archaeologie: *Clermont-Ganneau*, Rev. cr.
52, S. 497-9.
J.-B.Pelt, Histoire de l'Ancien Testament: *Ch.Denis*, Annales de philos.
chrét., T. 134, S. 362 f.
F.Perles, Analekten zur Textkritik des Alten Test.: *W.H.Kosters*, Th. Ts.
'97, S. 653-6; *J.P.Peters*, Am. J. of Sem. langu. and lit. XIV, S. 44-9.
R.Pfeiffer, Die rel.-sittl. Weltansch. des Buches d. Sprüche: *C.Siegfried*,
Th. Lz. 14, S. 377 f.; [*H.Brody*], Z. f. hebr. Bibliogr. II, S. 140 f.
Philonis Alexandrini opera quae supersunt. Vol. II ed. P. Wendland: *M.Fr.*,
LC 32, S. 1039.
R.Rabbinovicz, Variae lectiones in Mischnam et in Talmud babylonicum:
Z. f. hebr. Bibliogr. II, S. 167 f.
A.Réville, Jésus de Nazareth: *H.Holtzmann*, DL 27, S. 1041-6; *P.Lob-
stein*, Th. Lz. 21, S. 555 f.; *J.S.*, Rev. cr. 31/2, S. 88-92; *A. Sabatier*, Rev.
de l'hist. des rel. XXXVI, S. 159-96.
G.L.Robinson, The prophecies of Zachariah: *W.D.Kerswill*, Presb. & Ref.
Rev. '97, S. 318 f.
Ed.Rupprecht, Des Räthsels Lösung oder Beiträge zur richtigen Lösung des
Pentateuchräthsels ..: *Ed.König*, Th. Lbl. '97, S. 465-7; 473-8; *C.Steuer-
nagel*, Th. Rdsch. I, S. 102-5; *W.H.Green*, Presb. & Ref. Rev. '97, S. 316-8.
M.Schian, Die Ebed-Jahwe-Lieder in Jes. 40-66: *v. Orelli*, Th. Lbl. '97,
S. 104-6.
S.Schill, Alex. Philo jelentése a Cajus Caligulánál (OB X, 2410): *J.Kont*,
Rev. ét. j. XXXV, S. 159.
Herm.Schultz, Alttestamentliche Theologie: *H.L.Strack*, Th. Lbl. '97,
S. 153-7; 161-4; *W.H.Kosters*, Th. Ts. '97, S. 656-8.
M.Schwab, Vocab. de l'angélologie: *K.M[arti]*, LC 44, S. 1419; *C.Sieg-
fried*, DL 41, S. 1601-3: *E.Schürer*, Th. Lz. 14, S. 378 f.; *L.Blau* [OB
XI, 2408], Z. f. hebr. Bibliogr. II, S. 318-20; Ath., Oct. 2, S. 454.
P.Schwartzkopff, Die prophet. Offenbar.: *P.C[arus]*, Monist VII, S. 129-32.
F.Spanjer-Herford, Die Psalmen: *W.Staerk*, Prot. Mh. I, S. 75 f.
F.Spitta, Zur Gesch. u. Litt. d. Urchristentums: *v. Soden*, Th. Lz. 22, S. 581-7;
J.Réville, Rev. de l'hist. des rel. XXXVI, S. 114-22.
G.J.Spurrell, Notes on the text of Book of the Genesis: *Ed.König*, Th. Lbl.
'97, S. 68-70.
G.Stosch, Alttest. Studien. II: *J.Meinhold*, Th. Rdsch. I, S. 68 f.
S.v.Straalen, Catalogue of Hebrew books in the British Museum (OB VIII,
5167): *M.G.*, JRAS '96, S. 382 f.

H.**Strack**, Die Genesis: *C.Steuernagel*, Th. Rdsch. I, S. 107 f.
— — Einl. in d. Talmud[2]: *T.W.Davies*, Expos. Times VIII, S. 445.
— — Einl. in das AT[4]: *T.W.Davies*, Expos. Times VIII, S. 230 f.
E.**Teichmann**, Die paulinischen Vorstellungen von Aufersteh. u. Gericht u.
ihre Bez. z. jüd. Apokalyptik: *Graſe*, Th. Rdsch. I, S. 28–30.
H.**Vogelstein** & P.**Rieger**, Gesch. d. Juden in Rom: *M.Steinschneider*,
DL 48, S. 1895-8; *A.Neubauer*, Engl. Hist. Rev. XII, S. 391 f.
W.**Volck**, Heilige Schrift und Kritik: *S.Burnham*, Am. J. of th. I, S. 1007-10.
W.**Vollert**, Tabellen zur neutestamentlichen Zeitgeschichte: *C.H. van Rhijn*,
Th. St. XV, S. 384 f.; *Nn.*, Th. Lbl. '97, S. 107 f.
P.**Volz**, Die vorexilische Jahweprophetie u. der Messias: *K.M[arti]*, LC 37,
S. 1185; *R.Kraetzschmar*, Th. Lz. 26, S. 675-8; *W.Staerk*, Prot. Mh.I,S.503.
F.**Weber**, Jüdische Theologie auf Grund des Talmud: *G.Dalman*, Th.
Lbl. '97, S. 382-4.
H.**Weiss**, Judas Maccabaeus: *P.Wendland*, DL. 43, S. 1702 f.; *Joh. Weiss*,
OL. 17, S. 513-5; *O.Mussil*, Stud. u. Mitth. aus d. Bened.-Orden XVIII, S. 510f.;
R.-M. de La Broise, Études rel., philos., hist. et litt., T. 73, S. 696-9.
Joh.**Weiss**, Die musikal. Instrum. in d. hl. Schriften des AT: *W.S. Pratt*,
Am. J. of th. I, S. 1011-3.
P.**Wendland**, Die Therapeuten: *W.Muss-Arnolt*, Am. J. of th. I, S. 1105 f.;
A.C.Headlam, Engl. Hist. Rev. XII, S. 325-30; *J.Viteau*, Rev. de philol.
de litt. et d'hist. anc. XXI, S. 199.
G.**Wertheim**, Die Arithmetik des Elia Misrachi: *Cantor*, Z. f. Math. u. Phys.,
Hist.-litt. Abt. XLII, S. 195 f.
H.**Willrich**, Juden u. Griechen v. d. makkab. Erhebung: *Ed. Montet*, Rev.
de l'hist. des rel. XXXIV, S. 389-91.
G.B.**Winer**, Gramm. d. neutest. Sprachidioms[8]: *K.A.*, LC 44, S. 1433; *J.H.
Thayer*, Bibl. Sacra LIV, S. 586 f.
A.**Wood**, Hebrew monarchy (OB X, 4959): Ac. LI, S. 203; 287 (dazu Wood
S. 265); *W.H.Green*, Presb. & Ref. Rev. '97, S. 790 f.
A.**Wünsche**, Die Freude in den Schriften des Alten Bundes: *v.Orelli*, Th.
Lbl. '97, S. 164 f.
V.**Zapletal**, Hermeneutica biblica: *O.Mussil*, ÖL 13, S. 385-7.
J.K.**Zenner**, Die Chorges. im Buche d. Psalmen: *K.M[arti]*, LC 45, S. 1449 f.;
B.Baentsch, Th. Lz. 16, S. 425-8; *O.Mussil*, Stud. u. Mitth. aus d. Bened.-
Orden XVIII, S. 328-33; 505-8; *W.S.Pratt*, Am. J. of th. I, S. 1015-21;
L.Hackspill, Rev. bibl. VI, S. 312-6.

6. Arabien und der Islam.

a) Allgemeines.

(S. auch No. 3294; 3524; 3525a; 3536; 4242; 5365; 5472.)

5106 Part of Arabia. Aden Survey. Scale: 1:126,720. (2. ed.) Publ. und. the
dir. of C.Strahan. Photozincogr. at the Survey of India Offices, '93-'95.
1 Kmbl. quer-Fol. in 5 Bl. (je 43/85).

5106a Bandeli Salibā Gauzī (Žuze).-Položenie christian v musul'manskich
gosudarstvach: Pravoslavnyj Sobesědnik '97, Sept., S. 318-40.

5107 Boullié,J.-De l'application du droit civil aux Musulmans d'Algérie.
(Thèse.) P., Chailley, '96. 4 Bl., 212 S. 8.

5108 Bukhsh,S.Khuda.-History among the Arabs: Westminster Rev., Vol.
148, S. 691-9.

5109 Charnay,Désiré.-Voyage au Yémen: CR Soc. de ggr. '97, S. 413-6.

5110 Contenson,L.de.-Les peuples musulmans: Correspondant, Vol. 187,
S. 442-76.

5111 Delfour,Abbé.-l'Islam: Université cath., N. S. XXIV, S. 405-25.
Zu H. de Castries OB X, 2463.

5112 Helou,Rahmin.-Étude sur la condition juridique des femmes musulmanes. (Thèse.) P., Giard & Brière, '96. IV, 182 S. 8.

5113 Hirsch,I. e o.-Ein Aufenthalt in Makalla (Südarabien): Globus LXXII, S. 37-40.

5114 Hirschfeld, H.-Historical and legendary controversies between Mohammed and the Rabbis: Jew. Rev. X, S. 100-16.

5115 Kutsche.-Der Islam, seine geschichtl. Entwickelung u. kulturelle Bedeutung: Jsb. d. Ver. f. Erdk. Metz XIX, S. 41-61.

5116 Lamairesse,E., et G.Dujarric.-Vie de Mahomet d'après la tradition. Tome I. Des origines de Mahomet jusqu'à la bataille d'Ohod. P., Maisonneuve, '97. 8. *Fr.* 5.

5117 The lands of Islam. Ma., Christian Lit. Soc., '97. 88 S. 8. 1 @ 6 *p*.

5118 Lith, P.A.v.d.-Le vecchie leggi commerciali d'Italia imitano forse le musulmane?: Atti e Mem. R. Acc. di sc. Padova XIII ('97), S. 335-41. Mit Vorbem. v. E. T[eza].

5118a Loyson,Hyacinthe.-The religion of Islam: Open Court XI, S.449-63. Transl. from „Christianisme et Islamisme" (P., Deutu) by T. J. McCormack. — Biographie des Verfs.: S. 507—9; 1 Portr.

5119 Michon, Étienne. - Inscriptions latines d'Arabie: Rev. bibl. VI, S. 288-98.

5120 Missionerskij protivomusul'manskij sbornik. 2. Aufl. Kazan', Universitäts-Druckerei, '97. 107 S. 8. *Rub.* 1.

5121 Mohammed ben Cheneb.-Notions de pédagogie musulmane, résumé d'éducation et d'instruction enfantine: Rev. afr. XLI, S. 267-85.

5122 Müller,A.-L'islamismo [OB XI, 2466]. Disp. IX-XIII. Milano, Soc. ed. it., '97. S. 385-672. 8. Je *L.* 1.

5123 Mjuller[Müller],A.-Istorija islama s osnovanija do novějших vremen. Perevod s nemeckago pod redakciej Mědnikova [OB IX, 2391]. T. III i IV. Pe. '96.
Rec. *K.Lasskij*, Istoričeskij Věstnik '96, Nov., S. 671 f.

5124 Ostroumov,N.P.-Domašnij i obščestvennyj byt drevnich Arabov: Pravoslavnyj Sobesědnik '97, Juli, S. 81-108.

5125 Viaje a la Meca de un morisco aragonés en el siglo 15, p. p. Mariano de Pano. (=Coleccion de estudios árabes. I.) C. 1 facs. Zaragoza '98. 8. (L., Spirgatis *M.* 2.)

5126 Pizzi,Italo.-L'islamismo e la guerra santa: N. Ant. LXIX ('97), S. 5-35.

5127 Rafiuddin Ahmad.-A Moslem's view of the pan-Islamic revival: Nineteenth Century XLII, S. 517-26.

5128 Recueil de diverses formules religieuses musulmanes. Extraits du Coran, etc. Constantine, impr. Poulet, ['97]. 40 S. 8.

5129 Ribera,Jul.-Orígenes del justicia de Aragón. Con un prólogo de F. Codera. (= Coleccion de estudios árabes. II.) Zaragoza '97. XIX, 472 S. 8. (L., Spirgatis *M.* 4.)

5130 Robinson,C.H.-Mohammedanism: Has it any future? Lo., Grandner, '97. 90 S. 8. 1 *s.* 6 *d.*
Rec. Ac. LII, S. 164.

5131 Rossi,G.B.-L'Iemen, avanti il profeta: Rassegna nazionale (Firenze) '97, 16 Luglio.

5132 Sellami.-La femme musulmane: Rev. tunisienne '96, Juillet.

5133 Smith,H.P.-The Bible and Islam; or, the influence of the Old and New Testaments on the religion of Mohammed: being the Ely lectures for 1897. Lo., Nisbet (N.Y., Scribner), '97. VI, 319 S. 8. 7 *s.* 6 *d.*; $ 1.50.

5134 Spiro,J.-Mohamed et le Koran. P., Fischbacher, '97. 79 S. 8. *Fr.* 2.50.

5135 The Sultan as Khalifa: As. Qu. Rev. IV ('97), S. 184 f.
Zu OB XI, 2453.

5136 Tournebize,F.-Les Druses: Études rel., philos., hist. et litt., T. 73, S. 47-69.

5137 Trofinov,I.I.-Chronologische Tabellen der muhammedanischen Dynastien. (russ.) Taškent '97. 247 S. 8. (L., Harrass. *M.* 5.)

5138 Vaux,Carra de.-La légende de Bahira ou un moine chrétien auteur du Coran: Rev. de l'Or. chrét., Suppl. trim. II, S. 439-54.

5139 Washburn,Geo.-Mohammedanism: New Cent. Rev. '97, July, S. 742-6.
5140 Wilson,Anna May.-The days of Mohammed. Chicago, Cook Publ.
Co., '97. 95 S. 8. 5 c.

b. Mohammedanische Archaeologie, Numismatik,
Epigraphik.
(S. auch No. 4131; 4546a.)

5141 Lane-Poole,Stanley.-Catalogue of the collection of Arabic coins
preserved in the Khedivial Library at Cairo. Lo., Quaritch, '97. XV, 384 S.
8. 12 s.

5142 Berchem,Max van.-Épigraphie des Assassins: CR XXV ('97), S. 201-8.

5143 Blochet.-Les miniatures des manuscrits musulmans [Schl. zu OB XI,
2483a]: Gaz. des beaux-arts '97, Août.

5144 Casanova,P.-Inventaire sommaire de la collection des monnaies
musulmanes de S. A. la Princesse Ismaïl. P. '96. XVI, 200 S. 8.
Nicht im Handel. Rec. *A. Dedekind,* Num. Z. XXIX, S. 382 f.; *E. Drouin,* Rev. num..
4e Sér., T. I, S. 530 f.

5145 — — Une monnaie inédite de Baudouin d'Édesse: Rev. num., 4e Sér.,
T. I, S. 533 f.

5146 Clermont-Ganneau.-Sur une inscription arabe en anciens caractères
coufiques découverte récemment a Jérusalem: CR XXV ('97), S. 533-6.

5147 Ghalib Bey, Mubarek.-Quelques mots sur deux monnaies ilkhaniennes: Rev. belge de num. LIII, S. 295-9.

5148 Golubowich,Girolamo.-Discovery of an important Cufic inscription
near the church of the Holy Sepulchre: Qu. St. '97, S. 302 f.

5149 Lagrange,M.-J.-L'inscription coufique de l'église du Saint-Sépulcre:
Rev. bibl. VI, S. 643-7.

5150 Smith,Sam.-A little silver coin of En-Nâsir, Imâm of San'â: Num.
Chron., 3. Ser., Vol. XVII, S. 250 f.

c. Arabische Sprache und Litteratur.
(S. auch No. 2941; 4589a; 4598; 4634; 4640; 5016; 5033; 5107 f.; 5112; 5138; 5365a; 5437; 5446.)

5151 Ahlwardt,W.-Verzeichn. der arabischen Handschriften [OB X, 5251].
Bd. IX. (= Die Handschr.-Verzeichn. d. kgl. Bibl. zu Berlin. 21. Bd.) B.,
Asher & Co., '97. VIII, 618 S. 8. M. 28.

5152 Ibn el-**Athir.**-Annales du Maghreb et de l'Espagne. Trad. p.
E. Fagnan [OB X, 5257]: Rev. afr. XLI, S. 185-266; 351-85.

5153 Basset,René.-Les manuscrits arabes de la Zaouyah d'El Hamel: Gi.
Soc. as. it. X, S. 43-97.
Rec. *O. Houdas,* Rev. cr. 47, S. 362 f.

5154 — — Contes et légendes arabes [OB XI, 2494]. XXIX-LVIII: Rev.
des trad. pop. XII, S. 400-4; 477-84; 633-6; 668-78.

5154a Bonelli,L.-Saggi del folklore dell' isola di Malta: Arch. p. lo stud.
delle trad. pop. XIV, S. 457-73 (s. auch ebd. XVI, S. 134 f.).
Vgl. OB IX, 5861.

5154b Busuttil,V.-Demopsicologia maltese: ebd. XVI, S. 432-5.

5155 Brockelmann,Carl. — Geschichte der arabischen Litteratur. I. Bd.
1. Hälfte. Weimar, Felber, '97. 240 S. 8. M. 10.

5156 Lettre du R. P. LouisCheikho, au sujet de l'auteur de la version arabe
du *Diatessaron*: JA Sér. IX, T. X, S. 301-7.

5157 Delphin,G. - La philosophie du Cheikh Senoussi, d'après son *Aqida
es-so'ra*: ebd. S. 356-71.

5158 Eidenschenk et **Cohen-Solal.**-Mots usuels de la langue arabe. Alger,
Jourdan, '97. 296 S. 8.
Rec. *O. Houdas,* Rev. cr. 41, S. 185-7.

5159 Codex Leidensis 399, 1. Euclidis elementa ex interpretatione al-
Hadschdschadschii cum commentariis al-Nazirii. Arabice et latine ediderunt
notisque instruxerunt R. O. Besthorn et J. L. Heiberg [OB VII, 2392].
Pars I. Fasc. II. Kjøbenhavn, Gyldendal, '97. 108 S. 8. Kr. 4.

5160 Ginoburg, Bar. D. - Vyderžki iz divana Nabigi: Sborn. stat. uč. prof. Rozena, S. 169-252.

5161 Goldziher, Ign.-Real-Encyclopädie des Islam: ÖM XXIII, S. 115 f.

5162 — — Ein arab. Vers im Chazari-Buche: ZDMG LI, S. 472.

5163 — — Du sens propre des expressions Ombre de Dieu, Khalife de Dieu pour désigner les chefs dans l'Islam: Rev. de l'hist. des rel. XXXV, S. 331-8.

5164 Assemblies of Hariri. Students' ed. of the Arabic text. English notes &c. by F.Steingass. Lo., Low, '97. 8.   21 s.

5165 Hartmann, Mart.-Das arabische Strophengedicht. I. Das Muwaśśah. (= Semitistische Studien, hrsg. v. Carl Bezold. 13. u. 14. Hft.) Weimar, Felber, '97. VIII, 258 S. 8.   M. 12.

5166 La Corte, Giorgio. - Della cronaca arabo-sicula di Cambridge e di due testi greci delle Biblioteche Vaticana e Parigina: Arch. stor. siciliano XXII ('97), S. 165-202.

5167 Lambert, Mayer.-De l'accent en arabe: JA Sér. IX, T. X, S. 402-13.

5168 Jean-Léon-Africain.-Description de l'Afrique .... Nouv. éd., annotée p. Ch.Schefer [OB X, 2549]. 2e Vol. P., Leroux, '97. VIII, 499 S.; 1 K. 8.

5169 Lokman.-Fables de Lokman. Expliquées d'après une méthode nouvelle par deux traductions françaises, l'une littérale et juxtalinéaire, présentant le mot à mot français en regard des mots correspondants figurés en caractères romains, l'autre correcte et précédee du texte arabe, avec un dictionnaire analytique des mots et formes difficiles par A.Cherbonneau. P., Hachette & Co., '97. 106 S. 8.

5170 Mêdnikov, N. - Ob odnom iz istočnikov at-Tabarija: Sborn. stat. uč. prof. Rozena, S. 53-66.

5171 Merx, Adalb.-Die in der Peschito fehlenden Briefe des Neuen Testamentes in arabischer der Philoxeniana entstammender Uebersetzung. Nach d. Abschrift e. Manuscr. des Sinai-Klosters von Frau A. Persis Burkitt veröffentl. u. m. Anm. versehen: ZA XII, S. 240-52.

5172 Aḥsanu-t-taqāsīm fī ma'rifati-l-aqālīm known as al-Muqaddasī. Transl. from the Arabic and ed. by G.S.A.Ranking and R.F.Azoo. Vol. I. Fasc. 1. (BI No. 899.) C., As. Soc., '97. S. 1-96. 8. (L, Harrass. M. 2.)

5173 1001 Nacht. Aus dem Arab. übertr. v. Max Henning [OB XI, 2528]. IV-V. 101-217. Nacht. (= Universal-Bibl. No. 3692 f.; 3721 f.) L-, Reclam, '97. 198 S. 8.   M. 0.80.

5174 Arabian nights' entertainment. Transl. from the Arabic. New and complete ed. Upwards of 100 ill. on wood by S.J.Groves. Lo., Nimmo, '97. 540 S. 8.   3 s. 6 d.

5175 Nallino, C. A. - Zu Vollers, Beitr. z. Kenntn. d. arab. Sprache in Ägypten (OB X, 5313; XI, 2549): ZDMG LI, S. 534.

5176 Nestle, Eberh.-Zu den Codices Sinaitici: ebd. S. 713 f.
Gegen Oestrup unten No. 5178.

5177 Nöldeke, Th.-Einige Bemerkungen üb. die Sprache der alten Araber: ZA XII, S. 171-87.

5178 Oestrup, J.-Über zwei arab. Codices sinaitici der Strassburger Universitäts- u. Landesbibliothek: ZDMG LI, S. 453-71.
S. oben No. 5176.

5179 Betænkning (A.F.Mehren, Vilh.Thomsen) over Besvarelsen af den filologiske Prisopgave for 1894: Overs. over det Kgl. Danske Videns. Selsk. Forhandl. '96, S. (38)f.
Betrifft die von J.Østrup eingereichte Arbeit über das Vulgär-Arabische.

5180 Pagés y Belloc, F. - Los tiempos del verbo árabe. Madrid, Suárez, '97. 76 S. 8.   Pes. 2.

5181 [Ber. üb. e. akad. Vortr. v. Sachau üb. e. arabische Chronik aus Zanzibar]: DL 45, S. 1788.

5182 Sibawaihi's Buch über die Grammatik ... Uebs. u. erkl. v. G.Jahn [OB XI, 2540]. 17. u. 18. Lfg. B., Reuther & Reichardt, '97. 8. Je M. 4.
Rec. James Robertson, Crit. Rev. of th. & philos. lit. VII, S. 352-4.

5183 Smidt, A. – Primĕnenie sistemy fikha v arabskoj grammatike: Sborn. stat. uč. prof. Rozena, S. 309-24.

5184 Socin, A. – Das Projekt einer muhammedanischen Encyklopädie: ZDMG LI, S. 677 f.
Vgl. OB XI, 97 Anm. u. oben No. 5161.

5185 — — Zur Metrik einiger in's Arabische übs. Dramen Molière's. Progr. I., Edelmann, '97. 26 S. 4.

5186 Spiro, S. – English-Arabic vocabulary of the modern and colloquial Arabic of Egypt. Cairo '97. XVI, 552 S. 8.   (L., Harrass. *M.* 10.)
Vgl. OB IX, 5912. (jetzt ebd. antiqu. *M.* 10.)

5187 Steinschneider, Mor. – Heilmittelnamen der Araber: WZKM XI, S. 259–78; 313–30.

5188 Suter, Heinr. – Bemerkungen zu Herrn Steinschneider's Abhandlung: „Die arab. Uebersetzungen aus d. Griechischen". Zweiter Abschnitt: Mathematik. (S. 161 ff. u. 337 ff.): ZDMG LI, S. 426-31.
Zu OB XI, 2513.

5189 Talisman arabe. (Texte arabe.) Constantine, impr. Poulet, ['97]. In-plano à 4 cols.

5190 Vernier, Donat. – Bemerk. zu meiner arab. Grammatik: Z. f. kath. Th. XXI, S. 576–9.
Vgl. OB X, 5312.

5191 Vloten, G. van. – Oud-Arabische poezie: Tweemaandelijksch Tijdschrift '96, Jan.

5192 — — Een Arabisch natuurfilosoof in de 9ᵉ eeuw: ebd. '97, Mai.

5193 — — Studien uit de Annalen van Tabari: ebd. '98, März.

5194 Vollers, Karl. – Beiträge z. Kenntnis der lebenden arabischen Sprache in Aegypten. II. Ueber Lehnwörter. Fremdes u. Eigenes [OB XI, 2549]: ZDMG LI, S. 343–64.

5195 Rapport de Mr. Kunik sur un mémoire de Mr. Westberg, intitulé: „Ibrâhim-ibn-Ja'kûb's Bericht über die Slaven aus dem Jahre 965": Bull. Ac. Pe., Sér. V, Vol. V, S. LXXV f.

5195a Williams, Talcott. – The spoken Arabic of North Morocco: BSS III, S. 561-87.

Drucke aus Kazan'.*)
(Vgl. oben S. 184.)
[Falls nicht anders vermerkt: Univ.-Druckerei, 1897.]

5196 كتاب عين العلم. Hrsg. v. Šemsu'd-dín Husein-ugly. 80 S. 8.   *Rub.* 1.
Rec. *N. F. Katanov*, Dějatel' '98, S. 152.

5197 دعاء انعام سورەلرننك خاصیتى و حزب البحر. Hrsg. v. Kerimov. [Arab. u. tatarisch.] Kazan', Druck v. Čirkova, '97. 136, 21 S. 8.   *Rub.* 0.15.

5198 ختم خواجه ودعاء ختم. Hrsg. v. Šemsu'd-dín Fusein-ugly. [Arab. u. tatar.] 18 S. 8.
Rec. *N. F. Katanov*, Dějatel' '98, S. 263 f.

5199 كلام شریف. Hrsg. v. Šemsu'd-dín Husein ugly. 422 S. 4.   *Rub.* 4.

5199a مكّهٔ مُكرّمه ومدینهٔ مُنوّرة. Hrsg. v. Šemsu'd-dín Husein-ugly. 1 S. Fol.   *Rub.* 0.15.

5200 مجمع الدّعوات والاذكار. Hrsg. v. Šemsu'd-dín Husein-ugly. [Arab. u. tatarisch.] 128 S. 8.   *Rub.* 1.25.

5201 مجمع الفضائل. Hrsg. v. Kerimov. Kazan', Druck v. Dombrovskij, '97. 1 S. Fol.   *Rub.* 0.05.

---

*) S. auch *N. F. Katanov's* Recensionen früherer Publicationen: Dějatel' 1897,8.

5202 طريق نقشبنديّهنك اصولنی حاوی حسبحال السالك فی
اقوام المسالك و به. Hrsg. v. Kerimov. [Tatar. u. arabisch.] Kazan',
Druck v. Čirkova, '96. 63 S. 8. *Rub.* 1.

5203 طباق دعالی. Hrsg. v. Šemsu'd-dīn Ḷusein-uġly. [Arab. u.
tatarisch.] 1 S. Fol. *Rub.* 0.15.

5203a طباق. Hrsg. v. Šemsu'd-dīn Ḷusein-uġly. [Arab. u. tatarisch.]
1 S. Fol. *Rub.* 0.05.
Rec. *N.F.Katanov*, Dějatel' '98, S. 205 f.

5204 Al-Zamaḥšarī [† 1144].- كتاب الانموذج. Hrsg. v. Šemsu'd-dīn
Ḷusein-uġly. 172 S. 4. *Rub.* 1.20.
Rec. *N.F.Katanov*, Dějatel' '98, S. 204 f.

Orientalische Drucke.

5205 'Abd-allāh ibn al-Muqaffa'.-Al-Durrat al-jatīme. 2. Aufl. Beirūt
'97. 46 S. 8. (L., Harrass. *M.* 2.)

5206 'Alī Jūsuf al-Garīdlī.-Badā'i' al-ḥikam. I. Bd. Cairo 1313. 156 S.
8. (L., Harrass. *M.* 2.50.)

5207 Cheikho,L.-'Ilm al-adab. I. 'Ilm al-inšā' wal-'arūḍ. (= Cours de belles
lettres d'après les Arabes. I. 2. Aufl.) Beyrouth, Impr. cath., '97. 450 S. 8.
Rec. *C.F.S[eybold]*, LC 51,2, S. 1683.

5208 Ḥarīrī.-Makamen, m. d. Commentar d. Šarīšī. 2 Bde. Cairo 1314.
294; 305 S. 4. (L., Spirgatis *M.* 11.)

5209 Ibrāhīm Ḥilmī ibn Husein al-Wafī.-Salām al-aḥkam 'alāsawād al-
a'ẓam fil-kalām. (lil-Ḥakīm al-Samarqandī). Constantinopel, Aḥtar Maṭba'a,
1313. 220 S. 8. (L., Spirgatis *M.* 1.80.)

5210 Ismā'īl Efendi 'Alī.-Al-Nuḥbat al-azharijja fil-ġeǧrāfijjat al-'umūmijja.
I. Cairo 1314. 168 S.; 10 K. 4. (L., Harrass. *M.* 4.50.)

5210a Jūsuf ibn Ismā'īl al-Nabhānī.-Hamzijja Alifijja. Beirūt 1314.
Rec. *M.S.Howell*, As. Qu. Rev. IV ('97), S. 438-40.

5211 Maḥmūd ibn Sulaimān al-Ḥalabī.-Kitāb ḥusn al-tawassul ilā
ṣinā'at al-tarassul. Cairo, Hindijje, 1315. 176 S. 8. (L., Harrass. *M.* 2.)

5212 Al-Māwardī [† 1058].-Kitāb al-dunja wal-dīn. 2. Aufl. Cairo 1315.
240 S. 8. (L., Harrass. *M.* 3.)

5213 Muhammad al-Ḥadarī.-Nūr al-jaqīn fī sīrat sajjid al-mursalīn. Cairo
1315. 368 S. 8. (L., Harrass. *M.* 5.)

5214 Muhammad Efendi Ṣādiq.-Kitāb al-samīr al-azhar fī Muḥtaṣar qiṣṣat
'Antar. I. Cairo 1314. 304 S. 8. (L., Harrass. *M.* 3.50.)

5215 Saḥāwī.-Kitāb at-tibr al-masbūk fī ḏail as-sulūk . . waqafa 'alā ṭab'ihi
wa-taṣḥīḥihi Aḥmad Zakī Bek. Būlāq, Maṭba'at al-amīrijjat, '96. 432 S. 8.
(L., Harrass. *M.* 12.)

5215a Zaki.-Uṣūl i 'arabī 'amalī wa naẓarī. Constantinopel 1314. 112 S. 8.
(L., Spirgatis *M.* 2.)

Anhang: Sabäisches und Verwandtes.

5215b Glaser, Ed.-Der Damm von Mārib: ÖM XXIII, S. 126-8.
Vgl. OB XI, 261).

5215c — — Polyandrie oder Gesellschaftsehen bei den alten Sabäern: Beil.
Allg. Ztg. 276, S. 7.

Recensionen zu V, 6.

Abū Bekr Muh. Ibn Zakarīyā al-Rāzī, Traité . . . trad. p. P.deKoning:
F.L., Gi. Soc. as. it. X, S. 209 f.
Das erste Gedicht aus d. Dīwān d. arab. Dichters Al-'aǧǧāǧ . . . hrsg. v.
M.Bittner: *R.Geyer*, ÖL 16, S. 490 f.
Arib, Ṭabarī continuatus . . . ed. M.J.deGoeje: *B[arbier de] M[eynard]*,
A, Sér. IX, T. X, S. 194-6.
T.W.Arnold, The preaching of Islam: *A.Socin*, Th. Lz. 14, S. 391 f.; *B.A.*
Rev. cr. 31/2, S. 81 f.; *J.Robson*, Crit. Rev. of th. & philos. lit. VII, S. 444-6.

Ibn al Attir's Kunja-Wörterbuch hrsg. v. C. F. Seybold: *K. V[ollers]*, I.C 34, S. 1104 f.

Avencebrolis Fons vitae . . . ed. Cl. Bäumker: *Wehofer*, Jb. f. Philos. u. spekul. Th. XI, S. 119–21.

M. van Berchem, Inscriptions arabes de Syrie: *Barbier de Meynard*, CR XXV ('97), S. 543–5.

P. Casanova, Numismatique des Danichmendites: Viz. Vrem. IV, S. 713–5.

Caspari, A grammar of the Arab. language3 (OB X, 2520): *M. S. Howell*, As. Qu. Rev. II ('96), S. 365–9 (dagegen M. J. de Goeje, ebd. III ('97), S. 126–8; Howell S. 430–2; IV ('97), S. 75–8).

H. de Castries, l'Islam: *Ch. Denis*, Annales de philos. chrét., T. 133, S. 715 f.; *A. C.*, Études rel., philos., hist. et litt., T. 70, S. 420–2; *R. Basset*, Rev. de l'hist. des rel. XXXV, S. 120–7; *O. J. Thatcher*, Am. J. of th. I, S. 1062 f.

H. Derenbourg, Le dieu Rimmôn: *J. Halévy*, Rev. sém. V, S. 381.

A. Durand et L. Cheikho, Elementa gramm. arab. cum chrestomathia: *C. F. S[eybold]*, I.C 51/2, S. 1683; *J. Barth*, DL 32, S. 1253 f.; *B[arbier de] Meynard]*, JA Sér. IX, T. X, S. 373–6.

J. Euting, Tagbuch e. Reise in Inner-Arabien: *Ed. Glaser*, PM XLIII, Lber. S. 165 f.

E. Glaser, Zwei Inschr. üb. d. Dammbruch v. Mârib: *J. Halévy*, Rev. sém. V, S. 379–81.

M. Hartmann, Das arab. Strophengedicht. I: *I. Goldziher*, DL 46, S. 1810–2. Der Diwân des arab. Dichters Hâtim Tej . . . hrsg. v. F. Schulthess: *C. Brockelmann*, DL 40, S. 1570 f.; Ath., Oct. 2, S. 453 f.; *B[arbier de] Meynard]*, Rev. cr. 49, S. 410–2.

L. Hirsch, Reisen in Süd-Arabien: *C. F. S[eybold]*, LC 36, S. 1159 f.; *E. Tiessen*, Verh. Ges. f. Erdk. B. XXIV, S. 551 f.; *M. J. de Goeje*, Ts. Ned. Aardr. Gen. XIV ('97), S. 658 f.; *H. G.*, Rev. cr. 44, S. 276 f.; Ath., Aug. 7, S. 189 f.

G. Jacob, 1) Das Leben der vorislam. Beduinen. 2) Altarab. Parallelen z. Alten Test.: *H. H.*, JRAS '97, S. 925–8; 2): *Wellhausen*, Th. Lz. 19, S. 505. Ja'qûb Ibn Ishâq as-Sikkit, La cr. du langage p. p. L. Cheikho: *J. Barth*, DL 26, S. 1013–5.

Ad. Keller, Der Geisteskampf des Christentums gegen d. Islam: *O. J. Thatcher*, Am. J. of th. I, S. 1063–5.

E. Laune, Manuel français-arabe: *O. Houdas*, JA Sér. IX, T. X, S. 372 f.

Maçoudi, Le livre de l'avert. Trad. par Carra de Vaux: *F. Grenard*, Polyb. '97, Sept., S. 243 f.

Maris, Amri et Slibae de patr. Nestor. comm. . . . ed. H. Gismondi: *A. Durand*, Études rel., philos., hist. et litt., T. 70, S. 561–3.

W. Muir, Moham. controversy: *M. S. H[owell]*, As. Qu. Rev. IV ('97), S. 429 f.

J. Østrup, Contes de Damas: *E. N[estle]*, I.C 31, S. 1005 f.; *M. Hartmann*, DL 34, S. 1330–2; Ath., Aug. 28, S. 289; *René Basset*, Rev. des trad. pop. XII, S. 412–4.

H. Sauvaire, Matériaux pour servir à l'histoire de la numismatique et de la métrologie musulmanes (Journ. asiatique 1882): *L. Blancard*, Rev. belge de num. LIII, S. 219–30.

P. Schwarz, Iran im Mittelalter nach d. arab. Geographen. I: LC 8, S. 265 f.

E. Sell, The faith of Islam: *M. Dods*, Crit. Rev. of th. & philos. lit. VII, S. 22–5.

C. Snouck Hurgronje, Eenige Arab. strijdschriften: *A. Dirr*, Rev. de l'hist. des rel. XXXVI, S. 135–8.

H. Stumme, Gramm. d. tunis. Arabisch: *R. Geyer*, ÖL 18, S. 556.

H. Suter, Die Araber als Vermittler der Wissensch.2: *H. H.*, JRAS '97, S. 928.

K. L. Tallqvist, Arab. Sprichw. u. Spiele: *B[arbier de] M[eynard]*, Rev. cr. 49, S. 409 f.

Nonnulla Tarafae poëtae carmina ex arabico in lat. sermonem versa . . . a B. Vandenhoff: *C. Brockelmann*, DL 50, S. 1964 f.; *J. Barth*, ZDMG LI, S. 535–47.

Washington-Serruys, L'arabe moderne: *K. V[ollers]*, LC 48, S. 1561 f.

VI. AFRIKA.

5216 Bamberg,Karl.–Schulwandkarte v. Afrika. 1 : 6300000. Physikalische Ausg. 16. Aufl. 12 Blatt à 47,5×38 cm. Farbdr. B., Chun, '97. *M.* 12. Politische Ausg. 4. Aufl. Ebd. '97. *M.* 12.

5217 Gaebler,Ed.–Spezialkarte v. Afrika u. deutsche Kolonialkarte m. den deutschen Schutzgebieten in der Südsee. 1 : 16000000. 4. Aufl. Mit Berücksicht. der neuen Abgrenzg. 57,5×63 cm. Farbdr. L., Lang, '97. *M.* 1.

5218 Brown,Rob.–Afrika och dess upptäcktshistoria [Schl. zu OB X, 5344]. II. 19–40. Göteborg, Hedlund, '97. I, S. 433–552; II, S. 1–400. 8. (ill.) Je *Kr.* 0.25.

5219 Reinisch,Leo.–Egypt and Abyssinia: Ggr. J. IX, S. 314–8. S. schon OB X, 5352; XI, 2627.

5220 H.S.–Die Anfänge deutscher Afrikaforschung: Beil. Allg. Ztg. 195, S.1–6.

1. Aegypten.

5221 Bulletin de l'institut égyptien [OB X, 5356]. IIIᵉ Sér. No. 7. Le Caire, Impr. nat., '97. S. 1–352. 8.

a. Neu-Aegypten.
(S. auch No. 4597; 51941 5257.)

5222 Carte de l'Egypte, l'Abyssinie et le Haut-Nil, à l'éch. du 1/12.400.000ᵉ: Suppl. au Mouvement géogr. du 10 oct. 1897.

5223 Ball,E.A.R.–The city of the caliphs: a popular study of Cairo and its environs and the Nile and its antiquities. Boston, Estes & Lauriat, '97. V, 335 S. 8. $ 3.

5224 Beckmann,Jos.–Zur Volkskunde des heutigen Egyptens: Urquell, N.F. I, S. 299–301.

5225 Chevalley,A.–Le Caire: Monde moderne VI, S. 670–88.

5226 — — La jeune Égypte: Rev. de P. '96, VI, S. 429–48.

5227 Des Chesnais,René.–En félouque sur le Nil. Souvenirs de Basse-Nubie et de Haute-Egypte. Tours, Dubois, '97. 269 S. 4. (ill., K.) *Fr.* 10.

5228 Gayet.–Une visite à la vallée du Bir-el-Aïn: A travers le monde '97, S. 129–32.

5229 Goldsmid,F.J.–Two retrospects of Egypt. I. In A. D. 1672–3: or a century and a half after the Ottoman conquest. II. In A. D. 1818: or the first quarter of the present century: As. Qu. Rev. IV ('97), S. 376–86.

5230 Herz,Max.–Observations sur les bassins dans les sahns des mosquées: Bull. inst. ég., Sér. III, No. 7, S. 47–51.

5231 Heymann,Rich.–Von Königsberg nach Kairo. Reisebilder. Dresden, Reissner, '97. 178 S. 8. *M.* 2.50.

5232 Jennings-Bramly,Wilfred.–A journey to Siwa in September and October, 1896: Ggr. J. X, S. 597–608.

5233 Lane-Poole,St.–Cairo; history, monuments, social life. 3rd. ed. Lo., Virtue, '97. 348 S. 8. (ill.) 6 s.

5234 Pasig,Paul.–Das moderne ägyptische Volkslied: Umschau I, S. 822–4.

5234a Popolazione dell 'Egitto: Boll. Soc. ggr. it. X ('97), S. 342.

5235 Resener,Hans.–L'Égypte sous l'occupation anglaise et la question égyptienne. Cairo '97. 196 S. 8. (Lo., Luzac 3 s. 6 d.)

5236 Rodt,Ed.v.–Kairo. Bern, Schmid & Francke, '97. 45 S. 8. *M.* 0.60.

5237 Salomon,Al.P.–Un réformateur copte du XIIᵉ siècle [Marc ibn al Kandar]: Bull. inst. ég., Sér. III, No. 7, S. 167–92.

5238 Toureille.–L'Égypte moderne. Les peuples égyptiens: Bull. Soc. ggr. Rochefort XVIII, S. 193–206; 245–58; XIX, S. 3–10; 81–92.

b. Alt-Aegypten.

(S. auch No. 2949; 4524; 4596; 4723; 4743a; 4795; 4823; 4949; 5223.)

5239 Sphinx. Revue critique embrassant le domaine entier de l'égyptologie publ. . . . p. Karl Piehl [OB XI, 2646]. Vol. II, Fasc. 2. Upsala, Ak. Bokhandeln (L., Hinrichs), '98. S. 63–130. 8. 4 Hefte *Kr.* 13.50; *M.* 15.
Inhalt (ausser den besonders aufgef. Recens.): Aufs. v. E.Léfébure: L'animal typhonien, S. 63–74; Les noms égyptiens des principaux visières, S. 79–84; Aufs. v. K.Piehl; Le pronom suffixe féminin de la première personne du singulier, S. 75–8; 50 quasi-vocables hiéroglyphiques à exclure du dictionnaire hiéroglyphique à venir, S. 87–94; Mélanges, S. 118–29 [ausser kurzen Referaten Besprechung v. Maspero OB XI, 2713]; Notices [OB XI, 2646]. § 12. Le mot ⸱⸱⸱⸱ ⸱⸱⸱. S. 130. – S. auch unten No. 5335.

5240 Zeitschrift f. ägyptische Sprache u. Alterthumskunde m. Unterst. d. Deutschen Morgenl. Gesellsch. hrsg. v. A.Erman u. G. Steindorff [OB XI, 2647]. Bd. XXXV. 2. Heft. L., Hinrichs, '97. S. 111–74, I–IV; 1 T. 4.   j. *M.* 15.
Inhalt ausser OB XI, 3001a: Aufs. v. L.Borchardt: Ein ägypt. Grab auf d. Sinaihalbinsel, S. 112–5; Bemerk. zu den Sargen des mittleren Reiches, S. 116–8; Die Dienerstatuen aus den Gräbern des alten Reiches. S. 119–34. Der Inhalt der Halbkugel nach einem Papyrus-fragment des mittl. Reiches, S. 150–2; Vernichtung einer ⸱⸱⸱⸱ -Formel unter Amenophis IV.?, S. 167 f.; Zu I.D. II, 13., S. 168; Gebrauch von Henna im alten Reiche, S. 168–70. – E.Brugsch-Bey, Ein neuer satyrischer Papyrus, S. 140f.; 1 T. – F. v.Calice, Über das Vorkommen von ⸱⸱⸱⸱ und ⸱⸱⸱⸱. S. 170f. Eine Etymologie [zu Erman ZDMG 46, 107; 124 – OB VI, 2474], S. 171 f. – A.Erman, Zu den aethiopischen Hieroglyphen, S. 152–65. – JJ.Hess, Demotica, S. 144–9. – J.A.Knudtzon, Der Cheta-Fürst S3-p3-rw-rw in Keilschrift, S. 141f. – G.Möller, Zum Namen des Königs v. Unterägypten, S. 166f. – J.E. Quibell, On the date of the period in Egypt called neolithic, Libyan and new race, S. 134–40. – G.Schweinfurth u. L.Lewin, Der Salzfund von Qurna, S. 142f. – Erschienene Schriften, S. 172–4. – S. auch unten No. 5335.

5241 Morgan,J.de.–Compte rendu des travaux archéologiques effectués par le Service des antiquités de l'Égypte et par les savants étrangers [OB X, 5464], en 1895–96: Bull. inst. ég., Sér. III, No. 7, S. 130–62.

5242 Gillett,Ch.R.–Catalogue of the Egyptian antiquities in Hall III. (= The Metropol. Museum of art. Handbook No. III.) N.Y. '97. 138 S. 8.

5242a Bizanzio ed Alessandria nella storia del Giacobitismo: Bessarione I, S. 682–95; 774–84; 867–74; II, S. 31–9.

5243 Apostolidès,B.–Essai sur l'hellénisme égyptien et ses rapports avec l'hellénisme classique et l'hellénisme moderne. T. 1er. L'hellénisme sous l'ancien et le moyen empire. Fasc. 1. P., Welter, '98. XLVIII, 62 S. 8. *Fr.* 6.

5244 Balfour,Henry.–On a remarkable ancient bow and arrow believed to be of Assyrian origin: J. Anthr. Inst. of Great Brit. XXVI, S. 210–20; 2 T.
Rec. *J.D.E.Schmeltz,* Int. Arch. f. Ethnogr. X, S. 210f.

5245 Beer,Rud.–Der Papyrus Erzherzog Rainer: Z. f. Bücherfreunde I, 2, S. 537–40; 572–5.

5246 Bénédite,Georges.–Une tête de statue royale. Psammetik III: Gaz. des beaux-arts XVII, S. 35–42; 1 T.

5247 Commun. faite par Berthelot à l'Ac. des sciences sur les mines de cuivre du Sinaï qu'exploitaient les anciens Egyptiens: Bull. cr. '96, S. 655–8.

5248 Bissing,Frdr.Wilh.v.–Die statistische Tafel v. Karnak. L., Hinrichs, '97. XXXVIII, 67 S. 4.   *M.* 15.
Rec. *K.Piehl,* Sphinx II, S. 108–11.

5249 Bonola Bey.–Les voyageurs égyptiens. I. Ancien empire: Bull. Soc. khédiv. de ggr. (Caire) IV ('96), S. 659–81; 1 K.

5250 The Book of the Dead. The chapters of coming forth by day. The Egyptian text according to the Theban recension in Hieroglyphic ed. fr. numerous papyri, with a translation, vocabulary, etc. By E.A. Wallis Budge. 3 Vols. Lo., Paul, '98. XL, 517 S.; CCIV, 354 S.; 21 T.; 3 Bl., 386 S. 8.   £ 2. 10 s.
Rec. Ath., Dec. 25, S. 874 f.; Luzac's Or. List VIII, S. 271 f.

5251 Borchardt, L u d w. – Die ägyptische Pflanzensäule. Ein Kapitel zur Geschichte des Pflanzenornaments. B., Wasmuth, '97. VII, 58 S. m. 88 Abbildgn. 4. *M.* 5.

5252 — — Ein neuer Königsname der ersten Dynastie: Sitz. Ak. Wiss. B. '97, S. 1054–8.

Rec. beider Schriften B.'s: *C.S[teindorff]*. ZÄS XXXV, S. 172 f.

5253 Botti, G. – La côte alexandrine dans l'antiquité: Bull. Soc. khédiv. de ggr. IV, S. 807–74.

5254 Breasted, J a m e s H e n r y. – Recent accessions to Haskell Museum: Biblia (Boston; Lo., Luzac) X, S. 281–5.

5255 Butcher, E. L. – The story of the church of Egypt: being an outline of the history of the Egyptians under their successive masters from the Roman conquest until now. 2 Vols. Lo., Smith, '97. 870 S. 8. 16 *s.*

Rec. Ac. LII, S. 565.

5256 Prehistoric c a n n i b a l i s m in Egypt: Biblia (Boston; Lo., Luzac) X, S. 290–3.

5257 Chevrillon, A n d r é. – Thèbes: Rev. de P. '97, I, S. 689–723; II, S. 294–325; 864–80; III, S. 376–403.

5258 Chronology of Egypt: Australasian Anthr. J. '97, 6, S. 125 f.

5259 Crum, W.E. – A Coptic palimpsest: Proc. BA XIX, S. 210–22.

5260 Dedekind, A. – Ein Calembourg im Decrete von Kanopus: WZKM XI, S. 288–91.

5261 On recent d i g g i n g s in Egypt: Australasian Anthr. J. '97, 4, S. 90.

5262 Du Coudray La Blanchère, R. – Tombes en mosaïque de Thabraca. Douze stèles votives du musée du Bardo. (= Bibliothèque d'archéologie afr. Fasc. 1.) P., Leroux, '97. 62 S. 8.

5263 Dutilh, E.D.J. – Monnaies alexandrines et terres cuites du Fayoum: Bull. inst. ég., Sér. III, No. 7, S. 103–6.

5264 Ebers, G e o r g. – Die Körpertheile, ihre Bedeutung u. Namen im Altägyptischen. (Aus d. Abhdl. d. K. B. Ak. d. Wiss. I. Cl., XXI. Bd., I. Abth.) M., G. Franz in Komm., '98. 96 S. 4. *M.* 4.

5265 Eisenlohr, A u g. – The Rollin Papyri and their baking calculations: Proc. BA XIX, S. 91–104; 115–20; 147–55; 252–65.

S.-A. L., Harrass. *M.* 4.

5266 Flée, A l b. de. – Les fouilles du Musée Guimet à Antinoë: Nouv. Rev. CIX, S. 293–309.

S. schon OB X, 5418.

5267 Fouquet. – Note pour servir à l'histoire de l'embaumement en Égypte: Bull. inst. ég., Sér. III, No. 7, S. 89–97.

5268 — — Sur l'ancienneté du tatouage employé comme mode de traitement: Gaz. des hôpitaux '97, No. 67.

Handelt von den Kopten u. vou d. Auffindung einer Mumie (aus d. XI. Dynastie) mit Tattowirungen. Vgl. *L.Laloy*, L'Anthr. VIII, S. 496; s. auch Semaine méd. XVII, S. 207 ff.

5269 G. – Neueste ägyptische Ausgrabungen: Beil. Allg. Ztg. 283, S. 7.

5270 Gayet, A l. – L'exploration des ruines d'Antinoë et la découverte d'un temple de Ramsès II enclos dans l'enceinte de la ville d'Hadrien. (= Annales du Musée Guimet. T. XXVI, 3.) P., Leroux, '97. 63 S.; 25 T. 4. (ill.) *Fr.* 15.

Ersatz f. d. Tit. OB XI, 2689.

5271 Goleniščev, V. – Gieratičeskij papirus iz kollekcii V. Goleniščeva, soderžaščij otčet o putešestvii egiptjanina Una-Amona v Finikiju: Sborn. stat. uč. prof. Rozena, S. 45–52; 2 T.

5272 Gregg, J.C. – Proof that the shepherd rule was confined to and ended with the fifteenth dynasty: Biblia (Boston; Lo., Luzac) X, S. 318–20.

5273 Griffith, F.Ll. – Notes: Proc. BA XIX, S. 293–300.

Scarabs belonging to M.John Ward. The Khyan group of kings. The Israel stela. Additional note to „Egyptian literature" (zu Griffith' Artükel „Eg. literature" in „The World's best literature" (N. Y., Hill & Co.)].

5274 — — Wills in Ancient Egypt: Law Quarterly Rev. XIV, S. 43–50.

5275 Groff, W i l l i a m. – La fille de Pharaon [OB X, 5429]: Bull. inst. ég., Sér. III, No. 7, S. 59–87.

5276 Groff,William.–Les lois régissant l'emploi des couleurs chez les anciens Égyptiens: ebd. S. 279–301.

5277 Guimet,Émile.–l.'Égypte ancienne: Bull. Soc. ggr. Marseille XXI, S. 381–7.

5278 — — Conférence sur l'Égypte: Soc. normande de ggr., Bull. XVIII. S. 67–78.

5279 Henning,L.–Die neuesten Forschungen über die Steinzeit u. die Zeit der Metalle in Ägypten: Globus LXXII, S. 263–9.

5280 Hyvernat,M.–Étude sur les versions coptes de la Bible [Schl. zu OB X, 5438]: Rev. bibl. VI, S. 48–74.

5280a Jouguet,Pierre.–Épitaphe d'un Grec d'Égypte: Rev. des ét. gr. IX, S. 433–6.

5281 Kaerst,J.–Untersuchungen üb. Timagenes von Alexandria: Philologus LVI, S. 621–57.

5282 Krall,Jakob.–Demotische Lesestücke. I. Theil. Der demot. Theil d. Inschrift v. Rosette. – Der Sethon-Roman. – Der Leidener Papyrus I 384. W., Hölder, '98. 2 Bl., 17 T. Fol. *M.* 12.

5283 Krüger,Paul.–Neue Paulus-Bruchstücke aus Aegypten: Z. Savigny-Stiftung f. Rechtsgesch. XVIII, 2, S. 224–6; 1 Facs.

5284 Legge,F. – A Coptic spell of the second century: Proc. BA XIX, S. 183–7; 302.

5285 Lepsius,C.Rich.–Denkmäler aus Aegypten u. Aethiopien, nach den Zeichngn. der v. Sr. Maj. dem Könige v. Preussen Friedrich Wilhelm IV. nach diesen Ländern gesendeten u. in den J. 1842–1845 ausgeführten wissenschaftl. Expedition auf Befehl Sr. Majestät hrsg. u. erläutert. Text. Hrsg. v. Ed.Naville, unter Mitwirkg. v. Ludw. Borchardt bearb. v. Kurt Sethe. 1. Bd. Unteraegypten u. Memphis. X, 239 S. 4. (ill.) Nebst Ergänzungsbd. Hrsg. v. Ed.Naville, unter Mitwirkg. v. Ludw.Borchardt bearb. v. Kurt Sethe. 1. Lfg. 1., Hinrichs, '97. 16 T. Fol. *M.* 40.
Rec. *K.Piehl,* Sphinx II, S. 101–3.

5285a Lumbroso,Giacomo.–La modella dell' artista egiziano: Arch. p. lo stud. delle trad. pop. XVI, S. 89–93.

5286 Macintyre,R.G., A.Colbeck, J.J.Lias, J.T.Marshall.–The new discovery in Egypt: Expository Times VII, S. 445–7.
Merenptah etc.

5287 Mahaffy,J.P.–New papyri: Ath., Nov. 27, S. 750.

5287a — — A Stele from Aswân in the British Museum: Hermathena IX, S. 273–90.

5288 Marucchi,Orazio.–Gli obelischi egiziani di Roma, illustrati con traduzione dei testi geroglifici. Ediz. riveduta ed ampliata, c. tavole fototipiche e preceduta da una lettera di E.Schiaparelli. Roma, Loescher & Co., '98. 2 Bl., 156 S.; 4 T. 8. *L.* 8.
Vgl. die folgende No. — Rec. *K.Piehl,* Sphinx II. S. 95–100.

5288a — — Gli obelischi egiziani di Roma [OB XI, 2710]: Bull. della commiss. arch. com. di Roma XXIV, S. 250–88.

5289 — — Il popolo d'Israele ricordato per la prima volta in una antica iscrizione egiziana: N. Ant. LXVII ('97), S. 161–6.

5290 Maspero,G. – La table d'offrandes des tombeaux égyptiens: Rev. de l'hist. des rel. XXXV, S. 275–330; XXXVI, S. 1–19.

5291 Meyer,Paul.–Die ägyptische legio XXII und die legio III Cyrenaica: N. Jb. f. Philol. u. Paed. CLV, S. 577–96.

5292 — — Die ägyptischen Urkunden u. das Eherecht der römischen Soldaten: Z. Savigny-Stiftung f. Rechtsgesch. XVIII, 2, S. 44–74.

5292a Mommsen,Th.–Consularia: Hermes XXXII, S. 538–53.
Handelt auch üb. die Berechn. der Regierungsjahre in Aegypten.

5293 Moret,Alex.–Coup d'oeil sur l'Égypte primitive: Bull. Soc. des amis de l'Univ. de Lyon XI, S. 118–33.

5294 Morgan,J. de.–Memphis et la vallée du Nil dans les temps historiques: La Vie contemporaine III, S. 337ff.

5295 Morgan, J. de.–Recherches sur les origines de l'Égypte. [Tome II.] Ethnographie préhistorique et tombeau royal de Négadah. Avec la collab. de Wiedemann, Jéquier et Fouquet. P., Leroux, '97. IX, 395 S.; 5 T. 8. (ill.) *Fr. 25.*
[Tome I] = OB X, 5463. Rec. *A.Eisenlohr,* Sphinx II, S. 104—7.

5296 — — Carte de la nécropole memphite Dahchour, Sakkarah, Abou-Sir. Le Caire '97. 12 T. Fol. (L., Harrass. *M.* 16.50.)

5297 Mullens, Josiah.–Merenptah and Israel: Expos. Times VIII, S. 286 f.

5298 Murray,M.–The stela of Duâ-er-neheh: Proc. BA XIX, S. 77; 1 T.

5299 Le musée des antiquités égyptiennes au Caire: L'Architecture '97, 10 Avril.
S. auch: La Construction moderne '97, 12 Juin.

5300 Nash,Walter L., and P. Le Page Renouf.–Hypocephalus from Luxor: Proc. BA XIX, S. 144–6; 2 T.

5301 Nilles,N.–Das Patriarchat von Alexandrien, die Kirche der Martyrer κατ' ἐξοχήν. Seine aera martyrum: Z. f. kath. Th. XXI, S. 732–6.

5302 Calendrier de l'église copte d'Alexandrie rédigé p. Nic.Nilles. Trad. fr. p. L..Clugnet: Rev. de l'Or. chrét., Suppl. trim. II, S. 307–39.

5303 Orr,James.–Israel in Egypt and the Exodus: with reference to Professor Flinders Petrie's recent discovery: Exp., Ser. V, Vol. V, S. 161–77.

5304 Hieratische Papyrus aus den königl. Museen zu Berlin, hrsg. v. der Generalverwaltg. [OB X, 5472]. 3. Hft. P. 3055. Ritual f. den Kultus des Amon. P. 3014 u. 3053. Ritual f. den Kultus der Mut. L., Hinrichs, '97. Bl. 33-48. Fol. *M. 5.*

5305 The Petrie Papyri. Hieratic Papyri from Kahun and Gurob ed. by F.Ll.Griffith [OB XI, 2727]. Part II. Legal documents, account Papyri, &c. and letters from Kahun. Gurob Papyri. Lo., Quaritch, '98. 98 S.; 32 T. 4.
Vgl. *A.E[rman],* ZÄS XXXV, S. 173.

5305a Il pane di domani nel paternoster copto: Bessarione II, S. 125–9.

5306 Pellegrini,A.–Nota supra un' iscrizione Egizia del Museo di Palermo: Archiv. stor. Sicil., N. S. XX, S. 297–316.
Original zu OB XI, 2730.

5307 Petrie,W.M.Fl.–Koptos. With a chapter by D.G.Hogarth. Lo., Quaritch, '96. IV, 38 S.; XXVIII T. 4.
Rec. *G.Foucart,* Rev. archéol. XXXI ('97), S. 135—42; *É.Amélineau,* Rev. de l'hist. des rel. XXXV, S. 345 f.

5308 — — Six temples at Thebes. With a chapter by Spiegelberg. Ebd. '97. 32 S.; XXVI T. 4.
Rec. *G.Foucart,* Rev. archéol. XXXI ('97), S. 420—5.

5309 Die frühesten Bezieh. Altägyptens zu Europa: Globus LXXII, S. 19.
Nach e. Vortr. v. Flinders Petrie in der R. Soc. of Lit. zu Lo.

5310 Piehl,Karl.–Quelques petites inscriptions provenant du temple d'Horus à Edfou traduites et annotées. (= Skrifter utg. af Human. vetenskapssamf. V. 10). Upsala, Akad. bokh., '97. 12 S. 8. *Kr. 0.50.*

5311 Pietschmann,R.–Leder u. Holz als Schreibmaterialien b. d. Aegyptern [OB IX, 2622]. II: Beiträge z. Kenntniss d. Schrift-, Buch- u. Bibliotheks-wesens, hrsg. v. Dziatzko (L., Spirgatis) IV, S. 51–82.

5312 Preuschen,Erw.–Palladius [ep. Heliopolitanus] und Rufinus [Tyrannius]. E. Beitr. z. Quellenkunde d. ältesten Mönchtums. Texte u. Untersuchgn. Giessen, Ricker, '97. VI, 268 S. 8. *M. 12.*

5313 Renouf,P.Le Page.–The Book of the Dead [OB X, 2682]. Chapter CXXIX-CXXXIX: Proc. BA XIX, S. 65–7; 107–12; 125–31; 160–4; 225–8; 2 T.

5314 — — The Lay of the Threshers: ebd. S. 121 f.

5315 Revillout,E.–La propriété, ses démembrements, la possession et leurs transmissions en droit égyptien comparé aux autres droits de l'antiquité. P., Leroux, '96. 8. *Fr. 25.*

5316 Schmeltz,J.D.E.–Das Museum aegypt. Alterthümer in Gizeh: Int. Arch. f. Ethnogr. X, S. 214 f.

5317 Schmidt,Carl.–Die Paulus-Acten. E. wiedergefundene altchristl. In-schrift d. 2. Jh. in koptischer Sprache: N. Heidelberger Jb. VII, S. 117–24.

19*

5317a **Schmidt,Carl.**-Bemerkungen zur angeblichen altkoptischen Madonna-darstellung: Röm. Qschr. f. chr. Alt. XI, S. 497–506.
Vgl. OB IX, 2542; 5972.

5318 **Schweinfurth,G.** – De l'origine des Égyptiens et sur quelques-uns de leurs usages remontant à l'âge de la pierre: Bull. Soc. khédiv. de ggr. IV, S. 785–805.

5319 — — Einiges üb. die Ornamentik d. ältesten Culturepoche Ägyptens [OB XI, 2752]: ÖM XXIII, S. 113–5.

5320 — — Neue Ergebnisse von Ausgrabungen aus Aegyptens Vorzeit: Voss. Ztg. '97, Sonntagsbeil. No. 22 f.

5321 [Ber. üb. e. Vortr. v. Schweinfurth über die ägyptische Steinzeit]: Beil. Allg. Ztg. 159, S. 7 f.
Vgl. J.D.E.Schmeltz, Int. Arch. f. Ethnogr. X, S. 212.

5322 **Sethe.** – Bubastis. — Bubastos. — Busiris-Buto; Paulys Realencycl. III, S. 930–3; 1073 f.; 1086–8.

5323 [H.W.Seton-Karr's Entdeck. der Feuersteingruben der Aegypter der Vorzeit]: Globus LXXII, S. 84.

5324 **Sourice.** – La ligne fondamentale du plan de l'ancienne Alexandrie: Bull. Soc. khédiv. de ggr. IV, S. 908–11.

5325 **Spiegelberg,W.**-La question sociale il y a 3000 ans: Rev. de Belgique XXIX ('97), S. 75–95.

5325a **Stein,Arth.**-Praefecti Aegypti: Hermes XXXII, S. 663–7.
Zu P.Meyer OB XI, 2715.

5325b — — Ägypten u. der Aufstand des Avidius Cassius: Archäol.-epigr. Mitth. aus Öst.-Ungarn XIX, S. 151–3.

5326 **Steindorff,Georg.**-Wie in Aegypten ausgegraben wird: Velhagen & Klasing's Mh. XI, 2, S. 58–63.

5327 **Strack,Herm.L.**-Die erste Erwähnung Israels in einer altägyptischen Inschrift: Allg. ev. luth. Kirchztg. '97, S. 341–5.

5328 The plain of Thebes: Edinburgh Rev., Vol. 186, S. 454–82.
Nach G.Maspero OB X, 1761; W.M.F.Petrie OB IX, 6038; X, 5473; E.Naville IX, 5074 u. a.

5329 Aegyptische Urkunden aus d. kgl. Museen zu Berlin. Hrsg. v. d. Generalverwaltung. Griechische Urkunden [OB XI, 2766]. 2. Bd. 11. Hft. B., Weidmann, '97. 4.   M. 2.40.
Vgl. L. Mitteis, Zur Berliner Papyruspublication [OB IX, 6024]. II: Hermes XXXII. S. 629–59.

5330 **Vaux,C.de.**-La création par la voix dans la cosmogonie égyptienne: Annales de philos. chrét., T. 133, S. 683–6.

5330a **Viglé.**-Inscription de Koptos de l'an 90 de notre ère, rel. à des droits de transit: Bull. Soc. languedocienne de ggr. XX, S. 184–203.

5331 **Wiedemann,A.**-Die neuesten Entdeckungen in Ägypten u. die älteste Geschichte des Landes: Umschau I, S. 561–4; 590–3.
Rec. J.D.E.Schmeltz, Int. Arch. f. Ethnogr. X, S. 211 f.

5332 — — Menschenvergötterung im alten Ägypten: Urquell, N. F. I, S. 289–99.

5333 **Wilcken,Ulr.**-Die griechischen Papyrusurkunden. B., G.Reimer, '97. 59 S. 8.   M. 1.

5334 — — Zu den ägyptischen Processprotokollen: Z. Savigny-Stiftung f. Rechtsgesch. XVII, 2, S. 155–66.

5335 Aufruf betr. die Herausgabe e. Wörterbuches der ägyptischen Sprache: ZDMG LI, S. 718 f.
= ZÄS XXXV, S. 111 f.; Sphinx II. S. 85 f.

2. Das übrige Nordost-Afrika.

a) Allgemeines.

5336 **Abbadie,Arnaud d'.**-L'Éthiopie chrétienne. Fragments inédits: Études rel., philos., hist. et litt., T. 70, S. 245–52; 349–65; 624–32.

5337 **Abbate Pacha,O.**-Dongola et la Nubie: Bull. Soc. khédiv. de ggr. IV, S. 745–65.

5338 Altimari,A.-Costumi abissini: L'Italia I, No. 1.

5339 Baratieri,Oreste.-Memorie d'Africa (1892-1896). Torine, Fratelli Bocca, '98. VIII, 487 S. 8. (K.). *L. 5.*

5340 Bizzoni,A.-L'Eritrea nel passato e nel presente. Milano, Soc. ed. Sonzogno, '97. 575 S. 8. (ill.)

5341 Le massacre de la mission Bottego: A travers le monde '97, S.181f.

5342 Bruchhausen, C.v. - Die alten u. neuen Grenzen Erythräas: Globus I XXII, S. 362-6.

5343 Buchs,Vict.-Voyages en Abyssinie 1889-1895: Bull. Soc. neuchateloise de ggr. IX, S. 32-56.

5344 Dos feitos de D. Christovam da Gama. Tratado composto por Miguel de Castanhoso pub. p. F. M. Esteves Pereira. Lisboa, Impr. Nacional, '97. XLVII, 153 S. 8. *Fr. 3.50.*
Portug. Feldzug in Abessynien im 16. Jh.

5345 Castonnet des Fosses, H. - L.'Abyssinie et les Italiens. P., Téqui, '97. 8. *Fr. 3.*
S. auch: Union ggr. du Nord de la Fr., Bull. XVIII, S. 265—8. — Rec. *P.Pisani*, Bull. cr. 20, S. 560—2; *V. Deville*, Bull. Soc. ggr. comm. de P. XIX, S. 140 f.; Dublin Rev. CXXI, S. 423 f.

5346 Catellani,E.-Il Sudan: N. Ant. LXIII ('96), S. 414-40.

5347 Craufurd,C.H.-Journeys in Gosha and beyond the Deshek Wama (Lake Hardinge): Ggr. J. IX, S. 54-8; 1 Skizze.

5348 Sudanekspeditionen og Dongola: Nord og Syd I, S. 120-3; 1 K.

5349 Edwards,Fr.Aug.-The Italians in Africa: Westminster Rev., Vol. 148, S. 477-80.

5350 Keller,C.-Neue Nachrichten üb. die Exped. Bottego: Globus LXXII, S. 110 f. (vgl. S. 372).
Vgl. OB XI, 2780.

5351 — — Zwei schweizerische Kulturboten in Aethiopien: Die Schweiz (Zürich) I, No. 1 f. ('97).
Werner Munzinger 1832—75; Alfr. Ilg geb. 1852. — Rec. *A. de Claparède*, Globe XXXVI, Bull., S. 194—6.

5352 Knight,E.F.-Letters from the Sudan. By Special Correspondent. Reprint. fr. the Times of Apr. to Oct. '96. Lo., Macmillan, '97. 332 S. 8. 8s. 6d.
Rec. *A.S.*, LC 39, S. 1254 f.

5353 Lacroix,D.-Les Italiens en Abyssinie: Bull. Soc. ggr. Rochefort XVIII, S. 151-7.

5354 Lanier,L.-En Érythrée: Monde moderne III, S. 65-75.

5355 Macaire,Kyrillos.-Mon voyage en Abyssinie: Bull. Soc. khédiv. de ggr. IV, S. 701-22.

5356 Dalle memorie del card. Massaja. Nello Scioa. Pubbl. dell' assoc. naz. p. soccorrere i missionarj cattolici italiani a beneficio d. missioni dell' Eritrea. [Hrsg. v. E. Schiaparelli.] Firenze, Ariani, '97. XII, 384 S. 8.

5357 Abessinske Monolitkirker, Kirkebygninger udhuggede i Fjeld: Nord og Syd I, S. 123-7.

5358 Nigra,A.-Nell' Eritrea [OB X, 2725]: L'Universo '97, No. 1.

5359 Peragallo,Prospero.-Documenti abissinici tradotti in Portoghese: Boll. Soc. ggr. it. X ('97), S. 217-24.

5360 Petit,Eug.-L.'Abyssinie et les interêts français: Correspondant, Vol. 186, S. 837-55.

5361 Poncins,E. de.-Abyssinie. D'Addis Abbaba à Djibouti: CR Soc. de ggr. '97, S. 231-7; 313-9.

5362 Rodén,K.G.-Om de tigrétalande folkstammarne och missionsarbetet bland dem. (= Missionsskrifter, utg. af Evang. fosterl.-stift. 2.) Stockholm, Fost.-stift, '97. 30 S. 8. *Kr. 0.20.*

5363 Seton-Karr,H.W.-Discovery of evidences of the palaeolithic stone age in Somaliland: J. Anthr. Inst. of Great Brit. XXV, S. 271-5; 3 T.

5364 — — Collection of stone implements in Somali-land: ebd. XXVI, S. 65 f.

5364a — — Collection of flint implement from the Egyptian desert: ebd. S. 109 f.

5363 Simiani,Val.-Il Ramadan nella colonia eritrea: Arch. p. lo stud. delle trad. pop. XV, S. 212-4.

5363a — — Alla mia donna. Canzone araba di Massaua: ebd. S. 442.

5366 Slatin,R.C.-Fire and sword in the Sudan: a personal narrative of fighting and serving the dervishes, 1879-1895. Transl. by F. R. Wingate [OB X, 2732]. Popular ed. Lo. (N. Y.), Arnold, '97. XVII, 412 S. 8. 6 *s.*; **$** 2.

5367 Smith,A. Donaldson.-En resa genom borannagallernas land. Öfvs. af K. Cederqvist. (= Missionsskrifter, utg. af Evang. fosterl.-stift. 7). Stockholm, Fost.-stift, '97. 48 S. 8.   *Kr.* 0.25.

5368 Soudan de Pierrefitte.-Conférence sur l'Abyssinie: Soc. normande de ggr., Bull. XVIII, S. 149-84.

5369 Gordon's staff-officer at Khartúm [John Donald Hamill Stewart]: Blackwood's Edinburgh Mag. CLXI, S. 317-30.

5369a Usi nuziali aristocratici in Abissinia: Arch. p. lo stud. delle trad. pop. XIV, S. 576-80.

5369b Usi e costumi guerreschi degli Abessini: ebd. XVI, S. 234-8.

5370 Vannutelli, L, e C. Citerni.-Relazione preliminare sui resultati geografici della seconda spedizione condotta dal cap. Vitt. Bòttego nell' Africa orientale: Boll. Soc. ggr. it. X ('97), S. 320-30; 1 K.

5371 Vignéras,Sylvain.-Une mission française en Abyssinie. P., Colin & Co., '97. XIV, 225 S. 8. (T.)   *Fr.* 4.
Rec. *Ph.Paulitschke*, Ggr. Z. III. S. 717 f.

5372 Vloten,G.van.-Die Mahdistische beweging: Tweemaandelijksch Tijdschrift '96, Mai.

b) Sprache und Litteratur
(einschliesslich der äthiopischen Dialekte).

(S. auch No. 4033; 5285.)

5373 Goldschmidt,Lazar.-Die abessinischen Handschriften der Stadtbibliothek zu Frankfurt am Main (Rüppell'sche Sammlung), nebst Anhängen und Auszügen verzeichnet u. beschrieben. B., Calvary & Co., '97. IV, 107 S. 4.
M. 20.

5373a Una canzone abissina. *Balay, Balay, Balay*: Arch. p. lo stud. delle trad. pop. XV, S. 139 f.

5374 Conti Rossini, Carlo.-Note etiopiche. I. Una guerra fra la Nubia e l'Etiopia nel secolo VII. II. Leggende tigray. III. Sovra una tradizione bilin: Gi. Soc. as. it. X, S. 141-56.

5375 Henry,Léon.-Essai de vocabulaire pratique français-issa (Somalis), avec prononciation figurée. Melun, impr. administrative, '97. 100 S. 8.

5376 Larajasse,Fr. Ev. de.-Somali-Engl. and English-Somali dictionary. Lo., Paul, '97. XVII, 301 S. 8.   12 *s.*
Rec. *F.C.*, Globus LXXII, S. 179.

5377 — —, & Fr. Cyprien de Sampont.-Practical grammar of the Somali language; with a manual of sentences. Ebd. '97. 8.   12 *s.*
Rec. *K.Berghold*, ZAOS III. S. 287; *F.C.*, Globus LXXII. S. 179.

5378 Light,R.H.-English-Somali sentences and idioms. Bo. '96. 23 S. 8.
(Lo., Luzac 2 *s.*)

5379 Littmann, Enno.-Die Pronomina im Tigre: ZA XII, S. 188-230.

5380 Méchineau,L.-La Bible d'Éthiopie: Études rel., philos., hist. et litt., T. 72, S. 721-42; T. 73, S. 229-43; 358-78.

5381 Perruchon,J.-Notes pour l'histoire d'Éthiopie [OB XI, 2796]: Rev. sém. V, S. 275-84; 360-72.
Remarques p. J.Halévy. ebd. S. 285.

5382 Vito,L.de.-Esercizi di lettura di lingua tigrigna. Roma '97. 8.
(L., Harrass. *M.* 4.)

3. Nordwest-Afrika.

5383 Revue africaine. Bulletin des travaux de la Soc. hist. algérienne [OB X, 5551]. 41. Annee. No. 225-7. 2-4e trim. '97. S. 121-392. Alger, A. Jourdan. 8.   j. *Fr.* 12.

a) Allgemeines.

(S. auch No. 3946; 5107; 5112; 5132; 5195a sowie die Rubrik V, 5.)

5384 Carte de l'Afrique (région septentrionale), à l'échelle de 1:2,000,000 [OB XI, 2797]. Feuille No. 6. Tripoli. P., Serv. ggr. de l'armée, '97. *Fr.* 1.

5385 Carte de l'Algérie à l'éch. de 1:50,000 [OB XI, 2798]. Feuille No. 109: Sidi Madjoub. 111: Souagui. Ebd. '97. Je *Fr.* 1.50.

5386 Algérie et Tunisie, à l'échelle de 1:1,200,000. (= Cartes Niox. No. 9.) P., Delagrave, '97.

5387 El-Dj. – Carte mnémotechnique de l'Afrique du Nord, avec notice. P., impr. Radiot, '97.

5388 Lorsignol, G. – Carte de l'Algérie, Tunisie et Nord saharien. P., Migeon, '97.

5389 Carte de la Tunisie, à l'éch. de 1:50,000 [OB XI, 2799]. Feuille No. 15: Tozegrane. P., Serv. ggr. de l'armée, '97. *Fr.* 1.50.

5390 Algeria: Edinburgh Rev., Vol. 185, S. 110–38.
Besonders nach: Ch. Lallemand OB VIII, 5816; Du Barail, Mes souvenirs (P., Plon, '94/5); Emile Violard, Le bauditisme en Algérie. Alger '96; J. Saurin, Manuel de l'émigrant en Algérie. '96.

5391 Aumerdt.–La propriété urbaine à Alger: Rev. afr. XLI, S. 321–30.

5392 Avignac, A. d'. – Tunis, Bizerte, Carthage: Correspondant, Vol. 184, S. 40–67.

5392a Ballucker, A.–Fouilles de Timgad: L'architecture '97, Janv.

5393 Begani, O.–Bizerta: Soc. d'esplor. commerc. in Africa '97, No. 3.

5394 Béhagle, Ferdinand de.–Ame d'esclave. (Étude de moeurs sahariennes.) P., Revue de l'Islam, '97. 86 S. 8.

5395 Bernard, Aug.–De l'emploi des indigènes algériens et tunisiens pour l'exploration: Bull. Soc. ggr. commerc. de P. XVIII, S. 348–55.

5396 Bertholon.–Exploration anthropologique de l'île de Gerba (Tunisie) [OB XI, 2807]: L'Anthr. VIII, S. 399–426; 559–83.

5397 — — Les origines des tatouages tunisiens: Assoc. fr. p. l'avancement des sc. XXV, 1, S. 200 f.

5398 — — La cynophagie dans l'Afrique du Nord: ebd. S. 207 f.

5399 Beyram Bey.–Kairouan: Bull. Soc. khédiv. de ggr. IV, S. 767–76.

5400 Blake, J.C.–Notes of a journey in Southern Spain and Tanger in 1895: J. Manchester ggr. Soc. XI, S. 287–306.

5401 Blanc, Éd.–Note sur la position de l'ancienne ville de Thigès: Bull. Soc. de ggr. XVIII ('97), S. 217–29.

5402 Blanchet, P.–Le régime des populations dans la Tunisie centrale à l'époque romaine: Assoc. fr. p. l'avancement des sc. XXV, 1, S. 277 f.; 2, S. 807–16.

5403 Bloch, Ad.–Sur des races noires indigènes qui existaient anciennement dans l'Afrique septentrionale: ebd. XXV, 1, S. 209 f.; 2, S. 511–23.
Vgl. Globus LXXI, S. 396.

5404 Bournichon, J.–L'invasion musulmane en Afrique, suivie du réveil de la foi chrétienne dans ces contrées et de la croisade des noirs entreprise par S. Em., le cardinal Lavigerie, archevêque d'Alger et de Carthage. 3e éd. Tours, Cattier, ['97]. 352 S. 8. (ill.)

5405 Cagnat, R. – Chronique d'épigraphie africaine [OB XI, 2811]: Bull. archéol. du com. des trav. hist. et sc. '96, S. 223–86.

5405a Carnoy, Henry.–Les Kanoun ou chartes kabyles: Tradition IX, S. 73–80.

5406 Céalis, Edouard.–De Sousse à Gafsa. Lettres sur la campagne de Tunisie 1881–1884. Préface de G. Larroumet. P., Flammarion, '97. XI, 286 S. 8. (ill.) *Fr.* 3.50.

5407 Cornets, V.–Le Sahara tunisien: Bull. Soc. de ggr. XVII ('96), S. 518 –54; 1 K.

5408 Courtet.–Note sur les constructions en mer voisines des ports de Carthage: CR XXV ('97), S. 125–31.

5409 Cowper, H.S.–Hill of the Graces: investigation among the Trilithons and Megalithic sites of Tripoli. Lo., Methuen, '97. 352 S. 8. (ill., K.) 10 *s. 6 d.*

5410 — — Further notes on the Tripoli hill range: Ggr. J. IX, S. 620–38; 1 K.

5411 Crozals, J.de.–La conquéte d'El-Hadji-Omar: Rev. de ggr. XI., S. 241–5; 352–6.

5412 Cuevas y Espinach, Teod. de.–Colección de estudios referentes al Bajalato de Tetuán: Bol. Soc. ggr. Madrid XXXIX, S. 49–74.

5412a Czerny.–Reisebriefe aus d. franzôs. Mittelmeer-Kolonien: D. Rev. XXII, 2, S. 359–67.
Tunis u. Algier.

5413 Dawson, J. Will.– On specimens in the Peter Redpath Museum of McGill University illustrating the physical characters and affinities of the Guanches or extinct people of the Canary Islands: J. of the Tr. of the Victoria Inst. XXIX, S. 239–62.

5414 Des Monstiers Mérinville, Maurice.–Une pointe dans le Sud algérien. Tuggurth et la région du Souf. P., Plon, Nourrit & Co., '97. 43 S. 8. (ill.)

5415 Drouet, Fr.–Au nord de l'Afrique: Soc. normande de ggr., Bull. XVIII, S. 102–30.

5416 Dubois, Marcel.–La Tunisie: Assoc. fr. p. l'avancement des sc. XXV, 1, S. 283–307.

5417 Dumont, Ars.–Démographie algérienne: ebd. S. 198 f.

5418 [Ber. üb. e. Vortr. v. Rud. Fitzner üb. die Regentschaft Tunis]: Mitt. ggr. Ges. Jena XVI, S. 135–7.

5419 Freund, Erich.–Streifzüge im Süden. Reiseskizzen aus Italien und Tunis. (Unterwegs u. Daheim.) Breslau, Schles. Buchdruckerei, '97. 184 S. 8. *M. o.75.*

5420 Froelicher.–L'Algérie: Union ggr. du Nord de la Fr., Bull. XVIII, S. 70–5.

5421 Gauckler, P.–Note sur la vallée inférieure de la Siliana à l'époque romaine, d'après les documents archéol. relevés par Hilaire: Bull. archéol. du com. des trav. hist. et sc. '96, S. 287–301.

5422 Goll, Herm.–Au Moghreb-El-Aksa, de Mars à Mai 1892: Globe XXXVI, Bull., S. 116–24.
Vgl. OB XI, 2837.

5423 Gounot, Mlle–Une journée à Kairouan: A travers le monde '97, S. 117–9.

5424 Granat.–Les voies de communication de la Tunisie: Assoc. fr. p. l'avancement des sc. XXV, 2, S. 840–6.

5425 Gsell.–Le tombeau de la chrétienne: Assoc. fr. p. l'avancement des sc. XXV, 1, S. 271; 2, S. 763–78.

5426 Hacquard.–Tombouctou et les Touareg: Bull. Soc. ggr. Marseille XXI, S. 431–3.

5427 Haëdo, Fray Diego de.–De la captivité à Alger [OB X, 5580]: Rev. afr. XLI, S. 157–84.

5428/9 Hannezo.–Les découvertes de mosaïques à Sousse (Tunisie): Assoc. fr. p. l'avancement des sc. XXV, 1, S. 279; 2, S. 816–23.

5430 Harris, Walter B.–The nomadic Berbers of Central Morocco: Ggr. J. IX, S. 638–45.

5431 — — The Roman roads of Morocco: ebd. X, S. 300–3.

5432 Hilaire et Vellard.–La défense de la vallée de la Siliana pendant l'occupation byzantine: Assoc. fr. p. l'avancement des sc. XXV, 1, S. 281; 2, S. 829–40.

5433 Ladame, Paul–En Tunisie: Globe XXXVI, Bull., S. 151–70.
Vgl. OB XI, 2837.

5434 Landais, G. – Impressions de deux voyages en Tunisie (1889–1893), suivies d'une étude générale sur la régence et sur les bienfaits du protectorat. P., Carré et Naud, '97. VI, 171 S. 8. (ill.)

5435 Leroy-Beaulieu, Paul. – L'Algérie et la Tunisie. 2 éd., remaniée et augmentée. P., Guillaumin & Co., '97. XIV, 620 S. 8. *Fr. 9.*

5436 Levasseur,E.-Les ressources de la Tunisie: Bull. Soc. ggr. commerc. de P. XVIII, S. 513-85.

5437 Textos em Aljamía Portugueza. Documentos para a historia do dominio portuguès em Safim extrahidos dos originaes da Torre do Tombo por David Lopes. Lisboa, Imprensa Nacional, '97. XXXVII, 159 S. 8. *Fr.*3.50.

5438 Majersky,Adb. v.-Eine Frühlingsfahrt durch Italien nach Tunis, Algerien u. Paris. Frankfurt a/M., Gebr. Knauer, '97. IX, 230 S. 4. (ill.) *M.* 15.

5439 Die Schädeltrepanation b. d. Kabylen des Aurès: Globus LXXII, S. 13-5. Nach H.Malbot & R.Verneau OB XI, 2840.

5440 Marye,Georges.-L'industrie des tapis en Algérie: Bull. Soc. ggr. commerc. de P. XVIII, S. 207-14.

5441 Masson,Étienne.-La céramique en Tunisie: ebd. S. 101-15.

5442 Meakin,I.Budgett.-Le Maroc: Bull. Soc. khédiv. de ggr. IV, S. 905-7.

5443 Mercier,E.-La population indigène de l'Afrique sous la domination romaine, vandale et byzantine: Recueil des notices et mémoires de la société archéologique du departement de Constantine XXX, S. 127-211.

5444 Moinier,A.-Le culte de Mercure dans l'Afrique romaine: Assoc. fr. p. l'avancement des sc. XXV, 1, S. 272; 2, S. 778-88.

5445 Montelius.-Relations entre l'Afrique du Nord et l'Europe dans l'antiquité: ebd. XXV, 1, S. 203f.

5446 Novak,Dom.-Légende sur l'ancien domaine d'El-Alia: Assoc. fr. p. l'avanc. des sc. XXV, 2, S. 788-92.

5447 Pallary,P.-Notes géogr. sur le Dahra oranais: ebd. XXV, 1, S. 245 f.; 2, S. 657-68.

5447a — — Sur l'occupation romaine dans le Dahra oranais: ebd. 1, S. 271; 2, S. 752-60.

5448 — — Notes palethnologiques sur le Dahra oranais: ebd. 2, S. 761-7.

5449 Piesse, L. - Alger et ses environs. (Extrait du Guide d'Algérie.) P., Hachette & Co., '97. 72 S. 8. (ill., Pl., K.) *Fr.* 1. Collection des Guides Joanne. Vgl. OB X, 2784.

5450 Rinn,L.-Le royaume d'Alger sous le dernier Dey: Rev. afr. XLI, S. 121-52; 330-50.

5451 Rivière.-L'industrie préhistorique du silex en Tunisie: Assoc. fr. p. l'avancement les sc. XXV, 1, S. 199f.

5452 Robert,Achille.-Croyances des indigènes de Sedrata [OB XI, 2848]: Rev. des trad. pop. XII, S. 531f.

5453 — — Médecine populaire arabe [OB XI, 2846]: ebd. S. 615f.

5454 Rouire.-Le Maroc: Rev. de ggr. XL, S. 409-22.

5455 Saladin,T.-Les survivances des traditions antiques depuis l'occupation arabe en Tunisie: Assoc. fr. p. l'avancement des sc. XXV, 2, S. 799-802.

5455a Saurin,Jules.-Le peuplement français de la Tunisie: Rev. de P. '97, VI, S. 328-64.

5456 Schulten.-Les „Conventus civium romanorum" dans l'Afrique romaine: ebd. XXV, 1, S. 279; 2, S. 823-9.

5457 Schwab,Moïse. - Une liste hébraïque de noms géographiques de l'Afrique du Nord: Rev. ét. j. XXXV, S. 306f.

5458 Sorbier de Pougnadoresse, G. de.-La justice française en Tunisie. (Thèse.) Montpellier, impr. Firmin & Montane, '97. XXIX, 434 S. 8.

5459 Testvin.-Note sur l'ethnologie du Mzab: Bull. Soc. dauphin. d'ethnol. '96, Avril.

5460 Toutain,J.-Le culte de Saturne dans l'Afrique romaine: Assoc. fr. p. l'avanc. des sc. XXV, 1, S. 280. Vgl. OB X, 5605.

5461 L'étude scientifique de la Tunisie: Rev. gén. des sc. pures et appliquées VII, S. 936-1063; 1076-1214. Rec. *Th.Fischer*, PM XLIII, Lber. S. 174.

5461a Valenza,Lina.-Ninne-nanne di Tunisi: Arch. p. lo stud. delle trad. pop. XV, S. 82-4.

5461b **Valenza,** L i n a.–I Ginun, genii tutelari nella credenza ebraico-tunisina: ebd. XIV, S. 528 f.; XV, S. 435–8.

5462 **Villebois-Mareuil.**–Au Sud-Algérien: Correspondant, Vol. 185, S. 32–66.

5463 **Vincent,** A m a u r y.–Djerba: A travers le monde '96, S. 393–6.

b) S p r a c h e u n d L i t t e r a t u r.

(S. auch No. 5461a.)

5464 **Basset,** R e n é.–Nouveaux contes berbères recueillis, traduits et annotés. (= Collection de contes et chansons populaires. XXIII.) P., Leroux, '97. XXVI, 375 S. 8. *Fr.* 5.

Vgl. OB I. 1056. Rec. *H.Stumme,* ZAOS III, S. 286; *O.Houdas,* Rev. cr. 47. S. 361 f.

5465 **Chenel,** J. – Note sur des inscriptions lybiques trouvées à Kamel-el-Bathouma: Rev. tunisienne '96, Avril.

5465a **Hamet,** I s m a ï l.–Nour-el-Eulbab (lumière des cœurs), de Cheïkh Otmane ben Mohammed ben Otmane, dit Ibn-Foudiou: Rev. afr. XLI, S. 297–320.

5466 **Le Blanc de** P r é b o i s, P.–Essai de contes kabyles. Traduction arabe et française. Constantine, impr. G.Heim, '97. 16 S. 8.

5467 — — Essai de contes kabyles. Avec traduction en français. 1re livraison. Batna, impr. Beun, '97. 93 S. 8.

5468 **Motylinski,** A. de C. – Dialogue et textes en Berbère de Djerba transcrits et traduits: JA Sér. IX, T. X, S. 377–401.

5469 **Seidel,** A.–Beiträge z. Kenntniss d. tunisischen Volkslitteratur: ZAOS III, S. 186–8; 268–71.

4. Das übrige Afrika. (Sprache u. Litteratur.)

5470 Catéchisme b a m b a r a, suivi du vocabulaire des expressions contenues dans le texte; par les missionaires de Ségou (Pères Blancs). P., André & Co., '97. 114 S. 8.

5471 Essai de grammaire b a m b a r a (idiome de Ségou) par un missionaire de la Société des Pères Blancs. Ebd. '97. 61 S. 8.

Rec. *O.Houdas,* Rev. cr. 47, S. 363.

5472 **Baskerville,** G.K., and **Yonasani Kayi'zi.** – Sketch of the life of Mahomet and the history of Islam in the Luganda language. I.o., Soc. f. prom. Christ. Knowledge, '96. 64 S. 8. (L., Spirgatis *M.* 1.)

5473 **Beverley,** E.–Nyimbo zo Kumulumbila Mulungu kwe nonga ye Cigogo. Ebd. '97. XII, 174 S. 8. 1 *s.* 6 *d.*

Hymnenbuch in d. Sprache v. Ngogo (Deutsch-Ostafr.). Vgl. Luzac's Or. List VIII, S. 206.

5474 **Brown,** J o h n.–Secwana dictionary. Lo., printed for the Lo. Missionary Soc. by Butler & Tanner, '95. 466 S. 8.

Rec. J. Anthr. Inst. of Great Brit. XXVI, S. 459.

5475 Le folklore d'Angola: Tradition IX, S. 89–94.

Auszüge aus der Einleit. von H. Chatelain OB VIII, 2380 in frz. Uebs. v. Carnoy.

5476 A version of some portions of the Prayer Book in the C h i n y a n j a language (Lake Nyassa). Lo., Soc. for promot. Chr. Knowledge, '97. 8. 2 *s.* 6 *d.*

Vgl. Ath., Aug. 28, S. 288 f.

5477 **Cleve,** G.L. – Beiträge z. Logik der Sprache b. d. Wa-Suaheli u. Wa-Zaramo in Deutsch-Ostafrika: ZAOS III, S. 272–4.

5478 **Connolly,** R.M.–Social life in Fanti-land: J. Anthr. Inst. of Great Brit. XXVI, S. 128–53.

Mit vielen sprachl. Bemerk.

5479 Nuñoñlo kokoe me ñawo. Steyl s. a.

E w h e - Sprache.

5480 **Frobenius,** L.–Der westafrikanische Kulturkreis: PM XLIII, S. 225–36; 262–7; 1 K.

5481 Lidangalila nya milandu ya mfumu. Being a gospel picture-book with explan. in G i t o n g a and X i t s w a. I.o., Soc. f. prom. Christ. Knowl., '97. 95 S. 4. 2 *s.*

5482/3 **Good,** A.C.–The four Gospels transl. in the Bulu language. N. Y. '96. 8. (L., Spirgatis *M.* 3.50.)

5484 Goodwin,W.A.–I Testamente endala ngemibuzo nempendulo. Eguqulwe esi Xoseni ngu Alfr. B. Jele. Lo., Soc. f. prom. Christ. Knowledge, '97. 128 S. 8. 1 s. 6 d.

5485 Jacottet,E.–Moeurs, coutumes et superstitions des Ba-Souto: Bull. Soc. neuchateloise de ggr. IX, S. 107–51.

5486 Johnston, H. H. – British Central Africa. An attempt to give some account of a portion of the territories under British influence, North of the Zambesi. Lo., Methuen, '97. 564 S.; 6 K. 4. (ill.) 30 s.
Rec. Ac. LII, S. 144 f.; SR LXXXIV. S. 18.

5487 Junod, Henri. – La tribu et la langue Thonga avec quelques échantillons du folklore Thonga. Lausanne '96. 40 S. 8. (L., Harrass. M. 1.50.)

5488 — — Les chants et les contes des Ba-Ronga de la Baie de Delagoa. Lausanne '97. 324 S. 8. (ill.) (L., Harrass. M. 4.)
Rec. A.Seidel, ZAOS III, S. 287 f.; Luzac's Or. List VIII, S. 273.

5489 — — Les Ba-Ronga de la Baie de Delagoa, leur pays, leurs moeurs: Globe XXXVI, Mém., S. 63–74.

5490 — — L'art divinatoire ou la science des osselets chez les Ronga de la baie de Delagoa: Bull. Soc. neuchateloise de ggr. IX, S. 57–83.

5491 — — L'épopée de la Rainette: ZAOS III, S. 225–49.
Ba-Ronga.

5492 Kitabo cha kulomba na kwita sakramento mu Kisukuma. Lo., Soc. f. prom. Christ. Knowledge, '97. 100 S. 8. (L., Spirgatis M. 1.50.)

5493 Beiträge z. Märchenschatz der Afrikaner. In Afr. gesammelt u. aus afrik. Sprachen übs. v. Gottlob Adolf Krause: Globus LXXII, S. 229–33; 254–8.

5494 Lecompte, Ern. – Methodo pratico da lingua mbundu fallada no districto de Benguella: Bol. Soc. ggr. Lisboa XVI, S. 1–124.

5495 Lenz,Osk.–Ueber altarab. Ruinenstätten im Maschonaland u. deren Bezieh. z. biblischen Ophir: Mitth. ggr. Ges. W. XL, S. 187–211.

5496 Ekitabo ekyokusaba kwa bantu bona. Portions of the Book of Common Prayer in the Luganda language. Lo., Soc. f. prom. Christ. Knowl., '96.
Rec. Ath., July 24, S. 125.

5497 Ebigambo ebitutugeza ebiri mu byawandikibwa ebitukuvu. Luganda version of part of the Oxford „Helps to the study of the Bible". Ebd. '96.
Rec. Ath., Aug. 28, S. 288.

5498 Manka,J., and J.A.Alley.–Kafa ka maleń ka atra Temne. A book of hymns in Temne. Ebd. '96.

5498a Nachtigal,A.–Die Eingeborenen Afrikas, die Kolonial-Regierung u. die Mission: Kol. Jb. X, S. 120–33.
Mit sprachl. Bemerk. S. 122 f.

5499 Neubaus,G.–Suaheli-Manuskripte in photo-lithographirten Originalen. F. d. Bibliothek d. Sem. f. oriental. Spr. ges. u. erl. B., gedr. in d. Reichsdr., '96. VIII, 39 S.; 51 Bl. Facs. 8.
Rec. A.S[eidel]. ZAOS III. S. 190.

5500 Pinheiro,Aug.Soares.–Subsidios para a grammatica Landina (Xijonga), dialecto fallado pelos indigenos de Lourenço Marques. Lisboa '97.

5501 Zwei Haussa-Texte. Hrsg. v. Rud.Prietze: ZAOS III, S. 140–56.

5502 Robertson.–Church history. Transl. into Chinyanja by Yohana Chanamila. Part I. I.o., Soc. f. prom. Christ. Knowledge, '97. 8. 2 s.
Rec. Ath., Aug. 28, S. 288 f.

5503 Robinson,C.H.–Hausa grammar. With readings, exercises, and a vocabulary. I.o., Paul, '97. 8. 5 s.
Rec. C.R., Boll. Soc. ggr. it. X ('97). S. 471–3.

5504 Ronslé,C.van.–Liòko nsambo. Quelques prières trad. en langue bobangi. Bruxelles '97.

5505 Schuler, E. –Aus der Volkslitteratur der Yabakalaki-Bakoko in Kamerun: ZAOS III, S. 275 f.

5506 Seidel,H.–Krankheit, Tod u. Begräbnis b. d. Togonegern: Globus LXXII, S. 21–5; 40–5.
Darin e. Abschnitt aus d. noch unveröff. Ms. von Stephan Hiob Kuadzo, von Aku aus der Ewhe-Sprache ins Deutsche übs. — Rec. A.S[eidel], ZAOS III, S. 191.

5507 Der Yew'e-Dienst im Togolande. Nach e. Ms. des ehemal. Yew'e-Priesters St. H. K u a d z o aus We. Bearb. v. H.**Seidel**: ZAOS III, S. 157-85.
5508 Viehe,G.-Grammatik des Otjiherero, nebst Wörterbuch. (= Lehrbücher des Seminars f. orientalische Sprachen zu Berlin. XVI. Bd.) B., Spemann, '97. XII, 140 S. 8.   *M.* 12.
5509 Werner,A.-Lobgesänge (Izibongo) der Könige der Zulu: ZAOS III, S. 277-84.
5510 Zache.-Beiträge z. Suahili-Litteratur: ebd. S. 131-9; 250-67.

Recensionen zu VI.

E.**Amélineau,** Les nouvelles fouilles d'Abydos: *G. Maspero,* Rev. cr. 50, S. 437-41.
W.G.**Anderson,** An introd. grammar of the Sena language (OB XI, 2860. Lo., Soc. f. prom. Chr. Knowl., '97. 61 S. 8.): Ath., Aug. 28, S. 289.
K.**Baedeker,** Aegypten: *Ed. M[eye]r,* LC 44, S. 1425 f.; *Ad. Erman,* DL 50, S. 1983 f.; *G. Maspero,* Rev. cr. 44, S. 276.
R.**Basset,** Les apocryphes éthiop. VII: *J. Réville,* Rev. de l'hist. des rel. XXXIV, S. 407 f.
E.**Baudi di Vesme** e G.**Candeo,** Un'escursione nel paradiso dei Somali: *K. v. Bruchhausen,* PM XLIII, Lber. S. 112.
K.**Berghold,** Somâli-Studien: *R. Basset,* Rev. des trad. pop. XII, S. 414 f.
E.A.W.**Budge,** An Egypt. reading-book for beginners: Ath., July 24, S. 120 f.
— — The life and exploits of Alexander the Great: *Ign. Guidi,* WZKM XI, S. 279-87.
— — Some account of the coll. of Egyptian antiquities in the poss. of Lady Meux: *F. L.,* Gi. Soc. as. it. X, S. 207.
Carton, Le sanctuaire de Baal-Saturne à Dougga: *R. Cagnat,* Rev. cr. 27, S. 4 f.
P.**Combes,** L'Abyssinie en 1896: *K. v. Bruchhausen,* PM XLIII, Lber. S. 110 f.
W.E.**Crum,** Eine Verfluchung (OB X, 2603): *Leop. Fonck,* Z. f. kath. Th. XXI, S. 574 f.
Th.**Devéria,** Mém. et fragments: *A. Hebbelynck,* Muséon XVI, S. 490-2.
J.T.v.**Eckardt,** Von Karthago nach Kairuan: *Th. Fischer,* PM XLIII, Lber. S. 109 f.
A.**Erman,** Life in Ancient Egypt: *J. G. G.,* J. Anthr. Inst. of Great Brit. XXV, S. 407-9.
— — Ägypten u. eg. Leben im Alterth.: *k.,* ÖL 14, S. 435.
— — Gespräch e. Lebensmüden m. s. Seele: *Gg. Ebers,* Beil. Allg. Ztg. 189, S. 1-3; *K. Piehl,* Sphinx II, S. 112-7.
R. de **Flotte de Roquevaire,** Carte du Maroc: *P. Schnell,* PM XLIII, Lber. S. 173.
G.**Foucart,** Hist. de l'ordre lotiforme: Ami des mon. et des arts XI, S. 178-82; *Ed. Naville,* Rev. archéol. XXXI ('97), S. 425-34 (abgedr. aus d. Sphinx; s. OB XI, 2684 Anm.).
E.**Fromm,** Lieder u. Gesch. d. Suaheli in Ostafrika: *M. Hartmann,* DL 44, S. 1750.
Egypt Exploration Fund. Arch. Report 1895-96 ed. by F. L. Griffith: *G. S[teindorff],* ZÄS XXXIV, S. 169; Ac. I., S. 356.
— — — 1896-97: *F. Bl.,* LC 45, S. 1462-4; *H. Diels,* DL 45, S. 1772 f.; *Ad. Erman,* B. philol. W. '98, S. 1-4; *Cr.,* Beil. Allg. Ztg. 262, S. 5 f.; Literature I, S. 331.
E.**Jacottet,** Études sur les langues du Haut-Zambèze: *H.-A. Junod,* Bull. Soc. neuchateloise de ggr. IX, S. 186-8.
H.A.**Junod,** Grammaire ronga: *C.-A. P.,* Bull. Soc. neuchateloise de ggr. IX, S. 189 f.; *R. Basset,* Rev. des trad. pop. XII, S. 508 f.; *A. Seidel,* ZAOS III, S. 287 f.
W.H.**Kisbey,** Zigua [OB XI, 2873 verdruckt: Zigna] exercises: Ath., Aug. 28, S. 289.

Kisukuma Primer (OB XI, 2874. Lo., Soc. f. prom. Christ. Knowl.): Ath., July 24, S. 125.

J.Krall, Ein neuer hist. Roman in demot. Schrift: *G.Maspero*, J. des Savants '97, S. 649–59; 717–31.

E.W.Lane, Cairo fifty years ago: *A.J.Butler*, Engl. Hist. Rev. XII, S. 599f.

F.Lehmann, Die Katechetenschule zu Alexandria: *E. de Faye*, Rev. de l'hist. des rel. XXXV, S. 127–30.

A.Le Plongeon, Queen Moo and the Egypt. Sphinx: SR LXXXIV, S. 174f.

J.P.Mahaffy, The empire of the Ptolemies: *P.Guiraud*, Rev. hist. LXIII, S. 169.

E.Masqueray, Obs. gramm. sur la gramm. touareg: *H.Stumme*, ZAOS III, S. 285 f.

A.Moret 1) Une fonction jud. de la XIIe dynastie, 2) L'appel au roi en Égypte, 3) La condition des féaux en Ég.: *Is.Lévy*, Rev. archéol. XXXI ('97), S. 303 f.

A.Mouliéras, Le Maroc inconnu: *A.H.Dyé*, Bull. Soc. ggr. commerc. de P. XVIII, S. 169–73.

E.Naville, The temple of Deir el-Bahari. I: *E.Amélineau*, Rev. de l'hist. des rél. XXXV, S. 115–7.

P.E.Newberry and F.Ll.Griffith, El-Bersheh. II: *E.Amélineau*, ebd. S. 113f.

Greek Papyri, Ser. II ed. by Grenfell and Hunt: *F.G.Kenyon*, Class. Rev. XI, S. 405–8.

Ph.Paulitschke, Ethnographie Nordostafr.: *R.F.Kaindl*, Mitth. ggr. Ges. W. XL, S. 147–53; *Ch. G.*, Bull. Soc. ggr. commerc. de P. XVIII, S. 764 f.; *G.D.V.*, Boll. Soc. ggr. it. X ('97), S. 21–5.

W.M.F.Petrie, A hist. of Egypt: *Z.S.H.*, Bibl. Sacra LIV, S. 200f.

— — and J.E.Quibell, Nagada and Ballas: *E.Amélineau*, Rev. de l'hist. des rel. XXXV, S. 346–50.

L.Piesse, Algérie et Tunisie: *Rouire*, Rev. de ggr. XL, S. 474f.

J.Pollard, The land of the monuments: Ath., July 17, S. 104.

F.G.H.Price, A catal. of the Eg. antiqu.: Ath., Sept. 11, S. 360.

Revenue laws of Ptolemy Philadelphus, ed. by B.P.Grenfell: *U.Wilcken*, DL. 26, S. 1015–21; *G.Glotz*, Rev. hist. LXIII, S. 169–72.

E.v.Schabelsky, Harem und Moschee: *Felix D-k*, ÖL. 14, S. 434; *P.Schnell*, PM XLIII, Lber. S. 175.

G.Schweinfurth, Ueb. d. Urspr. d. Aegypter: *Buschan*, Cbl. f. Anthr. II, S. 312–4.

G.Sergi, Africa. Antrop. della stirpe camitica: *L.Moschen*, Cbl. f. Anthr. II, S. 309–12; *F.Ratzel*, PM XLIII, Lber. S. 109.

G.Steindorff, Grabfunde (OB XI, 2759): *G.Maspero*, Rev. cr. 44, S. 273–5.

B.Stern, Aegypt. Kulturgesch. I: LC 41, S. 1339.

R.Sternfeld, Ludw. d. Heiligen Kreuzzug nach Tunis: *R.Röhricht*, DL. 45, S. 1777.

Max L.Strack, Die Dynastie der Ptolemäer: *R.v.S.*, LC 27, S. 868 f.; *H.Willrich*, DL. 31, S. 1216–20.

J.Toutain, Les cités romains de la Tunisie: *J.Maurice*, Bull. cr. '96, S. 365–73; *C.Pallu de Lessert*, N. Rev. hist. de droit fr. et étranger XXI, S. 92–6; *É.Beaudouin*, Rev. gén. du droit, de la législ. et de la jurisprud. XX, S. 193–228.

Toutée, Dahomey, Niger, Touaregs: *P.Staudinger*, Verh. Ges. Erdk. B. XXIV, S. 373f.; *E.Dufresne*, Globe XXXVI, Bull., S. 125–7.

La Tunisie (OB X, 2794): *Th.Fischer*, PM XLIII, Lber. S. 174; *Rouire*, Rev. de ggr. XL, S. 395f.

G.Vuillier, La Tunisie: *Th.Fischer*, PM XLIII, Lber. S. 110.

A.Wiedemann, Rel. of the ancient Egyptians: Ath., Oct. 2, S. 454f.; SR LXXXIV, S. 527; *Andr. Lang*, Cosmopolis VII, S. 66f. (hier fortwährend „Weidemann" genannt!).

———

Verbesserungen.

(S. auch No. 4767.)

OB IX, 5572; X, 5021 und 5029 sind unter „Apokryphen" X, 2383 unter V, 4 a einzureihen.

" X, S. 17; 172, 310 lies F. Robiou.
" " S. 125, Z. 18 v. u. lies P. Rieger.
" " No. 4193 lies Ep. I. IV statt V.
" " S. 266 u. 306 lies O. Meltzer statt I. Meltzer.
" " No. 5618 lies makuu:
" XI, " 122 lies Schlegel, G.
" " " 313 lies OB IX, 3175 statt 317.
" " S. 25, Z. 13 v. u. lies J. B. Nisius.
" " No. 780 Anm. lies Fournereau.
" " S. 55, Z. 18 lies L. Feer.
" " " 75 lies J. R. Baldwin.
" " No. 1774 lies Geikie.
" " " 1991 lies J. P. Peters.
" " " 2527 ist identisch mit X, 5284.

Im Register zu OB X ist S. 300 einzuschalten: Hemachandra Vidyaratna 216; S. 302 lies Keune statt Kenne; S. 304 ist La Saussaye mit Chantepie S. 294 zu vereinigen; S. 309 lies Podlaha 105 statt 106; S. 310 lies Rieger P 125 263; S. 311 lies St. Andrew St. John RFS statt St. John RFFA. — S. 318 lies OB X, No. 698 statt 998; vor Zeile 1 statt von Z. 1.

VERZEICHNIS DER VERFASSERNAMEN.*)

---

*) Bei Editionen alter Werke sind hier in der Regel nur die modernen Herausgeber,
nicht die Autoren selbst genannt. Bei Biographien (I, 3) und Recensionen etc. sind auch die
Namen derjenigen, über welche gehandelt ist, aufgenommen. — Ein Stern bezeichnet, dass
der Name in mehr als einer No. auf der betreffenden Seite erscheint. Ueber die Bedeutung
der Cursivziffern vgl. das Vorwort zu diesem Bande.

Diguet E 191
Dillmann A *103*
126 254* 269
Dillmont T de 142
Dillon EJ 177 *258*
Dinabhandhu
Kávyatírtha 73
— Sen 72
Dína Náth Dev 74
Dineś Chandra
Sen *226*
Dinse P 162
Diósy A 44
Dirr A *23 24 278*
Dissel JSA 207
Divaev AA 26 27*
30* 181*
Dlouhý M 49
Dmitriev AA 27
— N 79 81
Dobruski V 211
Dobschütz v *125*
271
Dods M *278*
Dodu (Dodju) G
99 242 *242*
Doeff H 51
Döring J 251
Dörpfeld 19
DörwaldP 100 *126*
Doherty 199
Dohl M *169*
Dolgov S 245
Dolmetsch H 166
Domann B 161
247
Doncaster P 54
Donner O *35*
Donnet F 161
Donyaque C 259
Dooman I 197
Do Rego S 74
Dorn B 233
Dornfeld EF 103
Dornseiffen I 50*
209
Dostoevskij AA
160
Dottin G 56 *228*
Douglas RK 35 38
Douglass B 110
Douie JM *61 73*
Doutté E 148
Dozy GJ 12 164
Dracott A 61
Dräseke J *20 180*
Dragendorff G 166
Drake J 219

Drapeyron L 160
209 268
Drexler W *176*
Drinkwater CH 93
Driver SR 88 108
110 *126** 242 251
255 257 269 270
Dronsart M 188
Droppers 195
Dropsie MA 116
Drouet F 288
Drouin E *34* 78
157 *186 274*
Droysen JG 161
Drucker A 57
Drüner H 113
Drugulin 7
Drummond J 123
Du Barail *287*
Dubois F *151*
— JA 216
— M 148 161
188 288
Dubor G de 153
157
Duchesne L *23*
Du Coudray La
Blanchère MR
148* 281
Ducreux C 88
Dümmler F 166
Dünner JZ 118
Dürr L *162*
Dufayel *38*
Dufferin and Ava
Mis of 59
Du Fief J 194
Dufresne E 293
Duhm B 103 258*
269
Duhomme F 233
Dujardin-Beau-
metz F 36
Dujarric G 273
Duka Th *24*
Dumeray R 208
Dumon 88
Dumoutier G 41
191
Dumrath OH 10
162
Dupin de Saint-
André L 234
Dupuis 150 166
Durand A 132
278*
Du Rieu WN *8*
Duringe A 142

Duro CF 148
Dusek VJ *21*
Dussaud R 93
Dutilh EDJ 281
Dutreuil de Rhins
JL *8* 10 *174 189*
Dutt RC 158 213
Duval R *86* 96
98 99 *112 126*
127 245 *247 248*
Duyl A 51
Dvořák R 44 51
129 251 257*
258 259
Dyck EA v 135
Dyé AH *293*
Dzanaridze G 81
Dzanašvili M 81
Dziatzko K *35*
153 166
Dzorbenadze S 81

E

Eastlake FW 36
209
Ebe G *23*
Ebers G *1 5 8**
145 152 158 174
176 281 *292*
Eck R v 205
Eckardt JT v 150
292
Eckart Th 103
Eckstein E 56 68
Eddé G 135
Edge-Partington J
47 199
Edgren H *228*
Edkins J 31* 38*
42 157 166 194*
260
Edwards FA 285
— SJH 36
Eerde JC v 52 205
Eerdmans AJAF
205
Efendiev 80
Eggeling J *77* 224
— O *126*
Egiazarov SA 81*
Eha 213
Ehlers OE 209
Ehmann P 45
Ehni J *76*
Ehrentreu H 122
Ehrhard A 172

Ehrhardt F *26*
— I. *24*
Ehrlich A *127* 263
— J 118*
Eidenschenk 274
Eifer 227
Einsiedler JM 260
Einsler I. *134*
Eisenhofer L 242
Eisenlohr A 99
142 239 *247* 281
283
Eitel E *8* 36
Ekdahl NF 258
Ekman EA *28* 32*
32 182
— JA 252
Ekström A 187
Elgar TF 44
Elias N 80* *86*
158* 181
Eliséev AV *82* 158
Ellicott CJ 251
Ellinger G 5
Ellinwood FF 63
Elliott CA 61 215
— WA 150
Ellis AG 173
Ellwang WW 251
Elmgren H 27
Elsässer 171
Elvert C d' *126*
Elworthy FT *174*
Emden JI 118 *259*
Emelius E 140
Emel'janov V 80
Émile-Soldi 166
Emin NO 83
— Pascha *158*
Enck A 9
Endemann 249
Engel J *77*
Engelbregt JH *54*
195
Engel'gardt AP 27
Engelhard HED
51
Engelkemper W
263
Engholm T 255*
Enjoy P d' 188*
191*
Enlart C 84* 236*
Eppenstein S 118
Epstein A 118 *125*
263* 266 270
Erbes C *126* 260
Erdélyi L 182

* P.*

Druck von W. Drugulin in Leipzig.